I0827052

DESCRIPTIONS
DES ARTS ET MÉTIERS,

FAITES OU APPROUVÉES

PAR MESSIEURS DE L'ACADÉMIE ROYALE

DES SCIENCES DE PARIS.

AVEC FIGURES EN TAILLE-DOUCE.

NOUVELLE ÉDITION

Publiée avec des obſervations, & augmentée de tout ce qui a été écrit de mieux ſur ces matieres, en Allemagne, en Angleterre, en Suiſſe, en Italie.

Par J. E. BERTRAND, *Profeſſeur en Belles-Lettres à Neuchatel, Membre de l'Académie des Sciences de Munich, & de la Société des Curieux de la nature de Berlin.*

TOME XIX.

Contenant l'Art du Serrurier, ou Eſſai ſur les combinaiſons méchaniques, &c. l'Art de préparer & d'imprimer les étoffes en laines, ſuivi de l'Art de fabriquer les pannes ou peluches, les velours façon d'Utrecht, & les moquettes; l'Art du fabricant de velours de coton, précédé d'une Diſſertation ſur la nature, le choix, & la préparation des matieres; & ſuivi d'un Traité de la teinture & de l'impreſſion des étoffes de ces mêmes matieres; l'Art du fabricant d'étoffes en laines; un Mémoire concernant l'éducation des troupeaux & la culture des laines; & enfin l'Art du Tourbier.

A NEUCHATEL,

DE L'IMPRIMERIE DE LA SOCIÉTÉ TYPOGRAPHIQUE.

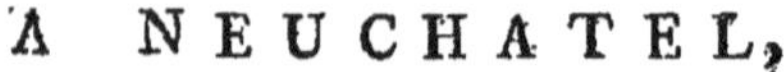

M. DCC. LXXXIII.

SUPPLÉMENT
A L'ART
DU SERRURIER,
OU

Essai sur les combinaisons méchaniques, employées particuliérement pour produire l'effet des meilleures serrures ordinaires.

Par JOSEPH BOTTERMAN, de Tilbourg, au pays d'Osterwick,

Ouvrage traduit du Hollandais, & utile à tous les Serruriers intelligens;

Publié par M. FEUTRY, &c. de la Société philosophique de Philadelphie.

Méfiance est mere de sûreté.

ESSAI
SUR
LES COMBINAISONS
MÉCHANIQUES. (1)

PAR ces mots *combinaiſons méchaniques*, on entend toutes les poſitions déterminables qu'un certain nombre de tels corps peuvent recevoir entr'eux.

CE qu'on doit entendre par ſerrure *à combinaiſon*, c'eſt la propriété que l'on aurait donnée à ces ſerrures, de pouvoir, entre un certain nombre de ſignes marqués ſur leurs parties extérieures, faire choix de ces ſignes pour indiquer la poſition des parties intérieures & cachées de chaque piece, qui ſe trouve relative à tel ſigne extérieur; poſition déterminée dans ces pieces intérieures, par leſquelles ſeules les pênes ou verroux auront la liberté de leur jeu pour ouvrir ou pour fermer.

(1) Cet ouvrage traduit en notre langue & publié l'année derniere, eſt un ſupplément curieux autant qu'utile à l'Art du ſerrurier, ſi bien décrit par M. Duhamel du Monceau; & comme nous ſommes toujours attentifs à raſſembler dans notre collection concernant les arts & métiers, les divers morceaux qui peuvent la rendre plus complete, & par cela même plus inſtructive, nous avons adopté ſans héſiter ce travail du ſerrurier Hollandais, quoiqu'il ne ſoit pas muni de l'approbation de l'académie royale des ſciences de Paris, & qu'en conſéquence il ne doive point faire partie des cahiers des arts in-fol. Mais nous avons cru que celle du public pourrait y ſuppléer, & que nos nombreux abonnés nous tiendraient compte du ſoin de leur préſenter ici des détails intéreſſans ſur les moyens de procurer mieux encore leur ſûreté domeſtique.

Cette indication des parties extérieures relatives à telles parties intérieures, une fois choisie, devient dès-lors un secret pour tout autre que celui qui l'a établi ; mais si après avoir confié ce secret, celui qui a formé cette indication ne veut plus que d'autres que lui aient la possibilité d'ouvrir ou de fermer, il faut qu'il soit le maître d'en arranger une autre, en changeant à son gré la relation des signes extérieurs avec les points intérieurs qui donnent la liberté des pênes.

Beaucoup de personnes ont connu un cadenat formé de plusieurs roulettes traversées d'un axe (*a*) garni de dents ou pennetons. Cet axe doit sortir, ou pouvoir sortir, tout entier de toutes les roulettes, pour ouvrir le cadenat ; & il ne peut en sortir que lorsque ces roulettes sont toutes tournées dans la position où toutes leurs entailles, se trouvant sur un certain point, laissent la liberté aux pennetons de l'axe de les traverser. L'extérieur de chacune des roulettes de ce cadenat peut être partagé en plus ou moins de parties égales, & chaque partie marquée d'une lettre ou d'un chiffre ; tellement que s'il y a dix roulettes pareilles, chacune marquée des vingt-quatre lettres de l'alphabeth, on pourra bien, par leurs diverses positions, former, sur une ligne déterminée, tous les noms & les mots possibles, composés de dix lettres ; mais il n'y aura jamais qu'une façon, qu'un seul de ces mots, ou de ces nombres, qu'une seule combinaison enfin, par laquelle ces roulettes pourront être mises dans la position où l'axe entrera & sortira librement ; & une fois le nombre ou le mot connu par quelqu'un, le cadenat n'est plus pour lui un obstacle difficile à surmonter. Il n'y a pas de combinaisons à choisir pour ouvrir ou pour fermer un pareil cadenat. Avec ces dix roulettes on pourra bien faire, comme je l'ai dit, un nombre immense de combinaisons ; mais aucune autre qu'une seule de ces diverses combinaisons ne peut servir pour son ouverture : il sera toujours pour tous ceux qui sauront le nombre ou le mot, un très-faible obstacle qui ne leur causera plus qu'un moment de retard pour l'ouvrir.

Ce cadenat assez commun, & plus en usage en Allemagne qu'ailleurs, ne s'est jamais appellé cadenat *à combinaisons ;* il s'appelle cadenat *à rouleaux :* il est ordinairement un peu plus gros qu'un rouleau de trente louis ; il s'emploie le plus souvent à fermer les porte-manteaux, & sur-tout les coffres & caissons de voitures. Il est de l'invention de Cardan, ainsi qu'un autre qui a été plus particuliérement connu en Italie, & employé à garder des trésors de toute autre qualité que le premier. Ce dernier-ci (*b*), formé de cercles concentriques, ne laisse également la liberté du mouvement à un pêne denté, que dans une seule position ; il s'exécute

(*a*) Voyez les figures du cadenat à rouleaux, de Cardan, *pl. I*, *fig.* 1 & 4.

(*b*) Voyez la figure du cadenat *des jaloux*, n. 7 & 8, *pl. I.*

quelquefois en petit, de la grandeur d'un écu de 6 liv. & même de 3 liv. & de l'épaiſſeur de deux à trois lignes, non compris le rembourrage ou *matelaſſure.* Au milieu de cette épaiſſeur paſſe une lame d'acier, qui porte le pêne; l'un & l'autre de ces cadenats ne ſont point réellement des cadenats à combinaiſons, c'eſt-à-dire, à ſecrets nombreux à choiſir; ce ſont des cadenats à un ſeul ſecret, lequel ne conſiſte que dans une poſition déterminée des cercles, indiquée par certains ſignes qui forment tel nombre ou tel mot. Encore unè fois, les deux eſpeces de cadenats de Cardan préſentent bien des ſignes qu'il eſt poſſible de combiner différemment; mais, entre ces combinaiſons à faire, ils ne préſentent pas un choix entre celles de ces combinaiſons qu'on voudra, pour établir la liberté du pêne.

Ce qui peut former véritablement une fermeture à combinaiſons, ce ſera donc la poſſibilité de combiner à ſon gré tous les ſignes dont ſeront marquées les pieces extérieures, & de choiſir, pour cela, l'ordre dans lequel on voudra placer tel ſigne de chacune de ces pieces, pour avoir telle combinaiſon ou ſecret, par lequel ſeul ſe mouvera alors une fermeture quelconque, ſoit qu'elle ſe préſente ſous la forme de ſerrure, ſoit ſous celle de cadenat. Voilà, je crois, la définition générale des ſerrures à combinaiſons.

En conſidérant le cercle comme une figure d'une infinité de côtés, & par conſéquent le corps circulaire, roue ou cylindre, comme le ſeul ſuſceptible de pouvoir prendre une infinité de poſitions ſans changer de lieu, il ne ſerait pas étonnant que ceux qui auraient voulu exécuter des combinaiſons méchaniques, par l'emploi de corps de toute autre forme que la circulaire, n'euſſent pu obtenir aiſément un grand nombre de combinaiſons, par l'inconvénient d'avoir à ſe ſervir de pieces qu'il faut tranſporter & enlever d'un lieu pour les placer dans un autre, & par là riſquer, dans l'uſage, de perdre ou d'égarer quelque choſe de ces corps qui, en reſtant attachés à un même lieu, ſeraient toujours reſpectivement dans un même ordre, & ne ſeraient plus ſuſceptibles, ou que d'un nombre de poſitions égal à celui de leurs faces, moins deux, dans un même lieu, ou que la diverſité ſeulement dans la poſition d'une de leurs faces dans une certaine étendue déterminée. L'art d'exécuter des combinaiſons méchaniques n'eſt cependant pas borné à l'emploi des ſeuls corps circulaires; on peut, avec des corps qui ne préſenteront que des faces planes & droites, exécuter des ſerrures à combinaiſons avec toutes les qualités qu'on peut exiger dans ces ſortes de méchaniques.

Tout ce qu'on doit attendre des ſerrures à combinaiſons ſe réduit à deux points. Il faut, pour le premier, qu'elles aient les qualités propres aux bonnes ſerrures ordinaires, dites *ſerrures de ſûreté;* & pour le ſecond, celle encore de ne pas obliger à porter aucune espece de clef ou outil pour les ouvrir ou pour les fermer.

A l'égard des qualités que doivent avoir de bonnes serrures de sûreté, il faut faire attention que ce sont les particuliers demeurans dans des maisons où il y a beaucoup de locataires, qui ont le plus besoin de ces sortes de serrures, pour lesquelles il les faut du moindre prix possible : ces citoyens, sans avoir besoin de porter plusieurs clefs, ou des clefs énormes & pesantes, comme celles des portes cocheres, veulent premiérement, par l'achat de ces serrures, se procurer l'assurance qu'avec d'autres clefs ordinaires, ou de fausses clefs, on ne puisse ouvrir leur porte, & entrer chez eux pendant qu'ils sont hors de leur appartement; & ils desireraient qu'elles ne pussent pas être crochetables avec ce qu'on appelle les *rossignols*, ou les différens crochets dont les serruriers ont toujours provision, afin d'ouvrir les portes dont on a égaré, perdu ou laissé la clef dans l'appartement. *Secondement*, beaucoup de ceux qui acquierent des serrures de sûreté, veulent aussi que, lorsqu'ils sont rentrés chez eux avec leur famille ou leurs domestiques, personne ne puisse sortir sans faire usage de la clef qu'ils gardent dans leur poche, ou sous leur chevet. Il faut donc que d'abord les serrures de combinaisons aient ces deux qualités; mais toutes les serrures de portes peuvent ordinairement, 1°. s'ouvrir d'une main, 2°. sans y voir clair, 3°. quelque bruit qu'on entende, ou quelque privé de l'ouie qu'on puisse être; 4°. il faut qu'il n'y ait aucune science, aucun art, aucune adresse à employer, dès qu'on a la clef.

VOILA quatre autres qualités d'une autre espece que les deux premieres. Or, c'est à celles-ci, & aux deux premières qualités propres aux bonnes serrures, & aux serrures de sûreté, que l'on doit, par le moyen des combinaisons méchaniques, ajouter celles de n'avoir pas besoin de porter une clef pour les ouvrir ou les fermer, & de parvenir à faire que tous ceux à qui l'on n'aura pas confié le secret qu'on aura choisi, ne puissent ni les fermer, ni les ouvrir.

POUR avoir, *autant qu'il est possible*, la certitude que l'on ne découvrira pas le secret, il faut donc qu'il y ait, *autant qu'il est possible*, une immense quantité de secrets à choisir, parce qu'alors on pourrait parier un nombre immense, contre une unité, qu'on ne l'ouvrira pas; car toute serrure de combinaisons aura toujours nécessairement un inconvénient réel, mais peu à craindre. Cet inconvénient ou défaut, c'est celui de ne pouvoir jamais donner *la parfaite certitude* qu'elle ne sera pas ouverte. Il est possible qu'en mettant la main dans un setier de bled, pour y prendre seul tel grain qu'on aurait marqué & mêlé parmi tous les autres, on vienne à l'y rencontrer dès la premiere fois; il se peut de même que la premiere combinaison que quelqu'on imaginera d'établir pour ouvrir la porte, soit précisément celle par laquelle un autre aura imaginé de la fermer; mais y eût-il même probabilité qu'on découvrirait le secret par hasard, il y aura toujours moyen de concevoir *infinité* entre *probabilité* & *parfaite certitude*.

On peut bien regarder comme ce qu'on appelle *infiniment difficile*, l'art de faire une seconde clef parfaitement juste à une serrure ordinaire, *parfaitement* travaillée; cependant il est possible qu'un très-habile ouvrier parvienne avec le tems, & à force de tâtonner sans démonter la serrure, mais d'après la vue d'une premiere clef, à en faire une seconde qui ouvrira & fermera aussi bien la serrure. Cette possibilité, il est vrai, n'est que pour celui qui joindra à l'adresse, à l'intelligence & à la finesse de tact, la connaissance & l'habileté de l'ouvrier, tandis que, pour une serrure de combinaisons, tout le monde est également susceptible de trouver son secret au premier essai, & sans tâtonnement.

Si le méchanisme employé se trouvait, par sa nature, susceptible de pouvoir causer, au tact, des sensations suffisantes pour laisser reconnaître quelle est la position à donner à chacune des pieces mobiles cachées, ces serrures seraient absolument mauvaises; si ce n'était que l'imperfection de l'exécution du méchanisme, qui pût, à ceux qui auraient la finesse du tact, laisser la possibilité de sentir la position qu'on devra donner à chaque piece, ces serrures ne seraient défectueuses que par leur exécution, sans l'être par elles-mêmes. Tous & chacun de ces méchanismes à combinaisons peut donc par lui-même être bon, excellent & sûr, autant qu'il est possible, quand bien même MM, tels & tels, y compris M. Manié, (*a*) par la finesse de leur tact, seraient venus à bout de l'ouvrir, à cause de quelque négligence dans l'exécution. Mais parmi ces méchanismes qui, aussi bien exécutés qu'il est possible, seraient reconnus très-bons, il faut que ceux qui, pour avoir tout leur jeu, n'auraient pas besoin d'une exécution soignée, obtiennent la préférence, parce qu'ils seront plus à portée d'être construits par toutes sortes d'ouvriers, & que c'est la nécessité d'une exécution soignée qui les renchérit.

(*a*) M. Manié, jeune artiste, a exécuté plusieurs instrumens avec la plus grande précision. Il a, entr'autres, imaginé & exécuté une machine qui, sous le nom de *métromicromériste*, peut être connue, & par cette dénomination *galli-grecque*, indiquer qu'elle sert à partager également les plus petites étendues. Il parvient, avec cet instrument, à former sur la surface d'une ligne quarrée 400 carreaux dont on apperçoit très-aisément la parfaite égalité, à l'aide d'un bon microscope. C'est le même qui a obtenu un éloge de l'académie des sciences, & la moitié du prix qu'elle a promis à celui qui ferait le meilleur quart de cercle astronomique de trois pieds de rayon, & qu'elle nommerait son faiseur d'instrumens de mathématiques. C'est lui qui, chez M. de la Blancherie, a ouvert plusieurs serrures qu'on disait ne pouvoir être ouvertes qu'avec la clef faite pour elles.

le plus, ainsi que toutes les serrures de formes ordinaires, indépendamment de leur grandeur ou petitesse; au surplus, il ne faut jamais considérer, dans ces machines, leur décoration extérieure qui ne peut influer en rien sur leur mérite. On peut encore regarder comme un degré supérieur aux serrures à combinaisons, la facilité de pouvoir en faire exécuter de semblables, sans employer de métaux pour leur méchanisme.

Trois especes principales de méchanisme à combinaisons.

Les méchanismes de ce genre, qui sont formés de corps circulaires, peuvent se réduire à trois especes. La premiere, ceux où l'on ne fera emploi que des cercles, anneaux, zones, ou plateaux circulaires, *concentriques*. La deuxieme, l'usage à faire des cercles, roues ou rouleaux ou cylindres *sur un même axe*. La troisieme, celui des cercles, plateaux circulaires, roues ou rouleaux placés à côté les uns des autres sur des axes différens. Il est cependant moyen d'exécuter de ces méchanismes, où ces deux ou trois especes se réuniraient, & ce serait alors 4°. l'espece *composite* ou *mixte*.

La premiere fois que la société libre d'émulation a proposé de donner un prix à la meilleure serrure de combinaisons, pour le mois de juin 1778, M. l'abbé *Boissier*, alors prieur des Célestins de Sens, a trouvé le moyen d'appliquer les combinaisons à celui des deux cadenats de Cardan, que j'appelle de la premiere espece, celui à cercles concentriques; & M. Regnier, (*a*) arquebusier de Sémur en Auxois, a *imaginé* la troisieme espece, les roues ou rouleaux, placés à côté l'un de l'autre, sur des axes différens. L'un & l'autre, depuis ce tems, ont donné quelques degrés de perfection à leur méchanisme. Il paraîtrait que la premiere espece unie à la 2e & même à la 3e, eût été tentée par celui des concurrens au dernier prix, qui avait pour devise, *mobilitate viget*. Mais, par le compte qui en a été rendu au public, il m'a semblé entendre qu'on aurait apparemment trouvé son méchanisme si compliqué, qu'on n'avait pas cru devoir en expliquer la théorie; peut-être encore serait-il défectueux en lui-même.

Lors de ce dernier concours, outre sa premiere serrure corrigée & adaptée aux demandes du programme, il a été présenté, par M. Regnier, une espece

(*a*) M. Regnier, armurier - arquebusier à Sémur en Auxois, habile méchanicien, a imaginé, entr'autres, une éprouvette pour comparer la force des différentes poudres à tirer; il a aussi adapté au fusil pour l'usage des vues basses, une lorgnette qui se présente à l'œil lorsqu'on met en joue, & qui se retire lorsque le coup est parti. Il y a plusieurs de ses serrures employées à Paris, où l'on peut en acheter, sans qu'on puisse les taxer d'entreprise sur le privilege exclusif accordé à M. Prince de Beaufont.

espece de cadenat, ou *cache-entrée de clef* avec des combinaisons, & propre à pouvoir être appliqué sur toutes les serrures ordinaires. Son méchanisme est exactement d'après celui des deux cadenats de Cardan, de l'espece que j'ai placée la seconde, c'est-à-dire, de roues ou rouleaux sur un même axe denté.

Trois des autres serrures, exposées aux yeux du public à la derniere séance de la societé, au mois de juin 1779, ne sont d'aucune des trois especes que j'ai expliquées. Deux de ces pieces établissent leur méchanisme, par l'emploi de petits corps détachés à peu près de la forme d'une fiche à jouer, ayant une tête; ces morceaux de fer étant placés dans une coulisse (en tel ordre qu'on est maître de choisir entre plus ou moins grand nombre dont elles sont susceptibles) donnent ou refusent la liberté du mouvement du pêne. La troisieme de ces serrures est d'un méchanisme simple, tout-à-fait différent de tous ses autres; il peut produire peut-être la plus grande sûreté possible, puisqu'il peut présenter en même tems, & celle que nous offrent les serrures ordinaires, & celle qu'on attend des combinaisons méchaniques: *il est de l'invention de M. Manié;* mais tel qu'il est exécuté, il exige, outre des préparations vétilleuses, l'usage d'une clef assez forte, à porter dans sa poche, &, de plus, celui d'une autre petite clef propre à pouvoir donner, quand on le veut, le mouvement à de petites vis mobiles, servant de penneton à la grande clef, lesquelles vis doivent correspondre avec d'autres de même taille dans la serrure, pour que le pêne puisse être mis en mouvement.

La serrure qui a reçu le prix, ainsi que celle qui lui a servi de commentaire, doivent être regardées de la deuxieme espece, c'est-à-dire, de celle à rouleaux ou plateaux cylindriques sur un même axe.

A l'exception de ces quatre serrures, & de celle de M. l'abbé Bossier (dont M. Prince de Beaufont a obtenu un privilege exclusif de pouvoir seul les exécuter & débiter) toutes les autres où il y a des combinaisons à choisir, & qui jusqu'à présent sont venues à ma connaissance, rentrent dans la troisieme espece, inventée & présentée la premiere fois par M. Regnier; savoir, des roues, cylindres ou rouleaux sur des axes différens.

Une serrure qui a été vue chez M. de la Blancherie, & qui a été présentée à l'académie des sciences, machine qu'on ne peut ouvrir qu'avec une clef au bout de laquelle une goupille représentant une des lettres de l'alphabet aura été placée avec sa pareille ou correspondante au *foncet* de la serrure, pourrait, à quelqus égards, être regardée comme serrure à combinaisons, puisqu'il en résulte effectivement un choix à faire entre 24 différens secrets; mais l'embarras de ces goupilles emmagasinées, dont il ne faut employer qu'une seule, & dont les autres peuvent s'égarer, ainsi que l'incommodité d'être forcé de porter une clef sur soi, doivent faire rejeter l'idée de ce méchanisme.

Il est à observer que, dans toutes les serrures à combinaisons exécutées jusqu'à présent, il n'y en a aucune qui soit véritablement autre chose qu'une serrure d'armoire ou de coffre, & qu'il n'y a de véritables serrures à combinaisons, pour des portes de chambres ou d'appartemens, que celle que j'avois exécutée pour le concours, & qui a été vue du public chez M. de la Blancherie.

Le mot *serrure*, pris généralement, doit pourtant, je pense, signifier en français, comme dans toute autre langue, une boîte pour être attachée fermement à la porte qui bouche une baie, de façon qu'au moyen d'un pêne ou verrou que cette boîte renfermera, & que l'on pourra faire mouvoir également par l'un ou l'autre côté de cette porte, elle l'arrête fixement en place. Lorsqu'il ne s'agit seulement que de la fermeture d'une écritoire, d'une armoire ou d'un coffre, on restreint alors le mot générique de *serrures*, en y joignant le mot particulier de l'objet pour lequel on veut l'employer. Toute serrure, bonne pour toute porte de maison, de chambre, ou de cabinet, peut s'employer à une commode, à une armoire ou à un coffre. Elle aura, à la vérité, plus que ce qu'il lui faut pour ces emplois, tandis qu'une serrure d'armoire ou de coffre n'aura pas tout ce qu'il lui faut pour servir également à une porte de maison ou d'appartement, & que pour suppléer, en quelque maniere, à ce qu'il lui manque, il faudra faire usage d'un crochet ou verrou séparé de la méchanique de fermerture, lorsqu'on voudra s'enfermer dans le lieu que la porte tient clos.

Par le programme de la société libre d'émulation, par les conditions qu'elle exigeait & qui devaient être remplies pour obtenir le prix qu'elle avait proposé une seconde fois, elle ne demandait pas *nommément* une serrure propre à la porte d'une chambre ou d'appartemens; mais on devait néanmoins le présumer par le détail du programme. Comme dans l'une des deux pieces qui avaient concouru au premier prix, il fallait absolument être en-dedans de la chambre pour préparer la combinaison à établir, & qu'il fallait démonter presque toute la serrure, le programme insistait à vouloir que la combinaison pût se changer par le dehors de l'appartement; mais il ne disait pas *exclusivement*. Au surplus, il faisait bien entendre que ce fût sans que la porte soit ouverte tout-à-fait, & même entre-baillée, enfin sans qu'on fût obligé de la remuer & la pousser le moins du monde hors de sa baie. Cette condition demandée était préalablement indispensable, & avant dix autres conditions exprimées dans ce programme, j'avais exécuté la serrure dont la figure est ci-après représentée aux num. 9, 10, 11, 12, 13 de la *planche I*; & pour l'expliquer, j'avais rédigé un mémoire que j'avais fait traduire à Paris. Mais lorsque le tems fixé pour être admis au concours approchait, il se trouva que l'on m'avait enlevé plusieurs pieces de ma méchanique; de façon que celui à qui j'avais donné commission de la remettre, ne put en présenter à la société que les dessins avec mon mémoire, mais sans explication de la *figure*, ni aucun détail pour les moyens de l'exécuter. Le terme fatal étant expiré avant que j'eusse pu faire fournir la serrure achevée, la société a fait remettre mon mémoire à celui qui s'est présenté avec les indications pour le retirer.

VOICI la copie de l'espece d'avant-propos de ce mémoire explicatif, tel que je l'ai fait présenter avant le commencement de l'année 1779.

EXTRAIT DU MÉMOIRE.

« AFIN de pouvoir parvenir à remplir les demandes que fait la société, „ la premiere chose nécessaire est, sans doute, de chercher à bien com„ prendre ses demandes; mais au défaut de la certitude de les entendre „ clairement, & par l'impossibilité de la questionner pour obtenir quel„ ques éclaircissemens qu'on pourrait desirer sur ce qui paraîtrait présenter „ quelqu'obscurité dans son programme, il faut expliquer ici nettement „ comment on a compris ces demandes.

„ La société, en demandant des serrures de combinaisons, exige sept „ conditions de rigueur, & marque desirer qu'elles réunissent trois autres „ conditions pour *le plus haut degré de perfection.*

„ Les conditions de rigueur sont, 1°. que des pieces mobiles marquées „ de chiffres ou de lettres, servent à établir tels nombres ou tels mots „ à volonté.

„ 2°. Que les pênes puissent être fixés solidement lors de la présence „ du nombre ou du mot adoptés.

„ 3°. Qu'après avoir arrêté les pênes, on puisse, sans les déranger, „ troubler l'ordre des chiffres ou lettres, *afin qu'il ne reste aucune trace* du „ nombre ou du mot adoptés.

„ 4°. Que pour ouvrir on puisse facilement rappeller les pieces, selon „ l'ordre des chiffres ou des lettres établis lors de la fermeture.

„ 5°. Que quelque confusion qui ait été produite, soit par des mal-inten„ tionnés, soit par la recherche du mot ou du nombre qu'on aurait oubliés, „ il soit toujours possible de rétablir l'ordre, lorsqu'on se rappellera la „ combinaison choisie.

„ 6°. Quels que soient le nombre, l'ordre & la forme des parties, il est

„ indispensable que, *sans démonter* la serrure, on puisse lui faire exécuter telles des combinaisons qu'il plaira choisir au moment où l'on voudra fermer ou ouvrir & sans aucuns préparatifs.

„ 7°. Que cette serrure soit *enfermée* de maniere à ne pouvoir être ouverte pour changer le rapport entre ses parties. „

Les conditions, pour *le plus haut degré de perfection*, sont, " 1°. Que l'on supprime les clefs ou tout autre instrument que l'on est assujetti à porter, & que l'on peut perdre.

„ 2°. Que l'on essaie de suppléer à la vue pour reconnaître la situation des pieces mobiles.

„ 3°. Que l'on cherche s'il peut exister un moyen de suppléer à la mémoire, en faisant *retrouver* sur la serrure des *indices* qui ne puissent instruire que le propriétaire.

„ Au surplus, la société annonce la préférence à l'invention la plus simple, la plus solide & la moins coûteuse.

„ Sur ces dix demandes, voici quatre observations pour faire connaître comment on les a entendues.

„ 1°. Par la septieme demande de rigueur : Que la *serrure soit enfermée*, &c. la société paraît avoir voulu dire par ces mots, que, dans le cas où le propriétaire de la serrure recevrait du monde dans la chambre que ferme sa serrure de combinaisons, ou dans quelque cabinet au-delà de cette premiere chambre, il ne pût pas être libre à quelqu'un d'aller furtivement, ou à son insu, démonter aisément & promptement sa serrure, & par-là reconnaître quel est l'arrangement préparé pour la fermer : inconvénient qui effectivement se trouvait à la premiere serrure du sieur Regnier, mais qu'à la vérité il ne lui avait pas été prescrit d'éviter. On conjecture donc, que l'idée de la société serait remplie, si la serrure était faite de façon à ce qu'elle ne pût être démontée aisément, & sans qu'on s'en apperçoive ; & de plus, que les pieces mobiles ne pussent être examinées & leur position reconnue, à moins que préalablement on n'eût établi la combinaison que le propriétaire aurait choisie, & que par conséquent c'est là ce qu'elle entend que doivent signifier ces mots : *que la serrure soit enfermée*, &c.

„ 2°. Par la sixieme demande de rigueur, on exige, *qu'on puisse faire exécuter indifféremment telles de ces combinaisons qu'il plaira choisir au moment où l'on voudra fermer.... & sans aucuns préparatifs.* Rien n'est plus clair que cette énonciation, en n'employant que les mots ci-rapportés. Mais ne serait-ce pas une faute, une superfluité, ou, comme on dit en histoire naturelle, *une monstruosité par excès*, que d'avoir mis après le mot *fermer* ceux *ou ouvrir* ? Car il est absolument de l'essence

„ d'une ferrure de combinaifons de ne pouvoir s'ouvrir que par la com„ binaifon avec laquelle elle aura été fermée. Ainfi, quoiqu'on pût lui „ *faire exécuter indifféremment telles des combinaifons qu'il plaira choifir*, au „ moment où l'on voudra la fermer, il eft parfaitement impoffible qu'on „ puiffe être le maître de faire exécuter indifféremment telles des combi„ naifons qu'il plaira choifir au moment où l'on voudra l'ouvrir; puif„ qu'enfin il faut bien, déterminément, revenir à une combinaifon par „ laquelle on l'aura fermée : d'où l'on conjecture que l'idée de la fociété „ fera bien remplie, en fuppofant, dans la fixieme demande de fon pro„ gramme, que ces mots, *ou ouvrir*, font entiérement à fouftraire, comme „ ayant été mal-à-propos inférés ou intercallés par un imprimeur ignorant „ qui a voulu y mettre du fien.

„ 3°. Pour ce qui eft à la premiere demande de rigueur, *que des pie„ ces mobiles marquées de lettres ou de chiffres fervent à établir les combinai„ fons*, &c. on doit préfumer que la rigueur ne va pas cependant à exi„ ger abfolument qu'il y ait réellement & exclufivement des lettres ou des „ chiffres gravés & figurés fur ces pieces, pourvu qu'il y ait des marques „ fuffifantes, qu'on puiffe diftinguer & reconnaître pour équivaloir telles „ lettres, tels chiffres, telles couleurs, telles nuances, tel aire de vent, „ telles notes de mufique, &c. &c.

„ 4°. Pour la troifieme demande de rigueur, il eft exigé, *qu'il ne refte „ aucune trace* ou indice *des nombres ou des mots qui auront fervi à fermer*; „ & dans la troifieme demande (fans rigueur), *mais pour le plus haut „ degré de perfection*, il eft dit, *de tâcher de faire retrouver fur la ferrure des „ indices* (ou traces) *pour inftruire* le propriétaire qui aurait oublié fa com„ binaifon. Il eft très-difficile d'accorder ces deux demandes très-formel„ les. L'une, *qu'il ne refte point de traces ou indices*; l'autre, qu'il refte ce„ pendant des *indices ou traces*; on ajoute, *fi il peut exifter un moyen de „ laiffer ces traces ou indices*. Or il en exifte plufieurs. Au défaut donc „ de pouvoir faire accorder ces deux demandes qui paraîtront même „ très-aifément contradictoires, il n'eft pas douteux, ce me femble, qu'il „ faut, pour remplir l'objet de la fociété, ne s'occuper que de fa demande „ *de rigueur*.

„ Il eft certain qu'on pourrait trouver des moyens de repréfenter au „ propriétaire quelle a été la combinaifon qu'il aura choifie pour fermer; „ mais ce moyen fera, ou un fecret lequel, étant connu d'un autre, lui „ ferait connaître également quelle combinaifon le propriétaire aurait em„ ployée pour fermer, & dès-lors la ferrure à combinaifons reviendra „ dans la claffe des ferrures à un feul fecret; ou, fi les différens moyens „ étaient eux-mêmes combinés, pour être (à la volonté & à l'option du

» propriétaire) différens résultats ou indicateurs à choisir pour reconnaître » telle ou telle combinaison employée pour la fermeture du verrou ou » pène, il y aurait un double objet de souvenir; & l'inconvénient du » manque de mémoire de la part du propriétaire deviendrait donc double » pour lui; ou bien donc il faudrait encore alors un autre indicateur, un » autre secret pour indiquer quel premier indicateur ferait connaître la » combinaison, & toujours ainsi de l'un à l'autre : il est certain qu'en éta- » bliffant sur la serrure une indication claire, certaine & déterminée de » la combinaison choisie, ce ferait la même chose que si, dans la crainte » d'oublier sa combinaison, on l'avait mise par écrit, & qu'on l'affichât » sur sa porte pour la commodité du public, au lieu de la garder seulement » dans sa poche, pour subvenir au défaut de sa mémoire.

» Avec une serrure à combinaisons, il faut indispensablement recon- » naître que, lorsque l'on aura oublié sa combinaison, on sera exactement » dans le même cas que si l'on avait perdu la clef d'une très-bonne serrure » à secret, & dite de sûreté; qu'il faut alors absolument casser la porte ou » la serrure, ou rentrer par la fenêtre, descendre par la cheminée, percer » le mur ou le plancher. Mais supposé que l'on eût pu rentrer par la fenêtre, » que l'on n'eût eu même à casser qu'une vitre, l'inconvénient du manque » de mémoire serait irréparable avec une serrure à combinaisons, tellement » attachée qu'elle ne pourrait être levée par le dedans de la chambre, & » que la porte ne pût être ouverte par ce côté, qu'après qu'on aurait » retrouvé dans sa mémoire la combinaison qui la ferme; tandis qu'avec » les serrures ordinaires & à secrets, attachées par le dedans de la cham- » bre par des vis & écrous, dont rien ne paraît au dehors de la porte, » ou avec des serrures à combinaisons qui pourraient s'attacher de même » ou à peu près, une fois le propriétaire rentré dans sa chambre, n'importe » par où, il aurait la ressource de conserver sa porte & de ne pas briser » sa serrure. À l'égard d'une armoire, coffre-fort, ou secretaire fermé » avec une serrure à combinaisons ou secret, oublier sa combinaison c'est » exactement la même chose que perdre sa clef. Mais personne ne peut » trouver la combinaison sur son chemin, tandis qu'il n'en est pas ainsi » de la clef égarée. Au reste, toutes les serrures à combinaisons ont au » moins cet avantage, qu'on peut envoyer l'équivalent de la *clef* dans » une lettre d'avis, par la poste, & si loin qu'on veut, sans en augmenter » le poids, & qu'alors cette *clef* ne peut s'égarer qu'avec la lettre. On » peut encore, sans se surcharger d'aucun fardeau dans ses poches, la con- » signer dans son porte-feuille, ou par la date d'une lettre, & dans un » livre, par le numéro des pages, par les lettres initiales ou finales, par » l'anagramme, par &c. &c. &c. Mais il faut cependant toujours un peu

„ de mémoire ; & ceux qui feraient fort fujets à la perdre, ou qui ne rentrent fouvent chez eux qu'en n'y voyant pas affez clair, même en plein jour, pour trouver aifément le trou de la ferrure, courraient grand rifque de coucher fouvent dehors, avant que leur combinaifon choifie vînt fe préfenter à eux.

„ C'eft d'après la façon dont on a entendu le programme de la fociété, & l'expofition qu'on vient d'en faire, que l'on s'eft occupé de celle propofée au concours, fous la devife : *EXPERTO CREDE*, &c. „

La gazette d'agriculture a rendu compte de quelques propriétés de ce méchanifme : voyez ci-après, l'explication du méchanifme, *pl.* I, *fig.* 9, 10, 11, 12, 13.

On voit que cette fermeture à combinaifons eft de l'efpece que j'ai appellée la feconde, c'eft-à-dire, de l'efpece du cadenat à rouleau de Cardan. Les pieces circulaires ou rouleaux ne changent pas de lieu, & c'eft par l'une des pofitions (déterminée à volonté) entre celles dont chacune eft fufceptible, que l'axe qui les enfile, ayant la liberté de fe mouvoir, la porte peut s'ouvrir ou fe fermer ; mais il ne faut pas, fi l'on veut (comme au rouleau de Cardan, & cela n'eft pas indifpenfable, comme au cadenat cache-entrée de M. Regnier), il ne faut pas, dis-je, faire fortir de l'axe commun hors des rouleaux ; il fuffit feulement qu'il ait la liberté de fe mouvoir de l'étendue d'environ la moitié de l'épaiffeur des pieces mobiles, & ici de deux lignes & demie, pour que le pêne puiffe avoir un mouvement de quinze lignes.

J'ai dit que les rouleaux ne changeaient pas de lieu, qu'il n'y avait que l'axe qui était mobile ; mais on peut également faire cette fermeture (de porte) de maniere que l'axe foit ftable, & que ce foit le refte de la méchanique qui puiffe avoir un mouvement. Auffi à la ferrure ci-deffus décrite, en était-il jointe une autre d'un même méchanifme, lors de fa préfentation chez M. de la Blancherie, & à l'académie des fciences ; mais ici le méchanifme eft pofé verticalement, de façon que lorfque la combinaifon eft établie, on peut feulement alors baiffer le méchanifme de trois lignes le long de fon axe, lequel refte immobile, & alors ce baiffement du méchanifme fait fortir un tétiau (qui fe trouvait être entré de la profondeur de ces trois lignes dans un pivot) hors dudit pivot, lequel pivot ayant alors la liberté de fe mouvoir, donne, par une crémaillere, le mouvement à un verrou fi gros qu'on voudra ; ou bien, ce pivot libéré eft lui-même l'axe d'une bafcule ou fléau qu'on aurait établi pour arrêter les battans de la plus grande porte cochere.

J'ai exécuté un autre méchanifme de la même efpece, & qui, poftérieurement au premier, a été auffi offert au public chez M. de la Blancherie,

& enſuite préſenté à l'académie des ſciences avec le premier. Ici, c'eſt une balle à fuſil (elle eſt de fer), laquelle chaſſée par une détente à reſſort, va traverſer les rouleaux lorſqu'ils ſont arrangés dans la poſition où les portions d'un canon de fuſil ou de piſtolet (qui ſont dans chacun de ces rouleaux) ſe trouvent tous ſur une ligne droite que la balle doit parcourir; cette balle au bout de ſa courſe frappe une détente qui fait ſortir un petit tétiau de l'entaille pratiquée à un verrou-targette, qu'on a alors la liberté de faire mouvoir pour ouvrir ou fermer. Un petit reſſort fait que ce verrou-targette n'arrive dans ſes ſupports, juſqu'aux entailles qui ſont pratiquées pour le petit tétiau, que lorſqu'il eſt pouſſé avec un peu de force, laquelle l'arrête fixement, ouvert ou fermé. Quand on n'emploie aucune force, le verrou-targette ne va pas, juſqu'à ce que les entailles reçoivent le petit tétiau, & tout le monde peut le faire agir; mais ſi l'on a pouſſé un peu fort ce verrou, il faut abſolument *tirer un coup* & chaſſer de nouveau la balle de piſtolet, pour rendre la liberté au verrou-targette.

LES *figures* 14, 15 & 16, ſont la repréſentation de ce méchaniſme. Ici les rouleaux ne changent point de lieu, & l'axe n'a point de mouvement; mais c'eſt la poſition déterminée de la partie intérieure des rouleaux qui donne au travers de ces rouleaux la poſſibilité de la ſeule communication poſſible du mouvement d'une extrêmité à l'autre, de l'eſpace qu'ils occupent.

DANS cette méchanique, on pourra facilement appercevoir par l'explication, que tout ce qui fait le jeu de la balle eſt ſuperflu au méchaniſme néceſſaire pour la fermeture de porte, & qu'il n'eſt employé que pour avoir le prétexte de pouvoir dire que *c'eſt une ſerrure de combinaiſons, qui s'ouvre à coup de piſtolet.*

IL a fallu que les portions du calibre, qui forment le canon du piſtolet, ſe trouvaſſent placées ou perpendiculairement, ou dans une poſition aſſez oblique ſur l'horizon, pour que la balle pût toujours revenir à ſa place, & le piſtolet être toujours chargé; (1) mais ce même méchaniſme peut, ſans ce prétendu piſtolet, être employé pour l'uſage ordinaire & s'exécuter aiſément, à peu de frais, & de la grandeur qu'on voudra.

LES *figures* 17, 18, 19 & 20 préſentent ce même méchaniſme, ſous la forme de cadenat; il eſt exécuté avec ſoin, couvert d'or, & de la dimenſion repréſentée; ce ſont de petits parallelipipedes, qui ſe trouvent placés dans les parties intérieures de chacun des rouleaux: quand on a établi leur poſition, ſuivant les ſignes qu'on a choiſis aux parties extérieures des rouleaux, on peut, ſeulement alors, en pouſſant le petit tétiau extérieur, le

(*a*) On penſe bien qu'il eſt inutile d'obſerver ici qu'il n'entre pas un ſeul grain de poudre dans cette façon de charger, &c.

faire

faire mouvoir, & communiquer son mouvement d'une extrêmité à l'autre de l'espace occupé par les rouleaux, pour presser la détente qui fait ouvrir la branche ou chape du cadenat.

Ce n'est pas seulement en serrure, ou cadenat, que ce méchanisme peut s'employer; il peut tenir lieu de la meilleure façon de cacheter; on peut fermer une lettre dans un étui de la dimension des étuis à cure-dents, comme il est représenté *fig.* 21 & suivantes. Il est encore exécuté pour former des écritoires & porte-feuilles, de l'espece de ces gros rouleaux à mettre dans un porte-manteau; & les détails de ces machines peuvent aisément s'entendre par l'inspection des *figures* & leur explication.

Un inconvénient de cette espece de méchanisme, pour pouvoir ouvrir & fermer également la porte par le dehors & par le dedans de la chambre, c'est d'affamer le bois; c'est de l'entamer, de le gâter; c'est d'empêcher de pouvoir, sans peine & sans frais, y substituer une serrure commune: ce qui devient cependant nécessaire à ceux qui ne seraient que locataires de maisons ou d'appartemens, où ils auraient établi de ces serrures à combinaisons.

On peut néanmoins employer cette seconde espece de méchanisme avec quelques changemens & augmentations, afin de n'entamer le bois qu'autant ou un peu plus qu'avec les serrures ordinaires.

Les *figures* 9 & suivantes représentent une serrure exécutée pour une porte de chambre à deux battans; tout son méchanisme de combinaison est contenu dans une petite boite de trois pouces de longueur, de 20 à 21 lignes d'épaisseur, & d'un peu plus de hauteur, qui va en diminuant par le bout qui traverse le bois de la porte, & qui ne présente à l'extérieur qu'un pouce quarré en surface. La *figure* 14 fait voir que, dans la boite de cette serrure, ce sont les pênes dormans & le demi-tour commun aux serrures d'usage, qui occupent le plus de place. La boite qui sert de gâche renferme les verroux à bascule qui arrêtent en place, du haut & du bas, le côté dormant de la porte; & l'on apperçoit comment l'on ne peut fermer les pênes dormans de la serrure, que lorsqu'on a bien assuré le montant dormant, en poussant en place la bascule de ses verroux hauts & bas. Au surplus, son méchanisme est sensible & apparent par l'explication de la *planche*.

On peut encore employer cette même deuxieme espece de méchanisme pour une petite serrure de cabinet. La *figure* 16 représente celle qui a été exécutée pour remplir un problême donné. La boite extérieure, ou palâtre, & les côtés sont en glace, afin qu'on puisse y voir, au travers, tout le méchanisme & son jeu: on remarque de plus, que le bois de la porte n'est pas plus entamé que pour une serrure ordinaire, & peut-être l'est-il moins ; mais dans cette méchanique, le mouvement est donné aux diverses pieces par leur circonférence extérieure, au moyen d'un même pignon qui va successivement engrener, par leur circonférence extérieure, de l'une à l'autre, les pieces mobiles circulaires : on aurait pu leur donner le mouvement par leur centre : mais il aurait fallu employer le frottement simple ; & en donnant le mouvement de ces pieces en-dedans par autant de pignons différens que de pieces mobiles, on n'aurait pas rempli le problême.

La troisieme espece de méchanisme, celui inventé par M. Regnier, peut aussi s'exécuter fort aisément, pour serrure d'appartement, dans la forme ordinaire.

Les *figures* 1 & suiv. *planche III*, représentent une serrure exécutée pour être attachée à une forte porte cochere ; l'explication en fera connaître le méchanisme en détail. On verra que le bois de la porte n'est percé que de cinq trous circulaires, de trois à quatre lignes de diametre, & que le nombre des combinaisons peut aller à la quatrieme puissance du nombre 64, ou seize millions sept cents & tant-de mille secrets à choisir. Une piece de plus le porterait à un milliard soixante & onze millions sept cents & tant de mille. Cette serrure n'indique ni lettres ni chiffres; mais tous les aires de vents sont représentés à l'extérieur du palâtre, par quatre boussoles ; ce serait une serrure convenable au dépôt des cartes de la marine.

Cette même espece de méchanisme peut s'exécuter beaucoup plus en petit, & servir à un porte-feuille de poche ou à des tablettes, & cela avec beaucoup plus de facilité que pour l'usage auquel il se trouve employé ; c'en est un qui aurait dû être imaginé par M. Regnier, armurier-arquebusier, puisque c'est pour s'assurer que la batterie d'un fusil ne puisse partir sans avoir établi la combinaison, tellement qu'il ne peut y avoir aucune espece de danger à porter un semblable fusil en voiture, qu'on peut le laisser traîner dans une chambre, ou le donner à porter à quelqu'un, le confier à un enfant même, & être bien assuré qu'il ne tirera pas, que la batterie ne peut pas avoir de jeu, & qu'enfin il faudrait absolument employer une meche pour mettre le feu à l'amorce, & faire partir le coup, dès lors que l'on n'aura pas trouvé la combinaison établie ; mais une fois cette combinaison établie, on se sert du fusil, comme s'il n'avait pas cette méchanique, qui ne gêne en rien dans l'usage. *Voyez* figure 18, planche III, &c.

Ce qui fait que M. Regnier, ainsi que l'auteur d'une des serrures présentées au dernier concours (1), & d'autres, n'ont construit, par cette

(*a*) M. Goni, serrurier à Verdun.

troisieme espece de méchanisme, que des serrures de coffres & d'armoires, c'est qu'il se trouve que le *point d'obstacle* qui donne ou ôte la liberté du mouvement à leurs pênes, est établi par eux dans le centre des pieces mobiles à l'intérieur, centre sur lequel ce *point d'obstacle* doit décrire tout ou partie de leur diametre; ou c'est encore parce que leur *point d'obstacle* est porté par une plaque qui glisse sur le centre des pieces, au lieu que les miens se trouvent placés sur l'épaisseur de la circonférence de ces pieces, & qu'ils laissent la liberté à leur axe d'être saillant des deux côtés; de façon que mes pieces mobiles peuvent alors être mises en mouvement également par le dehors ou le dedans du lieu où la serrure est employée: ce qui ne peut être quand l'axe est nécessairement terminé au pêne, comme il faut que soit le leur. Aussi je ne me donne pas pour ce qui s'appelle l'inventeur de cette troisieme espece de méchanisme; mais ma composition remplit au-delà de ce qu'on avait trouvé, & même de ce qu'on avait clairement demandé.

L'AUTEUR de la serrure qui a eu le prix au dernier concours, avait bien trouvé à placer l'*obstacle* sur l'épaisseur de la circonférence, ou du moins au travers du plateau ou de la zone fort mince qui forme la circonférence extérieure de ses pieces mobiles, & par-là il était plus près que les autres de faire une véritable serrure de porte d'appartement; mais il n'a fait réellement que des serrures de coffre ou d'armoire, & la premiere, surtout, ayant trop peu de jeu à son pêne, parce que la construction de son méchanisme exigeait que le mouvement de ce pêne ne pût être qu'égal à la largeur qu'avait la zone dans laquelle il entrait, au lieu qu'il eût fallu n'employer cette zone (comme je l'ai pratiqué aux miennes) qu'à faire l'*obstacle* au mouvement d'un ressort, lequel, lorsqu'il peut une fois faire entrer son tétiau de deux lignes, ou d'une ligne seulement, dans cette zone, donne alors à un pêne ou bascule la liberté d'un mouvement si étendu qu'on veut; & pour telle armoire, tiroir, coffre ou secretaire, c'est un grand défaut à une serrure de n'avoir pas un pêne qui puisse avoir un pouce au moins de saillie.

SA construction avait encore (ce qui a été regardé comme grand inconvénient) celui d'obliger à tenir la baie de la porte ouverte, afin de pouvoir appliquer d'une main le bout du doigt sur l'extrêmité du pêne, pour le tenir enfoncé, & faire qu'il ait son talon entré dans la zone pendant le tems que de l'autre main on travaillait à établir une autre combinaison, & cela contre *la demande formelle & de rigueur de la société*, qui voulait que la combinaison fût changée par le dehors, autrement dit, sans mouvoir la porte sur ses gonds. Ce dernier inconvénient venait de ce que c'était le même axe qui s'employait, & à placer successivement les pieces mobiles, & à faire auſſi mouvoir le pène. Cet inconvénient-ci, dans la piece préſentée pour interprétation de la premiere, ſe trouve, il eſt vrai, ſuffiſamment corrigé; mais celui de ne donner que trop peu de ſaillie à ſon pène, qui ſe trouve à celle-ci ne plus cauſer un inconvénient, n'eſt cependant pas corrigé en lui-même; & c'eſt ſeulement au moyen d'un autre pène mu par une clef ordinaire, que ce pène de la méchanique parvient à établir fixement une fermeture ſuffiſante, en arrêtant le pène mu par la clef, dans la poſition que celle-ci lui donne par ſon ſecond ou ſon double tour.

Si l'on voulait conſerver le ſervice d'une ferrure ordinaire, tel qu'il eſt, & l'uſage d'une clef, même ſans rien changer à la boîte ordinaire de ſerrure, il ſuffirait de faire parvenir un tétiau dans une mortaiſe qu'on ferait au pène de cette ſerrure; on ferait parvenir ce tétiau, au moyen d'une méchanique de combinaiſon établie dans une boîte entiérement ſéparée de celle de la ſerrure ordinaire: le tétiau parviendrait au pène, comme parvient à *ma ſerrure à coup de piſtolet*, celui qui entre dans le verrou-targette, ou, comme à la contre-platine de fuſil, celui qui traverſe la platine & va arrêter le chien. Il y a encore une autre façon, au moyen de combinaiſons méchaniques, par laquelle on peut empêcher aux ſerrures ordinaires de faire uſage de leur clef; c'eſt d'établir la méchanique de maniere qu'elle bouche entiérement l'entrée de la ſerrure; on parviendra bien, par ces deux moyens, à s'aſſurer qu'une ſerrure ne pourra pas s'ouvrir ſans l'emploi d'une combinaiſon méchanique quelconque, qui en donnera la liberté; mais on n'aura pas fait réellement une boîte de ſerrure à poſer ſur une porte, au lieu d'une autre ordinaire de ſûreté, & qui ait toutes les qualités de cette autre boîte, ſans cependant avoir beſoin de clef: que ſi l'on réunit dans la même boîte, & la ſerrure ordinaire avec une clef, & la méchanique à combinaiſon, qui fixe, quand on veut, la poſition du pène de l'autre ſerrure, on aura fait alors, & très-inutilement, du ſuperflu, ainſi qu'à la piece d'interprétation, de celle qui a obtenu le prix: laquelle piece interprétative pourrait très-bien remplir ſon objet ſans tout ce qui ſe meut par ſa clef; car le bouton ſortant & rentrant dans les deux zones à rebord, pourrait bien être l'extrémité de la branche très-courte d'une baſcule, de laquelle l'autre branche, d'une longueur double ou triple, ferait ſaillir un pène de 12 ou 15 lignes, & ſi gros qu'on voudrait: mais ce qu'il eſt poſſible de faire de ce méchaniſme, n'a pas été fait ni préſenté; & il faut croire que ce n'eſt pas ce qu'on pouvait en faire, qui a été couronné. Au ſurplus, cette méchanique, pour interprétation de l'autre, telle qu'elle a été offerte en public, quoique du même genre de méchaniſme que la premiere, ſe trouve être d'une compoſition toute différente; c'eſt d'un bouton retenu entre les rebords de deux zones, rebords entaillés, que, dans cette seconde, dépend la facilité ou l'*obstacle* au mouvement : ce qui conserve, comme je l'ai dit, tout le premier inconvénient ; savoir, celui de ne pouvoir donner au pène de la méchanique qu'un jeu arrêté, égal à la grosseur ou étendue de ce bouton.

DANS la serrure publiquement couronnée, ainsi que dans celle de M. Regnier, le changement de position des parties dans les pieces mobiles s'y fait par un *frottement simple* de la circonférence extérieure de l'une de ces parties, contre celle intérieure de l'autre, ou d'une des surfaces d'une partie contre la surface d'une autre ; tellement que, pendant que la partie dans laquelle est l'entaille, se trouve fixée en place, (par l'entrée dans cette entaille, soit du pêne, soit du tétiau ou bouton, même quand il tiendrait à un ressort) pendant qu'une partie est fixée, dis-je, l'autre partie change sa position relative, & en prend une nouvelle, dont l'indication paraît à l'extérieur ; c'est-à-dire, qu'on établit un autre signe d'indication, une autre combinaison, par le *frottement simple* d'une des parties qu'on fait mouvoir contre l'autre qui se trouve arrêtée.

DANS mes serrures, dont j'ai donné ci-dessus l'explication pour toutes, excepté pour celle marquée par la *fig.* 1 & suiv. *pl. III*, j'ai employé la deuxieme & troisieme espece de méchanisme ; mais je n'ai pas fait usage du *frottement simple*, & j'ai préféré d'employer un frottement composé & par ressauts occasionnés par des crans pressés continuellement par quatre petits ressorts ; de façon que le changement de position des parties de chaque piece mobile entre elles, est toujours de toute l'étendue d'un de ces crans, étendue relative à celle donnée aux signes indicatifs extérieurs.

DANS le *frottement simple*, il est possible, à la vérité, d'établir une *infinité* de positions entre les deux parties de chaque piece, & cette facilité présente certainement l'idée d'une perfection, en tant qu'elle multiplie *infiniment* les points de combinaisons à choisir ; mais cette facilité peut trop aisément devenir un inconvénient, parce que rien n'est si aisé que d'oublier dans quelle proportion l'on aura établi la position pour chacun de ces signes dans leur étendue ; & rien n'est si difficile que d'indiquer bien exactement la position choisie, à quelqu'un à qui l'on veut confier le moyen d'ouvrir : position exacte qu'il faut pourtant retrouver avec bien de la précision, si l'on a voulu jouir de la multiplicité des rapports des différens points sensibles du cercle ; au lieu que, lorsque le changement des parties dans la même piece se fait par autant de ressauts qu'il y a de signes indicatifs extérieurs, il n'y a plus de tâtonnement ni d'indécision, une fois qu'on a trouvé à placer le signe extérieur sur un point toujours déterminé clairement & facilement.

PAR ces deux façons de varier les combinaisons, il se trouve un même inconvénient commun, & qui résulte très-aisément du plus petit défaut de la construction; l'inconvénient peut être causé par quelque inégalité, quelque bosse, ou quelque entaille à la circonférence de la piece, par quelque corps étranger, par quelque ordure même, peut-être aussi par la rouille, ou du verd-de-gris, par quelque enfoncement enfin, qui à la longue se sera fait sur cette circonférence, enfoncement provenant de l'effet des chocs souvent répétés du pène, par des tentatives pour ouvrir sur tel point: tellement qu'il peut se faire qu'en voulant tourner toute la piece, pour chercher la combinaison, l'une de ses parties se trouve être frottée & arrêtée par le pène, par l'un de ses tétiaux, ou autrement, contre l'un des côtés de l'entaille où il doit entrer, ou contre quelque enfoncement qui se sera formé; de façon qu'alors on viendrait à changer la position respective des deux parties d'une piece mobile sans le vouloir, sans même s'appercevoir le moins du monde que l'on change cette position respective, dès-lors que le frottement sera simple de deux cercles l'un dans l'autre; au lieu que ce changement des parties respectives d'une même piece peut être sensible & se compter lorsqu'il se fera, même par hasard, en faisant des ressauts sensibles d'un ressort sur des crans.

POUR la plus grande certitude, il ne faut donc employer, dans l'usage commun, ni l'un ni l'autre de ces méchanismes; il faut en revenir à celui employé dans ma premiere serrure & dans celle décrite par la *fig.* 1, *pl. III*. Il faut que le changement des parties respectives d'une même piece mobile ne puisse s'effectuer que par un véritable désengrénement total de l'une avec l'autre, & que ce désengrenement ne puisse s'effectuer que dans le cas où, la combinaison ayant été établie, l'on aura, 1°. fait mouvoir le verrou, ou, 2°. pu le faire mouvoir, ou encore, 3°. qu'on le tiendra dans le milieu de sa course. Le dernier de ces cas est le plus simple & le plus facile à exécuter. Le premier est celui que j'ai employé à la premiere serrure, num. 9. Le deuxieme, celui de la possibilité seulement de pouvoir faire mouvoir le verrou, n'est point exécuté encore, & le méchanisme de ma serrure, *fig.* 9, &c. *pl. I*, est, plus qu'une autre, susceptible de le recevoir. Ce premier, tel que je l'ai employé, exige un méchanisme de plus que le troisieme; il faut que le pène, en se mouvant pour saillir ou pour rentrer, fasse mouvoir & soulever ce qui fait *l'obstacle* à la sortie & au désengrenement des parties des pieces, & que cet *obstacle* reste suspendu.

IL faut avoir soin, au surplus, qu'on ne puisse jamais venir à bout d'effectuer cette liberté, autrement que par le mouvement du pène, ou par la liberté, préalablement établie, de pouvoir le lui donner; tandis qu'il faut qu'on puisse faire cesser cette liberté, & former de nouveau *l'obstacle* par le moindre attouchement à quelques-uns des points extérieurs.

Je n'ai point trouvé de moyens propofables à employer pour pouvoir faire une ferrure à combinaifons ayant les qualités d'une bonne ferrure de fûreté pour un appartement, avec le feul emploi du méchanifme que j'ai appellé de la premiere efpece, celui à cercles concentriques, exécuté la premiere fois par M. l'abbé Boiffier, & dont M. Prince de Beaufont a le débit *par privilege exclufif.* (*a*)

Je crois que ce méchanifme doit, jufqu'à nouvelle découverte, être réduit à n'être employé que pour les endroits où l'on ne peut pas avoir befoin ou poffibilité de s'enfermer; mais fon ufage a encore affez d'étendue, & il remplira d'ailleurs très-bien fon objet, fur-tout pour les porte-feuilles, tablettes, écrins, écritoires, &c.

Ce n'eft pas feulement parce que ce méchanifme de M. l'abbé Boiffier, tel qu'il l'a exécuté, ne peut s'employer pour remplir tout l'objet d'une ferrure de fûreté, que je bornerais fon ufage à la fermeture de jolis porte-feuilles & écritoires, ou autres chofes dans ce goût; mais c'eft parce que la conftruction de fon méchanifme demande néceffairement trop de délicateffe pour être jamais à bon compte, & qu'il eft néceffaire, de plus, qu'il foit d'un travail fini dans fon intérieur, afin de n'être pas affez facile à tâter, c'eft-à-dire, à en découvrir la combinaifon avec un peu de fineffe dans le tact; inconvénient qu'il peut avoir plus aifément qu'une autre, par la petiteffe & par la prefqu'égalité de proportions indifpenfables qu'exigent toutes fes pieces néceffairement faibles en elles-mêmes.

Quand je parle de cercles concentriques qu'on peut aifément employer en ferrure, j'entends des cercles portés par des cylindres concentriques, qui traverfent le bois de la porte, pour tranfmettre le mouvement à la boîte de ferrure qui fera au-dedans du lieu qu'on veut fermer; ce qui forme la quatrieme efpece, celle *compofite.* On verra même que, pour faire par ce moyen une ferrure qui ait toutes les qualités que j'ai fpécifiées, & qui font néceffaires aux ferrures de combinaifons, il faut néceffairement un méchanifme double, un ouvrage fuperflu, & que l'emploi des cercles concentriques (même portés par leurs cylindres) doit être reftreint, comme je vais le dire. Au furplus, voyez l'explication de la *fig.* 1 & fuiv. *pl. IV*, où je réunis deux méchanifmes qui forment une bonne ferrure, & qui peut même obtenir la préférence, pour être employée par ceux qui pourront y mettre le prix.

De même que dans les ferrures ordinaires, celles pour appartemens coûtent plus cher que celles pour des coffres ou armoires; de même, dans

(*a*) On m'a mandé que M. Calippe, ferrurier, habile méchanicien, rue du Dauphin S. Roch, a appliqué cette efpece de ferrure en grand pour des portes; mais je ne peux pas imaginer qu'il ait pu en faire une ferrure qui s'ouvre & fe ferme en-dehors & en-dedans.

les serrures à combinaisons, celles qu'on pourra employer pour appartemens, c'est-à-dire, à manœuvrer également des deux côtés, coûteront toujours plus cher que celles qui ne peuvent servir qu'à des armoires. Mais il y a bien d'autres lieux que des armoires, où l'on fait usage des serrures ordinaires, qui ne s'ouvrent que par dehors, & où l'on peut user d'une bonne serrure à combinaisons, laquelle cependant ne fermerait que par le dehors; par exemple, pour fermer des barrieres dans une forêt, des regards de-fontaine, des remises, des caves, des magasins, des gardes-meubles, des bibliotheques, des granges, des greniers, des archives, des dépôts, &c. & tout autre endroit où l'on ne va que très-rarement, ou bien, où l'on n'a point à s'enfermer. On n'aura pas besoin alors de se charger de la clef, ni de s'en rapporter à un passe-par-tout; les serrures pour lesquelles le passe-par-tout peut s'employer, ne donnent jamais la *sûreté possible* que l'on peut attendre de celles qu'il n'y a que leur clef qui peut les ouvrir; au lieu qu'avec une serrure à combinaisons, on aura une sûreté plus grande qu'au moyen des serrures qui s'ouvrent avec le passe-par-tout, & il ne s'agira que de ne pas perdre la mémoire de sa combinaison, ou de la conserver clairement indiquée par quelques-unes des façons que j'ai annoncées. Mais pour le service usuel de ces serrures, il faut nécessairement qu'elles soient fortes & solides, qu'elles puissent être fabriquées & mises en place par les ouvriers ordinaires de tout pays, & que le prix ne passe pas une pistole, ou 12 livres, ou 18 livres au plus. Il faut encore qu'elles n'entament pas le bois des portes plus que les autres.

J'EN ai exécuté une dont les pareilles ne reviendraient guere au-delà du prix de 12 à 15 liv. Elle est du quatrieme méchanisme, que j'ai appellé l'espece *composite*. Il y a des cercles qui portent chacun leurs tuyaux ou cylindres concentriques, & lesquels renferment l'axe commun aux pieces mobiles, rouleaux ou plateaux circulaires; & l'extrêmité de chacun de ces tuyaux engrene dans une des différentes pieces ou plateaux circulaires, & tous en désengrenent, pour pouvoir changer leur position & la combinaison choisie. Cette espece de méchanisme seul est absolument dans le cas de ne pouvoir s'employer que par le dehors du lieu qu'il tient clos; & je ne conçois pas de moyens de se servir de ces cercles concentriques (ce que j'ai appellé la premiere espece de ces méchaniques), même avec leurs cylindres, pour d'autres serrures que celles-ci, à moins, je le répete, que d'y joindre un autre méchanisme. Cette piece, *fig.* 7 & 14, est exécutée comme une forte serrure de coffre ou d'armoire, & en cela de même nature que toutes celles qui ont concouru au prix de la société d'émulation; prix que cette piece eût été dans le cas d'obtenir si elle avait été présentée. L'explication des *fig.* 7 & 14 en montrera la construction.

TOUTE

Toute efpece de ferrure à combinaifons, fans clef, pour un coffre ou pour une armoire, peut avoir de grands avantages, lorfqu'il faut en appliquer plufieurs fur une même porte, pour le cas où l'on ne veut point qu'elle foit ouverte autrement qu'en préfence ou avec l'aveu d'autant de perfonnes qu'il y a de ferrures; & comme il peut arriver des circonftances où l'une de ces perfonnes fût éloignée & voulût donner fa procuration à quelqu'un, alors, au lieu d'envoyer la clef, il fuffira de mander au chargé de pouvoirs, quelle eft la combinaifon qu'elle aura adoptée. Il eft à croire même, que la fociété libre d'émulation, de laquelle, par fon réglement, le dépôt principal de la caiffe doit être fous trois clefs, a ufé déjà, ou ufera de ces ferrures par la fuite, & qu'elles feront choifies de trois méchaniques différentes, & les meilleures.

Le méchanifme que je crois être le plus fûr & le plus facile à exécuter folidement & à meilleur marché, pour faire des ferrures d'appartement, c'eft celui que je place de la troifieme efpece, celui inventé par M. Regnier, celui des cercles ou plateaux égaux ou inégaux, placés auprès ou à côté l'un de l'autre; mais il faut abfolument que les deux parties, dont chaque cercle ou plateau fera compofé, engrenent l'une dans l'autre, & qu'elles fe défengrenent pour changer leur pofition refpective, & établir de nouvelles combinaifons, en obfervant de n'avoir ni *frottement* fimple, ni compofé. Je ne dis pas, cependant, qu'on ne puiffe pas faire de ces méchaniques à frottement, de l'efpece que j'ai placée la feconde (celle du cadenat de Cardan à rouleaux), ou celle de la piece qui a obtenu le prix; mais pour cette deuxieme efpece, & fur-tout quand l'*obftacle* agira par le centre, il faudra toujours, 1°. un travail plus foigné, plus fini, & par conféquent plus de cherté, afin de ne pas tomber dans l'inconvénient de déranger une des pieces mobiles, en voulant (de celle qu'on viendra d'établir) faire paffer dans une autre la partie de l'axe par laquelle leurs mouvemens particuliers peuvent feulement leur être communiqués. 2°. Ce méchanifme, mu par le centre, fera toujours plus long à arranger, quand on voudra ouvrir & fermer. 3°. Il fera toujours befoin d'art, d'adreffe, d'un certain favoir, pour manier ce méchanifme; enfin, il y aura une difficulté méchanique entiérement fuperflue. 4°. Il fera toujours plus difficile, par ce moyen, de pouvoir ouvrir ou fermer la porte la nuit, fans lumiere & d'une main; qualités cependant effentielles & indifpenfables, même dans l'ufage commun, & pour obtenir la préférence fur ce qu'on appelle des *ferrures de fûreté*, propres aux appartemens, pour le fervice journalier du peuple & du bourgeois.

La forme que je crois la meilleure à donner aux parties des rouleaux ou plateaux circulaires, c'eft l'une des deux dont la repréfentation des figures se trouve expliquée *fig.* 30 & suiv. *pl. II.* En construisant en métal les pieces de ces figures, leurs dimensions en épaisseur peuvent être réduites aisément jusqu'à une ligne & demie, & la moindre dimension du diametre de leur partie intérieure peut être réduite à cinq ou six lignes (*a*); on y aura aisément encore trente-deux dents, & ce nombre fournit toutes les lettres de l'alphabet, & tous les chiffres, en se servant du nombre *un* pour la lettre *I*, & de la lettre *O* pour zéro; en donnant à ces pieces mobiles quatre lignes d'épaisseur au plus, & douze à treize de diametre, elles pourront s'exécuter en bois de buis, ou autre, pourvu qu'il soit aussi dur & aussi coriace; & elles porteront facilement seize dents solides. Ce nombre 16 renferme celui de tous les chiffres arabes & romains, 1, 2, 3, 4, 5, 6, 7, 8, 9, M (10), D (11), C (12), L (13), X (14), V (15), O (16). Ce nombre 16, répété sur quatre quarts, partagera un cercle en 64 parties, NORD, EST, SUD, OUEST. Pour la plus longue durée, il conviendra de faire que la partie extérieure de chaque piece mobile, par sa face qui sera entaillée pour recevoir le tétiau, soit toujours de métal, ou couverte de cette matiere, afin de résister au frottement ou appui du tétiau: frottement qu'elle éprouvera aussi-tôt qu'on tentera de l'ouvrir dans toutes les positions où ce tétiau ne sera pas exactement au-dessus de l'entaille dans laquelle il doit entrer.

DANS le cas où l'on voudrait employer le méchanisme de la seconde espece, soit dans le goût de ma premiere serrure, soit de la seconde, ou comme au cadenat à l'écritoire ou à l'étui à cure-dents, auxquels il faut que la partie extérieure des pieces mobiles soit apparente, & qu'elle porte les signes à combiner, & où, par conséquent, il faut que ce soit la partie intérieure qui reçoive l'*obstacle;* il faudra alors que la face de la partie intérieure de ces pieces, du côté qui doit recevoir le tétiau, verrou, ou parallelipipede, soit nécessairement d'une matiere plus dure que le bois, comme ivoire, os, écaille, si l'on ne se sert point de métal; car les petits corps qui devront être poussés de l'une des pieces, pour passer à moitié dans l'autre, fussent-ils même d'autre matiere que de métal, viendraient à faire impression sur la partie intérieure de leur piece voisine, & par-là rendraient bientôt la méchanique défectueuse.

IL faut réserver le frottement composé, ou à ressauts, seulement dans les petites serrures plates, pour tablettes, porte-feuilles, contre-platines de fusils ou de pistolets, &c. 1°. parce que, par cette façon, le mécha-

(*a*) On verra comment j'en ai exécuté une où le diametre intérieur n'est que de deux lignes & demie, & qui porte 24 dents qui y aboutissent. Voyez les *fig.* 1 & suiv. *pl. IV*, & sur-tout la *fig.* 14.

nifme peut être plus mince que par toute autre, & réduit feulement, tout compris, à deux lignes d'épaiffeur ; 2°. parce que, pour de femblables objets agréables, il faut néceffairement un ouvrage fini, & que ceux à qui cela conviendrait, foient en état de payer le prix à proportion du travail néceffaire.

J'AI dit que ce qui a paru de méchaniques à combinaifons, avec de petits corps, ou pieces mobiles, à faces planes & droites, & qu'il faut placer en différens endroits, avait un défaut inhérent à la forme ou figure de ces pieces mobiles, & qu'il ne fallait donc s'arrêter, pour l'ufage, qu'aux formes circulaires.

J'AI dit encore qu'on peut cependant parvenir à faire une ferrure à combinaifons, fans aucune forme circulaire ; mais je dis plus affirmativement, qu'on peut conftruire une bonne ferrure d'appartement, fans aucune efpece de pivot fixe ou mobile, & en ne fe fervant que de corps, que de parties, que de pieces abfolument à faces planes & droites, & n'ayant pas d'angles plus obtus que 135 degrés ; car, en petit, les figures à 16 côtés, & même à 12, feraient prefque l'effet des circulaires. Je dis de plus encore, qu'il eft poffible d'exécuter une femblable machine, fans aucune efpece de métal, fans ivoire, os, ni écaille, &c. mais feulement avec du bois.

CETTE propofition à démontrer ferait un problême de méchanique à réfoudre. Je ne pourrais pas, il eft vrai, quant à préfent, déterminer, ni même indiquer comment la folution pourra être de quelque utilité au public, pas même pour l'ufage des ferrures ; mais il me paraît certain que l'art de compofer des combinaifons méchaniques, loin de pouvoir jamais être nuifible, peut au contraire devenir du plus grand avantage dans la pratique de plufieurs autres arts & métiers utiles.

JE crois que, par toutes les figures que je donne ici, (avec leur explication capable de pouvoir faire entendre, à tout ouvrier intelligent, la façon d'exécuter ces pieces) on appercevra aifément que, dans le nombre infini de formes qu'on voudra leur faire prendre, il faudra toujours fe borner, dans l'ufage, aux efpeces que j'ai diftinguées ; fi du moins quelque nouvelle connaiffance ne vient point à éclorre du zele que l'on remarque de tous côtés pour la perfection des arts, & fur-tout de la part de la fociété bienfaifante, connue fous le nom de *fociété d'émulation.*

ON ne peut donc que favoir gré à ces citoyens généreux, qui répandent des gratifications fous le nom d'encouragemens, pour donner l'effor au génie. Cette fociété, même dans un des objets qu'elle a propofés, fe trouvera peut-être parvenue à créer un art nouveau. En attendant qu'elle veuille bien faire connaître au public quel eft le point de perfection qu'elle a pu envisager, & l'instruire des principes qu'elle aura établis sur cet art, je ne peux nuire à ses succès, ni craindre de lui déplaire, en publiant cet essai dans mon pays natal. A Tilbourg, en Hollande, au pays d'Osterwick, ce 25 septembre 1779. *Signé*, JOSEPH BOTTERMAN.

DEPUIS ce mémoire envoyé à mon traducteur, j'apprends que M. Sandos, horloger, demeurant rue Gît-le-cœur, à Paris, avait présenté à l'académie des sciences une méchanique de sa composition, très-bien exécutée en cuivre, renfermée dans un quarré d'environ trois pouces & demi, & de quinze lignes d'épaisseur; que cette savante compagnie lui a donné son approbation le 12 février de l'année 1780.

J'AI su que cette piece est très-susceptible de recevoir le peu qui lui manque pour avoir presque généralement les différentes qualités qu'on peut exiger d'une serrure à combinaisons, & qu'il ne s'agit pour cela, que de deux choses : 1°. y établir à demeure des boutons ou poignées sur les axes de ses pignons, au lieu de trois différentes clefs, au moins, que l'auteur y emploie inutilement; 2°. ôter deux secrets qu'il y a placés, & qui y sont entiérement superflus.

IL y a un manque de perfection dans cette méchanique, c'est que le changement de position des parties des pieces se fait par le frottement simple; mais l'inconvénient d'une semblable serrure, pour devenir usuelle, serait encore le prix nécessaire à son exécution, s'il est vrai, comme on l'assure, qu'il ne pouvait devenir moindre de 120 liv. Mais je soupçonne cependant qu'elle pourrait s'exécuter pour dix écus. Ce méchanisme est vraisemblablement de l'invention de M. Sandos; mais, par ce que j'en ai appris, il me paraîtrait pourtant avoir beaucoup de rapport avec celui d'une des pieces présentées dès janvier 1779, & qui a concouru au prix de la société libre d'émulation, & que cette société, dans sa séance publique, en juin, a annoncé être de M. de Vergne (*a*), & que je place dans la troisieme espece inventée par M. Regnier. Je n'essaierai pas de décrire le méchanisme de M. Saudos; je peux dire néanmoins, que sa méchanique, telle qu'elle m'a été expliquée, 1°. n'a que deux pieces mobiles, de même que celle qui a obtenu le prix; que par conséquent elle ne peut de même porter ses combinaisons qu'à la seconde puissance du nombre dont ces pieces sont marquées; & 2°. que ses pieces ne peuvent faire qu'un

(*a*) M. de Vergne, ingénieur à Verdun, a imaginé une méchanique, & l'a fait exécuter par le nommé Gony, serrurier, qui, pour son compte, en a envoyé deux autres au concours, lesquelles n'ont rien de ressemblant au méchanisme de M. de Vergne. On n'est pas obligé, à la méchanique de M. Sandos, de tourner le pivot pour chaque cran de la roue qu'il met en mouvement, comme à celle de M. de Vergne.

tour ; après quoi elles ſont obligées de retourner ; qu'elles ont un point d'arrêt, comme celle de la méchanique de M. de Vergne ; & que ce ſont là deux autres manques de perfection. *Signé*, JOSEPH BOTTERMAN.

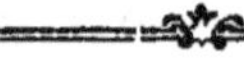

EXPLICATION DES FIGURES.

PLANCHE PREMIERE.

N°. I.

Cadenat à rouleau.

FIG. 1. Profil d'un des cadenats de Cardan, à rouleaux, où les deux pieces peuvent ſe détacher entiérement.

Fig. 2. Profil de ce même cadenat, vu par le bout qui porte la crémaillere. Les lignes pointillées qui vont d'une *figure* à l'autre, marquent le rapport des deux *figures*. Les plus gros points marquent la hauteur des rouleaux, & comment ils ſont retenus dans le même lieu par les bandes A, B, qui joignent enſemble les dormans C, D, *fig.* 1.

Le pointillé E de la *fig.* 1, marque comment l'extrêmité de la chappe qui tient à la crémaillere, entre dans le bout de la branche du dormant C. On voit dans la même *figure* le pointillé qui repréſente la crémaillere vue tout-à-fait ſortie des rouleaux, par la *fig.* 3.

Dans la *fig.* 2, on voit la face du dormant repréſentée de profil à la *fig.* 1, en D. Ici F, G, repréſentent la partie de la branche qui joint la crémaillere à la chappe ; & le pointillé autour de G, offre la partie de la crémaillere marquée de même G, & vue de côté, *fig.* 3.

La *fig.* 4 repréſente un cadenat de la même eſpece, où les deux pieces ne peuvent pas ſe détacher l'une de l'autre, & dont la chappe A eſt à un des bouts ; on voit la crémaillere déſignée en pointillé ; & ſon extrêmité B, prolongée de quatre lignes environ au-delà du dormant, eſt retenue par un rebord qui l'empêche de paſſer plus loin au travers des rouleaux, quand le cadenat ſe trouve ouvert.

La *fig.* 5 eſt la coupe d'une des pieces mobiles ou rouleaux, & la *fig.* 6 en eſt le plan, en ſuppoſant que la crémaillere n'y ſoit pas. Dans cette *fig.* 5 A eſt le paſſage de l'axe ou crémaillere marquée A, *fig.* 3, & dans lequel paſſage ſe trouve l'entaille marquée I, *fig.* 6, repréſentée en plan. L'entaille dans cette coupe, *fig.* 5, ſe voit en pointillé D ; l'eſpace marqué B, dans la moitié de l'épaisseur du rouleau, c'est l'espace où tourne librement une dent de crémaillere marquée B, *fig.* 3. C c'est le bord extérieur du rouleau, sur lequel sont tracés les signes indicatifs; on voit que cette piece, étant d'une seule partie ou d'un seul morceau, le passage de la dent de la crémaillere se trouve toujours nécessairement sous le même signe indicatif, & que ce passage une fois reconnu, à chacun des rouleaux, il n'y a plus dès-lors de combinaison à faire, & qu'il faut toujours les replacer de la même façon pour ouvrir, & donner la liberté à la crémaillere.

PLANCHE I.

N°. II.

Autre cadenat de Cardan.

FIG. 7 est la vue du dessus du cadenat à cercles concentriques; le pointillé marque comment la crémaillere passe sous les cercles, & que, sous la plaque marquée comme transparente, l'une des parties passe dans l'autre; & ici, au passage marqué B, il faut remarquer que le passage A donnerait plus de largeur, & que le passage C en donnerait moins; l'étoffe qui renferme la rembourrure, & qui double le tour, paraît rebordée autour, & attachée par les points de couture marqués ainsi, - - - -

La *fig.* 8 est la coupe de la même invention.

On voit, *fig.* 7, sur chaque cercle mobile, les lettres ou chiffres, qu'on pouvait y substituer, être placés différemment, & que, pour faciliter de lire, il faut que ces lettres ou chiffres soient toujours figurés ayant le centre commun des cercles sur la droite, comme aux trois plus grands cercles, si l'on veut lire sur la gauche; ou bien il faut les tracer ayant ce centre à la gauche, si l'on veut lire sur la droite, & dans un ordre renversé par rapport à l'autre, comme est marqué le plus petit cercle. C'est selon le côté qui aura été choisi pour être le point indicatif auquel la combinaison doit répondre. On croit ne devoir pas donner la construction totale de cet objet.

PLANCHE I.

N°. III.

Serrure qui a été présentée à l'académie des sciences.

DESCRIPTION d'une serrure présentée pour le concours du prix de la société libre d'émulation, en janvier 1779, & qui n'a pu être admise à concourir. Cette defcription eft à peu près telle qu'elle avait été préfentée à cette fociété, fans plan ni deffin, mais avec la méchanique même ; il n'y avait donc pas de renvois aux *figures;* on en a placé quelques-uns ici, pour faciliter l'intelligence de la defcription de la méchanique, de laquelle on ne peut communiquer de deffins que par la voie de l'impreffion.

" Le méchanifme de combinaifon de cette ferrure, *fig.* 9, repréfentée „ en vue fur une échelle de fix lignes pour pouce, confifte en cinq pieces „ qui forment chacune une figure réguliere ou efpece de roulette à dix côtés „ ou faces de même dimenfion. Chacune de ces faces eft marquée de la *figure* „ d'une des cartes à jouer d'un jeu de quadrille ; elles font elles-mêmes „ partagées en quatre parties pour les quatre couleurs, *cœur*, *trefle*, *pique* „ & *carreau*, ce qui leur détermine quarante pofitions.

„ Il peut être généralement plus commode d'employer des figures de „ cartes ; on trouve des gens qui ne favent pas lire, & fur-tout parmi „ les payfans, il y en a qui ne connaîtraient pas les chiffres, tandis que „ tous connaiffent la figure des cartes à jouer, tout auffi bien que les gens „ qui ont reçu la meilleure éducation.

„ Chacune de ces cinq pieces, roulettes, ou décagones, compofée de „ trois parties, a cinq lignes d'épaiffeur, du fens de leur axe commun. Le „ diametre extérieur entre les faces apparentes eft de deux pouces ; voyez „ *fig.* 10, fur une échelle de moitié de fa dimenfion, où une de ces rou- „ lettes ou décagones eft repréfentée en plan. La premiere partie, celle „ extérieure de chacune de ces roulettes, forme une efpece d'anneau, du- „ quel la diagonale intérieure eft de dix huit lignes, mais qui porte à cette „ circonférence intérieure des dents ou des pointes faillantes en-dedans, „ lefquelles, dans cette ferrure, fe trouvent de deux lignes un quart ; ces „ dents ou pointes ont auffi d'épaiffeur deux lignes trois quarts, ce qui „ eft un peu moins de la moitié de l'épaiffeur totale de la roulette.

„ Au-dedans de cette premiere partie de chaque roulette, eft une étoile, „ dont la dimenfion dans fon corps, le long de l'axe, eft également de cinq „ lignes d'épaiffeur, fur un diametre de quatorze lignes ; mais ayant fes „ pointes ou dents extérieures d'une épaiffeur moitié moindre, c'eft-à-dire, „ de deux lignes un quart ou & demie, dents ou pointes qui entrent exac- „ tement entre celles de la premiere partie de la roulette. L'étoile elle-même „ eft percée d'une ouverture de cinq lignes de diametre, mais ayant une „ feule entaille, ou encoche, ou échancrure, dans fa circonférence intérieure „ de deux lignes & demie d'enfoncement, & d'une ligne & demie de „ largeur.

„ Dans cette étoile, fe place une virole qui a également cinq lignes d'é- „ paiffeur, de même qu'elle a auffi cinq lignes (moins l'efpace néceffaire

„ pour un frottement léger) de diagonale extérieure, & seulement trois lignes „ & quelque chose de diagonale intérieure, afin de recevoir l'axe de trois „ lignes ; mais cette virole a une dent saillante, de deux lignes un quart, „ à peu de chose près, & d'une ligne un quart seulement d'épaisseur dans „ sa dimension, qui entre dans l'encoche de l'étoile.

„ Ces trois parties réunies forment une des cinq pieces ou roulettes du „ méchanisme de combinaisons ; toutes cinq sont enfilées sur un même axe „ de trois lignes de diametre dans l'étendue des vingt-cinq lignes occupées „ par les cinq pieces ; mais cet axe est renforcé par ses extrêmités, où il „ porte quatre lignes & demie de diametre, de façon que les viroles restent „ toujours sur le même lieu de l'axe, & n'avancent à droite ou à gauche „ dans la boîte de la serrure, & sous les anneaux en décagones, qu'avec „ l'axe, lorsque les cinq pieces sont arrangées de façon que chacune des „ viroles qu'elles ont à leur centre, porte chacune leur dent précisément „ vers un même point, ne pouvant varier horizontalement leur axe com„ mun ; alors (les étoiles & les roulettes au point correspondant à un même „ rayon de leur position, c'est-à-dire, parallélement à l'axe) si l'on vient „ à faire agir horizontalement cet axe commun, les viroles, nécessairement „ mues en même tems que cet axe, suivent son mouvement, & elles „ passent ou sortent à moitié hors de leur étoile, & vont dans la moitié „ de l'autre étoile voisine. Nous verrons ce mouvement représenté *fig.* 12, „ de grandeur naturelle, & son explication ci-après.

„ Ce qui forme la combinaison à établir à son choix, c'est la possibilité „ de donner à chaque étoile qui renferme sa virole, quarante positions dif„ férentes dans sa partie extérieure, ou l'anneau à dents respectif à chaque „ étoile. C'est là ce qui établit la variété des secrets, autrement dit, la „ combinaison de secrets à choisir ; & dans cette serrure, le choix est entre „ cent deux millions quatre cents mille : c'est cette variété de choix qui „ fixe le nom de *serrure à combinaisons*, à celles qui ont semblables pro„ priétés. S'il n'y avait ici que dix positions à chaque roulette, il n'y au„ rait plus que quatre cents mille combinaisons ; il y en aurait donc 102 „ millions de moins : mais elle serait toujours serrure à combinaisons.

„ Lorsque l'on veut changer de combinaison, autrement dit, faire choix „ d'un autre secret, c'est-à-dire, encore, lorsque l'on veut établir une autre „ position de chaque étoile dans son anneau relatif, il faut, lorsque les „ viroles sont sur un même rayon, & après que l'axe a joué, pousser à „ la fois toutes les étoiles hors de leurs anneaux & vers le côté opposé „ à la saillie du pêne, & justement de la moitié de leur épaisseur, c'est„ à-dire, de deux lignes & demie ; ce qui se fait sans que l'axe commun

„ remue,

„ remue, & en pouſſant les boutons A. (*a*) L'on voit près I, I, *fig.* 9,
„ deux avances qui vont pouſſer les étoiles; (*b*) alors les dents ſe trou-
„ vent ſorties, les unes d'entre les autres, des étoiles & de leurs anneaux
„ reſpectifs; leſquelles étoiles reſtent fixées ſans pouvoir tourner ou ſe dé-
„ ranger, parce que chacune d'elles eſt retenue en place par deux moi-
„ tiés de différentes viroles (voyez *fig.* 12, la coupe de l'étoile A, portée
„ ſur moitié de deux viroles B & C) alors, dis-je, les cinq anneaux à dents
„ ou parties extérieures des cinq pieces mobiles, & qui ſont ſoutenues par
„ les quatre petits cercles qui ſont entr'eux, marqués D, *fig.* 12, peuvent
„ être mus & tournés à volonté, pour leur choiſir la poſition qu'on veut,
„ c'eſt-à-dire, pour établir, par l'aſpect de leurs faces, tel autre nombre, telle
„ autre figure, ou tel nom qu'on voudra. L'on fait enſuite rentrer les étoiles cha-
„ cune *ſous* ſon anneau à dents & *ſur* ſa virole, ou plutôt, on laiſſe rentrer les
„ étoiles à leur place, y étant rappellées par l'effet d'un reſſort marqué L,
„ *fig.* 9; & alors la nouvelle combinaiſon, autrement dit, la nouvelle déſigna-
„ tion donnée au ſecret, ſe trouve établie. Cette action de pouſſer les
„ viroles en arriere, s'exécute par le bouton extérieur A, placé du côté de la
„ ſaillie du pêne, & il faut le tenir pouſſé du côté oppoſé à cette ſaillie,
„ pendant qu'on arrange les parties extérieures des roulettes, & le retirer
„ enſuite pour être plus aſſuré de ſon retour, quoiqu'il ait le reſſort L qui
„ le rappelle. Le reſſort repréſenté en M, eſt celui du demi-tour.

„ C'eſt lorſque la combinaiſon eſt établie, que l'on peut ſeulement com-
„ muniquer au pêne un mouvement quelconque, parce que, par le moyen
„ d'un long *penneton* H, pour joindre ce pêne, & par celui d'un autre
„ très-court D, E, pour joindre des branches coudées & liées enſemble,
„ qui correſpondent à l'axe des cinq pieces mobiles, un même moteur D,
„ mis en action par l'une des petites pommelles ſaillantes, tant à l'exté-
„ rieur qu'à l'intérieur de l'appartement, placées à l'extrêmité du penne-
„ ton E, par un appui qui le fait deſcendre à ſa repréſentation pointillé,
„ donne quinze lignes de courſe à ce pêne, dans le même tems qu'il n'en
„ donne que deux lignes & demie ou trois lignes à l'axe commun des cinq
„ pieces, & qu'il le fait couler de ſa poſition ſtable, & paſſer à celle repré-
„ ſentée en pointillé, *fig.* 9: ce qui eſt auſſi repréſenté en grand, *fig.* 12,
„ où l'on voit cet axe E, paſſer de ſa place par la poſition F; & c'eſt ſeu-
„ lement la fin de ce mouvement de l'axe, mouvement inſtantané, qui par
„ l'effet du talon ou biſeau de cet axe marqué au-deſſous de la lettre N,

(*a*) Ce bouton eſt ſaillant en-dehors de la boite, en-dedans de la chambre, & ſaillant auſſi au-dehors de la porte, comme il parait *fig.* 9 *bis*, lettre A, ſur une très-petite échelle.

(*b*) Toute la longueur de ces avances ne peut être repréſentée dans le deſſin en vue que par le pointillé auſſi marqué I.

„ *fig.* 9, & G, *fig.* 12, fait lever un petit pêne repréſenté près H, *fig.* 12, & ſortir de la poſition où il eſt repréſenté en pointillé pour aller à celle où il eſt réellement figuré ; & c'eſt ce petit pêne qui donne le mouvement à trois petits verroux qui forment un obſtacle au déplacement des étoiles. (On voit *fig.* 10, en A, A, A, où portent les trois obſtables contre le corps de l'étoile, & à côté en pointillé, où ils ſont reſtés quand leur pêne les a fait mouvoir.) Ce déplacement des trois petits verroux ne doit pouvoir être procuré & ne peut l'être que par celui qui connaît la combinaiſon choiſie, & qui a pu l'établir.

„ Les trois petits verroux, formant l'obſtacle à ce déplacement des étoiles, lorſqu'ils ſont ſoulevés par le moyen de la fin du mouvement de l'axe, ſe trouvent tout auſſi-tôt ſaiſis, & ils reſtent ſuſpendus par l'effet des petits reſſorts ſupportés par un petit corps de méchanique repréſenté vu de face, *fig.* 13, & vu de côté, *fig.* 12 ; c'eſt-à-dire, vu comme ce méchaniſme ſe trouve être placé dans l'épaiſſeur de la ſerrure, & ainſi qu'il paraît repréſenté *fig.* 9. On voit *fig.* 13, la repréſentation d'une double crémaillere A, B, de laquelle chaque extrêmité C, D eſt ſaillante ; & auſſitôt qu'on touche à l'une des extrêmités de cette double crémaillere, les trois petits verroux retombent & ſe replacent ; alors on ne peut plus faire ſortir les étoiles de leurs anneaux, & ces petits verroux ne peuvent plus être relevés que par un nouveau mouvement & du pêne & de cet axe qui lui correſpond.„

Ces verroux retombent d'eux-mêmes par leur poids, étant légérement attachés ſur un axe repréſenté au-deſſus de I, *fig.* 12. On voit les deux charnieres L, M, jointes par une branche qui fait baiſſer l'extrêmité du levier N, quand le verrou fait monter le tenon ſupérieur à ſa poſition en O, pour être accroché par un petit reſſort ; & pour ôter le troiſieme obſtacle, c'eſt le tétiau marqué en coupe par des hachures recroiſées près P, *fig.* 12, qu'on ne voit que par le bout, & marqué E, *fig.* 13, vue de l'autre ſens, lequel tétiau ſouleve un petit marteau en reſſort marqué Q, *fig.* 9, qui forme le troiſieme point d'obſtacle. J'ai employé trois obſtacles afin d'avoir un appui aſſez ſûr pour retenir fermement le cercle des étoiles, en n'appuyant cependant que ſur le bord de ſa circonférence.

“ Cette deſcription fort longue & ennuyeuſe, fût-elle plus détaillée, ne ferait pas connaître aſſez particuliérement cette méchanique, pour en conſtruire aiſément une parfaitement ſemblable ; mais elle peut ſuffire pour la faire bien entendre à ceux qui pourront examiner la piece exécutée. Rien n'eſt ſi aiſé que de voir tout le dedans de cette ſerrure, où toutes les pieces ſe trouvent être attachées ſur le palâtre ou la plaque de fond. La plaque ou le palâtre qui couvre l'extérieur du dedans de la chambre & trois côtés de ſon épaiſſeur, eſt faite de maniere à pouvoir ſe lever très-aiſément ; elle n'eſt retenue en place que par deux

„ écrous à oreille, qu'on visse sur les deux montans représentés *fig.* 9, „ au-dessus de P, P. „

La gazette d'agriculture, n°. 55., 1779, rend compte de cette serrure, & dit qu'elle a été destinée à former la fermeture d'une grille de fer entre deux jardins; qu'outre son demi-tour, elle s'ouvre & se ferme également par-dehors & en-dedans, sans qu'on soit obligé de faire agir plus d'une main; qu'il n'est pas même nécessaire d'y regarder; que le tact seul suffit; que les combinaisons s'établissent également des deux côtés indifféremment, & dans quelque position que se trouve le pêne, soit poussé dans sa gâche, soit tout-à-fait entré, soit au milieu de sa course.

Cette piece a une singularité remarquable, dit cette gazette, c'est qu'elle peut tromper un mal-intentionné qui, après avoir observé la combinaison dont on se serait servi pour la fermer, croirait être en état de la retrouver pour l'ouvrir. Le propriétaire, après avoir laissé voir la combinaison suivant laquelle il aura fermé, & après l'avoir troublé, peut, en présence des curieux, établir une autre combinaison à son choix, sans qu'il ait à craindre qu'aucun spectateur suspect puisse le démêler.

Le rédacteur de la gazette aurait pu ajouter, qu'indépendamment de cette singularité, elle en a encore une très-grande, c'est qu'elle peut paraître faire l'impossible; c'est-à-dire, remplir ce qu'on peut entendre par la demande de la société d'émulation, *trouver moyen d'exécuter indifféremment telles de ces combinaisons qu'il plaira choisir au moment où l'on voudra* FERMER OU OUVRIR. Mais cette propriété n'est, dans le fond, qu'une subtilité imaginée pour paraître remplir la proposition impossible. Cette méchanique n'étant exactement pas fermée, lorsqu'on n'aura pas touché à l'une des extrêmités de la double crémaillere, qui soutient suspendus les petits verroux qui empêchent le jeu des étoiles vers le côté du mobile, c'est-à-dire, vers le côté opposé à la saillie du pêne, qui les empêchent, dis-je, ces étoiles, de désengrener & sortir hors des dents de leur partie supérieure; car, sans ces arrêts, les viroles attirées pas l'axe, attireront elles-mêmes les étoiles en-arriere & hors des dents des roulettes; & par conséquent le pêne aura toute la liberté de son jeu, sans qu'il y ait pour cela la moindre combinaison d'établie, & cependant présentant toujours l'apparence de toute combinaison qu'on voudrait désigner.

En se proposant donc qu'après avoir poussé le pêne dans sa gâche, on ne rétablira pas l'obstacle, on pourrait dire à un curieux, je vais fermer par telle combinaison, & j'ouvrirai par telle autre combinaison que vous me désignerez; mais on le tromperait, puisque dans le fait on n'aurait pas réellement fermé. On n'aurait pas arrêté le verrou ou pêne au point de sa saillie dans la gâche; mais aussi l'on paraîtrait alors avoir fait l'impossible, & c'est cette apparence à donner, qui était un des objets que j'ai eus en vue.

Le moyen, par lequel s'opere ce prestige, provient de la possibilité que j'ai voulu donner aux étoiles de sortir de la partie extérieure de leurs roulettes dans toutes les positions du pêne, tandis qu'il serait bien plus simple de faire que l'obstacle, à leur sortie, se levât de lui-même dans le milieu de la course de ce pêne, & retombât presque tout de suite; mais j'ai encore eu l'idée de faire que cette méchanique pût varier ses combinaisons dans toutes les positions du pêne.

Il est nécessaire qu'il y ait un arrêt solide aux étoiles, puisque, sans cela, en faisant mouvoir le gros pignon, on ferait toujours ouvrir ou fermer sans combinaison aucune; car les viroles pousseraient les roulettes au désengrenement, à chaque mouvement de leur axe. Il faut aussi que ce qui forme cet arrêt des étoiles, sous leur anneau ou leur partie supérieure, ne puisse pas cesser, à moins que toutes les viroles, étant toutes arrangées, autrement dit, la combinaison étant établie, toutes ces viroles aient déjà passé une fois à la moitié des étoiles, & qu'elles soient revenues, parce qu'au moment où les étoiles doivent être poussées au désengrenement, il faut être assuré qu'elles se trouveront alors toutes restées sur deux parties de différentes viroles. Voyez la *fig.* 12. C'est pour cela que j'ai fait ensorte qu'il soit nécessaire que les viroles aient commencé toutes à entrer déjà de leur étoile dans l'autre leur voisine, avant que l'extrêmité de l'axe puisse commencer à faire lever l'obstacle à la sortie de ces étoiles; & c'est pourquoi on voit que le petit pêne H, *fig.* 12, dans sa position en pointillé, ne touche pas un biseau G, du bout de l'axe qui doit le soulever, & que ce biseau doit parcourir un petit espace auparavant; ce qu'il ne peut faire quand les viroles ne sont pas toutes vis-à-vis des ouvertures des étoiles où passent leurs languettes. On voit, *fig.* 12, la coupe de ces languettes représentées en Q, par les hachures horizontales, & la coupe de la virole dans sa partie annulaire, marquée par les hachures perpendiculaires. Les obstacles une fois levés, quoique ces étoiles ne trouvent pas alors de difficulté à leur déplacement, elles ne seront cependant point entraînées hors de leur engrenement, & passeront quand on voudra, sur leur virole voisine, de même que cette virole aura passé sous elles: or, c'est lorsque les obstacles au désengrenement sont levés, que l'on peut seulement pousser les étoiles, & les faire désengrener pour établir une nouvelle combinaison.

A l'égard de la singularité de pouvoir tromper le curieux indiscret, qui voudrait parvenir à ouvrir avec la combinaison par laquelle il aurait vu fermer, elle tient à cette possibilité que j'ai établie, de changer la combinaiſon dans toutes les ſituations du pêne ; elle conſiſte dans la ſuſpenſion de l'obſtacle à ce qu'on puiſſe faire ſortir les étoiles en-arriere, lequel obſtacle ne peut être vaincu par la force du pignon mu par la poignée, & ne peut l'être que par le mouvement que ce pignon aura communiqué à l'axe par un de ces pennetons. Mais cet axe étant mu, ſoit par le mouvemnet qui a rappellé le pêne dans ſa place, ſoit par celui qui l'a fait ſaillir, il aura également levé les obſtacles ; il n'y a donc plus qu'à ne pas toucher & ne pas lâcher la détente de la double crémaillere (ou ſeulement il faudrait en faire le ſemblant, ſi le curieux fait que cet attouchement eſt néceſſaire), & alors on pourra troubler la combinaiſon & arranger la poſition qu'on aura demandée, & il ſe trouvera qu'en forçant un peu, l'on ouvrira. L'on peut alors faire retomber les obſtacles, & l'on ne pourra plus fermer de nouveau, que par la premiere combinaiſon.

Ce ſont ces deux eſpeces de ſingularité recherchée dans cette ſerrure, qui ont multiplié les pieces qui font peut-être paraître d'abord ſon méchaniſme fort compliqué ; elles y ſont entiérement ſuperflues, & elles en enchériſſent la conſtruction : mais ce même méchaniſme, en ſerrure, peut s'exécuter bien plus ſimplement & à bon compte, ſur-tout quand on voudra ne pouvoir pas changer la combinaiſon autrement que dans le tems où le pêne ſera au milieu de ſa courſe.

Dans cette *figure*, cette ſerrure eſt repréſentée en vue, lorſque le pêne a fait ſa courſe & qu'il eſt ſaillant au-dehors. Les pointillés marquent la place du pêne & du pignon à pennetons, lorſque le pêne eſt rentré, tout comme le pointillé de l'axe des pieces mobiles marque ſon extrèmité entre les quatre I, ou le chemin que cet axe a parcouru pendant le tems du mouvement du pêne. On voit en A, un bouton qui tient à l'extrèmité d'une plaque, dont deux branches vont autour des cinq pieces mobiles, pour, par leurs extrèmités repliées, contenir les étoiles dans l'eſpace de 25 lignes ſous leurs roulettes ; ces branches repliées ſont repréſentées *fig.* 12, en R, & tiennent les cercles qui ſéparent les pieces mobiles. Pour pouvoir pouſſer le bouton A, *fig.* 9, (qui ſaillit des deux côtés, dehors & dedans la chambre) il faut que les petits verroux porte-obſtacles aient été levés, & ſoient ſoutenus par le bas des reſſorts dont on voit la tête marquée près de B. Le C eſt le pignon du demi-tour, qui ſe meut par une poignée de chaque côté à l'extérieur, & marqué de la même lettre C, dans la coupe, ſur une très-petite échelle, *fig. 9 bis.* D eſt le pignon du pêne dormant, lequel eſt mu par le bouton près & au-deſſous de la lettre E. Il faut lever ou baiſſer alternativement ce bouton, qui n'a pas plus de courſe extérieure que le bouton A ; ce bouton E, dans ſa courſe, force à ſe reculer la piece contre laquelle il frotte, laquelle, attachée à un pivot d'un bout, recule (son autre bout) jusqu'où le pointillé est marqué; le bout d'en-bas de cette piece tient par un équerre, près F, à l'axe des cinq roulettes, qui, par un autre équerre, lui transmet le mouvement. On apperçoit entre chacune des cinq pieces, quatre cercles minces qui sont attachés ensemble, & ce qui les attache est arrêté sur le fond par les tenons G; sur ces quatre cercles frottent les parties extérieures ou anneaux décagones des cinq pieces mobiles, afin que le mouvement qu'on donne à l'une de ces pieces ne puisse pas se communiquer, par le frottement à celle d'à-côté, & aussi pour qu'elles ne portent pas sur les pointes des roulettes, & enfin pour qu'elles ne soient pas supportées *fortement* par l'axe commun.

Les détails néçessaires pour expliquer toute la construction de cette serrure, d'après des dessins, seraient, peut-être trop longs & exigeraient encore plusieurs *figures*; il suffit de considérer celle qui représente en plan, une des cinq pieces, composée de ses trois parties, *fig.* 10 : une portion y est marquée, divisée en quarante parties, l'autre seulement en dix, & comme elle pourrait être exécutée en bois. Pour le détail de la forme extérieure des roulettes, on voit la *fig.* 11, qui représente pour combinaison établie, le *Bagota*, *roi de trefle*, *dame de pique & valet de cœur*, avec le sept & trois de trefle. Chaque face porte une bande divisée en quatre parties, marquées chacune des quatre couleurs, *cœur*, *trefle*, *pique* & *carreau :* les faces qui ne représentent pas des figures, *roi*, *dame* ou *valet*, ne présentent que des petits ronds ou besons; & leur couleur, ainsi que celle des figures, est déterminée par celui des quatre points qui se trouve sur l'alignement, entre les deux mains représentées sur la boîte de la serrure. On voit à ladite *fig.* 11, la ligne pointillée qui marque cet alignement. (*a*)

Au lieu de cinq pieces, si l'on en employait dix à quarante dents; on pourrait choisir, non-seulement un des hasards où peuvent se présenter à un joueur ses dix cartes d'un jeu de quadrille, mais même les 70 trilliards, 485 biliards, 760 milliards, dont on peut tirer dix fois, dans un certain ordre, à chaque fois une carte du jeu, en remettant à chaque fois celle tirée, ci 70 trilliards, 485 biliards, 760 milliards, 000,000,000.

(*a*) On n'a point donné la représentation de la figure extérieure de la boîte qui se trouve dans l'épaisseur de la porte, & ne présente que les deux petits boutons en saillie & une poignée à main, également des deux côtés pour le demi-tour; la coupe sur une petite échelle, *fig.* 9 *bis*, suffit; on voit, marquée en hachure, l'épaisseur de la porte ou grille de fer, & la serrure sans autre saillie de l'un ou l'autre côté, que les têtes de verroux, & une portion des cercles ou décagones qui portent les figures de la combinaison.

PLANCHE I.

N°. I V.

Description de la serrure à coup de pistolet.

CETTE méchanique est ici représentée sur une échelle de quatre lignes pour pouce. Dans la *fig.* 14, on voit en A, la détente ou gachette pour lâcher le chien ou marteau B, contenu par le ressort C; le bout D, du chien ou marteau, quand il a été armé & relevé au point DD, & qu'on vient à lâcher la gachette, va frapper la balle E, qu'il trouve plus avancée vers le point D, & saillante presqu'à moitié hors du calibre, dans lequel on la voit représentée en pointillé sous ladite lettre E.

A côté de E, sur la gauche, on apperçoit un bouton qui est saillant en-dehors; sa monture embrasse le calibre qui contient la balle, laquelle monture a un autre bouton aussi saillant de l'autre côté de la porte. Ce bouton sert à pousser & faire glisser, vers les pieces de combinaisons, cette partie du calibre qui contient la balle; & cette partie poussée, pousse alors toutes les parties détachées qui sont dans chaque piece; de façon que la derniere, F, pousse la tête du ressort construit en tire-bouchon G, dont la queue H, en reculant jusqu'où il est marqué en pointillé, fait lever & fait faire la bascule au bout du levier I, dont l'autre bout K baisse alors & attire avec lui le montant L, duquel la tête forme une petite languette qui entre dans une entaille faite dans le dessous, & sous l'apparence extérieure du verrou-targette, entaille ici désignée en pointillé; lequel verrou est vu entiérement poussé dans sa gâche, ou bien, au lieu de gâche, sous le crampon M; le pointillé marque la place du verrou, lorsqu'il est retiré. On voit le petit ressort N, qui a été forcé à se courber, quand, avec un petit effort, on a poussé assez avant dans sa gâche le verrou-targette; mais lorsqu'en poussant ce verrou-targette, on n'aurait pas fait ce petit effort pour faire plier le ressort, la languette du montant L ne serait pas entrée dans l'entaille, & le verrou aurait la liberté de se mouvoir. De même retirant ce verrou, si l'on ne forçait pas de l'autre sens pour faire prendre à ce petit ressort la courbe marquée en pointillé, le verrou conserverait sa liberté.

On voit au-dessus de O, une partie du pignon qui fait mouvoir le verrou-targette, par l'extérieur de la porte.

Lorsque la combinaison est établie, & que l'on a tendu le ressort, chien ou marteau B, si l'on lâche la détente ou gachette A, la balle frappée par le bout arrondi du marteau D, parcourt les pieces de combinaison, & va frapper le ressort en tire-bouchon qui fait jouer le verrou-targette ; & cette balle redescend d'elle-même à sa position E, pour être toujours prête à repartir.

La *fig.* 15 est la coupe en plan par le milieu de son épaisseur, d'un des rouleaux ou pieces mobiles, dont les deux parties sont également exécutées en bois commun, ainsi que l'axe sur lequel elles sont enfilées. Il n'y a que le petit ressort qui est de métal ; mais il pourrait être en bois, comme le cliquet des crecelles avec lesquelles les enfans jouent ; il n'y a de fer de forge que les bouts de canons de fusils.

A, place de l'axe. B, dimension intérieure du calibre des portions du canon de fusil ; les hachures horizontales autour de B, représentent la coupe en plan à l'une de ses extrêmités de l'épaisseur des portions du cylindre ou canon de fusil. Au-dessus de C, est une languette qui est soudée au canon, & qui contient chaque portion de ce canon, de façon à ce que chacune ne puisse tourner sur elle-même, & pour faire que toutes restent toujours à plomb sur leur base dans leur position respective.

On voit la piece extérieure aussi de bois, de deux lignes & demie d'épaisseur ; & vers les trois points *d*, & celui G, sont marqués les quatre ressorts, dont le bout est attaché par deux petits rivets & un lien de tôle ou fer-blanc ; ces liens forment sur le dehors de la partie extérieure, quatre petites plaques, chacune portant un signe différent, & entre chacune il y a 16 autres signes extérieurs, pour correspondre aux soixante & quatre crans de la partie intérieure.

La *figure* 16 est la coupe de cette piece sur les lignes *d*, C, E, G, *fig.* 15 ; on y voit la position des portions de canons, lorsqu'ils sont poussés pour contenir dans une même position toutes les portions ou parties intérieures des pieces mobiles, & pendant ce tems changer celle de leurs parties respectives extérieures.

Il faut remarquer la coupe des deux cercles C, D, qui se placent entre la partie extérieure de la piece mobile, & sa partie intérieure. Ces cercles sont attachés par les goupilles E, E, à la partie extérieure, & ils frottent très-légérement contre la partie intérieure qui n'a des crans que dans son milieu ; ces cercles sont pour empêcher qu'on ne puisse presser trop fort la partie extérieure contre celle intérieure, & par là déranger la position respective de ces deux parties ; ils servent aussi à donner de la solidité à la partie extérieure ; la ligne pointillée, *fig.* 15, *d*, C, E, G, *fig.* 15, marque la ligne sur laquelle on suppose le plan de la coupe, *fig.* 16.

Un tourneur de campagne peut exécuter à bien bon compte, en bois, une serrure de cette espece (mais sans pistolet) ; son défaut, dans l'usage, est d'entamer beaucoup le bois de la porte.

PLANCHE

PLANCHE I.

N°. V.

Cadenat à combinaison.

La *fig.* 17 eſt la repréſentation d'un cadenat à rouleau à combinaiſons, tel qu'il a été exécuté : il eſt formé de huit pieces mobiles, ſuſceptibles chacune de ſeize poſitions différentes; elles ſont indiquées à l'extérieur, de quatre en quatre, par les numéros 1, 2, 3, 4, dont chaque diviſion eſt elle-même ſéparée en quatre. Chacune des huit pieces mobiles eſt en deux parties de la même conſtruction que celles qui ſeront détaillées ci-après; tant à la platine de fuſil, qu'à l'étui à cure-dent, *fig.* 21, *planche I*, & *fig.* 18, *planche II.* L'axe ſur lequel tournent ces pieces, eſt fort gros & creux; entre cet axe & les crans de la partie intérieure de chaque piece, ſe placent les petits parallélipipedes qui doivent être pouſſés d'une piece dans l'autre par le bouton A, pour aller pouſſer le reſſort B, du bout de la chappe, quand elle eſt fermée, & dans ſa poſition marquée par le pointillé : cette chappe eſt d'acier, & roule dans la charniere C. On voit en D, la repréſentation d'un bouton qui ne ſert qu'à figurer avec le bouton A. On remarque auprès de E, un plus petit bouton qui tient à un petit tiroir, repréſenté en coupe, *fig.* 18. On diſtingue en cette *fig.* 18, près de la lettre F, l'endroit où le dernier des petits parallélipipedes pouſſe le reſſort du bout de la chappe, & comment l'autre branche de reſſort du bout de cette chappe, par ſon extrêmité, pénetre dans une entaille faite au tiroir au-deſſus de la lettre G; il retient alors le petit tiroir en place, de façon qu'on ne peut pas le tirer tant que la chappe n'eſt pas ouverte ou commencée à ouvrir. On peut alors, ſans ouvrir tout-à-fait cette chappe, tirer le petit tiroir, dont la figure, vue en-dedans, eſt repréſentée n°. 19; au-deſſous de H, eſt l'entaille où entre le petit bout du reſſort qui le retient en place. I, I, ſont deux entailles pratiquées dans les bords qui ſervent à contenir le tiroir en une place fixe. Le même tiroir eſt repréſenté en une *fig.* 20, vu par-dehors, & ayant retenu en-dedans un papier roulé L, L, qui peut être une lettre auſſi bien enfermée que ſous un cachet.

La combinaiſon qui paraît ici établie, *fig.* 17, eſt 1, 12, 3, 14, 16, 11, 2, qui correſpond entre les deux branches du croiſſant, marqué à l'extérieur au-deſſus du bouton A, 1, 12, 3, 14, 2, 16, 11, 12,...... ou la diagonale 1, 4, 2, 1, 3, 2, 1, 3, donnant 14 millions 213 mille 213. Cette méchanique eſt exécutée avec ſoin & garnie d'or.

Les combinaiſons montent à la huitieme puiſſance du nombre 16, ou 2 milliards 630 millions 532 mille 896 ſecrets à choiſir.

PLANCHE I.

N°. VI.

Le cache-entrée de M. Regnier.

Le cache-entrée de M. Regnier est précisément la même chose que le cadenat à rouleau de Cardan ; mais cet artiste l'a rendu susceptible de combinaisons. A cet effet, à la piece mobile ou rouleau du cadenat de Cardan, marqué des vingt-quatre lettres, M. Regnier, au lieu des lettres, a mis vingt-quatre rainures, & il a fait un surtout à ce rouleau, c'est-à-dire, une seconde partie à cette piece, laquelle porte par en-dedans un ou plusieurs tenons qu'on place dans celles qu'on veut des vingt-quatre rainures ; & c'est cette seconde piece qui, par son extérieur, porte les vingt-quatre lettres de façon que chacune de ces lettres peut correspondre successivement à l'entaille de la partie intérieure où passe la dent de la crémaillere.

La *fig.* 6 représente le plan d'une de ces pieces & les deux bandes qui les contiennent. La construction de M. Regnier a le défaut d'exiger que toutes les parties extérieures des pieces sortent entiérement de dessus toutes les parties intérieures, pour pouvoir être changées de positions ; & par-là, elles ont l'inconvénient de pouvoir se forcer, de s'égarer ou se perdre même tout-à-fait. Au reste, ce cache-entrée est très-ingénieux ; & comme il n'est pas pour un usage habituel, ces inconvéniens diminuent d'autant. Ceux qui s'en sont pourvus, en ont fait un usage utile, en l'employant sur l'entrée de la clef d'une serrure ordinaire d'armoire ou de chambre ; dans le cas de voyages, il s'attache, au moyen de deux vis qui entrent par le dedans de l'armoire, au côté intérieur de la chambre : alors on est assuré qu'on ne peut pas, dans cette serrure, essayer des clefs pour l'ouvrir. Mais pour remédier à l'inconvénient de ces pieces mobiles, dont il faut détacher une partie de l'autre, on doit les faire faire comme il sera dit pour la meilleure construction du méchanisme de l'étui & de l'écritoire.

PLANCHE I.

N°. VII.

Etui à cure-dents.

Figure 21, est la coupe, sur sa longueur, d'un étui à cure-dents à combinaisons, dans lequel on peut enfermer une lettre roulée. Cette *figure* représente la grandeur naturelle de cette méchanique.

Les trois A, A, A, sont le couvercle de l'étui : le petit pointillé sablé marque l'épaisseur remplie en bois de canne, en carton ou en liege ; les doubles traits, avec de petites hachures, marquent l'épaisseur du métal qui forme tant l'extérieur que l'intérieur de l'étui ; mais ce métal a moins d'épaisseur que le dessin n'en représente. Vis-à-vis de B, est renfermé le tétiau à coche ou à encoche, qui arrête le couvercle en place, tant que le ressort n'a pas rappellé un crochet qui le retient fixe. Le C marque une partie de même dimension que les pieces mobiles, mais qui est fixe, & dans une portion de laquelle est un ressort qui, étant poussé, rappelle le crochet qui renferme le tétiau B. Les quatre D offrent la coupe des quatre pieces mobiles. E est le bouton coulant qui peut aller de E en F, lorsque tous les petits verroux ou parallélipipedes, marqués chacun par des hachures de biais, à droite ou à gauche, alternativement aux extrêmités des lignes où l'on voit la lettre C, peuvent se trouver exactement au bout l'un de l'autre, sur la même direction que le talon du bouton E, lequel poussant ces petits parallélipipedes, ceux-ci pousseront le ressort figuré près de H, dans la partie fixe C, lequel ressort fait lâcher le crochet B du couvercle qui le retient en place. Ce ressort sera représenté en grand avec l'écritoire.

Les deux I, I, indiquent la coupe de l'extrêmité du bas de l'étui, portant la gravure d'un cachet dans le creux L. On voit en M, l'extrêmité de la gorge ou goulot de l'étui, sur lequel entre le couvercle ; & cette gorge ne va pas jusqu'au fond de ce couvercle, afin que, quand celui-ci sera tiré, l'on ait de la prise & de la facilité pour en faire sortir plus aisément la lettre qui aurait été mise roulée dans l'étui, & qui y serait entrée avec un peu de force.

Fig. 21 est la coupe sur la largeur de l'étui par la ligne N, D, *fig.* 22.

Fig. 23 représente partie de la même coupe, mais sur une échelle six fois plus grande, afin qu'on puisse mieux connaître chaque partie de ces pieces mobiles, & la dimension qu'il faut donner à chacune de leurs portions.

A, partie de l'axe ou du cylindre creux, servant d'axe. B, partie intérieure de la piece mobile qui peut être creuse, & qui en grand doit l'être dans son intérieur ; cette partie doit recevoir dans un emplacement C, un petit verrou méplat ou équarri, ou bien parallélipipédique, & de toute la longueur donnée à la piece mobile ; ce verrou ou parallélipipede est ici tracé en perspective, *fig.* 24 ; mais seulement sa longueur de A, jusqu'à B, n'y est que double, & le reste est six fois plus large & plus épais, qu'à la *fig.* 21. Il est ici marqué en perspective, *fig.* 25, ainsi qu'il est de grandeur naturelle pour la *fig.* 21, mais un peu plus épais & plus large.

Dans la *fig.* 23, D, D, sont des renflemens qui doivent être observés à ces parties des pieces intérieures, afin que les parties extérieures, qui les renferment, puissent appuyer contr'elles, sans être seulement & uniquement contre-tenues & supportées par des ressorts qui ne serviront qu'à fixer & arrêter les deux parties ensemble dans une certaine position choisie.

E, F, ressort d'acier; le bout E arcboute sur un des crans intérieurs de la partie extérieure, & le bout F est attaché par deux vis ou goupilles à la partie intérieure.

G, G, G, désignent les talons formant le cran de l'intérieur des parties extérieures des pieces mobiles, lesquels talons frottent exactement contre les renflemens D.

H est le côté extérieur des parties extérieures des pieces mobiles, & sur lequel sont tracés les signes indicatifs. Ces côtes ou côtés extérieurs peuvent n'être pas marqués comme ils sont représentés, & cette circonférence être exactement circulaire, ainsi que les divisions simplement tracées.

Nota. Dans cette coupe, sur une échelle sextuple, les dimensions sont dans la proportion qu'elles doivent avoir dans la grandeur naturelle, *fig.* 21; mais pour exécuter en grand cette méchanique, & comme elle l'est en écritoire, toutes les parties depuis l'extérieur H, jusqu'à l'intérieur A, doivent avoir la moitié moins d'épaisseur qu'il en paraît ici.

A l'égard de la façon dont doit jouer le ressort B, *fig.* 21, la figure du ressort qui est employé à l'écritoire, représenté en grand, montre entre plusieurs autres qu'on peut choisir, la façon qu'on a préféré d'employer en grand.

PLANCHE I.

N°. VIII.

Etui à cure-dents, par désengrenement.

Explication des moyens d'exécuter le méchanisme de combinaison, pour un étui à cure-dents, cache-entrée ou cadenat à rouleau par le désengrenement, & qui est à préférer à celui du frottement à ressaut, & sur-tout à celui du frottement simple.

Il faut que la partie extérieure de la piece mobile, celle-là que l'on marque à son extérieur, ou par des lettres de l'alphabet, ou par d'autres signes, porte à son intérieur des dents qui aient chacune de dimension, du sens de l'épaisseur de la piece, un peu moins que la moitié de cette épaisseur. *Voyez fig.* 26, lettre D. (*J'entends ici par épaisseur des pieces mobiles, la dimension qu'elles ont du sens de la longueur de l'étui, dimension d'environ 4 lignes.*)

Il faut que ces dents soient au moins au nombre de trois; qu'elles portent & frottent légérement (au moins par la moitié de leur dimenſion du ſens de l'épaiſſeur de la piece) ſur l'épaiſſeur de la partie intérieure de cette piece.

Sur cette partie, marquée par ſon dehors de la lettre B, il faut que cette partie intérieure de la piece porte autant de dents C, que la partie extérieure aura de marques; & ces dents de la partie intérieure doivent être ſur un des bords, & n'avoir (du ſens de l'épaiſſeur de la piece) que le quart de cette épaiſſeur. *Voyez* fig. 26, lettre C.

Il faut obſerver de faire enſorte que les dents intérieures de la partie extérieure de la piece entrent bien également & facilement, avec autant de juſteſſe qu'il eſt poſſible, indifféremment dans tous les eſpaces entre les dents ſaillantes C, de la partie intérieure de cette piece.

Lorſque la combinaiſon ſera établie, & que les petits parallélipipedes, qui ſont dans la partie intérieure de chaque piece, auront été pouſſés de la moitié de leur grandeur d'une piece dans l'autre, & que par-là ils auront fait jouer le verrou, de façon que le couvercle ſera, ou ôté, ou ſeulement avancé, cela donnera la liberté à la couverture extérieure du rebord de l'étui près du couvercle marqué C, *fig.* 21, de pouvoir être pouſſée, comme eſt repréſentée la partie extérieure d'une de ces pieces mobiles, *fig.* 26, où l'on a marqué en pointillé comment de E la partie extérieure a été pouſſée juſqu'en F, & comment elle ne peut pas aller plus avant, étant arrêtée par un rebord fixe marqué au bout de la ligne *G*; alors on pouſſera en même tems toutes les parties extérieures de chacune des pieces mobiles vers ce couvercle, & l'on pouſſera auſſi avec elles la couverture du rebord de l'étui, de l'étendue de la moitié environ de ces pieces mobiles; alors les parties intérieures des pieces mobiles étant aſſujetties par le moyen des petits parallélipipedes qui entreront à moitié de l'une dans l'autre, on aura la liberté de faire tourner les parties extérieures de ces pieces mobiles comme on le voudra, & d'établir, par conſéquent, une nouvelle poſition entr'elles & leurs parties intérieures, c'eſt-à-dire, une nouvelle combinaiſon, ſans crainte de perdre aucune piece, & ſans l'embarras de les défiler & les renfiler, comme au cache-entrée de M. Regnier.

La portion de l'étui, *fig.* 26, G, qui termine ſon rebord contre la gorge, rebord ſur lequel porte le couvercle, doit être par ſa partie intérieure A, ſtable & tenant à cet axe creux & commun aux pieces mobiles, dont l'intérieur forme le dedans de l'étui; mais elle doit être recouverte d'une partie extérieure qui n'y ſoit point adhérente, & qui ne puiſſe avoir d'autre mouvement que vers le couvercle, pour, lorſqu'il eſt ouvert, y être pouſſé, ſi l'on veut, de l'étendue de la moitié de l'épaiſſeur des pieces mobiles, ſans pouvoir jamais ſortir plus avant, comme il eſt ici marqué de E en F, & juſqu'au-deſſus de H.

Pour faire mouvoir & pouſſer les petits parallélipipedes, lorſque la combinaiſon eſt établie, on peut auſſi éviter d'avoir un bouton ſaillant, comme celui repréſenté à la *fig.* 21 ; bouton coulant ſur lequel il faudrait tenir le doigt pendant qu'on change la combinaiſon : à cet effet, il ſuffira donc d'établir une couliſſe dans la plaque qui porte le cachet, laquelle couliſſe, (étant par ſon dedans de la forme d'un petit pêne à biſeau) lorſqu'elle ſera pouſſée & coulée d'un côté, fera remonter le petit pêne perpendiculaire ou parallélipipede, lequel, à ſon tour, pouſſera les autres parallélipipedes. Mais cette plaque de fond ne pourra jamais couler que lorſque le petit pêne perpendiculaire pourra lui-même remonter : ce qu'il ne pourra faire que quand la combinaiſon choiſie ſera établie.

Dans la *fig.* 26 on voit en A, la repréſentation de la coupe de la partie intérieure de la derniere piece, laquelle partie eſt fixe, & celle extérieure G n'eſt que gliſſante & non tournante ; elle paraît en-dehors de la lettre H. Les lettres D, E, repréſentent une partie extérieure de la piece mobile la plus près de la partie fixe (ou du moins non tournante) du haut de l'étui ; & pour éviter la confuſion, on n'a point marqué ſa partie intérieure en D, E. C'eſt en B que l'on voit la repréſentation de la coupe de la partie intérieure d'une ſeconde piece mobile ; & à celle-ci, pour éviter également la confuſion, on n'a pas marqué ſa partie extérieure. On voit en C, une des trois ou quatre dents qui ſe placent entre celles de la partie extérieure, marquée D. (*a*) Les pointillés dénotent la place des parallélipipedes, qui font la continuation du pêne perpendiculaire ; & au-deſſous de H, on voit le bout du dernier parallélipipede qui agraffe ou accroche la partie ſaillante du rebord du couvercle, afin de le retenir en place.

La *fig.* 27 eſt le plan de la plaque du fond, ſuppoſée être ſéparée du cylindre, & vue en-dedans, & qui porte le pêne en couliſſe, lequel coule dans cette plaque qui porte le cachet. Cette couliſſe eſt ici pouſſée dans le moment où elle vient d'agir ſur le pêne perpendiculaire, comme elle doit faire chaque fois que l'on peut changer la combinaiſon, & comme la repréſente en profil la *fig.* 29.

La *fig.* 28 eſt le plan extérieur de la plaque qui montre la gravure du cachet, & la face de la couliſſe qui ſe trouve apparente.

La *fig.* 29 eſt la coupe ſur la ligne A, B, *fig.* 27, du fond de l'étui, & de cette plaque du fond qui porte le cachet vu ici dans le tems que la couliſſe eſt pouſſée, & qu'elle tient le pêne perpendiculaire remonté.

On voit ſur la droite de A, le biſeau du pêne perpendiculaire qui eſt ſoutenu par le renflement de la couliſſe ou pêne horizontal. On a tracé en

(*a*) Obſervez toujours qu'on n'a point marqué la courſe de la partie intérieure d'une piece ſous ſa partie extérieure, pour plus de netteté dans la *figure*.

ligne & en pointillé dans cette *fig.* 29, le bout de ce pêne perpendiculaire pour faire voir jusqu'où il se retire ou redescend lorsque la coulisse ou pêne horizontal est rentrée.

La *fig.* 30 est la coupe du même fond sur la ligne C, D, de la *fig.* 27, pour faire voir la forme des rebords du pêne horizontal, rebords qui forment la languette qui glisse en coulisse.

Ici, de même qu'à l'étui *fig.* 21, on a représenté la matiere qui forme l'épaisseur du corps de l'étui par de petits pointillés, & par de petites hachures, le métal qui la recouvre.

PLANCHE II.

N°. IX.

Explication de l'écritoire-porte-feuille.

LA totalité de l'écritoire forme à son extérieur un cylindre de près de trois pouces de diametre, & de seize à dix-sept de longueur, recouvert de chagrin, garni de boutons & charnieres, &c. ainsi que de petits clous argentés ou dorés, qui servent à marquer les combinaisons.

La partie où est la méchanique, occupe cinq pouces de long; cet espace est partagé en six divisions égales; celles des extrêmités sont fixes & attachées sur l'axe commun; les quatre autres sont les quatre pieces mobiles, construites dans le goût de celles de l'étui. Imaginez la représentation de ces pieces sur l'échelle, six fois plus grande que l'étui à cure-dents, *fig.* 21, planche I.

La division d'en-bas est celle où est placé le bouton-coulisse, qu'il faut pousser de bas en haut lorsque la combinaison est établie; ce bouton étant poussé, commençant déjà à monter, presse par un talon contre un petit ressort, lequel retire un tétiau qui (pénétrant dans le cylindre intérieur qui forme la boîte ou le corps particulier de la partie contenant le cornet & le poudrier, avec les pains à cacheter, ou bien une éponge) retient cette boîte lorsque le bouton-coulisse n'étant pas du tout poussé, lui laisse la liberté de pénétrer dans une ouverture faite à ce *cylindre* ou *boîte.* Ouverture que fait voir la *fig.* 1, au-dessus de la lettre A, & au-dessous de la même lettre, aux *fig.* 4 & 4 *bis.*

Le bouton à coulisse a déjà commencé alors à communiquer son mouvement aux petits corps ou parties de verroux, ou parallélipipedes, qui sont dans les quatre pieces mobiles; mais le haut de l'écritoire, la partie faisant porte-feuille, ne peut encore se séparer ni s'ouvrir; il faut, pour qu'elle le sépare, que le bouton-couliſſe ſoit pouſſé de preſque toute la moitié de l'épaiſſeur des pieces mobiles ; il acheve alors de faire ſur le reſſort renfermé dans la ſixieme partie, un appui ſuffiſant pour que ce reſſort à deux branches égales ſoit ſuffiſamment pouſſé par ſon milieu, de façon que ſes deux extrèmités, qui étaient ſaillantes de deux à trois lignes, rentrent dans l'intérieur de cette ſixieme piece. La *fig.* 2 repréſente dans leurs deux poſitions différentes, & le bouton-couliſſe en A dans la premiere piece, & le reſſort à deux branches en D dans la ſixieme. On n'a repréſenté, entre les deux pieces fixes, que la place d'une des pieces mobiles, au lieu des quatre qui ſont à l'écritoire qu'on décrit ; & pour le jeu des deux reſſorts, on a gravé du côté droit leur poſition, lorſque l'on tient la méchanique ouverte, & du côté gauche, la poſition où ils reviennent auſſi-tôt qu'on lâche le bouton-couliſſe ; poſition où alors on peut refermer la méchanique, en interrompant la correſpondance de la piece premiere à la piece ſixieme, par changement de poſition d'une ou de toutes les quatre pieces mobiles.

Le reſſort à deux branches n'eſt pouſſé par ſon milieu qu'un peu avant la fin du mouvement du bouton-couliſſe ; d'abord, le bout de petit verrou de la piece fixe fait un effort contre un reſſort en tire-bouchon, qui obéit aſſez pour l'ouverture du corps qui porte le cornet ; c'eſt alors que ce reſſort à tire-bouchon étant reſſerré, pouſſe ſur le milieu du reſſort à deux branches, lequel trouvant de la réſiſtance aux deux paſſans qui l'entourent & qui ſont repréſentés par des points noirs au-deſſous de la lettre C, ſe trouve obligé d'obéir & de retirer ſes extrèmités ſaillantes B.

La *fig.* 1 repréſente le corps particulier de l'écritoire ou cornet, ſorti du cylindre creux qui forme l'axe de la méchanique ; corps particulier d'encrier, dans lequel il ſe trouve trois compartimens ; l'encrier à la Baradelle eſt dans le milieu, & s'enleve, ſi l'on veut, ainſi que le poudrier : le troiſieme compartiment, marqué en B, n'a qu'un couvercle à charniere ou pivot.

La *fig.* 3 eſt la coupe du poudrier & de la boîte, ſur la ligne E, F.

La *fig.* 4 eſt la vue de celle des deux extrèmités du corps particulier qui porte l'encrier, &c. telle que ce bout paraît en-dehors ; on voit ſous A, en pointillé, la place du trou dans lequel doit entrer l'extrèmité du reſſort qui ſe retire par le commencement de l'effet du bouton-couliſſe, lorſque la combinaiſon étant établie, ce bouton eſt un peu pouſſé pour ouvrir : il faut alors retirer ce corps particulier, ou porte-encrier ; car, ſi l'on pouſſe plus loin le talon du bouton-couliſſe, il fait échapper le reſſort, & l'on pourra alors ouvrir la partie ſupérieure, mais ſans pouvoir faire ſortir le corps qui porte l'encrier ; & pour le faire ſortir, il faudra ramener le bouton-couliſſe au point où ſon talon portera ſur le reſſort. On voit autour de B & C, la figure de deux anneaux qu'on peut rapprocher, pour tirer plus aiſément le corps de de l'encrier lorsqu'il a sa liberté, & qui peuvent servir aussi à suspendre l'écritoire-porte-feuille, une fois qu'elle est fermée par l'effet de la combinaison.

A la *fig.* 4 *bis*, on voit en B & C, deux petits bouts de pène en biseau, servant de pieds pour donner sur quatre points une assiette fixe à ce corps; ces petits pieds sont attachés à une plaque poussée vers le bas par deux petits ressorts D, E, dont on voit l'emplacement en pointillé lorsque les pieds, faits en biseau, sont forcés de rentrer aussi-tôt qu'on remet ce corps en place dans le cylindre du méchanisme; on voit l'endroit des quatre pieds, *fig.* 1, en C, D, E, F.

La *fig.* 5 est la vue en profil de cette même extrêmité de la boîte, ou corps particulier. On a tracé en A, les anneaux réunis qui donnent prise à tirer le corps particulier, & l'on y voit passé un ruban, par lequel tout peut rester suspendu solidement.

La *fig.* 6 est, sur une échelle un peu plus petite, la représentation de la partie qui fait porte-feuille. On voit en A, sa gorge inférieure qui entre dans la sixieme partie supérieure & fixe de la méchanique; une portion de cette gorge marquée B, *fig.* 6, est vue plus en grand, *fig.* 7; on peut y remarquer en A, l'entaille horizontale, dans laquelle on fait entrer un crampon placé dans l'intérieur de la sixieme partie fixe, & le pointillé qui est au-dessous à côté de A, est la marque de la coulisse perpendiculaire, par laquelle le crampon doit entrer jusqu'à la hauteur de la coulisse A. On conçoit que c'est la même façon dont s'ajuste la baïonnette à douille. On voit en B, où entrent les têtes du ressort à deux branches, lesquelles étant placées, empêchent qu'en tournant on ne puisse ramener les crampons de la coulisse A vis-à-vis des ouvertures ou coulisses perpendiculaires marquées en pointillé, par lesquelles ils sont entrés. On apperçoit dans cette *fig.* 6, le couvercle levé, & qui se tient dans cette situation par l'effet d'un petit ressort représenté près & à côté de la lettre C.

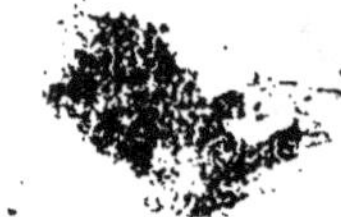

On voit près de D, la figure du bouton d'attache ou moraillon, en forme de dard, lequel entre dans la partie inférieure pour la tenir fermée.

Fig. 8, méchanique de ce moyen de retenir un moraillon. A, bouton d'attache ou moraillon. B, C, montrent le dessin d'un des deux grands ressorts ou crochets, dont un des deux, celui-ci, recule au moment où il laisse la liberté au moraillon; l'autre côté indique la position à laquelle les ressorts D les ramènent aussi-tôt que le bouton, en forme de cœur, est monté de la position inférieure à celle supérieure, toutes deux marquées E. Ce bouton en cœur tient à une petite tringle dont l'extrêmité descend jusques dans la gorge inférieure de la portion du porte-feuille, près de la lettre F, *fig.* 6; il est contenu par les petits passans G, & recouvert du carton & du parchemin, qui double l'intérieur de la partie porte-feuille qu'on a représenté ici ouvert ou déchiré. Cette partie ce tuyau rond est le porte - feuille qui sert à mettre le papier, les plumes, la cire, le canif, &c. Il a environ dix pouces de profondeur, sur trente-une à trente-deux lignes de diametre, dans la piece exécutée.

PLANCHE II.

N°. X.

Serrure pour une porte à deux battans.

Cette méchanique, de la dimension dont elle est exécutée, est représentée ici de la moitié de sa grandeur naturelle en vue, *fig.* 9, comme elle paraît lorsque détachée de sa place on a enlevé la plaque de fond qui touchait contre la porte, & sur laquelle sont attachées les branches qui, le long des montans, vont faire mouvoir les petits verroux du haut & du bas de la porte.

La forme donnée au petit pêne du demi-tour est telle, afin que son moteur A se trouve au tiers de la hauteur de la serrure, ainsi que celui B du pêne dormant à deux têtes, sur l'autre tiers; ce pêne du demi-tour porte au-dessous, du côté ici apparent, un petit tétiau placé sous l'endroit marqué C, & sur lequel un tenon du coin du pêne dormant, désigné ici sous la lettre D, vient s'appuyer lorsque ce pêne dormant est entiérement poussé dans sa gâche, de façon qu'alors le demi-tour n'a plus de mouvement; mais quand le pêne dormant, ici représenté dans le milieu de sa course, est rentré à moitié ou tout-à-fait, ce demi-tour a la liberté de rentrer, & son moteur le rappelle également en tournant en-dehors ou en-dedans. A chaque mouvement, ce petit pêne fait ouvrir les verroux du haut & du bas, auxquels son mouvement est communiqué par le canal perpendiculaire à la plaque de fond, marqué au bout de la ligne E, qui passe au travers de la plaque de recouvrement, laquelle porte les branches des verroux; ce canal est en écrou, & les branches des verroux y sont assujetties par une vis.

Le penneton, moteur du pêne dormant à deux têtes, est représenté ici en pointillé sous ce pêne, entre G & H, dans la place où il se trouve; lorsque ce pêne est au milieu de sa course, il est sous la lettre F; lorsque la serrure est ouverte, & à la gauche de G, quand elle est fermée, il agit entre deux tétiaux, dont la position est sous les lettres G, H.

On voit en I, un pivot qui porte la bande porte-obstacle, sur laquelle il faut que vienne paſſer le tétiau du pène dormant, pour que ce pène puiſſe ſe mouvoir ; ce qu'il ne peut pas faire quand le porte-obſtacle ne trouve pas, ſous ſes quatre dents ici figurées en L, L, L, L, les entailles des pieces mobiles.

On trouve au bout de la ligne M, en tracé & en pointillé, la figure du reſſort qui fixe toujours le petit pène en-dehors. Au bout de la ligne N, eſt repréſenté l'écrou qui maintient le petit pène ſur ſa languette en couliſſe ; la couliſſe qui aſſure en place le pène dormant, n'eſt point apparente par ce côté.

On ſent bien que, dans cette deſcription, il n'y a rien juſqu'ici qui ait rapport à la méchanique de combinaiſons ; elle eſt entiérement renfermée dans la petite boîte attachée à celle de la ſerrure, au moyen des deux tenons au bout des lignes O, P ; cette méchanique y eſt deſſinée en vue, apperçue un peu obliquement, & préſentant la face qui apparaît au-dehors de la porte de l'appartement, formant un quadrilatere de 14 lignes ſur 12 environ. Sur ce côté, comme en-dedans, paraît également l'extrêmité des deux pignons A, B ; le premier, garni d'une boule, ou d'une main, ou poignée ; le ſecond, d'une eſpece de groſſe aiguille de pendule qu'il faut pouſſer avec le doigt, pour le gros pène ; l'un & l'autre repréſentés *fig.* 12, en B, C.

La *fig.* 10 eſt la repréſentation en vue & de côté de la méchanique même ; on ſuppoſe le côté de cette boîte particuliere enlevé. On voit trois axes A, B, C, qui, chacun, portent quatre pieces. Sur l'axe A, il y a quatre roues dentées à douze dents, & à côté de chacune de celles-là il y en a une de même épaiſſeur, mais ayant plus de diametre, & ſeulement ſix dents, cette roue attachée & unie à celle à douze dents. Ce ſont ſeulement les ſix dents qui ſucceſſivement débordent la boîte vers D ; & comme les roues à ſix dents ſont attachées de façon à ce qu'elles correſpondent avec celles à douze, celles à ſix dents paraiſſent numérotées des nombres impairs. Les roues à douze engrenent dans d'autres de même dimenſion ſur l'axe B, & celles-ci communiquent le mouvement aux roues d'un diametre double qui ſont ſur l'axe C, & qui ont vingt-quatre dents.

Il faut obſerver que, quand deux roues s'engrenent, l'une tourne du ſens oppoſé à l'autre ; & pour que, dans un nombre d'engrenages de ſuite, les roues des extrêmités tournent de même ſens, il faut qu'elles ſoient en nombres impairs

Pour ſuppléer à la vue, les compteurs ſont employés. On voit marqué ſur la premiere des roues à vingt-quatre dents, à côté de la lettre E, un petit tenon ; il y en a deux auprès de la lettre P : au paſſage de la dent, à un petit tenon ſeul, en comptant un, on comptera treize ſur la dent où ſont les deux petits tenons ; ou bien on recommencera à compter un de la ſeconde douzaine ; ou bien, ſi l'on a appellé la premiere A, on appellera la treizieme N. Pour suppléer encore à l'oreille, on est averti dans quelle douzaine on sent le mouvement de l'engrenage, au moyen d'une balançoire, ou d'un *va-qui-vient*, lequel frappe une fois ou deux fois de 12 en 12.

On apperçoit au-dessous de G, un petit tuyau soudé au coin de la boîte, dans lequel passe une pointe d'aiguille un peu émoussée, qui se tient naturellement à fleur de la boîte de la serrure, en-dedans de la chambre, & qui vient à saillir en-avant aussi-tôt que le bout du ressort, figuré au bout de la ligne H, est frappé par le tenon seul E, ou par les deux tenons P. Chacune des quatre roues est également garnie de ces tenons & d'une branche H du même ressort, pour faire aller le *va-qui-vient* à chaque douzaine.

On voit en I, un autre ressort à quatre branches; elles sont frappées à chaque dent qui passe, & ces branches ou dents de ressort rendent un son assez clair au moyen de leur longueur: ce ressort est attaché sur la petite boîte, dont le dessus L & le dessous M sont joints ensemble du côté des grandes roues, par les quatre bandes qui passent entre chacun des engrenemens des roues; ces bandes servent à les contenir (ces roues) pour engrener avec précision sur celles du milieu; l'autre bout de la petite boîte est formé par la continuation du dessus & du dessous, percés de quatre ouvertures, pour laisser passer les pointes des dents des roues à six dents, comme elles paroissent vers D.

La *fig.* 11, sur une échelle de moitié ou de six lignes pour pouce, est la représentation de la plaque qui ferme le côté de la boîte. A, B, C, sont les entailles qui portent l'extrêmité des axes sur lesquels tournent les roues. D, E, indiquent un ressort vu de profil, qui tient relevé la piece porte-obstacle; l'extrêmité E de ce ressort se trouvant d'équerre sous l'extrêmité Q, *fig.* 9, du porte-obstacle I, Q.

On distingue en cette *fig.* 11, F, G, les trous où doit entrer l'extrêmité des tenons de la boîte, lesquels sont marqués O, *fig.* 10.

Dans la même *fig.* 11, H, I, montrent la coupe de la plaque du dessus de la boîte de la serrure, laquelle se trouve apparente dans la chambre; plaque sur laquelle s'attache la petite boîte de la méchanique.

La coupe de cette même partie apparente de la serrure est représentée *fig.* 10, aux lettres Q, R.

On trouve dans la *fig.* 12, sur une échelle de trois lignes pour pouce, sous la lettre A, les trois bandes qui laissent quatre intervalles pour la saillie des dents des quatre roues, au-delà de la plaque de face de la serrure qui est apparente au-dedans de la chambre. Dans la *fig.* 10, on voit la partie des dents qui déborde à la lettre T; c'est sur ces dents qu'on appuie pour chercher la combinaison. Dans le fond, & entre chacune de ces dents, eſt figuré le n°. ou la lettre. Douze de ces fonds, entre les dents, ſont peints en noir; douze ſont en rouge, pour répondre aux deux tours des petites roues.

A la *fig.* 11, on voit des hachures au-deſſous de C, & au-deſſus de F, F, repréſentant la coupe de l'épaiſſeur du bois de la porte, & la grandeur de l'entaille qu'il y faut pratiquer; & en L, & M, eſt la plaque d'entrée, du côté du dehors, qui eſt attachée au bois.

Dans cette méchanique, la partie extérieure de chaque piece mobile n'a qu'un peu plus du tiers du total de ſon épaiſſeur; & c'eſt la partie intérieure qui porte dans la moitié de ſon épaiſeur l'entaille où doivent entrer les dents du porte-obſtacle, pour que le pêne dormant puiſſe ſe mouvoir.

La *fig.* 13 repréſente la coupe de ces pieces à 24 dents, dont le plan eſt repréſenté par la vue de la *fig.* 10, où l'on apperçoit en S, le plan de l'entaille dans laquelle doit entrer une des dents du porte-obſtacle; dans cette *fig.* 13, le porte-obſtacle eſt repréſenté avoir fait pénétrer ſes dents dans les entailles, le renflement ou tétiau du pêne étant en B, c'eſt-à-dire, en marche pour aller de A, ſon repos (la méchanique étant ouverte), pour arriver au repos de fermeture en C. Les hachures recroiſées marquent la partie intérieure de chaque piece mobile; les hachures obliques offrent leur partie extérieure, qui portent les 24 dents à leur extrêmité près D, auprès duquel on remarque les petits tétiaux indiqués *fig.* 10, E, P, pour avertir des douzaines.

La *fig.* 14 repréſente toute la partie de ſerrurerie ordinaire ſéparée du méchaniſme de combinaiſon; on y voit le porte-obſtacle avec ſes quatre dents, dans la poſition marquée *fig.* 13.

Il n'y a rien dans cette *fig.* 14, qui ne ſoit dans toutes les bonnes ſerrures ordinaires de portes de chambre à deux battans; & tout ce qui forme la méchanique de combinaiſons eſt renfermé dans la petite boîte qui peut ſe lever & ſe détacher aiſément.

C'eſt cette petite boîte qui tient lieu de l'entrée de la clef, de reſſort, de foncet, &c. & de toutes gardes & garnitures, ainſi que de toutes les clefs qu'on aurait à porter, à ſoigner, ainſi que de celles qu'on pourrait caſſer, perdre ou égarer tant que durera la ſerrure. Or, c'eſt donc ſeulement ce méchaniſme-ci qui doit être comparé, pour l'uſage & pour le prix, avec celui de l'art de la garniture des ſerrures, de la fabrication des bonnes clefs, ainſi que, dans ce dernier cas, de leurs remplacemens, & qui doit être auſſi balancé avec la crainte qu'on ne retrouve les anciennes: ce qui oblige à rechanger les gardes & garnitures à chaque nouvelle clef perdue ou ſeulement même confiée un moment trop légérement, & qu'on voudrait retirer. Il en eſt de même quand on retrouve une clef qui a pu avoir été copiée & imitiée pendant qu'elle était égarée, ou de laquelle on aurait pris toutes les empreintes néceſſaires pour en faire faire une pareille : ce qui peut s'exécuter en bien peu de tems.

La *fig.* 12 eſt la ſerrure vue en-dedans de la chambre ; & la *fig.* 15 repréſente toute la porte, ſur une échelle de trois lignes pour pied ; & entre A, B, C, D, c'eſt la *fig.* 12 en petit.

On voit, *fig.* 12, ſous la lettre A, une partie des dents des quatre roues à 24 dents. En B, la pomme ou boule pour ouvrir le demi-tour. En C, une aiguille épaiſſe, inclinée vers les gonds de la porte, quand le pène dormant eſt ouvert, & inclinée de l'autre côté quand il eſt fermé, comme dans cette *figure*. Au-deſſus & au-deſſous de ces deux pignons, ſont les tringles-verroux qui font agir les petits pènes du haut & du bas, contenus ſous leurs paſſans : voyez *fig.* 15, lettres E, F.

Cette partie de ſerrure a de dimenſion, en ſus de celle qui ne fait que la gâche, toute l'épaiſſeur de la languette qui forme le recouvrement de la partie battante de la porte ſur celle dormante ; & cette languette eſt figurée ſur la boîte de la ſerrure, pour repréſenter les deux parties égales à droite & à gauche de cette languette.

Le côté de la gâche eſt ici ſuppoſé tranſparent, afin de faire voir au-dedans de cette gâche la figure d'un pignon denté qui engrene les crémailleres D, E. Les verroux haut & bas ſont tracés fermés ; on voit qu'en baiſſant la pommelle marquée au bout de la ligne G, *fig.* 15, ou en levant celle au bout de la ligne B, même *figure*, ou mouvant toutes les deux en même tems les verroux qui du haut & du bas tiennent arrêté le montant, par leur ſaillie, pourront ſe rapprocher, & ſe mettre au niveau du bois de la porte, & que le dormant pourra s'ouvrir ; mais alors les tenons du côté oppoſé de la crémaillere d'en-haut, qui ſont l'un vis-à-vis de E, l'autre vis-à-vis de F, deſcendront vis-à-vis de l'entrée des têtes du pène dormant, lequel ne pourra plus entrer dans ſa gâche. L'on voit que ſi ce pène dormant était déjà dans ſa gâche, comme il eſt ici marqué, les pommelles ne pourraient plus faire agir les verroux, parce que les têtes des pènes dormans les empêcheraient de ſe rapprocher.

On voit *fig.* 15, la place des petites boîtes du haut & du bas du battant de la porte, où ſont les pènes à biſeau que fait mouvoir la pomme B, *fig.* 12, par le moyen d'une baſcule.

Cette ſerrure eſt exécutée ; tout ce qui eſt ouvrage ordinaire de ſerrurier, y compris les verroux, eſt en fer poli ; le dedans de la boîte eſt de fer *bleuſſi ;* elle eſt recouverte en cuivre, du côté de la chambre, ainſi que la gâche, les paſſans & les petites boîtes des demi-tours haut & bas.

Le prix dont ſerait le méchaniſme de combinaiſon pour une ſemblable fermeture de porte, au lieu d'y employer celui des ſerrures ordinaires, c'eſt-à-dire, de toutes clefs, gardes & garnitures, ce prix, dis-je, ne ferait pas une différence dans ſa valeur, peut-être ſerait-il moindre.

Je puis, avec une ſemblable fermeture de porte, dire à quelqu'un : à telle heure vous entrerez chez moi par telle combinaiſon A, B, C, D. Je dirai à un ſecond : vous entrerez une demi-heure plus tard par celle-ci E, F, G, H ; combinaiſon que j'aurai eu ſoin d'établir auſſi-tôt après que le premier ſera entré. J'établirai, après que le ſecond ſera entré, I, L, M, N, & je ferai entrer un troiſieme, à qui j'aurai donné cette clef, ſans avoir confié à perſonne une piece qui puiſſe lui ſervir autrement que pour tel jour & à telle heure, ſans craindre que des gens qui ſeraient dans mon antichambre puiſſent entrer, ni gagner quelque domeſtique pour leur ouvrir la porte, & enfin ſans que ceux qui ſeraient chez moi puſſent ſortir autrement qu'avec ma permiſſion ou par effraction.

Rien n'eſt ſi aiſé que de faire enſorte qu'une ſerrure ne puiſſe pas ſe lever, à moins que la porte ne ſoit ouverte ; un des expédiens des plus aiſés, c'eſt comme à celle-ci, qu'elle ſoit tenue par des vis dans l'épaiſſeur de la porte, & que l'autre bout de la boîte ſoit retenu fermement en place contre le bois, par le moyen d'un petit reſſort déſigné près de la lettre A, *fig.* 14, lequel tiendra à une petite tringle, & celle-ci aboutira auſſi entre les deux vis dans l'épaiſſeur de la porte : il faudra pouſſer ou tirer ſon extrêmité, pour faire lâcher le reſſort quand les deux vis ſeront levées ; mais auſſi alors, ſi l'on eſt dans la chambre, & que l'on ait perdu ſa combinaiſon, il faut briſer la ſerrure, ou les gonds, ou la porte même.

PLANCHE II.

N°. XI.

Serrure en glace.

Fig. 16. *Cette méchanique a été exécutée pour remplir le problême ſuivant.*

PROBLEME.

FAIRE une ſerrure à combinaiſon pour un cabinet.

1°. Qu'elle puiſſe varier dans plus de 150 mille combinaiſons par-dehors ou par-dedans.

2°. Qu'on n'emploie pas de clef, mais un ſeul pignon.

3°. Qu'on voie aiſément toute la méchanique & ſon jeu.

4°. Qu'elle fasse saillir un pène de 12 lignes de longueur, & d'autant de largeur, & de 6 lignes d'épaisseur.

5°. Qu'elle soit renfermée dans une boîte de moins de trois pouces d'un sens, de moins de quatre de l'autre, & d'un pouce d'épaisseur.

La *fig.* 16 est la vue d'une serrure exécutée d'une dimension double de celle ici représentée; de ses six côtés, trois sont en fer, dont deux polis dehors, & tous les trois dorés en-dedans; les trois autres côtés sont en glace; le pène est en fer poli, ainsi que le ressort & le porte-obstacle; le pignon qui fait mouvoir les pieces mobiles est un acier *bleussi*, & les deux pommes de même, gravées & damasquinées en or de différentes couleurs; les pieces mobiles sont exécutées en cuivre doré.

Le pignon à dent passe successivement d'une des quatre pieces à l'autre, & va ou revient à volonté, en le poussant ou le tirant; mais il va toujours par secousses, ayant des étranglemens éloignés à une distance égale à celle qui se trouve entre l'engrenement des quatre roues entr'elles, afin que ce pignon arrive juste dans l'engrenement de chacune; les ressauts sont occasionnés par deux petits ressorts qui forment un ovale horizontal, dans lequel seul les parties étranglées du pignon tournent à l'aise: cet ovale est formé entre la serrure & le bois de la porte, & ne paraît pas dans la boîte: sa méchanique est la même qu'aux sacs de Cavagnole. Le pène se remue par-dedans au moyen du bouton à coulisse, représenté en A. Il a fallu, pour que la place de la jonction de la coulisse au pène pût être cachée, que cette coulisse débordât un peu la boîte vers B, lorsque le pène est rentré: ce manque de perfection n'était pas défendu.

Ce pène reçoit son mouvement par le dehors, au moyen d'un bouton en forme d'un gland, qui saillit hors de la porte; il est au bout d'une branche plate, placée horizontalement, laquelle a son pivot perpendiculairement auprès du point d'attache du gland, presqu'à fleur du dehors de cette porte; & l'extrêmité de l'autre branche plate entre jusques dans la boîte, entre deux tétiaux ou boutons attachés au pène, sur lesquels boutons elle frotte par une roulette qu'elle porte à son extrêmité. Dans le tems que le gland ne fait qu'aller de droite à gauche, l'autre extrêmité décrit une portion de cercle, dont la corde est de douze lignes: ce qui fait saillir d'autant ce pène. Ce gland est au-dessus de la pomme du pignon, laquelle sert de point d'appui pour pousser avec le pouce la tête du gland, d'un côté pour ouvrir, ou de l'autre pour fermer. Le pène est supporté en-dedans par de petites roues ou roulettes de cuivre, ainsi que par-dessus, pour avoir moins de frottement. Ces roulettes sont figurées par les lettres O, O. L'on voit ici le porte-obstacle abaissé, & ayant ses quatre dents entrées dans les quatre entailles: le pointillé marque la position de ce porte-obstacle,

obstacle, lorsque le pêne serait poussé un peu plus avant qu'il ne l'est, n'étant représenté sorti que de 11 lignes. On doit remarquer que l'entaille du pêne n'est pas visible, & qu'elle n'est qu'en-dedans. D est le ressort qui releve le porte-obstacle; ce ressort est représenté pressé & ayant obéi.

Les quatre pieces mobiles sont à vingt dents, ce qui porte le nombre à sa quatrieme puissance 160,000 combinaisons à choisir.

Il n'y a qu'un seul pignon qui agit; & pour que sa pomme se trouvât sur la face de la serrure, il ne pouvait pas porter vingt dents, & être égal aux pieces mobiles; il n'en a que dix. On voit au bout de la ligne C, un petit ressort compteur, lequel rend un son à chaque dent de ce pignon mobile, qui passe. Il n'y a rien dans cette serrure qui soit attaché ailleurs qu'à la plaque du fond; & au moyen des trois côtés de glace, on apperçoit aisément toutes les pieces & leur jeu. La glace de dessus est percée pour laisser passer le pignon; on remet la pomme après qu'il est passé, & cette pomme est arrêtée par une vis qui entre dans ce pignon; les pieces de combinaisons portent à chaque dixaine, ou un petit bouton, ou deux, comme les pieces de la serrure *fig.* 9. A chaque fois que ces petits boutons rencontrent l'extrêmité d'une des branches du ressort, représenté sous la lettre E, elles rendent un petit son argentin & différent de celui de l'autre ressort compteur; elles sonnent un ou deux, pour reconnaître à quelle dixaine.

La *fig.* 17 est le plan de la languette qui fait mouvoir le verrou par l'extérieur du cabinet, & qui est mue par le mouvement du bouton à coulisse du dedans. Au-dessous de A, est son pivot dans l'épaisseur du bois; au-dessous de B, est le gland qui se meut de droite à gauche; au-dessus de C, est la roulette qui parcourt l'espace depuis C, (*a*) jusqu'à D.

Dans l'usage, une semblable méchanique serait incommode, 1°. par la difficulté de passer le pignon d'une piece mobile à l'autre, sans faire un peu tourner ou déranger une de ces pieces mobiles, lorsqu'on n'aurait pas bien parfaitement & exactement placé ces pieces; précision qu'on ne peut appercevoir par le dehors, que par l'à-plomb à donner à chaque fois aux signes qui sont marqués sur la pomme; & 2°. par le soin de ne pas déranger cet à-plomb en allant d'une piece à l'autre, par ressauts. Au surplus, la boîte n'a de hauteur que 2 pouces 9 lignes, & 3 pouces 9 lignes de largeur en-dehors; il est vrai qu'elle a un pouce d'épaisseur en-dedans. A ce trop d'épaisseur près, le problème a été rempli avec exactitude; il faut songer qu'il ne s'agissait pas de faire du bon marché, ni quelque chose pour un usage commun & ordinaire.

(*a*) La gravure a représenté le gland un peu trop petit.

PLANCHE II.

N°. XII.

Contre-platine de fusil.

LA *fig.* 18, sur une échelle de 6 lignes pour pouce, est la vue d'une partie du fusil, où la contre-platine paraît ; on y voit quatre pieces circulaires ; les trois au-dessus des lettres A, B, C, présentent à leurs faces extérieures des plaques gravées comme un cadran de boussole, dont les 16 aires de vent sont marqués différemment sur chacune. On suppose que la fleur-de-lis de ces marques est le Nord. On apperçoit de petits points noirs représentant des boutons saillans à chacune, qui sont à peu près Est & Ouest ; ils servent à faire tourner la piece. En prenant l'à-plomb pour le point de combinaison, elle serait ici établie pour ces trois pieces A, Nord-Ouest ; B, Nord ; C, Est. A la piece C, on voit dans son milieu le quarré d'un pignon, dans lequel entre une vis à tête quarrée de ce bout, & à vis de l'autre ; c'est sur ce pignon que sont retenues ensemble le différentes parties de la piece, par le moyen d'un écrou, dans le dedans de la méchanique, qui se monte sur la vis à tête quarrée. Cette vis à tête quarrée est représentée de grandeur naturelle, en coupe *fig.* 19, & l'écrou *fig.* 26. A cette piece C, *fig.* 18, la vis à tête est supposée ôtée ; elle doit recouvrir le quarré ici apparent, autour duquel est entrée la plaque gravée qui porte les marques indicatives. En D, la plaque elle-même est ôtée ; & dans la piece même qui forme la contre-platine, on y voit la marque de l'enfoncement dans lequel la plaque gravée doit se placer pour revenir à fleur de la surface de cette contre-platine. On peut voir aussi en D, l'ouverture circulaire (dans cette contre-platine), ouverture dans laquelle tourne l'axe, duquel l'extrêmité quarrée doit recevoir la plaque. On remarque au-dessous de la lettre E, la vue d'un petit bouton coulant, qui étant poussé à gauche, comme il est tracé en pointillé, tient ouvert la méchanique, & donne la liberté au chien de la platine de se mouvoir ; car tant que ce bouton coulant est encore dans la position de E, la partie intérieure de ce bouton, que j'appellerai branche du tenon, laisse libre le talon d'une bascule, dont une extrêmité tient à un levier qui traverse la platine, & entre dans le chien, de façon que ce chien ne peut faire aucun mouvement ; l'endroit où le bout de ce levier, ou tenon long, entre dans le chien (dont partie ici est représentée en pointillé), est à l'endroit marqué F, près de la grande vis qui tient la platine.

La *fig.* 20 est la coupe de la plaque gravée & apparente à l'extérieur d'une des quatre pieces, & qui fait elle-même l'effet d'une aiguille sur un cadran. On voit dans le milieu de cette *figure*, une entaille quarrée par où elle entre ſur ſon axe.

La *fig.* 21 eſt la coupe de la piece qui forme la contre-platine, à l'endroit de cette contre-platine qui reçoit la plaque gravée ; on obſerve dans le milieu la place circulaire dans laquelle l'axe tourne.

La *fig.* 22 eſt la coupe de l'axe qui forme la partie la plus intérieure de la piece mobile, & qui porte les crans ; on diſtingue les deux entailles, ou rétréciſſement de cet axe, l'une quarrée, l'autre circulaire, d'un côté, & de l'autre côté ſeulement une entaille quarrée, pour recevoir la plaque qui ſert à contenir l'une ſur l'autre les deux parties de la piece.

La *fig.* 23 eſt la coupe de la partie extérieure à l'axe denté, rouleau ou piece mobile intérieure, de même épaiſſeur que celle intérieure. On voit près de A, marqué en pointillé, l'encoche dans laquelle le tétiau repréſenté au-deſſus en B, doit entrer toutes les fois que la méchanique ſera ouverte, & qu'elle pourra être refermée ſans toucher aux pieces mobiles.

La *fig.* 24 eſt la coupe d'un petit plateau circulaire qui ſert à contenir la piece extérieure mobile deſſus celle intérieure.

La *fig.* 25 eſt la coupe de l'écrou, lequel contient le petit plateau intérieur de la piece ; & cet écrou fait que la tête de la vis, appuyant contre la plaque gravée, qui eſt extérieure, eſt contenue dans l'entaille quarrée de l'axe ou eſſieu, comme celle du dedans, ſur l'autre entaille quarrée.

On concevra aiſément que, pour faire qu'à ce méchaniſme on puiſſe établir la combinaiſon en-dehors ou en-dedans ; il faudrait à l'intérieur une plaque pareille à celle extérieure à la contre-platine, & la même conſtruction des deux bouts à l'axe, afin de porter auſſi une plaque gravée apparente ; c'eſt alors que ce méchaniſme s'appliquerait à une porte, comme à un porte-feuille.

La *fig.* 26 eſt la coupe des ſix parties réunies, qui compoſent le total de la piece mobile. On voit que le tout eſt repréſenté placé ſur l'épaiſſeur de la plaque de contre-platine, & qu'il n'y a que deux lignes d'épaiſſeur entre A & B.

La *fig.* 27 eſt la vue de la baſcule, qui fait avancer ou reculer le tenon aſſez long, qui, paſſant ſous la queue ou branche du bouton de culaſſe du canon, traverſe la platine de fuſil au-deſſus de ſa noix, & va entrer dans le chien de la longueur d'une ligne, & ayant près d'une ligne de diametre. Quand le bouton à couliſſe, *fig.* 18, va de E ſur la gauche, la partie intérieure ou branche de ce bouton à couliſſe, que j'appelle queue, à peu près ſemblable à la partie du deſſus de la plaque de contre-platine, va pouſſer le bout de la baſcule marqué A, *fig.* 27, & fait reculer cette partie vers l'endroit où est sa représentation en pointillé B, ce qui retire le tenon hors du dedans du chien, & laisse à ce chien toute liberté, tant qu'on ne ramene pas le bouton de la gauche vers E, *fig.* 18.

La *fig.* 28 est la représentation des entailles qu'il faut faire au bois du fusil, pour recevoir la méchanique. L'on voit en A, le point où est attaché un ressort qui obéit quand le tenon est retiré du chien, par le mouvement du bouton de E, sur la gauche, & qui le fait rentrer dans le chien aussi-tôt que le bouton à coulisse est revenu en E, *fig.* 18.

On trouve en B, C, *fig.* 28, deux vis qui tiennent la plaque où sont les deux montans, dans lesquels porte l'axe de la bascule, qui fait mouvoir le tenon, duquel la tête en charniere paraît près de la lettre D, tenue entre deux branches de la bascule, où ce tenon est mobile sur un axe, rivé des deux côtés.

La *fig.* 29 est la représentation en vue du dedans de la méchanique, telle qu'elle a été exécutée : on a marqué sur le petit plateau qui contient les parties des pieces, les mêmes *figures* à peu près qu'à l'extérieur, aux pieces A & B. On apperçoit au milieu de ces pieces l'écrou à deux entailles, qui serre & qui contient les parties. En C, la plaque qui contient ces deux parties, n'est pas représentée gravée, & l'écrou est supposé ôté.

A la piece marquée D, le petit plateau qui contient les deux parties mobiles est supposé enlevé, & l'on voit le plan détaillé de ces deux pieces représentées en coupe, *fig.* 26, savoir, les 16 crans de la piece intérieure, les quatre petits ressorts qui arcboutent sur ces crans, & en pointillé fin, les petits rivés qui les attachent à la partie extérieure. On remarque dans cette partie extérieure, l'entaille dans laquelle doit entrer le tenon du verrou.

Nota. Que cette entaille n'est pas de toute la profondeur de la partie extérieure, pour que cet anneau ou zone extérieure ne puisse pas s'ouvrir par quelque effort.

Le porte-obstacle est représenté ayant quatre tenons-obstacles pour entrer chacun dans les quatre pieces mobiles, & ce porte-obstacle est continuellement repoussé en-haut par les deux branches du ressort porté par le petit pied attaché avec les deux vis E.

Dans les deux courbures que ce porte-obstacle forme entre les pieces A, B, & celles C, D, il porte un renflement de la hauteur des dents ou tenons-obstacles, qui doivent entrer dans les pieces ; & chaque tête, en figure d'oiseau, au bout des branches de la coulisse, embrasse (chacune par leur tenon marqué comme un œil) le porte-obstacle par ses deux côtés, ainsi que dessus & dessous, & ils ne viennent à bout de le forcer à se baisser que lorsque les tenons-obstacles peuvent entrer dans les pieces mobiles.

Pour que ce porte-obstacle ne soit pas dérangé, quand il est poussé d'un côté pour ouvrir, ou de l'autre pour fermer, il est contenu par ses deux extrèmités, entre les tenons F, G, indépendamment de ses deux coulisses représentées à côté & au-dessous du trou marqué H, où passe la grande vis qui tient à la platine.

On voit en I, la partie saillante en-dedans de la coulisse, qui forme son bouton, & qui doit pousser l'extrèmité de la languette A, *fig.* 27, laquelle languette de la bascule fait retirer le tenon long de dedans le chien, lorsque dans la *fig.* 29 I arrive en L, ou bien *fig.* 18, quand de gauche il revient en E.

On distingue près de M & N, les deux tenons dans lesquels la coulisse glisse horizontalement. On remarquera que cette coulisse n'a de course que la distance d'une des pieces mobiles à l'autre, moins l'épaisseur des branches ou cols qui portent ses deux têtes. En rapprochant un peu davantage la piece B de celle C, on aurait donné plus de course à cette coulisse, qui dans une serrure aurait eu besoin d'une extrèmité plus saillante, pour entrer dans une gâche, & qui alors se serait appellée un pêne.

On appercevra aisément différens moyens de placer des crochets à cette espece de pêne, pour que ces crochets servent à la fermeture de tablettes ou porte-feuilles, ou toute autre chose.

PLANCHE II.

N°. XIII.

De la construction générale des pieces mobiles.

La *fig.* 30 donne le plan de la partie dentée d'une des pieces mobiles, laquelle étant de métal, peut aisémement avoir 64 dents, comme en A elle a 12 à 13 lignes de diametre, (*Nota.* Dans la gravure, les dents sont plus minces que l'espace entr'elles ; mais dans la pratique, on doit les faire égales,) & seulement 32, si elle n'a que 6 à 7 lignes, comme en B; ou bien si elle est de bois, & qu'elle n'ait qu'un pouce de diametre, elle aurait seize dents au moins, comme en C; elle pourrait en recevoir 24 comme en D; mais à 16, 17 ou 18 lignes de diametre, elle en aura aisément 32 comme en E.

Il faut observer que, ne s'agissant point d'un engrenage successif de chacune des dents d'une roue, dans les dents d'une autre ou dans un pignon, l'intervalle entre chaque dent peut être beaucoup plus étroit que chacune de ces dents, & que les quatre dents, ou même trois qu'il suffit de mettre à la roue qui doit recevoir l'autre, doivent toujours être de fer ou autre métal dur.

F marque une ouverture pour un pignon de trois lignes de diametre ; & il peut être jusqu'à près de 4 lignes dans une roue de 6 à 7 lignes, & de 6 à 7 lignes en bois, dans une roue de bois qui aurait 12 lignes & plus de diametre.

La *fig.* 31 représente le plan de la partie extérieure d'une des pieces mobiles ; il est possible de la construire en bois, comme je l'ai exécuté dans la méchanique, dont la description est ci-après ; mais elle sera plus solide en métal, elle tiendra bien moins de place, & peut n'avoir que 15 à 16 lignes, de diametre.

La partie A est de toute l'épaisseur de la roue, & porte dans cette épaisseur une entaille figurée en pointillé près de B, pour y recevoir un tétiau ou point d'arrêt. Les quatre C sont les quatre dents de fer ou d'acier qui seront placées après coup, & qui doivent entrer à l'aise dans les intervalles qui leur sont présentés des dents de la piece du centre. Ces trois ou quatre dents d'acier auront toujours un peu moins de saillie que la profondeur des vuides entre les dents de la piece du centre, & seront parfaitement espacées ; c'est la seule sujétion bien nécessaire, pour que la méchanique ne soit point sujette à manquer. D est un rétrécissement ou languette pratiquée dans l'ouverture intérieure de cette partie extérieure de la piece mobile : rétrécissement ou languette qui doit frotter légérement sur l'endroit uni de la partie du centre, par un seul point qui serait justement au-dessous de la lettre E, *fig.* 33.

Nota. Il est nécessaire que dans l'épaisseur de la partie extérieure de chaque piece qui porte sur la partie intérieure, il y ait le moins de frottement qu'il se pourra, & il suffirait même qu'il n'y eût que quatre ou cinq endroits de la circonférence intérieure de la piece extérieure, qui portassent réellement sur la circonférence extérieure de la piece intérieure. Mais pour la construction générale de ces pieces, il faut y établir une semblable languette, afin que ces pieces puissent servir indifféremment pour des méchaniques de la troisieme espece, où les pieces sont auprès l'une de l'autre, ou pour celle de la premiere espece, où elles sont sur un même axe, ou pour celle composite, où elles sont sur des cylindres différens, mais concentriques.

On observe, à la *fig.* 36, que pour les roues l'une derriere l'autre, il faut que les dents de la partie intérieure de la seconde piece ne trouvent rien qui les gêne lorsqu'elles passent sur une partie de l'épaisseur de la partie intérieure d'une autre piece. Si l'on ne voulait pas employer ces languettes ou points d'appui, il faudrait donc, comme dans la méchanique présentée en janvier 1779 à la société libre d'émulation, employer entre chaque partie extérieure de chaque piece mobile, un petit cercle fur lequel roulerait cette partie extérieure, & que ces cercles fuffent arrêtés enfemble; car il faut éviter que les parties extérieures puiffent frotter affez contre celles intérieures, pour déranger leur pofition, ou du moins la rendre oblique; ou bien, il faut employer quelques foutiens extérieurs par-deffous ces parties extérieures des pieces mobiles.

Fig. 32 offre la vue en profil de l'extérieur de la piece mobile.

On voit à la hauteur de A, l'enfoncement de l'entaille pour un tétiau quarré, d'un peu plus d'une ligne de côté de quarré.

On remarque en B, l'entaille de toute l'épaiffeur de la roue pour le cas où, au lieu de la faire en tétiau, l'on aurait conftruit le porte-arrêt en languette, & pour devoir entrer dans toute cette largeur : ce qui eft à préférer, dès qu'on emploiera les pieces mobiles fur un même axe, ou fur des cylindres concentriques pour des ferrures qui ne fe ferment que par-dehors.

Fig. 33 eft la coupe de la partie intérieure, ou du centre de la piece mobile. Le côté A, marqué avec des hachures croifées, doit toujours être de métal, s'il porte plus de 24 dents. Le côté B peut être en bois, fans inconvéniens; & alors, les deux morceaux formant cette partie intérieure d'une piece mobile, feront attachés enfemble par des goupilles figurées en pointillé C, C. D eft l'ouverture où doit paffer l'axe; cette ouverture, quarrée ou octogone à quatre grands & quatre petits côtés infcrits, eft plus ou moins large; elle doit, fur un axe de bois, être au moins de la plus grande dimenfion marquée au centre de la *fig.* 30.

La *fig.* 34 repréfente la coupe de la partie extérieure d'une piece mobile, vue par le dedans; on voit au-deffous de A, l'entaille pour l'entrée d'un tétiau quarré.

A côté de B, eft la figure d'une des trois ou quatre dents marquées C, *fig.* 31.

On trouve au bout de la ligne C, le rétréciffement ou languette du dedans de cette piece marquée en D, *fig.* 31; & à cette *fig.* 34, le pointillé défigne comment le rétréciffement peut être dans tout le contour intérieur de la piece; mais fi elle n'eft pas deftinée à en recevoir une autre appliquée contr'elle, alors il n'y aurait qu'une languette à y laiffer du côté où l'on appliquerait la plaque de métal B. Le D offre en coupe, la vue d'une des quatre dents.

On diftingue à côté de cette figure, près de la lettre E, la coupe en face d'une de ces dents, qu'on fait entrer après coup dans cette partie de la piece.

La *fig.* 35 montre la coupe des deux parties de la piece mobile, raffemblées, & cette piece montée fur fon axe. On voit près de A, l'une des quatre dents de la partie extérieure placée entre deux des soixante-quatre dents de la partie du centre, & le rétrécissement ou languette de cette partie extérieure, frotter contre la portion non dentée de la partie du centre B. Les deux C C sont la coupe de l'axe. On remarque en D, l'extrêmité d'un tétiau applati, qui se trouve placé entre la piece mobile & un renflement circulaire E, E, de l'axe, de façon qu'il empêche cet axe d'être poussé en-avant, & par-là empêche le désengrenement des deux parties de la piece. Cette même espece de tétiau peut aussi être placée sur l'autre face de la piece mobile, comme elle est tracée en F, entre deux renflemens de l'axe. Ces divers renflemens seront formés par des viroles arrêtées sur cet axe, de même que la piece mobile serra arrêtée sur l'axe, au moyen d'une ou de deux petites pointes ou goupilles représentées en G.

La *fig.* 36 fait voir les parties des pieces mobiles désengrenées; les parties intérieures ou du centre de ces pieces sont poussées hors des parties extérieures, & la portion dentée de la partie du centre de la seconde piece se trouve sous une portion de la partie extérieure de la premiere, laquelle partie de la premiere se trouve, par le moyen de sa languette, porter & frotter contre la partie du centre ou intérieure.

On observe la coupe des petits obstacles O, O, O, O, qui maintiennent entr'elles, dans un même lieu, les pieces mobiles: & il faut remarquer comment les dents des pieces du centre ne peuvent, en aucune façon, frotter contre les quatre dents de la partie extérieure, laquelle est soutenue par un seul point de contact de sa languette, sur la partie lisse & non dentée de la partie du centre. On a figuré en B, B, comment chaque piece du centre, après avoir été placée au bout de son cylindre particulier, y serait arrêtée par une goupille indiquée par des pointillés.

Si l'on veut établir ainsi deux pieces mobiles différentes l'une derriere l'autre, il faut pour cette position, que ces pieces aient bien près de trois lignes d'épaisseur; car lorsqu'elles seront seulement placées à côté l'une de l'autre, leur épaisseur peut être moins de deux lignes, mais toujours d'un peu plus du triple de l'épaisseur de la portion dentée, afin qu'il reste toujours une portion de la languette ou rétrécissement lisse de la partie du centre, laquelle puisse glisser sur le rétrécissement de la partie extérieure.

Les pieces mobiles placées l'une sur l'autre, sont pour être employées dans la premiere & la seconde espece de ces méchaniques.

Avec des pieces mobiles faites d'après ces dessins, on poura exécuter une grande variété de méchanisme des trois especes que j'ai distinguées.

Il y a une autre façon de faire ces mêmes pieces, & où les deux parties qui les formeront, au lieu d'être supportées l'une par l'autre lors du du désengrenement, se trouveront toujours supportées par le même axe, & l'engrenage y sera différemment exécuté. *Voyez* ci-après, *planche III*, *fig.* 27 & 30.

PLANCHE III.

N°. XIV.

Serrure décorée en carte marine, exécutée pour une porte cochere.

Cette serrure est exécutée sur huit pouces de longueur, quatre pouces trois quarts de hauteur, & sur seize lignes d'épaisseur; la boîte est recouverte en cuivre.

La *fig.* 1, sur une échelle de six lignes pour pouce, est la coupe de cette méchanique vue au-dessous de la cloison, & de l'épaisseur de la boîte.

Les hachures obliques, de gauche à droite, que l'on apperçoit sous la lettre A, indiquent l'épaisseur du bois de la porte, que l'on a réduit ici à une aussi mince dimension qu'elle est exprimée, afin d'occuper moins de place sur la planche gravée.

La lettre B marque la feuillure de la porte qui s'ouvre à droite, & se pousse en-dedans, pour battre contre le côté dormant qui est à sa gauche.

Des trois C, les deux qui sont sur le dessus indiquent les vis en bois qui arrêtent la boîte de la méchanique contre le bois de la porte. Celui qui est sur le côté, près de B, désigne la place d'une vis à placer dans l'épaisseur de la feuillure de la porte.

D montre l'épaisseur de la noix à dents, montée sur le gros pignon qui agit sur le pène. Le plan de cette noix, au milieu de laquelle on voit la coupe du pignon moteur, est marqué de la lettre A, *fig.* 2.

Cette *fig.* 2 est le plan de la méchanique, du côté par où elle est appliquée contre le bois de la porte; elle paraît ici telle qu'elle est lorsqu'elle en est détachée, & que l'on a enlevé une cloison que l'on peut y placer, pour que cette méchanique soit enfermée lorsqu'elle n'est pas employée, & comme le sont les serrures dans la boutique des marchands.

La *fig.* 3 est la vue de l'extérieur de la porte.

La *fig.* 4 est l'aspect du dehors de la boîte, ou de sa décoration, dans l'intérieur du lieu où elle est placée.

La *fig.* 5 montre la coupe de cette même méchanique, sur une ligne perpendiculaire à sa position, & passant vers le centre de sa dimension.

On voit, *fig.* 1, l'épaisseur du pêne, dont l'autre dimension est marquée à la *fig.* 2, avec ses renflemens B, C, même *figure*, & ses dents en crémaillere D, dans lesquelles engrene la noix à dents de son gros pignon moteur.

La main qui eſt attachée à ce pignon, eſt placée horizontalement, telle que la *figure* en repréſente ici la moitié, lorſque le pène a la ſaillie de ſon biſeau ; elle devient perpendiculaire à chaque fois qu'il recule & qu'il rentre, en frappant ſur ſa gâche, ou lorſque le même pène eſt totalement pouſſé dans cette gâche.

On trouve au-deſſous de E, *fig.* 1, le tétiau qui paſſe dans la couliſſe du pène, & ſur lequel il gliſſe ; & la même lettre E, *fig.* 2, déſigne l'écrou qui retient ce pène en place ſur ſon tétiau. On remarque, ſous le pène, deux tétiaux ou dents qui doivent gliſſer ſur les renflemens F F du porte-obſtacle ; ces dents ſont repréſentées à droite deſdits renflemens, & ſur leur droite on a tracé en pointillé juſqu'où ils peuvent reculer à l'aiſe lorſqu'il n'y a que le biſeau de ſaillant, & qu'il vient de frapper ſur ſa gâche, ou lorſque l'on tourne le pignon pour ouvrir le demi-tour. Sur la gauche de ces tétiaux & des renflemens des porte-obſtacles, on a auſſi repréſenté en pointillé, où ſont tranſportées ces dents quand elles ont pu gliſſer par-deſſus les renflemens lors de la préſence des ouvertures faites dans les parties extérieures des pieces mobiles, au-deſſous des quatre tétiaux-obſtacles, qu'on diſtingue ſous ce porte-obſtacle, duquel on voit deſcendre auſſi quatre branches, dont il y a ſeulement deux marquées de la lettre G ; ces quatre branches pendantes ſont réunies enſemble, comme on peut l'obſerver par la traverſe H, endroit de ce plan où l'on ſuppoſe la piece mobile enlevée pour laiſſer voir ce qui eſt deſſous. Tout ce porte-obſtacle eſt ſoutenu par un reſſort dont les deux extrêmités ſont en fourches, repréſentées près de B, *fig.* 5 ; elles embraſſent la traverſe inférieure du porte-obſtacle, & le forcent à remonter. Ce reſſort eſt attaché par le milieu ſur le tenon L, & arrêté par un écrou qui contient en même tems, la piece ſervant à maintenir dans un même lieu les parties extérieures des pieces mobiles.

On apperçoit à cette *fig.* 2, au-deſſus de H, la coupe d'un renflement de l'axe de la piece mobile, axe que l'on ſuppoſe coupé au niveau de la traverſe H.

La *fig.* 7 repréſente la coupe de la piece mobile. La lettre A eſt la coupe de la traverſe-obſtacle H, *fig.* 2, dans la poſition où elle ſe trouve lorſque la combinaiſon étant établie, les dents du pène, ayant auſſi commencé à gliſſer ſur les renflemens du porte-obſtacle, s'arrèteront dans leur courſe, & le tiendront baiſſé pour donner par ce moyen la liberté au déſengrenement des deux parties des pieces mobiles. La partie intérieure de chaque piece pourra alors ſe retirer, comme l'indique le pointillé, *fig.* 7 ; mais il faut obſerver que le mouvement eſt ici marqué trop grand, & plus que le double de celui qu'elles ont, & dont elles peuvent avoir beſoin pour le désengrenement, lequel peut se faire également par le dehors ou par le dedans ; par-dehors, en tirant à soi les anneaux de clef qui sont au bout des axes des pieces mobiles (dont la représentation paraît d'un côté, aux *fig.* 1 & 5, & de l'autre à la *fig.* 3) ; par-dedans, en poussant & enfonçant les petits cercles apparens de ces pieces, qu'on reconnaît *fig.* 4, & sur lesquels sont gravées les étoiles représentant les boussoles.

Dans la *fig.* 2, les hachures perpendiculaires plus claires, au-dessous & entre chaque piece mobile, représentent une plaque faite pour arrêter & maintenir au même lieu les parties extérieures de ces pieces mobiles, par leur appui contre une rainure qui est pratiquée en-dehors de la portion de cette partie apparente, marquée par un cercle blanc, *fig.* 2, & de laquelle rainure la coupe paraît au-dessus de B, *fig.* 7. Cette piece, pour l'arrêt des parties extérieures des pieces mobiles, est fixée par trois points ; par celui du milieu qui tient aussi le ressort du porte-obstacle, & par les deux tenons de chaque extrêmité, dont à l'une, marquée M, on voit l'écrou qui l'arrête en place. Ce tenon porte à peu près vers le milieu de sa longueur, *fig.* 2, au-dessus de N, une entaille dans laquelle glissent les branches pendantes des extrêmités du porte-obstacle. Ce tenon est désigné avec son écrou, *fig.* 6, près de la lettre C ; mais on l'a supposé brisé, pour laisser voir la branche pendante du porte-obstacle, qui empêche le désengrenement, tant que le tétiau-obstacle n'est pas entré dans l'ouverture de la partie extérieure de la piece mobile. Il faut observer que, dans les *figures*, on a toujours représenté un vuide, ou du jeu, entre l'extrêmité du tétiau-obstacle, & les pieces mobiles où il doit entrer, quoiqu'il n'y en ait point, & qu'il n'en faille absolument point laisser dans l'exécution ; mais c'est seulement pour rendre plus sensible chaque piece dans le dessin.

Dans la *fig.* 3, les hachures horizontales indiquent le bois de la porte ; & sur celle-ci, les hachures perpendiculaires marquent ce qui tient lieu de ce qu'on appelle la plaque d'entrée aux serrures ordinaires. Cette plaque d'entrée porte un rebord, duquel on voit l'élévation dans la coupe, *fig.* 5, au-dessus de la lettre D ; laquelle élévation renferme les quatre rondelles montées chacune sur l'axe de leurs pieces mobiles. A cette même *fig.* 3, les hachures plus noires & perpendiculaires montrent la continuation de la plaque d'entrée sous les rondelles, & celles-ci sont désignées par des hachures horizontales. On y distingue soixante-quatre crans, dont il y a moitié qui sont, de deux en deux, plus enfoncés que les autres, & qui forment un moindre arrêt, ou une moindre difficulté à forcer pour passer sous le cliquet-compteur de chacune ; ce cliquet-compteur, ou petit ressort, figuré près de la lettre A, est établi sous la plaque d'entrée, & y est attaché : il joue dans l'épaiſſeur du bois de la porte, comme il eſt repréſenté *fig.* 5, par des traits légers ou pointillés, au-deſſous & ſur la gauche de D.

Pour reconnaître au tact la poſition des pieces, les anneaux de clef marquent quatre poſitions différentes; on voit que celui au-deſſous de A, *fig.* 3, placé horizontalement, a un petit bouton ſaillant ſur le milieu de ſon canon, ou de l'extrêmité de l'axe qui paraît ici élevé vers le cliquet-compteur; & l'autre anneau paraît avoir ſon bouton placé vers le bas, ce qui donne la facilité de partager la totalité du cercle en quatre parties; & chaque partie peut ſe diviſer encore en huit plein, & huit demi-plein, ce qui fait les ſeize crans pour chaque quart de cercle; de façon que pour compter alors, dans les ſoixante-quatre poſitions de chaque piece, celle qu'on aura choiſie, il n'y a donc plus d'attention préciſe à avoir, que pour huit, ou au plus, pour ſeize crans; car on peut être convenu d'avance que les plus forts crans ſeront, ou pour les nombres pairs, ou pour les impairs.

Indépendamment du ſon & du tact, pour faire uſage de la vue, il eſt facile d'indiquer clairement à l'œil la différence entre ces ſoixante-quatre crans, ſoit par des lettres ou par des chiffres gravés ou peints; & cette indication claire ne peut avoir d'autre inconvénient que celui d'avoir l'attention de ne pas, lorſque l'on ouvre ou que l'on ferme, laiſſer quelque indiſcret regarder quelle eſt la combinaiſon choiſie. Avec l'uſage ordinaire de ces ſerrures, il s'établirait bientôt que, regarder fermer un ſemblable méchaniſme, ſerait un grief, au moins, de la même nature que celui de regarder, par-deſſus l'épaule de quelqu'un, le contenu d'une lettre qu'il lit.

C'eſt afin d'avoir la facilité de diſtinguer au tact & à l'ouie chacun de ces crans, qu'il faut tenir les cercles les plus grands qu'il eſt poſſible; & pour cela, on les a fait ici tournans l'un ſous l'autre, le premier ſeul n'étant pas recouvert par un ſecond; & parce qu'il faut que chaque partie du plateau circulaire puiſſe former alternativement un angle moindre que le droit, ou plus que le droit, avec ſon axe reſpectif, il eſt donc indiſpenſable que, dans le quarré ſur lequel le plateau circulaire eſt placé ſur ſon axe, il y ait un jeu relatif à ſon obliquité ſucceſſive avec cet axe.

On obſervera auſſi que, pour le déſengrenement, on doit commencer par déſengrener la piece qui porte le plateau circulaire, qui n'eſt pas recouvert par un autre, & le reſte ſucceſſivement.

On peut remarquer, *fig.* 2, que, pour donner le jeu du reſſort qui tient la ſaillie du pêne, il eſt attaché ſur la parois ou cloiſon de côté; & dans la *fig.* 5, que l'on n'a repréſenté qu'une partie de l'épaiſſeur du pêne, pour laiſſer voir le jeu de la noix du gros pignon, la coupe de la couliſſe, & celle de la crémaillere.

La *fig.* 6 eſt la repréſentation d'une eſpece de clef, pour s'enfermer en-dedans, & ouvrir enſuite; les deux branches A B ſont faibles vers le point C, & peuvent être preſſées & ſe reſſerrer juſqu'où marque le pointillé: alors elles entrent dans les entailles obliques; & cette clef alors ſert à rappeller l'engrenement, après avoir changé la combinaiſon. Cette eſpece de façon de faire mouvoir les pieces mobiles, eſt néceſſaire pour les cas où l'on ne veut pas qu'il y ait rien du tout de ſaillant à la ſerrure, comme à celle-ci, où la plaque du côté du dedans pourrait ſervir à imprimer en taille-douce. Cette eſpece de clef, au ſurplus, pourrait très-aiſément ſe porter au cordon d'une montre, comme un cachet; on pourrait auſſi, par ce même expédient, faire enſorte qu'il n'y ait rien de ſaillant au-dehors de la porte.

PLANCHE III.

N°. XV.

Serrure de M. Regnier.

[Il y a dans cette méchanique trois pieces mobiles.]

LA *fig.* 8 eſt le plan du dedans de la partie mobile (voyez au coin & au bas de la *planche III* à gauche) laquelle paraît au-dehors par ſon autre face repréſentée *fig.* 9, & dont on trouve la coupe *fig.* 10. Dans celle-ci, on apperçoit près de la lettre O, le rebord intérieur de cette partie extérieure, lequel rebord entre au-dedans du rebord extérieur B de la piece fixe, dont la coupe eſt repréſentée *fig.* 11; cette piece fixe eſt indiquée en plan autour des lettres A, *fig.* 22. Dans ce plan, *fig.* 22, on remarque, près des lettres B, un petit tétiau à double biſeau, qui eſt ſaillant d'une ligne, & qui obéit au moyen d'un reſſort; ce tétiau & ce reſſort ſont vus en coupe, *fig.* 11, entre A & B.

On diſtingue, *fig.* 10, ſur l'alignement de O à P, l'indication de vingt-quatre crans qui ſe trouvent à l'extrêmité du rebord de cette partie ſupérieure; ces vingt-quatre crans répondans aux vingt-quatre caracteres tracés ſur ce même rebord; ces crans ſont marqués en plan, *fig.* 8: au centre de cette *figure*, on apperçoit le plan de la partie d'un tuyau dont la coupe eſt repréſentée *fig.* 10, au-deſſous de E. Ce tuyau, dont le dedans eſt travaillé en écrou, ſert pour y recevoir la vis, dont la coupe eſt *fig.* 13.

La *fig.* 14 eſt le plan de la ſeconde partie mobile de la même piece, vu par le côté qui embraſſe le tuyau E, *fig.* 10; & à la *fig.* 15, c'eſt le plan de cette même partie, vu par le côté de dedans, & dont la coupe eſt *fig.* 16. On peut remarquer, *fig.* 15, au-deſſous de A, l'ouverture repréſentée auſſi près de A, *fig.* 16, & par où doit paſſer le tétiau du porte-obſtacle, pour donner la liberté du mouvement.

La *fig.* 17 eſt la repréſentation du plan des deux parties placées l'une dans l'autre, & vues en-dedans avec une troiſieme. La *fig.* 18 eſt le plan de cette troiſieme partie de la même piece ; troiſieme partie qui eſt mince & plate, percée d'une ouverture en quarré-long, pour entrer ſur l'extrêmité du tuyau de la premiere partie, marqué ſous E, *fig.* 10. Le plan repréſente le côté qui ſe place contre la partie placée par l'extérieur ; & la *fig.* 19 eſt le plan de cette même piece, vu par le côté du dedans de la chambre ; & les coupes, ſur ſes deux dimenſions, ſont déſignées aux *fig.* 20.

La *fig.* 13 eſt la coupe de la vis qui doit entrer dans le tuyau de la premiere partie mobile, & ſerrer la troiſieme partie ; c'eſt-à-dire, cette petite plaque mince, *fig.* 18 & 19, contre la ſeconde piece, afin que cette ſeconde tourne en même tems que la premiere piece, lorſque cette ſeconde ne ſera pas arrêtée par la préſence du tétiau porte-obſtacle, dans ſon échancrure tracée en A, *fig.* 15, de cette ſeconde partie.

La *fig.* 21 eſt la repréſentation de la coupe de tout le méchaniſme ci-devant détaillé, & de ce qui ſuit.

On voit, *fig.* 22, vers le haut, autour de A, le plan de la piece fixe qui eſt attachée à une plaque de fond par les deux vis D : à la piece au-deſſous, on trouve le même plan de la piece fixe, & la repréſentation de ce qu'on verrait de la ſeconde partie mobile, lorſqu'elle y ſerait placée avant que d'y mettre celle apparente à l'extérieur, 8, 9 & 10. On découvre près de G, l'ouverture pratiquée dans le rebord de cette piece fixe : ouverture par laquelle paraît l'une des vingt-quatre lettres marquées ſur le rebord intérieur de la premiere partie mobile. En F, c'eſt la repréſentation du plan du bouton ou pommelle, qui fait mouvoir le pignon du pêne.

La *fig.* 23 eſt le dedans de la plaque de fond. On apperçoit près de D, le plan du pignon quarré, autour duquel paſſe une virole portant une dent ou penneton F, qui doit appuyer ſur la tête du porte-obſtacle, qui fera alors entrer ſes tétiaux dans l'échancrure des pieces mobiles.

E eſt la repréſentation du reſſort qui ſoutient la tête du porte-obſtacle ; cette tête eſt marquée A, & vue en coupe de profil, *fig.* 24.

Ici, *fig.* 23, & près de la lettre A, on rencontre l'ouverture de la plaque dans laquelle on doit placer la piece mobile. Près de B, l'on diſtingue la premiere & la ſeconde partie de la piece mobile, qui ſont placées. On apperçoit en C, que la petite plaque, troiſieme partie, y eſt auſſi placée, ainſi que la quatrieme, qui eſt la vis qui recouvre l'ouverture du centre de la troiſieme partie ; & cette vis réunit les pieces, pour qu'elles ſuivent un même mouvement. Auprès de chacune de ces trois pieces, on remarque leur petit reſſort qui porte le tétiau à double biſeau, ſervant à compter les crans qui correſpondent aux vingt-quatre marques de la premiere partie. Il y a au creux du cran qui correſpond à la lettre A, beaucoup plus de profondeur (voyez *fig.* 8, au-deſſous de A) : ce qui donne un ſon plus fort, & fait éprouver auſſi une ſecouſſe plus marquée à la main; de façon que ce méchaniſme réunit effectivement trois moyens de perceptions, la vue, l'ouie & le tact. Les deux derniers ſont très-faciles & très-diſtincts; le premier eſt très-incommode, & exige beaucoup de clarté & la vue fort bonne; & il me ſemble que l'auteur a eu le projet de procurer cette difficulté, & à tort l'a-t-il cru utile; mais rien ne lui eût été ſi aiſé que de faire paraître ſes marques très-viſiblement à l'extérieur, ce qu'il eſt néceſſaire de faire à toutes ces eſpeces de méchaniques. Les pointillés I marquent l'emplacement des deux paſſans qui contiennent le porte-obſtacle.

La *figure* 24 eſt la coupe du porte-obſtacle avec ſes petits tétiaux-obſtacles B, C, D.

La *fig.* 25 eſt le plan de ce porte-obſtacle, vu du côté du dedans, par où il porte ſur les axes de ſes pieces mobiles; on apperçoit que ces tétiaux-obſtacles ſe trouvent avoir été placés plus d'un côté que de l'autre, pour qu'ils ſe trouvent ſur le rivet du tétiau-compteur, ſur la ligne pointillée G, H, *fig.* 23; & l'entaille faite dans le milieu des tétiaux-obſtacles B, C, D, vus *fig.* 24, eſt pour laiſſer du recul au compteur lorſque l'obſtacle eſt à moitié du paſſage, mais de façon que le reſſort du compteur ne pourrait pas reculer aſſez pour laiſſer changer la poſition des parties mobiles, lorſqu'on voudrait tâtonner & changer cette poſition, ſans avoir établi ſa combinaiſon : ſujétion, dans ce méchaniſme, trop difficile à ſaiſir dans ſon exécution.

Le même pignon mu par la pommelle ou main F, *fig.* 22, & qui, par ſon quarré près de D, *fig.* 23, fait mouvoir le cran ou penneton F, ſe trouve (par la continuation de ſon quarré) entrer dans l'ouverture de même forme de ce pignon, renfermée dans la boîte qui repréſente une ſerrure, & dans laquelle on l'apperçoit ſous la même lettre F, *fig.* 26.

Cette *fig.* 26 eſt le plan de ce qui s'appelle ordinairement la boîte de la ſerrure, parce qu'ordinairement elle renferme tout ce qui appartient à la ſerrure; mais ici, l'on voit que la combinaiſon qui tient lieu des clefs, des gardes & garnitures, eſt placée hors de cette boîte, qui n'eſt plus que l'étui (aſſez inutile) d'un pêne ou verrou. On trouve dans cette vue-ci trois plans : le premier eſt la coupe du pignon, qui va porter ſon extrêmité percée en quarré, à travers de l'épaiſſeur du bois de la porte, pour y recevoir la broche quarrée du pignon, laquelle tient à la pommelle F, *fig.* 22, par où, en-dehors de cette porte, on fait mouvoir le pêne. Sous ce premier plan, on en a repréſenté un ſecond renfermé entre des pointillés, de ce qui s'appelle la cloiſon de la ſerrure; elle eſt marquée comme tranſparente, afin de laiſſer voir les dents ou pennetons du pignon; ces dents ſont faites comme les pennetons d'une clef. On voit qu'il y a deux de ces dents ou pennetons; celui repréſenté perpendiculaire au-deſſus de A eſt à deux rebords, parce que, de même que les pennetons ordinaires des clefs, il ſert également par ſes deux côtés, contre des tétiaux ou dents de crémaillere du pène. L'autre penneton, repréſenté près de la lettre B, n'a qu'un rebord, parce qu'il ne doit faire effet que contre une ſeule dent pour ouvrir le demi-tour. On remarque au-deſſus de C, le tétiau que pouſſerait vers D le penneton perpendiculaire, juſqu'au-deſſus de ce point D, pour fermer ce qu'avec une clef à l'ordinaire on appelle *le double tour*, c'eſt-à-dire, un ſecond tour; dénomination de ſecond ou double tour, donnée parce que cette clef, ou pignon, n'ayant alors qu'un ſeul penneton, eſt obligée de faire tout un tour après ſon premier mouvement, appellé le demi-tour. Lorſque le verrou eſt pouſſé à ce double tour, le tétiau du pène, qui eſt ici repréſenté au-deſſus de E, ſe trouve alors avoir paſſé de l'autre côté de la figure d'une fleche, poſée dans le deſſin entre A & E; & l'on voit ſur l'alignement, en allant du centre du pignon ſous F, à la lettre D, un pointillé qui marque où le penneton à deux rebords doit arriver; on diſtingue auſſi qu'il aura à parcourir environ vingt degrés de ſon cercle, pour revenir faire effort ſur le tétiau, qui ſera alors au-deſſus de A, entre cet A & la fleche; & de même le penneton qui n'a qu'un rebord, ici repréſenté en B, aura environ cinquante-cinq degrés à parcourir avant de pouvoir faire effet ſur ſon tétiau, qui ſera revenu à la poſition C. Il aurait donc fallu que les deux tétiaux fuſſent exactement à un éloignement égal à la largeur qui ſe trouve entre l'extrêmité des deux rebords du penneton, & que l'autre penneton ſe trouvât ne former avec celui-ci qu'un angle d'environ quarante-cinq degrés. Il réſulte de ces deux défauts de conſtruction un ballottement, un ferraillement, & du mouvement très-inutile & déſagréable.

Il faut remarquer encore, que tout ce qui ſert à donner au pignon la puiſſance de faire ou ne pas faire de mouvement pour arrêter le pène, lui eſt communiqué par la combinaiſon établie ſur une partie méchanique attachée hors de la boîte par le moyen de deux vis; laquelle méchanique, telle qu'elle eſt exécutée, s'applique ſur une ouverture qui entame le bois de toute la grandeur de ce méchaniſme; mais ce défaut ne lui eſt pas inhérent; il n'eſt que dans les proportions données aux pieces, ou du moins à leurs parties qui forment tuyaux ou cylindres. Au reſte on reconnaît, dans toute la conſtruction de ce méchaniſme, & dans chaque partie, que l'auteur l'auteur a parfaitement compris les demandes du programme, & il les a remplies feulement avec le manque de perfection, ayant employé un frottement fimple, au lieu d'un défengrenement; & s'il n'a fait, de fa méchanique de combinaifon, qu'une ferrure d'armoire, comme on le trouvait bon, c'eft parce qu'il a placé l'obftacle fur fes pivots, au lieu de le placer fur l'épaiffeur de ces pieces mobiles : mais il n'en a pas moins réuni trois moyens, la vue, l'ouie & le tact. Son méchanifme n'eft ni cher ni compliqué; il eft très-facile à exécuter & à placer dans une boîte de ferrure; on en verra l'emploi perfectionné, à la *planche IV*, *fig.* 9 & fuiv. & à la *planche V*, *fig.* 8 & fuiv.

PLANCHE III.

N°. XVI.

Conftruction des pieces mobiles d'un compteur & d'une fourdine.

La *fig.* 27, dans fa partie fupérieure, montre le dedans ou l'intérieur de la partie d'une de ces pieces, laquelle peut être garnie d'autant de dents qu'il y aura de divifions extérieures. Si cette piece eft de métal, les dents peuvent être exactement à fa circonférence, pour avoir la facilité d'en multiplier le nombre, & placées comme on en voit la repréfentation près de A; fi la piece n'eft point de métal, les dents au moins doivent en être lorfqu'elle ferait de peu de dimenfion; & ces dents alors feront placées plus à l'intérieur, & comme il eft repréfenté en B. On apperçoit que le centre eft percé en quarré, dans lequel doit gliffer l'axe, parce que cette piece doit toujours tourner avec l'axe commun.

La même *fig.* 27, dans fa partie inférieure, repréfente le côté extérieur à cette partie de la piece. On voit la repréfentation d'autant de crans fur cet extérieur, qu'il y aura dans cette piece de pofitions à choifir. Les cercles au-deffus de D marquent l'épaiffeur d'un rebord dans cette piece; ce rebord, creufé dans la profondeur indiquée par la coupe, *fig.* 28, au-deffus de I, fera connaître la forme de ce rebord & de fon ufage.

La *fig.* 29 eft le développement d'une portion de la face de l'épaiffeur de la circonférence de cette partie de la piece mobile, fuppofée de métal, & qui porte à cette circonférence, fur un de fes côtés, des dents A, pour entrer dans l'autre piece; & à fon autre côté, on trouve à l'extérieur la repréfentation des crans B, pour compter fes mouvemens.

La *fig.* 30 offre le plan de l'autre partie mobile de cette partie à frottement fimple fur l'axe qui tourne avec lui néceffairement lorfque l'engrenage a lieu, mais qui laiffe tourner l'axe fans elle lorfque le tétiau-obftacle eft entré dans fa mortaife, comme il eft repréfenté à la *fig.* 31 entre

A & le B, *qui est dans les hachures*, & après le désengrenement; de façon que ce frottement simple n'a pas l'inconvénient qu'il aurait s'il n'y avait pas un engrènement. On voit ici, *fig.* 30, en A, les enfoncemens où doivent entrer les dents sur sa circonférence extérieure; & en B, où ils doivent être pratiqués, si ces dents sont plus vers le centre. Les hachures obliques de gauche à droite marquent la partie de la piece qui doit toucher à son autre partie, (le haut de la *fig.* 27) quand l'engrenement est formé.

Les hachures horizontales F dénotent l'enfoncement à pratiquer de ce côté, dans cette partie de la piece mobile, pour qu'elle reçoive un renflement de l'axe (représenté sous F, *fig.* 28 & 31) qui serve à l'arrêter de ce côté. Dans cette même *fig.* 30, la partie inférieure représente le côté de cette même partie de la piece, lequel regarde le palâtre de la serrure ou plaque du côté de la chambre; & ces mêmes cercles E marquent une épaisseur ou renflement de plus à cette rondelle, vers le centre de la piece, au-delà duquel renflement d'épaisseur cette partie de la piece mobile (pour qu'elle reste toujours sur le même lieu de l'axe ou pignon) est arrêtée, comme il est marqué par une pointe ou cheville désignée par un double trait, *fig.* 31.

Cette *fig.* 31 montre la coupe de cette même partie de la piece mobile. On apperçoit au-dessous de l'un des B, par des hachures croisées, la place où devrait être entré le tétiau-obstacle, les deux parties de la piece étant ici représentées désengrenées; mais ce tétiau a été marqué au-dessous du lieu où il devrait être depuis la piece jusqu'à A, pour le mieux distinguer. On voit que, lorsque la piece aura avancé pour se rengrener, elle sera sur le pointillé près de l'autre B, lequel pointillé indiquera l'autre partie, cette partie qui porte les dents, & que l'on a représentée plus éloignée, pour éviter la confusion. Celle 31, ayant alors glissé contre le tétiau A, duquel la moitié (de son étendue sur l'épaisseur de la partie de la piece) restera encore dans l'entaille. L'axe se fait sentir ici par des hachures de droite à gauche; on y remarque la coupe de son renflement, qui entre dans l'enfoncement de la partie de la piece; renflement aussi représenté en F, *fig.* 28. Ici, *fig.* 31, on voit en C la coupe de l'épaississement donné à cette même partie de la piece; épaississement dont le plan est marqué en E, *fig.* 30.

On trouve encore, dans cette *fig.* 31, au-dessous de la lettre G, la coupe de la traverse (marquée de hachures de droite à gauche) qui contient l'engrenement des deux parties de la piece mobile, laquelle traverse doit s'abaisser pour descendre jusqu'à porter sur l'axe & contre le renflement, lorsque cet axe, après avoir été poussé en-avant de l'épaisseur de ce renflement, le tétiau-obstacle (qui entre dans la piece à la place marquée A) pourra en sortir & reprendre la position où il est ici représenté près de A. On a défigné par un double trait la place d'une goupille qui traverfe l'axe fans prefque le déborder, & qui, ferrant cette partie de piece contre le renflement de l'axe, la force à ne point changer de lieu fur cet axe. On diftingue près de E l'enfoncement où entreraient les dents en tétiau C, *fig.* 28, fi elles ne font pas placées fur la circonférence; car alors leur place ferait dans l'entaille près de B, *fig.* 31. On a repréfenté l'axe comme rompu à l'endroit de fa partie renflée qui entre dans l'autre partie de la piece, *fig.* 31, où cet endroit eft marqué d'un trait brifé, près de D.

La *fig.* 28 eft la coupe de la partie de la piece qui porte les dents, de l'une ou de l'autre façon. On voit, près de la lettre G, la coupe d'un des crans, marqué auffi par des hachures horizontales, au-deffous de la lettre H, fur la gauche. Au-deffous du n°. 28, on rencontre le tétiau à double bifeau, porté au bout d'un balancier vertical, ici vu brifé, près de L, lequel balancier eft toujours pouffé par un reffort, pour aller s'appuyer au fond du cran défigné par les hachures horizontales. Ce tétiau-compteur eft ici repréfenté au moment où il ferait arrêté fur l'extrêmité faillante de l'un des crans, & par conféquent, au point où il fe trouve être reculé de fa pofition naturelle, de toute l'étendue de la profondeur de ce cran.

On remarque au-deffous du n°. 28, la forme d'une charniere, d'où fort une branche horizontale M, laquelle (ayant de longueur toute l'épaiffeur du bois de la porte) faillira en-dehors d'autant d'étendue que le tétiau en bifeau ou compteur reculera au paffage de chacun des crans; ce qui donnera au tact un fecond fentiment diftinct & bien plus fenfible que celui de la réfiftance qu'on fentira à faire remuer ce reffort, en tournant la piece; & ce fecond fentiment aura lieu, fans diminuer le premier. L'autre bout de la bafcule fera exactement le même effet au-dedans de l'appartement. On trouve, près de I, la coupe d'un rebord qui doit porter cette partie de piece, pour pouvoir être affujettie à ne pas changer de lieu dans la boite de ferrure, mais qui pourra laiffer gliffer fous elle fon axe quarré, dans le tems qu'il fe meut, pour défengrener ou rengrener. On a tracé en pointillé la figure des deux petits crochets I, qui doivent entrer fous ce rebord; ces crochets doivent être attachés à la cloifon de fond, où feront auffi attachés les balanciers qui portent à leurs extrêmités les deux poinçons à charniere, qui failliffent à chaque fois que le bifeau qui eft à l'un des bouts du balancier change de cran. Mais ces crochets ne devront & ne pourront être arrêtés dans leur pofition, pour entrer dans la couliffe formée par le rebord I de la piece, que par le dehors de cette cloifon de fond.

PLANCHE III.

N°. XVII.

Serrure renversée, à compteur & à sourdine.

LES *fig.* 32, 33, 34 sont différentes représentations d'une serrure composée avec les especes de pieces détaillées *fig.* 27 & suiv. auxquelles on voit que le *compteur* de M. Regnier à été adapté ; mais on s'appercevra qu'on y a ajouté les deux poinçons saillans ensemble & dans un même tems au-dehors des deux côtés. On y voit aussi, pour le cas où l'on voudrait changer la combinaison très-secrétement, sans bruit, & seulement à la vue, comment cela se peut faire au moyen d'une sourdine qui suspendra à volonté l'effet du compteur, & qui l'arrêtera dans la position où il est marqué, *fig.* 28, lettre H, pendant tout le tems que la piece pourra alors tourner sans bruit, & sans qu'on éprouve aucune secousse par le tact.

La *fig.* 32, sur une échelle de la moitié de celle des pieces, *fig.* 27 & suiv. est la représentation de la cloison ou plaque de fond, qui appuie contre le bois de la porte. On distingue aux quatre coins, les ouvertures par où passent les quatre vis à tête, qui attachent la plaque d'entrée au-dehors de la porte qu'elles traversent, ainsi que la boîte de serruge, & qui sont arrêtées par quatre écrous indiqués sur cette boite, au-dedans de la chambre, correspondant à leurs quatre têtes marquées A, *fig.* 33 ; & la plaque du dedans peut être entiérement semblable à celle du dehors.

Dans cette *fig.* 32, près de la lettre B, l'on apperçoit l'ouverture de la plaque dans laquelle tourne la virole, dont le centre est quarré, pour recevoir le pivot ou axe de l'une des pieces mobiles. On voit auprès de cette virole, & de l'autre côté de B, l'indication d'un tenon rivé à cette plaque, fait pour porter la bascule du compteur, laquelle bascule est désignée même *figure*, près de la lettre C. On trouve à cette bascule, la goupille qui traverse le tenon, laquelle goupille est le point sur lequel la même bascule porte. On voit près de la lettre D, le bout de la branche de cette bascule s'étendant en forme d'un T. Ce bout de branche, vers D, porte le tétiau taillé en double biseau, qui successivement entre au fond de toutes les profondeurs qui forment des crans au côté de la partie des pieces mobiles, qui regarde cette plaque ou cloison de fond ; l'autre bout du T marque, au-dessous de E, la charniere représentée à gauche de H, *fig.* 28, tenant le poinçon qui pénetre le bois de la porte pour saillir en-dehors. On apperçoit encore, à l'autre extrémité de cette bascule, au-dessous du point F, un bout de traverse, dont l'extrêmité (au-dessous de celle qui porte la charniere désignée sous E) porte aussi une semblable charniere qui tient un autre poinçon lequel traverse la boite de la serrure, & va saillir du côté de la chambre. Cette même bascule, vue de l'autre sens, est représentée dans la *fig.* 34; on y rencontre, au-dessous de A, le poinçon qui traverse le bois de la porte, & qui va saillir au travers de la plaque d'entrée vers un point noir, à chaque cran où le tétiau en biseau fait son mouvement. Les pointillés que l'on peut remarquer, depuis l'endroit où est représentée la charniere, veulent indiquer la position du ressort qui, pressant continuellement sur cette branche de la bascule, la fait appuyer son tétiau en biseau sur le fond des crans avec quelque force aussi-tôt que cela se peut. On observe, près de B, un point noir, vers lequel le poinçon établi à charniere au bas inférieur de la bascule, est poussé toutes les fois que le poinçon supérieur est aussi poussé vers l'autre point noir. Il faut remarquer la continuation en-bas de cette branche inférieure de la bascule, laquelle descend à peu près à la hauteur où passe la lame en coulisse N, qui tient aux deux boutons du pêne, l'un desquels boutons sert en-dedans, l'autre en-dehors; & derriere cette continuation de la branche inférieure de la bascule, on peut voir un montant qui, partant d'au-dessus de la lettre C, au niveau de M, s'éleve au-dessus de la hauteur de la lame en coulisse N, N, qui tient les deux boutons. Ce même montant, vu de face, est représenté *fig.* 32, sous la lettre I, & partant d'une traverse L, L, qui est supportée par deux tenons rivés à la plaque de fond. Ces tenons entrant dans cette traverse L, L, y forment une coulisse où la même traverse, étant mue par le dehors D, *fig.* 34, ou par le dedans M, glisse également. L'autre montant de cette traverse L, L, *fig.* 32, est désigné sous une autre lettre I, & les têtes de ces deux montans sont jointes par une autre traverse représentée aussi en hachure de gauche à droite, *fig.* 32, & presque de niveau avec la lame porte-obstacle, dont partie est vue en pointillé; & c'est cette seconde traverse, allant d'un montant à l'autre, qui est cette partie de la piece faisant sourdine, qui pousse en-avant la continuation ou prolongement des bascules, & par conséquent, qui empêche l'engrenement du tétiau-compteur, & qui fait donc une sourdine, lorsque cette coulisse, portée sur les tenons à coulisse L, L, étant poussée vers le point M, *fig.* 34, la traverse qui joint les deux branches I, avançant contre les prolongations des branches inférieures de la bascule, fait saillir alors des deux côtés les poinçons; & tant que ces poinçons restent ainsi saillans, le tétiau à double biseau ne porte plus contre les crans de la piece mobile. Pour faire glisser le point M du côté du dedans de la chambre, & établir ainsi la sourdine, il faut, en-dehors de la chambre, appuyer sur le plateau circulaire désigné *fig.* 33, près de la lettre D, lequel s'enfonce, mais qui ne se tient pas de lui-même dans cette position enfoncée, étant continuellement repoussé à sa place par un ressort attaché au-dedans de la plaque d'entrée, & représenté dans la coupe, *fig.* 34, entre les lettres D & E. Ce petit cercle extérieur D, *fig.* 33, étant poussé, le coude de la branche qui tient à la coulisse, supporté sur les tenons L, L, *fig.* 32, & en C, *fig.* 34, avance alors vers le dedans de la chambre, & l'autre extrémité, qui porte un petit bouton ou anneau en-dehors de la boîte, & au-dessous du coulant du pêne, lettre M, devient saillante autant que le petit plateau D se trouve enfoncé, de façon qu'en tirant ce petit anneau par le dedans de la chambre, on établit également la sourdine. *Nota.* Ce que la gravure a voulu représenter par les traits au-dessous de la sourdine (qui agit dans le milieu de la dimension de la face de méchanique), c'est la *figure* d'une des vis à tête quarrée d'un bout & à écrou de l'autre, qui par ses quatre coins attache la méchanique à la porte.

La *fig.* 33 est dans la proportion que doit avoir la plaque extérieure, relativement à celle du dedans de la chambre, & elle est également la représentation du palâtre intérieur, ou côté apparent de la boîte à l'intérieur de la chambre, mais qui ne doit avoir de dimension que celle de la boîte, au lieu qu'on en donne davantage à celle extérieure, pour rendre les objets des cadrans plus sensibles du côté où l'on peut n'avoir pas la facilité de voir aussi clair, & pour mieux renfermer les têtes quarrées des vis à écrou.

On y trouve, auprès & à hauteur de D, la représentation de l'anneau pour tirer la coulisse qui fait sourdine; & de même on voit la *figure* du plateau circulaire, qu'il faut par le dehors pousser en-dedans, quand on est en-dehors de la porte. Cette même *figure* représente le bouton à coulisse du pêne, de laquelle coulisse l'extrémité B se retire jusqu'au pointillé, presque au-dessus de D, à chaque fois que le demi-tour obéit sur sa gâche pour la fermeture de la porte; & cette extrémité B de la coulisse est portée en C, lorsque la combinaison étant établie, & que les dents ou renflemens du pêne ont pu passer sous les dents ou renflemens du porte-obstacle, les tétiaux-obstacles seront entrés dans les ouvertures des pieces mobiles, & que le pêne tout entier arrive dans sa gâche.

Dans cette *fig.* 33, qui montre l'égalité de décoration pour le dedans & le dehors de la porte, on a tracé, près de E, une aiguille forte & solide, qui sert à faire tourner la piece mobile; & en F, on voit comment elle peut être mue plus aisément, au moyen d'une boucle qui ferait charniere avec cette aiguille, mais l'aiguille restant toujours parallele à la plaque. On voit à la *fig.* 34, cette boucle représentée en coupe, lettre F, & le pointillé marque où elle se tient quand le désengrenement n'est point opéré, & alors l'aiguille de l'autre bout de l'axe, marquée G, se trouve toucher à la *figure* du cadran, où ſont les vingt-quatre dimenſions indiquées.

On obſerve, *fig.* 32, près de N, l'emplacement du reſſort qui a ſon pareil à l'autre bout, pour rappeller continuellement le porte-obſtacle à deſcendre & à ſortir hors des pieces mobiles, & à ſe rapprocher du pène. On n'a marqué entiérement la *figure* des branches du porte-obſtacle, qui empêchent le déſengrenement, que pour une des pieces; le reſte n'eſt déſigné qu'en pointillé. Une plus ample deſcription de la *figure* ne peut être néceſſaire après toutes celles qui ont précédé pour ces eſpeces de méchaniſmes.

Nota. Cette ſerrure eſt ici repréſentée dans la poſition où tout ſerrurier dira qu'elle eſt renverſée, & ce ſerait une faute contre les ſtatuts & les obligations de leur maitriſe, que de placer ainſi une ſerrure, ayant ſon pêne dans la partie baſſe de la ſerrure. L'uſage s'eſt établi d'appeller une clef *renverſée*, lorſque l'on en tient le penneton élevé; & comme il faut que ce penneton ait paſſé par les cloiſons, gardes & garnitures qui correſpondent aux ouvertures qui y ſont faites, avant que d'arriver à ce qu'on appelle le grand reſſort que le penneton doit faire reculer pour pouvoir agir ſur le tétiau du pêne & le pouſſer, il faut que ce pêne ſoit au-deſſus de l'entrée de la clef, & que cette clef ne ſoit pas renverſée. (*a*.) Il eſt auſſi de convention, que, par le dehors d'une porte, il faut tourner la clef de gauche à droite pour entrer, & de droite à gauche pour fermer; & cela ſuppoſe que la porte eſt le plus ſouvent montée pour ſe pouſſer ſur la droite de la chambre où l'on entre : quant aux portes qui s'ouvrent ſur la gauche, on a ſoin de demander des *ſerrures à gauche*, au lieu d'employer les mêmes ſerrures que pour les autres portes, parce que ſi on les y employait, il faudrait qu'alors le pène ſe trouvât au-deſſous de l'entrée de la clef, & il faudrait auſſi que cette clef ſe préſentât renverſée pour y entrer : mais avec les ſerrures à combinaiſons, il y aura cette difficulté de moins; car la méchanique de combinaiſons peut être au-deſſus comme au-deſſous du pêne, ſans aller contre aucun ſtatut des maitres ſerruriers.

(*a*) La bonne raiſon pour éviter de ſe ſervir de ſerrures renverſées, c'eſt qu'il ſerait plus facile à des gens mal-faiſans où à des poliſſons, d'y jeter des ordures qui pourraient y reſter & nuire à la méchanique; ce qui ſe ferait plus difficilement, ſi les garnitures étaient placées au-deſſus de l'ouverture, pour le paſſage de la clef.

PLANCHE IV.

N°. XVIII.

Serrure de l'espece composite.

La *fig.* 1 (*a*) sur la ligne A B C D de la *fig.* 2, est la coupe horizontale de la méchanique, & du bois de la porte à laquelle elle serait attachée. On voit en A, *fig.* 1, la coupe du pignon qui fait mouvoir le pêne; il sort de ce pignon trois pennetons, 1°. celui perpendiculaire, en-haut, qui va faire mouvoir le pêne, & qui n'est pas ici désigné; 2°. celui presque perpendiculaire, en-dessous, qui va abaisser l'obstacle au désengrenement, & qui non plus n'est pas ici représenté; 3°. celui horizontal, qui va pousser le porte-obstacle contre les pieces mobiles, pour faire entrer dans leurs entailles ses tétiaux ou ses obstacles; lorsque toutes les entailles se trouvent vis-à-vis d'eux. Ce penneton est indiqué à la lettre B, & son extrêmité va jusqu'au pointillé C... Cette lettre C est placée sur le plan du haut de la piece porte-obstacle, qu'on a représentée ici sous le C, en plan horizontal, quoique cet endroit de ladite piece se trouve plus haut que la ligne de coupe C D de la *fig.* 1.

On remarque les cinq dents ou tétiaux de cette piece-obstable, qui ont de longueur, 1°. l'étendue dont ils doivent pénétrer dans les parties des pieces mobiles où sont les entailles; & de plus, 2°. un peu plus que l'étendue ou saillie des dents de ces mêmes parties de pieces qui engrenent dans les roues qu'on met en mouvement par le dedans de la chambre, afin que les dents de ces parties extérieures aux pieces mobiles ne puissent pas être accrochées par le corps du porte-obstacle.

On distingue les parties des cinq pieces mobiles, marquées 1, 2, 3, 4, 5, (*b*) qui par leur circonférence intérieure s'engrenent chacune avec leurs parties intérieures. Du côté où sont les chiffres, le désengrenement est figuré de l'autre côté où l'engrenement est formé, les hachures croisées indiquent les dents des unes & des autres, passées l'une dans l'autre: on voit que chacune des ces parties intérieures est attachée à l'extrêmité de différens cylindres; que celle numéroté 1 répond au cylindre qui a le plus grand diametre, & dont l'autre extrêmité en-dehors de la porte soutient le cercle extérieur, aussi numéroté 1, & ainsi de suite: la cinquieme piece correspond avec le cercle intérieur numéroté 5. On trouve l'espace F vuide, entre le premier

(*a*) La *fig.* 1 aurait dû être gravée en retournant le dessin, comme le reste.

(*b*) Le graveur aurait dû marquer les parties des pieces mobiles, avec des hachures d'un même sens, du côté du pignon du pêne, ou de l'autre.

mier plateau circulaire & l'enfoncement pratiqué dans le bois de la porte, si l'on n'a pas voulu établir une plaque avec ses rebords en-dehors de la porte faillante, de toute l'épaisseur des cinq plateaux, & de celle de la distance nécessaire pour le désengrenement, le tout égal à la distance entre F & G.

Dans cette même *figure*, du côté où est représenté le moment où l'on a désengrené, on a marqué aux cinq plateaux circulaires, comment peut être établie leur jonction avec leur cylindre, par deux angles I, K, au lieu d'un seul de 90 degrés; ces cinq plateaux paraissent ici reculés au fond de l'entaille faite au bois de la porte; ils ont poussé avec eux leurs cylindres, & ceux-ci, la partie intérieure à dent de chaque piece mobile qui y est rendue adhérente. Chacune de leurs dents sont ici dans l'espace vuide des parties extérieures, & l'on remarque comment l'on peut alors changer la combinaison en faisant tourner comme on voudra les parties intérieures des pieces mobiles, par le moyen de leurs cylindres ou cercles concentriques.

Ce qui fait que l'on peut opérer le désengrenement, c'est que le bout de la piece H, qui est marquée ici entre un renflement représenté en hachures croisées, attaché après coup à l'axe, ce bout, dis-je, qui paraît entre ce renflement & la plaque de la boîte de la serrure, quand il a été baissé par le moyen de l'effet d'un des pennetons de l'axe du pêne, permet alors seulement de pousser le bouton L de l'axe des cylindres, ou bien de tirer à soi l'anneau M; ainsi le renflement peut, seulement par cette opération, approcher du parois apparent de la boîte, du côté du dedans de la chambre.

Je ne peux pas concevoir de moyen simple & facile pour faire mouvoir la partie intérieure de la piece mobile par le côté du dedans de la chambre: il y aurait peut-être un moyen qu'on pourrait appeller simple, mais qui n'est pas facile; ce serait d'ôter toutes les parties extérieures & d'arranger alors autrement celles intérieures, puis de remettre ces parties extérieures. Pour parvenir donc, par le méchanisme que j'ai appellé de la deuxieme espece, à pouvoir faire une serrure de chambre & d'appartement, avec laquelle on puisse s'enfermer en-dedans & ouvrir, je suis forcé d'y joindre un autre méchanisme, & j'emploie ici celui de la troisieme espece, qui fait le reste de cette serrure; mais je ne peux encore parvenir à faire, comme avec les deux autres especes que j'ai nommées premiere & troisieme, je ne peux, dis-je, trouver à faire que l'on puisse changer les combinaisons par le dedans: ce n'est pas là certainement un inconvénient réel, & c'est encore formellement remplir plus que la demande de la société d'émulation, puisque c'est toujours même y ajouter ce qu'elle n'exigeait pas qu'on pût faire; savoir, s'enfermer en-dedans, de façon que ceux de dehors ne pourront ouvrir que par la combinaison, tandis que par le dedans on pourra toujours ouvrir ou fermer.

Voici comme j'ajoute le méchanifme de la troifieme efpece. La *fig.* 2, fur une échelle moitié de celle de la *fig.* 1, fait voir le dedans de la ferrure, quand la plaque ou le palâtre de décoration du dedans de la chambre eft enlevée. Il y a ici trois plans vus l'un fur l'autre : le premier ou le plus faillant, de la forme à peu près d'un fer-à-cheval, avec une extenfion d'un côté, eft repréfenté entre des points alongés, & par un peu plus de noir dans les traits qui offrent fimplement la figure de la cloifon fervant à tenir & les axes des cinq roues numérotées 1, 2, 3, 4, 5, & celui du gros pignon du pène; cette plaque eft attachée à celle du fond qui s'applique fur le bois de la porte. On obferve des deux côtés, deux bouts de cette cloifon, qui forment deux pattes qui font repliées en-dehors des lettres E F, & qui vont appuyer fur la plaque de fond où ils font attachés par deux vis. On a gravé cette cloifon comme tranfparente, pour laiffer voir le fecond plan. La *fig.* 3, de A jufqu'à B, marque la coupe de cette cloifon fur les lignes de la *fig.* 2, M, M, & O, O, paffant par l'axe de la piece num. 5, & au-deffus des pieces num. 3 & 4.

Le même fecond plan, *fig.* 2, offre d'abord, en L, la partie de la piece qui fert à empêcher le défengrenement, ou à le laiffer effectuer. Cette piece H, *fig.* 1, fe trouve fe courber en Q, même *figure*, pour regagner le milieu de l'épaiffeur de la ferrure; elle tient librement fur un fort pivot, près de G, *fig.* 2; elle eft continuellement pouffée en-haut par le reffort marqué être attaché près de H, même *fig.* 2. Lorfque le penneton I du gros pignon paffe par le renflement marqué au-deffous de I, l'extrêmité L de cette piece baiffe de toute l'étendue dont elle eft montée, jufqu'à l'axe, & vis-à-vis du renflement de cet axe (renflement défigné par des hachures croifées, *fig.* 1) lequel axe peut alors avancer & porter fon renflement contre la plaque ou palâtre de décoration, du côté de la chambre, & effectuer le défengrenement. On pourrait, fi l'on veut, établir le penneton pour l'obftacle à un autre endroit du pignon, & directement tout auprès du palâtre où doit agir cette piece-obftacle, & avoir alors cette piece toute droite, & fans faire de coude ou de courbe, comme elle eft ici marquée en former un.

Le même fecond plan offre d'abord la roue num. 5, laquelle engrene avec la partie extérieure de la piece mobile num. 5. Au même niveau, à peu près, fe trouvent auffi les bouts faillans des pènes *a*, *a*, formant un coude doublement; l'un de ces coudes eft horizontal, pour regagner le palâtre du dehors de la boîte, & fe voit *fig.* 3 : l'autre, pour regagner le milieu de la hauteur, eft perpendiculairement au-deffus des roues num. 2 & num. 3; & derriere la roue, num. 5, ce coude-ci eft repréfenté dans le plan de la ferrure, *fig.* 2; à ce deuxieme plan, c'eft enfuite la roue num. 4, qui fe préfente. Derriere celle-ci, les objets, au même niveau de ce plan, font 1°.

la coupe du porte-obſtacle, dans ſa tête, ſur la ligne C B de ſon plan, *fig.* 1 & 2; 2°. le gros pignon du pêne, avec ſes trois pennetons, repréſenté dans la poſition libre, dite *du demi-tour :* on reconnaît par le pointillé, d'un côté, juſqu'où vont ſes pennetons, lorſque la gâche repouſſe le pêne, ou bien lorſqu'on tourne le pignon de ce côté; on remarque, de l'autre ſens, juſqu'où ces pennetons vont, lorſque celui horizontal I, appuyant ſur le renflement du porte-obſtacle, celui-ci peut faire entrer ſes tétiaux ou dents dans leurs entailles, dont une eſt marquée en pointillé vis-à-vis d'une dent-obſtacle; ce porte-obſtacle attaché ſur le pivot P eſt toujours repouſſé hors des entailles des pieces mobiles, par le reſſort Q. Plus près de ce dernier plan, eſt celui de la roue num. 1, & derriere celui-là on découvre la queue ou tige des pênes, gliſſant par deux couliſſes ſur des languettes attachées à la plaque de fond, leſquelles languettes portent une vis ſur laquelle eſt un écrou qui contient cette queue du pêne; on voit tracée en pointillé, la poſition où les pênes reculent pour ouvrir la porte, & celle où ils avancent pour la fermer, comme ce qu'on appelle à *double tour*, & qui s'appellerait *à fait*, ainſi qu'on le dit en Flandres : ce qui eſt l'équivalent de *tout-à-fait ;* car il n'y a pas de tour à faire faire au pignon. On obſerve à l'autre extrêmité, à la queue des pênes, les deux tenons ou tétiaux entre leſquels agit le grand penneton. Le plan du pène & de ſes tétiaux de l'autre ſens ſont vus à la *fig.* 3. On apperçoit comment ils ſont ſaillans vers l'intérieur de la chambre. Auprès du dernier des tétiaux de la queue du pène, dans cette *fig.* 3, & à hauteur de la lettre C, on trouve l'appui du bout du reſſort repréſenté *fig.* 2, ſous les lettres R, S, & l'on remarque, *fig.* 3, en D, juſqu'où va le bout du reſſort, quand il recule juſqu'en T, *fig.* 2.

Le dernier plan, *fig.* 2, eſt celui de la plaque de fond, qui porte au milieu une ouverture pour laiſſer paſſer le plus gros des cylindres, & d'autres moindres ouvertures pour les cinq axes des roues; cette plaque de fond doit être percée encore aux quatre coins, afin de pouvoir être attachée contre la porte par des vis en bois, indiquées *fig.* 3, lettre E.

On diſtingue, dans cette *fig.* 3, ſur le coin des cloiſons de côté, comment doivent être placés des écrous pour attacher la plaque de deſſus; ou bien il faudrait placer autrement les vis, faites pour attacher la plaque de fond au bois, & alors que celles qui tiendraient la plaque du deſſus, allaſſent paſſer par les trous des quatre coins de la plaque de fond, pour entrer dans le bois de la porte; car il faudra toujours placer la méchanique avant que de placer la plaque qui la couvre du côté de la chambre.

On voit *fig.* 2, près de V, où doit être attaché à la plaque de fond, un appui, eſpece de *ber* ou berceau, ſervant à ſupporter fermement les cinq parties extérieures des pieces mobiles, & à les retenir en place pendant qu'on les fait entrer au-dessus de leurs parties intérieures, attachées à l'extrêmité des cylindres: cette piece doit être ôtée quand on a monté la serrure sur sa porte, & il faut la placer au-dedans de la boîte, comme près de la lettre X, pour la retrouver, & s'en servir au besoin.

La *fig.* 4 montre la décoration extérieure de la serrure, en-dedans de la chambre; les cercles sont gravés; ce sont leurs seuls axes qui tournent par l'effet de l'espece de grosse aiguille tenue, comme une boucle, par trois parties de charniere: ces cercles sont divisés à fantaisie, & il faut toujours les ramener à la position unique & déterminée par la construction, pour que le pêne ait son mouvement.

On trouve, autour de la lettre A, l'anneau qu'on peut tirer pour opérer le désengrenement; mais il faut toujours revenir au dehors, pour changer de combinaison. Près de B, est la figure d'une grosse aiguille marquant la position du penneton qui meut les pênes; son extrêmité arrive en C toutes les fois que la porte s'ouvre & se ferme, & elle ne vient en D, que lorsque la combinaison a été établie pour fermer *tout-à-fait.*

Afin de symmétriser, on peut placer de l'autre côté vers E, une autre aiguille semblable; elle servirait à faire mouvoir un petit verrou-targette au-dedans de la serrure, pour s'enfermer dans sa chambre, quand on ne veut pas à cet effet troubler la combinaison. Le petit verrou symmétrise aussi sur l'épaisseur de la serrure *fig.* 5, où il paraît trois bouts de pêne. Cette *fig.* 5 montre en A, la saillie du bouton du bout de l'axe, marqué L, *fig.* 1.

On n'a point donné ici la figure de l'extérieur de cette méchanique, dont la coupe est vue ici de grandeur naturelle dans la *fig.* 1; mais la *fig.* 7 de la *pl. I* en est une représentation suffisante; & c'est sur le côté de ces cercles que se pose la plaque qui porte le bouton extérieur; plaque dont la coupe est marquée *fig.* 1, lettre N, & ici *fig.* 5 entre B & C, où l'on voit glisser dessus une grosse aiguille pareille, ou plus forte que celle du dedans, pour faire agir & mouvoir le gros pignon.

La plaque représentée entre B & C, au lieu d'être placée à côté des cercles concentriques, peut faire partie ou extension d'une plaque sous laquelle ces cercles seraient renfermés.

On apperçoit en D, *fig.* 5, la vue par le côté de l'anneau M, *fig.* 1, & en E, *fig.* 5, la vue par le côté d'une des aiguilles à charnieres des cinq roues *fig.* 4, lesquelles roues faisant mouvoir d'un côté le cercle qu'elles engrenent, feront tourner celui des cercles concentriques extérieurs qui y correspond dans un sens opposé.

Une femblable ferrure doit avoir fes pieces mobiles, du diametre de 15 à 16 lignes au moins, non compris leurs dents, pour que ces dents, au nombre de vingt-quatre, aient à peu près une ligne de groffeur; & il faut qu'elles foient de fer ou d'acier, ainfi que les roues qui les engrenent; car quand deux roues engrenent ainfi à côté l'une de l'autre, il n'y a jamais qu'une dent qui fait effort; & ici, pour faire mouvoir les cercles ou cylindres concentriques, il peut y avoir un affez grand effort de frottement à vaincre dans ces cylindres, à moins d'une exécution très-foignée.

Cette ferrure parfaitement exécutée peut être d'une décoration fort agréable en-dehors & en-dedans, & même auffi plus commode que bien d'autres ferrures à combinaifons. C'eft donc fur-tout, & feulement pour les gens riches, en état d'en payer la façon, qu'elle peut convenir; ceux-là ont auffi beaucoup moins que d'autres, le befoin d'une ferrure qui ferve à enfermer quelqu'un avec eux dans leur appartement ou leur cabinet: ils ont donc bien peu d'occafions d'employer le méchanifme uniquement par le dedans de leur chambre: d'ailleurs, pour s'enfermer, ils ont toujours le verrou-targette.

La *fig.* 7 repréfente ce même méchanifme, mais qui ne peut ouvrir & fermer que par le dehors, & par conféquent, où l'on ne peut non plus établir la combinaifon que par le dehors. Ici l'extrémité des cylindres, formés chacun par deux tuyaux de fer-blanc, porte entr'eux & par le bout, une partie de fer, d'où il fe releve des dents qui entrent dans les entailles faibles au centre des roulettes, parties extérieures des pieces mobiles. Un côté montre en A la pofition, lorfque l'engrenement eft formé. Le côté B marque lorfqu'il eft défengrené. Il y a un avantage à cette conftruction; c'eft que, comme il faut tirer en-dehors les plateaux circulaires pour le défengrenement, il ne refte pas de vuide entre les plateaux & le bois de la porte, lorfque la combinaifon eft établie, & l'on n'a pas à craindre que la violence employée force les plateaux en les appuyant, comme il pourrait arriver par le méchanifme précédent, & qu'on peut le reconnaître à l'infpection de la *fig.* 1.

Mais, d'un autre côté, ce méchanifme *fig.* 7 préfente un inconvénient; c'eft celui d'obliger à avoir les pieces mobiles beaucoup plus épaiffes: 1°. une partie de cette épaiffeur doit être occupée par leurs crans ou entailles; 2°. il en faut une un peu plus grande, où puiffe jouer librement le crampon ou cran faillant de l'extrêmité du cylindre, ou partie intérieure de la piece mobile; & 3°. il eft néceffaire d'avoir un rebord au plus petit cylindre, pour ne pouvoir pas être retiré hors de fa partie extérieure mobile, & fortir entiérement de fa place.

Mais dans cette conftruction, on peut encore établir les cylindres d'une autre maniere, pour qu'une fois placés, ils restent également enfoncés dans une même position respective: la *fig.* 8, sur une fort grande échelle, au bas de la *planche*, peut en faire concevoir le méchanisme.

Soit supposé A, la coupe d'un côté du cylindre intérieur, ou le plus petit; on voit en B, une entaille jusqu'à la moitié de son épaisseur, dans tout le contour du cylindre, dont C représente la coupe du plateau.

On établira de même, à l'extérieur du second cylindre D, mais plus loin du plateau, une entaille circulaire E, & au-dessus de celle B, du cylindre intérieur, on pratiquera une ouverture où l'on verra entrer un petit parallélipipede, qui aura de longueur une fois & demie l'épaisseur du cylindre; ce parallélipipede ici représenté en F. Le troisieme cylindre G, si l'on n'en employoit que trois, ou le dernier si l'on en emploie un plus grand nombre, ne portera qu'une ouverture pour recevoir le petit parallélipipede, dont une partie doit entrer dans l'entaille circulaire, ici marquée E; & ce dernier parallélipipede sera retenu par un cylindre mince & sans entaille, qui entrera par-dessus le dernier, ici supposé G.

On peut remarquer dans la *fig.* 7, entre deux des parties mobiles, le jour qui paraît seulement dans le milieu de leur dimension, afin qu'elles ne se touchent que par des lignes, ou de très-petites surfaces: moyen de diminuer beaucoup de frottement.

PLANCHE IV.

N°. XIX.

Serrure très-simple, qui peut être construite au moindre prix possible, & être ouverte la nuit sans lumiere & d'une seule main.

CETTE méchanique est exactement celle imaginée par M. Regnier; mais dans laquelle on a évité le défaut du frottement, ou simple, ou à ressaut. Cette piece est exécutée uniquement en bois: elle est représentée pour pouvoir être appliquée à une porte quelconque; mais il faut alors y employer un ressort en fer, pour abaisser le porte-obstacle, afin de ne pas occuper plus de place que la boîte qui la renferme.

La *fig.* 9, sur une échelle de 3 lignes pour pouce, représente une serrure où la combinaison s'établit par le dedans de la chambre seulement. Le graveur n'a pas exactement suivi les proportions, sur-tout dans la partie du pêne, qui doit être indiqué par une piece de 13 à 15 lignes d'équarrissage. Entre A & B, est le pignon à deux pennetons, lesquels font mouvoir le pêne. Si le penneton A est poussé vers B en faisant tourner le pignon, il retire par-là le biseau ou demi-tour, qui fait ce mouvement de lui-même, lorsque le biseau du pène frappe sur la gâche; & le ressort I, I, le ramene toujours à sa saillie naturelle. Le penneton B, étant poussé vers A, fera avancer le pène jusqu'où l'on voit sa représentation en pointillé, aussi-tôt qu'il pourra faire passer son tétiau sous le porte-obstacle perpendiculaire, lequel ne peut s'élever que lorsque les petits tétiaux-obstacles (qu'il porte au-dessous) pourront entrer dans les échancrures des parties extérieures des pieces mobiles. Ces obstacles & la place où ils doivent entrer, sont figurés en pointillés.

Entre C, D, est dans cette méchanique portative, une plaque de fer, ou crampon, qui embrasse le pène, & qui doit s'attacher avec deux vis ou deux clous sur l'épaisseur de la porte. Mais, quand c'est pour un lieu stable, on peut n'employer qu'une piece de bois de 15 à 18 lignes de large sur deux pouces d'épaisseur, dans laquelle passe le pène.

Au-dessous de E, on voit la coulisse dans laquelle glisse la queue du pène. La lettre F représente un passant attaché à vis en bois, qui contient le porte-obstacle par en-bas; & près de G, c'en est un autre pareil, qui le fixe par le haut. Son extrémité supérieure est toujours repoussée de haut en bas par le ressort H. On remarque près de L & M, deux petits ressorts qu'on peut faire en bois, (ils seraient mieux en fer & à aussi bon marché) lesquels poussent continuellement la partie extérieure contre le porte-obstacle perpendiculaire. Au-dessous de M, & à droite, & au-dessus de E, est la marque de deux charnieres qui tiennent le couvercle de la boîte de serrure; & sur la gauche de I, est le crampon à passant, qui sert à arrêter ce couvercle avec un petit crochet. Ces charnieres & crochets peuvent être de fil-de-fer, & la boîte, d'ouvrage de *layetier*.

On observe à côté de la *fig.* 9 sur la droite, la représentation de la coupe de cette méchanique; mais on a fait connaître par des hachures obliques, de gauche à droite, l'épaisseur du bois de la porte; elle est beaucoup trop faible: elle devrait être ici de 3 lignes au moins de dimension, pour représenter un pouce ou 15 lignes d'épaisseur; on n'a marqué de même, qu'un double trait pour montrer la plaque de fond, ou la planchette du fond de la boîte de serrure, désignée par les hachures perpendiculaires, *fig.* 9. Celles obliques, même *figure*, représentent la porte même.

Dans cette *fig.* 9, le double trait qui entoure la planchette de fond, devrait être marquée pour représenter 3 lignes environ, épaisseur naturelle de celle des petites boîtes pareilles des *layetiers*, faites en chêne ou hêtre. La coupe ne présente pas celle du couvercle de la boîte, qui aurait dû y être tracée.

La *fig.* 10 est la représentation de l'extérieur d'une portion de la porte, sur laquelle ce méchanisme est employé. On voit une des trois grosses aiguilles qui tiennent chacune au pignon des trois pieces mobiles. Il y a dans la circonférence vingt-quatre points distingués par autant de clous à têtes d'épingles, sur un cercle de 4 pouces environ de diametre : ce qui donne à peu près 6 lignes d'espace entre chacun de ces points, espace suffisant pour que chacun des points soit très-sensible au toucher, & très-distinct de son voisin. Il faut, pour faciliter la reconnoissance de ces 24 points, marquer les points cardinaux, comme ceux droite & gauche, ou Est & Ouest, par un double clou d'épingle, & ceux à côté de Nord & Sud par un petit passant qui servira aux deux cercles qui se touchent. On convient d'appeller un de ces quatre points, ou tel autre par la premiere lettre de l'alphabet; & celui qui le suit à droite ou à gauche, par la seconde, &c. Supposé qu'on ait pris le point d'en-haut, ou du Nord, pour A, & celui le plus près à droite, ou vers l'Est, pour B, on aura G à l'Est, N au Sud, & T à l'Ouest. Après T, comptez U, V, X, Y, Z, vous reviendrez au point Nord à nommer A. Avec cette distinction aux points cardinaux, on n'a jamais que deux ou trois tâtonnemens à faire pour bien placer la pointe de l'aiguille, précisément auprès de la tête du clou d'épingle.

Par cette construction de méchanisme, plus est grand le cercle décrit par la pointe de l'aiguille extérieure, en même tems que plus est petit le cercle des pieces intérieures, plus alors il y a de facilité à retrouver le point suffisant de précision, pour le jeu de la piece porte-obstacle; & c'est cet éloignement à donner entre les axes des pieces mobiles, qui oblige à l'étendue de l'espace que doit occuper une semblable serrure : mais elle n'entame pas plus le bois qu'une autre, & seulement par autant de trous ronds qu'il y aura de pieces mobiles, & de plus, par celui du pignon qui fera mouvoir le pêne.

La *fig.* 11, au coin de la *planche*, sur une échelle de 6 lignes pour pouce, est la coupe verticale par le milieu d'une des pieces mobiles. On voit en A, la plaque ou planchette de fond de la boîte ou cassette de serrure. Dans cette planche de fond est entaillée la place où recule le ressort B, lorsqu'il est poussé par la partie extérieure de la piece mobile D, ce qui la fait désengrener de sa partie intérieure C; & alors l'axe étant mis en mouvement par l'aiguille G, fait tourner cette partie intérieure, & lui donne une autre position relative avec sa partie extérieure D.

La lettre E représente la coupe du montant perpendiculaire, ou porte-obstacle, qui contient en place la partie extérieure, & à fleur de la partie intérieure de la piece mobile.

Le petit espace F, avec des hachures claires, est la coupe de l'épaisseur de la porte; il faut, pour opérer le désengrenement & le changement de combinaison, il faut 1°. dis-je, ouvrir la boîte ou cassette, & ensuite appuyer

appuyer d'une main avec deux doigts ſur la partie extérieure de la piece mobile, pour la faire déſengrener, & de l'autre main tourner l'aiguille & la placer ſur un autre point: on peut également tourner la partie extérieure mobile avec la main qui la tient appuyée ſur la plaque de fond, & la faire ſe rapporter à un autre point qu'il faudra reconnaître & chercher avec l'aiguille extérieure, pour remettre le pêne en jeu, & effectuer la fermeture *à fait*, ou l'équivalent du double tour des ſerrures ordinaires.

Il eſt certain que l'indiſcret, pour ne rien dire de plus, qui verra fermer une ſemblable méchanique, pourra reconnaître la combinaiſon choiſie: c'eſt, je crois, un très-petit défaut; car on peut dire, très-poliment, qu'on ne veut pas donner ſa clef; & pour cette méchanique, comme pour toute autre de combinaiſons, c'eſt toujours la confier, que montrer ou laiſſer voir la combinaiſon par laquelle on la ferme: combinaiſon dont il faut toujours troubler les marques extérieures, pour que la porte ſoit réellement fermée.

Dans cette conſtruction, on a laiſſé le défaut de toutes les ſerrures préſentées juſqu'à préſent, celui de n'être pas ſuſceptibles de s'ouvrir & ſe fermer en-dedans, & de s'enfermer à combinaiſons, lequel défaut provient de ce que l'obſtacle ou porte-obſtacle opere en paſſant ſur les axes des pieces mobiles. La *fig.* 13 fait voir comment on peut établir le porte-obſtacle de façon à ce qu'il ne gêne point l'axe des pieces mobiles; pour cet effet, la traverſe qui portera le tétiau-obſtacle, ſera attachée à deux tringles qui paſſeront en-dehors des pieces mobiles; & la *fig.* 9 fait voir, en pointillé ſur la droite, la forme du porte-obſtacle en échelle, chaque échelon portant ſon tétiau-obſtacle: mais pour opérer le déſengrènement, tant en-dehors qu'en-dedans, & changer la combinaiſon, ouvrir ou fermer également d'un côté & de l'autre ſans lever le couvercle de la boîte de la ſerrure, il faut, *pour que la ſerrure ou méchanique ſoit renfermée*, il faut, dis-je, employer une baſcule qui appuie à volonté ſur la partie extérieure de la piece mobile, & qui la faſſe baiſſer dans le tems où elle le pourra ſeulement, par la préſence du tétiau-obſtacle dans ſon entaille, c'eſt-à-dire, la combinaiſon étant établie.

La *fig.* 12 repréſente la coupe de cette méchanique de baſcule, pour laquelle il faudrait beaucoup d'adreſſe & trop de ſujétion, ſi l'on voulait ne l'exécuter qu'en bois. La lettre A indique un petit plateau circulaire, de la dimenſion du bout du doigt, ſur lequel en appuyant, on le fera baiſſer juſqu'à B, lorſque le point C pourra approcher du niveau de la piece D par l'abſence de la partie du porte-obſtacle G, de deſſous une branche de la baſcule marquée au point C. Alors par le dehors, en appuyant de même au point E, lorsque l'obstacle F arrivera vers la piece mobile D, en même tems que G sera descendu au-dessous de C, la bascule prendra la position figurée en pointillé, de quelque côté qu'elle soit poussée, soit par le dehors, soit par le dedans, & elle opérera le désengrenement. Cette serrure aura alors toutes les qualités qu'on peut demander; & c'est ce que M. Regnier aurait pu imaginer, si l'on avait demandé une serrure qui eût toutes les qualités des serrures de sûreté, pour un appartement.

Cette espece de serrure s'exécute à Paris, pour neuf, douze & quinze livres, selon le fini du travail, par un habile méchanicien, maître tabletier, le sieur Latre, maison du Singe verd, au quatrieme. Cet artiste intelligent a exécuté une partie de tous les méchanismes ci-dessus. Le sieur Bavan, ébéniste, rue Neuve-Saint-Roch, exécute aussi diverses serrures en bois, pour un prix très-médiocre.

PLANCHE IV.

N°. XX.

Serrure en bois & à cylindre.

LA *fig.* 14 est le plan d'une serrure à cylindre concentrique, exécutée toute en bois de buis, sur une dimension double de celle ici représentée, où l'on voit que sa boîte est marquée enlevée, rien de la méchanique n'étant attaché à la boîte, ni la traversant. Une pareille serrure est de l'espece de celles des coffres ou armoires qui ne s'ouvrent ni ne se ferment que par le dehors. De semblables méchaniques, employées à une porte, ne sont effectivement que des verroux à combinaisons, qui se ferment au-dedans de la chambre, par le dehors de cette chambre; & comme tels on peut s'en servir pour augmenter la sûreté que donne une bonne serrure ordinaire.

On voit par des lignes ponctuées A A, la représentation de la place qu'occupent les plateaux circulaires, apparens au-dehors de la chambre, desquels plateaux chacun porte son cylindre, pour engrener dans sa roue respective, ou piece mobile.

On a aussi marqué en pointillé le bouton B qui est au bout de la branche en bascule, sur l'extrêmité extérieure de l'axe C; lequel axe, par son extrêmité intérieure, porte les pennetons D E, ce dernier, & le plus long faisant mouvoir le pêne ou verrou, lorsque le petit penneton D peut avoir la liberté du mouvement, & se porter en F, où l'on voit sa forme en pointillé. Tellement que ces deux pennetons ne peuvent avoir de mouvement que quand le porte-obstacle peut faire entrer son tenon ou sa languette dans l'entaille ou rainure faite aux cinq roues. Ce porte-obstacle porte horizontalement sur son dessus, une plaque qui avance avec lui; & lorsque cette plaque, ici indiquée par des hachures plus claires, sort de dedans une entaille pratiquée dans l'extrêmité de l'axe commun des cylindres sous &, il s'ensuit qu'alors par l'extérieur, on peut retirer cet axe d'une étendue suffisante, & avec lui tous les cylindres, pour les désengrener de dedans leurs roues; & c'est ainsi qu'on peut, si l'on veut, arranger une nouvelle combinaison.

Dans l'exécution de cette méchanique en bois, de la dimension seulement double de celle ici représentée, on a été obligé d'employer un morceau de fer pour former un pivot coudé, afin de porter à l'extrêmité de son coude l'axe du porte-obstacle. Ce pivot tient à la planche ou plaque de fond, près de la lettre G; & l'extrêmité qui fait l'axe du porte-obstacle, est au-dessus du prolongement ou queue du pêne, pour conserver à ce porte-obstacle plus de longueur, afin que son mouvement approche davantage de la ligne droite.

On a exécuté le pène avec une racine de buis, laquelle s'est trouvée porter naturellement ces deux différentes courbures, qui font placer la saillie, & justement dans le milieu de l'épaisseur de la boîte de serrure, & à fleur de sa plaque, dans l'intérieur de la chambre.

Entre H & I, est représentée l'épaisseur d'une plaque de fer, dans laquelle passe le pêne attaché par de petites oreillettes à la plaque de fond, & qui se fixe sur l'épaisseur du bois de la porte, quand on met la serrure en place.

La boîte de la serrure, qui est de bois de rose veiné, recouvre aussi cette plaque de fer. Cette boîte est attachée par trois vis en bois, L, à trois des coins; & au quatrieme, la vis est seulement feinte, l'extrêmité de la queue du pêne remplissant tout l'espace de ce coin: les deux M M marquent la place des deux vis qui attachent la plaque, laquelle par l'extérieur de la porte renferme les cinq plateaux circulaires.

Cette même méchanique est aussi exécutée entiérement en bois commun; & le passant, qui tient le pène contre sa saillie, est aussi de bois & très-solide; mais le tout est un échelle quadruple de celle-ci, & les plateaux circulaires sont en fer-blanc, ayant chacun une douille qui s'applique sur les cylindres de bois.

Elle est encore exécutée en acier, dans la dimension ici vue; mais l'axe C est descendu près du point P, & le grand penneton E à proportion. Au lieu qu'ici ce grand penneton agit entre les deux tétiaux N de la queue du pêne, là les deux tétiaux N se trouvent attachés au-dedans de la boîte,

& le penneton, en agiſſant entr'eux deux, pouſſe cette boîte, qui elle-même devient le pêne, en gliſſant ſous deux paſſans attachés à la porte, comme à tous les verroux-targettes ordinaires. A cet effet, cette boîte eſt de quinze lignes plus longue d'un côté, & de huit environ de l'autre. Dans les quinze lignes, il y en a ſept ou huit qui ſont maſſives du côté de la ſaillie, comme de O juſqu'à L : de l'autre, les ſept ou huit lignes de plus de longueur, avec les quatre ou cinq d'eſpace, ici déſignées entre le pivot C & l'extrêmité de la plaque de fond vers B, donnent un pouce de ſaillie à cette boîte-pêne, ſous l'un de ſes paſſans, ou dans une gâche au dormant ; le petit reſſort, ici marqué R, étant autrement formé & placé à l'endroit ici marqué Q dans la piece exécutée en acier.

PLANCHE V.

N°. XXI.

Serrure en rond à balancier, s'ouvrant par la combinaiſon des couleurs ou émaux du blaſon.

La *fig.* 1 repréſente le plan de cette ſerrure, ſur une échelle de moitié de la dimenſion ſur laquelle a elle été exécutée en bois. On ſuppoſe ici la boîte enlevée. L'objet qui frappe dans ce premier plan, eſt un très-long penneton ou balancier élevé A B, qui ſe meut ſur le pivot C. On voit, en D, la place d'un têtiau ou poinçon, qui eſt enfoncé dans le grand penneton, à raz par-deſſus, & qui le déborde en-deſſous, de deux à trois lignes. L'extrêmité B du long penneton paſſe dans un verrou-targette, fait à biſeau, lequel eſt toujours tenu ſaillant, ſi la ſerrure eſt placée comme elle eſt ici repréſentée ; ou bien le penneton lui-même fera l'effet d'un loquet, ſi la ſerrure eſt placée de maniere que ce long penneton ſoit horizontal.

Le plan au-deſſous du premier eſt celui d'un balancier circulaire, repréſenté par les hachures horizontales, duquel balancier la circonférence entaillée eſt ſupportée par les pieces mobiles. Ce balancier ſe meut autour d'une vis fraiſée qui lui ſert de pivot & qui eſt déſignée en pointillé, ſous la figure du premier plan, ainſi que le contour des branches de ce balancier circulaire, lequel, par l'effet du poinçon ou têtiau D, (du grand balancier ou penneton) & poinçon qui entre dans une de ſes branches, reçoit un petit mouvement circulairement. Ce balancier circulaire porte au-deſſous de ſes branches, de droite à gauche, de chaque côté, un têtiau de deux à trois lignes de ſaillie, indiqué par les lettres E E. On n'a pas marqué ſur la gauche le balancier circulaire, afin de laiſſer voir l'un des deux ressorts, qui, attaché autour du pivot, est poussé de E en G, lorsque le haut du long balancier élevé peut aller de B en H, par le mouvement donné à son autre extrêmité de A en I, quand la combinaison est établie. C'est le balancier circulaire qui est le porte-obstacle; ses tétiaux-obstacles sont indiqués près de lettres L, L, L.

C'est au troisieme plan que sont représentées les pieces mobiles. L'on trouve dans leur partie extérieure, désignée par des hachures perpendiculaires, l'entaille en pointillé, dans laquelle doit entrer le tétiau-obstacle; cette partie intérieure est offerte par des hachures obliques de gauche à droite: la coupe du canal creux, autour duquel cette partie intérieure a été fixée, est marquée en hachures obliques de droite à gauche; & la coupe de l'axe commun faillant d'un bout à l'extérieur de la porte, & qui traverse dans le canal creux, où il devient alors quarré, se distingue par des hachures plus noires, & un peu trop en petit. On voit qu'ici le balancier circulaire est représenté dans sa position ordinaire, & que quand il est mu en allant de L vers N, les obstacles entrent dans les pieces mobiles; qu'alors une portion de la partie intérieure de chaque piece mobile commence d'abord par se découvrir, & qu'ensuite c'est une portion opposée de cette même partie intérieure, qui vient à se couvrir: or, c'est dans le milieu, ou vers la fin de ce mouvement, qu'il faut contenir le grand balancier élevé A, B, afin que l'on puisse opérer le désengrenement des parties des pieces mobiles; ce qui se fait en élevant leur partie intérieure vers le dessus de la boîte de la serrure, de toute l'épaisseur de ses dents, au moyen de ce qu'on pousse par l'extérieur la tête extérieure du pivot commun, ou bien également en attirant sa tête intérieure par l'intérieur de l'appartement.

Dans la serrure en bois, d'après laquelle ce dessin a été fait, au lieu d'établir des dents, ce qui eût été difficile en bois dans la dimension exécutée, on y a formé un hexagone; & la partie extérieure étant aussi entaillée en hexagone, dans un tiers de son épaisseur, le changement de position de ces côtés respectifs peut également s'appeller un désengrenement.

Le quatrieme plan est celui de la plaque de fond, désigné par des hachures légeres de droite à gauche; on y trouve en K, K, la représentation de deux vis qui l'attachent à la porte. P, P, marquent deux écrous attachés à cette plaque de fond, pour recevoir deux vis qui servent à attacher la couverture ou boîte de la serrure sur la plaque de fond.

On remarque près de M, M, le point d'attache des pieds des petits ressorts compteurs, employés pour que l'on puisse ouvrir sans y voir.

La plaque de fond est terminée à sa circonférence par une rainure pour recevoir le parois circulaire, qui forme l'épaisseur de la boîte, lequel parois peut tenir à la partie supérieure, ou en être détaché, & y entrer de même dans une rainure qu'elle porterait.

La *fig.* 2, sur une dimension double de la premiere, est la coupe de la ferrure, dans son épaisseur, prise diagonalement à une des pieces mobiles, comme sur la ligne N, L.

A, B, C, D, sont l'axe commun. (A, B, marquent la coupe de la partie dont l'extrêmité paraît à l'extérieur, & laquelle, pour désengrener, est poussée contre le bois de la porte.) B, C, désignent la partie cylindrique qui aura plus ou moins de longueur, selon l'épaisseur du bois de la porte. C, D, montrent la partie de ce même axe, équarrie, sur laquelle est placée la piece mobile; cette portion de l'axe commun doit être liée avec une piece saillante à l'intérieur de la chambre, pour n'en faire que comme un seul axe : cette liaison & union peuvent se faire de plusieurs façons; l'une, comme il est marqué sur la gauche. La partie intérieure de la piece mobile E sera unie au canal, dont l'intérieur ou le dedans est quarré, & le dehors circulaire aussi marqué E; lequel canal montera jusqu'au-dehors de la boîte. Sur ce canal (cylindrique à son extérieur) entrera ce qui forme comme la partie de l'axe apparente au-dehors de la boîte, partie qui restera attachée à la plaque du dessus de cette boîte; ce canal attaché à la boîte, dont la coupe est représentée sous les lettres F, porte à son extrêmité intérieure, au-dedans de la boîte, un plateau circulaire, dont la coupe est vue en G, lequel plateau circulaire sera entaillé à sa circonférence d'autant de crans que la piece mobile pourra prendre de positions différentes, & au fond des crans de ce plateau circulaire, appuiera le petit ressort compteur ici marqué H, & dont le pied est M, *fig.* 1.

Pour joindre le canal attaché à la plaque du dessus de la boîte avec l'axe commun, & fixer leur union, la partie intérieure de cet axe entre D & K, *fig.* 2, sera taraudée pour recevoir une vis, de laquelle la tête portera sur le canal de l'intérieur qui soutient la partie intérieure de la piece mobile, ainsi qu'elle appuiera aussi sur le canal attaché à la plaque du dessus de la boîte.

C'est au-dessous & perpendiculairement à l'oreillette, que (dans cette partie passée dans le dessus de la boîte) il doit y avoir intérieurement une languette qui entre dans une rainure pratiquée à l'extérieur circulaire de cet autre canal, dont l'intérieur quarré entre sur la partie C D de l'axe commun, afin que les deux canaux circulaires E G soient réunis en telle position, & ne glissent pas l'un sur l'autre.

Une autre façon d'unir la partie de l'axe, saillante à l'extérieur de la porte, avec celle intérieure, est représentée sur une très-grande échelle, *fig.* 3. On y remarque l'extrêmité de la portion équarrie de l'axe commun, marqué C D comme à la *fig.* 2.

A, E, B, ſont la coupe du canal placé dans la plaque du deſſus de la boîte; il n'eſt terminé qu'à la hauteur L, *fig.* 2; hauteur à laquelle ſera alors terminé le canal qui porte la partie intérieure de la piece mobile E, *fig.* 2, où le côté droit de cette partie eſt déſigné par des hachures croiſées; & dans cette *fig.* 2, il eſt marqué L.

La coupe ici repréſentée, *fig.* 3, eſt ſur une ligne d'équerre avec celle de la *fig.* 2, dans laquelle on voit les deux oreillettes qui ſervent à donner la facilité de faire tourner l'axe comme on le veut; & l'on voit ici, en A, l'un des côtés de cette piece ſaillante au-dedans de la chambre, laquelle eſt amincie par ſon dedans, & où eſt attaché le petit reſſort F, contre lequel appuie le talon H, oppoſite au bouton M d'une baſcule, lequel bouton M étant pouſſé, ſe meut ſur l'axe I de la baſcule, & le talon H décrit alors une portion de cercle, marquée en pointillé, & pouſſe le reſſort F à ſa poſition marquée auſſi en pointillé, tandis que l'autre extrêmité de cette baſcule N ſe retire de l'entaille pratiquée dans la partie C D de l'axe commun, au-deſſous d'une autre N. L'épaiſſeur de cette baſcule ſera d'un peu plus que la moitié du diametre de la partie équarrie de l'axe commun.

Dans l'une & l'autre *fig.* 2 & 3, O montre la coupe de la plaque apparente du deſſus de la boîte de la ſerrure.

Dans la piece exécutée en bois, il n'y a pas de compteur établi; le canal équarri en-dedans, & circulaire au-dehors, porte, au lieu d'oreillettes, une tête plate de cheville, comme celles d'un violon, & il eſt fixé pour être arrêté avec la partie équarrie, au moyen d'une petite cheville qui les traverſe au niveau & à fleur du deſſus de la plaque ſupérieure de la ſerrure.

Dans la *fig.* 4, eſt la repréſentation d'une partie de la plaque extérieure de la porte, qu'on appelle plaque d'entrée aux ſerrures ordinaires à clef; elle eſt en forme de *lunule*: l'endroit des hachures horizontales légeres indique ce qu'on voit de cette plaque. Le plan, ſous la lettre A, eſt celui du petit bouton en chapeau, repréſenté en coupe par ſa plus grande dimenſion, ſous la même lettre A, *fig.* 2.

B, C, D, E, F, G, ſont les ſix côtés, argent ou blanc, ſinople ou verd, gueule ou rouge, or ou jaune, ſable ou noir, azur ou bleu. L'hexagone n'eſt formé que par des biſeaux marqués en coupe, petit *b*, *fig.* 2. Sous la lettre H, *fig.* 4, eſt la vue de la même partie extérieure apparente, où l'on ſuppoſe le petit bouton en chapeau enlevé.

Cette même *fig.* 4 ſervira auſſi à repréſenter le plan apparent de la boîte de ſerrure en-dedans de la chambre; & en I, K, ſe trouve la tête de cheville ou canal, tête avec oreillette, de même qu'il paraît en plan, tel qu'il eſt repréſenté en coupe, *fig.* 2.

Sur le dehors de la boîte de serrure, en-dedans de la chambre, & près de la lettre K, est le petit bouton M, *fig.* 3, lequel, étant poussé, fait que le levier sort de l'encoche qui joint cette partie à l'axe commun. En supposant ensuite cette plaque apparente être enlevée, sous la lettre L, sera représenté le plan du plateau circulaire à encoche, qui sert à compter les positions de la piece mobile. Près de la lettre M, on apperçoit une encoche un peu plus profonde, accompagnée de deux autres petites encoches qui servent d'avertissement; celle que l'on a établie plus profonde est pour correspondre toujours à telle couleur qu'on aura choisie.

La tête du ressort compteur, qui doit être faite en marteau & frapper dans le fond des encoches du plateau, & qui se trouve y frapper vis-à-vis de l'endroit marqué Q, est représenté en plan, sous la lettre P; mais lorsque le marteau n'est point arrêté au fond de l'encoche, c'est-à-dire, lorsque la tête du marteau n'appuie pas contre la plaque circulaire & mouvante, ci-après décrite, on peut seulement mouvoir les pieces mobiles.

Dans la dimension des pieces mobiles, telles qu'elles seraient ici exécutées en métal, on ne pourrait leur donner plus de douze positions différentes, qui pussent être suffisamment sensibles au compteur, par le tact seul.

Considérant ensuite cette même *fig.* 4, comme celle de la plaque à l'extérieur de la porte, N, N, représentent les têtes des vis qui s'attachent au bois.

Nota. Que, pour la décoration, l'on peut placer deux têtes de pieces mobiles, l'une en-haut, l'autre en-bas, où ces pieces ne peuvent cependant s'établir, parce qu'il faut y laisser, sous la plaque extérieure, la place du jeu du balancier élevé, ou grand penneton; & il paraîtrait alors comme douze pieces mobiles également disposées, quoiqu'il n'y en eût que dix.

La *fig.* 5 est la coupe d'un bord ou côté, à l'extrêmité de la boîte de la serrure, pour faire voir comment il faut arrêter le jeu des pieces mobiles. On distingue, au-dessous de A, un bouton où l'on peut ajouter un anneau; ce bouton est saillant en-dehors, & passe dans une fente ou coulisse de la plaque, ou parois de côté, pliée circulairement: ce bouton est attaché & rivé avec une bande circulaire, qui frotte contre l'intérieur de cette plaque, ou parois circulaire. Lorsque ce cercle est baissé, & qu'il touche la plaque de fond, il laisse toute sa liberté au ressort compteur, que l'on apperçoit ici au-dessous de B, sans être dans une encoche; mais quand ce ressort est tombé dans une encoche, comme il est représenté par le pointillé, on peut alors faire monter le cercle intérieur, garni de petites avances C, contre chaque ressort: ce qui fixe invariablement chaque ressort au fond de l'encoche, & empêche la piece de tourner.

Tant

Tant que le mouvement des pieces mobiles eſt arrêté, la ſerrure ne fait que l'effet accoutumé d'un bouton de pêne à demi-tour, ou de celui d'un loquet ordinaire.

Nota. C'eſt pour la facilité de monter & démonter la ſerrure, que l'on peut ſur-tout employer les pieces, *fig.* 3, avec les reſſorts, pour ſe joindre à l'axe commun. Avec cette conſtruction, après avoir ôté les deux vis marquées P, *fig.* 1, il faut de chaque main enſemble appuyer un doigt ſur chacun des petits boutons, près de K, *fig.* 4, ou de M, *fig.* 3, & l'on enlevera toute la boite de la ſerrure en même tems, ou du moins toute la plaque de deſſus, ſi l'on n'y a point arrêté à demeure la plaque ou parois circulaire de l'épaiſſeur de la boîte. L'on n'aura plus à ſoigner que les deux grandes vis marquées P; ſans cela il y aurait dix autres vis ou goupilles à détacher & à ſoigner, ou du moins à deſſerrer & reſſerrer.

On voit que cette méchanique n'exige pas une boîte plus epaiſſe que de 7 à 8 lignes, & qu'elle eſt très-ſuſceptible d'ornemens. La particularité de cet emploi du méchaniſme de la troiſieme eſpece, c'eſt qu'ici le pêne étant à ſon repos lorſqu'il eſt ſaillant, & ne pouvant rentrer que lorſque la combinaiſon eſt établie, il s'enſuit que lorſque quelqu'un ſerait entré dans ſa chambre, il faudrait qu'il y fût toujours enfermé, pour ne pas laiſſer à chacun la connaiſſance de la combinaiſon qu'il aurait choiſie, ne pouvant laiſſer le jeu de ſon pêne ſans fixer cette combinaiſon; & il faudrait donc, chaque fois qu'il ſortirait de ſa chambre, établir une nouvelle combinaiſon. Un ſemblable inconvénient ne ſerait pas incommode, par exemple, pour enfermer une galerie, une bibliotheque où l'on ne va que rarement, & dans laquelle on ne veut laiſſer entrer perſonne ſans y être; mais cet inconvénient, qui ſe trouve à cette ſerrure telle qu'elle a été exécutée, n'eſt pas dans le méchaniſme même de ſon balancier circulaire, & l'on peut l'employer pour faire une ſerrure qui aura toutes les propriétés qu'on eſt en droit d'en exiger, comme on l'expliquera ci-après.

La *fig.* 6 montre comment il faut employer le méchaniſme du balancier circulaire, pour y établir un pêne dormant.

Les hachures horizontales indiquent le balancier, dont la circonférence entaillée eſt jointe à ſon pivot par trois bras ſeulement, afin de laiſſer entre deux de ces bras aſſez de courſe à une branche de la queue du pêne, qui ſera recourbée pour être ſaillante, ſi l'on veut, en-dehors de la porte, & porter un bouton coulant, ou bien être mis en mouvement par l'effet d'un penneton qui ſerait établi à une pommelle qu'on aura placée dans le milieu de la plaque d'entrée à l'extérieur. Cette branche de la queue du pêne eſt ici figurée ſous la lettre A: les hachures croiſées marquent l'épaiſſeur de ſa partie recourbée, & les petits traits A, D, déſignent la forme du penneton de la pommelle extérieure, ainsi que sa course A, Q.

Le pêne ici représenté par des hachures légeres perpendiculaires, paraît tel qu'il est du côté de la plaque du dessus de la boîte, du côté de la chambre. On voit en C, le tétiau qui doit être saillant au travers de la plaque de dessus, pour porter le bouton à coulisse, ou du moins pour entrer dans le bouton à coulisse qui serait établi sur la plaque de dessus de la boîte, si l'on ne veut pas aussi y établir une pommelle avec un penneton.

On observe comment la queue de ce pêne doit être façonnée dans la boîte, & porter trois coulisses; on trouve sur la gauche des deux B, le plan des petits tétiaux quarrés, saillans, & attachés au plateau circulaire; ils sont marqués par des hachures recroisées & plus noires. Au-dessus de D, est marqué de même un troisieme tétiau formé par la tête de l'axe du balancier; les hachures croisées, horizontales & perpendiculaires représentent les trois coulisses qui glissent sur les trois tétiaux, par une ligne droite horizontale, & les retours E marquent où se trouveront deux de ces trois tétiaux, lorsque le pêne étant poussé dans sa gâche, l'extrèmité de sa queue F sera avancée au point G, & que le balancier circulaire aura repris sa position.

On remarque en M, deux tétiaux attachés à la plaque de fond, pour servir à entretenir la queue du pêne; la tête de ces tétiaux, laquelle recouvrira la queue du pêne, sera très-mince, afin de ne pas obliger à donner plus d'épaisseur à la boîte de la serrure, qui peut n'être que de cinq lignes & demie à six lignes, si l'on emploie le bouton coulant. Le mouvement sera communiqué au balancier circulaire porte-obstacle, pour qu'il fasse entrer ses tétiaux-obstacles dans chaque piece mobile en poussant le bouton H, qui y sera attaché, à sa représentation I, en pointillé. L'on voit que les quatre L représentent la coupe de la cloison circulaire de la boîte de la serrure.

Une pareille serrure serait propre à être placée dans le milieu d'une traverse d'assemblage d'une porte, sur-tout à deux battans; la queue du pêne serait courbée à l'endroit marqué N, pour couler tout contre le bois, & seulement de même épaisseur que dans la boîte, environ d'une ligne jusqu'au renflement, ici marqué O, où serait la tête équarrie du pêne, jusqu'à son extrèmité P, glissant sous le passant Q, pour aller entrer sous le passant de l'autre battant, ou d'un chambranle.

La *fig.* 7 est la coupe horizontale d'une semblable serrure. Les lettres P, Q, O, N, M, représentent le pêne qui se meut par le bouton.

A, B, sont la représentation de la saillie des oreilles F, *fig.* 2.

PLANCHE V.

N°. XXII.

Serrure sans aucune partie saillante au-dehors, ni sans aucune ouverture & explication de cette méchanique, employée à la fermeture d'une petite table nommée chiffonniere.

La *fig.* 8 est la vue en perspective d'une petite table appellée chiffonniere, assez en usage de nos jours, & dont on se sert pour renfermer une écritoire, des lettres, & même quelquefois des bijoux & des diamans. Les tiroirs pourront toujours, si l'on veut, se fermer à clef à l'ordinaire, pour le service habituel; mais on peut y établir une combinaison méchanique, afin qu'ils ne puissent pas s'ouvrir sans qu'elle soit retrouvée. On voit en A, B, C, l'endroit indiqué par des pointillés, où peut se placer, de chaque côté, une crémaillere, avec autant de dents qu'il y aura de tiroirs, laquelle fera entrer une de ses dents de l'un & l'autre côté de chaque tiroir, lorsqu'on voudra que la clef devienne inutile, pour tel ou tel tiroir, ou pour tous.

La *fig.* 9 est le plan, vu dans sa position perpendiculaire, de la crémaillere; la lettre A, placée un peu au-dessous & à gauche de la lettre E, marque le pivot d'une bascule : B est une branche de cette bascule qui tient à la barre B, C, par une espece de charniere avec une goupille rivée des deux côtés; le bout C est attaché de même au petit levier qui tourne sur le pivot D. Lorsque l'on fait aller la branche de la bascule de E en F, la barre C suit le mouvement opposé & va au pointillé, & elle fait entrer ses tenons dans les côtés des tiroirs, dont la coupe est figurée par des hachures de droite à gauche, presque horizontales. Les hachures claires, de gauche à droite, marquent l'un des deux montans entre lesquels se place la crémaillere. Les hachures noires, de gauche à droite, représentent la coupe du panneau d'un côté de la petite commode ou chiffonniere.

La dent de charniere G, L, est marquée avoir un pivot, ainsi qu'on peut en établir à chacune, afin qu'en la relevant en M, cette dent, on puisse ne pas fermer celui des tiroirs où les charnieres seront établies. Ces dents seront retenues dans la place qu'on voudra, avec le moindre petit ressort, comme la lame d'un couteau à charniere. N est la coupe de la tablette du dessus; O est celle de la tringle qui forme le rebord des trois côtés du dessus, ou tablette de la chiffonniere.

La *fig.* 10 est le plan de la disposition qu'on a choisie, de donner à la méchanique placée horizontalement sous la tablette, pour faire jouer les bascules, quand la combinaison sera établie des cinq pieces mobiles A.

On voit, au-dessous de B, une marque circulaire représentant le bout de la bascule désigné à la gauche de E, *fig.* 9, lequel bout doit être poussé au-dessous de C, *fig.* 10, pour que les dents de crémaillere ou petits pênes G, G, G, *fig.* 9, entrent dans les côtés des tiroirs.

On apperçoit en D un pivot sur lequel tourne une aiguille en forme de navette, laquelle portera, si l'on veut, à ses deux extrêmités E, E, un petit rouleau. Les deux extrêmités E de cette aiguille, ou navette, ou balancier, étant poussées l'une d'un sens, l'autre à l'opposite, poussent en-avant, à leur tour, la coulisse dans laquelle est passé le petit rouleau ou tétiau E, que ce balancier porte à ses extrêmités, qui décrivent une portion de la totalité du cercle marqué en pointillé, & font avancer la coulisse à l'endroit où est représenté son pointillé, & ensemble toute la branche G, H, laquelle porte à son extrêmité, près de B, le quarré où est entré le bout E de la bascule à crémaillere, *fig.* 9. Ce mouvement de la navette pousse encore également la branche de l'autre côté; & pour être plus assuré de l'égalité du mouvement, on établit la noix I, laquelle étant engrenée par l'une des branches, fait mouvoir cette noix, & celle-ci, l'autre branche, en sens opposé à la premiere : ces branches ne peuvent obéir au mouvement que lorsque la combinaison étant établie, les obstacles K peuvent entrer dans les pieces mobiles où ils sont poussés par les renflemens H des branches qui agissent contre les porte-obstacles des tétiaux K; ces porte-obstacles glissent dans leurs coulisses, & sont renvoyés à leur place, par l'effet des ressorts, aussi-tôt que le renflement des branches a passé au-delà du talon du porte-obstacle.

On a tracé, un peu plus en noir, la *fig.* des bascules portées entre les petits montans L. Quand, par l'extérieur, on appuie sur un bout de ces bascules, on fait rapprocher leur autre extrêmité à l'opposite, & contre le côté par où l'on appuie : ce qui occasionne le désengrenement des parties des pieces mobiles; mais ce désengrenement ne peut avoir lieu que lorsque, la combinaison ayant été établie, l'on s'arrête au milieu du mouvement, & que le bout des bascules se trouve entre deux des obstacles, dont l'un l'empêche d'obéir quand on a fermé, & l'autre quand on a ouvert tout-à-fait. M, M, sont les obstacles quand les tiroirs sont ouverts, & N, N, lorsqu'ils sont fermés. O, O, sont les ressorts qui ramenent continuellement les obstacles.

La *fig.* 11 *bis* est la coupe sur la ligne P, Q, de la *figure* précédente, représentée sur une plus grande échelle. A désigne le petit cercle sur lequel il faut appuyer pour faire baisser à la fois l'une & l'autre bascule B, B. Le pointillé indique où elles se trouvent quand elles sont baissées. Au-dessous de C est la branche qui porte sur ses côtés les obstacles au mouvement de la bascule, que le graveur aurait dû représenter y toucher. On trouve, sous D, la coupe des ressorts O, O, *fig.* 10, & qui agissent pour ramener continuellement les porte-obstacles ou tétiaux qui doivent entrer dans les pieces mobiles. Sous E, ou à côté, sont les montans qui soutiennent l'axe sur lequel joue la bascule; on apperçoit l'extrêmité de cette bascule F, qui est portée en G, lorsque l'extrêmité B a pu baisser.

H, I, marquent où l'on suppose que la coupe retourne d'équerre sur la ligne Q, R, *fig.* 10. Sous I, L, on voit de petits enfoncemens dans les plateaux circulaires du dessus de la table, pour faciliter à les faire tourner; il faut remarquer, au-dessous des enfoncemens I, L, de petites élévations en forme de gouttes de suif, pour que le plateau extérieur tournant ne frotte que sur ces endroits.

N, N, sont la coupe de la partie intérieure de la piece mobile. On distingue, à côté de O, O, la coupe de la partie extérieure de cette piece mobile, qui, lorsqu'elle tourne, frotte sur les palettes des bascules H. Les petits ressors P empêchent que cette partie de la piece mobile ne puisse désengrener, dans le cas où l'on renverserait la table. Au-dessus de Q est la coupe de la plaque de fond, sur laquelle la méchanique est montée. Les hachures obliques & claires de gauche à droite représentent la coupe de la table ou tablette apparente du dessus de la chiffonniere.

La coupe, sur une ligne K, A, *fig.* 10, est représentée en R, S. La lettre R est la partie intérieure de la piece mobile. La lettre S est sa partie extérieure représentée engrenée. On rencontre, près de T, le tétiau-obstacle (au bout de sa branche ici marquée V) lequel est poussé jusqu'au pointillé vers S, pendant qu'on ouvre, ou qu'on ferme, ou qu'on change de combinaison

La *figure* 11 est le plan de la tablette ou dessus apparent de la table. A est une zone ou lunule roulante, sous laquelle sont attachées les extrêmités de la bascule en navette, qui correspondent aux points C; & ce n'est que sous cette zone A, que la tablette de dessus est entamée & ouverte seulement de l'étendue de la course des deux tétiaux B B en C C ou de C C en B B.

En B, les tiroirs sont ouverts; ils sont fermés en C.

Sous les C est la place des petits enfoncemens, pour faciliter à donner le mouvement nécessaire à la zone.

D indique les plateaux correspondans aux pieces mobiles, auxquels on voit de même à chacun deux petits enfoncemens.

E E sont de petits cercles, dont un est marqué en coupe, *fig.* 11, sous la lettre A, lesquels, lorsque la moitié au plus du mouvement de la zone est fait, s'enfoncent quand on apppuie dessus pour opérer le désengrenement, & changer de combinaison à sa volonté. Ces points d'appui servent à deux pieces ; mais ceux F F ne servent qu'à une seule piece ; & comme leur bascule est plus courte, il faut appuyer plus fort, mais baisser un peu moins. Les hachures horizontales marquent toute la partie de la table ou tablette qui est fixe.

La *fig.* 12, à côté de la précédente, est le plan sous la table ou tablette.

A A sont deux des quatre pieds de la commode ou chiffonniere. B est le panneau de côté. C est celui de derriere. D est le devant du tiroir.

E E sont le côté & le derriere du tiroir.

F F montrent la coulisse qui porte le tiroir.

G G sont les deux montans entre lesquels s'établit la crémaillere, de laquelle le montant n'est pas représenté, & qui serait dans l'espace quarré qui est resté en blanc ; & les traits croisés indiquent l'une des dents qui tient à son montant ; le pointillé, auprès de H, désigne où ces dents se portent dans l'entaille faite au côté du tiroir, lorsqu'ils sont fermés avec la combinaison.

Nota. Il faut avoir soin d'attacher la tablette ou table de dessus, par son dessous, aux pieds de la commode ou chiffonniere, en ôtant, pour faire cet attachement, le premier tiroir, afin que ce dessus ne puisse pas se détacher ni s'enlever sans que l'on ait ouvert.

Au reste, cette forme de fermeture peut s'employer à toutes sortes de commodes & d'armoires à tiroirs, ainsi qu'à un coffre-fort, soit par ce méchanisme-ci, soit par un des précédens.

Il faut remarquer qu'il n'est jamais question, dans ces sortes de serrures, que de pouvoir mettre en mouvement le moindre petit tétiau, pour faire agir ensuite librement les plus gros verroux & des bascules qu'aucune force ne pourrait faire mouvoir sans effraction. Tout l'art de la fermeture d'une porte consiste donc à faire par le dehors, lorsque l'on est sorti, ce qu'on fait par en-dedans quand on s'enferme, c'est-à-dire, à pousser un verrou, & à le retirer à volonté, à mettre un crochet ou l'ôter, enfoncer une cheville ou poinçon & le retirer, mais sans qu'aucun autre puisse en faire autant, soit par-dedans soit par-dehors.

Nota. On trouvera des serrures exécutées pour portes cocheres & portes d'appartemens, d'après ce méchanisme, chez le sieur Latte, marchand tablettier, maison du Singe verd, rue des Arcis, pour le prix de 18, 24, 30 & 36 livres, suivant le nombre des pieces mobiles & le fini du travail.

PLANCHE V.

N°. XXIII & dernier.

Méchanique pour soulager la mémoire.

J'AI dit qu'*il est certain qu'on peut trouver à laisser des marques qui rap-*

pellent la combinaison établie ; mais tous les moyens qu'on peut employer pour cela, sont très-superflus au méchanisme de fermeture en lui-même, & ne sont qu'un second méchanisme & une augmentation de dépense. J'ai dit encore, qu'il faudrait au moins *que ces marques indicatives pussent aussi être combinées entr'elles, à la volonté & au choix du maître ; qu'enfin il falloit pourtant finir par avoir un secret confié à sa mémoire.* Dès-lors, le plus sûr moyen de retrouver sa combinaison, c'est d'écrire très-clairement son numéro dans ses tablettes, sur sa tabatiere, sur la boîte de sa montre, &c. mais il faut faire ensorte que cette écriture ne soit applicable avec certitude, qu'au moyen de l'emploi d'un secret simple, aisé à retenir, & qu'on puisse le changer à chaque fois, & d'autant de manieres qu'on aura de points de combinaisons.

Je vais donner un exemple de cette recherche, qu'on peut appliquer, avec quelques variations, aux différentes especes de méchaniques. Je suppose qu'on l'emploie à celui de la chiffonniere. Marquez les cinq plateaux extérieurs d'une espece d'étoile à quatre rayons, qui s'étendent jusqu'à leur circonférence ; que de ces rayons deux soient presque réunis ; que les pointes ou les extrèmités des deux rayons réunis soient éloignées l'une de l'autre du seizieme de la circonférence, de laquelle le surplus sera partagé en trois parties où aboutiront les deux autres pointes, qui se trouveront distantes l'une de l'autre de cinq seiziemes de cette circonférence.

Nommez vos quatre pointes, & déterminez leur nom par des lettres ou des *figures ;* dans ces seize positions différentes, il se trouvera toujours une de ces quatre pointes sur l'un des quatre points cardinaux que vous aurez marqués au-delà de votre plateau circulaire.

Sur cette division, qui ne présente cependant que quatre points visibles, vous pouvez choisir & déterminer exactement l'une des seizes positions de chacune de vos pieces, en partant d'une d'entr'elles quelconque, à la compter pour l'unité.

Je suppose ici pour la chiffonniere, les quatre pointes marquées chacune d'une fleur ; des deux pointes réunies, placées en haut, celle à droite sera une *grenade*, celle de la gauche une *jonquille ;* la plus près de la *grenade* sera une *violette*, l'autre sera une *rose :* supposez donc que vous vous ètes déterminé à compter, pour toutes vos pieces, l'unité au rayon de votre étoile correspondant au Nord, & ce rayon pour votre indicateur de la position de vos pieces : supposez alors que pour votre premiere piece vous ayez choisi d'établir la *rose* au couchant ; alors ce sera donc le point le plus près à gauche de la *jonquille*, qui fera votre unité : & je suppose encore que vous comptiez 2 sur la gauche. A la seconde piece, ayant établi la *violette* à l'*Eſt*, il ſe trouvera alors que c'eſt le nombre 14 qui eſt au *Nord.* Vous avez placé à la troiſieme piece la *grenade* à l'*Eſt*, cela vous donne le nombre 3 au *Nord;* vous mettez à la quatrieme piece 9 au *Nord*, en plaçant la *roſe* à l'*Eſt:* enfin, en mettant la *grenade* au *Nord*, cela vous y donnera le N°. 15; votre combinaiſon eſt donc 1, 14, 3, 9, 15, un million cent quarante-trois mille neuf cents quinze, que vous écrivez dans vos tablettes; mais vous marquez un *point* ſous les chiffres qui ſont ſeuls, ou bien un petit *tiret*, ou des *virgules*, pour les partager en cinq. (*Voyez ci-deſſous à la note* *)

Vous ſerez convenu encore, ſelon votre volonté, qu'en écrivant avant votre numéro le nom d'une des pointes, ce ſera la déſigner à l'*Oueſt*; l'écrivant après le numéro, ce ſera à l'*Eſt*; l'écrivant au-deſſus, ce ſera au *Nord*, & au-deſſous ce ſera au *Sud;* alors vous aurez comme à la note (**); mais ſi vous laiſſez tomber alors votre papier, votre ſecret eſt aſſez facile à trouver, ſi vous avez écrit votre point de partence; car il ne reſte plus qu'à deviner ce que ſignifie votre unité ſous *Nord*, & le 2 ſur la gauche. Il ſerait mieux de retenir dans la mémoire : *J'ai compté l'unité au point du* NORD, *à gauche de la* JONQUILLE, *& j'ai compté la ſuite à gauche.*

A l'égard du moyen de laiſſer votre nombre par écrit ſur votre porte, très-librement viſible par le dehors & ſans qu'on le puiſſe deviner, il faut pour cela une méchanique qu'il ſoit impoſſible de déranger. En voici une qui me ſemble peu ſuſceptible de difficultés : Ayez, dans une boîte, autant de petites couliſſes que de pieces mobiles; que chaque couliſſe porte les 16 numéros (*a*), & vous arrêterez ces couliſſes de façon qu'à chacune le numéro de ſa piece ſe trouve apparent au travers d'une ouverture pratiquée à la boîte, de la grandeur d'une des caſes des numéros, pour qu'il ſoit très-viſible par le dehors du lieu renfermé : la mémoire ne ſera plus chargée que de retenir la poſition de la pointe de l'étoile, d'après

(*) 1 1 4 3 9 1 5.

(**) *Roſe.* 1.
14. *Violette.*
3. *Grenade.*
9. *Roſe.*
Grenade.
15.
1°. — NORD.
21.

Ce qui voudra dire, 1°. il faut compter pour chacune des cinq pieces, l'unité au point Nord. 2°. Lorſque ROSE, autrement dit, la premiere deſdites pieces mobiles ici écrites, ſe trouve à l'OUEST, il faut que je compte pour toutes les cinq mon 2, ſur la gauche de ce premier 1, &c.

(*a*) Ou des lettres & au nombre de vingt-quatre, ou tout autre nombre établi.

laquelle

laquelle vous aurez compté UN au *Nord* (*a*), ou bien cette unité, à partir de tout autre point que vous aurez voulu ; enfin, selon sa position que vous retiendrez, à l'un des quatre points cardinaux, elle vous indiquera celle sur laquelle, 1°. vous avez compté UN à partir, par exemple, du point du *Nord*, & tourner sur la gauche ou à l'*Ouest*, comme ici en plaçant votre étoile à l'*Ouest*; mais vous pouvez aussi 2°. avoir pris pour votre point de partence pour l'unité, par exemple, l'*Est* au lieu du *Nord* pour cette même unité, & que toujours cependant le point *Nord* reste pour votre repere : alors cette même précédente position des pieces vous donnerait pour combinaison 5, 10, 15, 5, 6, ou cinq millions cent un mille cinq cents six, que vous auriez écrit, comme ci-devant note (**) : 3°. cette même combinaison serait encore très-différente, si après avoir compté *un* à un tel point, vous comptez *deux* à droite de ce point, au lieu de le compter à gauche ; 4°. vous pouvez encore convenir avec vous-même laquelle de vos coulisses correspondra avec telle piece. Vous n'avez donc besoin que de charger votre mémoire seulement de trois objets, ou quatre au plus : 1°. telle fleur pour repere ; 2°. tel point pour l'unité ; 3°. en comptant par la gauche ; 4°. quelle coulisse répond à telle piece ; mais donner, mais écrire, ou donner quelques indications de ces trois ou quatre objets par des signaux : ce sera votre secret que vous indiquerez ou faciliterez beaucoup.

Il faut donc toujours en revenir à conserver dans sa mémoire un secret le moins composé qu'il se pourra, ou se résoudre à laisser connaître à tous ceux qui auront le secret de vos indications, quelle est la combinaison que vous aurez établie. Il me paraît que les quatre seules choses à retenir, que je propose, soulageraient bien une mauvaise mémoire, au dépens des frais qu'il en coûterait pour la mémoire ou *souvenir* méchanique, ou machine à *écrire son numéro*, de la figure de laquelle voici l'explication. *Voyez fig.* 13, *pl. V.*

Explication d'une tablette indicative des combinaisons établies à la fermeture d'une porte.

LA *fig.* 14 représente la face de la tablette qui paraît à l'extérieur de la porte, à laquelle elle est appliquée. On voit aux quatre coins en A, la tête quarrée de quatre petits boulons qui attachent la plaque ; ces boulons sont arrêtés à écrous par le côté intérieur. On apperçoit au-dessous de B les entailles faites dans la plaque pour laisser à chacune paraître une des marques.

La ligne tracée C, D, montre l'alignement sur lequel il faut que les signes se trouvent. Les pointillés représentent la position où se trouve chaque bande

(*a*) Ou A & ensuite B à gauche ou à droite.

ou coulisse, entre la plaque & la porte, relativement à celui des numéros qui est apparent, tel que ceux supposés ci-dessus.

La *fig.* 15 est la coupe du bois de la porte, & de la tablette indicative sur la ligne E, F, *fig.* 14.

A marque l'entaille B, *fig.* 14, faite dans la plaque extérieure.

Dans cette même *fig.* B, B, sont la coupe d'une des bandes ou coulisses indiquées par des hachures horizontales. On a représenté au bout, des lignes où sont marqués des C, plusieurs petits tétiaux qui doivent être attachés à la plaque extérieure comme à celle intérieure, pour qu'elle ne puisse pas être enfoncée par quelque choc extérieur, & par-là se trouver appuyer contre le bois de la porte; ce qui arrêterait le jeu des bandes ou des coulisses.

On voit près de D, aux quatre coins, la *figure* de quatre poulies ou rouleaux pour chaque coulisse, sur lesquels passe un fil de laiton, ou une chaîne qui joint les bandes ou coulisses de l'extérieur à la piece à peu près pareille, du côté de l'intérieur de la chambre, pour fixer leur position sous la plaque de l'extérieur.

E, F, sont des vis à tête quarrée F, ou boulon à écrou E.

H, H, sont la plaque du côté de l'intérieur, laquelle peut être semblable à celle extérieure, si l'on fait tant que d'en établir une dans cet intérieur.

La *fig.* 16 est la vue de la bande ou coulisse qui glisse entre la plaque & la porte. On pourrait, en employant une semblable bande par le côté intérieur, avoir un petit trou à côté de chaque numéro, pour y enfoncer une cheville, & fixer ainsi la position de la coulisse extérieure; cette plaque intérieure devrait alors être numérotée en sens contraire de celle de l'extérieur de la chambre.

Au lieu d'une semblable bande ou coulisse, on peut n'employer en-dedans qu'un bouton coulant dans une fente représentée *fig.* 15, à hauteur du D, *fig.* 14; & alors ce bouton coulant une fois arrêté en-dedans de la chambre au-dessus d'une ligne de la graduation marquée de cinq en cinq, dans le même sens ou ordre que les numéros de la bande ou coulisse de l'extérieur, indiquerait, pour cette fois, le numéro qui serait apparent au-dehors. Cette graduation est marquée sur la droite de la *fig.* 16.

On trouve, *fig.* 16 en A, une espece de petit passant qui contient le fil de laiton dans sa position, soit sur un rouleau, soit dans la petite poulie désignée en B.

Il est sans doute possible d'imaginer d'autres formes indicatives de la combinaison établie; mais il n'y a pas moyen de tout dire, ou tout écrire, sans faire connaître son secret: il faut toujours avoir à faire quelqu'emploi de sa mémoire, pour l'usage de ces moyens de fermetures, ou se résoudre donc à n'user de la combinaison méchanique que par amusement ou par superfluité.

Fin de l'Essai sur les combinaisons méchaniques.

Fig. 10.
Fig. 11.
Fig. 2.
Fig. 1.re
Fig. 9.
F. 9. bis
Fig. 3.
Fig. 4.
F. 10 bis
F. 12.
F. 13.
F. 5.
F. 6.
Fig. 8.
Fig. 7.
Fig. 21.
Fig. 14.
F. 15.
F. 16.
F. 20.
F. 18.
F. 19.
Fig. 17.
Fig. 23
F. 27.
F. 29.
F. 26.
F. 24.
F. 22.
F. 25.
F. 28
F. 30.

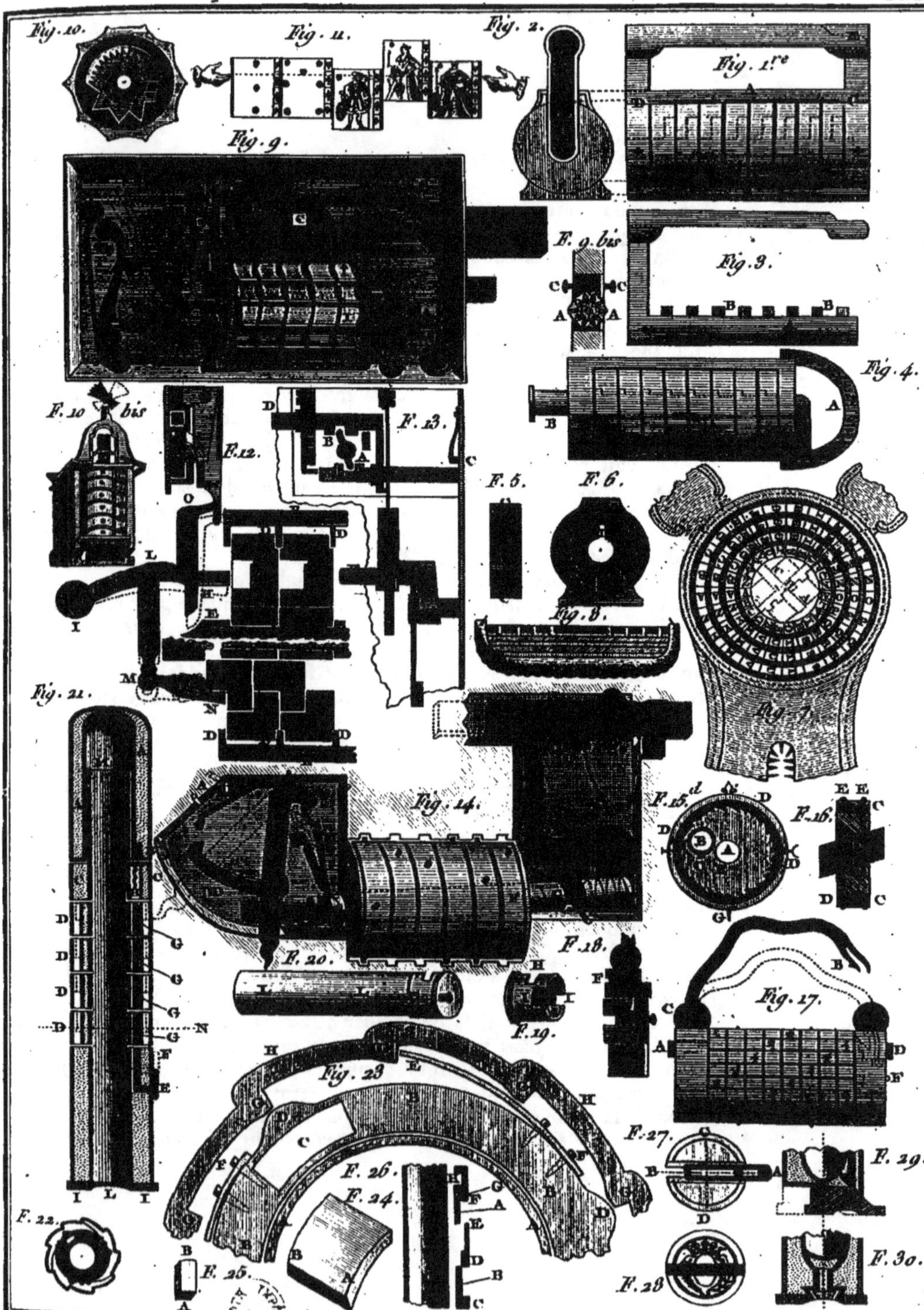

P. B. Sc.

Pl. II.

Fig. 1.re
F. 2.
F. 3.
Fig. 4.
F. 4. bis
Fig. 6.
Fig. 6
Fig. 7.
F. 8.
Fig. 9.
F. 10.
F. 11.
F. 12.
F. 13.
Fig. 14.
F. 15.
F. 16
F. 17.
F. 18.
F. 19.
Fig. 20.
F. 21.
F. 22
F. 23.
F. 24
F. 25.
F. 26.
F. 27
F. 28.
F. 29.
Fig. 30.
F. 31.
F. 32.
F. 33.
F. 34.
F. 35.
F. 36.

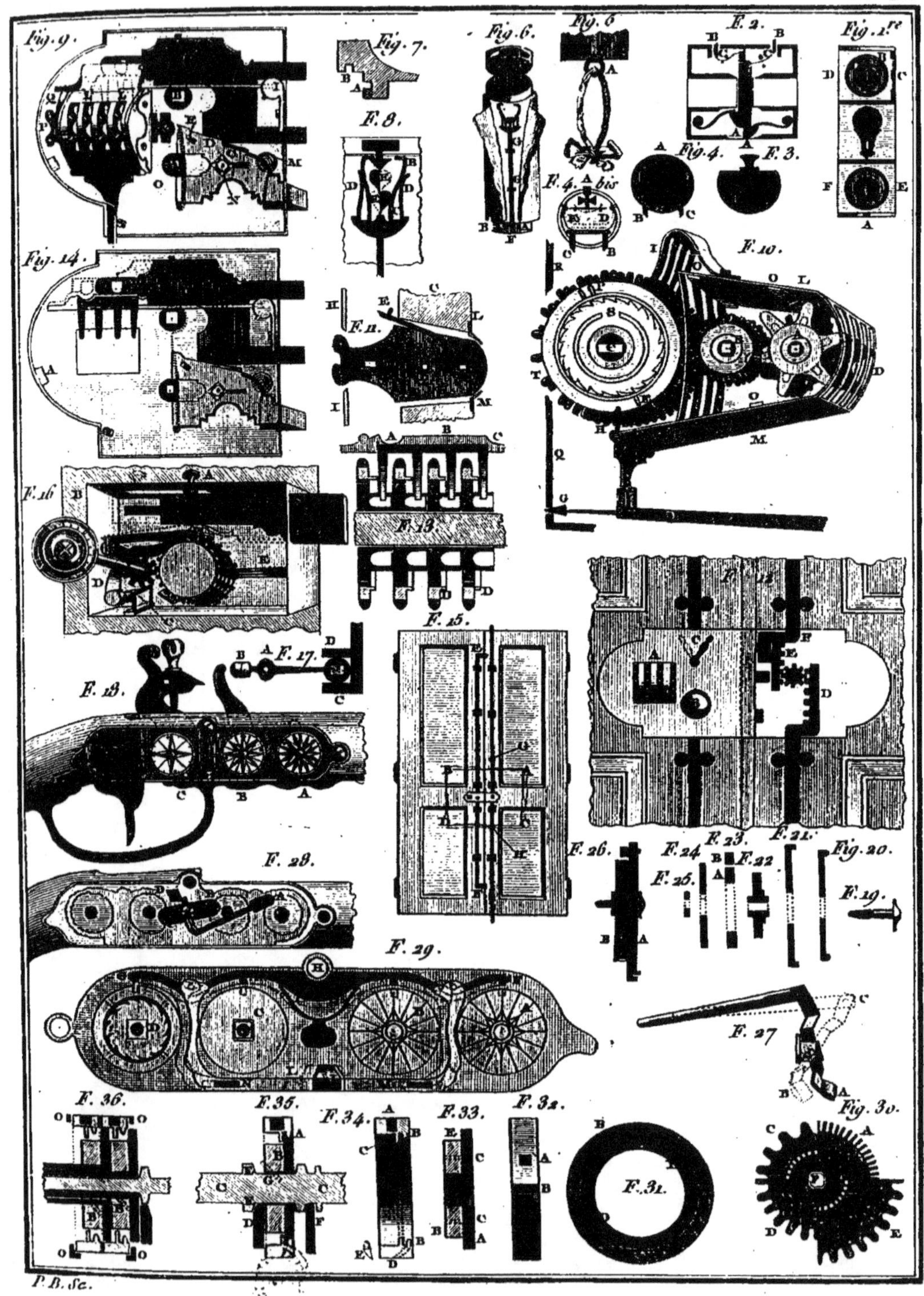

P.B. Sc.

Pl. III.

Fig. 27.
Fig. 1.
Fig. 30.
Fig. 2.
Fig. 5.
F. 31.
F. 28.
Fig. 4.
Fig. 3.
Fig. 29.
Fig. 7.
Fig. 6.
Fig. 34
Fig. 22.
Fig. 23.
Fig. 26.
F. 25.
Fig. 24.
Fig. 33.
Fig. 9.
F. 8.
Fig. 21
F. 10.
Fig. 11.
Fig. 16.
Fig. 20.
Fig. 32.
F. 14.
F. 15.
F. 17.
F. 18.
F. 19.
F. 13.

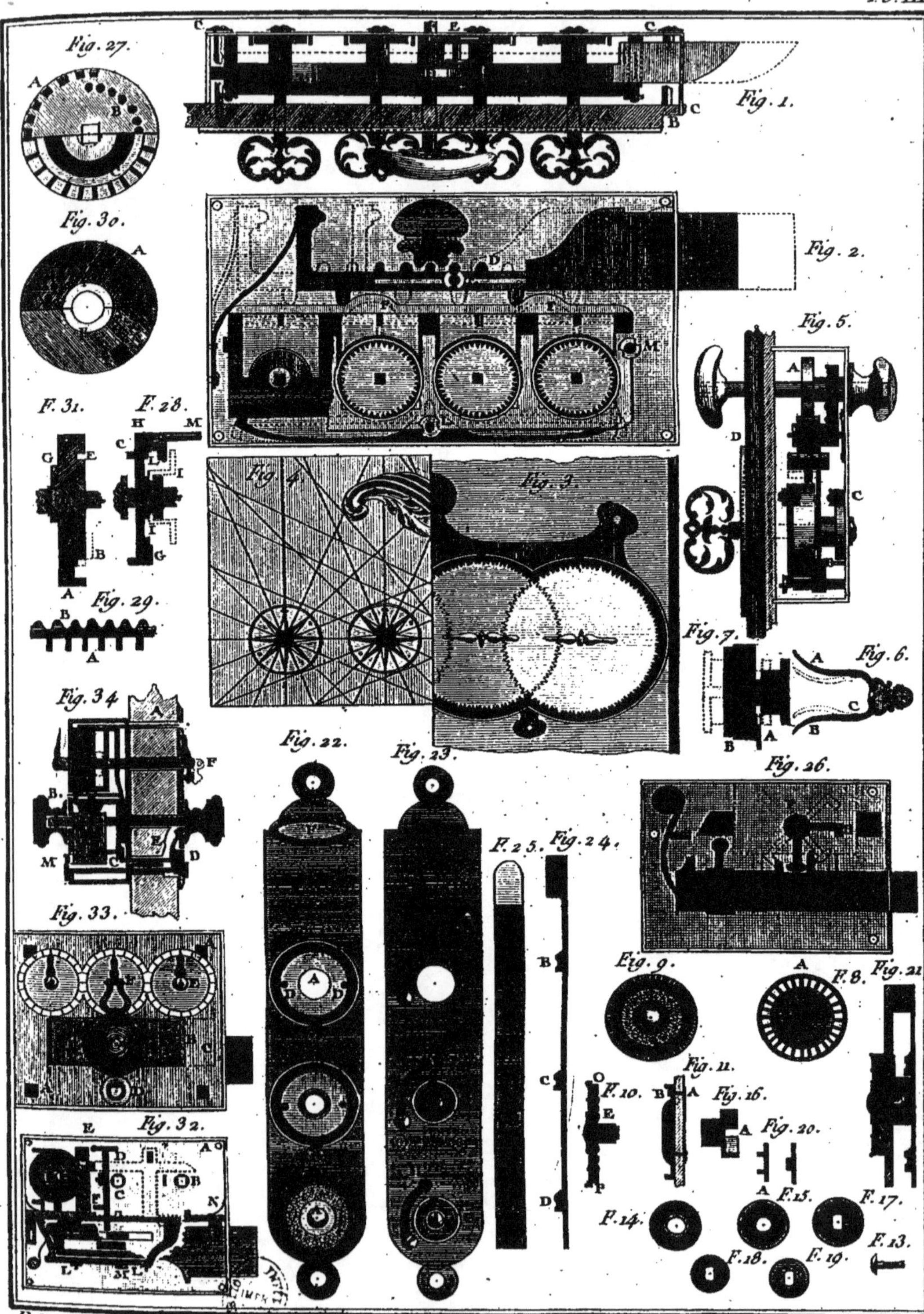

P. R. Sc.

Fig. 4.
Fig. 2.
Fig. 3.
Fig. 1.
Fig. 7
Fig. 5.
Fig. 9.
Fig. 14.
Fig. 12.
Fig. 13.
Fig. 8.
Fig. 11.
Fig. 10.

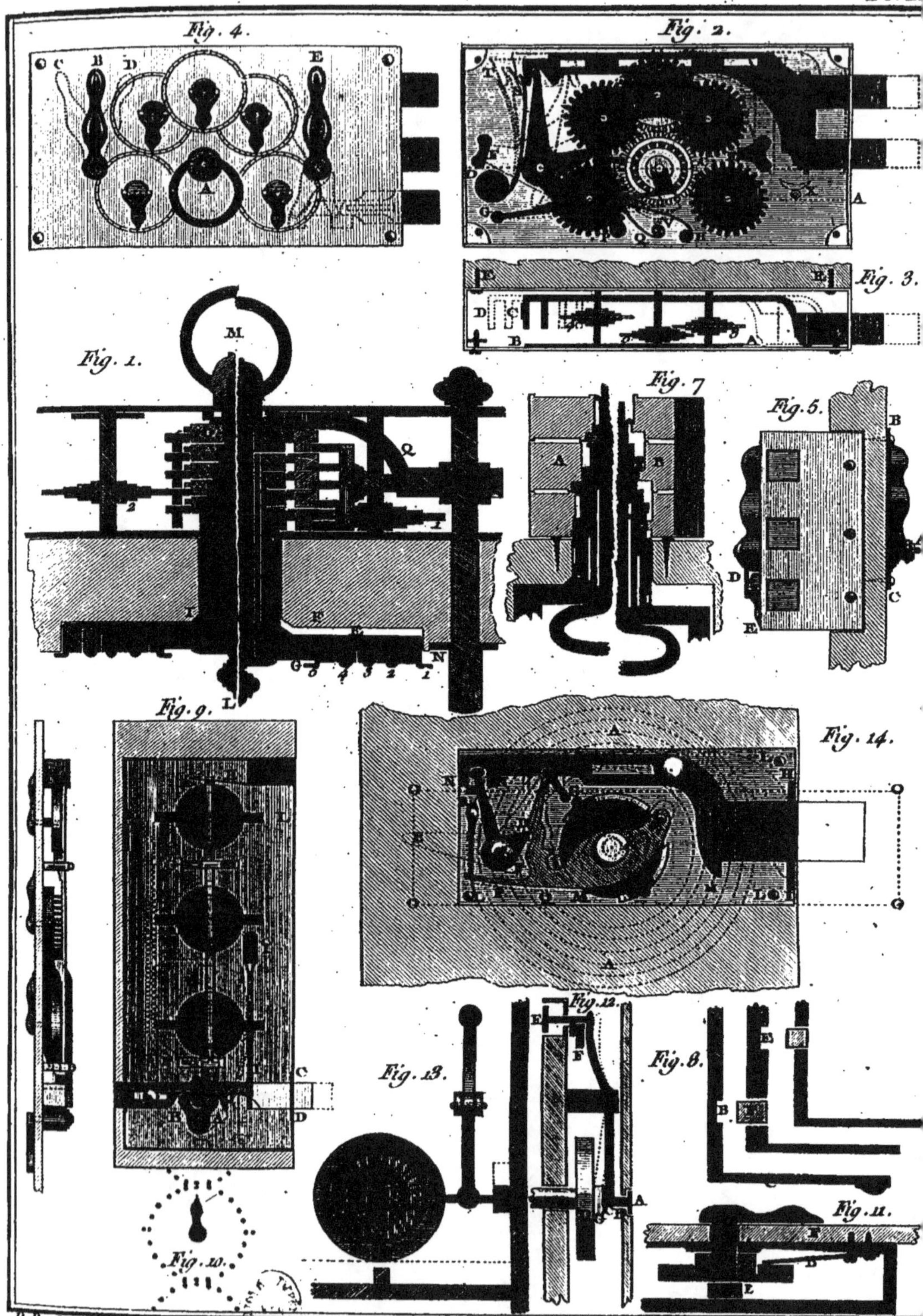

P. B. S. Sc.

Fig. 3
Fig. 2.
Fig. 1.
Fig. 4.
Fig. 5.
Fig. 6
Fig. 7.
Fig. 8.
F. 11. bis
Fig. 11.
Fig. 20.
F. 9.
Fig. 16.
Fig. 15
Fig. 14.
Fig. 13.

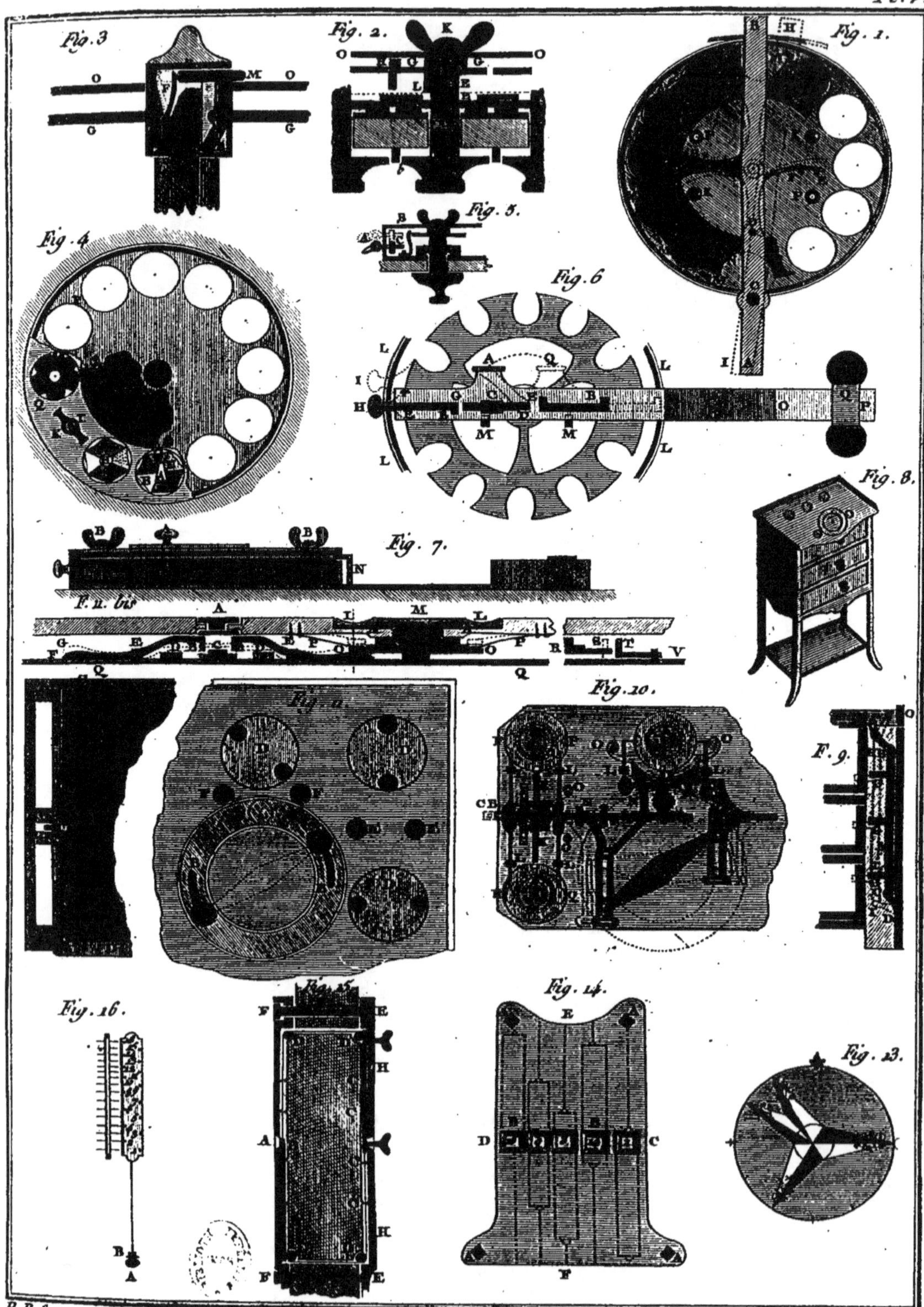

P. B. Sc.

ART

DE PRÉPARER ET D'IMPRIMER

LES ÉTOFFES EN LAINES,

SUIVI

DE L'ART

DE FABRIQUER LES PANNES OU PELUCHES,

LES VELOURS FAÇON D'UTRECHT, ET LES MOQUETTES; étoffes les plus susceptibles de l'impression & du gauffrage.

Par M. ROLAND DE LA PLATIERE,

Inspecteur-général des manufactures de Picardie, associé des académies royales des sciences, belles-lettres & arts de Rouen, Villefranche, &c. & correspondant de la société royale des sciences de Montpellier.

Forma sibi quævis respondeat.

MARSY, *Pict.*

ART DE PRÉPARER ET D'IMPRIMER LES ÉTOFFES EN LAINES.

Cet art, cultivé en France depuis un certain nombre d'années, s'est étendu & perfectionné dans ces derniers tems. Il annonce de plus grands succès encore par la variété des dessins, la solidité des couleurs, l'éclat des nuances, & par les diverses sortes d'étoffes sur lesquelles réussissent chaque jour de nouvelles tentatives.

On n'a rien écrit encore sur cet art : j'ai pensé que c'était hâter ses progrès d'en suivre la pratique dans le détail des connaissances acquises, & de rendre publics les procédés qui en font la base.

Rouen & ses environs virent naître en France ce genre d'industrie. (a) On ne l'appliquait alors que sur les serges d'Aumale : elle donna à cette étoffe, commune & de bas prix, une vogue qui en augmenta considérablement la fabrication. Son débouché s'étendit dans l'étranger, & l'on put la considérer alors comme une nouvelle branche de commerce ; mais elle était fondée sur la nouveauté & le goût : l'industrie & les mœurs changerent bientôt l'une & l'autre.

Amiens saisit la circonstance : (b) ses fabriques lui fournissaient un genre

(a) MM. le Marcis apporterent d'Angleterre les premiers outils & ustensiles, la composition de quelques couleurs, le secret enfin d'imprimer les étoffes de laine, & formerent leur établissement à Bolbec, il y a environ trente ans. D'autres entrepreneurs en petit nombre les imiterent quelques années après.

(b) M. Bonvalet fut le premier qui imprima des étoffes de laine à Amiens : il y fut le seul pendant quelque tems qui exerça cet art. M. Flesselle est celui qui en a le

d'étoffe que ſa durée & ſon éclat rendaient infiniment plus propres à l'impreſſion, que ne le fut jamais la ſerge d'Aumale.

Les relations journalieres & intimes de commerce de cette ville avec l'Eſpagne & l'Italie, mirent les négocians dans le cas de faire paſſer des échantillons à leurs commettans : ceux-ci les montrerent au Nouveau-Monde. Sans ceſſer d'imprimer des ſerges, on ſoumit à cette opération des pannes ou peluches en poil de chevre ; matiere brillante par elle-même, & qui réfléchit les couleurs avec beaucoup plus de vivacité ; l'étoffe était propre à ſe vêtir, plus meublante, d'un beaucoup meilleur uſage que la ſerge : les demandes furent conſidérables : elles prirent un cours réglé : on en ſoutint le goût, par la variété des deſſins.

Tout change ; & après les périodes plus ou moins longs, déterminés par les circonſtances, ou marqués par la nature, tout ſe détruit ; & les goûts, comme la matiere, ſe modifient ſans ceſſe. On imprime moins de peluches en ce moment ; mais on imprime des petits draps, des camelots, des tamiſes, & d'autres petites étoffes.

Préparation des étoffes avant l'impreſſion.

On ſuppoſe les ſerges d'Aumale & celles de Blicourt dégraiſſées & foulées, comme il ſe pratique dans les campagnes, telles enfin qu'elles ſont miſes en vente dans les halles ; & les pannes ou peluches débouillies, ſuivant l'uſage, par les foulonniers de la ville.

La premiere préparation des étoffes eſt le débouilli à l'alun : ce ſel foſſile & minéral, ſoit qu'il ouvre les pores de la matiere par ſa forme en aiguilles fines & acérées, & qu'il facilite par-là l'introduction des parties colorantes qu'on veut fixer ſur les étoffes, ſoit que chaſſé de ces mêmes pores où il s'était logé par une nouvelle cryſtalliſation peut-être, & remis en fuſion dans un nouveau bouillon, par ſa qualité aſtringente, il reſſerre ces mêmes pores lorſque la couleur s'y eſt introduite ; ce ſel eſt l'agent univerſel des fauſſes teintures, dis-je, dont il développe en outre toutes les couleurs.

Débouilli à l'alun.

Dans une chaudiere, telle qu'en y mettant cinquante ſeaux d'eau, ou ſix cents pintes de Paris, il reſte un vuide de cinq à ſix pouces de ſes bords,

plus étendu la pratique. Cet artiſte plein de hardieſſe, d'un zele très-actif, & d'une conſtance ſans bornes dans les entrepriſes, eſt le ſeul peut-être qui mette autant & plus d'ardeur à répandre les connaiſſances utiles, & à voir fleurir les arts même qu'il cultive, qu'à recueillir les juſtes fruits de ſes infatigables travaux. C'eſt lui qui a rectifié & fixé mes idées ſur les procédés de cet art, & il en a confirmé l'inſtruction par tous les détails de pratique qu'il m'a mis à portée d'obſerver.

on peut faire débouillir à la fois cinq pieces de ferges d'Aumale, de foixante à foixante-dix aunes chacune, ou autant de pieces en pannes de quarante à quarante-cinq aunes. La plus grande quantité de matiere de celle-ci compenfe le plus long aunage des précédentes. Lorfque l'eau eft tiede, on y jette quatre livres d'alun de roche, & demi-livre de tartre blanc par piece d'étoffe. L'alun de Rome eft préférable aux autres, à raifon de fa qualité; mais on ne l'emploie pas ici à caufe de fon prix. Il faut avoir l'attention de le caffer par petits morceaux, pour en faciliter la diffolution, & ne pas attendre à le mettre dans la chaudiere, que l'eau en foit bouillante : il fe formerait une écume fur le bain, & fa dilatation fubite le fouleverait au point de vuider prefque la chaudiere. A l'égard du tartre, il doit être pulvérifé & paffé au tamis.

A mefure que le tartre & l'alun fe fondent, les malpropretés qui y adherent s'en détachent & viennent à la furface de l'eau; il la faut écumer exactement pendant que le bain chauffe. On *faude* les pieces, on les attache à la queue les unes des autres; & lorfqu'il commence à bouillir, on les y introduit peu à peu, en les enfonçant avec un *lifoir*, & l'on réunit la premiere à la derniere, pour les travailler de fuite fur le *tourniquet*. Tournées & retournées ainfi pendant une heure, la chaudiere toujours bouillante, on défaccouple les pieces par deux & par trois, & on les leve ainfi en deux fois fur le tourniquet: on les jette par plis, en les déroulant, fur un jallier ou levier, placé fur un large chevalet, pour les tranfporter fur le *faudet*, efpece de brancard ou table à jour, échelle ou rateau.

PENDANT le premier bouillon, on prépare de nouvelles pieces pour un fecond qu'on fe propofe de faire dans le même bain. Comme il a retenu quelques parties des premiers ingrédiens, on y ajoute feulement trois livres d'alun par piece, quinze livres au lieu de vingt livres qu'on a mifes au premier, & du tartre à proportion. On écume le fecond bain, & l'on procede en tout comme au premier. On paffe à un troifieme, qui ne differe en rien du fecond. Pendant ce troifieme bouillon, on faude pli par pli les pieces précédentes, on retourne la *cape* fur chacune, & on les empile ainfi les unes fur les autres, en auffi grande quantité & autant de tems qu'on le juge convenable : elles pourraient y refter quinze jours & plus, même dans les chaleurs de l'été, fans crainte que la fermentation s'y établit; l'alun les en préferve.

IL eft néceffaire pour toutes les couleurs, excepté les gris, les verds & les bleus de Saxe de toutes les nuances, que les étoffes repofent fur le bouillon d'alun pendant trois à quatre fois vingt-quatre heures; & les rofes, les cramoifis, les écarlates en font plus vifs, plus éclatans, d'y repofer quatre à cinq jours; l'étoffe en afpire mieux la couleur, & l'on confomme moins de drogues.

Si l'on veut procéder à un quatrieme bain, alors il faut vuider la chaudiere : l'eau est trop chargée des ordures, de la graisse qui est restée dans les étoffes, des terres de l'alun & du tartre : le bain est gras, il faut le renouveller. Si au lieu d'un nouveau bain d'alun on voulait teindre en gris, verd ou bleu de Saxe, on pourrait le faire sur l'eau même & dans la chaudiere des bains précédens, en la remplissant & la chauffant au degré convenable ; s'il arrivait cependant que le bain fût trop chargé, trop gras, on ferait bien d'en jeter une partie, & de la remplacer par de l'eau pure.

Des matieres colorantes, & maniere de les préparer avant la teinture.

Les matieres d'usage pour teindre les étoffes & colorer les pâtes d'impression, sont en petit nombre. Après la *terra merita* ou *curcuma*, racine qui nous vient des Indes orientales, & la *gaude*, qui est une plante indigene, les bois des Indes occidentales sont les seuls. Je ne parle point de la composition colorée par l'*indigo*, qui ne sert que pour les gris, verd & bleu de Saxe, & dont on donnera le procédé lorsqu'il sera question d'en indiquer l'emploi.

Ces bois se réduisent à ceux d'Inde, dont la meilleure qualité est connue sous le nom de campêche, coupe d'Espagne : il est le plus estimé & le plus cher ; de *Bresil* ou *Fernambouc*, & le bois *jaune* : on emploie encore le *bresillet*, mais seulement pour colorer en rose, en cramoisi & en écarlate faux les étoffes à imprimer, & non les pâtes d'impression, qu'il colorerait trop faiblement.

Les meilleurs bois sont lourds, sans aubier ; l'air en est frais & la couleur vive. On a beaucoup de moulins dans ces cantons, pour les moudre ou les hacher ; mais il convient mieux de les faire raper chez soi ; on évite toutes les fraudes qu'on peut faire dans les moulins, où l'on mêle le bon & le mauvais bois, & où l'on n'ignore pas le moyen d'en faire monter la couleur en y jetant de l'eau de chaux. On met ensuite le bois dans des sacs de toile assez claire pour que l'eau la pénetre & que les parties colorantes s'en échappent aisément : on n'en garnit chaque sac qu'aux trois quarts, pour la même raison ; on les lie, & on les met ainsi dans la chaudiere, à raison de cent à cent vingt livres de bois en trois sacs, sur cinquante seaux ou six cents pintes d'eau ; on la fait bouillir à gros bouillon pendant trois heures ; on leve les sacs sur une échelle ou rateau qu'on met au-dessus de la chaudiere : on retire le feu : on laisse égoutter les sacs & refroidir le bain jusqu'à ce qu'on puisse le transporter ; on le dépose alors dans des tonnes placées dans un bas hors des atteintes de la gelée. Le bain de cette premiere cuite se met à part ; on ne le confond point avec ceux des seconde &

& troisieme cuites ; c'est la partie constituante du coloris des pâtes d'impression : on pourrait l'employer à teindre & colorer les étoffes avant de les imprimer ; mais le second ou troisieme bain y est ordinairement assez propre.

La premiere cuite faite, on rejette les sacs dans la chaudiere ; on la remplit de nouvelle eau, qu'on fait bouillir autant de tems & une demi-heure en-sus qu'au premier bain ; on procede de la même maniere, & ainsi du troisieme, auquel on passe incontinent après le second, ayant toujours l'attention de mettre dans des tonnes à part les bains produits de ces trois différentes cuites.

Cette quantité de bain faite sans une détermination précise du tems de son emploi, ne peut avoir lieu qu'à l'égard du bois de Fernambouc, dont le bain gagne tellement en vieillissant, qu'on fait ensorte de l'avoir toujours au moins de six mois : on pourrait cependant l'employer nouvellement fait ; mais il ne fournirait point une couleur aussi vive : ce n'est que quand il a fermenté & vieilli, que les parties colorantes du bois sont entiérement développées, & qu'il donne à la couleur toute son intensité. La marque de sa bonne qualité est une consistance un peu visqueuse, & de filer comme un vin gras.

On a fait pressentir les dangers de la gelée, qui en effet détruit la couleur & gâte le bain, qu'on ne peut réparer qu'en faisant recuire dessus du nouveau bois rapé ; frais & perte de tems qui en doublent presque la dépense.

A l'égard du bain de bois d'Inde ou de Campêche, qui se fait sur le même procédé que le précédent, on ne passe point à une seconde cuite ; ce bain ne sert que pour le noir d'impression, & le produit d'un second serait moindre que la dépense à faire pour l'obtenir. Celui-ci ne pourrait s'employer que dans le violet, couleur qu'on fait rarement, & à laquelle on reussit également en étendant le premier bain dans une plus ou moins grande quantité d'eau, suivant la nuance qu'on veut obtenir.

Le bain de bois jaune se fait sur le même principe que celui de bois d'Inde, & ils ont l'un & l'autre cela de contraire à celui de Fernambouc, qu'ils perdent beaucoup de leur qualité en vieillissant, & qu'il ne convient de les faire qu'en quantité & au moment qu'on en a besoin.

Les auteurs ont établi comme une doctrine, que les eaux les plus dures, les plus crues, étaient les plus plus propres à extraire les parties colorantes des bois, & ils conseillent de faire les bains d'eau de puits de préférence à celle de riviere. Les gens de l'art que j'ai consultés, prétendent que l'eau de puits donne en effet au bain une teinte plus forte ; mais que cet excès de couleur, produit sans doute par les sélénites dont l'eau de puits est beaucoup plus chargée que celle de riviere, de même que le rehaussement de couleur des bois, produit par l'eau de chaux, n'est point une preuve d'une plus grande quantité de parties colorantes extraites, puisque l'eau de riviere, plus douce, plus divisée, plus ténue, toutes choses égales d'ailleurs, fournit réellement plus de teinture. Une autre observation essentielle à l'égard du bain de bois de Fernambouc fait à l'eau de puits, c'est qu'il ne devient jamais aussi gras, & qu'il ne colore pas aussi vigoureusement.

Composition du bleu de Saxe.

Sur trois livres d'huile de vitriol, mises dans un pot de terre vernissé qui en peut contenir le double, on verse peu à peu de l'*indigo flore gatimalo*, réduit en poudre fine & passée au tamis, jusqu'à la quantité de six onces : on remue toujours à mesure avec une spatule de verre ou de bois blanc ; celle de verre est préférable. Lorsque tout l'indigo est mêlé avec l'acide vitriolique, on met la composition au bain-marie dans une eau chaude retirée de dessus le feu, & l'on continue de remuer jusqu'à ce que l'indigo soit bien dissous pendant environ une heure, ce qu'on reconnaît à l'éclaircissement de la composition. Lorsqu'il n'y a plus aucune boule ou maton, elle est faite, & on peut l'employer aussi-tôt qu'elle est refroidie. Il se fait une telle effervescence pendant cette dissolution, que si l'on n'agitait continuellement & fortement la matiere avec la spatule, elle s'éleverait au-dessus des bords du vase, & se répandrait. On est même obligé quelquefois dans cet intervalle de retirer le vase de dedans l'eau chaude, & c'est la raison pour laquelle on le prend d'une continence double. Cette effervescence décele toujours un vice dans l'indigo : quand il est très-sec, & qu'il contient fort peu de parties hétérogenes, elle est insensible & presque nulle. Il est donc essentiel de bien choisir l'indigo, & il n'en serait que mieux de le faire sécher à une chaleur du four très-modérée.

Les personnes qui sont dans le cas de faire bouillir l'eau du bain lors de la dissolution de l'indigo, doivent se défier de la qualité de l'huile de vitriol ; il est évident qu'elle est alors moins concentrée qu'elle doit l'être : on a d'ailleurs éprouvé qu'elle donnait aux couleurs un œil verdâtre qui la fait rejeter des artistes curieux.

Teinture des étoffes.

Avant de procéder à la teinture des étoffes, il faut les laver en riviere, les bien battre, ou les faire dégorger & reviquer au moulin, pour ôter la mal-propreté & la terre superflue que l'alun y a déposée : autrement le bain serait bientôt gras, *usé* ; on ne pourrait y teindre qu'un nombre beaucoup moindre de pieces ; & quoiqu'on consommât plus d'ingrédiens colorans, les couleurs resteraient toujours ternes.

On a dit qu'on pouvait se servir du bain d'alun pour teindre sur-le-champ les gris, bleu & verd de Saxe, parce que l'acide vitriolique qui entre dans la composition de ces couleurs tient lieu non-seulement du repos sur le bouillon d'alun nécessaire aux étoffes destinées pour les autres couleurs, mais du bouillon d'alun même, qu'on pourrait très-bien se dispenser de donner aux étoffes sur lesquelles on n'aurait pas d'autres couleurs d'impression à appliquer que celles faites avec la composition, pourvu qu'on en mît dans le bain même de la teinture de ces couleurs, à raison de deux livres par piece d'étoffe, ainsi que le pratiquent les teinturiers du grand & bon teint ; on en use ainsi d'ailleurs pour gagner sur le feu & sur le tems : mais si l'inconvénient est nul dans ce cas-ci, & pour les couleurs à la composition, il ne l'est pas pour celle au bois ; il faut alors vuider la chaudiere & faire un bain neuf ; car l'alun, quoiqu'un mordant très-propre à développer les couleurs du bois & à leur donner de la vivacité lorsqu'il est employé dans la préparation des étoffes, détruirait cependant ces mêmes couleurs s'il se mêlait à leur teinture.

Supposant donc les bouillons d'alun finis, le bain resté dans la chaudiere, & des gris, bleus, ou verds de Saxe à faire, on emplit la chaudiere, on pousse le feu, mais à un point assez modéré pour pouvoir aisément tenir toujours la main dans le bain ; & pour les gris de Saxe les plus pâles, on y verse de la composition en quantité d'un cube de six à sept lignes de côté ; on pallie bien : on prend alors une piece d'étoffe, mise sur une planche posée sur le bord de la chaudiere ; on en jette le premier bout sur le tourniquet qui est en-travers au-dessus du bain : un ouvrier tourne le plus vite possible, pendant qu'un autre enfonce la piece à mesure qu'elle tombe. Quand elle est toute passée, on en attache les deux bouts ensemble, & on lui donne cinq ou six tours de suite, en la tenant toujours au large avec un *lisoir ;* alors on en retire une partie, on la tord, on la retord dans un linge ou étoffe seche ; on en confronte la nuance : si elle est au-dessous de celle de l'échantillon, on redonne encore deux ou trois, trois ou quatre tours, si l'on juge qu'il y a assez de composition dans le bain ; si au contraire il n'y en a pas assez, après avoir levé la piece sur le tourniquet, on en ajoute un peu au bain ; on le pallie, & on lui redonne autant de tours ou de *bouts* qu'il en est nécessaire.

Lorsque la couleur est achevée, on leve la piece sur le tourniquet, on la laisse un peu égoutter ; puis, déroulée & jetée sur un jallier, on l'emporte sur-le-champ à la riviere ; on la lave en eau courante ; ensuite on la plie, on la roule, on la pose debout pour en faire égoutter l'eau, & on la fait fécher. Les étoffes feches, on les corroie à chaud pour les étendre, en ôter les faux plis, les tenir fur leur largeur; elles font alors propres à mettre à l'impreffion.

LES bleus de toutes nuances fe font de la même maniere, en ajoutant au bain plus ou moins de compofition, & en le tenant à un degré de chaleur au-deffus, tel qu'il approche de l'ébullition fans y jamais atteindre : le bleu en deviendrait terne & verdâtre. Cette fuite de couleurs fe fait toujours fur les mêmes bains; & les bleus achevés, on paffe incontinent aux différens verds de Saxe, pour lefquels il n'eft queftion que de faire cuire, dans le bain précédent, du bois jaune également rapé & mis dans un fac.

IL eft d'obfervation que le bois jaune, cuit dans la chaudiere dans laquelle on teint, donne une couleur plus vive que lorfque le bain en eft fait à part. Le bain, par le contact de l'air, perd beaucoup de fa qualité; & la couleur qu'il donne, de fon intenfité; on ne l'emploie jamais trop tôt.

POUR tous les gris autres que les gris de Saxe, on ajoute feulement un peu de bain de bois au premier procédé. Veut-on des gris éteints, depuis le gris-blanc jufqu'au gris le plus foncé? le bois d'Inde, en dofe proportionnée à la nuance, en fait l'affaire; quelquefois cependant on y ajoute un peu de diffolution de vitriol de mars, ou couperofe. Les gris rougeâtres veulent un peu moins de compofition, un peu moins de bois d'Inde, mais un peu de Fernambouc.

Paille & jaune.

LORSQU'ON veut faire du jaune à la fuite des nuances de paille, on met une botte de gaude dans la chaudiere; on l'y laiffe jufqu'à ce qu'on apperçoive que le bain en eft un peu chargé : on en juge mieux par un petit échantillon qu'on fait fur-le-champ. S'il eft au point requis, on tire la gaude, on pallie la chaudiere, & l'on teint en tournant & retournant la piece très-vîte, la tenant toujours au large jufqu'à ce qu'elle foit achevée. Toutes les nuances de paille dépendent du tems qu'on laiffe la botte de gaude dans la chaudiere. En la laiffant plus long-tems encore, on paffe finalement à celle de jaune par gradation afcendante. Si l'on veut obtenir du jaune d'abord, on fait bouillir la gaude affez long-tems pour en extraire toutes les parties colorantes, & l'on defcend au contraire du plus beau jaune au paille le plus clair.

IL faut être foigneux de rafraîchir le bain de gaude avant de s'en fervir. Ses parties colorantes font très-fufceptibles d'être happées; & plus le bain eft chaud, plus l'étoffe les abforbe rapidement, ce qui expofe prefqu'indifpenfablement alors à faire des couleurs inégales.

Soucis, aurore, jaune doré & autres de ce genre.

APRÈS avoir tiré de la gaude & coloré l'étoffe de tout ce qu'elle peut donner de teinture, on ajoute au bain du curcuma en poudre, qu'on met à nu dans la chaudiere; on lui fait jeter un bouillon, & l'on y passe successivement toutes les pieces qu'on a à teindre de cette couleur. Veut-on hausser encore cette nuance, lui donner un œil rougeâtre? il n'y a qu'à ajouter au bain un peu de celui de Fernambouc; & si l'on en mettait une certaine quantité, on le pousserait jusqu'à l'écarlate faux.

Abricot, chamois, &c.

L'ABRICOT, le chamois, & autres, se font par le mêlange des bains de bois jaune & de Fernambouc.

Roses, cramoisis, écarlates, &c.

A l'égard des roses, cramoisis, écarlates, &c. on procede comme il suit.

ON met dans la chaudiere, presque remplie d'eau chaude à n'y pouvoir tenir la main, deux seaux d'eau sure, pour atténuer l'eau du bain, la rendre plus pénétrante, & lui faire trancher l'étoffe. On y ajoute un quart de seau de bain de Fernambouc; on pallie, & l'on teint. La nuance qu'on obtient alors est une couleur de chair; on la hausse par degrés jusqu'au cramoisi foncé, en augmentant successivement la dose du bain de Fernambouc.

ON juge de la nuance, en trempant un échantillon de la piece teinte dans une eau de chaux vive, qui fait monter & roser la couleur. On le lave en eau claire, & on le seche en le tordant dans un linge. Si elle n'est pas assez foncée, ou l'on donne encore quelques bouts à la piece lorsqu'il y a assez de composition dans la chaudiere, ou on la leve, pour en ajouter au bain, la rabattre & la retravailler.

LORSQUE l'étoffe est dure à prendre la couleur, & à se monter à la nuance qu'on desire, on l'abat sur le jallier, & on la porte sur le faudet, pour l'éventer à grands plis, à deux ou trois reprises différentes.

AU lieu de deux seaux d'eau sure, qu'on met pour obtenir les différentes nuances de rose & de cramoisi, on en met quatre, & jusqu'à six, pour faire l'écarlate. Cette eau donne au bain de Fernambouc un œil jaunâtre, dont on peut accroître l'intensité par deux ou trois poignées de curcuma en poudre, jeté dans la chaudiere.

POUR donner aux roses & aux cramoisis tout le degré d'intensité dont ils sont susceptibles, on met dans une chaudiere remplie d'eau (& alors celle de puits est préférable) un, deux, & jusqu'à trois seaux d'eau de chaux vive, qu'on remue bien dans le vase où on l'a fait éteindre, & où on la tient en dépôt, de maniere qu'elle soit très-blanche. On pallie; on y passe à froid les pieces teintes, & on leur donne autant de bouts qu'il est nécessaire, les levant dans l'intervalle, & augmentant l'eau de chaux à raison du plus grand effet qu'on desire. La couleur achevée, on porte l'étoffe sur-le-champ à la riviere, & on la lave jusqu'à ce qu'on soit assuré qu'il n'y reste plus de chaux, qui altérerait la couleur & l'étoffe même.

Si l'on veut avoir un cramoisi très-foncé & imitant le cramoisi bon teint, on le rose sur le bain même dans lequel il a été fait, en y ajoutant environ trois seaux d'urine par piece, & y travaillant l'étoffe. Mais ce rosage, plus dispendieux que le précédent, outre qu'il est d'une odeur plus désagréable, est, par cette raison, peu usité dans cet art.

Bleu de roi.

Le bleu de *roi* se fait tout uniment dans un bain de bois d'Inde, auquel on ajoute en petite quantité de la dissolution de vitriol de Chypre.

Violet.

Le *violet* se fait avec le bois d'Inde pur; on le rose ensuite avec de l'eau de chaux, qu'on ajoute au même bain.

On ne doit jamais oublier, à chaque fois qu'on ajoute quelque chose au bain, de relever l'étoffe au-dessus de la chaudiere, & de bien pallier avant de la repasser.

Avant de décrire la composition des pâtes colorées d'impression, il est bon de faire connaître les ingrédiens qui y sont propres. Les matieres colorantes sont en partie les mêmes que celles employées dans la teinture des étoffes. A l'égard des autres, elles sont aussi en petit nombre; mais les agens en sont très-puissans: ceux-ci consistent dans les acides les plus violens, savoir, le vitriolique & le nitreux, & l'un des alkalis les plus caustiques, la potasse. L'huile de vitriol & l'eau-forte ne sauraient être trop concentrées; & l'on préfere, comme très-supérieure, la potasse qui nous vient des Provinces-Unies de l'Amérique, & qui est connue dans le commerce sous le nom d'York. Elle est en pierres très-dures, plus grise que celle qui nous vient du Nord, singuliérement caustique, & très-sujette, lorsqu'elle est exposée à l'air, à en attirer l'humidité, & à tomber en déliquescence.

La farine est la base de toutes les pâtes, & la seule matiere, pour ainsi dire, qui y fasse corps; l'amidon qu'on y ajoute est pour donner aux farines naturellement trop feches, une confiftance plus vifqueufe, & qui les entretienne dans l'état de fluidité le plus adhérent. On préfere, à raifon de ces qualités, la farine de *farrafin*, ou bled noir; nom qui lui vient des peuples d'Afrique qui nous ont procuré cette plante, & de la couleur de fa graine, connue en Picardie fous le nom de *bucaille*. Sa fubftance eft plus muqueufe, plus mucilagineufe que la farine d'aucun autre grain. Il en faut moins dans les compofitions : elle eft moins fujette à y fermenter, & elle eft à beaucoup plus bas prix. En employant la farine de froment à même dofe, il faudrait y mêler le quadruple d'amidon. On pourrait même abfolument fe paffer de ce dernier intermede avec la farine de bled noir : mais il ajoute un peu plus de moëlleux à la pâte.

Il faut que cette farine foit paffée au tamis, pour en ôter la pellicule noire qui la recouvre; non qu'elle colore la pâte, mais elle la rendrait plus groffiere : il en pafferait moins par le tamis lorfqu'on la coule après la cuiffon; il y aurait plus de perte par conféquent de tous les ingrédiens qui la compofent, & peut-être la rendrait-on plus fufceptible, comme plus fécative, de s'attacher aux planches de cuivre lors de la cuite de l'impreffion.

J'AJOUTERAI encore une obfervation relative aux vafes de bois & autres uftenfiles de cette matiere, dont on fe fert dans ce travail, comme dans celui des teintures. Il faut qu'ils foient tous de bois blanc, comme les variétés de peupliers, le bouleau, le ficomore, l'érable, &c. ou lorfqu'ils font de chêne, ou de noyer, il faut avoir la précaution de les enchauffer, c'eft-à-dire, d'y faire éteindre de la chaux, ou de les empâter d'une chaux nouvellement éteinte, & de les laiffer quelque tems dans cet état, jufqu'à ce que la chaux ait détruit les parties colorantes de ces bois, qui furteindraient les couleurs, ou tacheraient les étoffes qu'on y dépoferait.

On en ufe ainfi pour les vafes de bois qui ont contenu de l'huile, & on les rend auffi propres qu'ils peuvent l'être à tous les ufages.

Compofition des pâtes d'impreffion.

POUR le *noir*, on délaye bien douze livres de farine de bled noir, une livre & demie d'amidon, & un quarteron de curcuma, dans vingt-cinq pintes de bain de bois de Campêche; on paffe le tout au tamis, & on le verfe dans un chauderon de cuivre, qu'on remplit à trois ou quatre pouces près du bord; on y ajoute un demi-verre d'eau de potaffe, forte au point de faire une violente fenfation de caufticité fur la langue; on fait bouillir cette matiere jufqu'à ce que la farine & l'amidon foient bien cuits : l'excès eft moins dangereux que le défaut. Quand la pâte n'eft pas affez cuite, elle fermente, devient aigre, & tourne; en outre elle s'attache aux cuivres, &

en emplit la gravure; on a beaucoup de peine à l'en retirer, elle a fait une impression très-maigre, & le travail est retardé. Il n'y pas à hésiter, il la faut faire recuire.

En suivant son effet sur un feu en bon état, on remarque qu'elle y est environ dix minutes avant de bouillir: alors elle s'épaissit considérablement, à peu près autant qu'une pâte de pain fermentée; il la faut remuer sans cesse & avec action, avec une forte & grande spatule de bois blanc, pour l'empêcher de s'attacher au fond & autour du chauderon. A mesure que la matiere bout, que toutes ses parties cuisent & se combinent ensemble, elle s'éclaircit, elle ne forme plus qu'une pâte, sinon liquide, du moins fluide; on n'est plus assujetti à la remuer aussi continuellement, quoiqu'il soit nécessaire de le faire de tems en tems, pour la faire éventer & cuire également; mais elle n'est plus aussi sujette à s'attacher & à brûler. Vingt minutes de fort bouillon suffisent; ainsi la cuite entiere peut se faire en une demi-heure de feu.

Au reste, la couleur de la pâte qui a pris de l'intensité à la cuisson, sa consistance, & même une légere odeur de brûlé qui commence à se faire sentir, indiquent le point fixe.

Quand la pâte est cuite, on la verse dans un vase de bois, un baquet, ou autre semblable, qui soit très-propre; le mieux ferait de se servir toujours des mêmes vases pour les mêmes couleurs: mais il faut sur-tout avoir la plus grande attention qu'il n'y reste aucune partie de vieille pâte; elle ferait bientôt fermenter, aigrir & tourner la nouvelle. On pourrait la passer au tamis sur-le-champ, & l'employer chaude comme froide: mais il est plus commode pour l'ouvrier qu'elle soit refroidie; alors il se forme au-dessus une croûte épaisse, qui se détache aisément de la masse, qu'on leve & qu'on rejette. Pour s'assurer du degré de noir que produira cette pâte, on en imprime un échantillon de la piece d'étoffe; & si la nuance convient, on coule la pâte dans une *tinette*, & on la livre à l'ouvrier imprimeur. Si la nuance n'est pas assez foncée, que la couleur ne soit pas assez noire, on redélaye la pâte avant de la passer, avec un peu d'extrait de curcuma, cuit dans du bain de bois jaune & un peu d'eau de potasse.

Pour le *rouge*, on suit le même procédé que pour le noir; avec cette différence, qu'au lieu du bain de bois de Campêche, on emploie celui de Fernambouc, & qu'on supprime entiérement le curcuma. On peut animer le rouge, & le faire monter avec de l'eau de chaux vive; mais la potasse vaut mieux, parce qu'elle est moins sécative & moins terreuse.

Pour le *jaune*, on substitue le bain de bois jaune, & l'on ajoute une demi-livre ou trois quarts de livre de curcuma, & rien autre, à la même quantité de farine & d'amidon. Le jaune sert à deux usages. Veut-on obtenir

cette

cette couleur ſur le gris, le roſe ou le cramoiſi? on y ajoute de l'acide vitriolique; on fait un échantillon. Si le jaune eſt trop faible, on augmente l'acide vitriolique; s'il eſt trop foncé, on y ajoute du premier jaune ſans être nuancé.

Si au lieu d'acide vitriolique on met ſur le jaune de la compoſition de bleu de Saxe, on pourra former toutes les nuances de verd, à proportion de la quantité qu'on en mettra : lorſque le verd eſt trop bleu, on le ramene avec un peu d'extrait de curcuma, cuit dans du bois jaune; ſi au lieu du bain de curcuma, cuit ainſi à part, on l'employait en poudre, on courait riſque que la pâte s'attachât aux cuivres dans l'impreſſion.

Le verd peut ſe nuancer ſur le feu, & il n'en eſt que plus vif, en mêlant la compoſition dans le jaune lorſqu'il cuit. Dans ce cas, il ne faut nuancer la pâte que faiblement. Pour pouvoir en tirer des verds pâles, on fait alors le jaune & le verd ſéparément.

Pour le *bleu de Saxe*, on prend treize livres de farine, & trois livres d'amidon, ſur vingt-cinq pintes d'eau pure. Cette plus grande quantité de farine & d'amidon ſur la même quantité de liquide, eſt pour compenſer la partie colorante répandue dans les bains de bois, & qui concourt, avec la farine & l'amidon, à donner de la conſiſtance aux pâtes : on y ajoute de la compoſition du bleu de Saxe juſqu'à ce qu'on obtienne un bleu céleſte, qu'on hauſſe enſuite à volonté, par addition modérée & continue, juſqu'à la nuance la plus foncée.

La compoſition pour jaunir les couleurs teintes en verd & bleu de Saxe, & en écarlate, ſe fait comme la pâte pour le bleu, avec la différence qu'au lieu de la compoſition du bleu de Saxe, dont on ne met point du tout, on ajoute un quarteron d'alun diſſous ou pulvériſé, ce qui ne fait alors qu'une pâte blanche. Lorſqu'elle eſt refroidie, on en paſſe au tamis ce dont on a beſoin, & on la nuance avec de l'acide nitreux; le plus fort eſt le meilleur, il peut être employé à trente degrés; lorſqu'il eſt au-deſſous, il en faut davantage; & alors il éclaircit trop, il altere la conſiſtance de la pâte, ſurtout ſi on la monte aux plus hautes nuances.

Pour juger de ſon effet ſur les couleurs indiquées, on fait imprimer un échantillon d'eſſai; s'il n'eſt point aſſez jaune, on ajoute de l'acide nitreux; s'il l'eſt trop, que l'acide ſurabonde, qu'il extravaſe la couleur, ou qu'il ronge trop le noir qu'on y joint par une ſeconde impreſſion, car on ne peut guere y ajouter d'autres couleurs, qu'il altere & détruit toutes, on ajoute à cette pâte de la nouvelle pâte blanche, ſans acide nitreux; & ainſi, par degrés, on tempere ſon effet, & l'on affaiblit la nuance.

Le noir & le rouge ſont très-ſujets à tourner, ſur-tout dans les tems de chaleur. On les raccommode avec de la poudre de bois bien tamiſée, ſavoir, le campêche pour le noir, & le fernambouc pour le rouge; & l'on remonte la couleur de l'un & de l'autre avec la potaſſe, le rouge quelquefois avec de l'eau de chaux : mais ce raccommodage eſt toujours imparfait, & la poudre des bois eſt ſujette à s'attacher aux cuivres lors de l'impreſſion.

Les couleurs en pâtes colorées & travaillées à l'acide vitriolique, ne tournent jamais. La pâte blanche ſe conſerve long-tems, à cauſe de l'alun qui y entre; mais elle tourne enfin : alors, pour ne la pas perdre, on la mêle par petites parties avec de la nouvelle pâte.

Les couleurs d'impreſſion, bleu & verd de Saxe, peuvent s'appliquer ſur tous les fonds, même ſur les blanchis, ſans être alunés; il en eſt ainſi du jaune d'impreſſion fait à l'acide vitriolique. Mais toutes les couleurs dans leſquelles cet acide n'entre pas, veulent que les étoffes ſur leſquelles on les imprime aient été préparées à l'alun.

Mélange des couleurs.

Gris-rouge de diverſes nuances : mêlez du noir & du rouge avec un peu de diſſolution de vitriol de mars.

Gris ordinaire, depuis le plus clair juſqu'au plus foncé : mêlez du noir & du blanc avec un peu de la même diſſolution.

Pourpre : ſur une tinette de rouge, mettez un demi-plateau de bain de noir, plus ou moins, & vous nuancerez avec de l'eau de potaſſe. Il en ſera ainſi des autres.

Des planches.

Les planches d'impreſſion ſont de cuivre. Dans quelques endroits on ſe ſert de cuivre rouge, ou roſette. A Amiens on préfere le cuivre jaune, comme moins ſec, moins filandreux ou pailleteux, moins ſujet aux bavures, & d'une tranche plus nette enfin; la roſette d'ailleurs, à moins d'être battue, eſt plus garnie de vents, de bouillons; elle peſe davantage, toutes choſes égales, que le cuivre jaune, ce qui eſt plus embarraſſant, plus fatigant pour l'ouvrier imprimeur, & elle eſt plus chere. Le meilleur cuivre jaune nous vient de Namur; on en tire les planches toutes faites. Ces planches ont ordinairement trente pouces de largeur, trente-huit de longueur, ſur une ligne & demie à deux lignes d'épaiſſeur. On ne les grave ordinairement que ſur la largeur des étoffes à imprimer. Les plus larges ſont les ſerges d'Aumale, de vingt-ſept à vingt-huit pouces : on laiſſe aux deux extrémités ſur la longueur, un eſpace ſans être gravé, d'un quart ou de demi-ligne, pour empêcher la couleur de baver ou couler; ainſi on n'entaille jamais la bordure, on ne coupe jamais les petites figures, & que celles-ci rentrent les unes dans les autres, on qu'on ait un dessin suivi, le raccord ne se fait jamais exactement sur la bordure, mais toujours un peu en-avant. Il dépend ensuite de la pratique, de l'adresse de l'ouvrier, de les faire tels qu'ils ne paraissent point sur l'impression. La gravure ne se fait guere que d'une demi-ligne ou trois quarts de ligne au plus de profondeur. On ne dira rien ici de la maniere de l'exécuter : c'est un art absolument à part, & qui ne differe de la gravure ordinaire, qu'en ce que celle-ci, plus délicate, plus légere, se fait au burin, à la pointe séchée, mais à la main, & que celle pour imprimer les étoffes, plus large & plus creuse, se fait au marteau. Cependant tous les imprimeurs le font exercer chez eux, & toujours, quant aux dessins, avec le secret qu'on met dans la nouveauté des découvertes.

Le poids des planches avant la gravure, est de soixante à quatre-vingt livres. Il diminue en proportion de l'étendue du travail, du dessin, & de la profondeur de la gravure; mais elles forment toujours une masse de cinquante livres au moins, entre les mains de l'imprimeur.

Préparation des planches.

Soit que les planches soient neuves, soit qu'elles aient servi, il faut, chaque fois qu'on veut les mettre en travail, les graisser avec de l'huile de poisson : on y est même obligé quelquefois dans l'intervalle des cuites qu'on fait de suite, lorsque le cuivre s'aigrit, & que les pâtes se collent & tiennent à la gravure : pour cela on pose la planche sur le *potin*, & on l'y laisse s'échauffer jusqu'à ce qu'une goutte d'eau jetée dessus s'évapore dans un clin d'œil; on la leve alors, on la pose sur le baquet ou lavoir, & avec un morceau d'une étoffe grossiere de laine, trempé dans de l'huile de poisson, on la frotte de maniere à l'en bien graisser, & on la jette à l'eau. Le moment d'après on la retire, on la brosse rudement, & on la lave bien, pour en ôter toute l'huile; on l'éponge ensuite, & on la garnit de couleur.

De l'impression. (*a*)

La couleur en pâte, telle qu'on l'a décrite, tirée du premier vase, est mise dans une tinette ou plus petit vase, que l'ouvrier place derriere le lavoir; on en met une ou plusieurs cuillerées sur la planche, où les deux ouvriers l'étendent avec un *liege* ou feutre de laine grossiere, d'environ

(*a*) Voyez les *planches I, II, III*, où la construction du fourneau, des presses, & la pratique de cet art sont développées.

dix pouces de longueur sur cinq de largeur, façonné exprès par les chapeliers; on le passe & repasse en traînant la pâte sur la planche, pour l'en garnir entiérement, & appuyant pour la faire bien entrer dans la gravure, & en ramasser l'excédant dans un plateau ou sébille; ensuite, avec un morceau de vieux chapeau de trois à quatre sur quatre à cinq pouces, on nettoie la couleur qui reste sur la face lisse de la planche, ce qu'on appelle ratisser la planche. On prépare ce morceau de chapeau en le trempant dans de la plâte colorée de noir ou de rouge, sans être nuancée, le faisant sécher sur le tuyau du fourneau, le brûlant ensuite sur le potin, ou à la bouche du fourneau, pour lui donner de la fermeté & rendre unie la tranche qui doit servir à ratisser, & enfin le frottant sur une brique, pour en détacher le grillé, & polir cette tranche.

ON met alors la planche sur le fourneau, immédiatement sur le potin, qu'elle doit excéder d'un demi-pouce à chaque bout, pour éviter le contact du potin qui brûlerait l'étoffe, & encore parce que la vapeur brûlante qui sort d'entre le potin & la planche de cuivre posée dessus mouillée, ternirait, brûlerait les couleurs sur toute la ligne de rencontre.

DEUX ouvriers, l'un de chaque côté de la presse, tiennent l'étoffe bien étendue, & la posent carrément sur la planche, la tenant toujours ferme. On opere cette tension & fermeté égales, au moyen d'une verge de fer rond de trente pouces de longueur sur un demi-pouce ou un pouce de diametre. Lorsqu'on imprime une étoffe pour la premiere fois, le moindre poids suffit; mais si l'on passe à une seconde couleur, l'étoffe s'est retirée: il faut le poids plus fort, pour la ramener à son premier état, & faire juste la rentrée ou raccord du dessin.

L'OUVRIER qui est du côté du lavoir, ajuste la piece pour faire le raccord sur la planche: celui qui est du côté de l'ouverture du fourneau, pose la verge de fer en-travers l'étoffe, qu'il tire ainsi à lui pour l'étendre bien également.

ON pose sur l'étoffe deux couvertures de laine grossiere, qui excedent la planche de part & d'autre sur la longueur. Ces couvertures molles, & à long poil, pressent la pâte dans la gravure; elles en reçoivent les parties, qui pénetrent à travers l'étoffe, & la premiere vapeur, qui est forte & très-humide. Après cinq à six planches, lorsqu'elles ont servi à cinq ou six pressées de suite, plus ou moins, la premiere, celle qui est immédiatement sur l'étoffe à imprimer, devient empâtée & dure; on la retire, on lui en substitue une autre, & ainsi de suite. Le soir on jette toutes ces couvertures dans une chaudiere; & lorsqu'elles ont bouilli suffisamment pour en détremper les pâtes recuites dont elles sont imprégnées, on les laisse tremper sur le bouillon jusqu'au lendemain, qu'on les lave

& bat fortement à la riviere; quand elles sont parfaitement nettes, que l'eau sort claire, on les fait sécher, & on les emploie de nouveau.

Les choses ainsi disposées, on abat le manteau de la presse, & l'on serre fortement, d'abord à la main, puis au levier. Toutes ces opérations doivent se faire avec beaucoup de célérité, pour profiter de la chaleur, en saisir le degré, & en répandre les influences également par-tout. Elle doit être telle qu'on peut l'imaginer, produite par un feu de charbon de terre allumé deux heures avant au moins, vivement poussé, & continuellement entretenu. Le tems de la cuite est de deux à trois minutes: on ne saurait l'assigner avec plus de précision, puisqu'il dépend de ce degré de chaleur très-difficile à déterminer, d'autant qu'il dépend lui-même, & de l'épaisseur des planches, & de la quantité de pâte employée dans le dessin plus ou moins travaillé, plus ou moins creux. On peut en juger cependant en levant l'étoffe par l'un des bouts, & touchant à la plaque de cuivre avec le doigt mouillé: si la dessication est subite, & qu'il se fasse un petit bruit que les ouvriers appellent *friser*, on peut supposer que l'impression est assez cuite. On leve le manteau; & si l'on s'apperçoit que la vapeur humide qui s'éleve ne s'évapore pas sur-le-champ par-tout également, & qu'en portant la main sur les parties qui fument encore, lorsque les autres cessent de fumer, on sente de l'humidité, on double l'une des couvertures sur les endroits les moins cuits, ou l'on remet également les deux, si la cuite de la planche entiere n'est pas encore au point convenable; on abat le manteau, qu'on releve l'instant d'après. Si l'on s'appercevait que la chaleur poussât plus vivement dans des parties que dans d'autres, d'une maniere qui pût devenir nuisible, on a toutes prêtes de petites plaques de tôle très-minces, qu'on met sur ces places même, entre la plaque de cuivre & le potin. Le potin généralement trop chaud, fait extravaser la couleur; lorsqu'on soupçonne cet inconvénient, on tempere son ardeur avec de l'eau qu'on jette dessus, ou par quelques feuilles de tôle interposées comme je viens de l'indiquer.

La pâte comprimée & cuite fait adhérer fortement l'étoffe au cuivre; on l'en détache par une prompte & forte secousse, on rejette la partie imprimée sur le manteau de la presse; on saisit aussi-tôt la planche de cuivre avec des poignées ou morceaux d'étoffe grossiere qu'on tient dans chaque main, on se retourne en la transportant sur les bords du lavoir plein d'eau, & on la coule dedans toute brûlante. Cette eau se teint bientôt des couleurs de la pâte: il la faut renouveller à tous les changemens de couleur. La grande chaleur des plaques lui en communique enfin une assez forte. Il la faut rafraîchir, autrement elle concourrait plutôt avec la chaleur de la panche, à recuire la couleur dans la gravure, qu'à l'en détacher. Pendant ce tems, pendant celui de la cuite, l'un des deux ouvriers nécessaires pour servir une presse, prépare une nouvelle planche, si l'on en a plusieurs de même dessin, ou l'on retire de l'eau la même planche, on l'éponge, on la regarnit de pâte, & ainsi de suite.

Quand elle est posée sur le fourneau, on y applique la suite de la partie imprimée de l'étoffe, ayant attention de la doubler un peu, pour rapprocher exactement le bord imprimé de celui à imprimer.

Lorsqu'on veut colorier une étoffe de deux ou trois couleurs d'impression, on grave en conséquence autant de planches que le dessin doit contenir de couleurs, en combinant les raccords dans le dessin & dans la gravure, comme pour les planches d'impression d'application.

On imprime d'abord la premiere couleur, celle qui domine dans le dessin; on passe à la seconde impression, on en fait de même pour les suivantes, toujours successivement sur la même partie de l'étoffe, & ainsi jusqu'à la fin de la piece. Le premier raccord fait, les autres se font sans gêne, au moyen du pli marqué par les bords de la planche, en-avant, en-arriere, & sur le côté opposé au tuyau du fourneau, où l'on place toujours la lisiere gravée du dessin, & d'une raie à la craie blanche sur la couleur, & au charbon sur un fond blanc, que les ouvriers font à l'envers de ces trois plis, sur l'arête même de la planche.

Si le dessin est compliqué, qu'on veuille en multiplier le couleurs, en varier les nuances, & y conserver plus de régularité même qu'il n'est possible avec une suite de planches de cuivre, il est un autre moyen, celui de faire les remplissages à froid & à la planche de bois, comme il est d'usage dans l'impression de l'indienne; mais alors le procédé des couleurs est très-différent: il n'est plus question de pâte; l'huile devient un agent indispensable. On donnera ci-après la composition de ces matieres d'impression.

Avant de se servir d'une planche neuve, de la mettre en plein travail, on en fait l'essai; on procede comme dans le courant des opérations, jusqu'à ce qu'elle soit garnie de pâte, & sur le fourneau; c'est-à-dire, qu'on la chauffe, qu'on l'huile, qu'on la brosse, qu'on la lave, &c.

Alors on la couvre d'un morceau d'étoffe de la longueur & largeur de la plaque; on pose sur celle-ci les deux couvertures grossieres de laine, on abat le manteau, & on laisse cuire la drogue. Si l'impression est égale partout, & qu'elle soit nette, la planche est telle qu'elle doit être; la gravure est bonne: si au contraire il y a des parties trop fortes, ou barbouillées, ou que d'autres soient trop maigres, il faut limer les premieres, & quelquefois les relever légérement au marteau, & retravailler nécessairement la gravure des autres.

On conçoit la possibilité d'imprimer de cette maniere toutes sortes d'étoffes de laine unies & veloutées, ainsi que des moquettes & des velours façon d'Utrecht, quoique le tissu, chaîne & trame de ces étoffes soient en fil de lin, le velouté des unes étant en laine, & celui des autres en poil de chevre, avec la précaution néanmoins à l'égard de ces dernieres especes d'étoffes, de n'employer les couleurs faites à l'acide vitriolique qu'avec beaucoup de précaution, ou seulement sur celles qui seraient assez fortement garnies de poil pour que ce violent acide minéral ne pénetre pas jusqu'à la matiere végétale, qu'il brûlerait. J'ai vu arriver cet accident plusieurs fois, & avec beaucoup de dommage; il est cependant un moyen de l'éviter : c'est celui de mêler dans la couleur, des terres très-absorbantes, du blanc, de la craie, de la chaux même : elles émoussent la violence de l'acide, mais elles pâlissent la couleur en même tems; dans ce cas, il la faut pousser primitivement à une nuance au-dessus de celle qu'on desire.

On peut imprimer ainsi toutes sortes de dessins, des devants de vestes, des bordures de robes, de jupes, &c. & si la couleur dans laquelle l'étoffe est teinte avant l'impression, était en bon teint, toutes les couleurs d'impression qui s'amalgament avec celles sur laquelle elles sont appliquées, seraient également en bon teint.

De l'impression au cylindre. (a)

La composition des pâtes colorées est la même que celle à la planche, avec la différence, qu'il faut donner plus de force, charger davantage de parties colorantes les bains de bois, & donner un peu moins de consistance aux pâtes, parce que la gravure de la planche cylindrique, ou du *manchon*, est moins profonde, plus fine & plus délicate que celle de la planche plane.

La méchanique montée conformément aux *figures* des *pl. IV & V*, qui, ainsi que les précédentes, seront expliquées ci-après, on garnit le cylindre de bois, d'un ou deux doubles d'une bonne & forte couverture de laine, qu'on attache avec de petits clous sur les bords de ce cylindre : on échauffe le cylindre de fer fondu, tourné & poli, au moyen de deux gros boulons de fer également de fonte, qu'on fait rougir dans un brasier de

(a) On doit au sieur Bonvalet pere d'avoir fait connaître & introduit le premier en Picardie l'impression des étoffes à la planche plane, comme je l'ai observé; mais il en a toujours résulté l'inconvénient des raccords, l'inégalité & le peu de netteté dans le travail. Cet artiste l'a senti, & on lui doit l'idée de l'impression des étoffes de laine à chaud & au cylindre, qui s'est beaucoup étendue & singuliérement perfectionnée depuis. Au moyen de ce mécanisme qui n'est connu encore qu'à Amiens, on évite tous les inconvéniens dont on vient de parler.

charbon de terre, & qu'on insinue dans le creux du cylindre avec un ringard armé d'une espece de poche cylindrique en fer, dans laquelle ils s'emboitent: on a quatre de ces boulons; deux de rechange, qui chauffent pendant que les deux autres sont en travail; & cet échange se fait dès que le rouge en tombe. Lorsque la planche roulée en manchon, dans laquelle passe le cylindre de fer, est très-chaude, on baisse le rouleau de bois garni de la couverture; on passe entre ce rouleau & le cylindre ou la planche cylindrique, une piece de couverture de la longueur de l'étoffe, & en-dessous, le plus près de la planche de cuivre, ladite piece d'étoffe qu'on veut imprimer; on serre le rouleau avec les vis qui portent sur ses extrémités. L'homme qui est à la manivelle, tourne & fait jouer la machine: le mouvement communiqué par les rouages à l'axe du cylindre de fer, se communique aux autres par le frottement de celui-ci. On a toujours la précaution de faire un échantillon d'essai; & lorsque la planche imprime net, que la couleur s'en détache bien, & que la couleur est telle qu'il convient, on continue par un mouvement autant égal qu'il est possible, la chaleur supposée telle.

ON garnit de couleur la planche cylindrique, comme on le fait de la planche plane; avec cette différence, qu'on ne pose la pâte colorée sur la longueur de la planche, que par bandes de quatre à cinq pouces de large, sur la partie qui doit passer le plus tôt sous le cylindre. Cette pâte colorée se trouvant en même instant au plus fort degré de pression & au plus haut degré de chaleur, se décharge sur l'étoffe, & s'y imprime. On en détache celle-ci à mesure, comme aux planches planes; & on la soutient par-dessus, pour qu'elle ne se salisse pas. La planche très-échauffée & tournant toujours, passe dans une cuve remplie d'eau, placée en-dessous, & s'y rafraîchit: à mesure que chaque partie ressort de l'eau, on la lave, on la nettoie, on la regarnit de couleur, & ainsi de suite.

ON imprime de cette maniere environ huit aunes de pannes par heure, deux pieces de quarante-cinq à quarante-huit aunes par jour en douze heures de travail, de six heures à midi, & de deux à huit heures; c'est à peu près la même quantité de travail qu'à la presse d'impression sur le fourneau.

ON n'imprime pas au cylindre, en tems donné, une même longueur d'étoffe drapée que de panne, parce qu'elle contient plus d'humidité que le poil de chevre, qui en retient très-peu, à raison de quoi il faut plus de tems pour cuire la couleur appliquée sur la premiere. Mais à la planche on imprime à peu près autant de l'une que de l'autre, parce que les couvertures & le matelas du manteau de la presse absorbent très-promptement cette humidité superflue qui s'échappe des pâtes colorées, lors de la cuite, à travers l'étoffe.

ON

On tire également ces planches de Namur, ou de Stolberg, près d'Aix-la-Chapelle : celles de Namur valent mieux ; elles ont même épaisseur, moitié en sus de longueur & de poids des planches planes : elles pesent par conséquent de quatre-vingt-dix à cent dix livres. Une planche d'un bon cuivre, bien doux, bien corroyé, sans pailles ni gerçures, peut durer dix ans à travailler tous les jours à la presse comme au cylindre : mais le moindre de ces défauts se décele bientôt au cylindre, où la pression étant plus forte, plus dure, & n'étant que partielle, la moindre paille, la moindre gerçure fait entr'ouvrir & crever la planche. Il faut alors couper autour de la crevasse toutes les parties tant soit peu altérées, tailler les bords en chanfrein, y appliquer & braser une piece qui s'y adapte exactement, & la graver, en continuant dessus le dessin de la planche.

Maniere de ployer les planches, & de leur donner la forme cylindrique.

Quand elles sont gravées, on les recuit dans un feu de bois, jusqu'à ce que la chaleur ait poussé le cuivre au rouge, & qu'il soit amolli ; on pose la plaque horizontalement sur une piece de bois creusée en gouttiere cylindrique ; on descend dessus une autre piece de bois, dont la forme en-dessous est également cylindrique, mais convexe d'environ six pouces de diametre, à pouvoir s'emboîter dans la partie concave de la piece de bois qui est par-dessous la planche. Celle qui est en-dessus est attachée par les deux bouts à un arbre ou manteau de presse, qu'on fait monter & descendre au moyen d'une vis & d'un écrou. Lorsque le cylindre a fait son impression sur la planche de cuivre, qu'il l'a pressée dans le creux qui est au-dessous, & qu'il lui en a fait prendre bien la forme, on rechange en passant la plaque peu à peu ; & continuant toujours, elle forme enfin un cylindre creux, qui lui a fait donner le nom de manchon, en se reployant par-dessus, entre la piece de bois qui la serre immédiatement, & l'arbre ou manteau de la presse.

Les bords de cette plaque sont taillés en biseau de trois à quatre lignes de largeur ; on les joint, on les attache de pouce & demi en pouce & demi de distance, avec des clous de cuivre, & l'on y coule de la soudure qu'on trouve faite chez les fondeurs.

On avait laissé aux deux extrêmités de la planche un espace d'un pouce & demi sans être gravé ; on continue le dessin alors en gravant sur la jonction de ses parties, & sur la soudure.

Quand tout est fini, on releve les bords du cylindre creux ou manchon en-dehors, comme pour évaser l'ouverture, d'environ trois quarts de pouce. Cette opération se fait au marteau sur l'enclume, & à froid ; on y cloue, avec des petits clous de gros fil de fer rapprochés, une barre ou lame de fer assez amincie en-dedans pour ne point surmonter la surface intérieure du cylindre, & se rebroussant en-dehors avec la planche de cuivre, pour essuyer tout le frottement par côté, contre le point d'appui qui est aussi en fer, qui soutient la planche dans sa direction horizontale, & qui empêche qu'elle ne se torde : ce qui arrivait avant qu'on eût imaginé ce rebroussement & ce point d'appui.

On n'est parvenu qu'en dernier lieu à ce degré de perfection, & après beaucoup d'essais. On a long-tems tenté de couler des planches planes entre des cylindres ; de les faire soutenir horizontalement en entrant & en sortant, d'en faire succéder les unes aux autres : mais le cuivre s'alongeait, se tordait, bavait sur les bords ; les desfins se déformaient, & l'on ne faisait rien qui ne coutât beaucoup, & qui ne fût mal réussi en grand.

On huile les bords du cercle de fer de la planche, pour adoucir le frottement, ainsi que le tourillon des axes. Les boulons se rechangent environ de vingt en vingt-cinq minutes ; le fourneau où on les fait chauffer, est un fourneau ordinaire, en voûte percée dans le milieu, sur quatre pouces en quarré ; les boulons se mettent dans le charbon de terre allumé.

Il faut trois hommes pour imprimer au cylindre ; l'un pour tourner la manivelle & faire mouvoir la machine ; les deux autres sont occupés à détacher de dessus le cylindre les parties de la piece d'étoffe à mesure qu'elles sont imprimées, à les relever en-dessus, à changer les boulons de fer, à laver la planche, mettre la couleur dessus, enfin à veiller au travail & à le diriger.

Grattage des étoffes après l'impression.

Les étoffes, après l'impression, sont dures au tact ; les couleurs en sont mattes & écailleuses ; il faut les gratter ou racler, pour rendre à l'étoffe sa douceur naturelle & faire ressortir les couleurs. Pour cela, on les passe sur un fourneau alongé, couvert d'une plaque de fer de fonte en voûte à plein ceintre d'un diametre fort court, & surmontée de barreaux de fer posés longitudinalement, écartés de la plaque de six, huit, dix & jusqu'à douze lignes, & séparés les uns des autres d'environ un pouce & demi, *pl. III, fig.* 1, 3 & 4. Lorsque le premier bout de la piece est chaud, on le tire sur une table posée en face en plan incliné ; on le racle bien avec un grattoir à manche de bois & à lame de fer ; il en sort une poussiere rude & grossiere qui tombe à terre, & n'est autre que la farine teinte, cuite & brûlée : remise en pâte, si elle n'était pas ordinairement un mêlange de plusieus couleurs, elle redonnerait une teinture presqu'aussi belle que la premiere fois ; mais il en coûterait plus que la chose ne vaudrait : on la néglige. On tire la partie suivante de l'étoffe, qui a eu le tems de s'échauffer pendant qu'on travaillait la premiere, & ainsi de suite jusqu'à l'autre bout : on la secoue fortement, il n'en ſerait que mieux de la battre un peu, ou pour celle dont le poil moins long que celui de la ſerge d'Aumale, qui porte un duvet roide, déſagréable & qu'il faut éviter de faire lever, de la bien vergetter; c'eſt la derniere opération qu'on faſſe aux étoffes raſes.

A l'égard des pannes, après leur avoir fait ſubir le même traitement avec plus d'action encore, attendu la plus grande difficulté de les bien purger de la partie gommeuſe & recuite des drogues; après les avoir bien vergettées, bien broſſées avec une forte broſſe, on les frotte d'une éponge trempée dans une diſſolution de potaſſe étendue dans beaucoup d'eau, & aſſez fortement exprimée pour qu'il n'en puiſſe point dégoutter d'eau. Ce luſtrage enleve la derniere pouſſiere que la vergette ne ſaurait ôter: il ravive toutes les couleurs, & il adoucit beaucoup l'étoffe : il n'en ſerait que mieux de terminer par-là à l'égard de toutes les eſpeces d'étoffes imprimées.

Gauffrage des pannes à la preſſe.

Pour une piece de panne, on fait diſſoudre à froid environ trois livres de colle forte d'Angleterre, & une livre de gomme adragante dans un ſeau d'eau, dans laquelle on fait bouillir une livre de pſyllium, ou graine de puces. On met le tout ſur le feu; & lorſque le mélange eſt fait & la combinaiſon achevée, on laiſſe tomber la chaleur de ce bain épais & viſqueux, juſqu'à ce qu'on y puiſſe tenir la main : on en enduit avec une éponge l'envers de l'étoffe, qu'on a eu ſoin de doubler; on la poſe ſur la planche de cuivre ſortant du baquet & encore mouillée; on la couvre également des deux couvertures, & on abat le manteau de la preſſe; on la laiſſe ainſi un peu moins de tems que pour l'impreſſion dans laquelle il entre des couleurs; on la releve, & le gauffrage eſt achevé. Ceux qui n'emploient que la colle forte, ont dû remarquer qu'elle durcit trop l'étoffe. La gomme adragante & le pſyllium lui conſervent plus de moëlleux; d'ailleurs la gomme adragante tache beaucoup moins, dans le cas où cette matiere gluante pénetre à l'endroit de l'étoffe, ce qu'il faut cependant éviter.

Il n'en eſt pas de même du gauffrage au cylindre, & qui ſe fait ſur diverſes ſortes d'étoffes raſes & veloutées, mais plus particuliérement ſur les velours d'Utrecht & ſur les moquettes. En attendant que nous donnions la deſcription de cette méchanique, & que nous décrivions la maniere d'opérer, il eſt bon de dire qu'on n'emploie ou qu'on ne doit employer aucun corps gélatineux, gommeux, réſineux, rien, en un mot, pour catir le poil & en luſtrer la partie écraſée. Ceux qui diſent y employer quelque choſe, ſans dire ce que c'eſt, car chacun à ſon ſecret, ou n'y emploient rien, & ils mentent pour en écarter l'idée, ce ſont des charlatans; ou ils y emploient en effet quelque chose, & ce sont des ignorans. Le seul moyen de faire un beau cati, le plus résistible au frottement & à l'humidité, est de gauffrer l'étoffe avec la plus grande pression & au plus haut degré de chaleur possible, tels néanmoins qu'elle n'en soit pas brûlée, ni les couleurs altérées; que la chaleur soit toujours égale, & le travail bien suivi : il faut sans doute une pratique constante & raisonnée pour attraper ce point, & s'y tenir; mais il en résultera toujours que le ressort de la matiere sera le plus parfaitement brisé, & qu'il en suintera une humeur dissoute, qui en plaquera les poils d'une maniere à leur conserver le lustre, & à les mettre le plus à l'abri des influences quelconques. Tout corps muqueux, gélatineux, gommeux, résineux, ou tel autre de ce genre qu'on puisse employer, ou durcira l'étoffe & ternira les couleurs, ou sera attaquable à l'humidité; & par-là seul il sera plutôt un principe de destruction du gauffrage, qu'un moyen de le perfectionner. J'ai insisté sur ce point utile, sur lequel tout le monde charlatanise à sa maniere, sans que personne ait été au but. Les arts & métiers sont remplis de secrets de cette espece, qui consistent à n'en point avoir, que la jalousie & la crainte font beaucoup retentir, & qui tourmentent fort les ignorans.

Impression à froid de toutes sortes d'étoffes en laines, seches ou drapées, unies ou croisées.

J'AI parlé précédemment d'une maniere d'imprimer d'abord, & de remplir ensuite des dessins tracés à la planche de cuivre & à chaud, en les coloriant à la planche de rapport, en bois & à froid, comme on en use pour les indiennes. J'ai dit que ces couleurs étaient à l'huile, & j'ai annoncé les détails des procédés & leur application; les voici : ils sont fondés sur l'expérience, aux doses indiquées.

Mordant pour toutes les couleurs.

METTEZ trois pots d'huile de noix & un pot d'huile de lin dans un chauderon de fer, de grandeur à en contenir le double; ajoutez-y une demi-livre de litharge, & environ deux onces d'huile de vitriol; faites bouillir le tout ensemble, en remuant continuellement avec une spatule de fer : jetez-y dans cet intervalle de gros oignons & des croûtes de pain, pour dégraisser l'huile. Lorsque les oignons sont cuits, ôtez-les avec une écumoire, ainsi que le pain & l'écume de la litharge : remettez de nouveaux oignons & de nouvelles croûtes, & répétez cette opération jusqu'à ce que l'huile s'enflamme; laissez-la brûler ainsi pendant un quart d'heure ou une demi-heure, jusqu'à ce qu'elle ait acquis la consistance & le gluant d'un sirop un peu épais, ce qu'on reconnaît en en faisant tomber quelques gouttes sur une assiette : si en se refroidissant elle file comme un sirop, elle est au point convenable.

RETIREZ le chauderon de dessus le feu, couvrez-le d'un couvercle de bois ou de fer, sur lequel il faut jeter une toile ou étoffe mouillée, pour arrêter la combustion ; découvrez le chauderon, & attendez, ou remuez la matiere jusqu'à ce qu'elle soit refroidie : on peut s'en servir alors.

SI l'huile n'était pas assez dégraissée, on la ferait recuire ; si elle l'était trop, on la ferait réchauffer, en y ajoutant un peu d'huile non brûlée.

LORSQUE l'huile n'est point assez dégraissée, l'impression ne seche jamais bien ; elle a toujours un air gras : il en résulte en outre, que les couleurs déchargent sur le fond de l'étoffe.

LORSQU'ELLE l'est trop, elle seche très-promptement, & elle est sujette à s'écailler au frottement ; ainsi il convient, avant d'opérer en grand, de s'assurer de la qualité du mordant. Pour y parvenir, écrasez sur une pierre à broyer un peu du plus beau noir de fumée, ou du noir d'ivoire ; délayez-le avec du mordant peu à peu & en très-petite quantité à la fois ; détrempez cette pâte sur la pierre même, avec de l'essence de térébenthine, jusqu'à ce qu'elle soit à la consistance d'une bouillie claire : faites-en un échantillon, que vous laisserez sécher pendant vingt-quatre heures. Si après cet intervalle l'impression ne s'étend point sur le fond de l'étoffe, ou si elle ne s'écaille point, le mordant est au point convenable.

Formation des couleurs.

Noir. Le noir se fait comme on vient de décrire l'essai, mais en employant toujours du plus beau noir d'ivoire, & terminant la composition de la couleur par un peu d'huile de vitriol, employée avec succès comme un sécatif.

Rouge tirant sur l'écarlate. Prenez du cinabre en poudre, ou vermillon ; le plus beau produit le plus bel effet : celui des essais a coûté de neuf à dix livres la livre ; broyez-le comme le noir d'ivoire, avec le mordant & l'essence de térébenthine. Sur une demi-livre de cinabre ainsi broyé, & mis dans un pot de terre vernissé, ajoutez, avant de l'employer, un gros d'esprit de sel ammoniac, & un peu moins d'huile de vitriol ; la couleur en deviendra plus vive.

Bleu. Broyez du bleu de Prusse avec le mordant & l'essence de térébenthine ; ajoutez-y un peu d'esprit de sel ammoniac, & point d'huile de vitriol.

Verd. Broyez du stil de grain avec le bleu de Prusse, & mêlez un peu de sel ammoniac.

Jaune. Ajoutez seulement au mordant & à l'essence, du stil de grain broyé.

Cramoisi. Prenez de la laque & du cinabre broyés ensemble & avec le mordant & l'essence : plus vous mettrez de laque, plus la couleur sera foncée ; vous l'éclaircirez par le cinabre.

Rose. Vous le dégraderez davantage encore par le blanc de plomb.

Blanc. Broyez du blanc de plomb, sans esprit de sel ammoniac, ni huile de vitriol.

Puce. Au lieu du cinabre employé pour le rouge, broyez seulement de la laque commune.

Mélange des couleurs.

Les couleurs ci-après sont supposées broyées séparément, mises dans un vase & prêtes à être employées à l'impression.

Noir d'ivoire.
Cinabre ou vermillon.
Bleu de Prusse.
Stil de grain.
Blanc de plomb.
Laque.

De ces six couleurs dérivent toutes les autres, en suivant les procédés indiqués ci-après.

Verd. Mêlez du bleu & du jaune en quantité proportionnée à la nuance, qu'on variera beaucoup encore, en y introduisant du blanc.

Violet. Le bleu & la laque formeront cette couleur, dont on aura des dégradations sans nombre par l'intermede du blanc.

Orangé. Prenez du jaune & du cinabre : dégradez à volonté avec du blanc.

Gris. Il proviendra d'un mêlange de blanc & de noir.

Gris-bleu. Ajoutez-y du bleu.

Gris-jaune. Mêlez un peu de jaune.

Gris-rouge. Le cinabre & la laque ajoutés le formeront.

Chamois. Prenez du rouge, du jaune & du blanc.

Variétés de puce. Laque, un peu de noir, & très-peu de blanc.

Il en est du mêlange de ces couleurs précisément comme de celui des couleurs pour peindre à l'huile.

Maniere d'imprimer.

On opere sur une table de six pieds de longueur, & d'environ deux de largeur, épaisse de cinq à six pouces, le plus solidement établie sur ses pieds, & recouverte de deux doubles de drap commun, bien étendu, & fixé par de petits clous sur la bordure tout autour.

L'ÉTOFFE à imprimer se dispose & on l'imprime de la même maniere que les toiles dont nous traiterons à la suite des procédés de toutes les couleurs d'indiennes, dans un autre art déjà préparé.

ON prend un baquet d'environ sept pouces de hauteur, ou partie d'une barrique, où tient un des fonds; on y met, jusqu'à la moitié de sa hauteur, de la gomme commune, dissoute & passée au tamis; & sur cette gomme on pose le chassis, qui est formé d'une circonférence de tamis, d'un diametre de deux pouces de moins que celui de l'intérieur du baquet, & d'une peau blanche de mouton, qu'on a mouilleé pour la tendre le plus possible, & qui est clouée sur le bois du chassis. Lorsque la peau est bien seche, on pose le chassis dans le baquet, sur la gomme qui, par son élasticité, réagit contre la planche avec laquelle on imprime, & la garnit de couleur également par-tout.

CAR ce chassis est ainsi disposé pour y répandre la couleur, & appliquer dessus la planche, pour qu'elle s'en garnisse.

ON y en met peu à la fois, & on l'étend bien d'abord avec une *magnette*, le plus uniment possible. L'ouvrier commence à prendre de la couleur avec la planche; il la brosse ensuite pour l'humecter également; il en reprend une seconde fois; & s'il remarque que la planche ne se garnisse pas encore bien également, il la brosse une seconde fois; il imprime ensuite.

QUAND il trouve que la couleur est trop épaisse, que la planche se garnit mal, & ne prend pas bien sur l'étoffe, il met sur le chassis un peu d'essence de térébenthine, pour la détremper & la rendre plus liquide.

L'ESSENCE de térébenthine est l'agent émollient de toutes les couleurs. Il faut un chassis pour chaque couleur; c'est-à-dire, pour les verd, bleu, cramoisi, noir, puce, blanc, rouge & jaune: mais on peut faire toutes les nuances d'une couleur dans le même chassis.

A la fin de la journée, lorsque l'ouvrier quitte le travail, avec un morceau de bois taillé en biseau, il ôte du chassis le plus qu'il peut de la couleur qui y reste; il la rejette dans la gomme, ou il la met dans un vase à part, pour s'en servir à barbouiller des portes, des fenètres, ou autres choses semblables.

POUR empêcher que les couleurs ne se dessechent dans les vases où on les a déposées, après avoir été broyées & préparées, ou qu'elles ne se ternissent par la poussiere, on y jette de l'eau dessus, qu'on répand ensuite lorsqu'on veut se servir de la couleur.

LORSQUE l'ouvrier reprend le travail le matin, & qu'il trouve desséchée le peu de couleur qui est restée dans le chassis, il la détrempe avec de l'essence, avant d'en ajouter de la nouvelle.

La magnette, en terme d'art, est un feutre de six à neuf lignes d'épaisseur, emmanché sur le diametre d'une planche en demi-cercle prolongé, de maniere que le parallélogramme ajouté au demi-cercle a le même rayon & le même diametre pour côtés.

Les étoffes imprimées, on les pend dans un grenier durant deux ou trois jours, pour leur faire perdre l'odeur de térebenthine, & les faire sécher; elles sont en état alors d'être mises dans le commerce.

J'observerai que tous ces procédés à l'huile donnent des couleurs toujours solides & également applicables sur la toile, sur les draps & velours de coton, & sur la soie, & qu'ils y produisent un bel effet, lorsque la couleur, assez liquide, y est ménagée au point de pénétrer convenablement l'étoffe, & d'y faire moins peinture que teinture,

C'est ainsi qu'on en use dans les essais d'une entreprise qui ne doit rien laisser desirer de la Chine ni de l'Inde : mais la beauté des sujets & la délicatesse de leur exécution exigent, quant à la gravure & à l'impression, qu'on procede comme pour la gravure & l'impression en taille-douce.

Je ne crois pas déplacé ici le moyen plus simple de la plus parfaite dépuration de toutes sortes d'huiles, les plus corrompues même ; moyen qui les rend claires comme de l'eau de roche, & qui consiste à les verser sur de la chaux vive, lorsqu'on l'éteint à l'instant de son plus haut degré d'effervescence ; à agiter, brasser fortement le tout ensemble ; à la transvaser pour le dépôt qui est très-lent, dans un vase haut & étroit ; à décanter enfin.

L'extrême divisibilité de la chaux lui donne la facilité de pénétrer toutes les molécules de l'huile, & d'en précipiter la partie extractive.

De ce que cette huile ainsi déposée s'étend avec une très-grande facilité, il ne s'ensuit pas qu'elle soit moins desséchée, ou qu'elle ait moins acquis la qualité sécative, que celle qui est dégraissée à la croûte de pain, aux oignons, & à la litharge ou à la céruse. De grasse & visqueuse qu'elle était, elle est devenue très-fluide ; elle a plus d'action par conséquent : il n'est question que d'en mettre moins.

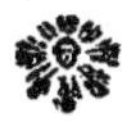

TABLE

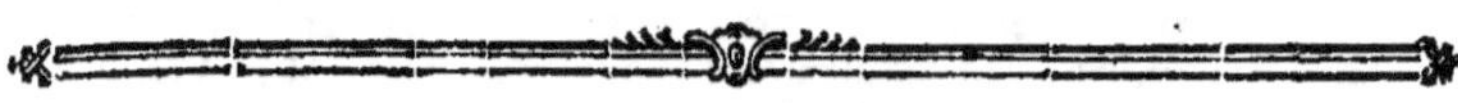

TABLE

DES PRINCIPAUX ARTICLES.

FIN de la Table.

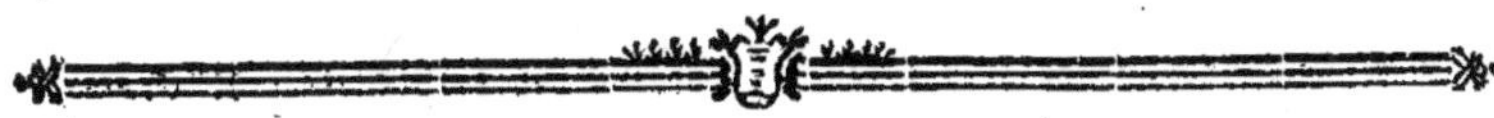

DESCRIPTION

DU FOURNEAU, DES MACHINES, ET EXPLICATION DES FIGURES.

PLANCHE PREMIERE.

Les *fig.* 1 & 2 repréſentent deux fourneaux avec leur preſſe : celui à gauche, vu par-derriere ; & celui à droite, vu par-devant. La charpente de la preſſe eſt en bon bois de chêne : les jumelles A A ont un pied ſur ſix pouces d'écarriſſage : l'écrive B B, ou piece de traverſe, dans laquelle paſſe l'écrou, a un pied quarré. La hauteur de la preſſe de 1 à 2 eſt de ſix pieds : les jumelles ſe prolongent ſous terre de quatre pieds, & leurs extrêmités ſont contenues par une traverſe ſemblable à l'écrive. Cette charpente en chaſſis, poſée verticalement dans une foſſe de quatre pieds de profondeur, & plus large que le fourneau, eſt contenue par une bonne maçonnerie qui remplit la foſſe juſqu'au niveau du terrein. Le fourneau eſt bâti ſur cette maçonnerie : on en fera la deſcription ci-après, *fig.* 3.

Le fourneau conſtruit, on le couvre du *potin* E, qui eſt une plaque de fer de fonte d'environ dix-huit lignes d'épaiſſeur, de trente-ſept pouces de longueur, ſur vingt-neuf de largeur. On y poſe la planche de cuivre F, ſur laquelle eſt gravé le deſſin, & qui excede le potin tout autour d'un demi-pouce, pour garantir l'étoffe de la brûlure, comme on le verra.

G G. Manteau de la preſſe, de planches de bois blanc de deux pouces d'épaiſſeur, fortifiées de pieces de bois de chêne H H, ſur leſquelles la vis preſſe : on prend une longueur d'environ huit à neuf aunes de nattes ou très-groſſes étoffes de bourre, & du poil le plus groſſier ; on la plie par feuillets, en dix à douze doubles, ſur une planche de bois de chêne, percée de trois pouces en trois pouces, pour paſſer de la ficelle avec une groſſe aiguille, & y attacher fortement ladite étoffe : on enfile cette planche, ainſi matelaſſée, dans les couliſſes L L, l'étoffe en-deſſous comme au manteau M. La diſtance d'entre les jumelles A A, ainſi que la largeur extérieure du fourneau, eſt de trois pieds ſix pouces.

S. Vis iſolée.

X. Vis montée.

T. *Fig.* 1, 2 & 3, écrou en cuivre, vu avec ses soutiens vissés en-dessus de l'écrive.

U. Deux vues de la lanterne en fer, adaptée au bas de la vis X, avec le petit levier de bois qui y reste attaché, pour en rendre facile le mouvement sur son axe.

e. Grand levier de bois qu'on passe dans la lanterne pour augmenter la force, lorsque la pression donnée avec le petit levier ne suffit pas.

Z Z. Grenouillere qui s'adapte sur la piece de bois 7, & sur laquelle presse la vis X.

a représente le tiroir ou petit chassis de fer avec les coussinets.

a a embrassent la gorge de la vis pour soutenir le manteau lorsqu'on le veut lever, comme il se voit en *d.*

g. Tuyau du fourneau N, passant dans la cheminée *h*, divisée en deux tuyaux, comme on voit en *i i*, pour deux fourneaux & deux presses.

1 & 1, 2 & 2, *fig.* 3. Construction & dimensions du fourneau. Plan du fourneau jusqu'à la voûte O, dont on voit les brisures ou évents, au travers desquels paraît la grille de fer. Les dimensions sont en proportion sur l'échelle qui est au haut de la planche.

Le plan du potin E, *fig.* 2, est à deux pieds & demi du niveau de terre, derriere le fourneau, & à trois pieds du côté de la porte ou ouverture dudit fourneau; l'espace entre le potin & la voûte est de deux à trois pouces dans le milieu : la hauteur intérieur du fourneau proprement dit, entre les barreaux qui le séparent du cendrier & sa voûte, est d'environ un pied; & celle du cendrier, de dix-huit à vingt pouces, plus ou moins.

Les murs du fourneau ne sont pas élevés carrément jusqu'à la hauteur du potin; on voit un talus de trois à quatre pouces, qui prend de la surface extérieure de ces murs, jusque sur les bords de la superficie de la plaque de fonte; il est formé de tuileaux & d'argille : il garantit les doigts de l'ouvrier des bords brûlans du potin.

Le fourneau est construit de briques, maçonné dans toutes les parties que leur situation rend susceptibles des impressions de la chaleur, en argille & non en chaux.

La voûte O, en briques étroites, a environ deux pouces d'épaisseur, y compris le ciment dont elle est recouverte; on la recouvre en outre avec de petites tuiles soutenues, écartées & croisées les unes sur les autres, posées simplement à la main, comme on le voit en P P P, *fig.* 3, 3 & 4, 3 & 4. On forme en argille, au milieu, un massif elliptique & creux 5, 5, qui excede un peu la hauteur de la maçonnerie D D, afin que, lorsqu'on pose le potin, ce massif s'affaisse, & que la flamme qui sort à travers les évents, qui se disperſe & paſſe dans les intervalles des petites tuiles, vienne tournoyer contre le maſſif, avant de s'aller perdre dans le tuyau de la cheminée. Sans la précaution de ce maſſif, la chaleur porterait principalement au milieu de la plaque: il amortit celle qui provient directement du fourneau à travers la voûte, & il force la flamme de ſe répandre & d'échauffer la plaque également par-tout.

Q, *fig.* 4, repréſente la porte du fourneau avec ſes gonds & loquet.

R indique l'épaiſſeur de ladite porte qui eſt en fer de fonte, ainſi que ſon entournure: ce ſont les ſeuls fers, avec la plaque de potin, qui ne ſoient pas forgés. On a eſſayé le fer de fonte pour la grenouillere, & pour d'autres parties qui font effort; il caſſe plus tôt: on l'a eſſayé pour les barreaux du fourneau, qui ſont carrés, ſur un pouce de diametre; la chaleur le rongeait plus promptement: il en eſt ainſi des boulons pour chauffer le cylindre; mais la différence de prix eſt moindre, ainſi que les conſéquences qui en réſultent.

PLANCHE II.

Fig. 1. Ouvrier qui lave la planche de cuivre *f f*, après qu'elle a trempé dans le levier L. (Cette planche eſt repréſentée beaucoup trop petite; elle eſt vue de face & de champ, lorſqu'elle devrait être poſée horizontalement ſur les bords du lavoir & ſur la barre de traverſe, comme elle l'eſt toujours lorſqu'on la lave, qu'on l'huile, qu'on la garnit, de couleur, &c.) En P, cette planche eſt vue telle qu'elle a été jetée brûlante, au ſortir de deſſus le fourneau, paſſant ſous la barre de traverſe *g g*.

a. Eponge.

b. Sébille ou écuelle de bois pour mettre le ſuperflu de la couleur, lorſqu'on en nettoie la planche.

c. Petit vaſe de terre qui contient l'huile.

d d. Vaſes de bois ou tinettes, où ſe mettent les pâtes d'impreſſion, diverſement colorées.

e. Cuiller à pot, de bois également, avec laquelle on puiſe la couleur, pour la répandre ſur la planche.

On met ordinairement ſur le derriere des lavoirs, en *h h*, des planches pour ſoutenir la tinette & autres uſtenſiles.

Fig. 2. Deux preſſes en travail.

D D. Derriere des fourneaux.

T T. Talus de la maçonnerie, qui remonte juſqu'à la ſuperficie du potin.

P. Planche de fonte ou potin.

P C. Planche de cuivre, portant le deſſin, & poſée ſur le potin.

O. Ouvrier qui, après avoir tiré à lui la planche de deſſus le fourneau, la saisit avec des poignées ou mains de grosse étoffe, pour se garantir de sa chaleur brûlante, & la souleve avec effort, l'appuyant contre sa ceinture, pour l'emporter & la jeter dans le lavoir.

A A. Jumelles des presses.

B B. Ecrive ou piece de l'écrou.

C. Manteau de la presse.

a. Vis.

b. Lanterne.

c. Platine.

Fig. 3. Coupe de l'intérieur de la presse & du fourneau, vus de profil.

F. Intérieur du fourneau voûté. La flamme sort par les évents, circule à travers les tuileaux écartés & rangés en différens sens, dont on voit la coupe au-dessus de la voûte, frappe le potin autour du massif qui en occupe le milieu, & va enfin s'échapper par le tuyau de la cheminée.

b b. Barreau de fer, vu sur sa longueur, faisant partie de la grille.

c. Cendrier.

o o. Coupe des murs.

m. Manteau garni de la presse, où l'on voit la coupe du gros drap replié sur lui-même, qui en forme les matelas.

n. Coupe des clavettes qui saisissent la prolongation de l'axe de la vis & de la lanterne, & qui servent à y suspendre le manteau lorsqu'on fait remonter la vis.

l. Lanterne qu'on fait descendre sur le manteau, & qui le presse au moyen du levier *i i.*

v. Vis entrant dans son écrou *e*, lequel se prolonge jusqu'au centre de l'écrive.

r. Cylindre où se déroule l'étoffe E E E, pour passer sur le manteau de la presse, & être imprimé sur la planche de cuivre, dont on apperçoit la coupe entre celle de l'étoffe & celle du potin.

A. Potin ou plaque de fonte qui recouvre le fourneau de la presse.

B. Planche de cuivre gravée, un peu plus grande que le potin.

C. Tinette de bois pour mettre la couleur.

c. Cuiller de même matiere, pour la puiser & la répandre sur le cuivre.

D. Feutre durci, pour étendre la couleur & nettoyer la planche ou le dessin.

E. Eponge pour laver la planche. On a aussi un chiffon de laine, enduit d'huile de poisson, pour l'en frotter au besoin.

F. Plateau ou sébille de bois, pour rejeter le superflu de la couleur, lorsqu'on nettoie la planche avec le feutre.

G. Pot à huile de poisson.

H. Grand levier qu'on emploie, lorſque le petit qui eſt adapté à la lanterne de la preſſe ne ſuffit plus pour la ſerrer.

L. Main d'étoffe groſſiere, pour retirer la planche de cuivre de deſſus le fourneau, & la porter au lavoir.

PLANCHE III.

Fig. 1. Machine à gratter les étoffes imprimées, l'ouvrier en travail tenant en main le grattoir & le petit balai de bouleau.

N. Table inclinée, placée ſur la longueur & proche du fourneau, ſur laquelle paſſe & ſe gratte l'étoffe, après s'être échauffée & reſſéchée ſur le fourneau.

I. Talus ou inclinaiſon de ladite table.

P P. Plaque de fer de fonte ceintrée, formant la calotte du fourneau; & barreaux de fer forgé, interpoſés entre la plaque & l'étoffe, pour garantir celle-ci du contact de l'autre, qui la brûlerait.

Z Z. Etoffe vue du côté du deſſin, paſſant ſucceſſivement de deſſus la banquette Q, ſur le fourneau & ſur la table.

Q R. Etoffe vue d'envers, ſe déroulant à meſure que l'ouvrier l'attire à ſoi.

O O. Elévation des murs de conſtruction du fourneau.

V. Intérieur dudit fourneau.

X. Cendrier.

Fig. 2. Diſpoſition du grattage d'un autre deſſin vu plus en grand.

S. Main tenant un grattoir un peu différent de celui en bois, vu en K, dont la partie T eſt en lame de fer un peu tranchante.

Fig. 3. Vue d'oiſeau du fourneau à gratter.

M. Surface ſupérieure des murs de côté, qui ſupportent la plaque de fonte.

H. Coupe horizontale de la cheminée dudit fourneau.

Fig. 4. Table N, en plan incliné I, vue de profil, & placée devant le fourneau, dont V eſt l'intérieur.

X. Le cendrier.

P. Les barreaux de fer forgé au-deſſus de la plaque de fer de fonte, ceintrée & ſervant de calotte audit fourneau.

PLANCHE IV.

O O. Les murs ſur leſquels elle porte.

Méchanique à imprimer au cylindre, vue de face.

A. Charpente élevée à deux pieds trois pouces de terre, qui foutient la machine en fer.

BB. Quatre jumelles ou piliers en fer, de deux pouces quarrés.

CD. Planche de cuivre cylindrique, gravée en deffin ou manchon, d'environ dix-huit pouces de diametre, & de vingt-neuf pouces de longueur. Les cercles de fer qui garniffent les bords & terminent la planche frottent contre les fuppôts EE.

F. Cylindre en bois tournant fur fon axe, mobile de bas en haut, & de haut en bas, d'environ quinze pouces de diametre, & de la longueur de la planche ou du deffin. L'écartement de la machine de G en H, eft de trente pouces.

OO. Charnieres pour abaiffer les piliers BB, en tirant les chevilles GH, pour déplacer, remettre, ou changer la planche.

I. Manivelle ou axe coudé à double équerre, au moyen de laquelle l'ouvrier met le cylindre en mouvement.

L. L'une des trois branches du volant, au bout de chacune defquelles eft une lentille de fer ou de plomb M, pour faciliter la continuation du mouvement imprimé à ces branches, qui ont trois pieds de longueur.

PLANCHE V.

Elévation de la méchanique vue de côté. Sa hauteur de A en B eft de trois pieds trois pouces.

C. Cylindre creux de fer fondu, & poli fur le tour, de fept pouces de diametre.

D. Ouverture de ce cylindre, dont le diametre intérieur eft de quatre pouces; on introduit les boulons de fer rouge par cette ouverture; & lorfqu'il eft queftion de les remplacer par d'autres, on les pouffe avec un ringard, pour les faire fortir par l'ouverture oppofée. C'eft fur ce cylindre de fer que repofe la planche ou manchon de cuivre.

EE. Madriers de cuivre, l'un foutenant l'axe du cylindre de fer C, l'autre preffant fur l'axe du cylindre de bois F, au moyen des fupports II, qui entrent dans l'écrou G, & paffent à travers le madrier E. A leur extrêmité eft paffée une bride L, qui eft retenue par des clefs *ii*, pour fufpendre le cylindre F.

La vis V, fufpendue fur la platine *p*, & la double équerre qui paffe dans la traverfe AA, & qui eft arrêtée au-deffus par des clefs *m n*, tourne fur elle-même, au moyen d'un levier paffé en *l*, & fait defcendre l'écrou, fes fupports & le madrier, qui preffe le tourillon de l'axe du cylindre qui y eft fufpendu.

Le mouvement est composé de trois roues de fer & de trois lanternes. La premiere roue H a trois pieds de diametre, & quarante dents ou divisions. La seconde roue N a deux pieds quatre pouces, & trente-six dents. La troisieme O a deux pieds de diametre, & trente-deux dents. La lanterne, de la roue N a huit fuseaux. La seconde, celle de la roue O, en a six ; & la troisieme, qui correspond immédiatement à la manivelle, a cinq fuseaux. Ces roues sont montées de suite sur la charpente P.

QQQ sont des pieces de bois verticales, appuyées de haut & de bas, pour tenir ferme la charpente.

R. Baquet ou cuve d'eau pour rafraîchir la planche ; on la change dès qu'elle s'échauffe.

T. Rouleau de bois sur lequel est la piece d'étoffe avant d'être imprimée, & d'où elle part, en se déroulant à mesure, pour passer entre les deux cylindres, y recevoir l'impression, & s'aller enrouler incontinent sur l'essignolle ou tourniquet U, qui la soutient haut d'une part, comme elle l'est de l'autre sur le rouleau T, & laisse également aux ouvriers la liberté d'agir en-dessous.

L'écrou G & les madriers EE sont à coulisse dans les montans XX, dont l'un est brisé à la charniere Y, pour y introduire ou en retirer les cylindres.

Z. Supports de la planche de cuivre ; ce sont de larges & fortes lames de fer, qui tiennent la planche ferme, qui la maintiennent dans sa direction, par le frottement uniforme & adouci par l'huile, du cercle aminci *b b*, qui en garnit le bord.

La maniere de gauffrer au cylindre autrement qu'avec la planche d'impression, differe en ce que le cylindre même dans lequel on met les boulons de fer rouge, est en cuivre, & porte le dessin gravé qui s'imprime sans couleur sur l'étoffe ; en ce que ce cylindre, beaucoup plus épais & plus profondément gravé que la planche, est interposé entre deux autres cylindres de bois, l'un en-dessus & l'autre en-dessous ; enfin en ce qu'on peut cylindrer deux pieces à la fois. On pourrait gauffrer ainsi beaucoup de pieces de velours d'Utrecht, de moquettes, de pannes ou d'autres étoffes, dans un jour, mais avec la forte pression & le haut degré de chaleur dont nous avons parlé précédemment. Il faut encore un mouvement lent, tel qu'en travaillant douze heures, on ne gauffre que quatre pieces en-dessus & quatre pieces en-dessous, huit pieces en tout par jour.

Surpris de l'immense quantité de charbon que consommait le fourneau à chauffer les boulons de fer à introduire dans le cylindre d'impression ; peiné du travail continuel & très-fatigant pour ses ouvriers, de les tirer de de ce brasier ardent, de les substituer aux précédens, & les précédens à ceux-ci; mécontent des irrégularités qui résultaient dans les opérations des divers degrés de chaleur, M. Flesselle, toujours bouillant de perfectionner les arts qu'il exerce, depuis le rapport & l'approbation de la description de celui-ci, a imaginé d'établir le feu à chauffer le cylindre tournant, dans le cylindre même, sur une grille soutenue & rendue immobile (voyez *pl. VI*, *fig.* 1 & 2, & son explication, où j'ai joint celle du mouvement simplifié, & également nouvellement inventé): il en résulte un feu plus égal, facile à entretenir, au moyen de quelques morceaux de bois qu'on y jette de tems en tems, & une économie des deux tiers sur la matiere; c'est-à-dire, que si la dépense à cet égard se montait à 4 liv. 10 sous par jour, elle est, au moyen de cette invention, réduite à 30 sous.

PLANCHE VI.

Fig. 1. Cette méchanique ne differe de la précédente, qu'en ce que le fourneau est placé dans l'intérieur du cylindre, & qu'au lieu des boulons rouges, employés à l'échauffer, on entretient un feu de bois sur la grille A, soutenue à deux pouces au-dessus de la surface intérieure du cylindre, arrêtée & rendue fixe par la barre BB, qui fléchit circulairement en OO. Il n'existe pas un semblable appui à l'autre extrêmité; la partie extérieure du cylindre, d'un moindre diametre que celui qu'il conserve d'ailleurs dans toute son étendue, servant d'axe à la grande roue du mouvement, formant tuyau & s'enchâssant dans un autre tuyau, ne le permet pas: la grille est soutenue, dans cette partie, par deux roulettes de cuivre, posant au fond du cylindre, comme les deux OO qu'on voit à son entrée, & qui y font le même office. Ces quatre supports, sur le cylindre tournant, y maintiennent la grille dans sa même assiette: l'égalité de frottement aux deux bouts, fait qu'elle n'est pas plus entraînée d'une part que de l'autre, lorsque le cylindre tourne, & la garantit de se tordre. Ce cylindre E a neuf pouces & demi de diametre en-dedans, trois-quarts de pouce d'épaisseur, & un demi-pouce en sus, où s'en fait l'appui, entre les madriers.

LL. Chassis ou cadre en fer, sur lequel est replié le plomb dont est doublé le bassin MN, rempli d'eau.

Fig. 2. La partie O, où s'encastre la roue F, est d'un diametre beaucoup moindre que celui des précédentes parties, puisqu'il n'a en-dedans que six pouces un quart. Prolongée de six pouces au-delà du centre de la roue, cette partie est le tuyau du fourneau, qui tourne & se continue dans un tuyau C de tôle de huit pouces de diametre, fixé d'abord par un soutien en fer à la partie où il se coude, puis attaché au bâti qui recele & garantit du volant D. Cette partie O extérieure du cylindre où le feu eſt établi, & lui ſervant de tuyau, eſt en même tems l'axe ou le moyen de cette derniere roue, & en reçoit le mouvement : la coupe de face de ces deux parties eſt une figure de périmetre rectiligne, pentagonale, exagonale ou autre, pour qu'elles ne tournent pas l'une dans l'autre, mais exactement enſemble. Tout le mouvement eſt en fer. La manivelle M fait agir la vis ſans fin V ; celle-ci s'engrene dans la roue G, de dix-huit pouces de diametre, & diviſée en quarante-quatre dents. Son axe eſt le même que celui de la lanterne L de dix fuſeaux : cette lanterne fait mouvoir la roue F, de vingt-huit pouces de diametre, & de quarante-huit dents.

On obſerve que le travail de l'ouvrier appliqué à la manivelle, pourrait être adouci, en augmentant le diametre de la grande roue : on y va procéder, avec l'attention d'en proportionner le mouvement au beſoin.

SSS. Soutien, & de l'axe de la vis ſans fin, & de celui de la premiere roue & de ſa lanterne.

P. Cylindre de bois.

R. Planche de cuivre gravée, roulée & poſée ſur le cylindre de fonte.

De la fabrication des pannes ou peluches, des velours façon d'Utrecht, & des moquettes. (a)

Des pannes ou peluches.

La panne eſt une étoffe veloutée à chaîne & trame de laine, & veloutée en poil de chevre : on en fait de diverſes qualités & ſous différentes dénominations : on en expédie beaucoup à Cadix pour être envoyées aux Indes Eſpagnoles, à la Vera-Cruz, ou à la mer du Sud, imprimées en plus grande partie, ou teintes principalement en couleurs écarlate, cramoiſi & bleu.

La laine dont cette étoffe eſt compoſée eſt ordinairement du crû de la province de Picardie, où elle ſe fabrique, ou des environs ; elle s'achete filée au marché, & on la choiſit relativement à la qualité & à la fineſſe, convenablement à ce qu'exige de ces conditions l'étoffe qu'on ſe propoſe de faire. Le poil de chevre nous vient tout filé du Levant, par la voie de Marſeille.

(a) Comme toutes ces étoffes ſont les plus aſſujetties à l'impreſſion ou au gauffrage, il ne m'a pas paru hors de place d'en indiquer la fabrication & la préparation à la ſuite de cet art.

Panne renforcée.

La panne dite renforcée, premiere qualité, veut un fil de chaîne de quatre livres à quatre livres cinq sous la livre : il en faut de six à sept livres plus ou moins, suivant le degré de finesse, pour une chaîne de quarante-quatre à quarante-cinq aunes, qui donne à la fabrication d'une aune à deux aunes de plus d'étoffe : ce qui dépend de la trame, qui diminue la longueur de la chaîne à proportion de sa grosseur; de maniere que dans les pannes communes, il n'y a pas d'aunage d'étoffe excédant celui de la chaîne : l'extension de celle-ci, acquise par le travail, devient nulle. Il faut doubler ce fil, le retordre, & l'ourdir sur une largeur de peigne ou de ros de vingt-deux à vingt-trois pouces, en trente-une portées, ou soixante-deux demi-portées de vingt-quatre ou douze fils, ce qui en porte le nombre total à sept cents quarante-quatre. On met moins de fil par portée, lorsque la matiere, plus commune, est filée plus gros, lorsqu'on ne tend qu'à faire des pannes de qualité inférieure.

La chaîne de poil pour le velouté est également doublée, ourdie sur la même largeur, aux lisieres près, qui sont composées chacune de demi-portée, & en quinze portées, ou trente demi-portées de vingt-quatre ou douze fils; ce qui fait trois cents soixante fils.

Le prix du poil employé dans les pannes varie beaucoup, suivant sa beauté, sa finesse, de six à sept francs la livre. Il en entre aussi plus ou moins, de dix-sept à dixhuit livres dans une piece de quarante-cinq à quarante-six aunes : ce qui dépend, & de sa finesse propre, & de celle de la trame, & de la quantité de verges qu'on met au pouce; & il en entre depuis trente jusqu'à trente-cinq. On fait des pannes qui n'ont que douze verges au pouce, d'autres qui en ont jusqu'à cinquante, & enfin de la hauteur de ces verges.

La trame est de deux sortes, & cette étoffe se fabrique à deux navettes. La premiere trame, celle qui fait le fond de l'étoffe, est du prix de cinquante sous à trois livres la livre : il en faut de huit livres & demie à neuf livres. Elle ne doit être ni trop torse à la filature, ni trop molle; mais il faut qu'elle ait une bonne consistance : on l'emploie simple & mouillée. La seconde trame doit être beaucoup plus fine : elle coûte un prix double de celui de la premiere; il en faut environ cinq livres par piece : elle s'emploie également simple & mouillée.

On passe la chaîne de fond dans quatre lames : on pourrait ne la passer que dans deux; mais il y a moins de frottement de cette maniere, & les fils sont passés alternativement dans la premiere & la troisieme, & dans la deuxieme & la quatrieme, de façon que la même marche fait toujours lever ou baisser à la fois deux des quatre lames, & moitié de la chaîne par conséquent.

La chaîne de poil, également passée & alternée dans les lames de la chaîne de fond, est encore passée dans deux lames qui sont en-avant, les plus proches de la chasse, qui levent toujours à la fois au moyen d'une seule marche.

Le métier est du genre de ceux de la petite navette, décrits dans l'art des étoffes rases, &c. Le jeu correspondant des marches aux lames, de dessous en dessus, & réciproquement, se fait par côté. Ce métier est incliné comme les précédens, uniquement par habitude, & nullement que cette situation soit fondée en principe, puisqu'il ne l'est pas pour les velours de soie, pour les velours de coton, d'un travail aussi dur, ni pour les moquettes, plus dur encore que celui de la panne.

Il y a trois fils en broche, deux de la chaîne de fond, & un de celle de poil, & le ros est d'acier.

En foulant la marche 1, on fait lever moitié de la chaîne de fond, & passer en-dessous toute celle de poil : on lance la grosse trame ; on frappe en croisant la chaîne de fond par la marche 2, & toute la chaîne de poil passe en-dessus. On lance une duite de la trame fine ; on refoule la premiere marche 3, & on lance la seconde duite de la même trame. On foule enfin la troisieme marche 4, qui fait lever toute la chaîne de poil seulement : on passe la verge ; on refoule la premiere marche 5, & l'on ramene la grosse trame sur le dernier pas de la chaîne de fond. Et ainsi de suite, la 2, 6 : 1, 7 : 3, 8, *pl. VI, fig. 1 des marches.*

Quand la deuxieme ou derniere verge est arrêtée par la croisure, on coupe le poil sur la précédente ; & ainsi, de maniere que la grosse trame est toujours passée la premiere après l'interposition de la verge, la premiere par conséquent qui arrête le poil, & celle qui soutient & fait le fond de l'étoffe.

A mesure qu'on travaille, on humecte la chaîne de poil, sur son ensuple même, avec du petit lait. Les ouvriers font de trois quarts d'aune à une aune & quelquefois une aune & demie de bonne panne renforcée par jour : on la leur paie de vingt à vingt-deux sous l'aune ; ainsi ils gagnent de quinze à trente sous, mais communément vingt sous, & ces pannes se vendent actuellement de cinq livres dix sous à sept livres l'aune.

On *temple* cette étoffe en-dessous, & ainsi de toutes les étoffes veloutées.

Pannes sur soie.

On fait des pannes de qualité supérieure à celle des pannes renforcées, qu'on nomme pannes sur soie. La chaîne de ces dernieres est de la même qualité que celle des plus belles renforcées ; mais on y ajoute une soie écrue, organcinée, dite de Piémont, à chaque fil : ce qui, avec les deux fils de laine, fait trois fils, qu'on retord également ensemble. On choisit le poil pour la chaîne du velouté, & les trames plus fines. Du reste on les travaille absolument de même. Ces soies se vendent de quarante-cinq à quarante-huit livres la livre : il en entre environ un quart de livre par piece de panne, pour la valeur de onze à douze livres.

On paie la façon à l'ouvrier sur le pied de vingt-six à vingt-huit sous l'aune ; & l'étoffe se vend de huit à neuf livres. On en fait quelquefois du prix de quinze livres l'aune, mais c'est rare.

Petite renforcée.

On fait beaucoup plus : on fait même une grande quantité de pannes plus communes, plus légeres que les renforcées, qu'on nomme *petites renforcées*, dont les basses qualités ont remplacé l'espece connue dans le commerce sous le nom de *vingt verges*. Elles se font toutes de la même maniere, mais dans un compte plus bas, avec des matieres plus communes : & lorsqu'il entre de trente à trente-cinq verges au pouce dans les belles renforcées, qu'on en met dans les pannes sur soie de quarante à quarante-cinq, & jusqu'à cinquante, on fait de celles-ci en douze, en quinze, en vingt & vingt-cinq verges. Les ouvriers en font deux aunes, deux aunes & demie par jour. La différence de leur salaire provient plutôt de leur activité, de leur ardeur & de leur industrie, que de la nature du travail qu'ils font. Toutes choses égales, quelque espece de travail qu'ils fassent, ils ne gagnent guere, ni plus, ni moins, environ vingt sous par jour : c'est le taux commun des journées dans ce pays. Il est des hommes faits qui ne gagnent pas quinze sous. J'en ai vu qui en gagnaient cinquante ; & il en sera toujours & par-tout de même.

Les *pannes petites renforcées* se vendent de trois livres dix sous à cinq livres l'aune. On imprime la plus grande partie des basses qualités.

Court poil.

La panne *court poil* est une panne fine, renforcée, quant à la chaîne & à la trame : il n'en serait que mieux si la trame était plus fine encore. Elle differe dans la marche, en ce que la chaîne de poil, également passée dans les deux lames de devant, ne se leve & ne se coupe qu'alternativement, & qu'ainsi il faut une marche de plus pour lui donner ces deux mouvemens séparément. On ne coupe donc que la moitié de la chaîne de poil sur chaque verge ; on passe la forte duite ; on fait la croisure ; on passe une duite fine ; on recroise par la premiere marche ; on leve la seconde moitié de la chaîne, &

l'on place une nouvelle verge. C'eſt la même marche qu'au velours d'Utrecht ; qu'on donnera ci - après ; avec la différence, qu'on met ici trois duites entre chaque verge, & qu'on n'en paſſe que deux au velours d'Utrecht.

On ne coupe le poil à cette ſorte de panne, que lorſqu'on a paſſé une troiſieme verge, au lieu de le couper à la ſeconde, comme aux précédentes, par la raiſon que la chaîne de poil étant diviſée, la derniere diviſion ne ſerait que faiblement retenue par la ſeconde verge ; elle riſquerait de s'échapper. Cependant, lorſque la panne eſt fine & bien tiſſée, on pourrait la couper à deux verges.

Long poil.

On fait une cinquieme eſpece de panne dite *long poil*, plus commune que toutes les autres, & qui ne s'emploie qu'en doublures. La chaîne de celle-ci devrait être dans le même compte que les autres ; mais, eu égard à la qualité de la matiere plus commune, & à la filature plus groſſiere, on en rabat toujours plus ou moins. On ne met dans la chaîne de poil que le quart du nombre des fils de la chaîne de fond, de maniere qu'il n'y a de paſſé dans le ros que deux & trois fils en broche, alternativement.

La verge eſt beaucoup plus haute au long poil qu'au court poil, du double, du triple : elle eſt de quatre, cinq, ſix fois plus haute qu'à la panne renforcée. On paſſe cinq duites entre chaque verge : la premiere plus forte & mouillée ; les quatre ſuivantes, ſeches.

Pannes à côtes.

Depuis quelque tems on a imaginé & très-bien réuſſi à faire des pannes à côtes, pour imiter les velours de coton cannelés. On ourdit la chaîne de poil en nombre de fils ; on la monte, on la paſſe dans les lames & dans le ros, avec des diſtances proportionnées à la cannelure qu'on veut former. La chaîne de fond eſt la même, dans les parties où il doit y avoir du velouté, que celle des pannes renforcées ; mais on ajoute dans les intervalles, dans le vuide du poil, un troiſieme fil en broche ; & tous ces fils d'addition ſont paſſés dans une cinquieme lame de fond, qu'on fait jouer par une quatrieme marche.

Quand on foule celle - ci, les fils ajoutés ſe levent tous avec la moitié de la chaîne de fond ; alors on lance une trame double, au lieu de la groſſe trame dans les pannes unies, mais telle que le volume de la trame doublée ſoit égal à celui de la groſſe trame : ce qui lie, cordonne mieux, & donne un grain plus fin. On continue ſur deux autres pas, deux autres duites, les fils ajoutés ſe reprenant avec ceux du fond, pour recroiſer avec eux. Ce moyen de paſſer les fils & de marcher l'étoffe, ſoutient beaucoup mieux le poil : il s'échappait avant qu'on eût imaginé cette marche.

COMME cette étoffe eſt pour habit d'homme, il eſt eſſentiel que les matieres en ſoient fines, bien aſſorties, & qu'elles ſoient employées avec propreté & intelligence. Les couleurs en ſont plus ſolides & plus éclatantes que ſur le velours de coton ; mais l'étoffe ne ſaurait avoir la même douceur.

Panne laine.

IL ſe fait auſſi des pannes ou peluches, chaîne, trame & velouté en laine ; elles ne different des pannes renforcées, que par la matiere du velouté, par la qualité des autres, celles-ci étant plus communes, & enfin par le nombre des fils en chaîne, qu'on diminue de quatre, & quelquefois de ſix par portée, ne les faiſant que de dix-huit ou vingt fils. Le prix du fil de la chaîne de fond eſt de cinquante à cinquante-cinq ſous la livre : celui de la chaîne de poil, d'environ trois livres, & celui des différentes trames en proportion. On y emploie des *verges* plus hautes qu'à la panne renforcée. Cette étoffe bien fabriquée eſt d'un très-bon uſage ; mais elle n'a pas de luſtre comme la *panne poil* : la laine ne réfléchit pas les couleurs avec éclat, comme le poil de chevre ; c'eſt la raiſon ſans doute pour laquelle on en imprime fort peu. On en paie dix à douze ſous par aune de façon à l'ouvrier, & elle ſe vend de trois à quatre livres l'aune. Les pieces tirent de cinquante à cinquante-cinq aunes.

Panne ciſelée.

TOUTES les eſpeces précédentes de pannes ſe font en unis, & n'exigent que deux enſuples de chaînes, celle du fond, qui eſt un peu élevée ſur le derriere, de façon que la chaîne forme un plan incliné en-avant. Le métier eſt à peu près carré, ſur environ quatre pieds ; & l'inclinaiſon de cette premiere chaîne eſt de ſix, huit, dix, douze pouces ſur ſa longueur ; & la chaîne de poil ou de velouté, qui eſt par-deſſus la premiere, forme par conſéquent une inclinaiſon beaucoup plus grande.

ON a fait de ces pannes laine à petits deſſins, imités des malbourougs, des ſiléſies & d'autres petites étoffes ſemblables ; mais il eſt uniquement formé dans ces pannes par le velouté ; & le fond eſt le même que dans les pannes précédentes : il ſe travaille également au moyen des deux premieres marches.

CES deſſins ſont plus ou moins étendus, plus ou moins compliqués, & demandent un nombre proportionné de lames & de marches, & autant d'enſuples de poil qu'il y a de marches pour cette matiere. Il eſt des deſſins pour leſquels il en faut cinq & ſix de l'une & de l'autre. Toutes ces enſuples ſe mettent les unes au-deſſus des autres, ſur divers plans verticaux cependant, ſi l'on veut, les unes plus, les autres moins rapprochées, en-dehors ou en-dedans des piliers du métier.

CETTE panne en laine, à raiſon de ſon deſſin, formé par le velouté, ſe nomme panne ciſelée. Les matieres qu'on y emploie ſont plus communes encore que celles de la panne laine unie, dans les prix, chaîne, poil & trame, de 43, 45, à 48 ſous la livre. On fait les pieces de la même longueur que les précédentes, de cinquante à cinquante-cinq aunes; & l'on vend l'étoffe de 40 à 45 ſous l'aune.

Panne à la tire.

ON fait auſſi des pannes laine à grands deſſins ſuivis, à la tire: elles ſont fort belles, & l'étoffe eſt très-meublante; on en fait des veſtes ſur des deſſins levés d'autres veſtes de fabrique de Lyon. Mais le travail en augmente le prix dans une proportion trop au-deſſus de celui de la matiere; & le luxe n'y trouvant pas ſon compte, eu égard à la depenſe, cette partie eſt reſtée faible; il s'en fabrique peu.

Outils & uſtenſiles propres à fabriquer les pannes.

LES verges & le couteau ſont les ſeuls inſtrumens à ajouter à ceux néceſſaires pour la fabrication de toute autre étoffe. Les verges ſont de cuivre jaune, fines, plus ou moins, pour la panne ordinaire, preſque cylindriques, & un peu applaties ſeulement d'un côté pour recevoir la rainure. On les place ſous le poil, ſans égard au côté où ſe trouve cette rainure, qui commence à la courbure de la verge qui eſt à l'un des bouts, & qui continue juſqu'à l'autre bout. Ce n'eſt qu'après avoir marché, fermé & rouvert le pas ſuivant, qu'on la ſaiſit par le bout recourbé, qui eſt toujours ſur la gauche, le même par où l'on met & par où l'on retire les verges, par où enfin l'on commence à couper le poil, toujours de gauche à droite: ce n'eſt qu'alors, dis-je, qu'on la tourne de maniere que la rainure ſoit en-deſſus.

ON tire ces verges de Tournay ou de Lille. Un ſeul particulier à Amiens, que je ſache, les fabrique, & ce n'eſt que pour ſon uſage. La difficulté cependant ne conſiſte qu'à faire paſſer le fil de laiton dans une filiere qui lui donne la forme qu'on deſire, & qui fait la rainure en même tems.

ON vend ces verges dans la fabrique, en revente aux ouvriers qui les emploient, 2 ſous 6 deniers la paire; & les trois, pour les pannes ciſelées, ſées, coûtent 4 ſous. On en uſe communément deux paires par piece de panne, ſoit qu'elles caſſent à l'endroit de la courbure, en les tournant & retournant, ſoit que le couteau les perce à fond, & toujours plutôt près du point de la courbure, où, commençant à couper, c'eſt l'inſtant qu'on appuie davantage.

Les verges pour les courts poils ſont beaucoup plus hautes, & plus encore celles pour les longs poils : elles coûtent à proportion, & durent très-long-tems. Elles ſont plates, & formées preſque en coin ; la rainure ſur la partie évaſée, & le côté oppoſé très-mince, pour que les duites ſe rapprochent davantage. C'eſt ſur ce côté mince, appuyé immédiatement ſur les fils de la chaîne de fond, que ſe coulent les duites les unes à la ſuite des autres, & que les dents du ros les ſerrent.

Les couteaux ſont les mêmes que pour toutes les ſortes d'étoffes veloutées, d'une meilleure ou d'une moins bonne trempe. Ceux dont on ſe ſert pour les pannes, les velours d'Utrecht, les moquettes, &c. ſe fabriquent à Amiens. On les vend de 24 à 30 ſous la douzaine, non compris la monture, qui dure ſans fin, & qui peut uſer des milliers de lames, puiſque celles-ci ne coupent guere que deux pieces de panne les unes dans les autres.

Apprêts des pannes ou peluches poil.

Après la fabrication des pannes, avant tout autre apprêt, elles doivent être débouillies. La maniere de faire cette opération ſur la panne, differe, à quelques égards, de celle ſur les autres étoffes ; il eſt bon de la décrire à part. On jette les pannes dans une chaudiere d'eau bouillante : on les y laiſſe tremper juſqu'à ce qu'elles ſoient pénétrées & parfaitement imbibées par-tout : on les dépoſe dans un baquet placé à l'extrêmité d'un corroi : on les roule fortement toutes mouillées ; & pendant cette opération, deux ouvriers avec de fortes broſſes en relevent le poil, d'abord contre le rouleau, puis le couchent du côté oppoſé, afin que, ſaiſi par la preſſion du roule . il ſe tienne tout & toujours couché dans la même direction.

Lorsqu'on faiſait tout uniment débouillir & corroyer cette étoffe comme les autres, il en réſultait beaucoup de directions, des divergeances dans le poil, qui ondoyaient & réfléchiſſaient diverſement les couleurs ; ce qui étant très-irrégulier, & donnant des changeans, ſur-tout aux coutures, devenait déſagréable au coup-d'œil.

Je penſe qu'on pourrait, au lieu de deux ouvriers employés à cette manipulation, n'en employer qu'un pour relever le poil en-avant, & adapter une broſſe au corroi, ou mieux peut-être une lame de fer à tranchant non acéré, placée très-près de la partie de l'étoffe qui s'enroule, inclinée en-arriere, raclant le poil, le relevant, & le tenant couché en-arriere jusqu'à ce que, saisi par la pression, il ne pût plus changer de direction: peut-être même pourrait-on éviter les deux ouvriers par telle interposition d'une premiere ou seconde brosse.

Les pieces ainsi roulées, on les fait bouillir comme les autres étoffes, sur le rouleau posé verticalement dans la chaudiere, pendant deux heures. On appelle dans la fabrique cette façon de bouillir, *bouillir à la grecque.* On les laisse refroidir sur le rouleau, & on les porte en teinture.

Après la teinture, on fait dégorger & reviquer les pannes; & on les remet au tondeur, qui les fait sécher, & les tond avec les mêmes outils & suivant les mêmes procédés que pour les draps.

On les corroie ensuite à chaud; & c'est le dernier apprêt pour les bonnes qualités. Les pannes pour l'impression se font tout simplement bouillir, teindre, sécher & imprimer. A l'égard des basses qualités qu'on met en couleur, depuis quelque tems on les fait presser, ce qui en couche & plaque le poil; procédé contraire à toute étoffe veloutée.

Il n'en serait que mieux de tondre les pannes laine, tant les unies que les ciselées: on ne le fait pas par économie, parce que leur bas prix arrête sur cette opération. On ne saurait le faire au long poil, ni même au court poil, quand la verge en est très-haute.

Des velours façon d'Utrecht.

Le velours d'Utrecht est proprement une panne court poil, à chaîne & trame de fil, & velouté de poil de chevre. Sa destination est pour meubles, doublures de voitures, &c. uni en couleur, rayé, gauffré ou imprimé.

La chaîne du velours d'Utrecht est composée d'un bon fil de lin qui, acheté en écru, coûte de 30 à 35 sous la livre; & il en faut environ cinq livres, qu'on distribue en cinq cents, six cents, ou sept cents fils, & quelquefois davantage, mais ordinairement en six cents, sur une largeur de vingt-deux à vingt-trois pouces, pour former une étoffe de demi-aune, non compris les lisieres. On met ces fils en simple; & le nombre de broches au peigne est égal à celui de la chaîne de fond, n'y ayant qu'un fil en dent de cette chaîne.

Le poil pour les chaînes de velouté, au nombre de deux, est doublé & retors. Le nombre total des fils de ces deux chaînes est égal à celui des fils de la chaîne de fond, à celui des broches, les lisieres toujours à part; ainsi, y compris ceux-ci, il y a en tout deux fils en dent.

Il entre environ seize livres de poil, du prix de 6 liv. 5 sous à 6 liv. 10 sous la livre dans une chaîne de six cents, qui doit fournir une piece de velours de trente aunes.

Le fil de trame eſt plus fin que celui de chaîne ; il coûte de 40 à 45 ſous la livre, & il en faut environ ſix livres pour une piece.

La chaîne de fond eſt paſſée & alternée dans deux lames mues chacune par une marche. Les deux chaînes de poil ſont également paſſées dans ces deux lames, & en même tems, l'une dans une troiſieme, & l'autre dans une quatrieme lame, qui ont chacune leur marche ſéparée ; ainſi l'armure du métier eſt compoſée de quatre lames & de quatre marches. *Pl. VI, fig. 2 des marches.*

Quand on marche 1, on fait lever la moitié de la chaîne de fond & une chaîne de poil : on lance la duite. On doit toujours, comme à la panne, frapper deux coups, un à pas ouvert & l'autre à pas fermé. On conçoit que mieux l'étoffe eſt frappée, plus la trame ſe ſerre ; plus il y a de verges au pouce, & plus l'étoffe eſt garnie de poil. Lorſqu'on marche 2, l'autre moitié de la chaîne de fond ſe leve, avec la ſeconde chaîne de poil : on lance une ſeconde duite. Marchez 3, la premiere chaîne de poil ſe leve ſeule : on paſſe la verge. On continue de marcher 2 ou 4, 1 ou 5, & 6 enfin, qui fait lever la ſeconde chaîne de poil ſeule. On paſſe encore une verge : on répete le marcher 1, 5 ou 7, & 2, 4 ou 8, & l'on revient à 3, pour paſſer à une troiſieme verge. Ce n'eſt qu'après cette croiſure du poil qu'on le coupe ſur la premiere verge : on courrait riſque qu'il ne s'échappât en le coupant plus tôt.

On voit qu'il n'y a ici que deux duites entre chaque verge, & qu'on ne coupe que la moitié du poil ſur chacune. Cette maniere de couper le poil en deux tems, fait qu'il s'alterne dans la croiſure, comme au court poil, & que l'étoffe, pliſſée ſur ſa largeur, ne raie pas, ne barre pas, ne ſillonne pas. Le poil ne s'en ſépare point en ligne directe, comme aux velours de ſoie, de coton, aux pannes ordinaires & aux moquettes. Il faudrait, pour faire produire cet effet au velours d'Utrecht, le pliſſer diagonalement : ce qu'il eſt rare de voir produire naturellement, tandis que, ſans pliſſer l'étoffe, mais en la conſidérant étendue, ces barres, raies ou côtes ſont très-ſenſibles ſur les pannes, dont les trames communes tiennent les verges trop écartées les unes des autres.

Les verges employées à la fabrique des velours d'Utrecht ſont du genre de celles des courts poils, un peu plus baſſes ordinairement. A l'égard de celles propres à la fabrication des moquettes, dont on parlera ci-après, elles ne ſont point arrondies comme celles d'uſage pour la panne ; elles ſont taillées à angles, & forment à peu près un priſme quadrangulaire, un peu évaſé du côté de la rainure : auſſi les place-t-on ſur-le-champ à plat ſur la chaîne de fond, dans la ſituation où elles doivent être lorſqu'on coupe le poil.

Les lisieres de l'étoffe ne sont point comprises dans le compte des fils de la chaîne du velours : elles en contiennent chacune trente-quatre, passés dans dix-sept lisses, & dans huit broches ; savoir, deux fils dans chaque lisse ; trois lisses ou six fils dans la premiere dent, pour soutenir les efforts de la chasse, & le corps de l'étoffe ; & quatre fils dans chacune des sept dents suivantes.

On pare la chaîne de fond à mesure qu'on la déroule sur le métier, de la même maniere & avec le même parement à la farine, dont on use pour la fabrication des toiles & des toileries. On humecte avec du petit lait, sur l'ensuple, celle de poil, comme aux pannes, & l'on mouille la trame dans l'eau commune.

Le métier est d'ailleurs sur les mêmes dimensions, également incliné de l'arriere en-avant, & ayant aussi les marches fixes par-derriere l'ouvrier, comme les métiers de pannes. Même navette, même temple, & même façon de templer en-dessous.

Les velours destinés pour couleur unie, bleu de Saxe, verd de Saxe, cramoisi, écarlate, &c. veulent une chaîne & une trame teintes en fil, en bleu de roi, sur cuve. Ces fils se trouvent dans la Provence, en Artois, dans les environs de Lille, & quelquefois en Bretagne.

Pour les velours rayés, il faut teindre la chaîne de fond & celle de poil, & les ourdir conformément à la rayure. Il faut aussi employer des fils & du poil blanchi avant la fabrication, lorsqu'il y a des rayures blanches dans l'étoffe. A l'égard de ceux qu'on emploie, tant en chaîne qu'en trame, dans les velours qui doivent être teints en couleurs claires, comme en citron, jaune & autres, ou imprimés, il faut qu'ils soient également blanchis jusqu'à un certain point.

On les tire tels généralement de Lille, où ils s'achetent par masses d'environ deux livres & demie. On en distingue les qualités par le nombre des écheveaux : celui pour chaîne coûte de 37 à 38 sous la livre ; & celui de la trame, de 48 à 50. Il en est de ce dernier qu'on paie jusqu'à 3 livres.

La façon de ces velours se paie à l'ouvrier à raison de 22 sous par aune, dans le compte en six cents fils, en couleur unie, & 26 sous en rayé.

L'apprêt de cette étoffe consiste à la laver en eau chaude, pour en ôter le parement ; à la teindre, si elle est dans le cas de l'être ; à la blanchir au souffre, comme les autres étoffes, si on la veut employer en blanc ; à la tondre comme les pannes, à la gauffrer, ou à l'imprimer.

On vend ces velours à la piece de trente aunes. Leur prix en blanc, pour employer ainsi ou pour imprimer, & en couleur basse, est d'environ 180 livres la piece : celui des couleurs hautes à la cochenille, d'environ 220 livres.

Des moquettes.

La moquette eſt une étoffe veloutée, à chaîne & trame de fil, comme au velours d'Utrecht, mais plus commun : ce fil de lin ou de chanvre, écru & fort, (le plus fort eſt le meilleur) velouté de laine plus ou moins commune. Elle eſt fabriquée en uni ou à deſſin qu'on varie à l'infini, & dont on fait des meubles, entr'autres des tapis de pieds pour les appartemens. Toutes celles-ci ſe font à la tire : je n'ai point pour objet d'en expliquer le méchaniſme dans cette circonſtance : ainſi il ne ſera queſtion que des moquettes unies, ſoit qu'elles ſoient fabriquées rayées ou en blanc, pour être miſes en teinture & gauffrées pour meubles, ſoit qu'elles ſoient fabriquées en fils écrus & laine ordinaire, pour être employées à couvrir la table des friſes à friſer ou ratiner les étoffes, ou à garnir la table des tondeurs de draps & autres étoffes.

Ces dernieres moquettes, qu'on nomme plus particuliérement tripes à gauffrer, tripes fortes, &c. ſe fabriquent ſur la largeur de vingt pouces, en neuf cents ou mille fils de chaîne de fond, non compris les liſieres, qui en contiennent vingt-ſix chacune, & quatre cents cinquante ou cinq cents fils de chaîne de poil, doublés & retors fortement. La chaîne de fond eſt alternée dans les liſſes de deux lames ; & celle de poil qui ne paſſe dans aucune maille de ces deux lames, eſt toute compriſe dans une troiſieme qui eſt en-avant du côté de la chaſſe. Les liſieres ſont paſſées dans treize liſſes & dans cinq broches ; ſavoir, deux fils en dent pour la plus proche de l'étoffe, & ſix dans chacune des quatre autres. Le reſte de la chaîne eſt à trois fils en dent, deux de la chaîne de fond, & un de celle de laine, qu'on nomme toujours *poil*, à cauſe du velouté qu'elle produit.

Cette étoffe eſt très-remplie de fils en chaîne, comme on voit, puiſqu'elle en a le double du velours d'Utrecht, eu égard à ſa largeur : elle ne doit pas être moins ſerrée par la trame. Sa deſtination exige un poil denſe, roide, & dont l'enſemble forme une ſurface douce, mais un corps ferme, fléchiſſant cependant, mais très-élaſtique, ſur-tout dans l'uſage de la friſe, puiſqu'elle ſupporte immédiatement l'étoffe à friſer, & qu'elle la réagit continuellement contre la table, chargée de la compoſition, dont le trémouſſement forme les boutons de la friſe.

Pour opérer cette grande force, non-ſeulement le métier eſt court & la chaîne très-tendue, l'enſuple de celle du poil eſt en-dedans même des piliers du métier, pour la rapprocher davantage du travail ; mais les marches ſont fixées ſur le derriere du métier, au-deſſous des enſuples des chaînes, comme elles le ſont généralement dans les métiers de la toilerie, au contraire de ceux pour la panne & le velours d'Utrecht ; & l'ouvrier foule ces marches par le bout qui ſe releve en-avant, ce qui eſt beaucoup plus dur, mais ce qui donne en même tems plus de force pour dégager un aussi grand nombre de fils grossiers, contenus dans un si petit espace. Indépendamment de cela, il y a les grandes & les petites contre-marches ou marchettes, pour faire monter l'une des lames, & descendre en même tems les autres.

La marche de la moquette est différente de celle de la panne & de celle du velours d'Utrecht: la voici, *pl VI*, *fig.* 3 *des marches.*

Marchez 1, la moitié de la chaîne de fond leve. Marchez 2, l'autre moitié de la chaîne leve, & tout le poil. Marchez 3, le poil seul leve; il ne se leve pas proprement, mais il se soutient haut, tandis que toute la chaîne de fond baisse: on passe alors la verge. La chaîne de poil se soutient toujours haute & tendue par un contre-poids suspendu sur le derriere de l'ensuple: elle ne baisse que par l'effort de la premiere lame attirée en-bas.

On ne lance que deux duites entre chaque verge, partant d'abord du côté droit. Marchez 4, le pas de deux se rouvre, & la duite se trouve lancée sur le pas précédent de la chaîne de fond, croisant seulement le poil, qui a été deux pas de suite en-dessus, & qu'elle attire en-dessous. Marchez 5, le poil revient dessus avec l'autre moitié de la chaîne de fond, celle du pas 1. Marchez 6, le poil releve seul: on passe la seconde verge. Remarchez 1, le dernier pas de la chaîne se rouvre; & voilà encore deux duites sur le même pas, la derniere arrêtant seulement le poil en-dessous; & ainsi de suite.

Il est à observer qu'en ramenant la duite de gauche à droite sur le même pas de chaîne de fond, s'il ne se trouvait pas un gros fil ou plusieurs fils en masse du côté gauche, qui se leve & se baisse seul, au rebours des autres fils de la chaîne, pour soutenir le fil de la trame, elle ne serait plus arrêtée que par le poil, & la lisiere de ce côté-là ne serait pas soutenue; mais ce gros fil l'arrêtant, elle se trouve double dans les deux lisieres: ce qui au contraire les rend très-fortes; & le poil n'en est que plus rapproché, la trame n'ayant pas l'obstacle de la chaîne de fond, qui en modérerait la pression.

Le fil de la chaîne & de la trame des moquettes à laines teintes ou à teindre en piece, doit se teindre avant la fabrication, comme ceux pour le velours d'Utrecht. A l'égard de la chaîne de laine destinée à former le poil, les uns la travaillent toujours teinte, d'autres travaillent en blanc, & ne font teindre qu'en piece, lorsque c'est pour couleur unie, de même qu'au velours d'Utrecht.

On pare la chaîne de fil; mais celle de poil, doublée & torse, n'a pas besoin d'être humectée. On fait les pieces de onze aunes, & on les vend de 30 à 33 livres.

FIN de l'Art de préparer & d'imprimer les étoffes en laines.

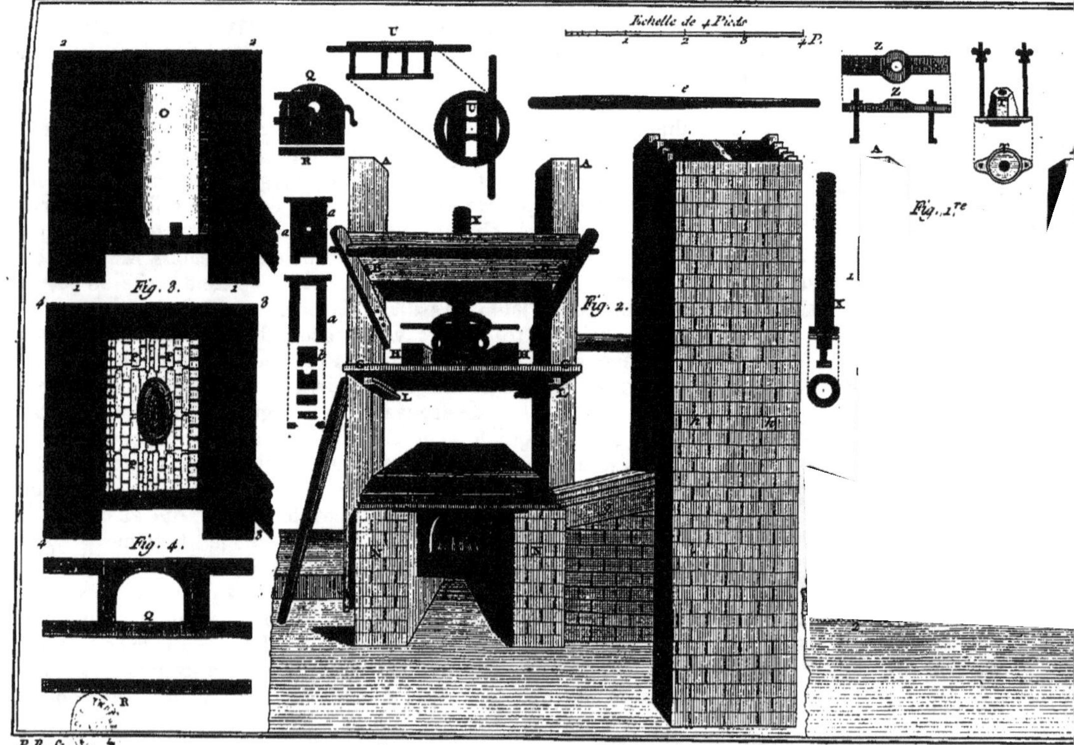
Echelle de 4 Pieds
1
2
3
4 P.
Fig. 1.re
Fig. 2.
Fig. 3.
Fig. 4.
P.B. Sc.

L'ART DE PREPARER ET D'IMPRIMER LES ETOFFES EN LAINE. Pl. II.

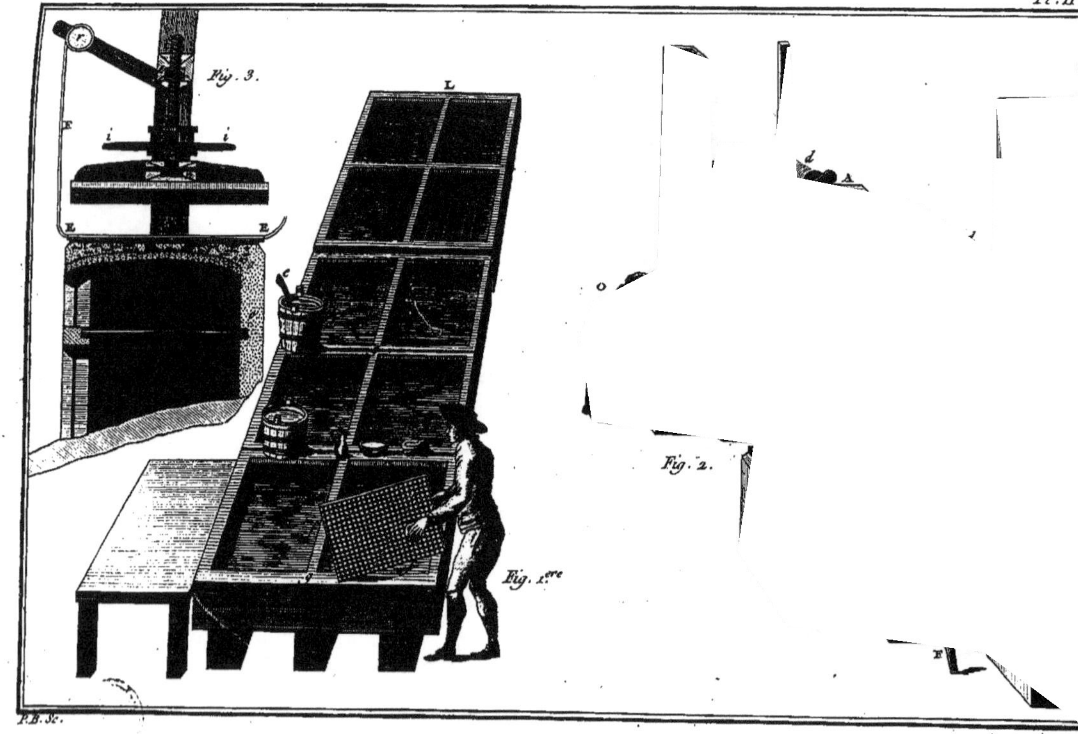

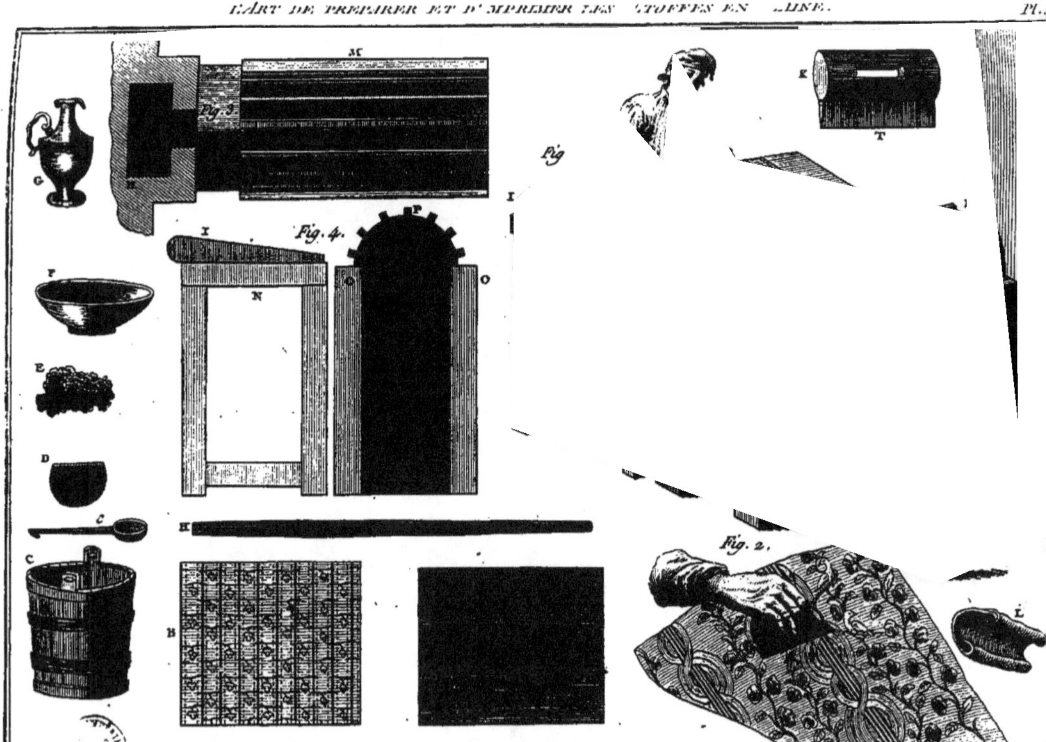
Fig. 3
Fig. 4.
Fig. 2.
Fig
P.B. Sc.

L'ART DE PREPARER ET D'IMPRIMER LES ETOFFES EN LAINE. Pl. III.

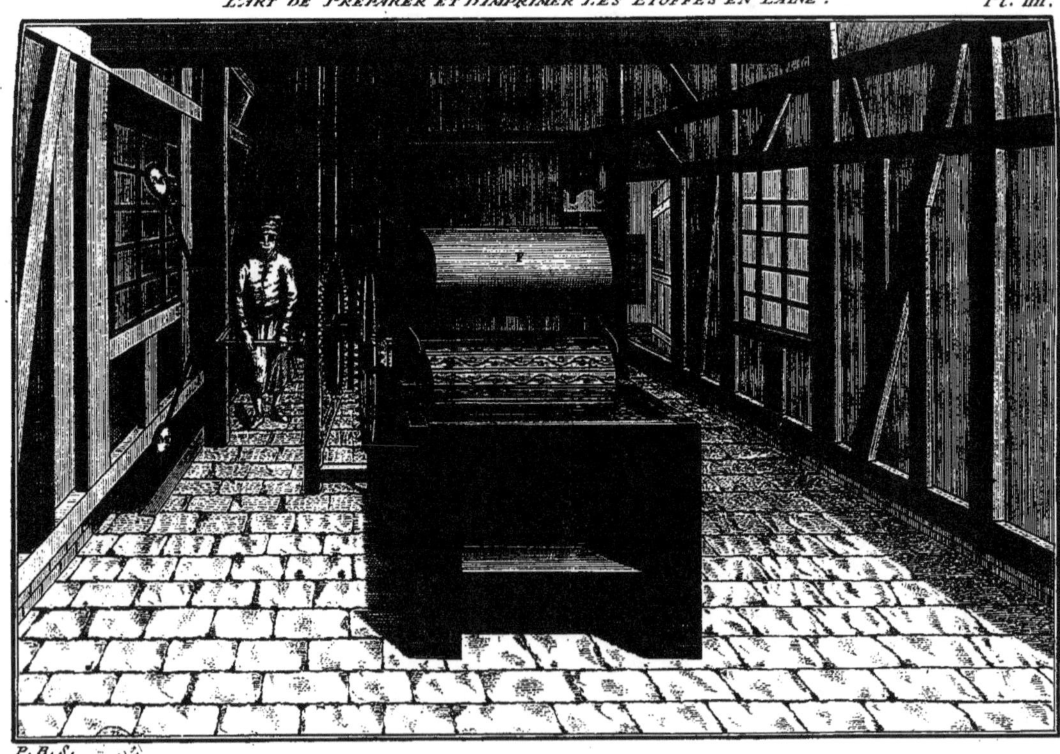

P. B. S.

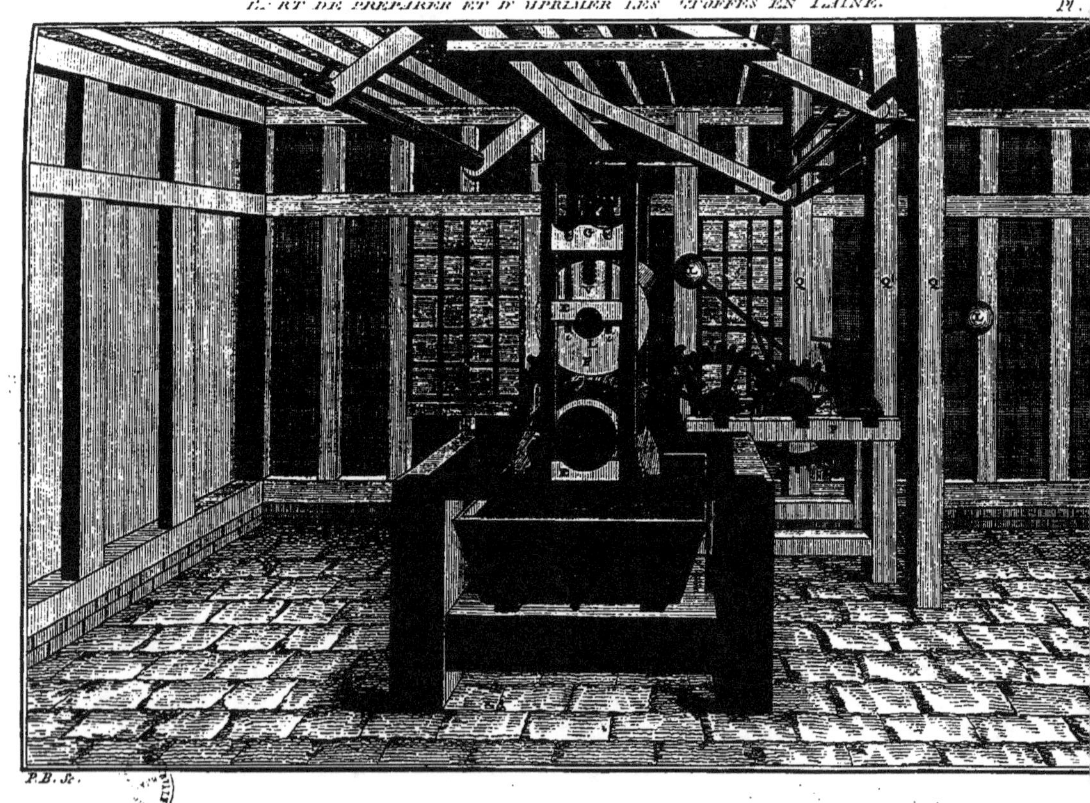

L'ART DE PREPARER ET D'IMPRIMER LES ETOFFES EN LAINE. Pl.

P.B. Sc.

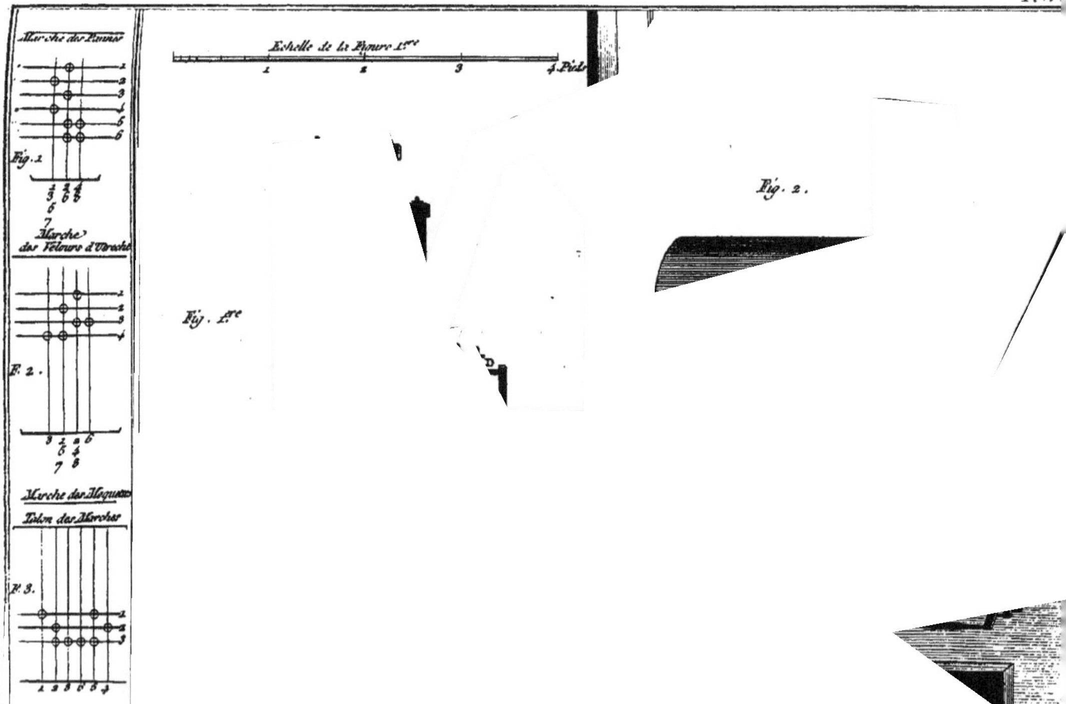

Marche des Pannes

Fig. 1

Marche des Velours d'Utrecht

F. 2.

Marche des Moquettes

Talon des Marches

F. 3.

Echelle de la Figure 1.re

1 2 3 4 Pieds

Fig. 1.re

Fig. 2.

P. B. Sc.

ART
DU FABRICANT
DE VELOURS DE COTON,
PRÉCÉDÉ
D'UNE DISSERTATION
SUR LA NATURE, LE CHOIX, ET LA PRÉPARATION DES MATIERES;

ET SUIVI

D'UN TRAITÉ
DE LA TEINTURE ET DE L'IMPRESSION DES ÉTOFFES DE CES MÊMES MATIERES.

Par M. ROLAND DE LA PLATIERE,

Inspecteur-général des manufactures de Picardie, associé des académies royales des sciences, belles-lettres & arts de Rouen, Villefranche, &c. & correspondant de l'académie royale des sciences de Paris & de celle de Montpellier.

PREMIERE PARTIE.

Materiam superabat opus.

OVID. *Met.*

ART
DU FABRICANT
DE VELOURS DE COTON.

INTRODUCTION.

Le goût qu'on montre en France pour le velours de coton, depuis vingt-cinq à trente ans que la fabrique & l'usage de cette étoffe s'y sont introduits, en a successivement augmenté la consommation, au point de faire penser qu'on lui doit une branche importante de l'industrie nationale. Ce jugement, fondé sur l'apparence, pourrait être fondé sur la réalité.

La fabrication de cette étoffe est répandue en Angleterre, comme celle de tous les objets publics l'est en France. Les campagnes même s'en occupent, comme celles du territoire de Gênes s'occupent de la fabrication des velours de soie. Cette publicité d'opérations étend la main-d'œuvre, & établit une concurrence de travail & de prix, sans laquelle la célébrité d'aucun établissement de ce genre ne saurait faire une époque marquée au coin de l'utilité publique.

On ne voit en France que quatre ou cinq manufactures très-particulieres de ce genre, & les entrepreneurs soutiennent les velours qui en sortent à un prix si haut, qu'il en résulte une introduction considérable en contrebande de ceux d'Angleterre, en même tems qu'on nous ôte dans ce commerce tout espoir de concurrence à l'étranger. En effet, comment concevoir d'autre raifon de la différence extrême de ces prix, lorfqu'on fait que les Anglais, qui tirent la matiere de leurs colonies, comme nous la tirons des nôtres, ne fauraient l'avoir à meilleur compte que nous, & que la main-d'œuvre eft chez eux certainement plus chere qu'en France?

Si le gouvernement avait jugé à propos de rapprocher dans cette partie l'intérêt particulier de l'intérêt public, ou que le zele de quelqu'un eût prévenu le nôtre, nous aurions depuis vingt-cinq ans, au lieu de trois à quatre cents métiers de velours de coton cantonnés en trois ou quatre endroits du royaume, & qui y font plus de fenfation par l'argent, la faveur, la diftinction & le privilege qu'on a accordés à ces manufactures, que les milliers de métiers de pannes ou peluches actuellement montés & battans dans la feule ville & les environs d'Amiens, nous aurions également des milliers de métiers de velours de coton.

Plusieurs particuliers ont bien tenté de s'initier dans ce genre de travail; ils ont en général paffablement réuffi à la fabrication; mais ils ont prefque tous échoué à la teinture & aux apprêts. Les atteliers de ces apprêts, où réfident éternellement le filence & le myftere, long-tems impénétrables à la rufe & à l'argent même, reftent encore inacceffibles à tout autre moyen.

En voilà affez pour faire fentir, & l'importance de publier cet art, & les obftacles qu'il a fallu furmonter pour y parvenir.

C'est moins la nuit des tems que le chaos des inventeurs & des entrepreneurs preffés, entaffés, qui, par la difficulté de le débrouiller, a privé de mémoires l'académie de Rouen, & l'a forcée, après deux années de perfévérance, de retirer fon programme, dont l'objet intéreffant était: *Les progrès des arts utiles, cultivés dans la ville & banlieue de Rouen, fous le regne de Louis XV, & leur influence fur le commerce de Normandie.* Il n'en eft pas de même de l'établiffement des velours de coton dans cette province. Des notes de l'un des membres de la compagnie que je viens de citer, les plus connus par des recherches utiles, celui fans doute qui eût le mieux traité la matiere s'il n'en eût été juge, & d'autres femblablement fur les fabriques & le commerce du pays de leurs auteurs, que m'a procuré l'un des fecretaires perpétuels de l'académie, & qui toutes s'accordent fur fes époques, prouvent que les freres Havart furent les premiers qui fabriquerent des velours de coton à Rouen avant 1740; qu'ils inventerent de nouveaux objets; qu'ils perfectionnerent ceux qui étaient établis; mais qu'auffi malheureux qu'habiles, ils ne jouirent point du fruit de leurs travaux; que M. Dariftoy, avec un efprit également inventif & rempli d'activité, parmi beaucoup d'idées qui lui appartiennent inconteftablement, réalifa folidement celle des freres Havart, relative aux velours de coton, & la mit en pratique avec fuccès à Darnétal; que, de 1750 à 1752, un particulier d'Anvers, qu'on ne nomme pas, forma un pareil établissement à Vernon; que vers le même tems un calandreur de Manchester, province d'Angleterre, où les fabriques de ce genre sont très-répandues, échappé & fuyant, emmena des ouvriers, ses parens & autres, instruits dans cette partie; qu'il fut accueilli en France, où il a fait subitement une fortune des plus étonnantes du siecle; & qu'enfin l'établissement de M. Daristoy, transporté dans un autre fauxbourg de Rouen, servit de base aux nouveaux projets de l'administration, qui, ayant versé ses bienfaits avec une abondance rare, a senti qu'elle les avait trop concentrés: ce dont j'ai la preuve la plus complete par la satisfaction qu'elle m'a témoignée de voir répandre & publier les procédés de cet art.

DES COTONS.

PLUSIEURS ouvrages contiennent des dissertations botaniques sur la nature & les variétés de cette plante, qui est vivace, ligneuse & formant arbrisseau en Amérique, annuelle & herbacée à la Chine & dans l'Inde, l'un ou l'autre, ou l'un & l'autre dans diverses contrées du Levant.

ON a décrit des cotonniers d'un grand nombre d'especes, depuis le rampant qu'on soutient d'un échalas, jusqu'à celui qu'on nous dit croître au Brésil, de la hauteur de nos grands chênes. On s'est étendu sur la culture & sur la maniere de récolter & de préparer le coton. Il suffira de lire quelques-uns de ces ouvrages, pour rencontrer beaucoup de contradictions, & pour ne savoir enfin à quoi s'en tenir. Il faudrait un long traité pour éclaircir ces matieres, sans parler de l'apocin de Syrie & d'Egypte, qui fournit l'ouate, ni du charbon soyeux qu'on cultive en France, ni de tant d'autres duvets ou bourres végétales dont on a fait beaucoup d'essais plus curieux qu'utiles.

MAIS ce serait nous écarter trop de notre plan; nous nous en tiendrons à indiquer les lieux d'où l'on tire les diverses especes & qualités de coton qu'on emploie dans nos manufactures, & à en assigner l'usage, avant d'entrer dans le détail des opérations relatives à notre objet.

ON est étonné, lorsqu'on considere la prodigieuse quantité de coton qui s'emploie dans diverses fabriques du royaume. La plupart des provinces y participent par quelques objets de main-d'œuvre qui y sont propres; mais la Normandie les réunit tous. On y fabrique de toutes les especes & de toutes les qualités de toileries & de bonneteries que constitue cette matiere, en tout ou en partie. Viennent ensuite le Languedoc, le Beaujolois, la Champagne, la Picardie, & plusieurs autres, qui en consomment aussi en très-grande quantité. On divisera d'abord tout ces cotons en coton des isles & coton du Levant. Les premiers se cultivent en effet dans la plupart des isles de l'Amérique situées entre la côte de la Floride & le Paria, à commencer par Cuba, jusqu'à la Trinidad; & plus nouvellement & avec succès, sur les côtes, de distance en distance, depuis l'Orénoque jusqu'au Maragnan. Ceux-ci se sous-divisent par quatre dénominations principales, qui sont celles des lieux qui en produisent le plus, & qui englobant ceux qui les avoisinent, indiquent en général la nature & les propriétés de chacun. On connaît donc dans le commerce le coton des isles sous les noms de *coton de la Guadeloupe, coton de Saint-Domingue, coton de Cayenne, & coton de Maragnan.*

La *Guadeloupe* est l'espece la plus en usage dans les fabriques de Rouen & du pays de Caux. Il est un peu rougeâtre; sa laine est longue, douce, soyeuse, & d'un filage aisé, parce qu'il est très-net. Il convient à toutes les sortes de toileries, puisqu'il peut supporter sans altération tous les degrés de filature qui y sont convenables. Nous en avons vu filer d'une telle finesse, que la valeur en fut portée de quarante à cinquante écus la livre. Il s'emploie singuliérement dans les siamoises *en comptes supérieurs*, dans les toiles de coton, & dans celles fil & coton du même genre, dans les belles toiles à fleurs brochées, & dans les mouchoirs fins.

Le *Saint-Domingue* est plus blanc que le Guadeloupe, un peu sec, & d'un filage moins aisé. Quant à son prix & à son usage, l'un & l'autre le font assez confondre avec le Guadeloupe; ils conviennent aux mêmes especes, en observant cependant que le Saint-Domingue mérite la préférence pour les étoffes seches, comme les mouchoirs, & quelques autres cotonnades; au lieu que le Guadeloupe, qui a plus de duvet, rend l'étoffe moëlleuse, un peu drapante, ce qui est le propre de la siamoise.

Le *Cayenne* l'emporte sur les especes précédentes, par la blancheur, la douceur & la longueur. Sa laine, lustrée comme celle de la soie, est néanmoins difficile à filer uni au rouët & à la main, pour ceux qui n'en ont pas l'usage, parce qu'il est fort long; mais il est le plus aisé à filer à la méchanique. Il est particuliérement destiné à la fabrication des beaux mouchoirs & à celle des bas & des bonnets fins : il est aussi très-propre à la fabrique des velours de coton. Ceux qui achetent leurs matieres par balles en laine, en font choix par préférence aux especes précédentes. Ceux au contraire qui les achetent filées à la halle de Rouen, ou ailleurs, comme cela se pratique pour presque tous les autres genres de fabrique, ne distinguent plus le coton par aucune de ces dénominations. C'est le degré de finesse sans altération, & l'égalité dans la filature, qui déterminent absolument, parce qu'on ne s'avise guere de tenter de filer très-fin des cotons courts & secs, comme on sera dans le cas de l'observer de ceux du Levant.

Le *Maragnan*, supérieur au Cayenne même, tient le premier rang parmi le coton des isles. Quelque négligent ou peu habile qu'on soit dans la maniere de le préparer au tems de la récolte, puisqu'il reste chargé de pepins & d'ordures qui lui font souffrir beaucoup de déchet au travail, il ne mérite pas moins une préférence décidée pour la fabrication des velours de coton. La douceur de sa laine lui procure une filature aussi égale & aussi fine qu'on la peut desirer; & l'étoffe qui en résulte a plus de moëlleux & réfléchit les couleurs plus vivement que lorsqu'elle est composée de tout autre coton.

LORSQU'ON emballe ces cotons, on les presse, afin d'en diminuer le volume à raison de la masse; on mouille la toile en jetant de l'eau contre, tout autour de la balle, à mesure qu'on la forme, pour que le coton comprimé s'accroche aux parois intérieures, & que, perdant momentanément de sa force d'élasticité, il soit contenu dans la situation jointe & serrée, que lui force de prendre un homme debout dans la balle, le foulant aux pieds & avec un instrument, en le rangeant peu à peu jusqu'à ce que la balle en soit remplie, tant qu'il en acquiert enfin une adhérence à laquelle il ne cede que par un effort semblable à celui qu'on est obligé de faire pour arracher quelque chose. Mais on ne jette pas de l'eau dans la balle, comme quelqu'un l'a avancé; il en résulterait l'inconvénient, que les pepins mouillés, qui restent toujours dans le coton, le tacheraient par parties de maniere à ne pouvoir jamais blanchir également que les autres. C'est ainsi que ces cotons arrivent presque tous à Rouen, en remontant la Seine, soit qu'ils y aient été expédiés en droiture, soit qu'ils l'aient été par la voie de Bordeaux, de la Rochelle, de Nantes ou du Havre. Les balles pesent environ trois cents livres, excepté celles du Maragnan, qui ne pesent que de cent cinquante à cent quatre-vingt livres. Cette humidité ajoutée pour en augmenter & pour en assujettir la compression, est assurément contraire au parfait développement des parties du coton sur la carde; & quelque séparé & bien épluché qu'il puisse être, il résiste, se brise, & souffre un déchet plus considérable. Mais plus de balles augmenteraient les frais de l'emballage; de plus grosses balles rendraient l'arimage plus difficile; & dans l'un & l'autre cas, on risquerait quelquefois de voir la cargaison faite avant que le navire fût lesté.

LE coton du Levant, plus connu dans le commerce sous le nom générique de *Chypres*, quoiqu'il se cultive dans la plupart des isles & du continent de la Turquie d'Asie & de la Turquie d'Europe, se sous-divise d'abord par les noms des lieux d'où s'en font les grandes expéditions, qui sont, Acre pour la Syrie, Smirne pour la Natolie, & Salonique pour la Turquie d'Europe; mais dès qu'il est filé, il les perd dans la fabrique, pour reprendre celui de *Chypres*: la différence ne s'en fait que par l'emballage qui est aux uns en crin, & aux autres en toiles fortes, lorsqu'ils viennent en France.

CE coton est plus blanc que celui des isles; mais il est plus court, moins net, un peu dur, & sec, rempli de petits bouchons ou nœuds qui ne tombent point en le cardant, qui le rendent sujet à casser lorsqu'on le veut filer fin, & toujours inégal, de quelque maniere qu'il soit filé.

Le coton du Levant a pourtant cet avantage sur le coton des isles, qu'attendu sa blancheur & sa sécheresse, il prend beaucoup mieux la teinture, & réfléchit mieux les couleurs. Ce pourrait bien être une des raisons pour lesquelles les Levantins teignent mieux le coton en rouge qu'on ne le fait en France, où nous ne tentons de donner cette couleur, façon des Indes, qu'aux cotons des isles, comme plus fins. Le défaut de ceux-ci est d'être plus chargés de gomme, & beaucoup plus difficiles à en purger. Ceux de Cayenne & de Saint-Domingue ont cet inconvénient en moindre degré; & comme tels, en évitant toujours de prendre les moins roux, ils sont les plus propres aux couleurs éclatantes.

Soit que le coton du Levant arrive par mer à Rouen, où il s'en emploie infiniment plus que par-tout ailleurs, soit qu'on le transporte par terre en Languedoc, en Beaujolois, en Champagne, à Rouen même, &c. c'est toujours par la voie de Marseille, comme de tout ce qui nous vient du Levant. Il se file dans plusieurs de nos provinces, dont quelques-unes n'en consomment guere d'autres, telles que le Languedoc & le Beaujolois, & singuliérement en Normandie, concurremment avec le coton des isles. Sa destination la plus ordinaire est pour la siamoise rayée, flammée ou chinée pour meubles, ou la siamoise blanche commune pour l'impression, pour les damassés, les damas, ou autres étoffes communes. (a)

On conçoit bien qu'il y a du choix dans cette matiere comme dans toute autre, & l'on ne néglige pas l'occasion de l'assujettir au même degré d'opérations, & d'en faire le même usage que du coton des isles, lorsqu'il paraît s'y prêter; on y a été trompé plus d'une fois. Nous n'en conseillerions pas néanmoins l'emploi dans aucune étoffe de filature fine qui exigerait de la consistance & du nerf, d'où nous pensons qu'il doit être exclus de la fabrication de toute espece de velours de coton.

Tous ces cotons sont vendus par petites ou grosses parties à des particuliers, dont les uns font leur état du commerce de la filature, & les autres les revendent en détail au peuple qui les file; & à moins qu'il n'en soit d'abord réservé quelques parties pour certaines manufactures, ils sont presque tous portés en un lieu de dépôt public, tel qu'aux halles de Rouen,

(a) La siamoise est une étoffe à chaine de fil & trame de coton, connue dans beaucoup d'endroits sous ce nom; en d'autres on l'appelle *cotonnade*, ou enfin *basin* pour meubles: l'autre se désigne, après l'impression, par la dénomination *de toile d'Orange*, de ce qu'un des premiers établissemens de ce genre a été fait dans cette principauté.

pour la Normandie, où les entrepreneurs des fabriques & tous les fabricans d'étoffes auxquelles ils ſont propres, viennent choiſir & acheter ceux qui leur conviennent.

Le Levant fournit auſſi beaucoup de coton filé, & il nous en vient ſous le nom de coton de Malthe, coton de Jéruſalem, & ſur-tout de Gallipoli. La Romanie s'occupe principalement de la filature du coton, comme la Natolie de celle du poil de chevre; mais ceux de ces cotons qui nous viennent en blanc, ſont très-communs, & ſe conſomment en plus grande partie dans nos provinces méridionales. Les Turcs réſervent les plus beaux pour la teinture d'Andrinople en rouge façon des Indes, & nous employons conſidérablement de ces cotons, qui nous parviennent auſſi mal aſſortis en filature qu'en nuance.

Il nous vient auſſi quelquefois de petites parties de coton de l'Inde & de la Chine, pays qui en produiſent abondamment, où il eſt très-varié en qualité, par ſa couleur, & beaucoup plus par ſon emploi dans des objets d'induſtrie qui feront long-tems l'admiration de l'Europe & le déſeſpoir de nos fabricans. Nous en connaiſſons de deux eſpeces, ſous le nom de *Siam ;* l'un eſt blanc & l'autre chamois. C'eſt de ce dernier dont on fait une petite toile nommée en france *Nankin chamois*, & qui y eſt aujourd'hui ſi à la mode. L'un & l'autre eſt un peu rude, un peu ſec, mais fort uni : il eſt ſuſceptible d'une belle filature, & en cela il conviendrait à pluſieurs objets de nos fabriques; mais il eſt rare, & il ſupporte un déchet conſidérable au travail, par la grande quantité de pepins & d'autres ordures qu'il contient, & dont il faut le purger, pour que le fil en ſoit égal.

On a tranſporté de la graine de Siam dans nos isles, & l'on y cultive ce coton avec ſuccès. Il y vient en petits arbriſſeaux, comme celui du Levant. Sa qualité tient le milieu entre celui des isles & celui de Levant, pris généralement. L'avantage qu'on trouve à le cultiver, conſiſte dans la nature du terrein où on le récolte, trop maigre pour la culture du coton ordinaire des isles.

Les Hollandais nous apportent encore des cotons filés de Tutucurin, de Java, & de quelques autres parties de l'Inde; les qualités en ſont communes, & l'emploi aſſez rare. On voit par-là, que le commerce du coton en France, autre que ceux des isles & du Levant, n'eſt pas un objet de conſéquence.

De la maniere de carder le coton.

Ce genre d'occupation eſt très-répandu dans le royaume, & la méthode eſt la même par-tout. Il faut bien battre le coton, au ſortir de la balle, ſur une claie de cordes, avec des gaulettes de coudrier, à peu près comme on en uſe pour la laine; l'éplucher, en retirer le plus qu'on peut les ordures, en arracher les pepins, les petits flocons durcis, &c. On prend une carde de la main gauche, le dos appuyé ſur la cuiſſe de l'ouvriere, entre le corps & la main qui la tient par le manche. On prend de la main droite, par petites parties, du coton ouvert & épluché; on le paſſe, à pluſieurs repriſes, ſur les *dents* de la carde, en appuyant & tirant à ſoi, dans le ſens contraire par conſéquent à la courbure des dents. Ce coton s'y accroche, s'ouvre, ſe ſépare: on revient à la charge juſqu'à ce que la partie qu'on tient en main ſoit épuiſée; & l'on en reprendrait, ſi la carde ne s'en trouvait pas ſuffiſamment chargée.

On ſaiſit la ſeconde carde de la main droite, & on la paſſe ſur la premiere auſſi en ſens contraire, à cinq à ſix repriſes, légérement d'abord, & ſerrant un peu plus enſuite. Le coton, dans cette opération, paſſe inſenſiblement de l'une à l'autre carde: on le ramene à la premiere d'un ſeul coup de poignet, en changeant l'attitude des cardes, ſans les changer de main, c'eſt-à-dire, en plaçant celle de la droite deſſous, & celle de la gauche deſſus, mais faiſant agir celle-ci, la courbure de ſes dents tournée alors du même ſens que celle des dents de la carde de la main droite. Cette derniere carde ſe retrouve vuide, comme avant de commencer, & l'autre chargée ou garnie comme en commençant. On réitere cette opération juſqu'à ce que le coton ſoit bien travaillé & parfaitement ouvert. Une attention continuelle à avoir, c'eſt que la carde de deſſus, ſoit en la poſant, ſoit en la faiſant agir, doit toujours être parallele avec l'autre, c'eſt-à-dire, qu'elle ne doit jamais donner plus de la pince que du talon.

Enfin on releve cette matiere plus légérement, de maniere qu'elle reſte à la ſuperficie des dents de la carde, & on la roule ſur cette même ſuperficie avec le dos de la carde vuide. Le rouleau ou cylindre de coton qu'on forme ainſi, & qu'on nomme *loquette*, eſt plus ou moins gros, plus ou moins ouvert, & plus ou moins tranſparent, ſuivant la nature de la matiere, ſon état actuel, ſa qualité, ſa fineſſe, ſuivant l'eſpece & la qualité des cardes, & ſinguliérement ſuivant l'uſage & l'adreſſe de la main qui opere.

On juge de cette opération, en tenant la loquette ſuſpendue en l'air par l'un des bouts. Si, en la regardant à travers le jour, elle paraît nette & de la tranſparence d'un nuage léger dans lequel les vapeurs ſont également répandues, elle eſt bien faite. Si, en la tenant ſuſpendue par un bout, & la ſecouant, elle s'alonge, le coton eſt bien cardé: ſi elle ſe détache, qu'elle ſe ſépare, il eſt trop mâché, trop briſé.

Je n'entrerai dans aucun détail ſur l'importance d'avoir de bonnes cardes, ni ſur la maniere d'obtenir les qualités qu'elles doivent avoir; il en eſt

eſt traité aſſez au long dans l'art du cardier : mais je crois devoir indiquer que celles faites à la méchanique ſont plus réguliérement faites, & que le ſieur Keit, Anglais, réſidant à Rouen, & qui poſſede cette méchanique, ainſi que les ſieurs Marchand freres, de la même ville, font les meilleures cardes qu'on connaiſſe. Ces derniers ont fourni pluſieurs obſervations à l'illuſtre M. Duhamel, qui n'a point voulu faire imprimer ſon Art du cardier, qu'il n'eût été revu par eux.

S'IL eſt queſtion de coton deſtiné à la filature en gros d'abord, & à celle à la méchanique enſuite, pour être employé à la fabrication des velours de cette matiere, on procede différemment : on l'aſſujettit préalablement à toute autre opération, à un ſavonnage qui ſe fait ainſi.

Savonnage du coton.

DANS une chaudiere pleine d'eau, mettez, l'eau étant encore froide, du ſavon blanc de Marſeille coupé menu, à raiſon de deux onces par livre de coton : retirez la chaudiere de deſſus le feu lorſque l'eau bout, & attendez qu'elle ſoit devenue tiede. Si le coton eſt deſtiné à faire du velours plein, mettez-l'y tremper pendant une heure, en le preſſant de la main & le retournant de tems en tems, pour qu'il s'imbibe bien par-tout également ; car cette matiere ſe laiſſe difficilement pénétrer par l'eau : l'huile du ſavon, jointe à ſa gomme naturelle, ajoute encore à la difficulté.

LORSQU'ON leve le coton de l'eau de ſavon, on le met dans une toile bien claire, dans laquelle on le tord : ce qui le preſſe plus également, & avance plus la beſogne qu'à la main, puiſqu'on ne peut le tordre de cette maniere-ci que par petites parties, & que de l'autre on en preſſe deux & trois livres à la fois.

DANS les grandes manufactures on met le coton ſavonné ſur une table de preſſoir, de quatre pieds en carré, ſurmontée de quatre planches de ſapin, poſées de champ, percées, qui ſe ſoutiennent au moyen de clavettes, entre leſquelles ſe met le coton, & deſcend le manteau du preſſoir. La table, le manteau, ainſi que les planches, doivent être de ſapin, pour colorer le coton.

FAITES-LE bien ſécher avant de le carder. Si l'on ſe propoſe d'employer le coton en velours cannelé, il ſuffit, après avoir trempé ſes mains dans l'eau de ſavon, de le manier, de le ſerrer, de le preſſer, juſqu'à ce que toutes ſes parties ſe ſentent un peu de l'impreſſion du ſavon.

DANS le premier cas, on le lave quelquefois deux fois de ſuite, d'abord dans un premier déchet, & enſuite dans un bain neuf : on diminue alors la doſe du ſavon ; une once par livre ſuffit. Il y a ainſi de petites économies à faire dans la pratique de tous les arts, sans nuire à la bonté des procédés. C'est à l'artiste, & à lui seul, à juger des circonstances. On observera cependant à cette occasion, & d'après l'expérience, qu'un bain neuf convient toujours mieux, parce que le coton dépose sa gomme & beaucoup d'ordures qui se joignent à celles du nouveau coton, & qui font plutôt obstacle que ce vieux bain n'opere parfaitement leur extraction.

En général, tout coton à filer en gros, pour être ensuite filé à la méchanique, doit être savonné, pour être filé très-fin & très-tors: mais on peut se contenter de l'impression légere & indiquée du savon, si l'on ne veut qu'une filature moins fine & moins torse. L'eau de savon dégomme le coton, elle l'adoucit, le dilate, & le rend beaucoup plus coulant au cardage & à la filature.

De la méchanique à carder le coton.

Par-tout où la main-d'œuvre est chere, il y faut suppléer par des machines; il n'est que ce moyen de se mettre au niveau de ceux chez qui elle est à plus bas prix. Depuis long-tems les Anglais l'apprennent à l'Europe; & si notre position nous donne quelque avantage sur eux, bientôt ils l'ont tellement emporté par leur industrie, qu'il ne nous reste rien de mieux à faire que de les imiter. Le plus grand nombre des inventions utiles nous vient d'eux, & nous leur devons la plupart de nos méchaniques; nous leur devons toutes celles qui ont rapport à l'art que je décris. La machine à carder le coton est si neuve pour la France, qu'à peine y soupçonnait-on son existence il y a trois mois. L'avidité en a laissé entrevoir le voile à l'administration, qui a pu en lever un coin; c'est de là que je la tire pour la publier.

Cette machine, *pl. I, II* & *III*, paraîtra compliquée: elle l'est en effet; cependant ses mouvemens sont uniformes & très-doux, & le travail qui en résulte est abondant & d'une belle exécution, puisqu'à son moyen l'on carde supérieurement de cinquante à soixante livres de coton par jour. J'en donne trois vues, dont je ne détaillerai les parties qu'à l'explication des *planches*: je m'en tiens ici, après le court exposé des principes les plus essentiels à sa construction, à un apperçu du mouvement général pris sur la vue d'oiseau, quoiqu'il faille prendre les diametres des cylindres & des roues ou poulies, sur les vues de côté, d'après leur échelle.

Autant la patience & l'adresse sont au-dessous du génie, autant, en fait de méchanique, la précision doit le céder à l'invention; cependant l'effet, dans ce cas-ci, est si dépendant de l'une & de l'autre, qu'il serait absolument nul, sans leur concours.

Toute la charpente de cette méchanique doit être de bois de chêne sain

& très-fec, conftruite avec autant de folidité que d'exactitude. Les grands cylindres font à armure de fer, leur axe corroyé & tournant fur cuivre; les vis & écrous, pour rapprocher ou éloigner les tasfeaux de cuivre, & par conféquent les cylindres qu'ils fupportent, en fer trempé & poli; le bois des cylindres, foit des grands cylindres creux, foit des petits qui font pleins, en cœur de chêne de Hollande le plus fec, & beaucoup mieux en acajou, les grands tournés en place fur le chaffis même de la méchanique, &, ainfi que les autres, avec la plus grande précifion. Le bois de ces cylindres creux doit avoir au moins deux pouces d'épaiffeur, parce que, dans les premiers tems, jufqu'à quatre, cinq & fix mois de fervice, il eft fujet à fe déjeter: il faut les tourner de nouveau; il faut immanquablement les retourner prefque toutes les fois que, les cardes ufées, il devient néceffaire de les en garnir de nouvelles.

QUE les fils de fer de ces cardes foient toujours en même quantité, & tous bien exactement de la même hauteur, fineffe, courbure, élafticité enfin; & les cuirs de même épaiffeur.

DANS les tems d'un travail fuivi de cette méchanique, il en faut, deux fois par femaine, nettoyer les cardes & l'intérieur des cylindres, des ordures & de la pouffiere qui fe détachent du coton.

IL eft à remarquer, dans le premier effai, que le coton, à mefure qu'il engrene les cylindres & qu'il garnit les cardes d'un bout à l'autre, ce qui dure plufieurs heures, fe teint d'une couleur noirâtre, communiquée par le frottement, foit des fils de fer, foit des cuirs; il eft bon de le mettre à part, jufqu'à ce que, les cardes bien décraffées, les loquettes en fortent de la blancheur naturelle du coton.

LORSQUE les cardes font fatiguées, que les fils de fer s'émouffent, on paffe & repaffe deffus, en différens fens, en fens contraire même, en l'appuyant légérement, une pierre à aiguifer de la longueur des cardes, qui redonne de la pointe aux fils, & rétablit le poli de leur furface, en les rabattant toutes au même niveau.

LE rapprochement des cylindres les uns des autres dépend de la plus ou moins grande quantité de coton qu'on veut carder; mais ils ne doivent jamais que s'affleurer: ce ne ferait que pour de mauvais coton, groffier & court, qu'on pourrait fe permettre de les faire mordre d'une demi-ligne au plus.

ON voit, *pl. II* & *III*, les petits cadres en fer, implantés fur la charpente de la méchanique, viffés en-deffous, taraudés par côté de part & d'autre, avec les vis qui preffent les tasfeaux en cuivre, fur lefquels appuie & tourne l'axe des cylindres, pour opérer le rapprochement ou l'éloignement les uns des autres de ces cylindres.

MAINTENANT, pour ſe figurer le jeu de cette méchanique, il faut établir la correſpondance de ſes diverſes parties. (Je n'ai point tracé les cordes ſur la vue d'oiſeau, parce qu'il ma paru qu'elles en brouillaient plus qu'elles n'en facilitaient l'intelligence : elles ſont d'ailleurs très-clairement exprimées ſur les vues de côté, *pl. II* & *III.*) Si l'on imprime un mouvement quelconque à la manivelle, *pl. I*, la roue ou poulie Z le communique, au moyen d'une courroie, à la roue ou poulie R, en degré de proportion inverſe à leur diametre. (C'eſt le ſeul mouvement de correſpondance directe que la méchanique reçoive par ce côté.) Le cylindre C communique ſon mouvement au cylindre B, par une corde non croiſée, de *c* en *d;* & au cylindre D, par une corde croiſée, de *e* en *f*, paſſée ſur la rainure même du cylindre D, lequel a une poulie ou rainure plus baſſe, dans laquelle une corde ſans fin, après y avoir fait un double tour, va mouvoir les cylindres E F G H, en paſſant également par un double tour dans chacune des rainures correſpondantes *g h i k;* puis le grand cylindre ou tambour M L, qu'elle embraſſe; & revient enfin au cylindre D, par-deſſous la méchanique, où on lui reſtitue, au moyen d'une poulie mobile, *pl. III*, le degré de tenſion convenable, altéré, ou par les influences de l'athmoſphere, ou par toute autre cauſe.

UNE corde non croiſée, partant de la poulie *n* du tombour, va mouvoir le cylindre A par la roue *b b*, à laquelle elle communique : & une corde croiſée de *b* en *a*, fait tourner le rouleau A, paſſé dans deux largeurs de toile ſans fin *u u*, également retenue par un autre rouleau caché par le cylindre A.

CES toiles ſont chargées de coton lavé, ſéché légérement, & bien également étendu : le mouvement eſt lent; le coton approche en même proportion; il eſt continuellement ſaiſi par le cylindre A, & un autre abſolument égal & ſemblable, placé immédiatement au-deſſous de lui, & en recevant le mouvement par la roue de cuivre dentée *t*, qui s'engrene dans une autre roue, égale auſſi, & ſemblable à la premiere. Le coton enfin paſſe entre ces deux cylindres, comme une étoffe à imprimer, gauffrer ou luſtrer paſſe entre les cylindres propres à lui donner ces apprêts : il paſſe de A en B en C D I E F G H, encore en I, puis ſur le tambour L M, d'où les loquettes ſont levées par le cylindre ou rouleau M à lames de fer-blanc : celui-ci les rejette ſur un plan incliné, d'où elles paſſent ſous le rouleau de bois N cannelé, qui les roule ſur la ſuite du même plan incliné, & leur donne la forme & la conſiſtance propres : elles tombent enſuite, en état d'être filées, rangées les unes ſur les autres, dans une boîte poſée à terre en O, où on les amaſſe en plus ou moins grande quantité.

LES rouleaux M & N ſont mus, le premier par une corde croiſée qui part de la poulie *l* du cylindre I, pour ſe rendre ſur la poulie *o*; le ſecond par une corde non croiſée, qui paſſe de la petite poulie *p* ſur la poulie *q*.

On a pratiqué, ſur la poulie *l* du cylindre I, trois rainures paralleles de différentes hauteurs, pour tendre plus ou moins la corde de communication à la poulie *o*.

D'après ce ſimple expoſé, & la vue de la diſpoſition des cardes, indiquée ſur la *pl. II*, on comprendra aiſément, & le mouvement de toutes les parties de la machine, & l'effet de chacune.

Ce mouvement continuel, toujours doux & ſans le moindre reſſort, s'exécute ſans gêne, par le ſeul ouvrier appliqué à la manivelle Z. Toutes les poulies, ou roues à rainures, qui tiennent aux cylindres, ſont formées ſur le prolongement même des cylindres. Les cordes ſont de fils de chanvre ou de coton, en obſervant toujours d'adoucir leur jonction le plus qu'il eſt poſſible : il ſerait mieux qu'elles fuſſent de boyaux, mieux encore peut-être qu'on leur ſubſtituât des chaînes dans le goût de celles de montres, s'il n'étoit pas des cas où il devient néceſſaire de donner aux cylindres un petit mouvement en-avant ou en-arriere les uns des autres.

On a exécuté cette méchanique, & on la met en action ſans le ſecours de la plupart de ces cordes, mais au moyen d'une vis ſans fin qui paſſe en-deſſous des cylindres, & d'une ſuite d'engrenages des cylindres les uns dans les autres. Il eſt certain que la marche de celle-ci eſt plus uniforme; mais ſon mouvement eſt plus dur : elle eſt plus lourde. Je ne prononce point ſur la préférence à donner : l'une & l'autre aura ſes partiſans, en attendant qu'une plus longue expérience mette à même de décider la queſtion. (*a*)

Il me paraît inutile de parler ici du filage ordinaire au rouet : indépendamment de ce qu'il eſt répandu d'un bout du royaume à l'autre, & connu de tout le monde, les fabriques de velours de coton ne s'occupent guere de celui-ci; elles achetent tous ces cotons filés de gens qui font leur état

(*a*) Comme cette méchanique eſt d'une exécution difficile & diſpendieuſe, & qu'il eſt douteux de trouver, dans tous les lieux où elle pourra être utile, des ouvriers intelligens & aſſez habiles pour la bien rendre, même d'après les deſſins, je conſeille dans ce cas-ci, de s'adreſſer tout uniment au ſieur Regnier, chez M. Brehon, marchand épicier à Sens. Employé par l'adminiſtration dans la même partie, cet artiſte ingénieux eſt le plus en état, de ceux que je connaiſſe, de la faire exécuter, de la réformer, de la ſimplifier même, & de bien juger de ſon effet. Il a en outre une connaiſſance particuliere des matériaux convenables, & du prix de tous les objets, qui le met à même de la fournir plus parfaite ſans doute, & à meilleure compte qu'elle ne reviendrait peut-être à ceux même qui le feraient faire par économie.

du travail ou du commerce de cet objet, & qui les portent, ſoit aux halles ou marchés, ſoit dans ces manufactures même. (*a*)

A l'égard de la filature en gros, préparatoire à celle de la méchanique, elle ſe fait au rouet à l'anglaiſe, à table ou banc horizontal, le même avec lequel on file en fin étant aſſis.

On carde le coton comme pour le filage ordinaire; avec cette différence, que les *loquettes* doivent être beaucoup plus menues : la filature en gros en eſt beaucoup plus prompte, plus unie, parce qu'il les faut moins ſerrer pour laiſſer couler le coton; il ſe matonne moins, & le fil en eſt plus égal en denſité comme en volume. L'aiguillée du fil en gros ſe fait en deux fois; elle ſe tire d'abord de toute l'étendue du bras, l'ouvriere étant debout; puis elle la laiſſe tomber à terre, pour reprendre ſur le bout même de la broche, & en tirer la partie qui s'y eſt roulée ſans être entiérement filée : ce qui ajoute beaucoup à la premiere aiguillée; & en coulant la main de deſſus cette derniere partie ſur la premiere, le rouet tournant toujours, l'ouvriere fait diſparaître le gonflement qui les ſépare, & les deux aiguillées ſe trouvent réunies en une, égale dans toute ſon étendue. C'eſt en *renvidant* cette aiguillée, qu'on en outre-paſſe toujours un peu la partie filée également, pour avoir de quoi fournir plus de longueur à l'aiguillée ſuivante. La néceſſité de laiſſer ſur le bout de la broche du coton en loquette à la filature en gros, & celle de l'alonger quelquefois très-lentement, & toujours très-peu tors, a été juſqu'à préſent un obſtacle de ſe ſervir d'une méchanique pour cette premiere filature.

Il faut être bien exercé dans ce genre de travail, pour que le coton conſerve avec une même groſſeur une dilatation égale dans toutes ſes parties; & ces qualités ſont eſſentielles, parce que, donnant toujours à la méchanique les mêmes longueurs de fils gros, pour obtenir des longueurs auſſi égales entre elles de fils fins, ſi la quantité de matiere n'était pas toujours égale, il y aurait des fils plus ou moins gros, plus ou moins tors, & le but eſſentiel ſerait manqué; car c'eſt encore moins pour l'accélération des opérations, qu'on préfere cette méchanique à la pratique ordinaire, que pour leur uniformité.

Si, malgré la pratique & l'attention, il ſe trouvait dans la filature en gros des parties d'une inégalité trop apparente, on les ſéparerait, & l'on rejoindrait les fils. Ces bouts ſéparés ſe recardent, pour être filés au rouet en *fin commun* pour les cannelés. Il faut cependant les éviter autant qu'il

(*a*) Je penſe d'ailleurs qu'un petit traité de la filature des différentes matieres végétales ſera mieux placé à la tête de l'Art du toilier, que je me propoſe de publier inceſſamment, avec des détails ſur les divers genres de toiles & de toileries, les blanchiſſages & les apprêts qui leur conviennent.

eſt poſſible, parce qu'il y a toujours à perdre, & que le travail en eſt moins parfait.

La connaiſſance de la méchanique eſt néceſſaire à qui veut l'employer. On opere mal, quand on ne connaît qu'imparfaitement l'uſage & les effets des parties de l'inſtrument avec lequel on opere. Cette méchanique, quoique très-répandue en Angleterre, ne l'eſt point du tout en France: elle y eſt depuis pluſieurs années un objet de myſtere; & la premiere connue & publiquement miſe en uſage, eſt celle que j'ai entrepris de faire exécuter en août 1775, ſans en avoir jamais vu moi-même. Elle demande donc plus que toute autre une deſcription détaillée qui en facilite l'intelligence, l'exécution & l'emploi à tout le monde. (*a*)

De la méchanique à filer le coton, & de la maniere de s'en ſervir, pl. IV & V, fig. 1, 2 & 3.

La charpente de cette méchanique conſiſte en ſix piliers *pp*, en pieces latérales poſées par bas *xx*, & en celles 3 3, également par bas; & ſur la largeur, en deux autres traverſes *n n*, de l'un à l'autre pilier du milieu, l'une en-deſſus, & l'autre en-deſſous du tambour; enfin, en deux parties *ll*, taillées en feuillures, pour ſervir de couliſſes à la barre *b b*. Ces deux dernieres pieces de bois, qui ſont ſur la longueur du métier, la déterminent. Elles ſont ici de cinq pieds & demi; il les vaut mieux de ſix. A l'égard de la largeur, elle peut être de quatre pieds à quatre pieds & demi. Il eſt eſſentiel que toutes ces pieces ſoient de bon bois de chêne, qu'elles aient de l'épaiſſeur & de la force, & que juſtement encaſtrées les unes dans les autres par des mortaiſes, & bien chevillées, elles faſſent de leur enſemble un tout ſolide. L'uniformité des mouvemens imprimés par l'action de la manivelle en dépend; & c'eſt de cette uniformité dans l'action de toutes les parties en mouvement, que dépendent la célérité & l'égalité dans l'opération. Comme l'action communiquée à la manivelle ne s'imprime point ſans quelque effort, & que toutes les parties, mues par une ſuite de communication, ſe reſſentent toujours

(*a*) Cet art, décrit en 1776, fut remis alors, avec les deſſins qui y ont rapport, au magiſtrat chargé du détail du commerce, & honoraire de l'académie des ſciences: il fut lu par M. de Montigny, directeur aujourd'hui de la même académie. L'auteur, envoyé dans le même tems en Italie par l'adminiſtration, n'a pu revoir le manuſcrit que depuis ſon retour: il y a fait pluſieurs corrections qu'il doit à l'expérience & aux avis du ſieur Alix, entrepreneur d'une manufacture de velours de coton & de piqués à Amiens, & à ceux du ſieur Regnier, employé par l'adminiſtration à des objets relatifs à cette partie, avec leſquels il l'a relu. Il y a actuellement à Amiens de ſoixante-dix à quatre-vingt méchaniques à filer le coton, & elles commencent à ſe répandre dans la province.

plus ou moins de cet effort, il eſt eſſentiel, dis-je, qu'il n'y ait jamais de ſecouſſes, de mouvemens interrompus ou inégaux : le premier & l'un des plus ſûrs moyens d'éviter ces inconvéniens, eſt que la ſolidité & le poids de la charpente ſoient tels, qu'en ſupportant toutes les pieces en action, elle les contienne ſans participer en rien à leur mouvement.

hhhh, eſt un cadre qui n'eſt pas encaſtré dans les montans, mais qui y entre en couliſſe, & qui repoſe ſur une barre de traverſe, d'où on le tire & replace à volonté. Voyez-le, *fig.* H H. Ce cadre contient les broches ſur leſquelles ſe file le coton. On les voit garnies de pluſieurs noix en buis, poſées dans la direction d'un plan incliné, pour que les cordes qui leur communiquent le mouvement du tambour, ne ſe frottent pas les unes les autres. Les broches ſont en acier bien poli ; elles ont une ligne & demie ou environ de diametre par le bas, & elles vont en amincissant dans la partie hors du cadre, juſqu'au bout qui eſt très-pointu ; c'eſt ſur cette derniere partie que ſe forme la bobine du fil fin. Il eſt eſſentiel que les broches ſoient bien égales en diametre, en longueur & en peſanteur, ainſi que les noix.

La partie du cadre *yy*, eſt comme celle *zz*, percée d'outre en outre, & les trous ſont garnis en cuivre foré, plutôt que fondu percé ; les frottemens en ſont plus doux. Il faut que le mouvement de rotation des broches ſoit très-doux dans ces trous ; mais il faut que ces trous-là même ſoient très-juſtes, pour que les broches ne tergiverſent point dans leur mouvement. Ces broches ſe terminent à la baſe en cône renverſé, dont la pointe eſt émouſſée : elles pivotent ſur des morceaux de verre enchâſſés dans la piece de ſupport du cadre. Il y a peu de contact, peu de frottement ; & lorſque le verre commence à s'égriſer, on le change ; ou mieux encore, on lui ſubſtitue des cailloux bien moins ſuſceptibles d'être entamés.

Au haut & en-dehors des mêmes piliers, entre leſquels le cadre eſt enchâſſé, eſt un axe ſoutenu & tournant en *oo ;* deux morceaux de bois *ii y* ſont implantés à angles droits, & ſoutiennent par les autres extrêmités deux fils de fer *ff*, peu diſtans & paralleles. A l'extrêmité de l'un de ces morceaux de bois, près du point où ſont fixés les fils de fer, eſt attachée une corde de ce tambour, qui, tendue verticalement, eſt attachée par l'autre bout à l'extrêmité de la pédale *qq*. Lorſqu'on preſſe ſur cette pédale, on fait tourner l'axe *o o*, incliner les morceaux de bois *ii*, & abaiſſer les fils de fer *ff :* la corde *ss*, qui coule au long du poteau, & au bas de laquelle eſt ſuſpendu un poids aſſez lourd, eſt attachée à une petite roue fixée elle-même au bout l'axe tournant ; ce plomb fait contre-poids, & remet les fils de fer à leur premiere hauteur horizontale, lorſqu'on démarche la pédale.

Cette pédale eſt attachée par deux morceaux de cuir à une tringle contre laquelle elle a un jeu de charniere ; ce jeu ſe fait ſur le plancher même, dans le le milieu de l'interruption de la traverſe d'en-bas, au-deſſus de laquelle il aurait été trop gênant de ſoulever le pied à chaque preſſion. La ſituation ordinaire de la pédale eſt d'être inclinée, le bout oppoſé à la charniere tenu élevé par le poids du plomb.

Le tambour *t* eſt une planche en feuillet, roulée comme pour une circonférence de crible ou de tamis, d'environ vingt pouces de diametre, & de ſept à huit pouces de haut : les rayons l'uniſſent à l'axe qui le ſoutient & ſur lequel il tourne. Cet axe eſt ſoutenu & compris entre deux boîtes 6 6, adaptées l'une à la traverſe de deſſus, & l'autre à celle de deſſous, l'un & l'autre à vis & écrou ; celle du bas, dont la vis eſt poſée horizontalement, pour avancer ou reculer de la traverſe le pivot de l'axe du tambour ; & celle du haut, dont la vis eſt poſée verticalement, pour ſerrer plus ou moins ce même axe contre ſon point d'appui. Le premier effet eſt de donner aux cordes une tenſion toujours égale, & le ſecond d'empêcher que le tambour ne vacille dans ſes rotations. Si les rayons de ce tambour étaient appuyés perpendiculairement contre des morceaux de bois placés en-dedans du feuillet ceintré, & de ſa hauteur, plus ferme & moins ſuſceptible des influences de l'athmoſphere, il ne ſe déjeterait pas. Et ſi, au lieu des boîtes à vis pour reculer ou avancer ce tambour, on le plaçait dans un chaſſis à couliſſes fait dans le goût du porte-broches, & appuyé ſur les barres de côté de la méchanique, ne pouvant ſe mouvoir que de l'avant en arriere, & étant contenu par deux vis de chaque côté, tenu ferme, il conſerverait toujours ſon à-plomb.

On place entre le tambour & la boîte de deſſous, une roue à plat & à rainure, & à laquelle l'axe du tambour eſt commun. Il paſſe dans la rainure de cette roue une corde *s*, qui correſpond à la roue *r*, qui a pour axe la piece verticale 2, laquelle, mue par la manivelle *m*, communique le mouvement au tambour. Il ſe trouve encore au-haut & au-bas de cet axe des boîtes 6, à vis *v*, pour l'avancer ou le reculer, & donner plus ou moins de tenſion à la corde de communication des deux roues. Il convient, pour plus de légéreté, de douceur & d'égalité dans les mouvemens, que ces deux axes verticaux ſoient en fer, & qu'ils pivotent dans des crapaudines de cuivre.

Si l'on imprime actuellement un mouvement de rotation à la manivelle *m*, elle le communiquera à l'axe 2, celui-ci à la roue *r*, la roue à la corde *s*, cette corde à la roue 5, qui eſt au-deſſous du tambour, & celle-ci au tambour même. Qu'on ſuppoſe moitié autant de cordes 5 5 5 ſur ce tambour, qu'il y a de broches ſur le cadre *h h h h*, & chacune de ces cordes embraſſant deux broches. (Voyez la *fig.* 3, qui eſt la repréſentation de la méchanique deſſinée à vue d'oiſeau. Voyez encore la *fig.* A.) On concevra que le mouvement de la manivelle & celui des broches, ou plutôt le nombre des rotations de la roue & des broches, ſera en raiſon inverſe des diametres du tambour & des broches, ou de celui des noix, quant aux broches, les cordes paſſant ſur ces noix ; d'où l'on voit le moyen d'augmenter ou de diminuer relativement ces rotations, le premier mouvement étant toujours ſuppoſé égal.

La hauteur du tambour eſt, ainſi que l'inclinaiſon du plan des noix, pour diſtribuer les cordes de maniere qu'elles ne ſe frottent ni ne s'accrochent les unes aux autres. On a déjà vu que l'inclinaiſon du plan des noix des broches avait pour objet d'éviter le même inconvénient ; & elle doit être telle, que le plan que forme chaque corde ſoit ou approche le plus de la ſituation horizontale : autrement ces cordes attireraient les broches en - haut ou en - bas. Dans le premier cas, les broches ſeraient expoſées à des reſſauts, & même à ſe déboîter, ce qui arrive quelquefois : dans le ſecond, la preſſion & le frottement en ſont augmentés ; le mouvement eſt plus difficile, & l'action inégalement diſtribuée.

Ces petites cordes doivent être en boyaux, moins ſuſceptibles de l'humidité qu'aucune autre matiere. Il faut avoir attention d'en faire les nœuds le moins gros, & de leur donner une tenſion la plus égale poſſible. Avec toutes ces précautions, on aura encore à lutter contre la différence des impreſſions de l'athmoſphere ſur les cordes multipliées, & auſſi contre la différence des frottemens de ces cordes, & ſur les deux noix que chacune embraſſe, & ſur toutes les noix relativement les unes aux autres.

Nous avons cherché à diminuer les cauſes de cette *uniformité*, qui en devait néceſſairement apporter dans les effets. La premiere idée a été de changer la diſpoſition des broches, *fig.* A, & de les arranger de maniere que chaque corde, partant des deux broches pour aller envelopper le tambour, formât au point de tangence deux angles égaux : mais les fils ne conſervaient plus la même diſtance entr'eux ; & lorſqu'ils avaient peu de tenſion, ou qu'il arrivait qu'il s'en rompît, ils s'accrochaient, ils ſe brouillaient plus aiſément.

Réfléchissant enſuite à la forme & à l'effet des moulins à retordre, toutes ces cordes n'ont paru que l'échafaudage d'une premiere invention très-ſuſceptible d'être perfectionnée. Nous lui avons donc adapté la roue plate au lieu du tambour, & la courroie à la place de toutes les cordes ; alors il a fallu changer la direction en ligne droite des broches ; les roulettes ou poulies horizontales placées aux deux extrêmités de la file des broches ſupportaient la plus grande partie du frottement : plus avancées, elles le ſupportaient tout ; plus reculées, les deux premieres broches, l'une de chaque côté, partageaient cet excédant de frottement, & il n'en reſtait plus aſſez pour la ſuite des autres broches.

On a donné à cette file la forme d'un arc de cercle d'un plus ou moins grand rayon. Trop ſurbaiſſé, les broches du milieu ne recevaient pas une assez forte impression de la courroie, ou il aurait fallu lui donner une tension telle que les mouvemens en auraient été gênés & trop durs. (Voyez la *fig.* B.) Trop ceintré, ces mêmes broches du milieu s'éloignant beaucoup plus que les autres de la barre *b b*, il en résulterait des longueurs de fils plus considérables, & de l'inégalité dans la filature par conséquent. Pour conserver donc assez de courbure, sans trop éloigner les broches, on a multiplié ces courbures & les poulies en même proportion: voyez la *fig.* C. Enfin l'on a poussé le nombre des poulies jusqu'à cinq, les trois du milieu très-rapprochées, pour rendre les frottemens plus égaux & suffisans; & l'on a senti qu'on pourrait se servir très-utilement d'un porte-broche d'une ou de plusieurs courbures, en y conformant la barre, ce qui seulement m'avait embarrassé; mais alors on arrêterait les fils contre cette barre au moyen d'une courroie raccourcie par un petit ressort ou tire-bourre: là, tendue & serrée, elle les retiendrait.

Quelqu'autre a-t-il fait les mêmes recherches? S'y est-il pris différemment? A-t-il mieux réussi? En fait-il usage? C'est ce que j'ignore absolument, n'ayant vu d'autre méchanique de ce genre que celles que nous avons fait exécuter, ni avant, ni pendant, ni depuis leur exécution, & n'ayant pu causer avec personne qui eût voulu donner la moindre idée de ces changemens.

Ce qu'on propose ici, quoique d'après l'expérience, ne sont pas des points de perfection auxquels on doive s'arrêter. L'état actuel de cette méchanique n'est que l'idée de la chose. Elle est, comme on l'a déjà observé, très-susceptible d'être étendue & perfectionnée. Nous y avons porté le nombre des broches à trente; & de quinze ou vingt méchaniques qui ont été exécutées sous mes yeux, il n'y en a pas une d'un moindre nombre de broches: mais je suis persuadé qu'on peut doubler ce nombre, & que, par des dispositions différentes, on arrivera à filer des fils comme on en retord, & plus encore comme on en peut retordre, par centaines à la fois. (*a*)

Telle qu'est celle-ci enfin, considérée comme achevée, montée, tous les mouvemens se communiquant librement, il nous reste à en faire voir l'application. Qu'on se représente deux petites planches *c c*, attachées l'une à

(*a*) On a depuis obvié à tous ces inconvéniens, en remettant toutes les poulies sur une ligne droite & horizontale, & les faisant toutes également presser par la corde à boyau, au moyen d'autres poulies placées sur le derriere, alternativement de deux l'une. On a pu porter de cette maniere le nombre des broches jusqu'à quarante. Voyez le cadre ou support C P, qui en a ce nombre. On a encore doublé parallélement le rang de ces broches dans plusieurs méchaniques, & sur le derriere de chaque rang on en a mis un de poulies de rejet de la corde à boyau. Ces dernieres méchaniques ont cinquante-trois broches, & filent autant de fils à la fois.

plat, & l'autre de champ, l'une contre l'autre, au bout des pieces *l l*, sur le derriere, dans lesquelles sont implantées verticalement des broches de fer, pour servir d'axe aux bobines de la filature en gros, faites sur des canons de roseau, & qu'on dresse sur ces planchettes, comme on le voit en *g g*: qu'on imagine aussi le haut des broches *u u*, garni d'un reste de bobines de fil fin, formées sur des canons de papier, & qui n'ont pas été devidées entiérement à dessein: qu'on suppose encore une barre *b b*, divisée en deux parties sur toute sa longueur, les deux parties doublement crenelées pour s'enchâsser l'une dans l'autre, aussi sur leur longueur, appuyée & à coulisses par les deux bouts sur les côtés *l l*. Si une ouvriere placée en *a*, tire d'une part le fil en gros de chacune des bobines *g g*, & les passe entre les deux parties séparées de la barre *b b*, observant de les placer à des distances bien égales; qu'elle rejoigne ensuite ces deux parties de la barre, les bouts passant, il est évident que les fils y seront saisis & fortement arrêtés. Si d'une autre part l'ouvriere conduit le bout des fils en fin par la pointe des broches, passant entre les fils de fer *f f*, jusques vers la barre où dépassent les fils en gros, & qu'elle accroche tous ces bouts, chacun à chacun, les uns vis-à-vis des autres, par un tors léger, il en résultera des longueurs & une suite de fils tels qu'ils sont représentés par les petits points & les 7 7 7 de la figure dessinée à vue d'oiseau. La barre doit être beaucoup plus rapprochée alors des fils de fer *f f*, qui soutiennent les fils en fin.

Pour donner la longueur de fils en gros nécessaire à former celle de fil en fin, il n'est question que de rouvrir la barre & de la reculer d'autant. Le point de réunion des deux bouts de fil n'en change pas de place; il a été fait très-près de la barre: on l'en éloigne d'environ six pouces, plus ou moins, suivant la qualité de la matiere, la grosseur de la filature en gros, & la finesse qu'on veut donner à la filature en fin. Cette distance une fois déterminée, on observe toujours la même avec la même matiere, pour une finesse semblable & un tors égal. Les chiffres 1, 2, 3, 4, 5, 6, tracés sur la barre du cadre du côté de la manivelle, servent à régler l'ouvriere à cet égard au moyen d'une pinule ou régulateur. On referme la barre; & l'ouvriere placée en *a*, comme on l'a dit, tournant la manivelle *m* de la main droite, & poussant la barre doucement en-arriere de la main gauche, le fil en gros s'étend en même tems que le fil en fin se forme. On continue de pousser la barre ainsi qu'en *c c*, vers la premiere rangée des bobines en gros *g g*, en tournant toujours la manivelle. On la tourne encore huit à dix tours de suite avec vitesse, sans donner aux fils plus de longueur. C'est dans cette derniere opération qu'ils acquierent le degré de tors qui leur convient, & qu'on le fixe par le nombre des tours de roue, qu'on est libre de déterminer.

L'ouvriere alors, d'un petit mouvement de manivelle en sens contraire, fait que les pointes des broches, par lesquelles les fils s'étaient toujours dirigés, s'en dessaisissent : elle presse incontinent la pédale *q*, qui fait incliner les chevilles *l l*, & baisser les fils de fer *f f*, au moyen desquels on dirige actuellement le fil à volonté sur la bobine, en rapprochant la barre de ses bobines *u u*, & tournant la manivelle, pour renvider les fils filés. On lâche le pied; les fils de fer reprennent leur premiere situation, & ils font reprendre la leur aux fils de coton : toute chose est remise en l'état où elle était en commençant. On rouvre la barre; on la recule d'environ six pouces; on la referme; on tourne la manivelle en poussant la barre tout doucement jusqu'au fond; on donne plusieurs tours de roue sans remuer la barre; on donne un léger mouvement à la manivelle en sens contraire; & enfin on presse la pédale en même tems qu'on ramene la barre & qu'on tourne la manivelle.

Lorsque l'aiguillée de coton a toute son étendue, il ne faut pas abandonner la barre de la main : mais lorsqu'on sent que le coton l'altere un peu en se raccourcissant par le tors, il faut s'y prêter d'un pouce ou environ, mais graduellement, & ne pas outre-passer cette distance, jusqu'à ce que le fil, ayant acquis son degré de tors, on le renvide. Il est inutile d'observer que le coton pour chaîne devant être plus tors que celui pour trame, il faut un plus grand nombre de tours au premier qu'à celui-ci.

S'il se casse des fils dans cet intervalle, & que les bouts pendans s'accrochent à d'autres, il faut arrêter sur-le-champ & raccommoder ces fils, ou du moins en retirer les bouts, celui du côté des broches principalement. Lorsqu'ils pendent sans nuire n rien au reste du travail, on va son train jusqu'au prochain retour, qu'on les raccommode exactement. Les bouts cassés & séparés, qu'on ne saurait rejoindre, & qui ne laissent pas d'être en nombre & de faire volume, lorsque les mouvemens de la méchanique ne sont pas égaux & doux, lorsque la matiere est commune, trop courte, & mauvaise, lorsqu'elle a été mal savonnée, mal cardée, & mal filée en gros, lorsqu'enfin l'ouvriere est peu adroite ou mal exercée; ces bouts, dis-je, se recardent pour une filature commune au rouet ordinaire.

Avant de décrire la barre *b b*, qui est une piece essentielle, j'observerai qu'on couvre le tambour *t*, les cordes 5 5 5, & presque tout l'intérieur de la méchanique, d'un grand chassis qui pose par le milieu sur la traverse *n n*, & qui s'étend en pente sur le devant & sur le derriere, dans la forme d'un grand arc de cercle. Ce chassis, qu'on couvre d'un papier verd, ou mieux encore, d'une toile calandrée ou lustrée de la même couleur, sert à empêcher que les fils qui cassent n'aillent prendre sur le tambour, ou se mêler dans les cordes, à les retenir, & les avoir plus à la main pour les raccommoder ou les rompre : il sert encore à faire ressortir ces fils, & mettre à même de les mieux obſerver d'un coup-d'œil, pour juger de leur fineſſe & de leur tors.

En ramenant la barre ſur le devant pour renvider le fil fin, elle devide du fil gros en même longueur. Lorſqu'on paſſe à la formation d'une nouvelle longueur de fil fin, les fils gros ſe replient ſur eux-mêmes; ils ſe brouillent & s'accrochent quelquefois. On pourrait éviter cet inconvénient, en fixant les planchettes qui portent les bobines en gros aux réglettes d'équerre à la barre, & les rendant mobiles avec la barre même; ce qui formerait un petit chariot, dont le ſieur Regnier a beaucoup adouci le mouvement, en le faiſant rouler ſur des tringles de fer rond poli, avec de petits cylindres de cuivre montés ſur un axe en forme de poulie deſſus & par côté.

Qu'on ne tente point de faire aller le chariot par un moyen méchanique auquel la main n'aurait pas une part directe, puiſque l'uniformité de mouvement n'apporterait au beſoin aucune variété dans la filature, & qu'on ne peut juger qu'au tact, par le plus ou moins de poids ou de réſiſtance du chariot, du degré de fineſſe ou de tors du coton.

La barre à cheville était la ſeule connue, lorſque j'ai fait faire la premiere méchanique; mais cette barre nous a paru ſujette à tant d'inconvéniens, qu'elle a été la premiere piece que nous ayons eu l'idée de réformer: elle était ſujette à ſe déjeter; plus on la ſerrait par le milieu, plus elle bâillait ſur les extrêmités; & malgré les crenelures intérieures, les fils coulaient quelquefois par ces parties entr'ouvertes. En ſerrant moins, ils auraient coulé tout du long; en ſerrant trop, ou dans les tems humides, les rainures de la barre entrant les unes dans les autres, & y ſaiſiſſant le coton avec force, il ne reſtait plus aſſez de poids à ſa partie inférieure pour s'échapper lorſqu'on tirait la cheville; il fallait frapper deſſus de la main, & à pluſieurs fois, pour opérer cette ſéparation.

Il fallait toujours que l'ouvriere portât en-avant ſes deux mains à la fois juſqu'au milieu de la barre, l'une pour la ſerrer, l'autre pour placer la cheville à chaque fois qu'il était queſtion de la fermer ou de l'ouvrir. La broche d'ailleurs devenait un meuble embarraſſant dans le dernier cas; l'ouvriere la plantait dans ſes cheveux, &c. On a obvié par degrés à ces différens inconvéniens; & la derniere invention, qui n'en a aucun de ceux dont on vient de parler, eſt celle à laquelle on s'eſt fixé. Elle conſiſte en trois baſcules à ſonnettes *ddd*, mues par une petite tringle de fer, briſée aux unes par le milieu, d'une ſeule piece aux autres, que l'ouvriere arrête ſur la barre même où elles ſont placées, au moyen d'une mortaiſe pratiquée au bout de la tringle, & d'un crochet fixé ſur la barre. Ces trois baſcules partagent la barre en quatre parties à peu près égales. Elles ſont attirées par un côté, & de l'autre elles élevent en même tems la partie inférieure de la barre par des fils de fer qui, paſſant au travers de la partie ſupérieure, vont ſaiſir & amenent l'autre, de maniere à les unir enſemble avec une force & une preſſion par-tout & toujours égale.

La tringle eſt armée d'un bouton, pour la tirer juſqu'à ce que la mortaiſe arrive au tenon. Tout cela eſt pratiqué ſur l'extrêmité de la barre du côté de l'ouvriere; & elle fait ces mouvemens avec promptitude, & ſans la moindre gène. Ils ſont doux, ſans ſoubreſaut, & leurs effets toujours égaux.

On remarquera que la partie ſupérieure de la barre repréſentée plus en grand en B B, eſt terminée par de courtes regles, un peu échancrées en-dedans, & poſées d'équerre. C'eſt ſur les regles 4 4 4 4, qu'eſt ſupportée la barre, & qu'elle va & vient en façon de couliſſe dans les feuillures des pieces *l l*. Il eſt très-important que ce mouvement ſoit facile & doux: la barre qui irait & viendrait à la moindre impulſion, n'en ſerait que plus parfaite. Pour en faciliter le mouvement & lui donner cette perfection, on enchâſſe dans des mortaiſes pratiquées aux extrêmités de ces regles, de petites roulettes de cuivre qui excedent ou dépaſſent leur ſurface en-deſſous & de côté, d'une ligne ou d'une ligne & demie. Chaque regle porte ainſi quatre roulettes, deux en-deſſous & deux de côté; ce qui fait huit roulettes, quatre pour le ſupport de la barre, & quatre pour éviter les frottemens par côté.

Cette barre doit être faite d'un bon bois de chêne, bien ſain & bien ſec, arrondie deſſus & deſſous, & bien polie, afin que les fils ne s'y accrochent pas.

J'ai déjà obſervé qu'un des plus grands avantages de la filature à la méchanique, eſt d'avoir des fils égaux en fineſſe & en force: à l'égard de celui qui réſulte de la quantité, il eſt proportionné à la fineſſe du fil. Car le ſavonnage, le cardage, la filature en gros, & toutes les opérations préparatoires étant les mêmes, il y a d'autant moins à gagner pour celui qui achete la matiere & qui l'emploie, & pour l'ouvriere qui la travaille, que le fil enfin eſt filé plus gros. Il donne moins de longueur, il eſt d'un numéro plus bas; il eſt plus commun, & le prix de la façon eſt moindre. A tel degré, il n'y aurait plus de profit; paſſé ce degré, il y aurait de la perte; le point eſt inaſſignable, c'eſt à la pratique à le déterminer d'après ces obſervations.

Cette méchanique eſt également propre à la filature de la laine cardée; mais je dois convenir que mes tentatives ſur la laine peignée n'ont point encore eu le même ſuccès. Raſe & ſeche, celle-ci, dans la roideur de ſa filature, avec l'effort d'un reſſort bandé, ſe retire & ſe détord de part & d'autre, lorſqu'un fil vient à caſſer. Le rapprochement & un tors léger ne ſuffiraient point d'ailleurs comme à la laine cardée, & ſur-tout au coton, pour les faire reprendre ensemble. Le coton a des fibres très-courtes, qu'il faut beaucoup mêler ensemble, confondre même les unes dans les autres, en leur faisant prendre une infinité de directions différentes, d'où résulte leur accrochement, avec une force capable de résister aux opérations de la filature & du tissage; mais ce degré de force ne s'acquiert que par une progression très-lente, & si peu sensible d'une partie à l'autre, que si le coton se casse au moment même où il passe à l'état de fil, où il acquiert le degré de tors qui le constitue fil, chaque partie tombe & reste immobile. La laine est plus longue que le coton : ses fibres ont plus d'élasticité, plus de roideur; plus elle est naturellement courte, fine & douce, plus elle se rapproche du coton par les propriétés qui le rendent susceptible d'une filature aisée & fine à la méchanique; & c'est à raison de ces différences que la communication du tors est plus prochaine & plus subite. Quelque fine donc & bien cardée que soit la laine, il faut que le mouvement de la méchanique propre à la convertir en fil, soit plus lent à proportion de ce que le mouvement progressif des parties de la matiere les unes sur les autres est plus accéléré: il faut grossir les broches sur lesquelles les fils se forment, les noix qui essuient les frottemens, ralentir encore le mouvement par d'autres moyens, ce qui est facile. A l'égard de la laine peignée, dont les fibres sont très-longues, rapprochées, mais divisées par le peignage, le tors imprimé sur l'une de ses extrêmités se communique soudain à l'autre; & de proche en proche, toute l'étendue d'une aiguillée, ou du développement de la matiere propre à la former, se ressent, presque au même instant & au même degré, des influences de cette opération. Alors une tension plus forte que celle qu'a donnée l'acte de rapprochement, fait casser le fil; & toutes ses parties tendent très-promptement à reprendre leur premier état: ce n'est plus un fil. Si au contraire la tension n'est pas suffisante pour contenir également toutes ses fibres dans l'état uniforme de contraction que leur a procuré le mouvement de la méchanique, elles se rapprochent, se surmontent, se cordelent, se bouclent; ce n'est plus du fil, & la matiere n'est plus propre à rien. Celle du chanvre & du lin, qui ne sont que des écorces beaucoup plus dures & plus longues, & sur lesquelles les mouvemens du tors se communiquent beaucoup plus rapidement encore, se casse plus subitement, plus sec, plus net; se surmonte, se boucle, se cordele plus précipitamment. Telles sont les raisons pour lesquelles on n'a point encore appliqué la méchanique à la filature des laines & des soies cardées; celles qui éloignent davantage d'en faire usage pour les laines peignées, plus encore pour le chanvre & le lin. On ne juge pas cependant que la chose soit impossible; j'espere même, & je prédis que tôt ou tard elle aura lieu.

Du

Du devidage & du tarif.

Le devidage du coton ſe fait de la même maniere, avec les mêmes précautions, & un ſemblable devidoir qu'il eſt indiqué à cet article, dans l'Art du fabricant des étoffes raſes, &c. On devide ſix, huit à dix bobines, ſuivant la longueur de l'aſpe pour en former autant d'écheveaux. On les arrête tous les quatre-vingt tours, ou à chaque centaine d'aunes, pendant ſept révolutions ſemblables & ſucceſſives. On arrête alors le fil d'une maniere plus déterminée, & on leve les écheveaux diviſés chacun en ſept pieces. On détermine le prix de la filature, le prix du fil, ſon numéro par conſéquent, & l'emploi de ce fil, par le poids de la piece ou celui de l'écheveau.

Les cotons employés dans la fabrique des velours, ſont quelquefois pris des n°s. 26, 27; mais communément du n°. 30 ou n°. 40. Le n°. 15 eſt le plus ordinaire pour le cannelé, quoiqu'on en faſſe avec des fils du n°. 20, & même du 24; & les extrèmes auxquels on ne monte & ou ne deſcend guere, ſont 12 & 45. Il eſt très-rare qu'on file par-delà le n°. 60. Il n'y a même pas d'uſage qui ait déterminé dans ces cantons le prix de la filature depuis les n°s. 48 ou 50. On pourraît filer plus fin ſans doute, & il ſerait très-aiſé d'alonger ce tableau; mais cela ſerait inutile.

Il eſt eſſentiel de remarquer que le plus ou moins de tors du fil fait varier ſon numéro, ſans qu'il en ſoit plus ou moins gros: car, à diametre égal, c'eſt le degré de tors des fils qui détermine leur poids.

TARIF.

	Poids de l'écheveau.				*Poids de la piece.*			
Num.	Onces.	Gros.	Grains.	Fract.	Onces.	Gros.	Grains.	Fract.
1	16				2	2	20	$\frac{4}{7}$
2	8				1	1	10	$\frac{2}{7}$
3	5	2	48			6	6	$\frac{6}{7}$
4	4					4	41	$\frac{1}{9}$
5	3	1	43	$\frac{1}{5}$		3	47	$\frac{11}{35}$
6	2	5	24			3	3	$\frac{3}{4}$
7	2	2	20	$\frac{3}{7}$		2	44	$\frac{40}{77}$
8	2					2	20	[illegible]
9	1	6	16			2	2	[illegible]
10	1	4	57	$\frac{3}{5}$		1	59	[illegible]
11	1	3	45	$\frac{9}{11}$		1	47	[illegible]
12	1	2	48			1	37	[illegible]
13	1	1	60	$\frac{1}{13}$		1	29	$\frac{2}{91}$
14	1	1	10	$\frac{2}{7}$		1	22	[illegible]
15	1		38	$\frac{2}{5}$		1	15	[illegible]
16	1					1	10	[illegible]
17		7	38	$\frac{2}{17}$		1	5	$\frac{5}{119}$

	Poids de l'écheveau.				Poids de la piece.			
Num.	Onces.	Gros.	Grains.	Fract.	Onces.	Gros.	Grains.	Fract.
18		7	8			1	1	1/7
19		6	53	1/19			69	39/133
20		6	28	4/5			65	29/35
21		6	6	18/21			62	102/147
22		5	58	10/11			59	65/77
23		5	40	16/23			57	39/161
24		5	24				54	6/7
25		5	8	16/25			52	116/175
26		4	66	6/13			50	58/91
27		4	53	1/3			48	16/21
28		4	41	1/7			47	1/49
29		4	29	23/29			45	81/293
30		4	19	1/5			43	31/35
31		4	9	9/31			42	102/217
32		4					41	1/7
33		3	63	3/11			39	69/77
34		3	55	1/17			38	86/119
35		3	47	11/35			37	151/245
36		3	40				36	4/7
37		3	33	1/37			35	151/259
38		3	26	10/19			34	86/133
39		3	20	4/13			33	69/91
40		3	14	2/7			32	32/35
41		3	8	32/41			32	32/287
42		3	3	3/7			31	17/49
43		2	70	14/43			30	186/301
44		2	65	5/11			29	71/77
45		2	60	4/5			29	9/35
46		2	56	8/23			28	100/161
47		2	52	4/47			28	4/329
48		2	48				27	2/7
49		2	44	4/49			26	298/343
50		2	40	8/25			26	58/175
51		2	36	12/17			25	97/119
52		2	33	3/13			25	29/91
53		2	29	47/53			24	312/371
54		2	26	2/3			24	8/21
55		2	23	31/55			23	361/385
56		2	20	4/7			23	25/49
57		2	17	13/19			23	13/133
58		2	14	26/29			22	142/203
59		2	12	12/59			22	130/413
60		2	9	3/5			21	33/35

Fabrication du velours.

Le velours plein se fabrique le plus ordinairement dans le compte en 600, & quelquefois en 700; c'est-à-dire, de 12 à 1400 fils, deux fils en broche, sur la largeur de vingt pouces; & avec du coton du n°. 36, pour l'un ou l'autre compte. L'essentiel est, que le velours soit bien plein, les coupes serrées, le poil rapproché. Une chaîne de fond doit peser environ trois livres, pour une coupe de vingt-quatre aunes; six livres, pour les deux coupes: & celles de poil ou du velouté, environ cinq livres, dans sa longueur de soixante-douze aunes, dont il en faut quatre, & même travailler sur la cinquieme pour une chaîne de fond de quarante-huit aunes: c'est-à-dire, que soixante-douze aunes de poil ne font que de onze à douze aunes de velours. La premiere est composée de fils doublés & retors fortement au moulin. Cette méchanique à retordre les fils de coton, en ellipse alongée, à double rang de bobines, employée dans les manufactures de velours de coton, est décrite ci-après, à l'explication des planches. Les fils de la chaîne de fond, ainsi doublés & retors au moulin, ne doivent pas être aussi tors que les autres à la méchanique, lors de la filature en fin; ils deviendraient durs, secs & cassans. La seconde chaîne, celle de velouté, est composée de fils simples, en nombre égal à celui de la chaîne de fond; deux fils encore en broche, quatre en tout; & du n°. 30, ce qui dépend aussi de son degré de tors; plus il l'est, plus il y a de matiere, plus le duvet abonde.

Il faut une trame de même matiere & de même filature que celles du poil. On la fait débouillir, & on l'emploie mouillée. S'il arrivait qu'après une cessation de travail, la trame se fût séchée, & qu'on l'employât ainsi sans la remouiller, elle s'approcherait moins, le poil en serait plus rare, l'étoffe plus creuse en cette partie, & l'effet disparate. On jugera de la quantité qu'il en entre, par le poids des différentes sortes de pieces déterminé ci-après, sortant du métier: de 2 à 3 liv. par coupe de vingt-quatre aunes.

A l'égard du velvet-ret ou velvet-rest, la proportion de la chaîne est toujours la même pour les différens comptes, que celle du velours cannelé: mais celle de la trame varie beaucoup. La trame du velvet-ret ne doit pas être au-dessus du n°. 15, & celle du cannelé est comprise entre les n°s 15 & 24.

La chaîne de *fond* du velours plein & celle de *poil* s'ourdissent également par vingt bobines, & l'on met trente portées pour celle-ci, & trente & demie pour celle-là, à cause des lisieres. Au velours plein du compte en six cents, le nombre des lames est de six, quatre pour le fond, & deux pour le poil, composée chacune de trois cents lisses, ayant les unes chacune un fil de fond tors & double, & les autres chacune deux fils de poil simples. Les dix-huit cents lisses ainsi garnies se divisent de trois en trois, deux de fond & une de poil, pour distribuer les fils & en garnir également les six cents broches du ros.

On fait jouer les quatre lames de fond par quatre marches, & les deux lames de poil par une seule marche; ainsi l'armure de ce métier est composée de six lames, cinq marches, & cinq marchettes. En voici la disposition, le passage des fils, & la façon de marcher, indiqués au velours plein, *pl. VII* du métier, & 8 des marches, *fig.* 1. On passe la verge après avoir marché 1 & 4.

Les traits / marquent les cordes correspondantes des lames aux marchettes, celles qu'on nomme les grandes cordes.

Les o marquent les cordes correspondantes aux contre-marches, celles qu'on nomme les petites cordes; au velours cannelé, *pl. VIII*, *fig.* 2, il n'y a que quatre lames, deux simples qui ne contiennent ensemble qu'un tiers de la chaîne, & deux doubles qui en contiennent chacune un tiers.

La marche de velvet-ret ne differe qu'en ce qu'au lieu des lames doubles qui levent pour le cannelé, on fait lever les lames simples, & l'on marche un pas de toile.

Le velvet-ret, qu'on nomme huit duites, parce qu'on en passe trois de suite à couper, que ce n'est que la quatrieme qui ouvre le pas de toile, qu'on repasse trois autres duites à couper, & que ce n'est que la huitieme duite qui ferme & arrête ce premier pas, est une étoffe forte, chargée de matiere, & dure à couper. On a trouvé le velvet-ret à six duites, assez fourni & moins cher, & l'on ne fait plus guere que de celui-ci: *Voyez* la marche, *pl. VIII*, *fig.* 3.

1 marché, la lame 4 leve, & l'on passe la premiere duite, qu'on coupe.
2 marché, la lame 2 leve, & l'on passe la deuxieme duite, qu'on coupe.
3 marché, les lames 1 & 2 levent, & l'on passe la duite, qui fait la toile.
4 & 5 se coupent encore, & 6 clôt le pas de toile; ainsi de suite.

Les lames 1 & 3 sont toujours en-dessous de la trame qu'on coupe: elles ont à elles deux les deux tiers de la chaîne: d'où l'on voit que lorsqu'il se trouve une trame à couper, il y a cinq fils de la chaîne en-dessous, contre un en-dessus.

Pendant que j'en suis aux marches des velours de coton, je vais donner celles de deux étoffes, de ce genre de fabrication, devenues fort à la mode: les croisés en coton, dits satinettes, qu'on emploie beaucoup en vêtemens d'une seule couleur, ou imprimés à petits dessins; & les piqués de même matiere, qu'on consomme ordinairement en blanc.

Les croisés en coton se font dans le même compte que les velours à douze ou quatorze cents fils, six à sept cents broches, deux fils en dent: fils doublés & retors: sur la largeur de vingt à vingt-deux pouces: chaîne de quarante-huit à cinquante aunes, qu'on met aussi en deux coupes: la trame du n°. 15 au n°. 24. On les fait croisés d'un côté, & à pas de toile de l'autre; ou croisés des deux côtés. Dans le premier cas, il faut cinq marches & trois lames, *pl. VIII, fig.* 4: dans le second, quatre marches, & quatre lames, même *planche*, *fig.* 5. La vue de ces marches suffira pour l'intelligence de leur jeu, ou toute autre explication serait inutile.

On peut faire un croisé à côté, en ajoutant trois lames semblables aux premieres: les fils divisés de maniere qu'il y ait un intervalle de trois, quatre, cinq, ou six lisses vuides, & autant de lisses garnes; plus ou moins, suivant la largeur de la rayure qu'on veut faire; en alternant plein & vuide, d'une lame à la suivante, mettant par conséquent deux cents fils par lame, au lieu de quatre cents.

Dans le premier cas, il ne s'éleve qu'une lame à la fois, & tout est croisé d'un seul côté: dans le second cas, il se leve deux lames à la fois, & la cannelure, croisée d'un côté, est unie de l'autre, & *vice versa*: cette étoffe n'a point d'envers proprement dit.

Armure de piqué pour un carreau quatre points, simple, pl. VIII, fig. 6, & fig. A.

Marcher en même tems la premiere 1 à droite, & la premiere 1 à gauche, & passer une duite de fil fin: frapper deux coups: continuer de marcher la premiere 1 à droite, & en même tems la deuxieme 1 à gauche, & passer une seconde duite de fil fin: frapper deux coups. Marcher du pied droit la huitieme cotée 2, passer une troisieme de fin: frapper, marcher du pied gauche la neuvieme cotée 3: passer une quatrieme duite de fin: frapper, fouler successivement la cinquieme du pied droit, la septieme du pied gauche, & la sixieme du pied droit: lancer entre chacune une duite de fil gros: de maniere que des sept duites passées successivement, les quatre premieres soient en fil fin, & les trois dernieres en fil gros.

Répétez tout ce *marcher* en employant la deuxieme à droite, cotée 2, au lieu de la premiere 1, puis avec la troisieme, & enfin avec la quatrieme. On a la moitié formée de tous les carreaux; & en recommençant on n'aurait que des zigzags ou bâtons rompus; mais en rétrogradant, c'est-à-dire, en employant, après la marche 4, les marches 3, 2 & 1, au lieu de reprendre 1 2 3 & 4, & revenant par 2 3 & 4, on fera les deux autres côtés des carreaux; & il seront terminés.

Armure de piqué pour un carreau quatre points, double, pl. VIII, fig. 7, & fig. B.

Le marcher ſe fait comme il eſt tracé d'après le principe indiqué à l'armure précédente, en rétrogradant à celle-ci de la neuvieme à la huitieme.

Les piqués ſe font de deux mille quatre cents à trois mille fils en chaîne; quelquefois en fils doublés & retors, mais en moins haut compte alors; ordinairement en fils ſimples, mais très-tors à la méchanique; de vingt-cinq à trente tours. On le prend communément du n°. 20. Les chaînes de vingt-cinq aunes peſent de cinq à ſix livres. Les ros ont huit cents, neuf cents & mille broches; trois fils en dent, ſur 34 pouces de large, pour revenir, l'étoffe après le blanchiſſage, à vingt-neuf pouces.

Les armures ci-jointes des piqués ſont montées en deux mille ſept cents fils. La premiere a onze marches & dix lames. On voit que les deux lames qui ſont en-avant contiennent chacune un tiers de la chaîne, & que l'autre tiers eſt réparti ſur toutes les autres lames, dans une proportion un peu différente au carreau ſimple. Le carreau double a auſſi deux marches de plus que l'autre, quoique le nombre des lames ſoit égal.

Il eſt à obſerver, & on le reconnaîtra en examinant attentivement le paſſer des fils & le marcher de l'étoffe, que le fil fin qui fait l'entoilage paraît ſeul en-deſſus, & que le fil gros qui eſt tout en-deſſous ne ſert qu'à donner de la conſiſtance à l'étoffe, & à faire gonfler le piqué.

Quand les points de piquure ſont très-rapprochés, comme au carreau double, il faut un gros fil, beaucoup moins gros qu'au carreau ſimple.

Voici encore une marche, *pl. VIII, fig. 8*, qui n'a point été publiée, que je ſache, & qui par ſa ſingularité mérite bien de l'être, autant ici qu'ailleurs. C'eſt celle au moyen de laquelle on exécute une toile ſans liſieres, & des ſacs ſans fond; n'importe les dimenſions & la matiere; *fig. 8*.

Les o indiquent les lames qui levent: les / celles qui baiſſent en même tems: les XX, les deux marches ſervant à faire le fond des ſacs, on peut les retirer dès qu'ils ſont faits. Lorſqu'avec ces deux marches on a ouvré une toile ordinaire, ſur la longueur de quatre doigts, & qu'on les a miſes de côté, l'on opere avec les quatre autres marches, ſuivant l'indication des chiffres. Il n'eſt important de placer le talon des marches en-avant ou en-arriere, que relativement à la force ou à la délicateſſe de la matiere, au plus ou moins de ſecouſſes qu'elle peut eſſuyer, & auxquelles elle doit réſiſter dans le travail.

La longueur donnée du ſac étant faite, on reprend les marches XX, pour fabriquer une nouvelle longueur de quatre doigts de toile ſimple: on coupe enſuite la toile ſur le travers, & dans le milieu de cet eſpace, pour avoir de part & d'autre un fond de sac sans couture, qu'on retourne en-dedans, pour que la toile ne se défile pas, que le tissu ne se défasse pas au service.

PEUT-ÊTRE trouvera-t-on un jour quelque avantage à employer cette marche pour faire des sacs à grains, à farine, ou à ouvrage, ou enfin pour tant d'autres usages intermédiaires. C'est, à quelques changemens près, pour l'agencement des manches, celle qui a servi à fabriquer ces chemises sans coutures, qui ont fait tant de bruit. Je reviens à mon objet.

DU reste, le métier à velours de coton plein, velvet-ret & cannelé, des satinettes, des piqués, &c. est le même; plus ferme & plus solide que dans la toilerie, parce que les secousses de la fabrication sont plus fortes, mais carré & d'à-plomb; la chaîne également parée, très-peu inclinée; celle de fond en-dessous, & celle de velouté en-dessus, comme aux velours d'Utrecht, aux pannes; les fers ou verges de même, mais plus fins; les rabots semblables, mais de bonne trempe. L'ensuple du travail également en-dessous, armée d'une roue d'entrée en encliquetage; la poitriniere à rainure à jour, pour y passer l'étoffe fabriquée. Les lisses de fil de lin, le peigne ou ros en fer; les chaînes se détendant, s'attirant & s'arrêtant de la même maniere, &c. &c. &c. Voyez *pl. VII, fig.* 1 & *suiv.*

LE premier choix à faire dans les ustensiles, est celui des verges ou fers *gghh*, ainsi nommées, quoiqu'elles soient en cuivre. Voyez *pl. V, supplément de la pl. VII.* On en a essayé de beaucoup de pays, d'Angleterre même: on n'a rien trouvé de préférable à celles de Lyon; & c'est de là que plusieurs manufactures les tirent. Il faut sur-tout éviter l'inégalité de grosseur, qui barre le travail, & lui donne un air cannelé, ce qui est un grand défaut: il faut rejeter de pareilles verges sans hésiter. Les fers à velours sont généralement arrondis: ils se placent indifféremment; & lorsqu'on frappe les duites, ils se tournent ordinairement d'eux-mêmes, la cannelure en-dessus. Ceux au contraire qu'on nomme *à cœur*, se mettent & se tiennent droit sur-le-champ, parce qu'ils ont de la base: quand les ouvriers sont bons, ils frappent également, & font une aussi bonne étoffe; mais lorsqu'ils sont négligens, n'étant pas nécessités de frapper autant que dans le premier cas, pour faire tourner la verge, ils approchent moins la duite, & le velours est trop léger.

IL n'est pas moins essentiel que le couteau *cc dd* soit de bonne trempe, & que l'ouvrier le tienne bien *en taillant*, pour avoir une tranche égale, vive & nette. Lorsqu'il y a des inégalités un peu sensibles dans la coupure, que le poil est mâché, bourru, ou bavant à ses extrêmités, il en résulte une surface inégale, dont le grillage ni aucun apprêt ne garantit jamais parfaitement le velours. Ce vice résulterait encore de la verge mal tournée au moment de la coupe, ce à quoi l'ouvrier doit être très-attentif : il ne doit pas l'être moins à ne laiffer courir aucun fil caffé, car le vuide qui en réfulterait formerait fur la longueur une autre forte de cannelure qui ne ferait pas moins défagréable.

DES PREMIERS APPRÊTS.

ON débute dans les apprêts du velours, par le bien éplucher d'endroit & d'envers; c'eft-à-dire, qu'au fortir du métier, à la pointe & à la pince, toutes les ordures qui peuvent s'y rencontrer : on le fait débouillir enfuite pendant trois quarts d'heure ou une heure; après avoir jeté une ou plufieurs pieces dans une chaudiere remplie d'eau pure, on les paffe fur le moulinet, & on les y tourne & retourne les unes après les autres pendant une demi-heure; on les abat; on leur laiffe prendre quelques bouts encore, & on les tire. Pendant l'intervalle du débouilli, il faut prendre garde qu'aucune partie de l'étoffe ne demeure long-tems appuyée contre la chaudiere; elle fe rouffirait : fi le dépôt au fond eft trop long, elle s'y empâte avec la mal-propreté qui s'eft répandue dans le bain; l'air & l'eau s'en échappent, & elle fe brûle bientôt.

AU fortir de la chaudiere, on porte les pieces à la riviere; on les y lave en pleine eau; on les bat à plufieurs reprifes; & lorfqu'elles font bien dégorgées, on les leve fur la planche par feuillets, en les tirant de l'eau proprement & fans y laiffer aucun faux pli; car s'il s'en trouve, quoi qu'on y faffe après, il refte toujours des traces de la divergence du poil, que le grillage même ni les autres apprêts ne fauraient effacer entiérement; il en réfulte même quelquefois des barres de poils grillés jufqu'à la chaîne. On fait fécher le velours, & on le difpofe au cardage, qui s'opere au moyen d'une table alongée, folidement montée à hauteur d'appui, ayant une rainure à jour à chacune de fes extrêmités, & de deux cylindres à encliquetage, placés au-deffous de ces rainures, qui bandent fortement l'étoffe en l'enroulant de l'un fur l'autre : alors, à chaque tablée ou longueur d'étoffe tendue fur la table, on paffe deffus, appuyant plus ou moins, fuivant fa force, d'un bout à l'autre & en fens contraire, une des vieilles cardes qui ont fervi à carder le coton; & lorfque le poil eft bien relevé & bien ouvert, on procede à la tonte ou au grillage.

S'IL arrive de carder de même le velvet-ret, ce n'eft que légérement, & lorfqu'il eft fort & très-garni; autrement cette opération fe fait, ainfi qu'au cannelé, après la coupe, à l'un & à l'autre, avec une broffe de poil de fanglier. Cette broffe doit être bien fournie & très-forte, d'un certain poids, longue à comprendre la piece fur toute fa largeur, & garnie d'une *douille* en fer, pour mettre un manche de longueur proportionnée, afin que

que l'ouvrier puisse aller & venir, & la conduire d'un bout à l'autre de la table.

D'AUTRES placent & fixent la brosse sur le travers & au milieu de la table, le poil en-dessus, & au moyen des cylindres ou rouleaux fixés au bout de la table, au-dessous de son niveau, ils font aller & venir la piece, le côté du velouté sur le poil de la brosse. Il faut alors que les soies de la brosse soient très-fermes, pour ne pas ployer sous l'effort de la piece: on augmente leur force, ou plutôt on concourt à leur résistance, en donnant au plan que forment les pointes de ces soies, une forme à peu près quart-circulaire.

AU lieu de carde ou de brosse, on se sert aussi de la peau de chien de mer; elle altere moins l'étoffe, ne la frottant bien fort qu'à la superficie.

LE découpage du velvet-ret & du cannelé se fait sur la longueur de la piece après sa fabrication, sur un métier à part, de la même maniere qu'on découpe les velours de gueux en Beaujolois depuis plus d'un siecle. Ce n'est plus une seconde chaîne, comme au velours plein, qui en fait le velouté; mais une partie de la trame. Ce nouveau métier est un cadre alongé, soutenu de traverses & de piliers, qui ressemble beaucoup au pied solide d'une table longue & étroite, *voyez pl. XI*, *fig.* 1 & 2. Les couteaux sont faits à peu près de même que ceux qui servent à découper le velours de gueux, mais plus minces, plus fins, & d'une beaucoup meilleure trempe: ils sont en outre armés d'une pointe de fer, qu'on nomme *le guide*, & qui s'enchâsse au bout du couteau, & s'en retire à volonté; elle entre dans la cannelure, précede & guide en effet le tranchant.

CES petits outils se tirent encore en grande partie d'Angleterre, quoiqu'on commence à les fabriquer passablement en France: ils demandent une grande perfection, & il n'est pas moins important que la main de l'ouvrier qui s'en sert soit très-exercée dans ce genre de travail.

De la tonte ou grillage du velours de coton.

L'ARRANGEMENT des fibres de la soie est tel, qu'elle réfléchit toujours les couleurs avec éclat, par un lustre qui lui est naturel. Le poil de chevre a aussi cette propriété; ainsi les velours de soie ni les velours d'Utrecht n'ont besoin d'aucun apprêt particulier pour cet effet. On tond cependant aux forces, comme les draps, les pannes ou peluches en poil, & celles en laines; mais le poil y est plus rare, & par plus d'égalité de hauteur on réunit mieux ses extrêmités sur le même plan. Les pannes fines & serrées sont celles qui en ont le moins de besoin: la laine n'a pas de lustre; mais elle a des pores très-ouverts, & elle absorbe une si grande quantité de parties colorantes, qu'elle les réfléchit avec beaucoup de vivacité; sa couleur, quoique d'un reflet mat, est plus nourrie, toutes choses égales d'ailleurs, que celle appliquée sur aucune autre matiere.

Le coton n'a quelques-unes de ces propriétés que dans un degré très-inférieur, & il est absolument privé des autres ; il ne se coupe jamais net d'ailleurs ; les pointes en sont toujours mousseuses, & elles filandrent fort inégalement : le poil est si épais ou si dense, que les *forces* n'y auraient point de prise ; & quand même elles pourraient pincer ses extrêmités, elles ne remédieraient pas à l'inconvénient du *rabot*, qui sera celui de tout outil tranchant sur un fil quelconque de matiere végétale. Il faut cependant former de toutes ces pointes une surface telle que, coupées net & à même hauteur, elles s'émoussent ou s'épanouissent sur le même plan : ce n'est que par la réunion de ces fibres émoussées sur une surface plane, que le velours peut conserver cette même réunion dans tous les mouvemens & dans toutes les attitudes que sa souplesse lui permet de prendre ; ce n'est qu'ainsi qu'il fait également sentir du moëlleux sous la main, & qu'il acquiert la plus grande disposition à réfléchir les rayons de lumiere qui le colorent.

On s'est apperçu qu'on obtenait une scission nette, en brûlant un fil de matiere végétale ; & l'on voit tous les jours faire usage de ce moyen, pour enfiler plus aisément une aiguille ; on en a brûlé plusieurs retors ou réunis ensemble de différens genres & especes, il en a toujours résulté le même effet. On a vu en outre, que l'état d'inflammation ou d'incandescence se terminait très-promptement sur cette matiere, en laissant après lui une terre seche, rude, vitrifiable, & quelquefois même vitrifiée. Le fil de matiere animale s'enflamme au contraire, & brûle rapidement : il donne une odeur empireumatique, & laisse une matiere charbonneuse, qu'on retrouve un peu grasse au tact : ces moyens servent quelquefois à fixer des idées incertaines sur la nature d'une matiere filée ou non filée, employée en étoffe ou autrement.

Il est sensible qu'on aura été conduit par cette analogie pour raser le velours de coton ; mais il est vraisemblable qu'on a tenté plusieurs moyens pour y parvenir, avant la découverte de celui auquel on s'est fixé, qu'on a depuis appliqué à d'autres objets, & que nous allons décrire. Les trois vues dont on joint ici les dessins du fourneau, ou plutôt du méchanisme du travail sur le fourneau, faciliteront beaucoup l'intelligence de cette opération.

Du fourneau à brûler, griller ou raser les velours de coton, & de la maniere de faire cette opération. Pl. XI, fig. 1, 2 & 3.

Les chiffres 2, 3, 5, 7, *fig.* 1, représentent la face d'un fourneau de trois pieds huit à dix pouces de haut, de sept à huit pouces de largeur en-dedans ;

le cendrier eſt très-élevé & toujours ouvert, pour donner paſſage à l'air qui doit pouſſer fortement à travers les barreaux : on voit le dedans du fourneau, dont la porte eſt fermée & en partie briſée. Le mur qui accompagne la façade du fourneau en-deſſus & par côté, eſt auſſi briſé, pour laiſſer voir la partie de derriere.

Ce fourneau en briques eſt alongé en forme de galere, de la longueur d'environ trois pieds & demi, non compris la partie qui eſt ſous le mur de face 4, ni celle engagée dans le mur de la cheminée 6, qui eſt à l'autre bout, au fond du fourneau : il eſt terminé au ſommet par une plaque de fer de fonte 1, en voûte à plein ceintre, de la longueur de quarante pouces, d'un demi-pouce d'épaiſſeur, de ſept pouces de corde, & de quatre de fleche, l'une & l'autre priſes intérieurement.

On chauffe ce fourneau au charbon de terre ; les barreaux de fer, de dix à douze lignes d'épaiſſeur, n'en ont que trois au plus d'écartement : ils ſont appuyés ſur la carre dans le plan horizontal, pour que la cendre s'en échappe mieux, & que l'air s'y établiſſe un courant plus fort. La flamme donne contre la plaque, dont on peut hâter la chaleur, la concentrer & l'étendre en même tems plus également, en la recouvrant d'une autre plaque moins épaiſſe, qu'on ſouleve de tems en tems, pour juger au coup-d'œil du degré de chaleur, & qu'on ôte entiérement lorſqu'on veut opérer.

Mais on s'eſt apperçu que la premiere plaque perdait bientôt ſon poli, & qu'en un an, en travaillant journellement, elle devenait hors de ſervice. La chaleur ainſi concentrée dilate, déſunit ou met en fuſion les parties mal combinées du fer, ſouvent encore empreintes de matieres vitrifiables, qui y ſont reſtées à la fonte, & qui lui donnent quelquefois tant d'aigreur : on a abandonné cette pratique ; & la plaque, en travaillant auſſi fréquemment, dure cinq & ſix ans, autant de tems enfin que ſa forme & ſon poli ſe conſervent; car ſon épaiſſeur, plus ou moins grande, eſt aſſez indifférente.

On a tenté de garnir les parois intérieures du fourneau en plaques fort épaiſſes de fer de fonte : quoique beaucoup plus épaiſſes que la plaque ceintrée qui eſt en-deſſus, elles s'échauffaient avec tant de violence par la privation d'un air libre, qu'elles ſe trouvaient minées, rongées en peu de tems, qu'elles tombaient même en fuſion, & que la matiere coulait quelquefois à en effrayer les ouvriers. Il a fallu revenir à la brique, quelque ſujette à réparation qu'elle ſoit ; des morceaux de tuiles ſeraient meilleurs, employés avec une argille fort mêlée de terre très-calcaire. Pour le dehors du fourneau, on n'a rien trouvé de mieux qu'un bon torchis d'argille & de bourre.

Nous voici au moment d'opérer & de faire choix du degré de chaleur de la plaque, entre le paſſage du ceriſe brun au vif, ou du ceriſe vif au blanc. Nous croyons le dernier préférable, en ce qu'en agiſſant précipitamment, on opere plus également : on peut craindre alors de brûler ; mais on fait toucher le velours en une moindre quantité de points de sa surface, sur trois à quatre doigts de large seulement.

CETTE disposition le rapproche plus de la tangente ; il y a peu de pression, peu de frottement ; & il serait dangereux de vouloir l'augmenter en appuyant dessus en-avant avec la main ; on ferait une tonte très-inégale. Il vaut mieux, pensent quelques personnes, faire le grillage lorsque la plaque n'est pas d'une chaleur si forte, & y faire appuyer le velours sur une partie de cinq à six pouces de sa circonférence. En deux ou trois *passes* au plus, l'opération est faite, il y a plus de frottement ; on ne va pas aussi vîte, & il y a moins de risque de brûler. Ainsi les uns poussent la chaleur de la plaque presque jusqu'au blanc ; les autres chauffent un peu moins cette plaque.

EN supposant sa chaleur au plus haut degré, comme en use le sieur Alix, on passe la piece dessus avec célérité quatre fois de suite, deux fois aller & venir : on la leve promptement, & on l'évente aussi-tôt ; on la carde une seconde fois plus légérement que la premiere, & on la grille plus rapidement encore que la premiere fois. Avec quelque vîtesse qu'on opere, suivant le degré de chaleur ou l'état de la piece, il faut que ce soit toujours très-également, dans le même grillage, d'un bout de la piece à l'autre : l'inégalité de la marche, dans cette opération, en laisserait toujours de remarquables dans ses effets.

p p p p, (*V. aussi les fig.* 2 & 3 *de la même planche*) quatre piliers dans lesquels sont enclavés les soutiens des treuils *t t t*, mus par des manivelles *m m*. Les piliers *p p, p p* supportent des rouleaux *r*, placés à des hauteurs différentes. Lorsqu'on veut brûler ou raser une piece de velours, on la roule sur l'un des treuils *t*; on en passe le bout sur l'un des rouleaux *r*; on l'étend sur la plaque *l*; de là sur l'un des rouleaux *r* placés de l'autre côté, & enfin sur l'autre treuil *t*. En tournant celui-ci, on amene la piece *v v v* qui, passant sur la plaque, s'y grille en même tems qu'elle se déroule de dessus le premier treuil : on la ramene de la même maniere, en la faisant passer, dans le sens contraire, une seconde fois sur la plaque.

LE velours de coton doit être débouilli avant l'opération du grillage ; dégagé de sa gomme, le poil en est plus divisé, il se rase mieux & plus également. C'est pour produire le même effet, qu'on releve le poil avec une brosse : c'est aussi pour cette raison qu'on met des barres de traverse *b b* entre les poteaux P P P, de chaque côté de la plaque, lesquelles sont striées à plusieurs cannelures profondes, & terminées en arêtes ; elles relevent le poil d'une part, & de l'autre elles le nettoient du résidu de la brûlure qui y est adhérent ; & dans le retour, elles font chacune l'office contraire.

LORSQU'ON veut que l'étoffe touche la plaque en un plus grand nombre de points, on la passe au-dessous de l'un des rouleaux *r*, plus bas que celui où on l'avait placée : on suspend un poids au bout du treuil chargé de la piece, afin que ce surplus de résistance, en attirant la piece, la fasse tenir toujours bien tendue, & l'on change ce poids quand la piece a passé de l'autre côté. Il n'en faut pas moins que l'opération se fasse avec une grande célérité, pour ne pas brûler, & avec beaucoup d'égalité, pour ne pas griller plus de parties les unes que les autres : si l'étoffe posait un instant, sans mouvement, sur la plaque rouge, elle serait brûlée jusqu'à la chaîne ; cependant on peut voir sans crainte, lorsqu'on passe de suite l'étoffe sur la plaque rouge, s'élever au travers une fumée épaisse mêlée d'étincelles & de flamme.

Pour la facilité de griller l'étoffe d'un bout à l'autre, on enveloppe les treuils d'une grosse toile ou serpilliere, & l'on en attache les bouts avec ceux de la piece d'étoffe à griller, avec une longue & mince aiguille de fer qui y reste entrelacée pendant l'opération. Le premier treuil ainsi garni, & l'étoffe roulée dessus, on amene le bout de la serpilliere de l'autre treuil jusqu'auprès du premier, en le faisant passer par-dessus la plaque, & on les réunit là l'un à l'autre. Si la toile appuyait sur la plaque pendant cet espace de tems, on la verrait flamber & se brûler bien vîte ; elle est supportée par la tringle d'en-bas d'un cadre de quatre tringles semblables de fer, qui est suspendu au-dessus de la plaque dans sa longueur, à une poulie fixée à une barre de traverse qui pose sur le haut de la charpente. À l'instant qu'on veut commencer le grillage, un ouvrier lâche la corde qui soutient le cadre de fer en l'air ; la tringle d'en-bas coule le long de la plaque, & reste abaissée sur le côté du fourneau ; la toile appuie sur la plaque ; l'autre ouvrier tourne la manivelle ; on y voit passer l'étoffe successivement d'un bout à l'autre ; on retire la corde, lorsque l'autre toile reparait sur la plaque, le cadre s'éleve, & on la soutient ainsi élevée, à moins qu'on ne ramene de suite l'étoffe, pour la regriller en sens contraire. Toutes ces opérations doivent se faire sans la moindre interruption.

Après les premiers grillages, on passe l'étoffe au bouillon, sur le moulinet, dans une chaudiere, comme si l'on garançait, mais en tournant plus vîte ; on la lave en riviere, & on l'étend sur le pré pendant deux jours : c'est le tems de la lessive ; on y assujettit les velours, trois, quatre à cinq fois en quinze jours, les lavant bien chaque fois, & les tenant d'ailleurs continuellement étendus sur le pré : on les mouille bien dans les intervalles en riviere ou dans un baquet, en les tirant à menu, & les levant toujours, avec l'attention d'éviter les faux plis.

Les lessives se font avec la potasse blanche à raison de demi-livre par piece d'étoffe de vingt-quatre aunes. Quand on a beaucoup de pieces, & qu'on les lessive de suite, on se sert du bain précédent, & l'on économise sur la potasse. On lessive toujours les pieces les plus avancées, les plus blanches les premieres, pour que la mal-propreté du bain ne les ternisse pas. Au bout de quinze jours, plus ou moins, lorsque l'étoffe a le degré de blanc qui la rend propre à être mise en teinture, on la place sur la table à carder, & on la passe à la peau de chien de mer. Cette peau de chien est attachée sur une piece de bois arrondie en-dessus, pour qu'elle ne tombe pas d'à-plomb, & qu'elle n'écrase pas le poil, qu'on en frotte d'un bout à l'autre, comme à l'opération de la carde : on releve ensuite à la brosse de sanglier tous ceux que l'opération du blanchissage a fait ressortir, & l'on passe à un nouveau grillage, pour lequel il ne faut pas que la plaque soit moins chaude, ni que le travail soit moins rapide qu'aux précédens. On va & vient ainsi également quatre fois en tout. Ce dernier grillage ne doit se donner que lorsque la piece est le plus avancée au blanc, afin que le velouté reste le plus net possible. L'étoffe est remise sur le pré, pour enlever le noir qu'il lui a communiqué; & en huit à dix jours on peut la teindre. De la fabrication à la teinture il faut de vingt-cinq à trente jours, en supposant que les opérations soient suivies sans interruption, & que le tems soit favorable.

Les velours de coton grillés sont considérablement roussis : la brosse ne détruit pas ces indices de brûlure; c'est l'ouvrage du pré & des lessives qui les décruent & les blanchissent : moins le velours est plein & garni de poil, plus il y a de ménagement à prendre au grillage, soit dans le degré de chaleur de la plaque, soit dans le nombre des passages de l'étoffe sur cette même plaque. Il n'est question que de brûler & de raser le poil du velouté : plus il est dense, plus il faut que l'impression de la chaleur soit forte sur cette partie; mais de telle maniere néanmoins, que la chaîne de fond, ni la trame, le tissu enfin, n'en soient jamais atteints; la moindre altération dans ces parties endommagerait l'étoffe sans ressource.

A l'égard des couleurs qui se donnent par beaucoup de travail & à plusieurs fois, telles que les noirs & les mordorés, indépendamment des premiers grillages, on leur en donne encore un plus léger, dans l'intervalle des opérations de la teinture, ayant toujours attention de brosser avant & après le grillage, pour le plus grand succès des unes & des autres opérations; non après un dernier grillage, fait sur une piece teinte, ou pour rester en blanc : ce serait faire encore ressortir du poil; ce qu'il faut éviter. On s'en tient alors à laver l'étoffe; un velours noir terminé par un léger grillage, & quelques jours de pré ensuite, s'épanouit; le poil se divise, il acquiert de la douceur, du moëlleux : la couleur en est plus nette, plus brillante.

On ne grille jamais sur aucune couleur que le roux du grillage pourrait tenir; il faut au contraire que la blancheur de l'étoffe soit proportionnée à la légéreté de la couleur, à la clarté & à la vivacité de la nuance qu'on se propose de lui donner; mais on grille les chinés noir & blanc, les poivresels ou sablés, faits d'un fil blanc & d'un fil noir tors ensemble.

De la teinture des cotons, des velours de coton, & des autres étoffes de cette matiere.

LA seve qui circule dans les plantes & leur donne la vie, s'y desseche & durcit, lorsqu'elle est interceptée. Ce suc gommo-résineux, dont tous les végétaux sont imprégnés, s'oppose à l'adhérence des parties colorantes, comme le suin, ou le suc adipeux des animaux, sur toutes les matieres à teindre; il les en faut également purger.

Du dégommage ou débouilli des matieres à teindre.

METTEZ la matiere dans une chaudiere, avec une quantité d'eau suffisante pour qu'elle y submerge; faites bouillir pendant une heure; tirez du bain; mettez égoutter: lavez à la riviere: tordez, & faites sécher. Le velours, comme toute autre étoffe également fabriquée en écru, se met en piece dans la chaudiere; on le bat fortement à la riviere, pour en faciliter le dégorgeage; on le lise de nouveau sur la planche, & plié par feuillet; on en exprime bien l'eau au moyen du rouleau. Le coton filé se tord à la cheville. Lorsqu'on veut teindre la matiere en bleu, il le faut faire immédiatement après cette compression, & toujours avant qu'elle soit seche: autrement la teinture pénétrerait mal, plus ou moins par places; la couleur serait inégale & tachée. Si le tems ne permettait pas de teindre aussi-tôt après le lavage, il faudrait remouiller, & presser ou tordre, pour y procéder.

DISSOLUTIONS ET DÉCOCTIONS PRÉPARATOIRES.

Du bain de galle, & de l'engallage.

METTEZ de la galle, à raison de quatre onces par livre d'étoffe, dans une quantité d'eau suffisante, pour que la matiere à teindre y puisse submerger après la cuisson.

IL ne faut concasser la galle que lorsqu'il est question de teindre en noir. On courrait risque en général, que le dépôt qui s'en fait ne tachât. Le placage qui peut résulter du concassement n'est point un inconvénient pour le noir, & en serait un très-grand pour toute autre couleur. Il n'est question, pour tirer également toute la substance de la galle, que de la faire bouillir trois heures de plus, au lieu de deux.

Coulez le bain dans un baquet; abattez-y la matiere; travaillez-la vîte, de suite & également; rangez-la au fond du baquet, & laissez-la reposer dans le bain pendant vingt-quatre heures.

Le velours de coton se lise dans le bain, se leve sur la planche, & s'abat à plusieurs fois, avant de l'arranger à demeure. Il faut être attentif à observer qu'aucune partie de la piece ne surnage le bain de galle. Il se ferait inévitablement des taches dans ces endroits, & elles seraient ineffaçables, à moins que l'étoffe ne fût mise d'une couleur en une couleur plus foncée, & quelquefois poussée jusqu'au noir. C'est souvent de ces répétitions de teintures, de ces accroissemens successifs de nuances & variétés de couleurs, que les étoffes en noir sont brûlées. Quand on retire le velours de l'engallage au bout de vingt-quatre heures, on le releve sur la planche également pli par pli; on le presse fortement avec les mains & au moyen du rouleau, pour en exprimer le bain; on met la piece debout, pour qu'elle s'égoutte; & enfin à la rame ou aux perches, pour qu'elle seche, observant de la rechanger, pour que l'excédant du bain qui se porte en-bas en dégouttant, n'y dépose pas en plus grande quantité qu'ailleurs de ses molécules astringentes: ce qui ferait un engallage inégal, & tacherait en teinture.

Lorsque les pieces sont seches, ce qui arrive souvent avant l'engallage, il faut, après les avoir lisées dans le bain, les battre sur la planche, pour qu'elles s'en pénetrent par-tout également.

Dans les grandes fabriques de velours de coton, au lieu de mettre les étoffes pour le séchage à des rames ordinaires, où elles sont étendues de champ, on a deux especes de corps de rames, placés aussi verticalement à peu de distance l'un de l'autre, & réunis par de petits rouleaux ou cylindres tournans sur leur axe. Ces rouleaux sont eux-mêmes peu distans les uns des autres; ils forment ensemble un plan horizontal entre les deux corps de rames, & de la même longueur au moins que doit être celle des pieces de velours. On étend la piece sur cette suite de rouleaux: on y accroche aux deux bouts, des regles ou *verdillons*, auxquels on suspend des poids; & la piece se seche ainsi posée horizontalement & bien étendue. On a une suite de plans posés ainsi les uns au-dessus des autres dans le même encadrement, pouvant tous également être garnis de pieces; & c'est ce qu'on appelle l'*étendoir* de la sécherie.

Il faut préserver la matiere engallée de l'attouchment de tout corps étranger, de l'eau pure même; elle en resterait tachée. Ce fort engallage est nécessaire pour les rouges & les autres hautes nuances qui en dérivent, telles que celles dont le procédé est décrit à la suite de celui du rouge; il est aussi trèsnécessaire pour les noirs: mais on peut gagner sur la matiere & sur le tems, dans toutes les basses couleurs qui sont susceptibles de cette opération; on profite

profite même des déchets de bain de galle dans certaines circonſtances.

Si l'engallage ſe fait à deſſein de former une nuance claire, il faut que l'engallage ſoit très-léger, parce que la galle porte au rouge & brunit la matiere. Si l'étoffe a un premier pied de couleur, il faut avoir égard à ſon degré de ténacité & engaller moins chaud en conſéquence, à froid même, s'il eſt néceſſaire.

Les déchets des bains de galle ſe conſervent pour un ſecond ou un troiſieme engallage, lorſqu'il eſt queſtion d'augmenter par degrés l'intenſité de la couleur, ou de la pouſſer à des nuances plus rembrunies. Ces nouveaux pieds ſe mettent moins chauds, & même à froid, au lieu que le premier doit être très-chaud, comme on l'a indiqué: alors, ſi l'on ne peut y tenir la main, on rabat, & on liſe au tourniquet; & en quelques tours d'aller & de venir, on acheve cette opération.

A l'égard du noir, qu'on peut engaller très-chaud avant la teinture, c'eſt-à-dire, en bleu ou au ſortir du bleu, il faut que le bain ſoit plutôt froid même que tiede, lorſque l'étoffe a reçu la moindre teinte de noir; parce que ſa chaleur alors le fait tourner au moment qu'on y plonge l'étoffe; le noir, quelque bien lavé qu'il ſoit, ſe décompoſant en partie. La noix de galle eſt une ſubſtance très-aſtringente, & qui a beaucoup d'affinité avec le fer: par-tout où elle le trouve en nature, tel qu'il eſt dans le bain de la tonne de noir & dans la couperoſe, elle l'attire fortement: il en réſulte la décompoſition du corps qui le contient, & un précipité ſubit. Comme le précipité s'opere par l'intermede de la galle & ſur ſa ſubſtance même, lorſqu'elle s'eſt établie dans les pores de l'étoffe, elle y introduit & y fixe les particules ferrugineuſes qui la colorent: d'où l'on voit la néceſſité de l'engallage, puiſque le noir n'eſt qu'un précipité du fer par la galle. Mais ſi la ſubſtance de la galle non encore fixée & répandue dans le bain, y rencontre des molécules de fer éparſes & nageantes, ſoit par la chaleur du bain, ſoit par un lavage imparfait de l'étoffe teinte, elles s'uniſſent alors rapidement; toute la ſubſtance de la galle ſe ſature de fer, & elles ſe précipitent enſemble au fond du vaſe. Le bain ſe noircit; & entiérement dépourvu du principe aſtringent, il reſte ſans effet.

Il eſt des teinturiers qui rejettent le marc d'un ancien bain de galle dans un nouveau, eſpérant de tirer encore quelque ſubſtance de celui-là au profit de celui-ci; c'eſt une erreur: lorſque la galle eſt ſuffiſamment cuite, ce qui ſe reconnaît à la facilité avec laquelle elle s'étend & ſe réduit en pâte ſous les doigts, tout le ſuc eſſentiel en eſt extrait; & ce marc, loin de fortifier le nouveau bain, l'affaiblit, en repompant de nouveaux ſucs.

La meilleure noix de galle eſt celle d'Alep, qui ſe reconnaît aiſément au poids plus considérable, & à la coûleur plus noire que le poids & la couleur d'aucune autre.

De la dissolution de l'alun, & de l'alunage.

Le bain d'alunage se fait comme le précédent, à raison de quatre onces d'alun par livre de matiere à aluner; on y traite l'étoffe de la même maniere & durant autant de tems; avec cette différence, qu'il suffit pour l'emploi que l'alun soit dissous, & qu'il convient que l'eau ne soit pas plus que tiede: il n'en serait que mieux même qu'elle fût froide: les couleurs n'en sont que plus vives; la chaleur du bain d'alun les ternit. La suite du procédé differe encore, en ce que l'étoffe, au sortir du bain d'alun, doit être dégorgée, battue & lavée au courant d'une riviere. On la peut teindre à l'instant, mouillée, suivant les couleurs.

L'usage des vases de métal doit être proscrit, lorsqu'il y a dépôt ou refroidissement de matiere, parce qu'ils se corrodent plus ou moins, mais singuliérement dans l'opération de l'alunage, par l'acidité de l'alun. La nuance en serait généralement atteinte, & immanquablement tachée à tous les points de contact. On doit par la même raison donner la plus grande attention à la propreté des baquets, qui doivent être le moins possible imprégnés d'aucune couleur qui pourrait se décharger sur la matiere en travail. Il est même mieux que les vases qui servent à aluner & à engaller soient uniquement destinés à cet usage, & qu'ils soient construits en bois blanc, parce que le chêne & autre bois de nature astringente noircirait le bain, sur-tout s'il contenait du fer ou du cuivre en dissolution.

Cependant les baquets dont on se sert généralement ici, sont de châtaigniers, tirés des barriques à huile; ou de chênes, tirés des barriques à eau-de-vie. Quand ils ont servi quelquefois à tel ou tel usage, il est sans inconvénient de continuer, pourvu qu'on les tienne propres, & qu'on se serve toujours des mêmes pour les mêmes opérations. Il est encore mieux de les enchauxer d'abord, comme je l'ai indiqué ailleurs.

Il faut en teinture préférer toujours l'eau de riviere à toute autre. L'exception que font quelques teinturiers en faveur de l'eau de puits pour la décoction des bois, ne peut jamais être très-avantageuse, & elle peut souvent être très-nuisible. L'eau de puits peut beaucoup varier de nature & d'effet, parce qu'elle varie souvent par la quantité & la nature des terres calcaires, séléniteuses, gypseuses ou autres, & quelquefois des parties métalliques qu'elle charrie avec elle. Ces mixtes, plutôt étendus que dissous, sont bien plus atténués, bien plus divisés, plus déposés, plus épars, en beaucoup moins grande quantité enfin dans les eaux de riviere que dans toute autre.

De l'eau de couperose.

METTEZ dans un barril environ soixante pintes d'eau sur dix à douze livres de vitriol de mars ou couperose verte; remuez fortement avec un bâton; laissez déposer, pour s'en servir au besoin. La dissolution du vitriol de mars doit se faire à l'eau froide, elle est moins rousse; la chaleur jaunit toujours les dissolutions d'ingrédiens ferrugineux; & comme on a souvent des gris très-tendres à faire avec cette dissolution, il faut lui conserver le plus de clarté qu'il est possible. On ne risque rien de mettre plus ou moins d'alun, de couperose, ou autre sel, dans l'eau, parce que, lorsqu'elle en est saturée, il ne s'en dissout plus. Ainsi l'on peut rejeter de l'eau sur le marc, jusqu'à ce que tout soit dissous: il faut pourtant éviter d'en mettre trop à la fois, pour ne pas faire un aussi grand dépôt terreux & mal-propre.

De l'eau de verd-de-gris.

METTEZ vingt à vingt-cinq pintes d'eau sur une livre de verd-de-gris; délayez-le bien, en remuant pendant quelque tems; laissez déposer & clarifier pour s'en servir au besoin: on recrute la matiere en tems, & comme il est dit à l'article de la couperose. Il faut également, & pour les mêmes raisons, faire à froid le bain de verd-de-gris, à moins qu'on ne soit très-pressé; car sa dissolution est longue de cette maniere; on y procede ordinairement pour le travail d'un tems déterminé, & peu avant de l'employer.

De l'eau de soude.

BRISEZ, pilez même la soude, pour en faciliter la dissolution; lessivez-la en telle quantité & à tel point que la pesanteur spécifique d'un œuf de poule soit égal à un volume égal de cette liqueur, ou qu'il y nage librement entre deux eaux: faites-en aussi d'assez forte pour qu'elle porte l'œuf entiérement; vous serez souvent dans le cas d'en faire usage.

ON fait aussi une lessive de soude, dont on aiguise encore la causticité par un mêlange de chaux vive qu'on fait éteindre sur la soude même, avant d'en charger la cuve, & qu'on nomme *eau des savonniers*.

ON fait encore une sorte d'eau de soude, qu'on nomme *eau seconde des savonniers*, en relessivant les mêmes cendres qui ont fourni la premiere, auxquelles on ajoute une quantité de chaux actuellement éteinte, à peu près égale à celle de la soude. On éprouve toujours ces eaux, pour en proportionner l'emploi à la force. La lessive de cendre gravelée se fait & s'éprouve de la même maniere.

Du bain de rocou.

METTEZ du rocou dans une chaudiere; délayez-le bien dans une suffisante quantité d'eau; lorsqu'il sera absolument réduit en pâte liquide, ajoutez-y moitié autant ou un peu plus de potasse ou de cendre gravelée que de rocou, & autant d'eau qu'il en faut pour bien dissoudre le tour; faites bouillir pendant une heure; laissez déposer, pour se servir du bain clair. Au défaut de potasse ou de cendre gravelée, on peut employer de la lessive de cendres de bois neuf; mais il en faut en plus grande quantité, & ne pas faire entrer la cendre dans le bain de rocou, mais la lessive décantée de dessus son dépôt : l'alkali dissout la matiere résineuse du rocou, dans laquelle réside sa partie colorante, & elle donne de l'intensité à la couleur jaune qu'on en tire; elle le dore en proportion de la quantité & de la qualité de cet alkali fixe.

Du bain de bois de Brésil. (*a*)

ON comprend sous cette dénomination, avec le bois de Brésil, ceux de Fernambouc, de Sainte-Marthe, du Japon, & quelques autres qui se confondent assez dans l'emploi, quoique le Fernambouc soit le meilleur.

METTEZ dans une chaudiere, sur dix à douze livres de bois haché menu, douze seaux d'eau; faites bouillir pendant trois heures; versez le bain dans une tonne; remettez douze seaux de nouvelle eau sur le même bois; faites bouillir encore trois heures; versez de nouveau ce bain sur le premier; laissez reposer & fermenter au moins douze jours avant de s'en servir.

PAR le séjour & la fermentation du bain, il acquiert beaucoup plus de force, & il en faut moins. Il faut avoir la plus grande attention de ne rien mettre dans la tonne, qui en interrompe la fermentation; on courrait risque de le faire tourner & de le mettre hors d'état de servir. Le moindre acide, par cette raison, est à éviter dans toutes les décoctions de bois; il détruit d'ailleurs le rouge du bois, en dissolvant les parties qui le colorent ainsi : ce qui le rend propre à obtenir certaines nuances qui ne sont qu'une dégradation de la couleur primitive.

Du bain de bois d'Inde.

METTEZ dans une chaudiere, sur dix livres de bois haché menu, dix à douze seaux d'eau; faites bouillir trois à quatre heures : on peut se servir du bain sur-le-champ. Mettez sur le même bois moitié d'eau de la

(*a*) Voyez les bains de bois, traités d'une maniere plus étendue dans l'Art de l'impression des étoffes en laines.

premiere fois ; faites de nouveau bouillir pendant trois à quatre heures ; le bain ſera prêt, & également bon.

Il n'y a pas de meſure exactement déterminée pour l'eau ſur une quantité donnée de bois ; on la détermine ſur le plus ou le moins d'effet qu'on veut obtenir, ou l'on emploie une plus grande quantité de bain.

Du bain de bois jaune.

Mettez, comme aux bains précédens, l'eau & le bois haché menu dans une chaudiere, mais à raiſon de huit ſeaux d'eau pour douze livres de bois ; faites bouillir pendant trois heures ; laiſſez dépoſer & clarifier, pour s'en ſervir au beſoin. Ce bain ſe conſerve long-tems, pourvu qu'on ait l'attention de n'y mêler aucun corps étranger.

Du bain de gaude.

Mettez douze ſeaux d'eau par botte de gaude du poids de quinze à ſeize livres ; ajoutez-y un peu de chaux vive : quand on veut obtenir une nuance un peu dorée, quatre onces de chaux ſuffiſent pour la totalité du bain ; il n'en faut pas ſi l'on ne veut que des jaunes citrons. Faites bouillir pendant trois quarts-d'heure ; employez ce bain toujours chaud ; le bain refroidi ſerait ſujet à tourner, & alors il ne pourrait plus ſervir.

DES COULEURS EN BON TEINT.

No. 1.

De la cuve de bleu a froid.

(*Voyez pl. X, les divers atteliers de teinture.*)

Mettez de la couperoſe verte au fond de la cuve ; verſez de l'eau deſſus ; palliez, mettez de la leſſive alkaline ; palliez, mettez l'indigo broyé ; palliez de nouveau, ajoutez de la chaux ; palliez enfin la cuve d'heure en heure, juſqu'à ce qu'elle ſoit venue en couleur ; laiſſez repoſer vingt-quatre heures ; travaillez deſſus : elle eſt en état, & ſouvent plus tôt.

La proportion des drogues à l'eau du bain eſt indifférente juſqu'à un certain point ; elle peut être de cinquante à ſoixante pintes par livre d'indigo. Il n'en eſt pas de même de celle des drogues entr'elles ; la voici.

Indigo broyé.	1 partie.
Vitriol de mars.	2 d°.
Chaux.	2 d°.
Leſſive.	1 d°.

La leſſive faite avec deux parties d'alkali & une partie de chaux vive, ou parties égales.

Autre maniere de monter la cuve de bleu à froid.

Indigo diſſous & broyé. 1 partie.
Vitriol de mars diſſous. 2 d°.
Chaux éteinte, décantée. 2 d°.

Faites diſſoudre la couperoſe dans l'eau; laiſſez dépoſer, & décantez; faites également diſſoudre la chaux à part dans l'eau; laiſſez auſſi dépoſer les parties les plus groſſieres; & décantez; mêlez ces deux eaux enſemble, & verſez le tout à la fois ſur l'indigo diſſous dans la leſſive des ſavonniers, broyé enſuite, & mis au fond d'une cuve vuide; il ſuffit de la leſſive qui a ſervi à triturer & diviſer l'indigo: rempliſſez la cuve d'eau pure, & palliez-la d'heure en heure, juſqu'à ce qu'elle ſoit venue en couleur.

L'indigo doit être le plus diviſé poſſible; d'abord, parce qu'il ne ſe diviſe plus dans la cuve, & que ſes parties ne peuvent s'étendre, pour s'incorporer à la matiere, qu'à proportion de leur ténuité; moins diviſé, il fournit moins de particules colorantes; elles ſont plus entraînées par la gravitation; il en nage moins dans le fluide, & celles qu'abſorbe la matiere conſervent plus de tendance à s'en échapper.

On fait bien de laver l'indigo à l'eau bouillante avant de le broyer, pour en détacher les ordures qui y adherent, & non dans l'idée d'en faciliter la diviſion, qui ne s'opere pas plus vîte, de la faire ſur-le-champ à chaud ou à froid, ni même avec de la leſſive alkaline. La méthode de conſerver l'eau deſſus, & par préférence de cette leſſive, dans le vaſe où on le broie, de laiſſer dépoſer & décanter, de rebroyer, reverſer de l'eau, laiſſer encore dépoſer & décanter de nouveau, & ainſi de ſuite juſqu'à la fin, eſt très-bonne: mais comme il eſt fort difficile d'obtenir une diviſion bien parfaite de l'indigo par la ſeule trituration, quelque moyen qu'on ait encore imaginé pour y parvenir, il eſt mieux de ne l'employer qu'après avoir laiſſé tremper pendant pluſieurs jours, & même beaucoup de jours, ſi l'on veut, l'indigo dans de la leſſive des ſavonniers, que l'œuf ſurnage entiérement; il s'amollit & ſe réſout en pâte ſous les doigts: on le triture alors dans la même leſſive, & ſans beaucoup de peine on arrive ainſi à ſon but.

Dans les premier cas, ce n'eſt qu'à force de patience, & non ſans adreſſe, que les méchaniques inventées juſqu'ici pour broyer l'indigo, & la force même qu'on y emploie, ne ſont pas des moyens inſuffiſans. Pour la premiere cuve, on briſe un peu la couperoſe, afin d'en hâter la diſſolution,

& il faut éteindre actuellement la chaux vive en la trempant dans l'eau, & la jeter dans la cuve au moment que, toutes ses parties se désunissant bien, l'évaporation de l'eau est encore marquée par une fumée très-sensible ; plus tôt, elle n'acheverait pas de s'éteindre, & elle déposerait un sédiment graveleux ; plus tard, elle aurait perdu de son action, & elle produirait un effet plus lent.

On éviterait bien de l'embarras & même de grands inconvéniens par la seconde méthode, si les corps adhérens n'augmentaient pas l'action des sels dissous ; les dépôts de la couperose & de la chaux, qui forment ce qu'on nomme *la pâtée*, absorbent une partie des molécules colorantes ; ils gènent dans le travail, & troublent le bain fort aisément. Mais, sans la pâtée, une cuve ne peut subsister long-tems ; c'est la pâtée qui la nourrit, qui lui fait pousser l'indigo, & qui entretient sa vigueur. Sans pâtée, elle n'a que les premiers momens ; elle devient bientôt faible, languissante, & elle ne se rétablit plus qu'à force d'indigo. A l'égard de la garance, les uns l'emploient, & croient y voir qu'elle donne au bleu une nuance plus cuivrée ; d'autres ne n'emploient point, & tous peuvent très-bien s'en passer.

On emploie la soude ou la potasse indifféremment : cependant la potasse a l'avantage d'avancer le travail ; elle se dissout plus promptement que la soude, & même que la cendre gravelée, qu'on emploie aussi quelquefois. On peut, au défaut l'un de l'autre, employer indifféremment de ces trois sortes d'alkalis, mais avec des doses proportionnées à leur activité. Celle de la soude est plus grande que celle de la cendre gravelée, & celle de la cendre gravelée plus que celle de la potasse : ceci pris en général ; car souvent la potasse, quand elle n'est pas falsifiée, ce qui est fréquent à son égard, est plus forte que la cendre gravelée.

Les signes certains du bon état d'une cuve, sont un beau verd en-dedans, une pellicule cuivrée à sa surface, & lorsqu'on la pallie, une fleurée abondante, verte d'abord, & ensuite du beau bleu cuivré par parties.

La cuve à froid donne le bleu le plus net & le puis vif ; d'où il arrive qu'on s'en sert toujours pour les étoffes à teindre & garder dans cette couleur : c'est aussi la plus facile à monter, celle qui coûte le moins, qui vient le plus tôt, & qu'on manque rarement.

Lorsque la cuve s'affaiblit par le travail, ce qui se reconnaît au peu de fleurée qu'elle donne en la palliant, & à la couleur pâle du bain, on la ranime en lui donnant un brevet de couperose, de chaux & de lessive, en dose du cinquieme ou du sixieme de chaque espece de la premiere fois. A l'égard du vitriol & de la chaux, faites encore bouillir le premier, & décantez l'un & l'autre.

On ne doit guere recharger une cuve à froid de nouvel indigo : l'indigo ne rend plus, à beaucoup près, autant que la premiere fois, & la nuance n'eſt jamais auſſi vive. A meſure qu'une cuve travaille & s'affaiblit, elle donne des nuances plus claires ; cependant, pour avoir des nuances claires & vives, il vaut mieux monter une cuve avec une petite quantité d'indigo.

Du bleu à froid.

Le bain clair & la champagne poſée, abattez promptement l'étoffe dans la cuve pli par pli ; relevez-la de même ſur la planche ; éventez-la, pour que la couleur remonte ; rabattez-la doucement & également après l'effet de l'évent, pour juger mieux de la nuance, en reſter le maître, & rendre la couleur égale ; travaillez ainſi juſqu'à conformité de l'échantillon ; tordez ou preſſez bien ſur la cuve, pour que le bain retombe dedans ; étendez l'étoffe ſur-le-champ au grand air, pour la faire éventer ; lavez-la bien en eau claire & courante.

Passez enſuite l'étoffe dans un bain d'eau bouillante, où l'on a fait diſſoudre de la crême de tartre à raiſon d'une once par livre de matiere, ou dans un bain d'eau tiede, dans lequel on a étendu un peu d'acide vitriolique ; lavez bien au ſortir de ce bain, & faites ſécher à l'ombre. D'autres teinturiers penſent qu'il eſt avantageux d'avoir pluſieurs cuves, & d'y faire paſſer deſſus chaque piece d'étoffe ſucceſſivement ; ils trouvent qu'il y a à gagner pour la ſolidité & la vivacité de la couleur, & ſur l'emploi de l'indigo : ils ne trempent jamais deux fois de ſuite l'étoffe dans la même cuve. Il en eſt, & mal-à-propos, qui ſe gardent de laver l'étoffe au ſortir de la cuve à froid, dans l'idée qu'il s'échapperait en pure perte une portion de la partie réſineuſe, colorante, extraite & encore tenue en diſſolution par les alkalis ; mais ils la lavent ſeulement lorſqu'elle eſt ſeche. La couleur en conſerve plus de nuance, mais elle eſt moins vive ; on pourrait également la ſécher au ſoleil, quoiqu'on preſcrive de le faire à l'ombre : au contraire, le bleu remonte plus tôt en ſéchant au ſoleil ; & c'eſt par la difficulté d'expoſer une étoffe de maniere que toutes ſes parties en ſoient également frappées, ce qui rendrait ſa teinte ondée, vergetée, inégale enfin, qu'on préfere de ſécher à l'ombre, où l'évaporation de l'humide eſt inſenſible & plus égale.

Ces mêmes teinturiers ne regardent pas le bain acidulé comme fort important, quoique ceux qui l'emploient fondent cette pratique ſur ce que la crême de tartre ou l'huile de vitriol purge l'étoffe des matieres calcaires qui ſont reſtées dans ſa tiſſure, & avive la couleur. On emploie le bain bouillant avec la crême de tartre, parce qu'il ſe cryſtalliſe en perdant de ſa chaleur,

chaleur, au point qu'il ferait entiérement crystallisé quand l'eau ferait froide. L'acide vitriolique doit être assez ménagé pour que le bain ne produise pas plus d'effet sur la langue, que l'acide végétal ordinaire.

On a déjà observé que l'étoffe doit avoir été mouillée & bien abreuvée, avant de la passer en cuve. La blancheur de l'étoffe est essentielle à proportion de la légéreté de la nuance qu'on veut obtenir, & cette remarque a lieu pour toutes les matieres & pour toutes les couleurs. Pour les bleus foncés, la grande blancheur est moins utile; il faut prendre garde de ne pas poser la champagne trop bas, lorsqu'il y a de la pâtée dans la cuve, de crainte qu'elle ne trouble le bain.

Autre cuve de bleu à froid, telle qu'on s'en sert avec succès dans divers atteliers de teinture.

LESSIVE.

Un seau & demi de chaux en pierre.
Dix livres de potasse.
Dix livres de soude.

Étendre la chaux sur le plancher; l'asperger d'eau légérement; la remuer avec une pelle à mesure qu'elle s'éteint; répandre dessus, lorsqu'elle est un peu défaite, la soude & la potasse; remuer le tout ensemble en arrosant toujours un peu; mettre la matiere, non encore liquide, dans une petite barrique, & la couler, avec douze à quinze pots d'eau, pendant un jour. Faire tremper trente livres d'indigo cuivré, pendant vingt-quatre heures, avec cette lessive, pour plus de facilité de le diviser; opérer cette division par petites parties, avec des boulets roulans dans une bassine, ou tout autrement, de la lessive ci-dessus, & de l'eau.

Cuve supposée de six pieds de hauteur, sur un quarré de quatre pieds & demi de côté.

Remplir d'eau la cuve à six pouces près des bords, y jeter un seau & demi de chaux non entiérement éteinte; pallier bien avec un rable; verser dedans l'indigo broyé, la lessive & l'eau qui y ont servi, en tout vingt-cinq à trente pots; faire dissoudre sur le feu quarante-cinq livres de vitriol de mars dans une quantité d'eau suffisante pour qu'il trempe; le verser dans la cuve, qu'on pallie bien tout autour: la fleurée se forme déjà, & le bain est d'un verd jaunâtre; pallier le lendemain matin & à midi: on peut le surlendemain teindre cent aunes d'étoffe; pallier & laisser reposer vingt-quatre heures; teindre autres cent aunes, & ainsi de suite cinq jours consécutivement.

RAVIVER la cuve alors par la dissolution de dix livres de vitriol de mars, & dix livres de chaux légérement éteinte ; pallier, & comme ci-devant, teindre vingt-quatre heures après.

N°. 2.

DE LA CUVE DU BLEU À CHAUD.

LE mot de *cuve* désigne autant ici la composition que le vase qui la recele. Les cuves à froid se montent dans des vases de bois, des tonnes, ou des cuves de ciment. Pour les cuves à chaux, le vase est en cuivre ; c'est une espece de chaudiere, dont les parois convergent en cône tronqué, & dont la raison de la hauteur à celle du cône entier est à peu près de trois à cinq, ce qui détermine celle des diametres ; les rebords en sont larges, pour lui servir de soutien sur une maçonnerie à hauteur d'appui, verticale & cylindrique, qui l'entoure. Comme on travaille dans la cuve, sa hauteur doit être à la main de l'ouvrier ; le bas s'enterre d'autant, & l'on pave le sol tout autour. *Voyez pl. XI, fig.* 4 & 5.

ENTRE la maçonnerie verticale & la cuve conique, il reste un vuide, dans lequel, par une ouverture pratiquée dans le bas, on met de la braise ou du charbon allumé, pour entretenir la cuve au degré de chaleur convenable. On perce un soupirail au haut de cette espece de fourneau du côté opposé à l'ouverture du bas, & l'on y adapte un tuyau, pour établir un courant d'air & afin que les ouvriers ne soient pas incommodés des dangereuses exhalaisons du charbon.

LA proportion des drogues pour monter cette cuve est telle :

Premier brevet.

Indigo	6 parties.
Cendre gravelée	6 d°.
Garance	1 d°.
Son	3 d°.

Deuxieme brevet pour achever.

Cendre gravelée	2 parties.
Garance	1 quart.

Brevet pour achever.

Cendre gravelée	3 parties.
Garance	1 demie.
Son lavé	1 quart.

Brevet pour réchauffer & garnir d'indigo.

Cendre gravelée 6 parties.
Garance 1 d°.
Son 2 d°.
Indigo 4 d°.

En ſuppoſant donc ſix livres d'indigo pour la premiere fois, tout le reſte eſt déterminé.

Faites bouillir pendant un quart-d'heure la cendre gravelée & la *garance* dans une quantité d'eau égale aux deux tiers de ce qu'en peut contenir la cuve; étouffez le feu, & laiſſez repoſer un peu ce bain dans la chaudiere; verſez-le avec tout ſon dépôt de cendre & de garance, ſur le ſon mis au fond de la cuve vuide; verſez-y en même tems l'indigo broyé, & palliez bien. On trouve encore dans cette pratique des différences eſſentielles, ſi l'on broie l'indigo par l'alkali, dont on charge moins alors les brevets, deſquels on croit pouvoir auſſi ſans conſéquence, comme à la cuve à froid, rejeter la garance. Ainſi le premier brevet eſt compoſé en partie de cendre gravelée, de moitié de celles de l'indigo, & en partie de ſon, d'un tiers ſeulement: le ſecond, comme le premier: le troiſieme, d'un tiers ſeulement de cendre gravelée: le quatrieme enfin, pour réchauffer & regarnir d'indigo, comme les premier & ſecond.

Il faut donc, pour le premier brevet, ſur ſix parties d'indigo, trois parties de cendre gravelée, deux de ſon; pour le ſecond, trois de cendre gravelée, deux de ſon; pour le troiſieme, deux de cendre gravelée, une & un tiers de ſon; pour le quatrieme, trois de cendre gravelée, & deux de ſon ſur la même quantité d'indigo, ou à peu près, que la premiere fois. On peut auſſi faire bouillir la cendre gravelée avec le ſon, laiſſer dépoſer pour décanter, & ne pas mettre le dépôt dans la cuve, qui enfin augmenteroit trop la pâtée.

Mettez du feu dans l'âtre de la cuve, lorſque la chaleur du bain eſt baiſſée à y pouvoir tenir la main, pour l'entretenir toujours à ce degré; couvrez actuellement la cuve, & attendez que le bain commence à verdir & qu'il teigne un peu; alors la cuve eſt bien diſpoſée; palliez, pour la hâter: ſi elle prend un peu plus de teinte au repos, c'eſt une preuve qu'elle commence à venir; la pellicule luiſante & cuivreuſe, interrompue ou briſée, qui ſe forme enſuite à ſa ſurface, marque qu'elle vient bien; & lorſque cette pellicule ſe fortifie, qu'elle ſe rétablit bientôt quand on la chaſſe en ſoufflant deſſus, que le bain prend un verd foncé, & que la fleurée devient abondante en palliant, la cuve eſt venue.

Faites le ſecond brevet pour achever la cuve, dans autant d'eau qu'il en faut pour achever de la remplir ; & après les mêmes tems & les mêmes circonstances, versez le tout de la chaudiere dans la cuve, quelques heures après l'avoir palliée ; palliez de nouveau ; laissez reposer. Le bain doit être d'un beau verd en-dedans, d'un bleu brun à sa surface ; la pellicule écailleuse & très-cuivrée, & la fleurée abondante : laissez reposer au moins douze heures : on peut teindre alors, la cuve est en très-bon état.

LORSQUE la cuve est affaiblie par le travail, il lui faut donner le troisieme brevet, fait dans une quantité d'eau suffisante pour remplacer le bain évaporé & absorbé par les étoffes qu'on y a teintes ; palliez, laissez reposer ; entretenez la chaleur, & teignez.

POUR réchauffer & garnir d'indigo la cuve épuisée, on rejette dans la chaudiere les deux tiers du bain devenu, de verd qu'il était, d'un brun noirâtre ; on y fait le quatrieme brevet, ayant soin de l'écumer lorsqu'il est prêt à bouillir, pour le purger, autant que cela se peut, des parties grasses, visqueuses, ou autres également hétérogenes, échappées des étoffes qui y ont été teintes ; versez ce brevet dans la cuve ; versez-y en même tems l'indigo broyé & délayé, comme la premiere fois, dans une partie du bain : palliez ; couvrez ; entretenez la chaleur, & teignez douze heures après.

IL ne faut pas regarnir bien des fois une cuve ; une ou deux au plus. Dans le premier cas, la pâtée augmente trop par les brevets, & dans l'un & l'autre le bain perd de sa couleur verte ; l'indigo rend moins, & les couleurs qui en sortent sont plus ternes : il vaut mieux vuider la cuve & la remonter à neuf ; on ne donne de vivacité à aucune nuance sur une vieille cuve.

LORSQU'ON ajoute de la garance, il faut avoir l'attention de l'égrapper à la main, en la mettant dans la chaudiere : les uns pensent qu'il est essentiel de bien laver le son à plusieurs eaux chaudes, & de le presser avant de le mettre au fond de la cuve ; d'autres regardent ce lavage comme assez indifférent, sur-tout ceux qui sont d'avis de faire bouillir le son, & de n'en mettre que le bain décanté, lorsque le marc est en dépôt : ceux-là veulent qu'on entretienne toujours la cuve dans un certain degré de chaleur, qu'on augmente pourtant un peu quelque tems avant de la faire travailler ; & ils soutiennent que si elle se refroidit, on court les risques qu'elle ne *vienne* plus, & qu'elle ne tarde pas alors de passer à la fermentation putride : ceux-ci trouvent qu'il est sans inconvénient de laisser refroidir entiérement une cuve, lorsqu'on doit être un certain nombre de jours de suite sans s'en servir, pourvu qu'on la ramene ensuite tout doucement au degré de chaleur convenable pour y travailler. Si l'on chauffe trop une cuve, on la retarde indubitablement, & l'on s'expose à la manquer. Le degré de chaleur le plus convenable eſt de vingt-huit à trente au thermometre de Réaumur; il faut qu'elle n'excede le trente-cinquieme en aucun cas.

On n'a point aſſigné de périodes pour les pallemens; ils doivent être déterminés par les circonſtances; c'eſt tourmenter une cuve & troubler ſon effet, que de les trop multiplier : mais ils ſont bien indiqués toutes les fois qu'on y ajoute quelque choſe.

Du bleu à chaud.

La maniere de teindre ſur cette cuve, eſt la même que celle décrite à l'article de la cuve à froid : on doit prendre les mêmes précautions & ſuivre les mêmes pratiques. Si l'on n'a pas l'attention de laver les cotons filés, teints en bleu à chaud, au ſortir de la cuve, comme on le doit toujours faire des étoffes, c'eſt que le prix de la teinture eſt évalué ſur la nuance de la couleur, & qu'elle perd toujours au lavage; ce bleu eſt plus terne ou moins vif que celui de la cuve à froid : auſſi ne teint-on guere à chaud de matieres ou d'étoffes de matieres végétales, pour reſter en bleu, à moins que les cotons ou fils ne ſoient deſtinés à être mêlés avec des matieres d'autres couleurs; encore ne faut-il pas que ce ſoit avec du blanc, parce qu'il s'en détache au lavage une eau rouſſâtre qui le ternit; mais il eſt très-bon pour les pieds de noir, & pour les matieres à former des échantillons & varier des deſſins en pluſieurs couleurs, dans la toilerie & la cotonnade.

On vient de dire qu'on doit toujours laver les étoffes au ſortir de la cuve, malgré l'obſervation faite au bleu à froid, & même ſuivant les auteurs de cette obſervation, d'après le principe qui y eſt établi : ils penſent que dans la cuve à chaud, la réſine, tellement unie à la partie colorante extrative, qu'elle ſemble en faire partie conſtituante, ſe diſſout entiérement; qu'elle ſe ſépare des molécules colorantes; que celles-ci extraites & infiniment atténuées, s'incorporent dans la matiere à teindre; que la réſine tenue actuellement en diſſolution, ſe reproduit enſuite ſous une forme concrete, ſans retenir que très-peu des parties colorantes; qu'elle adhere ſeulement à celles qui s'en ſont échappées; qu'elle couvre en partie celles qui ſe ſont logées dans les pores de la matiere; qu'elle en ternit l'éclat; & qu'il n'y a de tems convenable d'en purger l'étoffe ou la couleur, que celui où ſon état de fluidité le permet. On pourra ſe fonder ſur d'autres principes, & le beaucoup mieux établir & diſcuter : mais toujours en faudra-t-il revenir à l'expérience; & c'eſt d'après les effets qu'on parle.

Nous avons fait des recherches & quelques expériences relatives à cet objet, comme à bien d'autres. Mais nos occupations sont si variées, nos travaux si multipliés, les tems d'observations si coupés par une vie active, qu'on ne doit pas être étonné de trouver les faits souvent mêlés de conjectures: on ne dispose pas des atteliers à son gré ; ceux de ce genre sur-tout font encore partie de ces antres du mystere dont nous avons déjà parlé. Nous sommes éloignés en conséquence de nous abuser sur le mérite de cet ouvrage, que nous sentons être au-dessous de ce qu'il pourrait être, & de ce que nous aurions desiré qu'il fût: mais, encore une fois, il ne sera pas inutile; & sans autre motif que cette considération, elle suffit bien pour nous déterminer.

No. 3.

DU ROUGE DE GARANCE.

L'ÉTOFFE engallée & alunée suivant les procédés indiqués, on passe au premier garançage, qui se fait ainsi:

Premier garançage.

METTEZ dans une chaudiere une suffisante quantité d'eau, pour que l'étoffe à teindre y baigne & trempe à l'aise; égrappez la garance à la main dans cette eau, & mettez-y-en à raison de six onces par livre d'étoffe à teindre, si c'est du velours plein, & moins à proportion pour les autres, comme on le dira ci-après; mettez en même tems l'étoffe dans le bain; poussez le feu par gradation, de maniere que la chaleur augmente pendant deux heures avant que l'eau bouille; remuez continuellement l'étoffe dans le bain pendant cet intervalle; faites bouillir environ un quart d'heure, levez l'étoffe, éventez-la, lavez-la, & faites-la sécher.

Second garançage.

ENGALLEZ de nouveau l'étoffe dans le déchet ou reste du bain de galle du premier engallage, en procédant de la même maniere; avec cette différence, qu'ici douze heures de dépôt dans ce bain suffisent; alunez de nouveau également dans le déchet ou reste du bain d'alun; procédez en tout comme à la premiere fois; & à l'égard du tems, comme au second engallage, où douze heures de dépôt dans le bain suffisent; garancez comme la premiere fois; même dose de garance, même manipulation, circonstances semblables & tems égal.

SI l'on veut un beau rouge sur des matieres filées & non tissées, il faut augmenter la dose de la garance, & la porter à livre pour livre de matiere; l'étoffe prend moins de parties colorantes; on ne l'emploie qu'à raison de douze onces par livre, sur le poids réduit après les premiers apprêts, & pour chaque espece de velours indistinctement.

VOICI le poids ordinaire de ces étoffes sortant du métier & après les premiers apprêts : les pieces de velours tirent environ vingt-quatre aunes, & pesent,

	sortant du métier,	*après les aprêts*,
LE velours plein	de 17 à 18 livres.	de 14 à 15.
LE velvet-ret	de 14 à 15	de 12 à 13.
LE cannelé	de 12 à 15	de 10 à 11.

DANS l'opération du garançage, les matieres filées se passent aux bâtons par écheveaux, pour être lisées commodément, jusqu'à ce que le bain commence à bouillir, tems auquel on les abat entiérement dans la chaudiere, ayant seulement attention de les remuer & soulever de moment en moment avec un bâton, pour que la garance pénetre bien la matiere, & qu'elle lui donne une teinte égale par-tout.

ON se sert d'un tourniquet placé au-dessus de la chaudiere pour le garançage des velours & autres étoffes, qui s'abattent également au bouillon du bain.

L'ÉVENT se fait en plein air, au sortir de la chaudiere; il remonte la couleur : mais il faut que cette opération, qui consiste à étendre l'étoffe ou à la feuilleter à grands plis, si l'espace manque, se fasse avec célérité, pour que la couleur soit bien égale.

EN suivant le procédé qu'on vient de lire pour le garançage, j'ai souvent remarqué que la garance, après avoir été aspirée ou absorbée par l'étoffe, s'en échappait ensuite en partie, soit dans le bain même, en bouillant encore après cette incorporation, soit au lavage en riviere, fait après l'évent & le refroidissement. J'ai aussi remarqué que sa couleur, en bouillant, devenait quelquefois plutôt éteinte & briquetée que vive & nourrie, & qu'on ne pouvait guere ensuite reproduire l'un ou l'autre, ou l'un & l'autre, qu'à l'aide du bois; & il est si constant que ce n'est pas le bouillon qui fixe en effet la garance, & qu'il en ternit même l'éclat, que si l'on veut avoir un mauredoré nourri, foncé & vif, il n'y a qu'à le garancer chaque fois à double dose de garance, & ne travailler l'étoffe dans le bain que jusqu'au tems où, le feu poussé, il est prêt à bouillir : mais la dépense serait presque double.

N°. 4.

DU MAURE-DORÉ.

LE rouge de garance porte naturellement au jaune, & tire sur la couleur de brique. Le maure-doré en est une nuance rehaussée, nourrie & avivée. Il n'est donc question, pour obtenir cette couleur-ci, que d'opérer sur celle-là.

PASSEZ l'étoffe teinte en rouge de garance, sur un bain composé d'un tiers de lessive de potasse, de cendre gravelée ou de soude. Les alkalis végétaux sont préférables en certaines circonstances, en ce qu'ils contiennent moins de fer & qu'ils brunissent moins par conséquent. Lavez bien à la riviere, & exprimez l'eau fortement; alunez à raison d'une once d'alun par livre d'étoffe, dans un bain chaud, dont un tiers soit du bain de bois de Brésil; travaillez l'étoffe dans ce bain suivant la pratique de l'alunage, laissez-y la matiere déposée pendant une heure ou deux, lavez-la bien au sortir du bain d'alun.

REPASSEZ l'étoffe dans un nouveau bain composé d'un tiers d'eau chaude, & de deux tiers du bain de bois de Brésil; travaillez-la dans ce bain pendant une heure & demie ou deux heures; relevez-la, versez dans le même bain de la lessive indiquée ci-dessus; rabattez-y l'étoffe; travaillez-la encore pendant un quart-d'heure; lavez, & faites sécher. Il en est qui mettent l'étoffe sur-le-champ en alun, dans l'idée que l'alkali fait trop pourprer la garance, & qui n'ajoutent cet alkali qu'au second bain de bois, proportionnément à la nuance qu'on veut obtenir. En effet, l'alkali mord sur la garance, & ce n'est que sur le bois qu'il faut qu'il opere.

DANS les couleurs composées, la nuance tient encore plus de la main de l'ouvrier que des recettes. Celle-ci, la plus en usage pour les velours de coton, est difficile à saisir, & rarement bien unie; il faut sur-tout de l'égalité & de la célérité dans les opérations. On a recommandé l'usage des bains chauds, parce qu'on ne saurait autrement en extraire la couleur.

N°. 5.

DES MARRONS ET BRUNS.

CES couleurs, ou plutôt ces diverses nuances de la même couleur, sont, de toutes, celles où la sagacité & l'adresse du teinturier doivent le plus s'exercer: le tâtonnement montre de l'incertitude, & fait douter du succès; d'un autre côté, il est presqu'impossible de réussir sans tâtonner; il faudrait bien connaître la qualité de chaque ingrédient, pour en juger l'effet, puis l'influence du degré de chaleur, & celle d'une plus ou moins grande accélération dans les diverses pratiques de manipulation; car tout y concourt. L'impossibilité de rétrograder force donc d'aller à pas lents, pour arriver au but sans le passer. On y procede de plusieurs manieres: les uns pietent l'étoffe en gris, c'est-à-dire, la foncent après un premier engallage & avant le premier garançage; d'autres ne la brunissent qu'entre les deux garançages: nous

nous nous en tiendrons à cette derniere pratique, comme la plus sûre pour parvenir à la nuance qu'on desire.

ABATTEZ l'étoffe une fois garancée & bien lavée, dans un bain d'eau chaude, où l'on a mis de la décoction de noix de galle, par gradation ménagée, pour arriver plus sûrement à la nuance qu'on cherche : lisez-la dans ce bain ; relevez-la sur la planche ; rabattez ; travaillez pendant un quart-heure ; relevez ; pressez à la main, & laissez égoutter.

METTEZ dans un bain d'eau froide de la dissolution de couperose, proportionnément à la quantité de décoction de galle qui est entrée dans le premier bain où a passé l'étoffe ; travaillez-la dans ce bain ; lavez-la bien après. Si la nuance n'était pas assez foncée, il faudrait repasser l'étoffe dans le bain de galle, & dans celui de couperose, avec les mêmes précautions ; bien laver, & mettre au sec.

C'EST le moment de procéder au second garançage, & on le fait par les opérations préparatoires & indiquées.

AVIVEZ cette couleur avec du bois de Brésil, ou de la lessive, telle qu'elle est prescrite pour le rouge de garance à pousser au maure-doré.

POUR avoir une couleur plus nourrie & plus foncée, il faut employer le procédé suivant.

METTEZ l'étoffe, au sortir du garançage, dans un bain de deux parties d'eau froide, & d'une de bain de bois de Brésil, auquel on ajoute de l'alun dissous, à raison d'une once par livre de matiere ; lisez, relevez, rabattez, & travaillez l'étoffe dans le bain pendant une heure ; relevez, lavez bien, pressez à la main, & repassez-la dans un nouveau bain composé d'un tiers d'eau chaude, un tiers de bain de bois de Brésil, & peu de bain de bois d'Inde ; relevez l'étoffe sur la planche ; versez un peu de lessive dans le bain, pour aviver la couleur ; rabattez, lisez, relevez & faites sécher. On peut encore éviter beaucoup de manipulation, en ajoutant de la couperose au déchet même du bain de garance, aussi-tôt après le premier garançage, & en y travaillant l'étoffe de suite. Si l'on veut une couleur de puce un peu violetée, il faut y joindre un peu de bois d'Inde au premier ou au second déchet de garance. Dans l'un & l'autre cas, il faut retirer le feu, & ne plus faire bouillir.

UNE des raisons déterminantes de brunir entre les deux garançages, plutôt que de *piéter* en gris, est que l'acide de l'alun, attaquant le précipité qu'a formé la noix de galle, diminue l'intensité de la couleur. Au contraire, dans le passage du bain de galle à celui de couperose, il faut, par une assez forte compression à la main ou au rouleau, extraire la surabondance de la décoction de noix de galle, & la laisser égoutter, afin que le précipité du fer ne soit pas trop fort, qu'il ne fonce pas trop, qu'il ne tache ni ne crasse l'étoffe.

A l'égard du bois d'Inde employé dans le dernier bain, comme il brunit beaucoup la couleur, il le faut nécessairement graduer dans la plupart des circonstances.

N°. 6.

DU JAUNE CITRON ET DU JAUNE DORÉ.

ALUNEZ l'étoffe suivant la méthode & la dose indiquées; laissez-la pendant douze heures dans ce mordant; lavez-la bien ensuite; travaillez l'étoffe dans un bain de cinq parties d'eau chaude, & d'une partie du bain de gaude, jusqu'à ce que les particules colorantes de la gaude, qui nagent dans le bain, se soient insinuées dans les pores de la matiere, ou qu'elles y adherent.

REJETEZ ce bain, & passez l'étoffe sur un nouveau, de quatre parties d'eau, & de deux du bain de gaude, auquel on peut ajouter un peu de l'eau du verd-de-gris; lavez & faites sécher; vous aurez un beau jaune citron, ou jaune clair.

IL est préférable, disent quelques artistes, d'employer la dissolution du cuivre par l'acide végétal, dans l'alunage même, & cela, pour toutes les nuances de jaune, & sans doute pour toutes les couleurs qui en dérivent.

POUR le jaune foncé ou jaune doré, il faut, après l'alunage, passer & travailler l'étoffe dans un bain de deux parties d'eau chaude, & d'une du bain de bois jaune; achever la couleur avec de la gaude; l'assurer par un bain d'eau chaude, dans lequel on a fait dissoudre un peu du vitriol de Chypre; bien laver l'étoffe, & la mettre au sec.

SUIVANT la nuance de jaune foncé qu'on veut avoir, on fait cuire le bois jaune avec la gaude, ou l'on emploie le bois jaune seul: les parties colorantes de la gaude, moins foncées & plus citrines que celles du bois jaune, diminuent l'intensité du jaune foncé & doré de celle-ci.

N°. 7.

DE L'OLIVE ORDINAIRE.

ENGALLEZ suivant la dose & la pratique connues; mettez en gris, en graduant l'eau de couperose dans son bain sur la nuance de l'échantillon; lavez bien; travaillez l'étoffe, pendant une demi-heure, dans un bain de quatre parties d'eau chaude, & d'une de bain de gaude; levez, pour ajouter au bain deux nouvelles parties de bain de gaude ; travaillez-y une demi-heure ; levez encore, & verfez dans le même bain de la diffolution de verd-de-gris par parties ; travaillez autant de tems ; levez, lavez & battez.

Passez l'étoffe fur un nouveau bain compofé en grande partie du bain bouillant de trois livres de bois jaune par piece, cuit avec le déchet de la gaude ; travaillez-y pendant une heure & demie ; ajoutez à ce même bain, après une demi-heure de travail, la diffolution de verd-de-gris ; ajoutez-y encore, après une feconde demi-heure, la diffolution à l'eau chaude de fix onces d'alun de Rome par piece ; continuez de travailler pendant la derniere demi-heure ; lavez, battez, & faites fécher.

On voit que c'eft toujours la nuance du pied de gris qui détermine celle de la couleur d'olive ; peut-être que ce pied donné à la couperofe & à la chaux conduirait plus facilement à la nuance qui doit réfulter de l'application de la gaude ou du bois, qu'il affurerait mieux la couleur, & qu'il éviterait quelque manipulation, en tenant lieu d'une partie des acides, par lefquels on a cru la devoir terminer. Comme le bain de gaude eft fujet à tourner à la chaleur, on le fait affez ordinairement au moment de l'emploi, & alors on met à peu près une botte de gaude par piece d'étoffe, pour la totalité des opérations qui en exigent.

N°. 8.

Du verd.

Le verd n'eft qu'un compofé du bleu & du jaune, que les différentes préparations de ces deux couleurs obligent cependant d'appliquer féparément : l'effet qu'on defire n'en réfulte pas moins ; mais les particules colorantes en bleu ayant la plus grande adhérence à la matiere, & déterminant toujours l'égalité de la couleur & le degré de fa nuance, il convient de les appliquer d'abord. On teint donc la matiere de blanc en bleu ; & quand c'eft, comme en cette occafion, pour paffer fucceffivement à une autre couleur, on appelle cette opération *donner le pied de bleu*, *piéter en bleu* : il n'eft donc plus queftion que de l'application du jaune, d'où procédera le verd.

Travaillez l'étoffe pendant un quart-d'heure, & abattez-la pour refter au moins douze heures dans un bain d'eau chaude, où l'on a fait diffoudre, fur quatre parties d'alun de Rome, une partie de fel de nitre ; travaillez l'étoffe de tems en tems dans l'intervalle de douze heures, pour qu'elle foit également & fortement imprégnée du mordant ; dégorgez & lavez bien en riviere.

Passez l'étoffe dans un bain chaud de huit parties d'eau & d'une partie de bain de gaude ; travaillez-y jusqu'à ce qu'il soit presque décoloré ; levez l'étoffe ; ajoutez au même bain deux nouvelles parties du bain de gaude ; rabattez l'étoffe, & travaillez jusqu'à ce qu'on voie disparaître presque toutes les parties colorantes de ce nouveau bain ; relevez l'étoffe ; passez & travaillez-la sur un bain neuf de parties égales d'eau chaude & de bain de gaude, auquel on peut ajouter un peu d'eau de verd-de-gris ; rabattez & travaillez-la encore dans un autre bain d'un tiers d'eau chaude & de deux tiers de gaude & de bois jaune cuits ensemble à raison de six livres de bois par botte de gaude ; lavez & rabattez au sortir de ce bain.

PASSEZ enfin l'étoffe sur un bain d'eau froide, dans lequel on a versé la dissolution faite dans l'eau chaude, d'une once de vitriol de Chypre par piece ; travaillez environ une heure ; relevez, lavez, battez, & faites sécher.

LE verd fait de cette maniere n'est point encore poussé à la nuance qui caractérise en général les verds de cuve, & l'on ne regarde ces opérations que comme préparatoires : on passe aux suivantes, pour achever la couleur.

FAITES chauffer le déchet du premier bain d'alunage qu'on a conservé ; ajoutez-y la huitieme partie des drogues dont il avait d'abord été composé ; & lorsque la dissolution en sera faite, travaillez-y l'étoffe comme dans le premier cas, & laissez-l'y reposer deux heures, pendant lesquelles on la travaille trois ou quatre fois ; levez, lavez & battez ; passez ensuite l'étoffe, comme en commençant, sur un même bain successivement augmenté de gaude en même proportion, & à la fin mettez-y seulement du verd-de-gris dissous.

SI, après avoir travaillé l'étoffe, sa couleur ne paraissait pas encore à la nuance de l'échantillon, il y faudrait ajouter un peu de bain de bois d'Inde, en très-petite quantité d'abord, parce que la dissolution du cuivre le porte au bleu ; il est difficile d'employer le bois d'Inde avec succès : il s'incorpore si rapidement sur l'étoffe, & sur-tout quand la couleur est piétée, qu'on a beaucoup de peine à éviter les inégalités de nuances & les taches. Lavez & mettez au sec ; le verd est achevé, & l'on peut se dispenser de le passer encore au vitriol de Chypre, comme quelques-uns le pratiquent.

QUAND on leve l'étoffe d'un bain pour y ajouter quelque chose, & il faut toujours la lever dans ce cas, il faut bien pallier ce bain avec la main, ou avec un rable, pour étendre également les particules de tous les ingrédiens qui le composent, avant d'y rabattre l'étoffe. Beaucoup de teinturiers sont dans la persuasion qu'il faut faire dissoudre & délayer le verd-de-gris dans l'eau froide, & ils s'y prennent d'avance en conséquence, parce que, de cette maniere, il est effectivement long-tems à se dissoudre : ils laissent déposer cette dissolution, & ils décantent le bain avant de l'employer. On a raison de procéder ainsi, parce que les petites particules vertes qui nageraient dans le bain, s'attacheraient fortement à l'étoffe, & y feraient des piquures ou des taches.

On entend toujours par *travailler une étoffe sur un bain*, ou dans un bain, la liser, la relever sur la planche, la rabattre, la relifer, & ainsi de suite: il est plus commode de le faire au tourniquet, quand on peut l'adapter sur les baquets ou autres vases dans lesquels on opere. Si ce sont des matieres en fils, on les lise & travaille, les écheveaux passés aux bâtons, & on les tord à la bille, s'il en est besoin.

On espérerait vainement de faire un verd égal sur un pied de bleu qui ne le serait pas. Le bleu manquant d'égalité, n'est plus propre qu'à être poussé au noir.

No. 9.

De l'olive verte.

L'étoffe *piétée* en bleu, engallée & passée en gris, comme pour l'olive ordinaire, on la lave bien, & l'on suit en tout le procédé pour le verd: il suffit que le pied de bleu, pour base de l'olive, soit léger & clair; il est moins coûteux, & l'on n'en arrive que mieux à sa nuance. Au lieu de l'eau de couperose qu'on emploie pour mettre en gris, ou brunir, on peut se servir du bain de la tonne de noir, & cela à peu près dans toutes les circonstances; il est seulement question d'en proportionner la quantité & la force.

On avertit une fois pour toutes, qu'il faut toujours mouiller l'étoffe avant de la faire passer dans un bain, quel qu'il soit; on n'en excepte que les engallages & les alunages, où travaillée d'abord, & déposée long-tems ensuite, elle a le tems de s'en pénétrer bien & également; sans cela, elle résiste plus ou moins par parties à la pénétration de l'eau, & elle se charge inégalement des sels & des parties astringentes ou colorantes quelconques qui nagent dans ce bain. Il faut aussi éviter que l'étoffe soit remplie d'eau; elle en doit au contraire être extraite par la pression, ou en tordant, ou en battant. Dans cet état de dilatation, où les pores de la matiere viennent de se vuider & sont encore ouverts, elle a la plus grande propension à l'aspiration.

No. 10.

De la cuve ou tonne de noir.

Proportion des drogues.

Couperose verte,	12 livres.
Vieille ferraille,	300 do.
Ecorce d'aune,	200 do.

Eau, cinquante seaux ou six cents pintes.

La tonne en bois eſt placée aſſez haut ſur des chantiers, pour qu'on puiſſe mettre un baquet en-avant & par-deſſous.

Les teinturiers different dans l'arrangement de ces drogues ; mais ces différences ne ſont pas d'une grande conſéquence : il ſuffira d'indiquer une méthode qui ſoit bonne.

Mettez au fond de la tonne cinq à ſix pouces de haut d'écorce d'aune ; placez deſſus la couperoſe ; couvrez-la de cinq à ſix pouces de nouvelle écorce ; rangez deſſus les trois à quatre paniers qui contiennent la ferraille : chargez le tout d'écorce juſqu'au-haut de la tonne, & rempliſſez-la d'eau.

L'écorce doit être ſeche & brilée en cannelle ; on la preſſe avec force dans la cuve en l'arrangeant ; les bottes peſent environ vingt livres. Plus la ferraille eſt rouillée, mieux elle opere ; plus elle eſt menue, plus il s'y forme de rouille, & moins il en faut.

Soutirez cette tonne pendant ſix ſemaines de ſuite, une fois par ſemaine, & à chaque fois rejetez par-deſſus le bain ſoutiré. La tonne eſt alors en état, & l'on peut s'en ſervir. Quand elle commencera à s'affaiblir, on y ajoutera une quantité de couperoſe, moitié de la premiere ; on ſoutirera, & l'on rejetera par-deſſus pendant quelques jours, au bout deſquels on pourra retravailler. Quand elle refuſera le ſervice une ſeconde fois, on la regardera comme uſée. On la démontera ; on lavera bien la ferraille, qu'on étendra enſuite à l'air, afin qu'elle ſe rouille de nouveau, pour redevenir propre au même uſage.

Du noir.

Piétez en bleu, lavez & faites ſécher : engallez à raiſon de quatre onces par livre, & pendant vingt-quatre heures : mettez égoutter. Les uns font ſécher ; d'autres ne le font pas : ceux-ci penſent que c'eſt un tems perdu, & ils font de ſuite toutes les opérations de teinture. Travaillez enſuite l'étoffe pendant trois heures dans une quantité de bain de la tonne ſuffiſante pour l'abreuver : abattez & éventez de tems en tems dans cet intervalle : relevez enfin, éventez, lavez & battez, juſqu'à ce que l'eau ſorte claire. Le noir ſe fait de bien des manieres : il eſt très-beau par le procédé ſuivant. Au ſortir du premier bain de la tonne, donnez-en un de bois d'Inde : lavez, & redonnez du bois d'Inde, en y ajoutant du verd-de-gris. Réengallez ſans laver : repaſſez en noir : lavez, ſéchez ; faites un nouveau grillage après avoir broſſé. Paſſez l'étoffe ſur la chaudiere à l'eau bouillante : lavez en riviere : battez, égouttez, & engallez, en obſervant d'ajouter à l'ancien bain de galle dont on ſe ſert, du ſumac en même quantité que de la galle la premiere fois. On y met auſſi quelquefois un peu de galle nouvelle : le bain d'engallage toujours employé le moins chaud poſſible, ſeulement tiede, & mieux encore froid. Paſſez ſucceſſivement à des troiſiemes & à des quatriemes bains de galle & de noir ; donnant toujours le bois d'Inde après, & lavant enſuite ; terminant enfin par un léger bain de gaude très-chaud : les derniers engallages ſe donnent dans les déchets précédens. On a ſupprimé, comme inutiles, & la crème de tartre, & le ſavon, & l'huile de pieds de bœuf, &c. qu'on a employés pendant long-tems, & que quelques perſonnes emploient encore.

Pour adoucir encore le noir & le luſtrer, il faut, lorſque l'étoffe eſt ſeche, la bien vergeter, la revergeter encore, en mettant ſur la vergette une goutte d'huile d'olive ; renouveller ainſi l'huile goutte à goutte, de deux aunes en deux aunes, pour que tout s'en ſente, & qu'il n'y en ait trop nulle part ; & bien ſe mettre en garde contre la pouſſiere.

On emploie ordinairement de l'eau commune pour monter les cuves de noir ; l'eau ſure, de la petite bierre aigrie, ou toute autre liqueur acidulée ſerait préférable. L'eau pure ne diſſout le fer que très-lentement quand elle le ſurnage ; ce n'eſt que par le contact de l'air & l'acide vitriolique qui y eſt répandu, qu'il ſe rouille ſi précipitamment. La limaille de fer, qui ne paraît point ſe diſſoudre dans de l'eau pure, ſe diſſout très-bien dans l'acide végétal : d'où l'on peut préſumer que, joint à l'acide vitriolique de la couperoſe, ils ont enſemble plus d'action pour opérer cette diſſolution.

L'eau ſure ſe fait en verſant de l'eau bouillante ſur quelques boiſſeaux de ſon mis au fond d'une tonne qu'on recouvre enſuite : il s'y établit une fermentation qui tourne à l'aigre ſur-le-champ.

La plus vieille ferraille, celle qui a le plus paſſé à la forge, & qui eſt travaillée le plus menu, comme on l'a déjà obſervé, eſt la meilleure. Pour la laver au ſortir de la tonne de noir, on la met dans un tonneau, au travers duquel, de fond en fond, paſſe un axe ſoutenu par des appuis, ſur leſquels on le tourne : par ce frottement violent, & à force d'eau, elle ſe dégage très-bien du dépôt limonneux dont elle s'eſt chargée dans la cuve.

Plus le pied de bleu eſt fort, plus ſa nuance eſt foncée ; plus auſſi le noir eſt beau, & mieux il ſe ſoutient. Mais comme c'eſt le bleu qui renchérit cette couleur, on ménage quelquefois ſur ſa nuance. On voudrait réparer cela, en forçant du bain de la tonne, de couperoſe, de bois d'Inde : de là vient que l'étoffe rougit quelquefois à l'uſage, & même qu'elle eſt brûlée.

Il eſt preſcrit d'éventer de tems en tems au bain de noir ; cette opération eſt des plus eſſentielles ; elle doit être faite promptement, également, à grands plis, & mieux encore ſur le pré à chaque fois : d'où l'on voit qu'il eſt eſſentiel d'avoir ſon attelier de teinture en noir près d'une prairie & d'une riviere. L'air frappant les couleurs au ſortir du bain, les remonte, & les porte par cette action ſouvent répétée, toutes choſes égales d'ailleurs, au dernier degré d'intenſité.

Le lavage en riviere après chaque bain de noir, n'eſt pas moins important. Il faut battre l'étoffe ſur le radeau, après l'avoir *tirée à menu* de la riviere, où on la rejette d'abord, la fouler aux pieds avec des ſabots, la rejeter, & la tant laver & purger, que l'eau en ſorte toujours claire. Elle en aſpire beaucoup mieux la galle & les parties colorantes ; & la beauté du noir en dépend abſolument.

Le ſumac qui ſert au ſecond engallage a moins d'effet ; mais il eſt moins cher, & il joint à cet avantage celui de donner plus de douceur que la galle.

On ne doit pas oublier de rejeter ſur la tonne de noir tous les déchets du bain qu'on en a tirés, & dans leſquels on a paſſé & travaillé l'étoffe.

N°. 11.

Gris de maure, de fer, d'ardoise, et autres a pied de bleu.

Le pied donné à la nuance convenable, & l'engallage fait à raiſon d'une once par livre de matiere, avec plus ou moins de travail & de tems, l'étoffe bien égouttée, on la paſſe dans un bain d'eau claire, auquel on a ajouté de l'eau de couperoſe en quantité indéterminée : on la leve, pour ajouter à ce bain de celui de bois d'Inde ; on rabat, travaille, leve, lave, & met au ſec ; la couleur eſt finie.

On peut auſſi ſubſtituer ici du bain de la tonne de noir à l'eau de couperoſe ; mais on n'en ſaurait déterminer la quantité à employer à la fois ; l'uſage, beaucoup d'agilité & d'adreſſe ſervant mieux que les procédés.

Si, en augmentant peu à peu d'ingrédiens, de tems & de travail, pour atteindre à la nuance qu'on cherche, il arrivait qu'on paſſât outre, il faudrait dégrader dans un bain d'eau chaude pure ou d'alun ; & ſi l'un ni l'autre n'amenait la couleur à la nuance qu'on deſire, il faudrait y ajouter de l'huile de vitriol, qui détruirait la couleur ſeconde ; on procéderait de nouveau ſur le pied de bleu : mais on évite tout ce travail, en deſtinant alors la piece trop fortement nuancée à une couleur plus rembrunie.

N°. 12.

Des gris ordinaires.

Cette couleur eſt facile à faire ; mais les nuances variées à l'infini ſont difficiles à ſaiſir : on emploie des feuilles de redoul ou de ſumac, pour tenir lieu

lieu de noix de galle dans la premiere préparation ; & cette sorte d'engallage se fait à la maniere ordinaire, en proportionnant la dose, le travail & le tems à la nuance.

L'ÉTOFFE passée au savon, lavée & dégorgée en riviere, passée ensuite sur un bain léger d'huile de vitriol, relavée & dégorgée, d'abord à l'eau chaude, puis à la riviere, & bien battue, on lui donne un peu de bois d'Inde dans un bain d'eau chaude ; on le met par petites quantités : le mieux serait cependant d'en étendre sur-le-champ celle convenable, de brasser le bain, de le bien mêler, & d'y travailler l'étoffe rapidement, & toujours également, parce que le bois d'Inde se dépose incontinent.

ON leve la piece sur la planche ; on dispose un bain d'eau fraîche dans un autre baquet ; on y verse du bain de la tonne de noir en petite quantité, suivant sa force & la nuance à donner : on finit la couleur dessus sans laver, à moins qu'on eût outre-passé la nuance. Le redoul ou sumac, beaucoup plus faible que la noix de galle, n'en convient que mieux pour les gris-blancs, les nuances délicates & pâles : après l'usage de ce tan, on emploie quelquefois la gaude.

DES COULEURS EN FAUX TEINT.

ON ne donnera pas de définition du *grand* ou *bon teint*, ni *du petit* ou *faux teint ;* on en est rebattu, sans en être plus instruit. Ces définitions, ces distinctions tiennent à l'analyse des parties constituantes ou fortement adhérentes, à l'explication des causes & à l'histoire des faits intermédiaires, d'où sortent les derniers résultats : c'est la théorie de la teinture ; mais tout nous manque sur cette matiere encore neuve & intacte. L'un des arts les plus curieux & les plus utiles n'est encore exercé qu'en tâtonnant ; & un édifice aussi brillant manque absolument de base. On devra beaucoup sans doute à la société qui, peinée de ce vuide immense dans les arts, chercha à tirer celui-ci du néant, en consacrant généreusement une somme pour prix des idées les plus saines, des choses les mieux vues, & des recherches les mieux faites, relativement à la teinture considérée comme science & comme art.

CHARGÉ par cette société d'être son organe auprès de l'académie royale des sciences de Paris, j'avais d'abord proposé de sa part la question dans toute son étendue. Cette compagnie trouvant le plan trop vaste, parce qu'il exigeait des observations, des recherches & des travaux considérables, proposa de diviser la matiere par questions détachées. Je rédigeai un nouveau programme ; & l'*analyse de l'indigo*, sur laquelle le prix a été adjugé en 1777, fut la premiere question, & le fruit du zele & de l'amour de cette société pour l'art de la teinture.

ON ne multipliera pas plus les procédés dans cette classe que dans la précédente. En décrire beaucoup, pour dire ensuite que tel est meilleur, & tel moins bon, ce serait grossir cet ouvrage, sans le rendre plus utile. D'autres auront d'autres recettes ; quelques-uns peut-être en auront de préférables : celles-ci sont sûres du moins ; & je les tiens pour excellentes, si elles déterminent quelqu'un plus instruit à en publier de meilleures.

QUOI qu'il en soit, on doit nous savoir quelque gré de nos efforts pour arracher ce voile qui, à un très-petit nombre près d'initiés, couvre toujours un sanctuaire inabordable.

N°. 1.

DU CRAMOISI DE BOIS, ET MAURE-DORÉ FAUX.

LA piece de velours en blanc & abreuvée se passe sur un fort bain de rocou ; on la travaille rapidement pendant une demi-heure, plus ou moins ; on la lave bien en riviere, & on lui donne le même engallage qu'au maure-doré.

PRESSÉE & égouttée, on lui donne un bain très-chaud de deux tiers de fernambouc, & d'un tiers d'eau pure ; on l'y travaille pendant trois quarts d'heure ou une heure ; on la leve sur la planche ; on en exprime le bain, en faisant toujours attention qu'il n'y reste pas de faux plis, ni qu'en la travaillant sur le bain elle ne s'enroule pas, mais qu'elle soit au contraire toujours tenue au large ; on étend de la composition dans un bain d'eau pure & froide, qu'on brasse bien ; on y travaille l'étoffe. Au sortir de la composition, on la repasse immédiatement sur le premier bain de bois, & ainsi trois fois de suite alternativement ; on répete trois fois ces trois opérations alternatives sur un nouveau bain de bois, & toujours sur le même de composition : définitivement on fait un bain neuf de bois comme le premier, & l'on y acheve la couleur, si elle se trouve assez foncée, ou on la retravaillerait encore sur la composition, mais en la terminant toujours par le bain de bois. On fait sécher sans laver.

POUR le cramoisi violet, il est inutile d'employer le rocou ni la galle : on commence par le bain de bois, & successivement & alternativement celui de la composition. Cette couleur, toute fausse qu'elle est, est une des plus solides de celles en faux teint : l'air ne l'altere qu'à la longue. Comme la plupart de celles de ce genre, elle s'avive plutôt qu'elle ne perd aux acides, & elle ne craint rien tant que les alkalis. Il est très-difficile de rendre unies les couleurs qui demandent beaucoup de chaleur & plusieurs bains pour les former ; celles sur-tout qui proviennent des végétaux, dont la partie colorante extractive s'échappe, & adhere rapidement & avec facilité, comme la plupart des bois & des plantes. En général, celles qu'on tire des racines, plus adhérentes, plus élaborées, semblent être plus difficiles à extraire, & avoir plus de fixité. A travailler cette couleur de suite, il faut environ cinq heures en tout pour la composer.

Procédé de la composition.

Acide nitreux,	1 livre.
Sel ammoniac,	4 onces.
Eau commune,	8 onces.
Etain fin, filé ou en grenaille,	2 onces.

La dissolution doit être faite lentement, en mettant l'étain par petites parties, à mesure qu'il se dissout. On suppose l'eau-forte très-concentrée, ou il en faudrait augmenter la dose, & diminuer celle de l'eau commune.

N°. 2.

Du violet ordinaire.

On débute par un pied de gris très-foncé, après lequel on lave bien: on travaille ensuite l'étoffe dans un bain de bois d'Inde très-fort & très-chaud, & comme pour le cramoisi, alternativement & successivement dans le bain de composition. Pour avoir un beau violet très-foncé, il faut, après les premieres nuances, laisser sécher l'étoffe, & la travailler sur la couleur avec de nouveaux bains, comme la premiere fois. On en a travaillé avec un pied de bleu; mais il n'embellit ni ne rend plus solide la couleur, parce qu'il est toujours léger en comparaison de la nuance, ou qu'il coûterait trop cher.

N°. 3.

Du chamois.

Travaillez l'étoffe pendant demi-heure dans un bain d'eau chaude qu'on a brassé, après y avoir versé deux verrées de bain de rocou pour une piece; relevez; ajoutez au bain trois à quatre pintes d'eau de redoul, ou moitié moins de la décoction de noix de galle; rabattez & travaillez l'étoffe un quart ou une demi-heure; levez, lavez & battez; passez sur un nouveau bain d'eau chaude, où l'on a mis quatre pintes du bain de gaude; lavez, & faites sécher.

Pour le ventre de biche, on donne le premier bain comme au chamois, & l'on passe ensuite l'étoffe sur un second bain d'eau pure, où l'on a versé de la dissolution d'alun à raison de six onces par piece; travaillez une demi-heure, dégorgez, battez & mettez sécher: la couleur est faite.

N°. 4.

DU PONCEAU.

CETTE couleur, celle de cerise, de feu, de rose, & les diverses nuances de ce genre, se font avec la fleur de *carthame*, ou *safran bâtard*, connu sous le nom de *safranum*; & comme la plus grande partie du travail consiste dans les préparations préliminaires de cette fleur, on commencera par les décrire.

METTEZ le safranum en l'état où il sort de chez le droguiste, dans un sac de toile; jetez ce sac à la riviere au courant de l'eau; laissez-le tremper ainsi pendant plusieurs heures; foulez-le aux pieds avec des sabots dans l'eau même pendant quelque tems; laissez-le se détremper ainsi encore pendant vingt-quatre heures; foulez de nouveau, & lavez-le tant qu'enfin l'eau en sorte claire.

L'EAU rousse qui s'échappe dans le lavage provient de la partie jaune du safranum, dissoluble à l'eau, & dont il le faut purger, pour que la partie qui colore en rouge conserve tout son éclat. Cette derniere partie réside dans une substance résineuse, & n'est dissoluble que par les alkalis; elle s'extrait ainsi.

METTEZ le safranum, lavé & presque réduit en pâte, dans un grand vase où l'on puisse aisément le fouler aux pieds par petites parties; saupoudrez à mesure cette matiere de la meilleure cendre gravelée pulvérisée; au défaut de cendre gravelée, on peut se servir de potasse; & faites-en le plus parfait mêlange possible, à raison d'une livre de cendre sur quinze de safranum; lessivez jusqu'à ce que les sels, qui tiennent en dissolution les parties colorantes du safranum, les aient toutes entraînées. Cette lessive est le *bain du safranum*.

AVANT d'en faire l'application, il faut piéter la couleur en rocou par degrés, pour arriver à la nuance qu'on veut donner au pied, laver & aviser cette nuance dans un bain d'eau claire où l'on a étendu de l'eau d'alun, jusqu'à faire assez sentir cette saveur sur la langue, & enfin bien dégorger & laver en riviere.

ON prépare le bain de safranum, en versant dessus de la dissolution de crème de tartre, qu'on préfere au jus de citron, jusqu'à ce qu'on ait *viré le bain*; c'est-à-dire, que de jaune rougeâtre qu'il est, il devienne cerise; brassez-le bien; passez & travaillez-y l'étoffe, jusqu'à ce qu'elle tire de la couleur, ou qu'elle soit à la nuance cherchée : si ce bain ne peut la lui procurer, passez-la sur un second semblable, & sur plusieurs autres encore, si les premiers ne suffisent pas, observant de laver entre chaque bain, & de faire sécher même une fois ou deux, pour en mieux juger.

On trouve que la crême de tartre développe mieux que le jus de citron la partie colorante du safranum; elle donne à la couleur un air plus vif, plus nourri, & elle se soutient mieux à l'air.

Les bains de safranum ne doivent se faire qu'au moment de les employer, & encore faut-il mettre beaucoup de célérité dans les opérations, parce qu'ils perdent aussi-tôt de leur couleur, & qu'ils finiraient par la perdre entiérement. Il faut aussi les faire & les tenir toujours à froid; la chaleur décolorerait le bain *viré* ou rougi par l'acide végétal. Ce n'est qu'au moment de l'employer qu'on peut l'échauffer sans risque, & l'on y est nécessité par le mèlange du bain de crême de tartre, laquelle se crystalliserait bientôt, si le bain qui la tient en dissolution se refroidissait.

Les autres couleurs à nuances moins foncées que le ponceau, & qui se tirent également du safranum, reçoivent aussi un pied de rocou; le rose même, qui en devient plus vif & moins bleuté : mais il faut que ce pied soit très-leger. Elles s'exécutent du reste, en suivant le même procédé; il n'est question que de varier les doses, de moins forcer, & de moins multiplier des bains.

Voici un procédé qui m'a paru plus expéditif, & dont je suis également sûr du bel effet. Dans le même sac où le safranum a trempé en riviere, & où il se trouve très à l'aise, à un quart de sa continence, par exemple, moins il y en a, mieux l'opération se fait; mettez une once de potasse ou cendre gravelée par livre de safranum pulvérisé; mèlez, ballottez bien le tout ensemble; mettez ce sac dans un paquet très-propre, qui n'ait servi à aucune matiere colorante, autre que celle-ci; mettez-y de l'eau à raison d'un seau par livre de safranum; laissez-y tremper le sac; macérez, foulez, pressez-le, pour que la partie colorante se dissolve & s'échappe; au bout de deux heures de travail le bain est assez chargé. Dans une petite chaudiere de huit à neuf seaux d'eau, mettez neuf livres de crême de tartre, qu'il faut faire bouillir jusqu'à ce que la crême soit en dissolution : prenez un baquet très-propre; mettez-y cinq seaux de la lessive de safranum, & deux ou environ du bain de crême de tartre. Quand on apperçoit que ce mélange commence à bouillonner, on pallie fortement le bain; on dispose aussi-tôt la piece sur un moulinet posé au-dessus du baquet; on la passe rapidement sur le bain, en la tenant toujours bien au large; & quand on l'a ainsi passée six ou huit tours, toujours en nombre pair, & ainsi de toutes les opérations semblables, pour que les deux extrêmités de la piece soient également atteintes de la couleur, on la releve ſur la planche, & on la rabat dans la chaudiere à autant de repriſes différentes que ſur le tourniquet; en obſervant de retourner la piece à chaque fois, pour que le bout qui eſt ſorti le dernier de la chaudiere y rentre le dernier.

PENDANT ce tems-là, le ſafranum trempe toujours dans ſon bain, où l'on a remis autant d'eau qu'on en a tiré; le macérant, agitant, foulant également de tems en tems.

ON paſſe à un ſecond bain comme le premier; on y travaille l'étoffe de même; & ſi la couleur n'eſt pas à la nuance requiſe, on fait un troiſieme bain, un quatrieme même, s'il eſt néceſſaire.

ON fait ſécher à l'ombre, en étendant la piece bien également, parce que les parties qui ſécheraient plus promptement ſe coloreraient différemment, & feraient tacher, onder la couleur: ce qui arrive encore quand il y a des courans d'air qui frappent plus en des parties qu'en d'autres. L'étendage, par cette raiſon, demande un ſoin particulier; ſur des perches, où, par le moindre attouchement d'un point quelconque ſur lequel l'étoffe ſécherait, elle ſe tacherait: il faut donc tendre des cordes dans la ſécherie, par longueurs horizontales & rapprochées, y accrocher l'étoffe, en allant & revenant; ou ſur la même longueur, ce qui ſerait mieux, ſi la ſécherie eſt aſſez étendue, en les ſoutenant de diſtance en diſtance, ou enfin diſpoſées en volute, pour éviter le retour, ou eſpece de pli de l'étoffe, qui empêche toujours la parfaite égalité du ſéchage: on l'accroche à ces cordes par la liſiere avec des épingles, & elle ſe ſeche ainſi, pendant verticalement ſur la largeur.

N°. 5.

DU CAPUCINE.

IL ſe fait ſur le même principe que le ponceau, avec la différence qu'il y faut employer plus de rocou, & moins de ſafranum.

N°. 7.

DU BLEU ET DU VERD DE BOIS D'INDE.

TRAVAILLEZ l'étoffe dans un bain de bois d'Inde, où l'on a verſé deux onces de vitriol de Vénus, & quatre onces de diſſolution de cuivre par l'acide végétal: le bleu ſera fait.

LE verd ſe fera également d'un ſeul jet, dans un même bain de bois d'Inde & de verd-de-gris, auquel on ajoutera du bain de bois jaune, à proportion de la nuance à faire. Ce procédé n'eſt bon que pour les matieres en fil. La couleur trop faible & même un peu livide ne conviendrait point aux étoffes, à moins qu'on ne voulût un gris bleuté. Il n'y a que les Anglais qui teignent des velours dans cette couleur : mais parmi d'excellentes choſes, il n'eſt drogues qu'ils ne faſſent; tout eſt bon ſans doute, puiſqu'ils le débouchent ou le cónſomment.

N°. 7.

DU BLEU ET DU VERD DE SAXE OU DE CHINE.

Compoſition.

Acide vitriolique très-concentré,	8 parties.
Antimoine pulvériſé,	$\frac{1}{2}$
Indigo flore pulvériſé à ajouter quand la diſſolution ſera faite.	1

Mêlez, agitez & laiſſez digérer pendant vingt-quatre heures ſur un bain d'eau chaude miſe dans un baquet; verſez de la diſſolution d'indigo, & palliez bien; ajoutez-y moitié autant que de compoſition, de l'eau de ſoude chargée à porter l'œuf; braſſez encore; travaillez l'étoffe dans ce bain, juſqu'à ce que la couleur ſoit portée à ſa nuance; lavez, & battez bien.

Le verd ſe fait en paſſant l'étoffe de ce bleu dans un bain de bois jaune : lavez, dégorgez & battez, juſqu'à ce que l'eau ſorte claire, & que l'acide ne faſſe aucune impreſſion. On a l'expérience que cet acide mal extrait, d'abord d'une étoffe où il a ſervi d'intermede à la couleur, s'y concentre toujours davantage, & finit par la brûler entiérement. Faites ſécher.

N°. 8.

DU BLEU ET DU VERD DE PRUSSE.

Décolorez une livre de bleu de Pruſſe avec une ſuffiſante quantité d'alkali fixe marin, en faiſant bouillir le tout enſemble; paſſez dans ce bain l'étoffe qu'on a faiblement alunée avant : quand elle paraîtra bien égale, paſſez-la dans un nouveau bain d'eau, où l'on aura mis de l'acide marin juſqu'à piquer un peu la langue, preſque autant que du vinaigre; lavez, & battez bien. Pour le verd, on paſſe ſur le bain de bois jaune, comme à l'ordinaire.

La couleur bleue ne ſe développe point par le mêlange de l'alkali fixe, qui diſſout cependant la matiere & l'étend dans le bain : ce bain ſe colore en jaune fauve, & ne donne pas d'autre nuance à l'étoffe ; mais il suffit qu'elle y soit appliquée également. C'est l'acide qui développe le bleu, & qui lui donne de l'éclat.

Les procédés du bleu & du verd de Saxe & de Prusse, qu'on vient de décrire, ont été suivis pendant long-tems ; mais la couleur était souvent faible, terne & mal unie : elle est plus vive & plus nourrie par le procédé suivant, applicable à l'un & à l'autre.

Composition.

Sur du beau bleu de Prusse pulvérisé & passé au tamis très-fin, mis dans un vase de faïance en dose indéterminée, mais à raison d'une livre par piece d'étoffe, versez de l'acide marin, jusqu'à ce que la matiere vienne en consistance de sirop ; remuez toujours, lors de la fermentation, pendant environ une demi-heure ; délayez bien, & remuez encore d'heure en heure pendant une journée, jusqu'à ce qu'enfin l'on n'apperçoive plus de fermentation, que la division des parties entr'elles soit très-grande, & que leur union avec l'acide soit intime. On emploie l'acide marin de préférence à l'acide nitreux, parce qu'on a reconnu qu'il attaquait moins l'étoffe, & qu'il donnait une couleur plus vive.

Dans un baquet plus étroit que les baquets ordinaires, & plus évasé par le haut, de deux pieds de diametre par bas, & deux pieds & demi par haut, de hauteur égale à son évasement, mettez sept à huit seaux d'eau pour une piece de velours ; ajoutez-y de la composition qu'on a bien délayée avant avec de l'eau dans un vase à part ; versez-la dans le bain à travers un tamis bien fin ; & aussi-tôt que la piece est disposée sur le tourniquet placé au-dessus du baquet, palliez fortement le bain, & abattez promptement, travaillant avec le plus d'activité qu'il est possible pendant une, deux, trois heures, en passant la piece successivement du tourniquet à la planche, & de la planche au tourniquet.

Comme le bleu de Prusse n'est réellement pas dissous, qu'il n'est que très-atténué, & qu'il a du poids, il se dépose rapidement sur la matiere, & toujours en plus grande quantité sur la premiere qui se présente ; il en résulte que la couleur est d'abord ondée & souvent placardée, quelque soin qu'on prenne : on ne doit point s'en étonner ; il faut cependant éviter ces accidens le plus qu'il est possible ; travailler & retravailler l'étoffe ; laver avec le bain même les parties trop atteintes ; retravailler tantôt un bout le premier, tantôt l'autre ; faire sécher enfin ; retravailler de nouveau, toujours le plus également & le plus promptement ; faire sécher encore un fois, s'il en est besoin, & retravailler encore, jusqu'à ce que la nuance soit au point

point qu'on la desire, & que la couleur soit bien unie : c'est la couleur pour laquelle il faut un ouvrier des plus exercés. On lave l'étoffe entre chaque sec ; on la bat ; il faut en toutes sortes de bains, que l'étoffe y soit toujours passée bien humectée ; seche, elle ne se pénétrerait qu'avec beaucoup de peine, & toujours très-inégalement. Définitivement on ne lave point, on fait sécher à la rame, au grand air, au soleil ou à l'ombre, pourvu que la piece soit bien étendue. Pour passer au verd, on alune la piece encore mouillée de son bleu, & on la passe au bain jaune de gaude, en plus ou moins grande quantité, suivant la nuance. La gaude est plus vive que le bois, qui fonce davantage, mais qui ternit un peu la vivacité du bleu. Si l'on voulait un verd tendant à l'olive, le bois serait préférable. Faites sécher au grand air comme le bleu.

CETTE couleur, une des plus belles que l'art puisse produire, est inaltérable à l'air & à toutes ses intempéries, lorsqu'elle est bien faite. J'en ai exposé ainsi des échantillons pendant six mois de suite ; elle a remonté pendant long-tems ; elle a enfin peu perdu. Les acides ne lui sont pas contraires ; le débouilli même à l'alun ne l'altere que faiblement ; mais la poussiere, le frottement sur le dos des plis, la ternit bientôt, & le moindre attouchement de quelque liqueur alkaline la décompose sur-le-champ.

LE bleu de Prusse se trouve dans le commerce en pâte durcie & cassante, à peu près comme l'indigo ; mais comme il coûte fort cher, & qu'on le peut faire par-tout, j'en vais donner le procédé d'après M. d'Apligny, le plus simple & le meilleur qu'on connaisse.

Sang de bœuf sec & réduit en espece de petites écailles,	3 onces.
Tartre rouge,	3
Potasse,	3
Salpêtre de la seconde cuite,	$1\frac{1}{2}$

PULVÉRISEZ le tout ; mettez-le dans un creuset, & donnez un feu gradué, jusqu'à ce que la matiere, réduite en pâte, ne fume plus, & soit également rouge ; jetez-la alors par cuillerées dans trois pintes d'eau bouillante ; coulez cette lessive, & mêlez-la avec une dissolution chaude de huit onces d'alun & de deux onces de vitriol de mars ; remuez bien ce mélange avec un bâton, pour accélérer la précipitation du bleu.

Réflexions générales sur la teinture.

ON suit dans quelques atteliers, avec plus ou moins de différence, les procédés qu'on vient de décrire. Il n'en est pas moins à présumer qu'il y a souvent des manipulations superflues, & quelquefois des ingrédiens inutiles. Les couleurs primitives, *le jaune*, *le rouge* & *le bleu*, sont la base de toutes les couleurs : elles peuvent être le résultat d'une combinaison faite par la nature ; mais elles sont simples à l'égard de l'artiste ; il ne les fait pas, il les extrait, il les transmet ; il les fixe ces trois couleurs, & elles seules combinées varient ensuite le tableau de toutes les couleurs de la nature, dont l'art peut concevoir & tenter l'imitation.

Qu'on place le jaune avant le rouge, & le rouge avant le bleu, en supposant la premiere couleur plus simple, & les suivantes plus composées, c'est se supposer être instruit de la marche de la nature pour la composition de ces couleurs ; & personne ne sait pour laquelle elle se met le plus ou le moins en travail. Quel que soit le systême le moins systême, c'en est toujours un ; & quoique les arts soient souvent éclairés par des systêmes, il ne paraît pas que l'art de la teinture puisse tirer un grand avantage de celui-ci, puisque le teinturier est toujours obligé de considérer, par rapport à lui, comme simple en soi & élémentaire à l'égard de toutes les autres, chacune des trois couleurs dont on vient de parler.

Ces trois couleurs peuvent être graduées insensiblement du blanc au noir, par une multitude de nuances. Il y a deux moyens pour opérer cette gradation : l'un, d'unir à une couleur simple une couleur simple, ou plus ou moins composée ; il naîtra de ce mèlange, dont la pratique indiquera les doses, une nouvelle nuance qui pourra faire partie de la gradation dans telle ou telle couleur. Cette idée a dû se présenter d'abord : le succès l'a fixée, & la pratique en est devenue générale : elle a néanmoins beaucoup d'inconvéniens. La réussite tient au tâtonnement : les manipulations sont plus multipliées ; la quantité des ingrédiens colorans, toujours chers, plus considérable ; & à prix égal, la solidité dans la couleur toujours moindre. Il faut sans doute mèlange de couleurs, lorsqu'il est question de produire une couleur nouvelle & composée ; encore cela n'est-il pas toujours absolument nécessaire : mais peut-être aussi n'est-il jamais absolument nécessaire de faire ce mèlange, lorsqu'il n'est question que de varier les nuances d'une même couleur ; & c'est plutôt de cette idée plus réfléchie qu'on a tiré l'autre moyen. On sait que les acides portent au rouge, & que les alkalis font tendre au verd : on sait que les uns ou les autres, pris dans les différens regnes, ont des effets très-différens ; on sait que ces effets varient beaucoup plus encore, lorsque les sels tiennent des métaux en dissolution, & qu'ils dépendent, & de la nature du métal, & de la quantité qui y est répandue. Peut-être ne tient-il qu'à l'emploi de ces sels, d'avoir toutes les nuances qui dérivent des couleurs primitives. Peut-être ne tient-il qu'à l'emploi de tel ou tel métal, dissous dans ces sels, en bain préparatoire, ou dans celui même de la couleur, de les assurer toutes.

J'ai vu dans l'attelier de teinturre pour les tapisseries aux Gobelins, des gradations de nuances pouſſées depuis le gris-de-lin le plus tendre, juſqu'au violet le plus ſombre ; depuis le roſe le plus pâle, juſqu'au cramoiſi le plus foncé ; depuis le ventre de biche le plus clair, juſqu'au brun le plus obſcur. J'y ai auſſi vu la ſérie des échantillons matrices des pieds à la cochenille ; on m'a aſſuré que, ſans l'emploi d'aucun bain de bruniture, & par le ſeul effet des ſels, on les avait tournés & pouſſés à la nuance qu'on obſervait. Je crois ſeulement qu'à l'égard des cramoiſis, au lieu de cuve de bleu, on emploie le cobalt diſſous par l'eau régale. Ce qui paraît clair, c'eſt qu'on y regarde comme inutiles une infinité de pratiques d'uſage ailleurs, & qu'on y fait preſque toutes les couleurs de ſuite & dans la chaudiere même. Peut-être peuvent-elles s'exécuter toutes ainſi ſur le coton comme ſur la laine. Tant de cuves & de bains préparatoires entraînent dans des dépenſes & des longueurs, auxquelles on obvierait peut-être par des bains faits au beſoin ſur-le-champ, la matiere à teindre ſuppoſée imprégnée des métaux diſſous, ou ſouvent en étendant ſeulement les diſſolutions de ſels ſucceſſivement dans le même bain. On y penſe que la cuve de noir ſur-tout eſt ſuperflue, & que la rouille de fer peut ſe ſuppléer avantageuſement par la diſſolution du vitriol de mars, la décoction d'écorce d'aune, de ſumac, &c. & qu'on peut achever de foncer le noir par une forte décoction de bois d'Inde ; qu'il en eſt beaucoup plus doux, auſſi beau & auſſi ſolide, même ſur le velours de coton, ſans courir aucun riſque de le brûler. Je conviens que le noir ſera plus doux, & qu'on ſera moins expoſé à brûler l'étoffe ; mais juſqu'à des connaiſſances plus étendues, qui nous amenent à en juger différemment, nous trouvons la prétention d'ailleurs mal-fondée quant au velours de coton. La tonne élabore mieux le fer ; le noir en eſt plus beau, plus nourri, plus noir enfin.

Toute couleur en rouge de garance peut ſans doute ſe faire toujours en une ſeule fois, quant à l'emploi de cet ingrédient colorant ; & peut-être ne depend-il que d'un ſel de la fixer parfaitement, & en même tems de l'aviver.

La carriere eſt vaſte ; mais elle eſt ouverte aux artiſtes : il ſerait bien à deſirer qu'ils tournaſſent leurs vues du côté de l'analyſe de ces ſels, dont le travail eſt reſté juſqu'ici bien imparfait, & qu'il s'enſuivît celle des ſubſtances métalliques, pour en déduire les différens effets de ces ſels ſur celles de ces ſubſtances applicables en teinture, dont les idées à peine apperçues, loin que le travail en ſoit encore ébauché, furent cependant miſes en pratique par les anciens, à en juger par l'art, recouvré de nos jours, de colorer le verre : vraiſemblablement par les Indiens, ſi, après un grand laps de tems, leurs couleurs, dont les plus belles ſont imitables, & ne ſont ſouvent imitables que par des diſſolutions métalliques, rongent en effet le tiſſu des toiles comme les acides corrodent les métaux : & certainement

par Pierre Gobelin, le premier peut-être parmi nous qui ait imaginé d'employer la dissolution des métaux dans les acides minéraux, pour assurer les couleurs en teinture ; & les rendre plus éclatantes. S'il ne naissait pas de ces recherches une plus grande variété de couleurs que celle que nous possédons, il en sortirait du moins les moyens les plus sûrs de les fixer ; & il pourrait très-bien arriver que la teinture s'enrichit à cet égard, en proportion de ce qu'elle tiendrait plus du regne minéral : l'évidence du principe des couleurs dans les métaux donne lieu de le présumer.

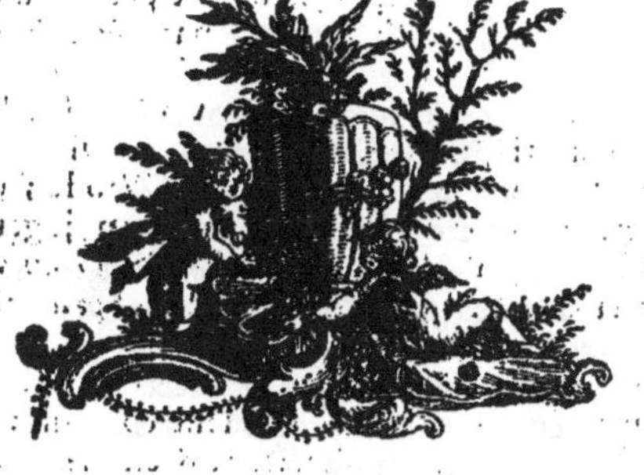

J'AI oublié de parler, à la fuite de la fabrication des velours de coton, de celle des velours de foie & de coton, que nous avions projeté, il y a quelques années, d'établir à Amiens, & dont on vient, dans l'un des faux-bourgs de Lyon, de réalifer en partie l'idée. Je dis, en partie, parce que notre projet était de les faire à chaîne & trame de coton, comme le velours de coton ordinaire, & feulement à poil ou velouté de foie ; & que ceux de Lyon ont la chaîne de fond, comme celle de poil ou du velouté en foie, & la trame feule en coton.

IL réfulte de cette derniere méthode fur la précédente, l'avantage de pouvoir plus facilement imiter les étoffes dont la figure ne couvre point le fond auffi parfaitement qu'il eft couvert au velours plein : tels les velours cannelés, les velours ras, ceux à la reine, les droguets ou autres étoffes de foie à petits deffins formés par la chaîne, auxquelles les raies veloutées, les côtes ou cannelures font en général également formées fur la largeur de l'étoffe.

Du refte elles fe travaillent en foulevant à la fois fur la verge plus ou moins de fils de la chaîne, en les coupant tous, ou en partie, ou en n'en coupant aucuns ; à peu près comme les moquettes à petits deffins, où l'on pourrait, à la tire, fubftituer les marches ; ou comme les pannes cifelées, dont il eft parlé à la fuite de l'*Art d'imprimer les étoffes de laines*, *&c.* ou enfin lorfqu'il n'y aura rien de coupé, qu'il y ait ou qu'il n'y ait pas de verges interpofées, de la même maniere, aux variétés près, que les étoffes croifées & figurées, décrites dans l'*Art du fabricant des étoffes de laines rafes & feches, unies & croifées.*

CES étoffes dureront-elles autant que les précédentes ? Dureront-elles affez du moins pour compenfer, foit le prix de celles où il n'entre point de foie, foit l'éclat de celles de pure foie, qu'elles ne fauraient avoir ou conferver auffi uniformément ? L'expérience peut feule nous en inftruire.

EN attendant, nous ne faurions diffimuler combien cette invention doit ajouter aux regrets de nos trop faibles connaiffances en teinture, & exciter les artiftes à reculer les bornes de ce bel art.

PLUSIEURS couleurs, quoique fauffes, appliquées fur la foie, font long-tems réfléchies avec une forte de vivacité propre à l'éclat de la matiere. Le coton n'a point cet avantage ; il n'a rien du brillant de la foie ; il n'a point fa fermeté : il eft plus fufceptible des influences de l'athmofphere ; il fe fripe, fe falit plus tôt, il eft plus fujet au lavage. Son ufage néceffite donc des couleurs très-variées, plus tenaces ; & fon mélange avec la foie demanderait des nuances également éclatantes, & plus conftamment femblables.

A l'égard du velours plein, nous ne doutons pas qu'il ne ſoit plus avantageux de revenir à notre premiere idée, c'eſt-à-dire, de faire l'étoffe en coton, chaîne & trame, & le velouté ſeul en ſoie. Sans doute le coton ne prendra jamais exactement la nuance de la ſoie; mais en l'imitant le plus qu'il eſt poſſible, en teignant la couleur en bon teint, en employant une trame très-fine, pour rapprocher d'autant les verges, & en bien tiſſant l'étoffe, elle ſera garnie d'un poil denſe, qui en couvrira le fond, & qui lui donnera en même tems de la force, de la douceur & de l'éclat.

Et s'il y a en effet de l'avantage à ſuivre cet objet dans toutes ou ſeulement dans quelques-unes de ſes parties; s'il prend enfin de l'extenſion, nos provinces du nord, beaucoup plus exercées au travail des cotons fins & à la teinture des matieres végétales que celles du midi, où la main-d'œuvre en outre eſt plus chere, ne tarderont pas à revendiquer la fabrique & des velours de ſoie & coton, & des velours de ſoie ſur coton, & celle même des autres petites étoffes de ce genre. Peut-être, hélas! la tranſlation en ſera-t-elle hâtée par un triſte reſte de cette barbarie réglémentaire, dont rougiront nos neveux.

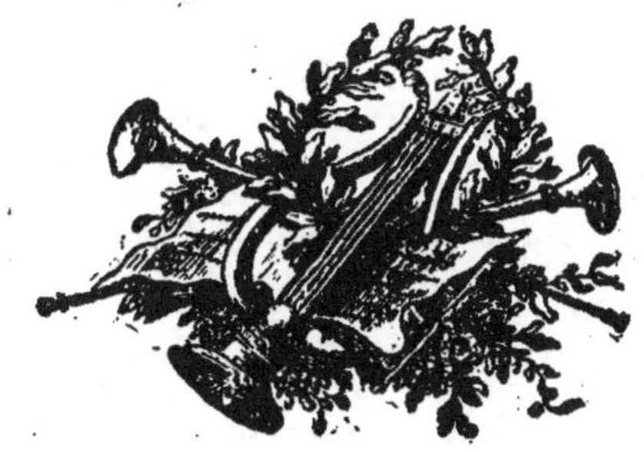

A R T
DU FABRICANT
DE VELOURS DE COTON.
SECONDE PARTIE,

CONTENANT les procédés de toutes les couleurs, & la maniere de les appliquer sur cette étoffe, ainsi que sur toutes les sortes de toiles, soit à la planche & au cylindre, soit au pinceau.

Naturam imitare magistram.
MARSY, *Pict.*

AVERTISSEMENT.

JE m'étais proposé, d'après des expériences & quelques conjectures, de répandre plus de théorie sur cette seconde partie; d'autres travaux s'emparent du tems destiné à rédiger mes idées: j'apprends d'ailleurs que M. de la Follie, de l'académie de Rouen, s'occupe singuliérement de la théorie de la teinture, sur laquelle il se propose de publier les siennes. Je n'hésite plus de m'en tenir à guider les artistes, & je cede volontiers à ce digne confrere un honneur auquel je ne saurais prétendre, celui d'éclairer les savans. (*)

Je ne donnerai non plus aucune figure sur l'Art du fabricant d'indienne, qui d'ailleurs n'est pas précisément mon objet. Je sais combien le goût pour cette sorte d'étoffe en a répandu l'usage, & que le méchanisme de l'impression pourrait n'être pas sans intérêt; mais il est si simple, qu'il suffit, sans être initié dans l'art, d'y jeter un coup-d'œil pour le comprendre: ainsi j'entre en matiere.

(*) Au moment où je livre ces procédés à l'impression, j'apprends la mort presque subite & trop prématurée de M. de la Follie. Quelque raison que j'aie de présumer que l'amitié reste dépositaire de plusieurs de ses idées, les arts n'en doivent pas moins des pleurs à sa cendre, & ce n'est qu'en habit de deuil qu'ils peuvent jeter des fleurs sur son tombeau.

PROCÉDÉS

De l'impreſſion ſur toiles & ſur velours de coton.

PREMIER ROUGE. N°. 1.

Cent pots, meſure de Paris, d'eau de riviere.
Vingt pots de vinaigre blanc.

Drogues.

Cent livres d'alun de Rome.
Quarante de ſel de Saturne.
Six de ſoude d'Alicante.
Six d'arſenic blanc.
Six de ſel ammoniac.
Huit de potaſſe.
Six de craie commune.
Trois de fernambouc moulu.

Pulvériser l'alun, le ſel de Saturne & la ſoude; les mettre dans une barrique de la contenance de cent ſoixante pots; faire chauffer le vinaigre preſque juſqu'au bouillon; y délayer la craie pulvériſée peu à peu & par petites parties, à cauſe de la grande effervefcence que produit ce mêlange; verſer à chaque fois cette combinaiſon dans la barrique, ſur l'alun, le ſel de Saturne & la ſoude; toujours remuer & bien agiter ces drogues avec une ſpatule ou un rable, pour les faire fondre.

Cela fait, y verſer quarante pots d'eau tiede, & agiter juſqu'à ce qu'il n'y ait plus de fermentation; y en ajouter alors trente-cinq pots également d'eau tiede, & cinq autres contenant la diſſolution de la potaſſe, qu'il faut verſer peu à peu.

Terminer le bain de la cuve par la décoction du bois de fernambouc, faite dans trente pots d'eau réduits à vingt, après l'avoir paſſée au tamis, & y avoir fait fondre le ſel ammoniac & l'arſenic.

Cette décoction de bois, chargée de la diſſolution du ſel ammoniac & de l'arſenic, doit ſe mêler au bain lors de la fermentation que la potaſſe y excite. Remuer le tout pendant une heure; laiſſer refroidir: le bain eſt d'un rouge

rouge clair. Lorſqu'il eſt tranſparent, on peut l'employer; trouble, il rendrait la nuance terne au garançage.

Gommage du rouge clair, violet, marron, cramoiſi, lilas, &c.

VERSER peu à peu un pot de bain du mordant ci-deſſus, ſur une livre un quart de gomme arabique pilée, paſſée au tamis, & miſe dans un vaſe. Lorſque la gomme eſt diſſoute, on peut ſe ſervir du bain.

Premier rouge, ou rouge le plus foncé pour calencar.

VERSER ſur trois pots du bain n°. 1, une pinte de bain de ferraille; ou mieux encore, pour un rouge plus vif, y diſſoudre une once de ſel ammoniac; délayer vingt-quatre onces d'amidon dans un chauderon, avec un peu du bain précédent: lorſqu'il eſt bien délayé, y ajouter le reſtant des trois pots de bain, & faire bouillir juſqu'à ce que l'amidon ſoit cuit. Cette compoſition peut être employée auſſi-tôt qu'elle eſt refroidie.

Second rouge pour calencar.

FAIRE fondre trois onces de ſel de Saturne dans une pinte d'eau; y ajouter deux livres & demie de gomme arabique tamiſée; bien délayer le tout; verſer deſſus trois pintes du bain n°. 1: on peut alors l'employer. L'opération ſe fait à froid, comme pour toutes les couleurs qu'on épaiſſit à la gomme.

Troiſieme rouge pour calencar.

Trois onces de ſel de Saturne.
Trois pots d'eau de riviere.
Cinq livres de gomme arabique.
Un pot du bain n°. 1.

LE tout bien mèlé; la gomme pulvériſée avant, paſſée au tamis, & diſſoute peu à peu dans de l'eau pure, ou dans le bain de rouge.

Gros rouge pour le fond double rouge.

Premier rouge.

VERSER dans une terrine trois pots du bain n°. 1, ſur deux onces de ſel de Saturne; faire enſuite bouillir dans ce bain une livre & demie d'amidon. Il faut toujours huit onces d'amidon par pot de bain pour toutes les couleurs qu'on épaiſſit ainſi, & une livre un quart de gomme arabique pour celles à la gomme. Cependant, ſi la compoſition eſt trop épaiſſe, on l'éclaircit avec un peu de bain du n°. 1; ſi au contraire, on y ajoute de la gomme. A l'égard de celles à l'amidon, on les fait recuire dans le dernier cas ; & dans le premier on y ajoute un peu du bain n°. 1, dans le chaffis, lors du travail.

Deuxieme rouge pour le fond du rouge précédent.

FAIRE diffoudre à froid trois onces de fel de Saturne dans trois pots d'eau ; y ajouter enfuite fept livres de gomme arabique ; & lorfqu'elle eft diffoute, y verfer trois pots du bain n°. 1.

Rouges pour indienne à deux rouges, fond blanc, ou fond de couleur.

Premier rouge.

AMIDONNER deux pots du bain n°. 1.

Deuxieme rouge.

DISSOUDRE trois onces de fel de Saturne dans quatre pots & demi d'eau ; verfer dedans fept livres & demie de gomme arabique ; y ajouter un pot & demi du bain n°. 1.

Rouge pour fond feul.

METTRE deux onces de fel de Saturne dans quatre pots du bain n°. 1 ; y ajouter cinq livres de gomme.

Rouge tirant fur le cramoifi.

GOMMER huit parties du bain de rouge n°. 1 ; mêler avec une partie du bain de violet ci-après n°. 1.

Second rouge, n°. 2.

Cent pots d'eau.
Cent livres d'alun de Rome.
Trente livres de fel de Saturne.
Cinq livres de potaffe.
Quatre livres de foude d'Alicante.
Trois livres de fernambouc râpé.
Cinq livres de fel ammoniac.
Cinq livres d'arfenic blanc.

METTRE dans un tonneau de la contenance de cent cinquante pots l'alun pulvérifé ; verfer deffus quarante pots d'eau très-chaude & non bouillante ; remuer jufqu'à ce que l'alun foit diffous ; ajouter le fel de Saturne, & remuer pendant ſept à huit minutes ; verſer encore quarante pots d'eau chaude, & remuer auſſi long-tems que la premiere fois ; mettre la ſoude ; remuer un quart d'heure ; ajouter peu à peu, & à différentes repriſes, la potaſſe diſſoute dans deux pots d'eau ; terminer le bain par la décoction du fernambouc paſſée au tamis, réduite de vingt-quatre pots à dix-huit, dans laquelle, encore chaude, on a fait diſſoudre le ſel ammoniac & l'arſenic. Cette décoction de bois doit être verſée dans le tonneau pendant la fermentation que la potaſſe y a établie ; remuer le tout pendant une heure : le bain refroidi & clair, on peut s'en ſervir, ayant l'attention de ne le point troubler ; le gommant enſuite, ou l'amidonnant ſuivant le beſoin.

Les couleurs à l'amidon ſont plus foncées, & moins vives que celles à la gomme : ce qui provient de la cuiſſon néceſſaire dans le premier cas. On n'emploie que la gomme dans les rouges de nuances claires.

Le rouge n°. 1 eſt préférable, en ce qu'il a plus de fond, & qu'il eſt plus ſuſceptible de dégradation.

Violet, n°. 1.

Faire bouillir, dans huit pots d'un fort bain de ferraille,
Six livres de ferraille rouillée,
Huit onces de ſel gemme,
Quatre onces de verd-de-gris,
Trois onces de ſel de ſalpêtre crud,
juſqu'à ce que le bain ſoit réduit à ſix pots ; le tirer au clair, & le laiſſer refroidir.

Faire diſſoudre ſix onces de ſel de Saturne dans une petite partie du bain ci-deſſus ; en verſer le reſte ſur cette diſſolution ; y ajouter dix-huit pots d'eau froide : le bain eſt fini.

Pour fond de violet plein.

Prendre trois pots du bain ci-deſſus, & les épaiſſir à froid, avec trois livres trois quarts de gomme arabique.

Violet pour fond ſur moſaïque noire.

Gommer un mêlange de trois parties du bain ci-deſſus, n°. 1, & d'une partie d'eau pure.

Petit violet pour rentrer.

Gommmer deux parties de bain & deux parties d'eau. On ne ſaurait épaiſſir le violet à l'amidon.

FOND DES COULEURS qui se tirent du violet, du rouge, ainsi que du noir, &c.

Fond café.

Dix pots de bain de ferraille le plus vieux possible.
Deux pots de bain de rouge, n°. 1.
Quatre pots d'eau claire.
Gommer, suivant la pratique, la quantité nécessaire.

Fond marron.

Neuf pots de bain de violet, n°. 1.
Six pots de bain rouge, n°. 1.
Quatre livres & demie de couperose verte, calcinée au blanc.

REMUER le tout à froid, jusqu'à ce que la couperose soit fondue; gommer cette composition.

ON calcine la couperose à feu nu, très-ardent, dans une poële de fer; on la remue; on la détache autant qu'il est possible avec une spatule de fer; quand elle est en pierre & blanchie, on la retire, on la fait piler & tamiser.

Fond maure-doré.

Huit pots de bain de violet, n°. 1.
Six pots de bain rouge, n°. 1.
Gommer.

Fond lilas foncé.

PRENDRE un pot de bain de violet, n°. 1; un pot de bain du second rouge, pour fond double rouge, & gommer.

Lilas clair.

UNE partie de bain de violet, n°. 1; trois parties du second rouge, & gommer.

NOIR.

Bain qui sert au noir garancé, au jaune à la rouille, &c.

REMPLIR de fort vinaigre blanc une barrique garnie de ferraille jusqu'au haut, & de quatre pots & demi de farine de seigle; en soutirer cinq à six seaux, trois fois par jour, pendant quinze jours de suite, & les reverser dessus à chaque fois; laisser reposer le tout durant quinze jours, trois semaines, ou un mois; transvaser le bain dans une autre barrique, & s'en servir comme il suit. (a)

(a) Il faut laver la ferraille après chaque opération, l'étendre à l'air sur des planches, & l'arroser de tems en tems, pour la faire rouiller de nouveau, & s'en reservir.

Noir à garancer.

Mettre dans un pot de bain ci-dessus, une once de vitriol de Mars, & demi-once de vitriol de Vénus ; les faire dissoudre sur le feu sans bouillir ; épaissir le bain avec huit onces d'amidon, mais avant de le remettre sur le feu, & lorsqu'il est refroidi, pour la facilité de le délayer convenablement.

Les couleurs suivantes ne se garancent pas.

Couleurs au pinceau ou a la planche.

Jaune foncé à la rouille.

Faire dissoudre sur le feu, dans un pot de bain de noir, trois onces de vitriol de Mars, & un quart d'once de verd-de-gris ; amidonner la composition lorsqu'elle est froide.

Jaune clair à la rouille, bon pour verd, appliqué sur bleu.

Trois livres de vitriol de Mars.

Une demi-once de vitriol de Vénus.

Dissous sur le feu, sans bouillir, dans un pot & demi d'eau ; laisser reposer le bain pendant deux ou trois jours ; l'épaissir à l'amidon, si c'est pour imprimer à la planche ; ou à la gomme, si c'est pour l'employer au pinceau.

Bleu solide au pinceau ou à la planche, avec le cannevas.

Faire bouillir à petit bouillon pendant un quart-d'heure, dans un chauderon de cuivre, douze pots d'eau de riviere, avec huit livres de potasse, & deux livres d'indigo cuivré mis en poudre ; retirer le chauderon du feu. Ayant pulvérisé & fait éteindre dans une terrine trois livres de chaux vive dans deux pots d'eau, verser cette eau peu à peu dans le chauderon, en remuant continuellement avec une spatule ; remettre le chaudron sur un feu doux, pour que la chaleur se maintienne dans l'état où elle se trouve après y avoir mis la chaux éteinte ; l'y laisser un quart-d'heure ; y ajouter une livre & demie d'arsenic rouge en poudre, remuant toujours, & maintenant la chaleur au même degré pendant encore une demi-d'heure, après laquelle il faut mettre une nouvelle livre & demie d'arsenic rouge en poudre, remuant également, & avec la même chaleur, pendant un demi-quart-d'heure.

Retirer de nouveau la composition de dessus le feu ; en verser six pots ſur douze livres de gomme pilée ; la remuer juſqu'à ce qu'elle ſoit froide. La couleur ſera d'un beau jaune verdâtre, & peut ainſi s'employer.

COULEURS AU PINCEAU OU A LA PLANCHE, QUI SANS ÊTRE TRÈS-SOLIDES, S'EMPLOIENT DANS DIVERSES FABRIQUES.

Verd.

Six livres de gaude, dont les racines ſont ſouſtraites.

Deux livres de bois d'Inde haché.

FAIRE bouillir dans dix pots d'eau juſqu'à la réduction de trois pots; tirer ce bain au clair ; remettre cinq pots d'eau ſur le marc ; les faire bouillir juſqu'à la réduction de deux pots, qu'il faut encore tirer au clair, & les joindre aux trois précédens ; délayer une once de verd-de-gris dans une petite partie du bain, & la reverſer ſur le total.

AMIDONNER ce dont on en a beſoin, à raiſon de ſept onces d'amidon par pot de bain. Si l'on veut une couleur plus vive, plus claire, ſoit qu'on la gomme ou qu'on l'amidonne, & dans le dernier cas il faut attendre que la compoſition ſoit refroidie, on y met un quart ou un tiers d'once d'huile de vitriol par pot, ou juſqu'à ce que la couleur, qui eſt verdâtre, ſoit devenue chamois foncé. La couleur employée ainſi, donne au lavage ſa teinte verte.

Bleu.

FAIRE bouillir une livre de bois d'Inde haché, dans trois pots d'eau, juſqu'à réduction de moitié ; tirer le bain au clair ; y ajouter deux onces de vitriol de Vénus pilé : lorſque le vitriol eſt diſſous & que le bain eſt froid, l'amidonner ou le gommer, & y mettre l'huile de vitriol comme au verd ci-deſſus.

Jaune.

FAIRE bouillir une livre de graine d'Avignon & demi-livre de gaude, dans trois pots d'eau, juſqu'à réduction de moitié ; tirer le clair ; remettre trois pintes d'eau ſur le marc ; les faire réduire à une pinte : remettre ſur le feu, & ſans marc, les quatre pintes de liqueur, & les faire réduire à trois pintes ; les retirer du feu ; y mettre diſſoudre ſix onces d'alun de Rome pilé, une once de ſel ammoniac, environ une demi-once de verd-de-gris. Le bain refroidi, l'amidonner ou le gommer, & s'en ſervir.

Rouge.

FAIRE boullir & réduire à moitié un pot d'eau, dans lequel on a mis deux gros de cochenille; tirer le bain au clair; mettre ſur le marc demi-livre de bois de fernambouc, & deux pots d'eau, qu'on fait réduire à une pinte: mêler les deux bains; faire chauffer ſans bouillir; les retirer du feu; y mettre demi-livre d'alun de Rome, deux onces de ſel de Saturne, une once de crême de tartre, demi-once de ſel ammoniac, demi-once de potée d'étain, & demi-once de potaſſe: froid, l'amidonner ou le gommer.

AUTRES MORDANS SOLIDES, ET POUR ÊTRE GARANCÉS.

Violet pour fond, ou pour rentrée.

METTRE ſur le feu, dans trois pots de bain de ferraille, une livre de ſel gemme, dix onces de ſel ammoniac; faire jeter un bouillon, pendant lequel on écume; retirer le bain du feu, & le dépoſer dans un vaſe.

FAIRE bouillir ſix onces de graine de kermès dans huit pots d'eau, pendant dix minutes; mettre le bain dans un vaſe.

VIOLET, nº. 2.

Pour fond plein, ou ſans moſaïque deſſous.

Un pot de bain de noir.
Trois pintes de pain de kermès.
Mêler enſemble, & gommer à l'ordinaire.

Violet pour rentrer.

Un pot de bain de noir.
Deux pots & demi de bain de kermès.
Mêler & gommer.

ROUGE DE FOND ET POUR MOUCHOIRS, nº. 3. (a)

Quatre-vingt pots d'eau.
Vingt pots de vinaigre.
Cent livres d'alun de Rome.
Vingt-cinq livres de ſel de Saturne.
Cinq livres de ſoude d'Alicante.
Six livres d'orpin ou orpiment.
Quatre livres de ſel de ſalpêtre crud.
Six livres de craie dure pulvériſée.
Cinq livres de tartre blanc.

(a) Il ne peut ſervir que pour le rouge ordinaire. Le rouge num. 1, eſt le meilleur.

Six livres de potaſſe.
Trois livres de fernambouc rapé.
Faire bouillir le fernambouc dans vingt-cinq pots d'eau, & les réduire à vingt pots.
Mettre dans une barrique, de la contenance de cent cinquante pots :
Cent livres d'alun de Rome.
Vingt-cinq livres de ſel de Saturne.
Cinq livres de ſoude d'Alicante.
Six livres d'orpin.
Quatre livres de ſalpêtre crud.

Faire chauffer les vingt pots de vinaigre très-chaud & non bouillant; en verſer deux pots ſur une livre de craie pulvériſée & miſe dans un ſeau; remuer avec une ſpatule; & quand la fermentatian eſt pouſſée au point d'élever la liqueur juſqu'au bord du ſeau, la jeter dans la barrique, & remuer juſqu'à la fin de l'opération, qui conſiſte à détremper ainſi toute la craie avec le vinaigre par petites parties, & à jeter l'un & l'autre dans le tonneau, juſqu'à ce qu'enfin la fermentation ſoit preſque ceſſée : ce qui peut durer de demi-heure à trois quarts-d'heure.

Ajouter au bain qui eſt dans la barrique, quarante pots d'eau tiede, le tartre enſuite; remuer pendant une demi-heure; autres trente-ſix pots d'eau tiede, compris les vingt pots de décoction de fernambouc mêlés enſemble. Si le bain de fernambouc était plus chaud, il y aurait un plus grand nombre de particules de bois qui y ſeraient éparſes; il s'éclaircirait plus difficilement, & il y aurait trop de marc.

Faire fondre les ſix livres de potaſſe dans quatre pots d'eau froide; les verſer à pluſieurs repriſes dans la barrique, qu'on remue depuis que le vinaigre eſt dedans, & qu'on continue de remuer juſqu'à ce que la fermentation ſoit finie; y mettre alors la diſſolution d'étain.

Diſſolution de l'étain.

Verser, quelques jours avant de s'en ſervir, dans une bouteille, ſur douze onces d'étain filé, une livre d'eau-forte étendue dans deux livres d'eau de riviere; bien boucher la bouteille.

Prendre le clair de la liqueur, le verſer dans le bain de rouge, qu'on remue encore une demi-heure; le laiſſer repoſer, & s'en ſervir, toujours bien éclairci, parce que le marc mêlé altérerait la couleur.

Lorsque le bain de la barrique tend à ſa fin, on en prend ce qu'on peut ſans remuer le marc; on le met dans un vaſe; on le laiſſe repoſer, juſqu'à ce qu'on en puiſſe tirer le clair : c'eſt ainſi qu'on en uſe à tous les bains de rouge, rejetant toujours le marc.

Très-

TRÈS-BEAU NOIR POUR IMPRESSION ET POUR FOND, SANS ÊTRE ASSUJETTI À LE GARANCER.

METTRE dans un chauderon, avec dix pots de bain de ferraille, le plus vieux & le plus fort possible,

Dix onces de vitriol de Mars.
Dix de tartre rouge.
Cinq de verd-de-gris.
Cinq de vitriol de Vénus.

FAIRE jeter un bouillon à ce nouveau bain, le laisser refroidir, l'amidonner, & toujours froid, y ajouter deux onces d'eau-forte, qu'il faut bien mêler. La couleur en prend un jaune grossier: on peut l'employer ainsi.

APPRÊTS DES TOILES IMPRIMÉES.

METTRE dans une chaudière contenant trois cents trente pots d'eau ou six cents soixante pintes de Paris, un seau de bouse de vache; la bien délayer dans la chaudiere, qu'on fait chauffer à y pouvoir tenir les pieces au large avec la main: alors prendre dix pieces de quatorze à quinze aunes, imprimées, & seches de trois à quatre jours; les mettre dans la chaudiere en les enfonçant promptement, parce que la couleur d'impression coulerait si les pieces restaient sur la surface de l'eau; leur donner quatre bouts; les lever, les laver & battre deux fois en riviere.

REMETTRE un demi-seau de bouse de vache dans la même chaudiere, & y passer dix autres pieces.

LORSQUE les fonds noirs sont bien chargés en couleur, on renouvelle la bouse de vache aux vingt pieces; mais on s'en tient à la premiere, quand ce ne sont que des fleurs ou des fonds légers.

LES pieces bien battues & tirées à l'eau à deux fois ou à quatre, si elles ont subi deux bouses, on les passe en un bain, comme il suit.

Suite de bains.

FAIRE bouillir pendant deux heures & demie à trois heures, dans une chaudiere, quinze livres de bois de campêche rapé ou haché, & mis dans un sac; laisser refroidir, remplir la chaudiere, ou y mettre assez d'eau pour qu'il y ait au moins trente-deux pintes de bain par piece; six cents quarante pour vingt. Prendre les mêmes vingt pieces qui ont passé en bouse; les jeter dans la chaudiere, après y avoir mis quelques livres de son (*a*) & l'avoir bien pallié; les enfoncer au plus vîte; leur donner quatre bouts: le noir doit être monté.

(*a*) Le son empêche la teinture de bois de s'attacher aux parties non colorées.

LEVER les pieces en large sur le tourniquet ; ajouter au bain trois quarts de livre de jus de citron ; remettre le feu sous la chaudiere ; abattre les pieces, en tournant & les tenant au large, pendant huit à dix minutes, le bain toujours bouillant.

RELEVER les pieces ; les laver & battre en riviere. La chaudiere nette, la remplir d'eau ; mettre le feu ; & lorsqu'elle est prète à bouillir, y mettre quelques livres de son ; y repasser dix des pieces lavées & battues ; leur donner trois ou quatre bouts, l'eau toujours bouillante ; les lever, laver & battre encore en riviere.

REMPLIR la chaudiere dans laquelle reste l'ancien bain ; y ajouter du son lorsqu'elle est prète à bouillir ; y abattre & travailler de même les dix autres pieces.

SI les fonds ne sont pas assez blancs, on remet les toiles deux jours sur le pré, ou, si le tems ne le permet pas, on les repasse au son.

LES toiles pour cette impression doivent être préparées comme pour les garancer : ce qui se fait, dans l'un & l'autre cas, comme il suit.

Autres bains préparatoires.

LES toiles mouillées en riviere ou autrement, mais bien pénétrées, les ranger dans une cuve par lits de pieces *faudées*, légérement & séparément. Le fond de la cuve garni, répandre du son sur les toiles à raison d'une poignée & demie par piece. Passer à un second lit de pieces & de son ; & ainsi de suite, jusqu'à ce que toutes les toiles à préparer soient dans la cuve.

OBSERVER de verser de l'eau tiede sur chaque deuxieme ou troisieme lit de pieces, pour qu'elles trempent bien ; & lorsqu'elles sont toutes dans la cuve, mettre dessus des planches, les bien charger, & laisser ainsi les toiles dans ce bain, serrées & en repos, pendant cinq à six jours. Les laver ensuite & battre deux fois ; les mettre sur le pré sans les arroser pendant trois ou quatre jours, puis les laver en riviere.

METTRE dans une autre cuve à moitié d'eau froide, une suffisante quantité d'huile de vitriol, pour que sa saveur acidulée pique un peu la langue ; y ajouter la dissolution de sel de Saturne, faite à part, dans l'eau froide, à raison de deux livres pour cinquante pieces de toiles : l'eau devient blanche ; pallier ; abattre les pieces au tourniquet ; les enfoncer à mesure, pour qu'elles trempent bien toutes également ; les laisser ainsi tremper pendant trois ou quatre jours ; les laver & battre deux fois ; les sécher & cylindrer : elles sont en état d'être imprimées.

Passage en bouse avant le garançage, en une ou plusieurs couleurs.

DÉLAYER un seau & demi de bouse de vache dans une chaudiere de cinquante-cinq ſeaux d'eau pour vingt pieces de quatorze à quinze aunes.

PROCÉDER comme il a été dit ci-devant, avec la différence de pouſſer le feu de maniere qu'on ne puiſſe plus tenir la main dans le bain pendant le dernier bout. Lever les pieces ſur le tourniquet ; les laver & battre deux fois & même trois, pour qu'il n'y reſte ni bouſe, ni gomme ; les garancer alors, ſi ce ſont des fonds blancs ; mais renouveller la bouſe, ſi ce ſont des fonds de couleur, parce que la premiere ne ſuffit pas pour ôter la gomme, plus abondante en ceux-ci qu'aux précédens.

Garançage.

METTRE dans une chaudiere, contenant ſix cents ſoixante pintes d'eau, trente-deux livres de belle garance, bien égrappée ou diviſée à la main, & demi-livre de noix de galle blanche, pilée & tamiſée, pour vingt pieces de toiles fonds blancs, & autant de couleur ſur ce nombre qu'il eſt poſſible d'en avoir ; pallier le bain, & y donner aux pieces deux bouts à froid. Mettre le feu ſous la chaudiere ; travailler les toiles ſur le tourniquet ; pouſſer le feu juſqu'à ce que le bain ſoit tiede ; le conſerver en cet état pendant trois quarts-d'heure ; c'eſt-à-dire, qu'après une demi-heure, on animera le feu, travaillant toujours l'étoffe ſur le tourniquet, la maintenant au large, juſqu'à ce qu'on ne puiſſe plus le faire avec la main. Ouvrir le fourneau pour s'en tenir à ce degré de chaleur pendant une demi-heure, tenant alors les pieces au large avec le liſoir.

POUSSER encore le feu pendant un quart-d'heure ; arriver au bouillon, & y tenir l'étoffe pendant cinq à ſix minutes, ſi le bain n'eſt pas tourné : ce qu'indiquerait ſa couleur d'un jaune noirâtre, & ce qu'annonce encore une écume auſſi volumineuſe que celle qui ſe forme deſſus le bain lorſque les pieces y ſont & qu'on commence à le chauffer, mais d'une couleur terne & déſagréable à l'œil. Il faudrait, dans ce cas, lever les pieces ſur-le-champ ; les couleurs perdraient leur éclat.

JETER les toiles à l'eau après le garançage ; les laver & battre, & les mettre ſur le pré. Il faut tenir les pieces au bouillon juſqu'à dix à douze minutes, ſi la couleur n'eſt pas aſſez montée, & que le bain ne ſoit pas tourné.

LORSQU'IL s'en trouve encore de nuances trop faibles, on les met de côté, pour les garancer de nouveau. Mais au lieu de trente-deux livres de garance, on n'en emploie que douze livres ; & les pieces dans la chaudiere, on pouſſe le feu deſſous par gradation & ſans interruption juſqu'au bouillon.

EST-ON preſſé d'obtenir le blanc des toiles ? on peut l'accélérer de trois à quatre jours, en les paſſant au ſon, les lavant & les battant enſuite.

Garançage des fonds de couleur.

Dans une égale quantité d'eau que pour les fonds blancs, & pour vingt pieces, employer vingt livres de garance, & trois quarts de livre de noix de galle blanche, pilée & tamisée; pallier; donner trois à quatre bouts à froid; faire tiédir; travailler demi-heure, tenant toujours l'étoffe au large; faire chauffer à n'y pouvoir tenir la main; donner encore deux bouts.

Si l'on distingue les diverses couleurs de l'étoffe, il la faut lever sur le tourniquet, la laver & battre une fois à la riviere. Il faut vuider & nettoyer la chaudiere; y mettre, avec la même quantité d'eau que ci-devant, trente-six livres de garance & demi-livre de noix de galle blanche.

Traiter ce garançage comme celui des fonds blancs, & supprimer la noix de galle pour les fonds lilas & violets, qu'elle ternit; mettre cinq à six livres de garance de plus pour ces fonds que pour les autres, & les garancer également à deux reprises.

Observations sur la maniere d'appliquer les jaunes, bleus & verds, à la planche ou au pinceau.

Il est toujours mieux, lorsque cela est possible, d'imprimer le bleu, que de le pinceauter. L'une ou l'autre opération exige les toiles blanchies sur le pré, & lavées proprement. Imprimées ou pinceautées & seches, jeter les toiles à l'eau; les y enfoncer; leur donner deux ou trois rinçages; les laisser tremper une heure ou une heure & demie; les rincer encore deux ou trois fois, & les faire sécher.

Imprimer ensuite avec la couleur jaune, & à la planche ou *rentrée*, qui contient toutes les parties qui doivent être jaunes ou vertes; les blanches restent jaunes, & les bleues deviennent vertes. Laisser sécher les toiles pendant deux ou trois jours; les laver ensuite comme pour le bleu; les sécher, cylindrer, lisser & plier. Veut-on leur donner de l'apprêt? il faut, avant de les cylindrer, les passer dans une eau d'amidon, où l'on a délayé du bleu d'azur.

Mettre sur dix pots d'eau trois livres du plus bel amidon; y ajouter quatre onces de cire vierge blanche, & quatre onces de savon blanc; faire cuire le tout ensemble; puis dans un baquet placé au-dessous d'une méchanique à tordre, ajouter à deux seaux d'eau claire, trois peintes d'eau d'amidon; y passer trois pieces; les tordre à deux ou trois reprises, en rapportant dans le milieu les parties qui précédemment étaient au bout; & plus ou moins fort, suivant la quantité d'apprêt qu'on veut leur donner toujours plus aux toiles les plus légeres; celles qui ne le sont pas n'en ont pas besoin.

TOUTES les couleurs à appliquer l'une sur l'autre exigent quelques jours d'intervalle. Il faut toujours que la précédente soit seche, pour qu'elle ne soit pas sujette à couler par l'humidité de celle qu'on imprime actuellement; tels les deux autres rouges, les violets ou doubles fonds de l'une & l'autre couleur. Ceci seulement pour les couleurs qui s'appliquent l'une sur l'autre, comme on vient de le dire; mais les dessins, dont les fonds sont d'une couleur, & les tiges ou fleurs doivent être de l'autre, peuvent s'imprimer de suite, au moyen de deux chassis.

IL est peu de coloristes dans les manufactures d'indiennes, qui sachent parfaitement le procédé du bleu anglais : le voici. Je le donne, comme toutes les autres couleurs, d'après l'expérience, & certain de leur bel effet.

Bleu anglais.

DANS un pot de terre bien vernissé, faire bouillir une livre de bonne potasse, quatre onces d'orpiment, avec trois pots d'eau. Clarifier cette lessive, y laisser tremper, & broyer avec de l'indigo, auquel, mis en bouillie, on donne avec l'amidon la consistance propre à en imprimer.

L'IMPRESSION faite, & la toile bien seche, la passer sur le moulin rapidement & successivement, & sans interruption, dans trois bains.

Premier bain.

FAIRE éteindre cinquante livres de chaux dans vingt-cinq seaux d'eau de riviere. Décanter cette eau dès qu'elle est clarifiée sur son marc.

Second bain.

FAIRE bouillir pendant une heure vingt livres de la meilleure potasse dans vingt cinq seaux d'eau, en la remuant & l'écumant de tems en tems. Laisser déposer & tirer au clair. Il en est qui, n'ayant point employé l'orpiment dans la lessive, le mettent dans le second bain; mais alors, dans un sac de forte toile, suspendu dans la chaudiere, aussi long-tems qu'elle bout. Il en faut une plus grande quantité, jusqu'à deux livres.

Troisieme bain.

METTRE en volume égal aux bains précédens, quatre parties d'eau de riviere, & une partie d'esprit de vitriol.

L'ÉTOFFE, dans le premier bain où on la travaillera un quart-d'heure, subira un changement peu sensible. Elle acquerra, dans le même intervalle de tems, dans le second bain, une couleur de gris sale. On la travaille sur le troiſieme bain juſqu'à ce que le fond ſoit blanc, & le bleu net & vif. Bien laver la toile : le bleu eſt très-ſolide.

On obſervera de jeter ſes bains dans de grands vaſes, où l'étoffe puiſſe être travaillée au large & à l'aiſe avec le moulinet. Le paſſage ſubit d'un bain à l'autre, & du dernier au lavage, eſt très-important. Cette couleur n'eſt aſſurée que par le dernier bain. On ne l'applique que ſur des toiles fines, & que pour des deſſins très-fins, tous ombrés, parce qu'on n'y met jamais qu'une couleur.

Il eſt eſſentiel que l'indigo ſoit le plus diviſé poſſible. Les premiers bains peuvent ſervir autant qu'on a à travailler deſſus ; mais il faut à chaque fois renforcer le dernier à raiſon de ce qu'il s'eſt affaibli.

J'ai dit dans l'*Art de préparer & d'imprimer les étoffes en laine*, que tous les procédés d'impreſſion à l'huile, qui y ſont décrits, étaient également applicables ſur le velours de coton, ſur la toile & ſur la ſoie ; je le répete, pour les indiquer à ceux qui n'auraient pas lu l'art que je viens de citer, & à qui, dans ce cas-ci, l'application de ces procédés pourrait être utile.

Quoiqu'on ait beaucoup écrit, plus encore ſur l'impreſſion que ſur la teinture des matieres végétales, je ne trouve pas qu'on ait rien dit de l'impreſſion à l'huile, qui donne lieu de ſoupçonner la vaſte carriere dont les procédés que je publie ouvrent l'entrée.

L'Encyclopédie parle de l'impreſſion des toiles avec une légéreté bien peu digne de ce grand ouvrage : j'ai un traité tout entier de ce bel art ; j'ai lu les nombreuſes recettes des *ſecrets de la nature & des arts*, de *l'Encyclopédie pratique*, &c. imprimée à Liege ; des *Etrennes de Minerve*, & d'une infinité d'autres recueils tant français qu'italiens. Je ſuis convaincu qu'ils en renferment d'excellentes ; mais il en eſt tant dans chacun, qui m'ont prouvé que leurs auteurs, peu ou point du tout ariſtes, ſe ſont bien plus attachés à les accroître qu'à s'aſſurer des faits qu'ils contiennent, que j'ai cru en devoir abandonner le triage à d'autres, & m'en tenir ici à ceux conſtatés par ma propre expérience.

Il eſt un procédé à ajouter à ceux donnés dans l'Art d'imprimer les étoffes de laine, de faire l'*huile graſſe* ou *ſiccative*, que j'ai réſervé pour l'art, plus délicat & qui demande plus de perfection, d'imprimer les toiles.

Tout le monde ſait que le plomb, quelle qu'en ſoit la préparation, porte ſa propriété naturelle de noircir dans toutes les compoſitions où il entre, & preſque toujours en raiſon de ſa quantité. Sans doute la terre d'ombre, matiere ochreuſe, a concouru à faire pouſſer ainſi les tableaux des peintres Italiens ; mais le plomb y a ſa part, comme dans les autres, & je ne fais aucun doute qu'à la longue toutes les peintures ne ſoient plus ou moins altérées par l'influence de ce métal.

On prétend, & cette prétention eſt fondée ſur une tradition ſoigneuſement & ſecrétement conſervée par un ſi petit nombre de perſonnes, qu'elle n'a été, que je ſache, rendue publique par aucune : on prétend, dis-je, que les peintures de Rubens & de Van-Dick ne doivent la conſervation conſtante de la vivacité & de la fraîcheur du coloris, qu'à l'entiere privation du plomb dans la préparation des huiles graſſes ou ſiccatives, auxquelles ces grands coloriſtes ſubſtituaient la réſine copale. En voici le *procédé :* Faites fondre enſemble doucement, à ſec & à feu nu, dans une cuiller de fer, une once de colophane blanche, & trois onces de copale, pour une livre d'huile de noix bien claire ; verſez ces matieres fondues ſur un marbre froid ; lorſqu'elles ſont refroidies, pulvériſez-les groſſiérement, & jetez-les par petites parties dans l'huile de noix bouillante ; remuez bien, & tenez le pot au bain-marie juſqu'à parfaite diſſolution ; clarifiez l'huile au ſoleil dans de longues fioles.

La maniere d'épurer & de clarifier les huiles au ſoleil, en y mêlant quelque préparation de plomb, eſt très-uſitée parmi les peintres : mais il eſt à obſerver qu'il faut toujours alors que le vaſe ſoit débouché ; ſans cela l'huile ne ſe clarifierait pas.

De quelques uſtenſiles & notions générales ſur leur uſage.

Le chaſſis d'impreſſion pour les toiles eſt le même que pour les étoffes de laine, décrit dans l'art de *l'imprimeur d'étoffes*, avec la différence qu'on emploie la peau de mouton à celui-ci, & que le drap convient mieux pour l'autre. Il faut que ce ſoit un vieux drap bien ras, qui ait le moins de duvet poſſible ; ou s'il n'était pas enlevé par un long uſage, on le fait à la pierre de ponce, ou on le graiſſe en-deſſous, du côté de la gomme, avec du vieux-oing, ou l'on y met une toile de crin ; on y met même une peau de chamois, pour le bleu anglais dont on vient de donner le procédé.

Au lieu d'une gomme quelconque, la plus commune, qu'on met ſous le chaſſis, toujours tenue molle & élaſtique, on peut employer avec ſuccès de la graine de lin bouillie, & rendue en conſiſtance propre au même uſage.

Je crois inutile, comme j'en ai prévenu, de donner le deſſin des tables d'impreſſion, des planches & autres uſtenſiles néceſſaires à cet art, & connu de beaucoup de monde. L'eſſentiel était les procédés, qui au contraire ſont connus de peu de perſonnes, de celles même qui cherchent à les mettre en pratique.

Cependant je donnerai quelques notions qui faciliteront & aſſureront cette pratique. La gravure des planches eſt la même que celle des planches pour la gravure en bois ſur papier. Le poirier le plus ſec eſt le ſeul bois qui y convienne ; ſi ce n'eſt le buis, qu'on emploie dans les ouvrages fins, de traits fort déliés, mais qui eſt beaucoup plus cher. Ces planches qu'on applique à la main ſur la toile, en frappant deſſus avec un maillet de bois, ont des points de raccord aux quatre coins, avec la même planche, ſi le deſſin eſt fini ſur chacune, & que ce ne ſoit qu'une répétition du même; ou avec une autre planche, ſi le deſſin qu'elle porte eſt une ſuite du deſſin de la premiere.

Les pointes qui ſuppléent quelquefois à la gravure en bois lorſque le deſſin eſt très-menuiſé, ou celles qui garniſſent les planches entieres & dont tout le deſſin eſt formé, ſont toujours en cuivre. Elles ſe redreſſent ſéparément & s'égaliſent enſemble, à la lime, la regle à la main, & non en rempliſſant la planche de cire, comme on l'a publié dans l'Encyclopédie, avec un tas de mauvaiſes recettes & de pratiques impraticables, ou ſujettes à mille inconvéniens.

On donnera moins de conſiſtance à la compoſition ou au mordant, pour être employé à la plume ou au pinceau, qu'à la planche. Ce mordant colore très-peu, différemment cependant, ſuivant les couleurs qu'on veut obtenir par le garançage ou autres bains.

On fait le bleu & blanc en réſervant les parties qui doivent reſter blanches. Veut-on deux bleus, & plus? on en réſerve une partie du premier; on reteint, on réſerve une troiſieme fois : on reteint encore.

Peut-être le procédé ſuivant de la réſerve eſt-il trop compliqué; peut-être en eſt-il ainſi de bien d'autres: je vais cependant le décrire, puiſqu'il eſt d'uſage dans pluſieurs manufactures d'indiennes : j'y ajouterai celui qui eſt pratiqué dans les manufactures de Rouen.

Compoſition & application de la réſerve.

Faire diſſoudre, d'une part, deux livres de gomme dans deux pots d'eau; & de l'autre, ſix onces d'alun, dans autant d'eau. Ajouter à ce dernier bain une livre & demie de verd-de-gris, & une livre de vitriol de Chypre, pilés & délayés. Mêler ces deux bains, & s'en ſervir à pêtrir & délayer huit livres de terre à pipe, juſqu'au point de la rendre en conſiſtance propre à imprimer. On broie ſur le marbre cette pâte liquide, après y avoir ajouté une cuillerée d'huile de vitriol & deux cuillerées d'eſſence de térébenthine.

Vingt-quatre heures après l'impreſſion de la réſerve, on peut paſſer les toiles en cuve. On les met enſuite tremper à la riviere pendant deux ou trois heures; on les y bat bien; puis on les fait paſſer par un bain d'acide vitriolique, & de beaucoup d'eau, un peu plus acidulé cependant que celui de la préparation des toiles blanches. Il faut enfin les dégorger, laver & battre, au point de les purger entiérement de l'acide vitriolique.

Autre

Autre procédé.

Faire diſſoudre dans deux pots d'eau une livre d'alun de Rome réduit en poudre ; prendre quatre livres de terre à pipe, également réduite en poudre ; douze onces de vitriol bleu en poudre ; vingt onces de verd-de-gris ; mettre bouillir le tout enſemble. Quand la compoſition eſt faite, on la gomme avec deux livres de gomme arabique. Le verd-de-gris ſert à la faire détacher plus aiſément. On procede du reſte, comme dans le premier cas.

Maſtic au pinceau.

Une livre de terre à pipe.
Un pot d'eau.
Douze onces d'alun de glace.
Quinze onces de vitriol bleu.

Reduire en poudre les parties ſolides, & faire bouillir le tout enſemble. Ajouter à la compoſition faite, une livre de gomme arabique en poudre.

Réflexion ſur l'uſage de l'acide vitriolique pour le blanchiment des toiles.

Le dernier bain d'acide vitriolique nettoie le fond de la toile, & le blanchit *à fin*. On pourrait l'employer avec beaucoup de ſuccès pour hâter le blanchiſſage des toiles en général, & celui des fils de lin, de chanvre, & même de coton, dont on a quelquefois un beſoin très-preſſant. On y parviendra juſqu'à un certain point, en deux ou trois jours, en les trempant & les travaillant pendant quelques heures dans une leſſive de cendre de bois, leur faiſant prendre un demi-ſec, les laiſſant tremper, & les retravaillant quelques heures dans une eau de chaux, quelques heures dans une leſſive de potaſſe, & de ſuite dans de l'acide vitriolique, étendu dans beaucoup d'eau pure. Les premiers bains peuvent être chauds ; le dernier doit toujours être froid.

EXPLICATION DES FIGURES. (a)

PLANCHE I, II, & III.

Méchanique à carder ; vues d'oiſeau & latérales.

A. Premier cylindre plein, *pl. I*, *II* & *III*, qui accroche le coton de

(a) Je me ſuis peu étendu ſur le devidage & le doublage des cotons, ſur la maniere de les retordre, & celle d'ourdir les chaînes ; opérations les mêmes que celles qui s'exécutent ſur la laine, & aſſez détaillées dans l'Art des étoffes de laine raſes

dessus la nappe *u u*, & qui le fait passer entre lui & un cylindre semblable qui est en-dessous.

B. Second cylindre plein, sur lequel passe le coton en sortant d'entre les cylindres précédens.

C. Troisieme cylindre creux, en forme de tambour, qui reçoit le coton du cylindre B.

D. Quatrieme cylindre creux, qui porte le coton du cylindre C au cylindre I, affleuré en-dessus, par un cinquieme, sixieme, septieme & huitieme petits cylindres pleins.

E F G H. Quatre petits cylindres pleins, soutenus dans des croissans de fer, sur des vis à écrous en-dedans du quart de cercle XX. Le coton passe successivement du cylindre I en E F G, se travaillant en même tems en I, y retournant avant de passer sur H, & en sortant du même.

I. Neuvieme cylindre creux, le plus gros de tous, celui où est adaptée la manivelle, & qui donne le jeu à toute la machine.

L. Dixieme cylindre creux, dernier tambour, sur lequel se forment les loquettes, le seul où les cardes, paralleles sur chaque rang, soient alternes de l'un à l'autre, étant opposées sur tous les autres.

M. Cylindre ou rouleau à lames de fer-blanc, qui détache le coton cardé, séparément de chaque carde du tambour L.

N. Rouleau cannelé, qui roule chaque loquette sur le plan incliné.

O. Boîte ou réceptacle des loquettes.

PP. Cadres en fer, fichés sur la charpente, vissée en-dessous, portant vis & écrous par côté, pour avancer ou reculer les tasseaux en cuivre, sur lesquels tourne l'axe en fer des cylindres.

Q. Vis de support, ou servant d'axe au rouleau N, & pour le serrer plus ou moins.

R. Poulie ou roue à rainure, dans laquelle passe une courroie.

S. Premiere roue à rainure, qui reçoit la courroie de la roue précédente, & qui lui communique son mouvement.

TT. Tasseaux qui supportent les cylindres.

VV. Vis & supports des quatre petits cylindres, sur le quart de cercle.

XX. Quarts de cercle élevés sur la charpente de la méchanique.

& seches, unies & croisées, pour craindre d'en grossir inutilement la description de celui-ci. La raison de ne pas trop multiplier les *planches*, déjà nombreuses par celles qu'exigent les nouvelles méchaniques que je public, m'a également empêché d'en répéter aucune : ainsi le rouet à filer, qui n'est pas précisément le même, mais qui est connu par-tout, les rouets de devidage, de doublage, la tournette, les buhots, le devidoir & son rateau, le moulin à ourdir, &c. &c. ne sont point représentés à la suite de cette description, parce qu'ils le sont à la suite de la précédente.

Y. Poulie mobile, pour tendre la corde qui embraſſe les cylindres D, E, F, G, H, L.

Z. Manivelle.

a. (*Pl. I* & *III.*) Poulie, dont l'axe paſſé dans les anneaux *yy*, eſt commun au rouleau A, qui donne le mouvement aux toiles ſans fin *uu.*

b. Poulie qui, au moyen d'une corde croiſée, donne le mouvement à la poulie *a.*

bb. Poulie parallele, & jointe à la précédente, qui reçoit ſon mouvement de la poulie *n.*

c le reçoit de la poulie *e*, & la poulie *d* le communique par une corde croiſée, paſſant ſur la rainure *ef*, au cylindre D.

f. Autre poulie plus petite, qui donne ſon mouvement aux cylindres E F G H, par une corde qui, après les avoir embraſſés ſucceſſivement, paſſe ſur la rainure M, fait tourner le cylindre L, eſt tendue en Y, & ſe rejoint en *f.*

l. Poulie à trois rainures, 1, 2, 3, paralleles & de différentes hauteurs, qui, par une corde croiſée, meut la poulie *o* du rouleau M.

p. Petite poulie qui donne le mouvement à la poulie *q* du rouleau cannelé.

rr. Rebords élevés de la table horizontale, ſéparée en longueur par une élévation *ss*, qui la diſpoſent en deux eſpeces de courſieres, ou avancent ſans fin les deux nappes *uu* chargées de coton étendu bien également & en petite quantité à la fois.

xxx. (*Pl. II* & *III.*) Courbures indiquées du fil-de-fer des cardes, qui marquent avec la diſpoſition des cardes, le mouvement de chaque cylindre.

On obſervera qu'il n'y a de diſtance entre les cardes paralleles, que ce qui reſte de cuir ſans fil-de-fer ſur le bord de chacune, pour la facilité de les tendre à la tenaille, & de les clouer; un demi-pouce au plus ſur chacune; ce qui donne environ un pouce d'intervalle entre les fils-de-fer d'une carde à ceux de la carde voiſine.

Si ces fils-de-fer paraiſſent plus écartés ſur les petits cylindres que ſur les gros, ce n'eſt que parce que le diametre étant moindre, la divergence eſt plus conſidérable; car ce ſont les mêmes cardes pour tous, comme je l'ai déjà obſervé. Le nombre de ces cardes, de la grandeur ordinaire de celles à la main, eſt de cent quarante-quatre.

PLANCHE PREMIERE.

Autres vues & développemens de la méchanique à carder.

Fig. 2. Vue en perſpective de la méchanique.

La ſuite des nombres naturels 1, 2, 3, juſqu'à 12, repréſente celle des cylindres dans la diſpoſition de leur axe, depuis le lieu où ils commencent à ſe charger du coton étendu ſur les nappes *u u*, juſqu'à celui où le même coton eſt roulé par loquettes ſur le plan incliné *p i*, tombe & s'arrange dans l'intérieur *i b* de la boîte *b o*.

On voit comment le cylindre 11, 11, à lames de fer-blanc, détache ſéparément le coton de deſſus chaque carde du tambour, & le rejette par-deſſous lui; comment ce coton, détaché par le paſſage ſucceſſif d'un certain nombre de lames ſur la même carde, parce que le cylindre à lames étant d'un beaucoup plus petit diametre que le cylindre des cardes, le nombre de ſes révolutions eſt beaucoup plus grand; comment, dis-je, il ſe trouve déjà, par ce détachement ſucceſſif, un peu roulé, & la loquette en partie formée; comment enfin, tombant ſur le plan incliné, & coulant ſous le cylindre cannelé, il eſt en même tems preſſé & roulé mollement entre l'un & l'autre, & il en ſort la loquette entiérement achevée.

Il en eſt de la direction des lames de fer-blanc, dans leur révolution, à l'égard de celle des broches ou fils-de-fer des cardes, comme de celle de ces mêmes broches ou fils-de-fer de chacun des cylindres, reſpectivement les uns aux autres, lorſque le coton paſſe de l'un ſur l'autre cylindre; au lieu qu'en travail leur direction eſt contraire.

Quand cette oppoſition ne ſerait pas marquée par la courbure des broches & la diſpoſition des cordes, le jugement ſuffirait pour l'indiquer.

La diſpoſition des cardes, alternes ſur le tambour, & non oppoſées comme ſur tous les autres cylindres, eſt pour que le coton que détachent continuellement les lames de part & d'autre, ne tombe pas des deux côtés au même inſtant ſur le plan incliné, & qu'il n'y en ait pas pluſieurs parties qui paſſent, ou qui entrent du moins à la fois ſous le rouleau cannelé; elles s'accrocheraient d'abord, & la compreſſion enſuite les réunirait l'une à l'autre.

Fig. 3. Vue géométrale de l'élévation de la méchanique.

On retrouve dans cette *figure*, par la ſuite des chiffres, les mêmes cylindres que dans la précédente, vus ou indiqués par leur axe.

PLANCHE II.

Fig. 2. AA. Deux roues dentées de cuivre, qui s'engrenent l'une dans l'autre, & qui ſont mues par une corde qui paſſe ſur la poulie *b*.

On a enlevé la barre *r*, ſervant de cadre à la table, ainſi que l'appui des quatre cylindres A A *y y*, pour reconnaître la diſpoſition de ceux-ci, & appercevoir le tour de la nappe ſans fin.

Ces deux premiers cylindres, également garnis de cardes, tournent sur eux-mêmes, & attirent en-dedans le coton, qu'ils disposent ainsi à être saisi par le cylindre suivant.

u u. Nappes sans fin, qui continuellement approchent des cylindres AA le coton qui est légérement étendu sur ces toiles; lesquelles, après en être dégarnies, passent en *v v*, reviennent & y repassent sans cesse.

y y. Rouleaux de bois qui entraînent les nappes dans leur révolution, au moyen d'une corde croisée, passée dans la poulie *a*, *fig.* 1 de la *pl. I* & de la *pl. II.*

r. Barre de côté, parallele à celle qui a été enlevée.

s s. Séparation de la table en deux parties égales.

Fig. 3. Disposition respective, sur le plan incliné, du cylindre de bois, à lames de fer-blanc MM, & du rouleau cannelé NN. Les lames du premier ont de douze à quinze lignes de hauteur: les cannelures de l'autre sont un peu moins profondes, mais aussi évasées, proportionnément au diametre qui est à peu près égal à celui du premier rouleau non compris ses lames.

On observe que le nombre des lames & celui des cannelures est le même, ou à peu près, à l'un & à l'autre; & que l'arête de celle-ci doit être aigue, pour pincer plus aisément & mieux rouler le coton.

PLANCHE III.

Fig. 2. Coupe verticale & longitudinale du quart de cercle XX.

AB. Vis pour élever ou abaisser les cylindres EFGH, au moyen du croissant tournant CC, dans lequel l'axe D repose. (Voyez en CO & DR, ce croissant séparé & tournant sur le prolongement de la vis.)

VV. Coupe de l'écrou, sa vue intérieure & celle de la vis.

Fig. 3. Deux cylindres représentés en travail, pour indiquer la disposition des cardes, & leur degré de rapprochement.

Fig. 4. Cadres ou chassis en fer, à vis & taraux, pour avancer ou reculer les tasseaux en cuivre, sur lesquels porte & tourne l'axe en fer des cylindres, & pour faire agir ainsi le cylindre à lames.

PLANCHE IV.

Méchanique à filer le coton.

Fig. 1, 2, & 3. Vue en perspective, vue de profil, vue d'oiseau.

a. Lieu où est placée la fileuse.

b b. Barre de traverſe roulant dans les rainures 44, ſur les côtés *l l l*, ouverte pour le paſſage des fils, qui vont des bobines *g g*, entre les fils de laiton *f f*, ſur les broches *u u ;* ſe refermant au moyen des baſcules *d d*, & d'un bouton par où on la tire, juſqu'à ce que la mortaiſe ou boutonniere ait atteint le crochet qui fixe la verge de fer tendue & tient la barre ferme. (Voyez cette barre ſéparée, vue en-deſſus B B, de face & fermée *B B*, & coupée tranſverſalement ouverte & fermée *B B*.)

c c. Planchettes, l'une à plat, & l'autre de champ, jointes à angle droit, & fixées à l'extrêmité des barres *l l l.* Ces planchettes à deux étages ſont faites pour ſupporter les bobines de fil *en gros*. (Voyez *pl. V*, *fig.* C C, ces planchettes, & les bobines G G, plus développées.) Il ſerait mieux, comme je l'ai déjà obſervé, que le ſoutien de ces bobines fût adapté à la barre, mobile comme elle & avec elle ; j'en ai dit les raiſons.

h h h. Cadre, chaſſis, ou porte-broche, à couliſſes dans les montans ou piliers de devant *p p*, pour l'ôter & le remettre à volonté ; ſupporté ſur une barre fixe en *y y*, où ſont les verres ou cailloux, ſur leſquels pivotent les broches chargées des noix *i i*, paſſant par les trous *z z*, & ſur le prolongement *u u*, deſquelles ſe forment les bobines de fil *en fin*. (Voyez le porte-broche plus développé, *pl. V*, *fig.* H H.)

l l l. Barres de côtés & de longueur de la méchanique, ſupportées par les ſix piliers *p p*, taillées en couliſſes, pour que la barre *b b* aille & vienne, & qu'elle ſoit portée, contenue & dirigée, au moyen de ſes quatre roulettes en-deſſous 4444, & des quatre placées ſur les côtés, ſeuls points où il y ait du frottement.

m. Manivelle que tourne la fileuſe de la main droite, tandis que de la gauche elle pouſſe la barre *d d*.

n n. Barres de traverſe, auxquelles ſont attachées en-deſſus & en-deſſous du tambour *t*, les boîtes 66, pour le ſoutenir, le ſerrer, l'approcher ou le reculer, au moyen des vis *v v*, l'une verticale, & l'autre horizontale.

o o. Autre barre placée ſur le devant du métier, en-dehors, tournant ſur ſon axe, ſoutenant élevés les fils de laiton *f f*.

q q. Pédale (marquée 3, *fig.* 2) qui attire la corde 4 attachée à la cheville 1, qui s'abaiſſe, ainſi que les fils *f f*, lorſqu'on foule ladite pédale.

r. Roue ou poulie de l'axe 2, correſpondante, au moyen de la corde *s s*, à la poulie 5, dont l'axe eſt commun au tambour *t*. (Voyez ces parties ſéparées & plus en grand ; M, la manivelle ; 22, ſon axe ; R, la roue ou poulie ; T, le tambour ; 6, la boîte ; V, la vis ; & O O, la barre tournante ſur ſon axe, avec la poulie où eſt attachée la corde *s*, & ſuſpendu le poids 8.

La *fig.* 3 repréſente en outre les fils indiqués 777, qui partent des bobines *c c*, paſſent dans la barre *b b*, entre les fils *f f*, & vont joindre les broches en *h h*. Elle repréſente encore les ficelles, ou cordes à boyaux 5 5 5, qui paſſent ſur le tambour, & vont embraſſer les broches deux à deux, pour les faire tourner.

On remarque les diviſions 1, 2, 3, 4, 5 & 6, proche de la boîte, au moyen de laquelle on avance ou recule la manivelle, ainſi que ſon axe; ces diviſions déterminent avec le pinule ou régulateur attaché à la barre *b b*, le point conſtant d'extenſion à donner à la même matiere, pour une même filature.

PLANCHE V.

Fig. CC. Porte-bobines GG du fil en gros.

Fig. HH. Porte-broches, où l'on voit le plan incliné des noix, pour que les cordes à boyau conſervent des plans paralleles, & ne ſe ſurmontent ni ne ſe gênent.

Fig. CP. Porte-broches de nouvelle invention, où l'on emploie la courroie au lieu des cordes, une poulie au lieu du tambour, & des pouliots de rejets, de deux en deux broches, pour que la courroie les preſſe toutes également.

On a déjà doublé à pluſieurs, ainſi que je l'ai obſervé, le rang des broches, celui des pouliots, la courroie par conſéquent, ainſi que la grande poulie. L'idée de ce méchaniſme en fait aſſez concevoir l'effet, pour qu'il ſoit inutile d'en donner la figure.

Fig. A, *fig.* B, *fig.* C. Trois vues d'eſſais de la diſpoſition des broches, qui pourraient réuſſir, en procurant un frottement égal à toutes ces broches, & en conformant la barre à la courbure déterminée.

PLANCHE VI.

Fig. 1. Moulins à retordre les fils de coton, doublés pour la chaîne des velours.

O. Roue de champ, à l'axe de laquelle eſt adaptée la manivelle, qui, tournée par un homme, donne le jeu à toute la machine.

Les dents ou fuſeaux de cette roue s'engrenent dans ceux du tambour horizontal N, dont l'axe vertical P eſt auſſi celui d'une lanterne, dont les fuſeaux s'engrenent dans ceux d'une nouvelle roue de champ plus élevée & parallele à la premiere O.

L'axe de cette nouvelle roue ſe prolonge de part & d'autre, & eſt commun à deux autres lanternes paralleles, dont les fuſeaux de chacune s'engrenent dans ceux d'autres roues de champ, leſquelles roues ſont chacune l'un des cadres des deux aſpes T V très-alongés, poſés parallélement au-deſſus du moulin, & ſur leſquels s'enroulent par écheveaux, les fils de chaque bobine, devidés à meſure, & retors dans l'intervalle.

D D. Premier cadre elliptique, baſe, plan inférieur, dans lequel pivotent, ſur du verre ou ſur des cailloux, les broches ſervant d'axe aux bobines & aux pouliots de ſupport de la courroie.

G G. Courroie ſans fin, qui après avoir paſſé ſur le tambour, pris une direction différente contre le rouleau I, vertical & tournant ſur ſon axe, preſſe les broches du premier étage; comme la courroie HH, après avoir également paſſé ſur le tambour, au-deſſus de la premiere, & avoir changé de direction contre le rouleau K, preſſe les broches du ſecond étage.

Ces directions de la courroie, convergentes du tambour aux rouleaux de cette extrêmité, divergentes enſuite, commencent en ce point à indiquer les deux côtés de l'ellipſe, dont l'élévation des broches donne le plan; elles le ſuivent & le terminent chacune ſur le troiſieme rouleau de chaque étage, placé à l'extrêmité oppoſée des deux précédens.

E E. Premiere banquette, percée pour maintenir les broches du premier rang dans leur ſituation verticale, & dont le prolongement intérieur ſert d'appui, ſur un plan concentrique, aux broches du ſecond étage, également maintenues dans leur ſituation verticale, par la banquette F F, vue de M en M.

X X. Cadre ſinué, ſoutenu horizontalement par de petites colonnes au-deſſus, & parallélement aux plans précédens. Les angles ſaillans & rentrans ſont tels que le prolongement vertical des fils du premier rang de bobines paſſe par la pointe des uns, & celui des fils du ſecond rang par le fond des autres. A la pointe & au fond de ces angles ſont de petits trous, de petits cylindres creux, des tuyaux, des anneaux, par chacun deſquels paſſe un fil: il ſe trouve dirigé & ſoutenu par-là: le frottement qu'il y reçoit l'unit davantage, & en rend le tors plus égal.

Ce cadre eſt utile, en outre, en ce que, ſi les fils ſe caſſent dans leur prolongement au-deſſus, juſqu'aux aſpes, au lieu de ſe brouiller avec ceux des autres bobines ils retombent ſur lui, où il eſt aiſé de les prendre pour les raccommoder.

Fig. 2. Vue d'oiſeau de la méchanique.

G. Manivelle, & ſon point d'appui.

O. Premiere roue de champ.

N. Tambour dans lequel elle s'engerne.

Q. Lanterne verticale, qui s'engrne dans la ſeconde roue de champ R.

S S. Deux lanternes horizontales, dont l'axe eſt commun à la roue R, & qui s'engrenent de part & d'autre dans les roues T T de champ, & de plan à angle droit de celui de la roue R.

Les

Les lignes ponctuées TV, & autres paralleles, indiquent les deux aspes sur lesquels les fils doublés & retors se devident.

DD. Plan du premier étage.

GG. Direction du premier rang de bobines, & de la courroie inférieure, passant sur les rouleaux II d'une part, & sur le rouleau L de l'autre.

Y. Direction du second rang de bobines, & de la courroie supérieure, passant sur les rouleaux KK & M.

XX. Chassis supérieur.

ZZ. Côtés intérieurs de ce chassis, dont l'expansion extérieure, taillée en languettes pour le passage des fils des deux étages, est aussi indiquée par la lettre Y.

Fig. 3. Mouvement vu de face dans la direction de l'axe de la manivelle & de la roue O, laquelle s'engrene dans le tambour horizontal N, dont l'axe élevé supporte la lanterne I; celle-ci s'engrene dans la roue de champ R, qui a son axe commun avec les lanternes SS, lesquelles s'engrenent dans les roues TT, qui sont chacune l'un des cadres du bout des aspes T.

Fig. 4. Coupe transversale du moulin, vu du côté du mouvement.

DD. Base au premier étage, sur laquelle pivotent les broches qui supportent les bobines, & celles de soutien de la courroie du rang inférieur.

EE. Base du second étage, au-dessus de laquelle s'élevent les premieres bobines, & d'où partent les broches de celles du rang supérieur, vues au-dessus du plan FF.

XX. Coupe du chassis festonné, dont les points saillans & rentrans des angles dirigent les fils doublés des bobines EE, FF, comme il est indiqué par les lignes ponctuées, sur les aspes ou devidoires TT, lesquels sont mus, comme aux *figures* précédentes, par les lanternes SS; & celles-ci, par la roue R, qui s'engrene dans la lanterne Q.

Fig. 5. Mouvemement vu de profil, & plus développé que dans la *fig.* 1.

O. Premiere roue mue par la manivelle.

N. Tambour où elle s'engrene.

Q. Lanterne élevée sur l'axe prolongé du tambour.

R. Roue dans laquelle la lanterne s'engrene.

T. Rouage de l'aspe.

I & K. Rouleaux tournant sur leur axe, & sur lesquels passent les courroies.

D. Premier plan.

G. Premiere courroie.

E. Second plan.

H. Seconde courroie.

F. troisieme plan.

PLANCHE VII.

Fig. 1. Vue perſpective du métier monté & en travail.

A. Point d'appui de la chaſſe.

B. Barre de ſuſpenſion de ladite chaſſe.

C. Cadre mobile, poſé en-travers du métier, ſur les barres du côté R R, portant les bilbacs.

PP. Piliers du métier.

SS. Barres du bas qui les réuniſſent de l'avant en arriere.

T. Poitriniere ſur laquelle paſſe l'étoffe.

V. Barre de traverſe du bas, où ſont fixées les marches.

a. Marches, au lieu où s'exerce la puiſſance; *s*, leur point d'appui en arriere, où elles jouent ſur une broche de fer *xx;* elles ſont au nombre de cinq : il en part dix cordes, deux de chacune; cinq correſpondent aux *contre-marches b*, & les cinq autres aux *marchettes c.* Celles-ci ſont nommées les grandes cordes, par comparaiſon aux précédentes, qui ſont les petites cordes.

Les grandes attirent les marchettes en-bas, les marchettes, les lames *d*, & les lames font baiſſer ceux des fils de la chaîne de fond ou de celle de poil, qui y ſont paſſés en liſſe.

Les petites cordes attirent les contre-marches; les contre-marches, les bilbacs, par des cordes attachées en *i;* & en leur faiſant faire la baſcule ſur le point d'appui *h*, ceux-ci attirent autant en-haut les lames *e*, & les fils de l'une & l'autre chaîne qui y ſont paſſés.

Les *fig.* 6, d'une marche *a*, jouent en *s* avec ſes deux cordes; 7, d'une contre-marche *b* jouant en *r*, attirée par la marche en *y*, attirant en *z* le bilbac *i;* & de la marchette *c* également attirée par la marche, & attirant la lame en-bas; & 8, dont la corde *i* fait baſculer le bilbac au point *h*, lequel ſouleve la corde *ee*, & attire la lame *d* en-haut : ces trois figures, dis-je, montrent les mouvemens correſpondans & développés de toute l'armure du métier.

r. Broches de fer ſur leſquelles s'appuient & jouent par côté les marchettes & les contre-marches les unes au-deſſus des autres.

f. Enſouple de la chaîne de fond, dont les tourillons de l'axe entrent dans les piliers P P, fixée, pour la tenſion de la chaîne, par une roue d'encliquetage.

g. Enſouple de la chaîne de poil, ſoutenue & tournant ſur des appuis fixés en-dehors du métier.

t. Poids qui y eſt ſuſpendu, dont la corde s'enroule en l'attirant en arriere, & qui donne à la chaîne un degré ſuffiſant de tenſion.

On voit comment ces deux chaînes partent de leurs enſouples, traverſent les lames, ſe réuniſſent dans le ros, & après avoir été ouvrées, l'étoffe qui en réſulte ayant paſſé ſur la poitriniere, ſe replie en-deſſous, & revient en *n* s'enrouler ſur l'enſouple *o*.

p. Tendoir de l'étoffe ſur l'enſouple, & crochet qui s'engrene dans la roue d'encliquetage *r*.

s. Talon des marches.

x x. Broche de fer qui les enfile.

q. Appui de la planche mobile, qui ſert de ſiege à l'ouvrier.

Fig. 2. Partie du côté droit du métier, avec le ſoutien D, vu par-derriere, de l'enſouple du travail.

Fig. 3. Partie du métier vu de face, juſqu'au-deſſus de la poitriniere TT.

q q. Diſpoſition des appuis du ſiege.

Fig. 4. Elévation du métier vu par-derriere.

PP. Piliers.

c o. Barre ſupérieure de traverſe.

V. L'inferieure.

ff. Enſouple de la chaîne de fond, dans laquelle eſt tracée la rainure *v v*, pour y arrêter la chaîne au moyen du verdillon.

t. Treuil de l'enſouple, par où l'on tend ou détend la chaîne.

r. Roue dentée, qu'on arrête au moyen d'un crochet, pour fixer la tenſion.

QQ. Mortaiſes, dont l'une eſt en couliſſe de haut en bas, pour y entrer les tourillons de l'axe.

Voyez au bas de la *planche* la roue d'encliquetage *c r*, avec ſon crochet; celle de l'enſouple de travail *e n*, avec ſon treuil; & la boîte *o o*, pour y placer le tourillon de l'extrêmité oppoſée; *c t* & *c c*, le crochet de l'une & de l'autre roue; & *t e*, le tendoir.

Fig. 5. Chaſſe du métier vue de face.

a a. Barre de ſuſpenſion, avec les lames de fer, qui portent ſur des dents de ſcie de même matiere, & horizontales.

b b. Trous marqués ſur ſes épées montantes ou deſcendantes à couliſſe dans la barre de ſuſpenſion, pour les ſoutenir, au moyen de chevilles, à la hauteur convenable.

c c. Cape.

d d. Ros.

ff. Sommier.

g g. Coupe de profil de la chaſſe.

a b. Sa barre de ſuſpenſion.

e. L'épée.

c. La cape.
d. Le ros.
f. Le sommier.

Supplément de la planche VII, voir au bas de la planche V.

a a. Grands ciseaux, ou forces à main, vus de face.
b b. Les mêmes, vus de profil.
c c. Couteau vu debout & sur sa monture.
d d. Le même, vu couché, la vis en-dessus, & le tranchant horizontal.
e e. Navette garnie de la *canette* ou bobine de la trame, vue en-dessus.
f f. La même, vue de face, avec le petit trou d'où sort le fil de la trame.
g g & *h h*. Deux fers ou verges de laiton, avec une petite cannelure dans laquelle pénetre le tranchant du couteau, lorsqu'il coupe le velours.

PLANCHE VIII.

Fig. 1. Armure du *velours plein*, où sont déterminés la position & le nombre des marches, des marchettes, des contre-marches, & celles des lames; le marcher, d'où résulte le jeu correspondant des unes & des autres; & la rentrée des fils, qui est leur passage en lisse.

Fig. 2. Armure du *velours cannelé*, où les mêmes parties que dans la *figure* précédente sont également indiquées.

Fig. 3. Armure du *velvet-ret*, à six duites, *idem*.

Fig. 4. Armure du *croisé* d'un seul côté, avec l'indication de changemens pour opérer le même effet.

Fig. 5. Armure du *croisé* des deux côtés, où l'on voit que les marches & les lames sont en nombre différent de celui des marches & des lames de l'armure précédente, mais égal dans celle-ci.

Fig. 6. Armure du *piqué*, pour un carreau, quatre points simples, où la rentrée est indiquée, avec le nombre des fils en lisses dans chaque lame.

Fig. A. Dessin ou échantillon du piqué à carreaux, quatre points, simple, exécuté au moyen de l'armure & du marcher précédens.

Fig. 7. Armure du *piqué*, pour un carreau, quatre points, double, avec les mêmes indications que pour le carreau, quatre points, simple.

Fig. B. Dessin ou échantillon du piqué à carreaux, quatre points, double, exécuté au moyen de l'armure & du marcher précédens.

Fig. 8. Armure d'une toile sans lisieres, & pour faire des sacs sans fond, où toutes les parties indiquées dans les armures précédentes le sont également.

PLANCHE IX.

Fourneaux à tondre, griller ou raser les velours.

Fig. 1. Elévation & coupe du fourneau, vu du côté du cendrier.

a. Brisure de la charpente *p p*, pour en laisser voir l'intérieur en *b*, où sont des cannelures en arêtes tranchantes, pour relever le poil du velours, & en racler le grillé, lorsque la piece va & vient; en *r*, où sont, au-dessus les uns des autres, des rouleaux d'appui, pour élever ou baisser l'étoffe, afin qu'elle touche la plaque de fonte en plus ou moins de points; en *t*, où l'étoffe est enroulée; & en *v v*, pour sentir les différentes directions à donner à la piece, & les inflexions qu'elle prend sur ses appuis.

1. Plaque de fer fondu, faisant voûte ou calotte au fourneau.
2. Porte brisée du fourneau, en fer battu.
3. Intérieur du fourneau.
4. Brisure du mur de face.
5. Barreaux de fer forgé, posés sur la carre.
6. Cheminée du fourneau, vue dans le fond.
7. Cendrier très-élevé, pour que l'air chasse mieux.
8. Façade du mur.
9. Mur brisé, vu dans le fond.

Fig. 2. Plan géométral de la méchanique.

ABCD est celui indiqué de la coupe de la *figure* précédente.

b b. Cannelures en arêtes.

r r. Rouleaux d'appui.

t t. Treuils sur lesquels s'enroule alternativement l'étoffe *v v*, en tournant l'une des manivelles *m m*.

11. Plaque de fonte.

4. Mur représenté en 8, & brisé en 4, *fig.* 1.

66. Plan de la cheminée.

Fig. 3. Vue de l'une des faces du fourneau, l'étoffe *v v* passant sur la plaque 11, sur le rouleau *r r*, sur les crenelures *b b*, & enfin sur le treuil *t t*.

m. Manivelle.

p p. Piliers de la charpente.

6. Cheminée vue sortant du massif de la maçonnerie du côté opposé à celui de l'ouverture du fourneau.

PLANCHE X.

ATTELIERS DE TEINTURES.

PREMIERE VIGNETTE.

Attelier de teinture pour les couleurs ordinaires, les garançages, &c.

A. Cuve en ciment, où l'on reçoit l'eau du dehors pour l'ufage de l'attelier.

B. Chaudiere de cuivre, revêtue de maçonnerie & en ciment, au-deffous de laquelle eft un fourneau pour en chauffer le bain. Deux ouvriers y font paffer une piece d'étoffe, foit en bain préparatoire, foit en teinture ; l'un fait agir le tourniquet, pour amener & ramener la piece dans le bain, jufqu'à ce qu'on l'en retire ou qu'on l'y abatte ; l'autre, avec un lifoir, la tient au large, & l'enfonce dans la chaudiere.

C. Autre chaudiere de cuivre, également revêtue.

D. Chaudiere femblable à la précédente, où pendent, dans le bain, des pentes de coton, ou d'autre matiere végétale, paffées au bâton, que l'ouvrier doit changer & rechanger fréquemment, c'eft-à-dire, plonger dans le bain les parties qui fe montrent au-dehors, & leur en fubftituer d'autres, en les tournant & retournant fur le bâton, jufqu'à ce qu'il les retire ou qu'il les abatte.

EFGHI. Tonnes ou barrils de bains de bois de différentes efpeces, de plufieurs tems, & de diverfes qualités ; de leffives, ou diffolution de fels quelconques.

KLMN. Baquets, avec leur planche, pour y aluner ou y engaller les étoffes. (Voyez vignette 3, *fig.* N, un ouvrier qui travaille une piece fur la planche ; *fig.* C, la piece dans le baquet repofant fur fon bain ; & *fig.* B, l'étoffe relevée fur la planche, s'égouttant.)

O. Ouvrier qui tord à la cheville, des pentes de coton, après qu'elles ont été teintes ou lavées.

P. Plufieurs de ces pentes paffées à la cheville, ou pour égoutter en attendant qu'on les torde, ou pour y fécher.

Q. Chevilles plantées dans un poteau placé avant dans l'attelier, pour plus de facilité des opérations précédentes.

R. Ouvrier qui paffe une piece en bain chaud ou froid, fur le tourniquet dans un baquet. Il tourne d'une main, life & tient au large la piece de l'autre. Si le bain eft très-chaud, trop chaud, il la life & la tient au large avec un lifoir.

S. Bâton pour pouffer les pentes de coton dans la chaudiere.

T. Baquet pour y préparer un bain quelconque.

U. Pot ou vafe de jauge, pour les dofes déterminées de liqueur quelconque.

V. Seau, de grandeur déterminée, pour le même office.

X. Sébille emmanchée pour puifer l'eau dans la cuve ou dans les chaudieres.

Y. Sébille à main pour l'ufage courant.

Z. Lifoir ou bille pour tordre les étoffes, ou les pentes de coton paffées à la cheville.

On a des conduites d'eau, de bois ordinairement, foit en planches jointes en courfiere, foit d'un arbre creufé en gouttiere pour la faire couler du robinet dans les chaudieres, dans les baquets, ou ailleurs.

SECONDE VIGNETTE.

Attelier de teinture pour les cuves de bleu.

ABCDEFG. Cuves de bleu à froid en ciment, qu'on tient couvertes lorfqu'elles ne travaillent pas.

H. Cuve également en ciment pour y recevoir, du dehors, l'eau néceffaire dans l'attelier.

I L. Table très-longue, fur laquelle on *faude*, on évente les pieces au fortir de la cuve.

M. Ouvrier qui tient une piece, la menant & la ramenant dans le bain, toujours étendue fur fa lifiere, pour que la teinture la pénetre également par-tout.

N. Ouvrier qui, après avoir tiré du bain & relevé fur la cheville la piece fuffifamment teinte, la tord pour en exprimer, fur la cuve même, le bain fuperflu & chargé de parties colorantes, que l'étoffe a emportées avec foi.

O. Ouvrier vu de face, qui, dans une plus petite cuve, fait la même opération que le précédent.

P. Ouvrier qui faude ou évente une piece, en la rejetant à grands plis de gauche à droite, & la ramenant ainfi à plufieurs fois, pour que, frappée de l'air, la couleur remonte également par-tout.

Q. Ouvrier qui tourne le moulinet, chargé d'une piece fur la cuve G.

R S T U. Chevilles implantées au mur au-deffus des cuves, pour y lever les pieces, lorfqu'on les tire du bain, & pour les y tordre.

V. Pentes de coton fufpendues à la cheville, au-deffus de la cuve, avec le lifoir ou la bille, paffé dedans, pour les tordre & en exprimer le fuperflu du bain.

X. Piece d'étoffe roulée & rejetée fur le bout de la table, après avoir été éventée, pour l'emporter & l'aller laver en pleine eau.

Y Z. Vue d'une piece au moment où on la faude, où elle eft rejetée à grands plis & par-feuillets, d'un côté à l'autre, pour l'éventer.

TROISIEME VIGNETTE.

Attelier de teinture pour les tonnes de noir.

A A. Cuves en ciment, où l'on reçoit l'eau du dehors ou autrement, & où on la tient en réserve pour les divers usages de l'attelier.

B. Baquet & sa planche, sur laquelle repose & s'égoutte une piece d'étoffe, relevée pli par pli, après avoir été travaillée dans le bain.

C. Baquet dans lequel une piece repose sur son bain, entre deux travaux sur la planche.

D E. Deux baquets avec leur planche, semblables aux précédens.

F. Cuve en ciment, pour de l'eau pure, des extraits, ou des dissolutions quelconques.

G H I K L M. Tonnes de noir, avec leur anche ou robinet, assez élevées, sur de forts treteaux, pour passer dessous les baquets dans lesquels tombe le bain de noir, où on le puise avec un seau, un pot, ou une sébille, pour le porter dans les baquets de travail B C D E N O.

M. Coupe verticale d'une tonne de noir, pour y reconnaître l'arrangement des paniers ou corbeilles de ferrailles, & de l'écorce d'aune, seche & brisée, pour remplir, le mieux qu'il est possible, les interstices d'abord, & ensuite le reste de la tonne; le tout assis sur un premier lit d'écorce d'aune, & un second de vitriol de Mars ou couperose verte.

Le nombre des paniers de ferraille diminue ou augmente, suivant qu'ils sont plus ou moins grands, qu'ils contiennent plus ou moins de ferrailles.

N. Ouvrier travaillant actuellement une étoffe sur la planche. Il la retire du bain pli par pli, la tenant par les lisieres toujours étendue sur sa largeur, & la jetant par feuillets, du bain sur la planche, puis de la planche dans le bain.

O. Ouvrier qui, une sébille de bois à la main, puise du bain de noir dans le baquet de la tonne M, pour le vuider dans le baquet O, où il compose un nouveau bain pour y travailler quelque piece.

P. Q. Table sur laquelle on voit plusieurs pieces d'étoffes.

R. Sébille de bois.

S. Pot ou vase de jauge.

T. Seau pour puiser l'eau ou le bain en plus grande quantité à la fois.

V. Sébille emmanchée pour puiser l'eau de loin & en quantité indéterminée.

X. Lisoir ou bille avec laquelle on presse les pieces sur la planche, lorsqu'on les a travaillées dans le bain, pour les faire mieux & plus tôt égoutter

PLANCHE

PLANCHE XI.

Cuve de bleu à chaud.

Fig. 4. *h.* Chaudiere en cuivre, en forme de cône tronqué renversé, enchâssée & soutenue sur la maçonnerie *p p.*

i. Entrée du fourneau.

k. Apperçu du prolongement dans terre de la cuve ou chaudiere.

l. Tuyau du fourneau.

Fig. 5. Coupe verticale de la cuve *m*, du tuyau *n*, & des murs *q*.

o o. Espaces entre les murs verticaux du fourneau, & les parois extérieurs, convergens, de la cuve. C'est dans ce vuide concentrique à la maçonnerie & excentrique à la cuve, qu'on insinue & dépose le charbon allumé qui doit entretenir la cuve dans un degré de chaleur toujours doux & à peu près égal.

f. Rable avec lequel on pallie la cuve.

g. Son couvercle.

Méchanique à imprimer au cylindre les toiles, croisés, satinettes, velours de coton, &c.

Fig. 3. *c c c.* Quatre cylindres ou rouleaux de bois.

1, 3 & 4 sont recouverts de plusieurs plis d'étoffe, & d'un gros drap. L'art est de bien faire les coutures, afin qu'elles ne se sentent point dans le travail.

2. Cylindre d'impression, pointé suivant le dessin, en fil de laiton; d'où il est évident qu'il en faut un de rechange pour chaque dessin. Ce cylindre, au moyen de la manivelle M, donne le jeu aux autres, & les fait tous mouvoir.

m m m m. Mortaises pour ficher des clavettes en coins, & serrer plus ou moins les cylindres les uns contre les autres.

D. Auge dans laquelle est la couleur. Le rouleau 4 y trempe; il la puise, & la dépose sur le rouleau 3, où, plus nettte, le cylindre 2 s'en empare, & va imprimer l'étoffe qui passe entre lui & le rouleau 1, qui la presse. Il faut que la couleur ou teinture soit en consistance de sirop, moins épaisse que lorsqu'on imprime à la planche.

E. Table dans laquelle est emboitée l'auge.

B B. Brancard, ou corroi sur lequel est posée la piece avant de passer sous le cylindre.

R R. Rouleaux tournans sur leur axe; on passe l'étoffe dessus & dessous, bien tendue; on empèche les rouleaux de tourner; on les enraie quand on veut serrer davantage.

A R. Cylindre sur lequel l'étoffe est roulée avant d'ètre imprimée.

S S. Montans ou jumelles, qui s'ouvrent à charniere en K K, pour laisser passer les cylindres.

A. Aspe pour enrouler l'étoffe lorsqu'elle est imprimée.

P. Poulie fixée sur l'axe de l'aspe, où est enroulée une corde avec un poids qui fait tourner l'aspe à mesure que les cylindres operent.

Méchanique à découper les velours cannelés & le velvet-ret, avec l'ouvrier vu en travail.

Fig. 1. A. Velours plié en feuillet pour l'amener plus facilement sur l'ouvroir.

B. Ensouple, treuil ou cylindre, sur lequel l'étoffe, arrêtée dans la rainure par un verdillon, s'enroule pour être tendue convenablement, au moyen de la roue d'encliquetage dont cette ensouple est armée.

C D. Longueur d'étoffe tendue horizontalement sur l'ouvroir.

E. Seconde ensouple où la piece, primitivement arrêtée également par un verdillon, résiste par sa roue à cheville, à la forte tension qui lui est donnée avec la roue d'encliquetage.

a b. Ces deux roues, sur leur monture, vues plus en grand.

Fig. 2. La même méchanique vue par le côté C, avec la rainure F de son ensouple, & sa roue d'encliquetage.

c c. Couteau armé de son guide, d'environ vingt pouces de longueur de fer. La longueur du guide, dans lequel entre sa pointe, est d'environ deux pouces.

d. Ce même guide vu plus en grand.

d e. Réunion, ou enchâssement dans le guide de la pointe du couteau, dont le tranchant est en *t*.

g r. Grattoir de peau de chien de mer.

Supplément à la planche III.

Le nombre des cordes de cette méchanique, la multiplicité des mouvemens auxquels elles donnent lieu, & la variété de l'effet de ces mouvemens, m'ont fait penser, à la lecture des descriptions précédentes des *pl. I, II & III,* qu'il serait utile d'en donner par addition une plus étendue, & principalement de ces objets.

a. Poulie qui reçoit son mouvement de la poulie *b*, par une corde croisée, laquelle fait tourner en-avant les deux rouleaux de bois qui tiennent tendues les toiles sans fin, chargées du coton à carder, & leur font suivre le même mouvement.

b. Poulie à double rainure, sur l'une desquelles passe la corde croisée précédente; & sur l'autre, une corde non croisée qui répond à la poulie *n* du

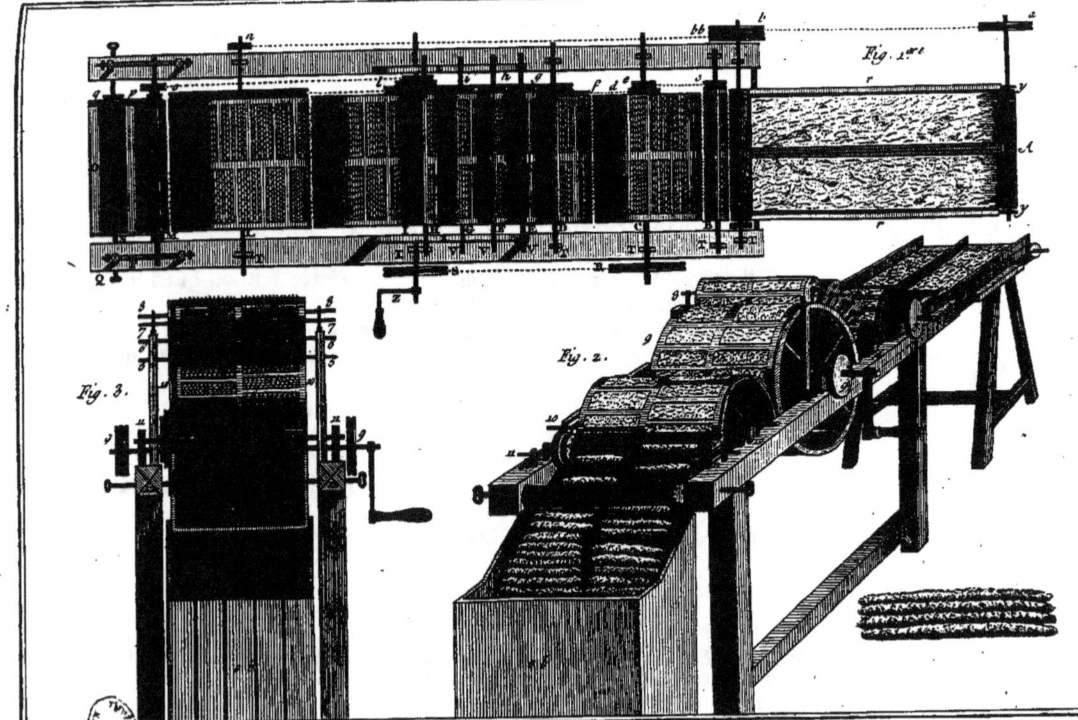

P.B.S.

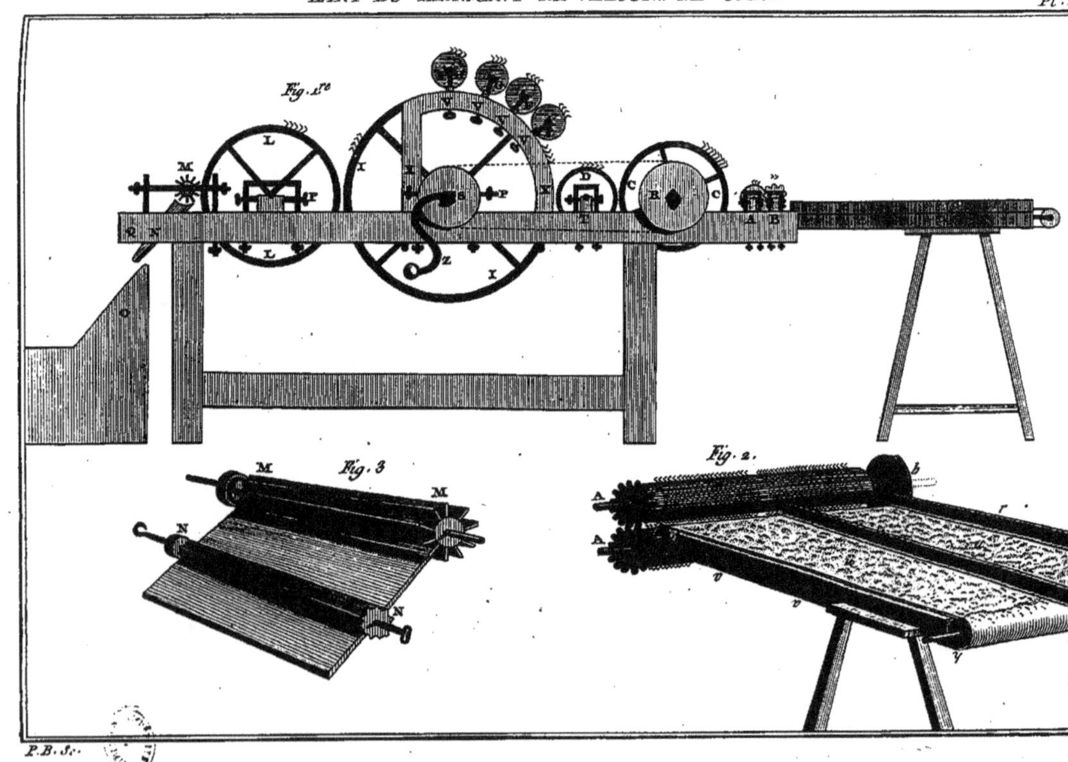
Fig. 1re
Fig. 2.
Fig. 3
P.B. Sc.

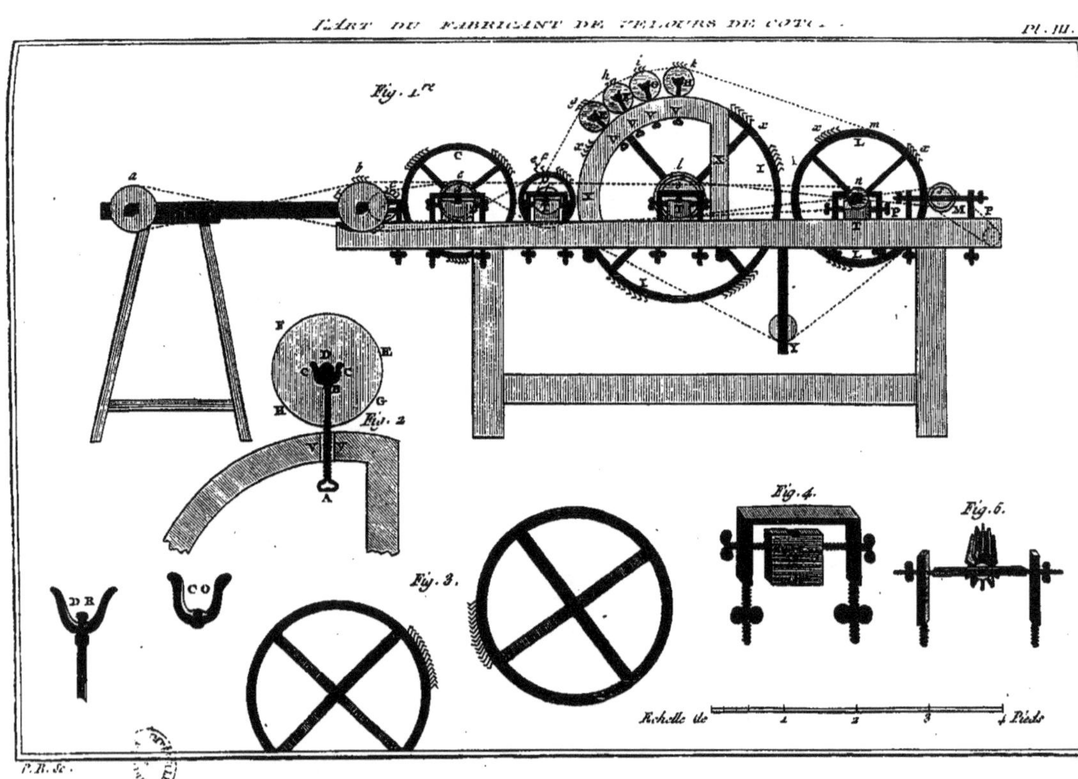
Fig. 1.re
Fig. 2
Fig. 3.
Fig. 4.
Fig. 5.
Echelle de 1 2 3 4 Pieds
P.R. Sc.

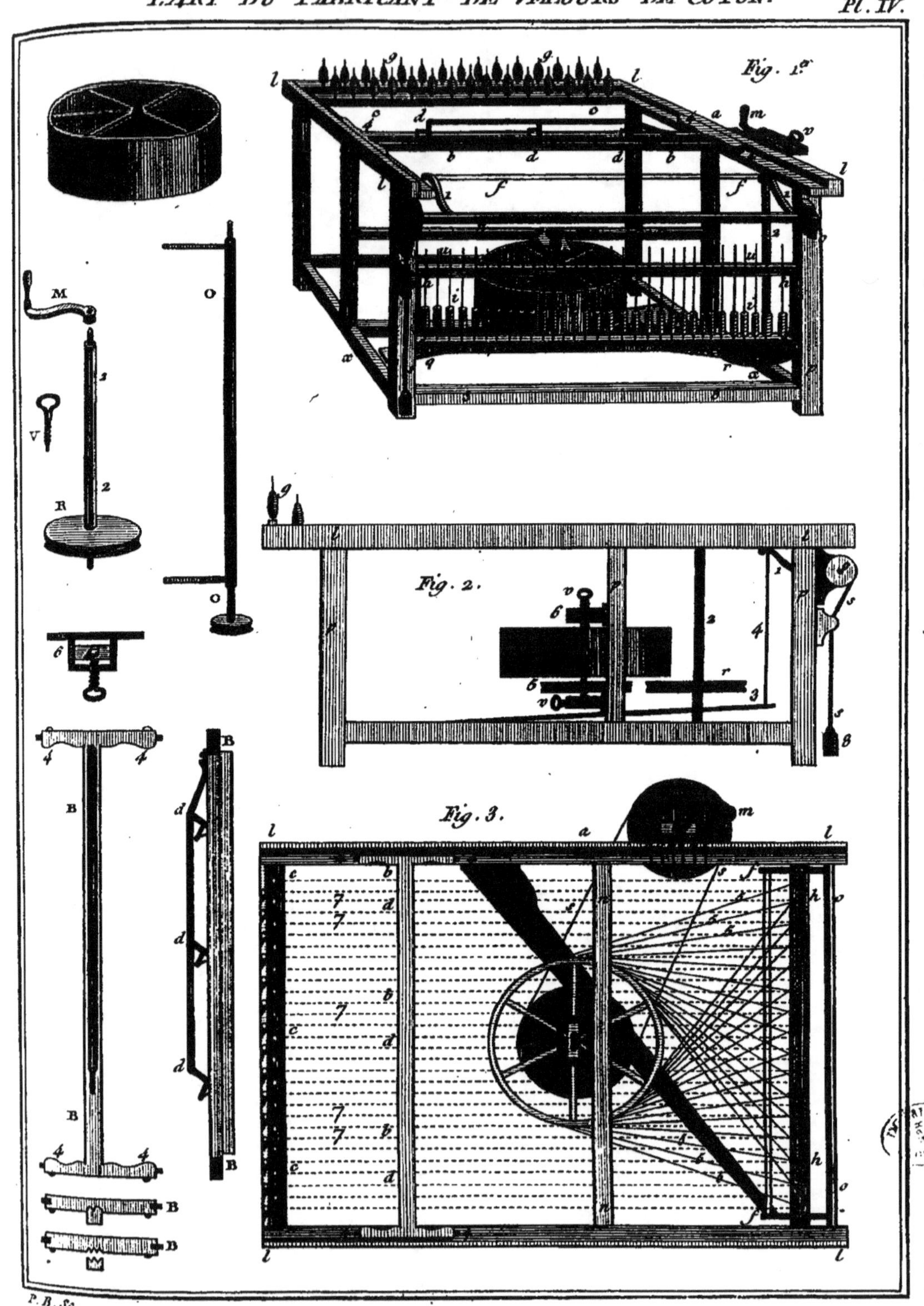

P. B. Sc.

Fig. CP.
G
G
Fig. CC.
C
u
u
H
Fig. H.
Fig. B.
Fig. A.
a
a
b
b
c
c
d
d
e
e
f
f
Fig. C.
g
g
h
h
Supl. à la Pl. 7.

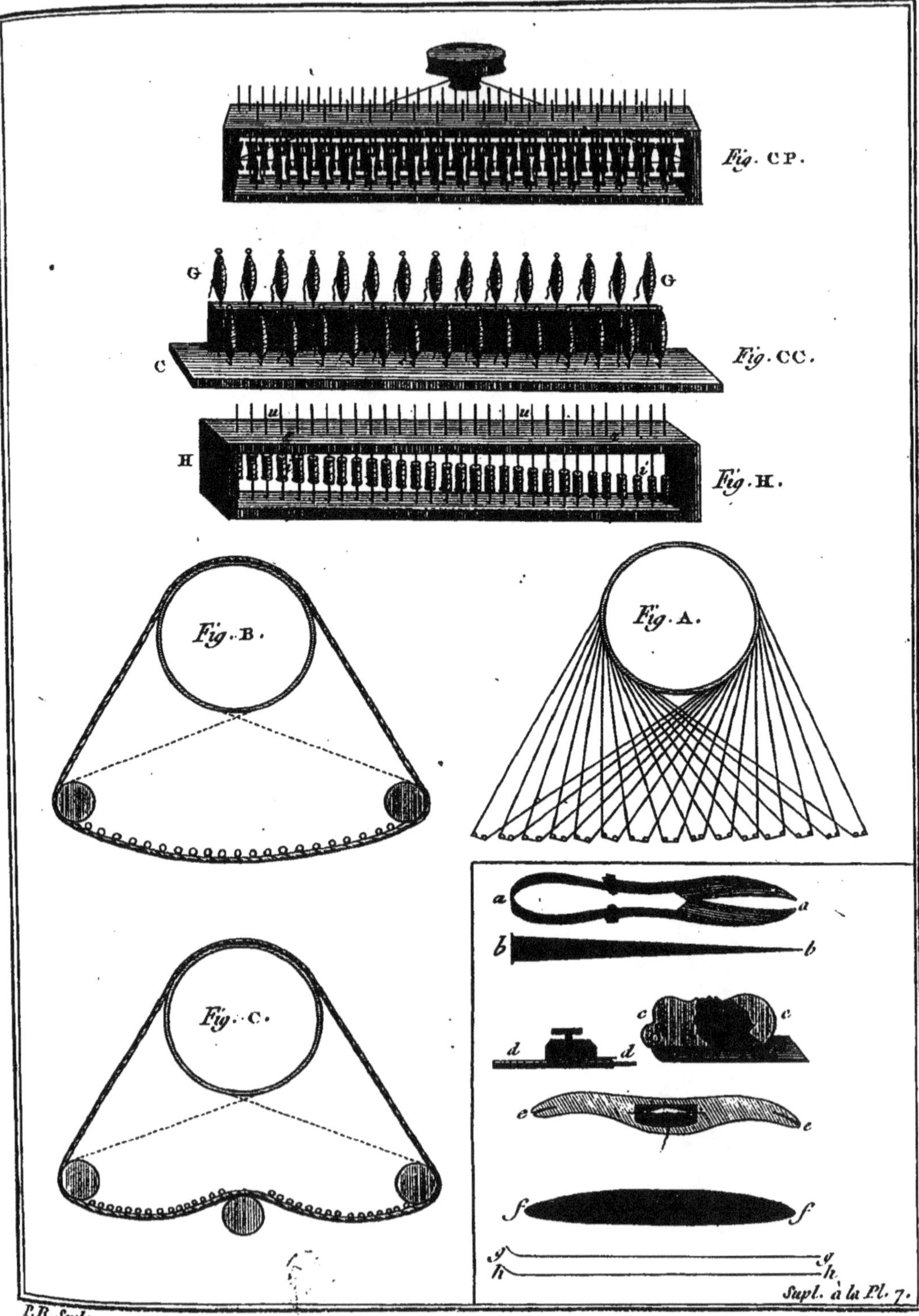

P.B. Sculp.

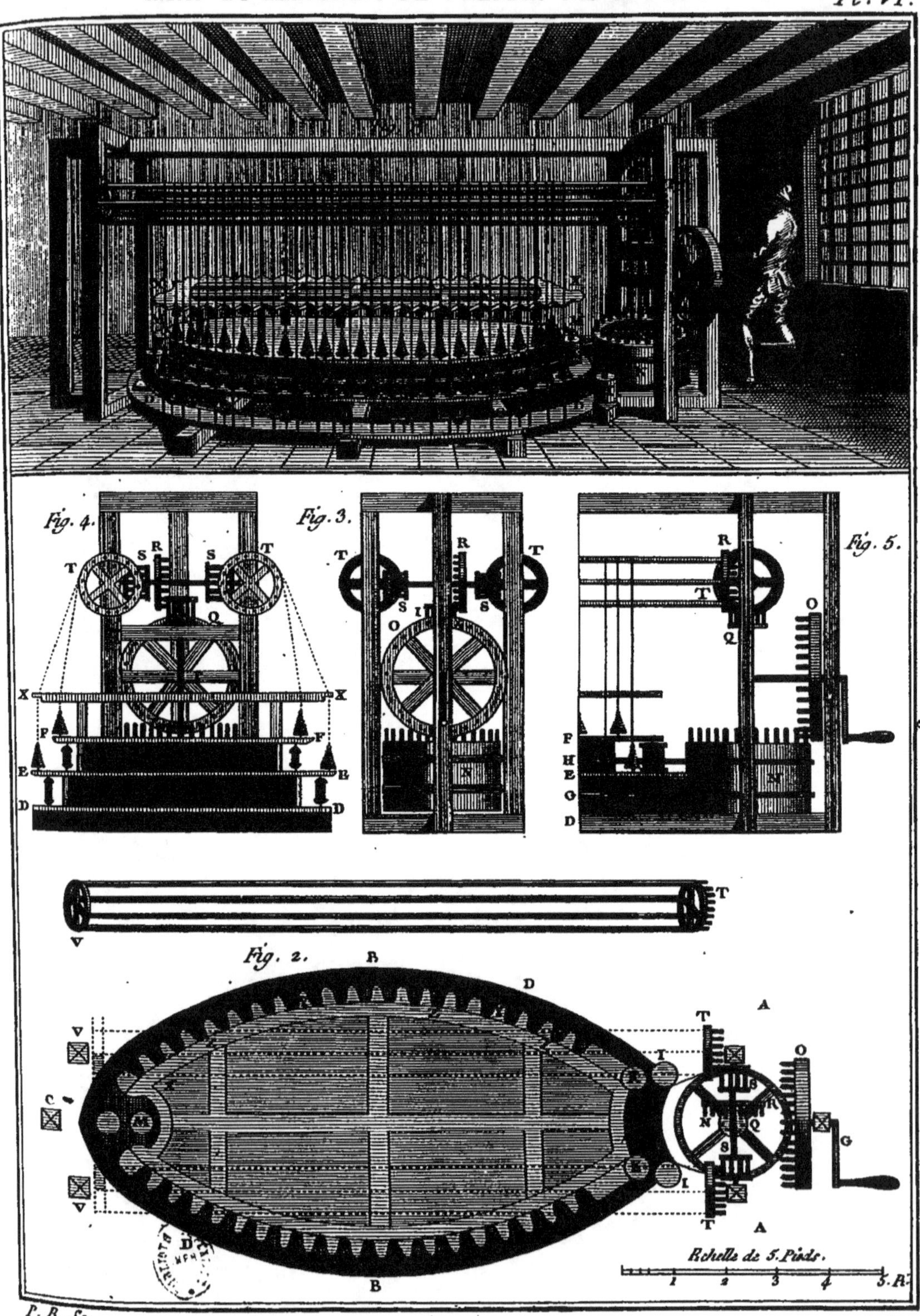
Fig. 4.
Fig. 3.
Fig. 5.
Fig. 2.
Echelle de 5. Pieds.
1 2 3 4 5. P.
P. B. Sc.

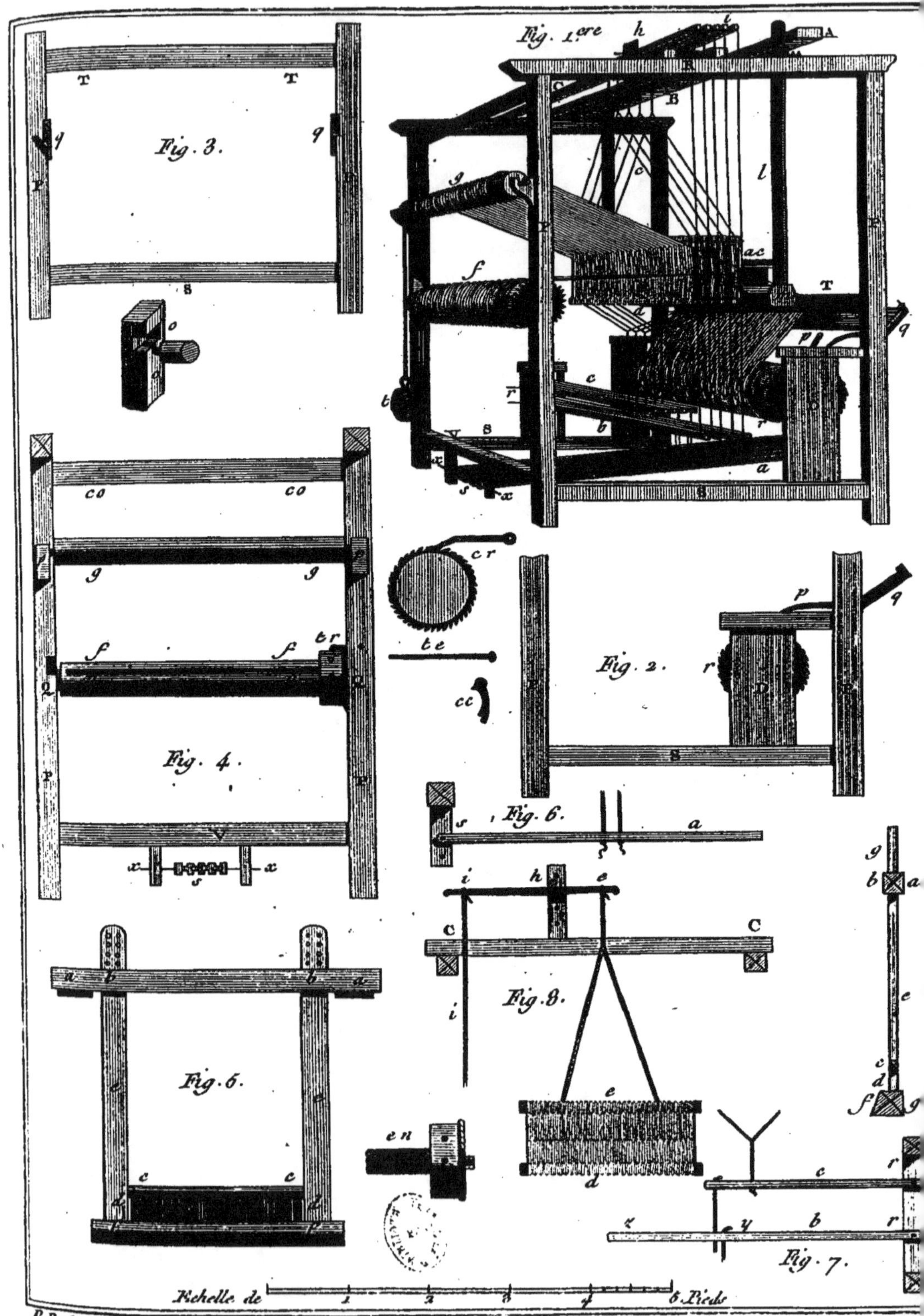
Fig. 1.ere
Fig. 2.
Fig. 3.
Fig. 4.
Fig. 5.
Fig. 6.
Fig. 7.
Fig. 8.
Echelle de 1 2 3 4 6 Pieds
P.B. Sc.

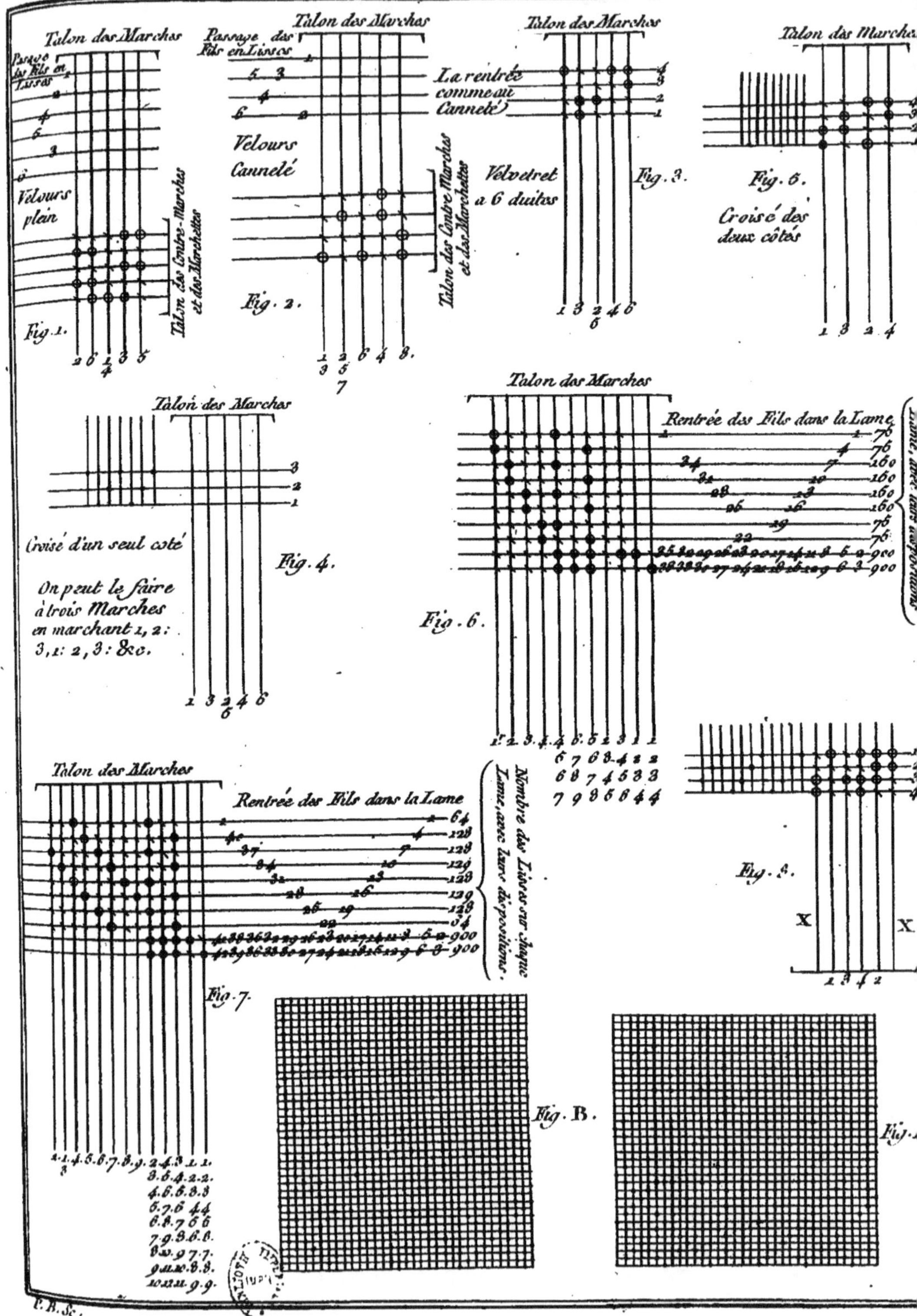
Talon des Marches
Passage des Fils en Lisses
Velours plein
Talon des Contre-Marches et des Marchettes
Fig. 1.
Velours Cannelé
Fig. 2.
La rentrée comme au Cannelé
Velvetret a 6 duites
Fig. 3.
Fig. 5.
Croisé des deux côtés
Croisé d'un seul coté
Fig. 4.
On peut le faire à trois Marches en marchant 1, 2 : 3, 1 : 2, 3 : &c.
Rentrée des Fils dans la Lame
Fig. 6.
Nombre des Lisses sur chaque Lame, avec leurs dispositions.
Fig. 7.
Fig. 8.
Fig. B.
P. B. Sc.

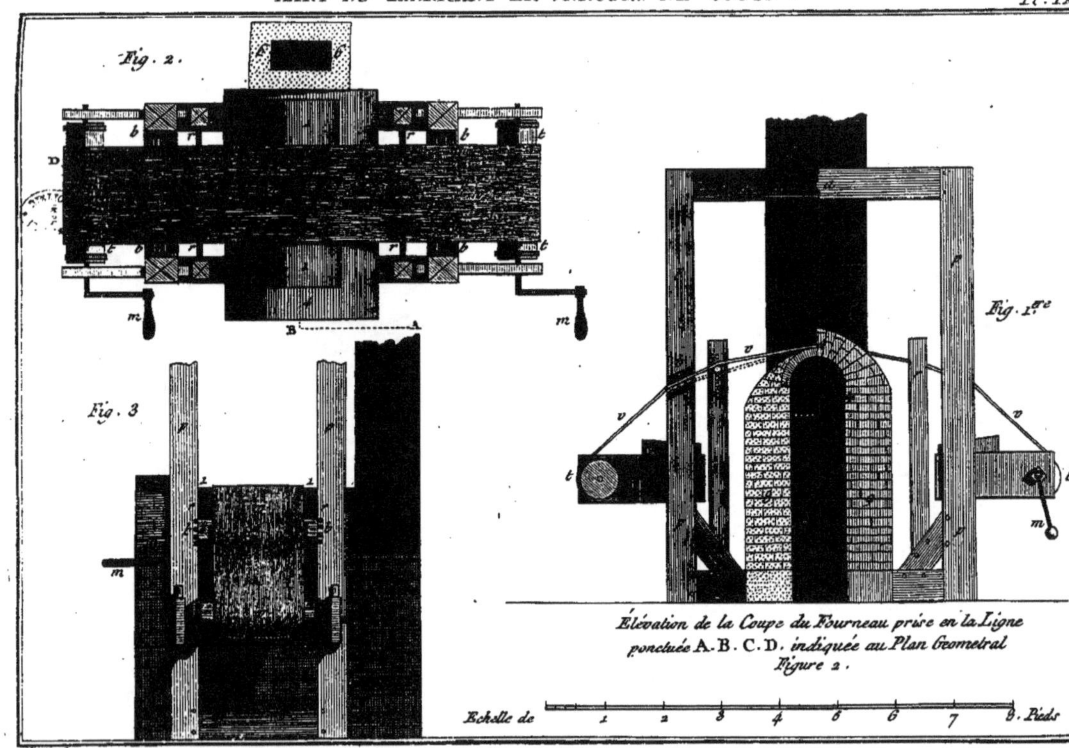

Élévation de la Coupe du Fourneau prise en la Ligne ponctuée A.B.C.D. indiquée au Plan Geometral Figure 2.

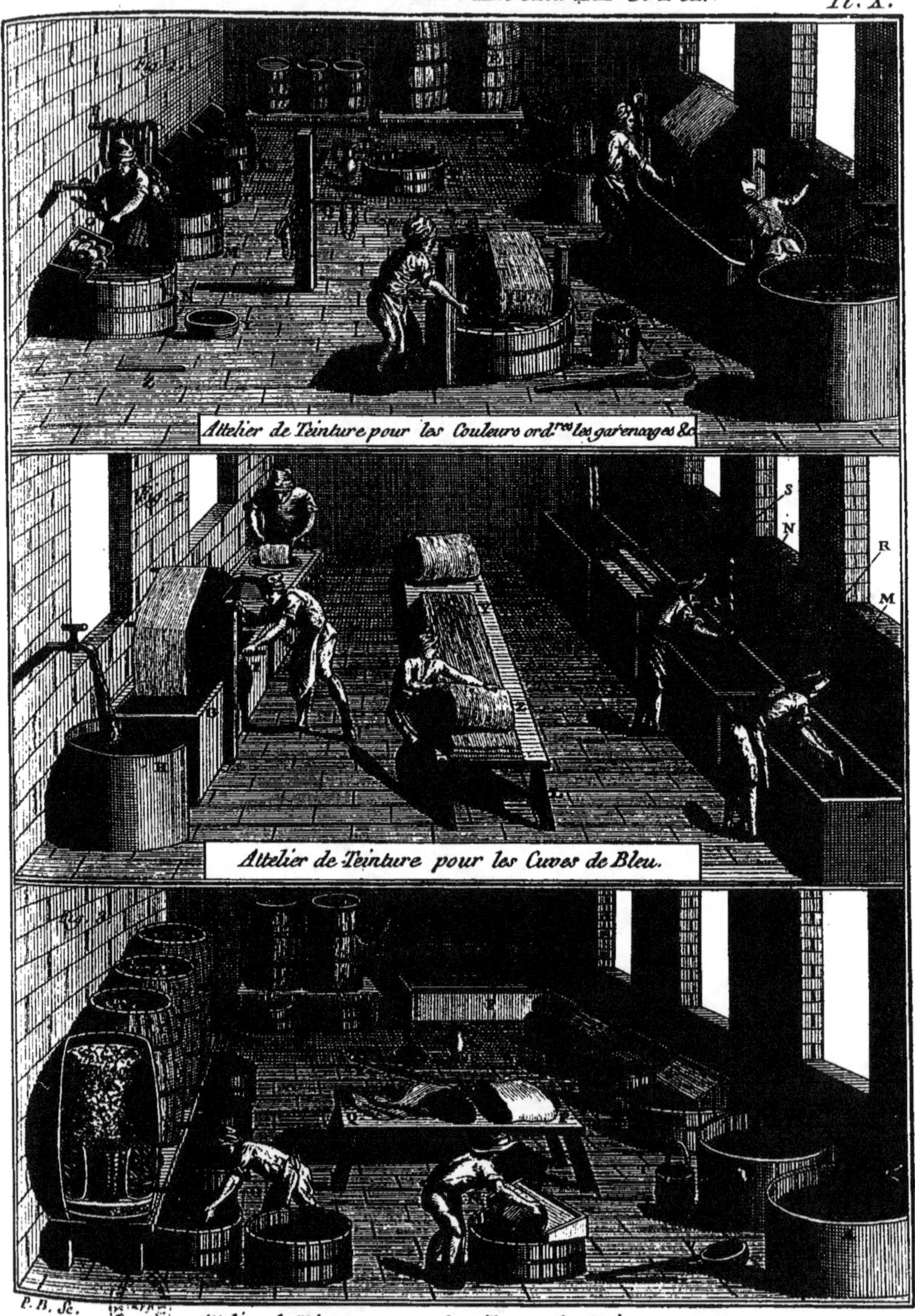

Attelier de Teinture pour les Tones de Noir.

Fig. 1.re
gr
C
D
E
A
B
b
a
Fig. 2.
F
d
t
e
d
c
c
S
S
A
P
Fig. 3.
AR
B
C
C
B
K
D
n
Fig. 5.
m
q
o
o.
l
Fig. 4.
i
k
g
f

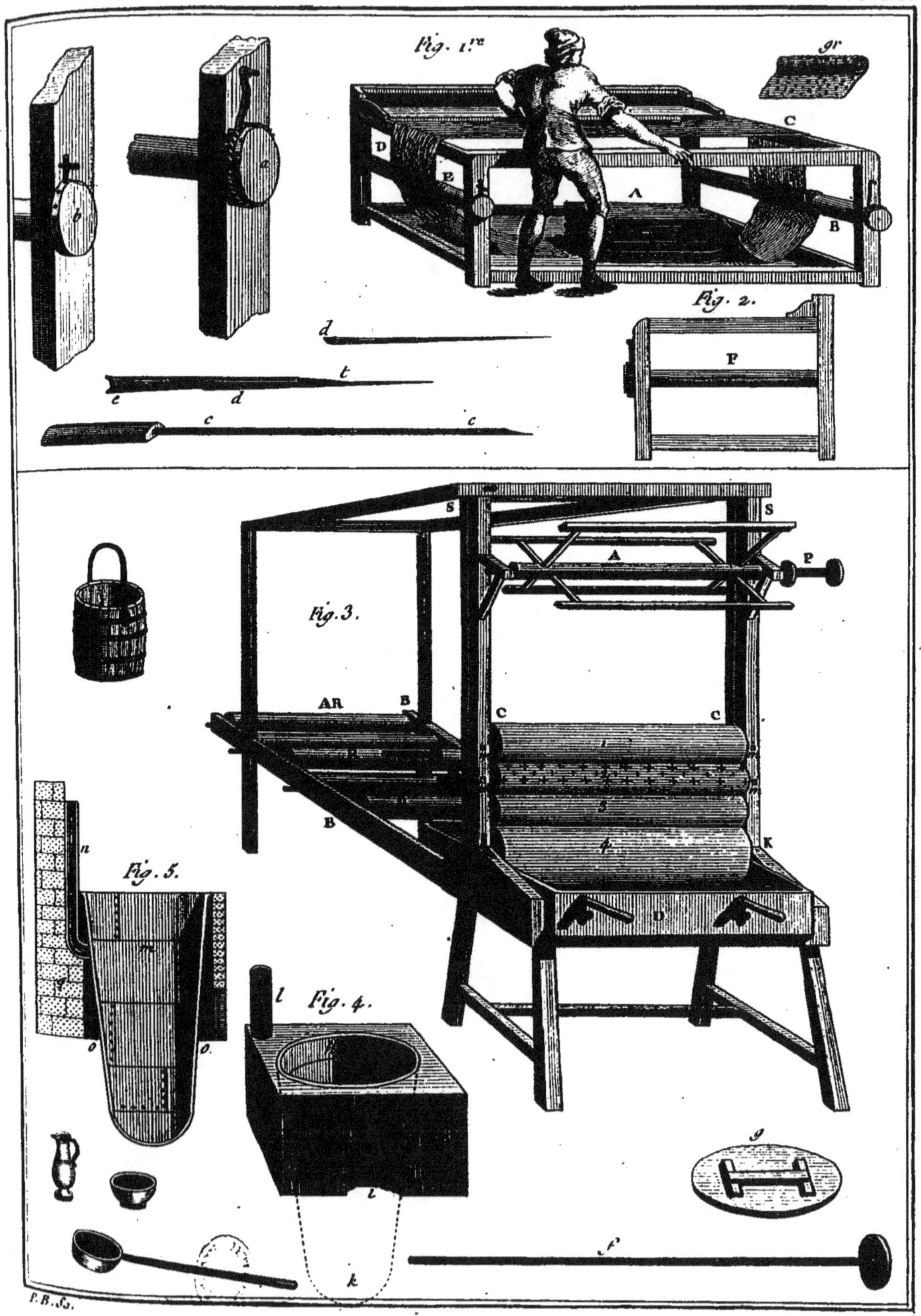

P.B. Sc.

cylindre L de décharge. Cette poulie *b* fait mouvoir les deux premiers petits cylindres, qui s'engrenent l'un au-dessus de l'autre, & dont les cardes pincent & commencent à applatir le coton, pour le distribuer sur le cylindre *c*.

c. Cylindre qui tire son mouvement d'une corde non croisée, passant sur la poulie *e*, & dont les cardes, par une position contraire & un mouvement différent de celles des précédens, effacent le coton, & le portent sur le cylindre C.

C. Cylindre qui, par une courroie placée du côté opposé de la méchanique, reçoit son mouvement du cylindre I, le plus grand de tous, auquel est appliquée la manivelle. Ce cylindre tourne du même côté que le cylindre I, & que le cylindre *c*, quoique ses cardes soient dans une position contrairé à celles de ce dernier. C'est sur ce cylindre C que le coton se prépare bien, & se carde déjà en plus grande partie.

d. Poulie qui tient à l'axe du cylindre C, le même qui donne le mouvement au cylindre *c*.

ef. Rainure sur le cylindre D, d'où part une corde croisée qui va passer sur la poulie *d*, qui imprime au cylindre D un mouvement opposé à celui du cylindre C. Ainsi, la position contraire des cardes de ces cylindres, & leur mouvement opposé, sont tels que le coton ne se carde point entre eux, mais qu'il est seulement pris de l'un par l'autre, pour que ce dernier le distribue sur le grand cylindre I, qui le donne au cylindre E, celui-ci au cylindre F, le cylindre F au cylindre G qui le rend au cylindre I, d'où il passe en H, pour revenir encore en I.

Les cylindres DEFGH ont tous leur mouvement contraire, & beaucoup plus lent que celui des cylindres I & C. Le mouvement leur est donné, ainsi qu'au cylindre L, par la poulie *d*, dont la corde croisée correspond à la rainure *ef*; & par la poulie *f*, dont la corde passe en *ghikl*M, en Y enfin, & revient en *f*.

Cette derniere corde fait un double tour sur chacun de ces cylindres. On la tend, on la détend avec la poulie Y, qui monte & descend au moyen d'un écrou placé dans une coulisse.

l. Poulie adhérente au cylindre I. Elle est à trois rainures de différens diametres, pour serrer plus ou moins la corde croisée, par laquelle ils se correspondent, & accélérer ou retarder d'autant le mouvement de la poulie S du cylindre M à lames, qui détache le coton du cylindre L.

M indique une seconde poulie jointe & parallele à la précédente, dont la corde non croisée fait tourner du même côté le rouleau cannelé qui acheve de rouler la loquette.

Les petits crochets qui sont au-dessus des cylindres, indiquent les diverses directions des cardes.

TABLE

DES CHAPITRES, DES SECTIONS, ET DES ARTICLES.

PREMIERE PARTIE.

Fin de l'Art du fabricant de velours de coton.

ART
DU FABRICANT
D'ÉTOFFES EN LAINES
RASES ET SECHES, UNIES ET CROISÉES.

Par M. ROLAND DE LA PLATIERE,

Inspecteur-général des manufactures de Picardie, associé des académies royales des sciences, belles-lettres & arts de Rouen, Villefranche, &c. & correspondant de la société royale des sciences de Paris & de celle de Montpellier.

PREMIERE PARTIE.

Lorsque les terres sont également partagées, le pays peut être peuplé, quoiqu'il y ait peu d'arts. . . . Mais dans nos états, où les fonds de terre sont si inégalement distribués, ... si l'on y néglige les arts, ... le pays ne peut être peuplé. . . . Il n'y a que les artisans qui donnent le superflu aux cultivateurs.

MONTESQUIEU, *Esprit des loix.*

ART DU FABRICANT D'ÉTOFFES EN LAINES.

AVERTISSEMENT.

On agite encore cette queſtion : *Eſt-il avantageux à une nation de rendre publics les divers procédés de fabriques qui ſont partie de ſes occupations, de ſon commerce & de ſes richeſſes ?* À ne conſidérer les choſes que relativement à cette politique, qui ne compte ce qu'elle a que par ce qui manque aux autres, on en jugera bien différemment qu'en enviſageant les hommes comme freres, dont la maſſe des connaiſſances ne peut s'accroître que par la réunion des idées.

La propagation des connaiſſances humaines eſt ſi lente, parmi le peuple, ſur-tout, qu'on voit s'écouler des générations, ſans que certains arts acquierent la moindre perfection : il en eſt qui rétrogradent à nos yeux, & l'on en a vu ſe perdre entiérement.

Les facultés de l'eſprit ne ſe développent guere que dans le calme & l'aiſance, & preſque jamais dans l'eſclavage du beſoin & l'oppreſſion de la miſere. Doit-on s'étonner qu'elles reſtent engourdies, & ſouvent nulles pour le progrès des arts conſacrés à la ſimple utilité, de ces arts où les facultés corporelles ſont exercées avec autant d'aſſiduité que de violence ?

L'ignorance, d'où naît l'entêtement, ne laiſſe voir au fils que la pratique du pere : elle produit en outre cet air, ce ton myſtérieux qui caractériſe les hommes à vues courtes & à petites inventions.

DISONS-le hardiment : ſi la crainte d'éclairer les autres ôtoit aux hommes inſtruits le courage d'allumer le flambeau des connaiſſances, ils en reſteraient eux-mêmes bien plus ſouvent expoſés aux chocs de l'erreur.

A ces raiſons ajoutons l'autorité.

CETTE compagnie ſavante, ſi reſpectée en France & dans toute l'Europe, au ſein de laquelle repoſe la véritable philoſophie, celle qui intéreſſe l'humanité, a donné l'exemple. L'académie des ſciences a publié ſucceſſivement la deſcription de pluſieurs arts : voilà ma réponſe ſur l'utilité de mon ouvrage.

ON ne trouvera guere ici de citations d'arrêts, d'ordonnances, de ſtatuts & réglemens, auxquels cependant ont été aſſujettis la plupart & preſque tous les procédés dont on fera mention. L'Encyclopédie en cite beaucoup : mais s'il eſt dans le plan du vaſte amas des connaiſſances, de ſuivre la marche de l'eſprit humain, d'en marquer les progrès & tout ce qui a concouru à nous placer où nous ſommes, une telle collection doit être auſſi le dépôt de ſes écarts & de ſes erreurs. Pour moi, je n'ai d'autre but que celui d'inſtruire ceux qui ne le ſont pas dans les arts que je décris, & de mettre ceux qui les exercent ſur la voie de les perfectionner.

ON pourra croire que j'aurais dû mieux faire & mieux dire ; mais qu'on faſſe & qu'on diſe mieux, je ferai le premier à y applaudir, & je n'en aurai pas moins d'obligation que le public à ceux qui voudront bien me redreſſer. En attendant, je ne puis m'empêcher d'obſerver que, ſi l'ignorance abſolue des lettres ſe fait ſentir, & excite des regrets à chaque pas, lors même qu'on rencontre des ouvriers intelligens qui veulent bien, ce qui eſt rare, ſe prêter de bonne grace, & être de bonne-foi dans l'expoſé des procédés de leur art, on eſt bien autrement peiné de trouver l'art de bien dire, dénué des connaiſſances de l'art qu'on prétend décrire. Le premier n'eſt que rebutant : l'ardeur de ſavoir peut vaincre cette réſiſtance. Chez celui-ci, les gens de lettres reſtent incertains des notions à y prendre, & les artiſtes étonnés de n'y pas retrouver les leurs.

EN ceci, je ne prétends parler que de quelques-uns de ceux des arts réunis à la grande collection, & d'un plus grand nombre décrits dans l'Encyclopédie, qu'une longue expérience m'a mis en état de juger. Cette collection eſt ſi précieuſe à tous égards, & l'Encyclopédie eſt ſi au-deſſus de tout éloge à tant d'autres, que c'eſt s'accorder toujours avec leurs auteurs, que de les contredire quelquefois.

A l'égard du Dictionnaire portatif, raiſonné & univerſel des arts & métiers, de l'une & de l'autre édition, il eſt ſi éloigné d'être raiſonné & univerſel, qu'en ſuivant la pauvreté de ſa nomenclature, ſi l'on en éloignait le maigre hiſtorique, la petite gloſe pour amuſer, & les nombreuſes citations de ſtatuts, d'arrêts & réglemens, il ne reſterait guere qu'un amas de procédés faits ſans choix, ſans méthode & ſans principes.

On peut diviſer cet art en deux parties.

La premiere contient tous les procédés qui font l'objet des ſoins & des travaux des fabricans : ils ſe terminent au moment où chaque eſpece d'étoffes ſort du métier & eſt livrée au marchand qui, de ſon côté, reſte chargé de faire faire tous les apprêts convenables à chacune d'elles.

La ſeconde partie contiendra, outre leur deſcription & celle des outils & uſtenſiles propres à chacune d'elles, des diſſertations ſur le dégraiſſage : on en indiquera les méthodes les plus ſûres & les plus expéditives, & l'on fera ſentir l'importance de dégraiſſer les étoffes raſes & ſeches ſans les fouler. On parlera du blanchiſſage, des débouillis, des échaudages ou lavages à l'eau froide des étoffes. On expoſera les raiſons de préférer ſouvent à ces opérations preſcrites & d'uſage, des procédés nouveaux & d'un réſultat bien ſupérieur. On indiquera auſſi les différentes manieres de raſer les étoffes, de les corroyer, de les calendrer, de les preſſer, ſoit en leur conſervant le grain en total ou en partie par le moirage, ſoit en écraſant ce grain par un apprêt mat ou par un apprêt luiſant.

Si quelques perſonnes bien intentionnées, & inſtruites dans l'art que je décris, penſaient qu'il ſerait utile, pour le progrès de cet art, d'étendre ou de rectifier certains articles, je les prie de m'adreſſer leurs obſervations à ce ſujet : je les publierai en leur en faiſant honneur, dans un carton inſéré au premier cayer qui ſuivra celui-ci ; & ſi ces obſervations ſont importantes & de quelque étendue, on les imprimera à part, en feuilles de même format, pour être livrées enſemble ou ſéparément à ceux qui auront pris le premier ouvrage.

Déja je dois à M. Joiron Maret, l'un de nos fabricans les plus intelligens, & celui qui réunit le mieux à des pratiques ſûres l'art de les raiſonner ; je lui dois des remarques utiles, dont j'ai profité dans la deſcription de cet art, même depuis l'examen & l'approbation de l'académie.

Cet art, ainſi que celui du fabricant de velours de coton, étaient décrits en 1776. J'avais remis mes cayers au magiſtrat ami des arts & adminiſtrateur du commerce : ils paſſerent de ſes mains en celles de l'académicien commiſſaire de l'adminiſtration en cette partie, qui lui en fit le rapport. Je partis pour l'Italie. Ce voyage long & intéreſſant à tant d'autres égards, prit mon tems & remplit mes idées. Ce n'a été que bien après mon retour, que le même académicien m'a déterminé à ſoumettre ces deſcriptions à l'examen de la ſavante compagnie dont il eſt membre.

Je préviens de cela, parce qu'il eſt des faits qui ont aujourd'hui plus ou moins lieu, mais qui exiſtaient ainſi. Cependant, à l'égard des faits tellement relatifs à l'art qu'ils en ſont une extenſion ou une réformation, ils m'ont ſervi à l'étendre & à le corriger. J'ai vû opérer de nouveau; j'ai répété tous les procédés; j'ai relu mes deſcriptions avec des gens de l'art les plus inſtruits. Malgré tout, je ſens qu'il reſte beaucoup à faire. Les arts ſe perfectionnent tous les jours. Jamais on ne porta dans les recherches de ce genre un zele plus ardent; jamais on n'y répandit autant de lumieres: mais ce qui me conſole & m'anime, c'eſt qu'on ne doit ces recherches & ces lumieres qu'au courage de ceux qui, montrant ce qui eſt, & arrachant ſes bornes, ont ouvert la carriere des poſſibles. Je dois encore prévenir qu'une circonſtance ayant déterminé de ma part un mémoire précipité ſur l'éducation des troupeaux & la culture des laines en France, je puiſai pluſieurs paſſages dans ces notes. Je croyais ne travailler que pour l'adminiſtration, qu'il était queſtion d'inſtruire: elle a jugé à propos de faire imprimer ce mémoire, d'où il réſultera quelques répétitions pour ceux qui auront les deux ouvrages.

DES LAINES.

On a beaucoup écrit en France depuis quelque tems ſur l'éducation des troupeaux de moutons, & le traitement des laines. On a fait beaucoup de mémoires & quelques expériences. On a montré le mal, & on a indiqué pour remede la conduite des étrangers à cet égard: mais ces étrangers nos voiſins regardent depuis long-tems cette partie de l'économie rurale, comme aſſez importante pour en faire une affaire d'état. La leçon, l'exemple, les moyens marchent à la fois, & l'effet eſt immanquable. En France, c'eſt ſeulement par intervalle que l'état a montré qu'il y prenait quelque intérêt. L'exemple y a été rare & momentané; les ſecours ont preſque toujours manqué; & nous reſtons les admirateurs & les tributaires de nos voiſins. (a)

(a) La laine, cette matiere précieuſe à tant d'égards, mériterait des ſoins plus particuliers de la part du gouvernement, quand même on réduirait ces avantages multipliés à celui que nous ſommes dans le cas de décrire ici. Nous avons vu donner des gratifications pour encourager la plantation du mûrier; nous en avons vu faire d'immenſes dans les meilleures terres; nous avons vu arracher juſqu'à l'olivier dans les deux ſeules provinces de France où cet arbre ſi précieux, ſi lent, puiſſe croître, pour lui ſubſtituer le mûrier: on s'eſt ôté l'eſpoir de toute récolte dans les fonds où cet arbre meurtrier a pris racine, & cela pour une induſtrie ſeche, renfermée dans quelques villes, & uniquement conſacrée au luxe.

Depuis dix ans, les laines ont augmenté de prix dans ce pays, de vingt à vingt-

Nous ne répéterons point ici ce qu'on a dit sur cette matiere. Lorsque l'administration voudra s'en occuper, les instructions paraîtront en foule. Nous prévenons seulement que, si l'on cherche une fois à puiser dans les sources actuellement connues, il y aura beaucoup à élaguer, beaucoup de faits inexacts, d'indications fausses, & de conjectures hasardées (*b*).

cinq pour cent. Le nombre des individus qui la donnent est diminué, & plus encore la quantité de matiere par chaque individu. La trop grande cherté des grains & des fourrages a forcé tous ceux qui ne récoltent que peu ou point, & qui avaient cependant de petits troupeaux, à s'en défaire. Les autres ont plus mal nourri, réservant pour les vendre, des denrées où l'on trouvait un bénéfice présent & supérieur; d'où les toisons du poids de quatre livres, taux commun, sont réduites au plus à trois. Les maladies de ces animaux sont plus fréquentes, plus dangereuses, & l'on se hâte moins de remplacer. En général le nombre des moutons, dans les territoires où la diminution est le moins sensible, dans les lieux de terres labourables mises en pleine culture, est égal à celui des journaux à la sole: un pour trois journaux, & moindre à proportion dans les autres. Cette quantité enfin, dans les tems ordinaires, est à peu près égale à la population des campagnes: elle est moindre aujourd'hui, dans les environs des villes sur-tout, où tout est plus cher.

Le prix de l'achat des moutons, depuis l'époque indiquée, a presque diminué en raison de l'augmentation du prix de la nourriture. Les toisons valent actuellement, en 1775 en Picardie, 3 liv. l'une dans l'autre. L'agneau se vend au plus quarante sous: ainsi tout ayant réussi à souhait, l'animal pourrait rendre 5 liv. par an, & sa dépense se calcule sur le pied de 9 à 10 l. Il est évident que la seule raison de l'engrais a pu déterminer les fermiers à soutenir cette éducation.

Ne pourraient-ils pas y être encouragés, ainsi que tous les autres qui l'ont abandonné, par une diminution de taille proportionnée à l'objet, au lieu de l'augmentation réelle & toujours arbitraire? Cet arbitraire, si nuisible dans tous les tems & à tous égards, écrase cette partie dont il a fait un objet d'industrie dans les campagnes, pour y augmenter ceux d'imposition; ensorte qu'on ne taxe pas seulement le bien, sa valeur, & son produit, mais l'intention & les efforts qu'on fait pour améliorer ce bien & augmenter son produit, quoique ces efforts soient quelquefois infructueux, quelquefois même ruineux. Les manufactures en souffrent au point de craindre, par cette seule raison, de perdre un jour la concurrence avec l'étranger. La Hollande déjà nous tire des sommes très-considérables, par le prodigieux débouché de ses matieres, & le prix exorbitant qu'elle y a mis ces dernieres années.

(*b*) Il en est dans cette partie comme dans les autres: de trois choses l'une, & souvent les trois à la fois: ou le premier fait la planche, & les autres, en gent moutonniere, passent dessus avec assurance, & débitent quelquefois des vérités, souvent des erreurs, quelquefois en les déguisant par un peu de variété dans le style, souvent mot à mot, quelque mauvais qu'il soit: ou, pour avoir moins l'air de compilateur, & se faire croire plus instruit, on arbore l'étendard de la contradiction, on outre en sens contraire: ou enfin on nous donne des tirades faites à la maniere dont l'abbé de Vertot décrivait les sieges & les batailles, d'imagination, lorsque les mémoires lui manquaient.

J'ai beaucoup de ces sortes d'ouvrages sous les yeux, pour lesquels, ni les sources

Parmi les objets que nous avons eu en vue en voyageant dans toutes les provinces du royaume & dans les états voiſins, celui-ci a toujours eu une place diſtinguée. Ayant réſidé au centre, & à pluſieurs des extrêmités du royaume, j'y ai ſuivi les diverſes pratiques & obſervé les réſultats, ce qui a donné lieu à pluſieurs mémoires.

Les détails contenus en ces mémoires, mis à la tête de cet ouvrage, éloigneraient, ſans doute du but qu'il annonce : ils ne ſeraient pas directement utiles aux perſonnes pour leſquelles cet art eſt écrit. On s'en tiendra donc à quelques obſervations générales, & à faire connaître les ſources où l'on puiſe, pour paſſer immédiatement aux détails des opérations que les laines ſubiſſent.

La beauté, la fineſſe de la laine, ſa longueur plus ou moins conſidérable, ſa qualité liſſe ou feutrante, propre au peigne ou à la carde, aux draperies ou aux étoffes raſes & ſeches ; toutes ces différences tiennent beaucoup moins à l'eſpece qu'au climat, à la nourriture & aux ſoins. Les animaux, les plantes même prennent une forme ſi propre aux climats où ils ſe naturaliſent, qu'après quelques générations on n'y reconnait plus rien. Les parties qui ſe renouvellent périodiquement, ſont encore plus ſenſibles à ces variations, & la laine en eſt un exemple des plus frappans.

Les plus belles laines de France ſont, ſans contredit, celles des plaines de Narbonne ; & la bénigne influence de ce beau climat ſe propage par gradation dans les campagnes du Rouſſillon juſqu'aux Pyrénées, & dans celles de Beziers juſqu'au-delà de cette ville du côté de Pézenas. Si l'éducation pouvait détruire l'influence du climat, on ſerait expoſé à avoir à Narbonne les plus mauvaiſes laines de France. Il n'y a aucun endroit, au moins que je ſache, où elles ſoient ſi mal traitées. Ce n'eſt pas trop dire, pour le faire concevoir, que d'en annoncer le déchet au lavage, de 70, ſouvent de 75, & quelquefois de 80 pour cent. (*a*)

indiquées, ni même les noms cités, ne ſauraient augmenter ma confiance.

(*a*) On enferme les troupeaux dans des bergeries mal-propres, étroites, étouffées, dont les planchers de gaules ou de lattes écartées laiſſent paſſer la pouſſiere & les menus brins de fourrage qu'on met deſſus. Le crotin, l'urine croupiſſent dans les toiſons; le ſuin en devient cauſtique, les rend jaunâtres, & les brûle.

L'idée ſeule de la chaleur étouffante & de l'air empeſté que ces animaux reſpirent dans ces étables, où ils ſont continuellement dans l'ordure, jointe à celle de les expoſer ſubitement à toutes les intempéries de l'air, doit faire juger de leur état de faibleſſe & de langueur, du nombre de maladies qui les affligent, & de la quantité qu'il en périt. Ce tableau, plus ou moins conforme à ce qui ſe pratique, ſuivant les cantons, préſente exactement la maniere dont cette partie de l'économie rurale eſt traitée au midi de la France. On ajoutera pour dernier trait, que dans beaucoup d'endroits on ne fait parquer les moutons en aucun tems de l'année.

L'ESPECE eſt à peu près la même dans toute la province : mais comme il y a grande variété d'aſpects, d'influences, de productions & de méthodes, il y a grande diverſité dans les qualités. Il en eſt ainſi, plus ou moins, dans toutes les provinces méridionales. Dans celles du nord, la température eſt plus uniforme ; les productions y ſont moins variées, les inégalités y ſont moins ſenſibles : auſſi la différence ne ſe fait-elle appercevoir qu'à de plus grandes diſtances. (a)

C'EST auſſi le climat, ſes productions & la culture, qui concourent le plus à donner à la laine cette ſorte de qualité qui en détermine l'emploi. Les Hollandais tirent des moutons de la baſſe-Poméranie, dont la laine, paſſablement fine, eſt courte néanmoins : elle s'embellit & s'alonge dans leurs gras pâturages. Les belles laines d'Eſpagne trouvent leur deſtination dans les draperies fines, & elles y ſont les plus propres qu'on connaiſſe. Les mêmes moutons en Angleterre donnent des laines qui s'emploient avec le plus grand ſuccès dans les plus belles étoffes raſes : mais nous ne parlerons point des premieres, qui n'ont aucun rapport à notre objet, ni des autres, dont nous ne conſommons plus guere, par la grande difficulté d'en avoir.

EN partageant la France à peu près à la latitude de Tours & d'Angers, on voit que la plupart des établiſſemens, en matieres nationales, ſont, du côté du midi, en draperies, & du côté du nord, en étoffes raſes. Les grandes fabriques de ce dernier genre ſont celles de Flandre, de Picardie, de Champagne & du Mans. (b) Celles de draperies d'Abbeville, de Sedan, de Louviers, d'Elbœuf, des Andely, de Dernetal & autres, n'emploient que des matieres étrangeres, & par conſéquent leur poſition eſt indifférente, relativement à l'emploi des matieres du pays.

LA Flandre conſomme les laines de ſon crû, & une partie de celles de la Hollande. La Picardie, qui en emploie une très-grande quantité, outre celles de la province, en tire du Soiſſonnais, du Valois, de la Brie, & quelquefois de la Champagne, de la Lorraine & de l'Alſace : elle ſe fournit auſſi quelquefois juſqu'en Sologne, & même en Berry, mais avec trop peu de fruit pour que ce ſoit fréquemment ni abondamment. Elle en tire de la baſſe-Allemagne par Hambourg, & de la haute par Strasbourg : la Saxe même commence à lui fournir des laines filées très-fin, qui viennent par Francfort & par Mayence ; mais c'eſt la Hollande qui eſt le plus grand magaſin de ces fabriques : il n'y eſt queſtion ni de perfection, ni de ſupériorité en aucun genre, que l'emploi de cette matiere ne ſoit ſuppoſé.

(a) Les bergeries y ſont auſſi ſouvent plus aérées & moins mal-propres ; mais on y mêle également la laine des bêtes vivantes ou mortes de quelques maladies que ce ſoit, & de tous les degrés de maturité, ſans choix des différentes parties.

(b) On fait quelques ſerges à Mende, on y fait des malbourougs ; on trouve encore çà & là quelques établiſſemens d'étoffes raſes : mais ces exceptions ne ſont pas frappantes.

COMME ce commerce devient de jour en jour plus considérable & plus important, à raison du haut prix, de la rareté & de la détérioration des laines nationales, il sera nécessaire d'en traiter un peu plus au long.

ON le sent : quiconque a un intérêt direct à être instruit de tel ou tel commerce, doit s'attendre à être trompé, s'il l'ignore ; & d'ailleurs, on a accrédité sur celui-ci des erreurs plus propres à éloigner l'idée de s'en instruire qu'à en donner le goût. Il sera nécessaire aussi d'indiquer d'où Rheims & Rhetel tirent les laines que consomment leurs fabriques. A l'égard du Mans, il ne va pas très-loin au-delà des frontieres de la province, pour s'en fournir. (a)

LA gradation de qualité des laines de Picardie suit assez celle de ses distances à la mer : elles sont très-communes sur la côte, un peu moins au centre, moins encore dans le Santerre & le Vermandois, supérieures enfin dans le Soissonnais, sur cette lisiere de la Champagne, & dans la Brie. Pénetre-t-on dans la Thiérache, pays plus maigre, où l'espece devient chétive dans les montagnes, dans les forêts ? Toutes les productions se sentent de l'âpreté des lieux : cependant, en tirant du côté de Charleville, & en pénétrant dans les Ardennes, la laine s'alonge un peu, & devient plus propre au peignage. Tout ce qu'on en peut tirer de plus beau, s'emploie dans les manufactures d'étoffes rases de Rheims ou de Rhetel. Les autres parties de ces mêmes laines concourent à l'entretien des fabriques de bas & de bonneteries communes, très-répandues dans tous ces cantons.

DANS les bons cantons de la Lorraine, & mieux dans les plaines de l'Alsace, & sur les rives de part & d'autre du Haut-Rhin, la laine s'alonge aussi ; & quoique le poil n'en soit pas tres-fin, qu'il soit même un peu dur & roide, elle s'étend néanmoins à la filature, & donne un fil ferme, très-propre à la fabrication de nos étoffes rases communes.

LA division qu'on a donnée de la France, se fait en même tems sentir par la maniere de traiter les laines. Ce n'est pas qu'il y ait quelque partie de ce royaume où l'on fasse parquer, comme en Espagne, en Angleterre, en Hollande, ou que l'éducation locale offre des pratiques bonnes à saisir & à transplanter ; mais on y suit différentes méthodes dans la tonte & le lavage des laines.

DANS toutes les provinces méridionales, & particuliérement en Languedoc, on tond en gras, & le commerce des laines se fait dans cet état ; mais en général on leur donne, aussi-tôt après la tonte, un premier lavage, qui consiste à les agiter simplement dans l'eau courante : ce qu'on appelle

(a) Il n'est ici question, à l'égard de Rheims, que de la fabrication de ses étoffes rases & seches. On sait bien que, pour les draperies, elle tire en partie les laines d'Espagne.

patrouiller

patrouiller la laine. On sent bien que cette opération ne la dégraisse pas, mais qu'elle la purge seulement des ordures qui y adherent. On la garde en cet état jusqu'au moment de l'emploi; alors on la dégraisse à fond.

Lorsque la laine n'a pas reçu ce premier lavage, & qu'on veut la dégraisser sur-le-champ, il suffit de la tenir dans l'eau chaude à y pouvoir tremper la main, jusqu'à ce qu'on s'apperçoive qu'elle s'ouvre, que les *loquets* & *durillons* s'amollissent, se dilatent, s'alongent; de la lever ensuite sur le bord de la chaudiere, de l'y laisser égoutter un instant, pendant lequel la chaleur humide & concentrée excite & entretient la dissolution & la désunion des matieres grasses; de la laver enfin encore chaude au courant d'une riviere.

A l'égard de la laine qui a reçu ce premier lavage, ainsi que celle d'Espagne, quoique non dégraissée, elle ne conserve pas la même dilatation; les pores sont resserrés; la matiere un peu durcie; le suin plus tenace: il se recuirait à l'eau crue avant de pouvoir s'échapper. On la ramene, en quelque façon, à son premier état, en mettant au fond de la chaudiere de la laine non lavée, ce qu'on appelle *garnir le bain en surge;* & lorsqu'il y en a une quantité convenable, ce que l'expérience & l'état des matieres indiquent, on y plonge la laine lavée & à dégraisser, enfermée en un filet, pour qu'elle ne se mêle point avec celle dite *en surge* qui garnit le bain, par partie de vingt-cinq à trente livres, plus ou moins, suivant la grandeur de la chaudiere, dans laquelle il convient qu'elle soit fort à l'aise. La suite de l'opération est la même qu'au cas précédent.

Ces pratiques, sur lesquelles je m'étends volontiers, parce qu'elles sont préférables à toutes les autres, demandent un ouvrier intelligent & exercé pour régler le bain & le feu. Certaines laines demandent une plus grande quantité de *surge*, une plus grande chaleur, plus de tems dans le bain. On renouvelle ordinairement tous les deux ou trois jours le bain du dégrais; il serait mieux de le faire chaque jour. On regarnit de surge dans la journée s'il en est besoin, & à la fin du jour on lave la laine qui est au fond de la chaudiere, pour la regarnir le lendemain. Ainsi il est toujours nécessaire que ceux qui font laver leurs laines aussi-tôt après la tonte, en conservent une partie intacte, pour faciliter le dégraissage de ces mêmes laines.

Si quelques fabricans lavent & dégraissent à fond leurs laines aussi-tôt après la tonte, c'est que, mal accommodés de la fortune, ils ne peuvent en faire une provision bien considérable, puisqu'il est constant qu'elle est inattaquable aux vers dans son suin, & qu'elle s'y conserve des années entieres dans toute son intégrité, & qu'il ne l'est pas moins qu'ils la dévorent le plus souvent lorsqu'elle en est absolument purgée. Il en est au contraire qui la conservent au-delà d'un an, sans même la faire passer par le premier lavage : ils prétendent qu'elle acquiert en cet état plus de qualité, & qu'elle donne plus de longueur d'étoffe ; mais elle est plus sujette à s'échauffer, & il s'y établit quelquefois une petite fermentation qui lui donne toujours une couleur roussâtre qu'il est très-difficile de lui faire perdre.

En basse-Normandie, au Cotentin principalement, au Maine, & dans les environs, on tond aussi en gras, & la laine se vend ainsi aux fabricans. Ceux-ci mettent ensuite ces toisons en monceaux, pour les faire *monter en suin*, disent les fabricans, par une petite chaleur & un peu de fermentation qui s'y introduisent, & qu'on ne laisse pas pousser loin. La division de chaque toison & le choix de chaque partie se font incontinent. On met à part les différentes qualités ; on en coupe les parties tenaces & durcies qui sont à distraire ; on les bouchonne par petits paquets, qu'on range ainsi, dans une cuve ; on verse dessus de l'eau presque bouillante, jusqu'à ce que la laine en soit submergée ; on agite peu après chaque bouchon, & on le tord fortement sur la cuve, à dessein d'y conserver le bain, & d'en dégraisser ensuite l'étoffe même. On en use ainsi, du moins au Cotentin, à l'égard des serges de Saint-Lo. On lave sur-le-champ la laine à l'eau courante.

Toute la Flandre tond aussi & vend ses laines en gras : on y a, pour le dégraissage, la même méthode qu'en Languedoc. On dégraisse la laine en toison à l'eau très-chaude ; mais on y emploie de l'urine pour environ un quart du bain : on la lave ensuite en riviere.

Dans ces pays, & dans la plupart de nos provinces du nord (*a*), on lave les moutons à la riviere avant la tonte, à la fin de mai ou au commencement de juin, un mois avant le parcage, afin que la laine ait le tems de repousser, pour les garantir du froid auquel ils sont très-sensibles au sortir de leurs bergeries étouffées. Ce lavage n'a pas d'autre effet que le *patrouillage* du Languedoc. Ce n'est point un *désuintage*, qui ne s'opere véritablement qu'après le battage & l'épluchage, par le dégraissage au savon enfin. Il est inconcevable combien on tourmente ces animaux dans cette

(*a*) L'observation de quelques auteurs de ne pas sécher les laines au soleil après le lavage, dans la crainte qu'elles n'en deviennent plus dures, plus roides, est tout-à-fait puérile. La pratique du Gévaudan & de quelques autres endroits est d'autant moins à citer à cet égard, qu'on y fabrique principalement des étoffes rases & seches, auxquelles un peu de fermeté est plutôt utile que nuisible, & que toutes les grandes manufactures de draperies du Languedoc en ont une absolument contraire. Les séchoirs, souvent pavés, sont toujours exposés au grand soleil, avec l'attention que rien n'y porte ombrage : mais si l'on a dessein de fabriquer & de laisser l'étoffe en blanc, ou de la mettre en couleur très-claire, cette méthode est fondée, parce que l'ardeur du soleil les jaunit un peu ; & c'est ce qu'on a oublié d'observer.

opération (*b*). On les jette au courant d'une riviere, où deux personnes les frottent, les agitent, & les secouent en tout sens, & avec une telle violence, qu'ils en restent long-tems étourdis; ils en meurent même quelquefois. Les gens qui sont droits font passer incontinent leurs troupeaux au soleil, sur l'herbe, pour les réchauffer & en faire sécher promptement la laine avant qu'elle puisse se salir. Ceux qui ne le font pas, les conduisent sur un chemin où ils puissent faire lever & retomber la poussiere sur ces toisons mouillées. Comme cela se fait à l'instant du lavage, peu avant la tonte, le poids s'en trouve augmenté, sans apparence d'altération à la couleur. Au midi, l'on pratique aussi cette ruse, quoiqu'on ne lave pas la laine sur la bête: il en est même qui en sont assez occupés dans le courant de l'année, pour favoriser l'adhérence des ordures aux toisons, & il n'est pas sans exemple d'en avoir vu pousser ainsi le poids jusqu'à quinze livres, réduites à trois livres au lavage.

Le lavage à la riviere, bien fait, réduit à moitié le poids de chaque toi-

(*b*) Toute l'histoire du ressort de la laine perdue au lavage & rétablie sur la bête, lorsqu'on lave avant la tonte, &c. faite uniquement pour vanter cette méthode, n'a pas la moindre vraisemblance; cependant elle a séduit. On a répété le ressort perdu, rétabli ou non rétabli: on a fait beaucoup de suppositions en l'air; & de prétentions en prétentions, & d'erreurs en erreurs, on a été jusqu'à vouloir nous persuader que les brebis, par la seule vision de bêtes cornues, autres même que celles de leur espece, comme des vaches, par exemple, concevaient des cornes; & gravement, dans un ouvrage sérieux, long & méthodique, on cite en preuve les baguettes de Jacob. Si les laines lavées après la tonte perdaient ou ne reprenaient pas leur ressort, où en serait l'Espagne qui ne les lave qu'après la tonte, & qui nous fournit les meilleures laines pour la draperie? Où en serait la Hollande qui nous en fournit de supérieures pour les étoffes rases? Où en seraient la Saxe, l'Autriche, & presque toute l'Allemagne, qui regarde le tems de cette opération comme perdu, & qui traite de ridicule l'opinion qui la conseille? Où en seraient enfin la Flandre, l'Artois, nos provinces méridionales, &c. où l'on ne lave non plus qu'après la tonte? J'y ajouterai même le Maine, une partie de l'Anjou & de la basse-Normandie, où l'usage de laver la laine après la tonte est plus général que celui de la laver sur la bête, & où l'on se plaint qu'il ne soit pas universel, par les abus qui en résultent.

Ce n'est pas que nous désapprouvions aucune pratique qui tend à entretenir les troupeaux dans la plus grande netteté possible; nous en sentons trop les conséquences. Le cours libre des humeurs entretient le sujet sain, au lieu que la malpropreté, arrêtant la transpiration, les rend stagnantes, & les force ensuite de se répercuter: de là les maladies de la peau, & enfin la corruption interne. En travaillant à entretenir la force & la santé de l'animal, on opere en même degré sur la qualité de la laine qu'il porte: cela est évident. Mais n'abusons point le public, qui, s'il avoit le malheur de croire à nos petites recettes & à nos déclamations, perdrait bien du tems en essais inutiles, & ferait des dépenses qui ne le seraient pas moins.

fon ; & dans cet état, le taux commun dans tous les cantons eſt d'environ trois livres de laine l'une dans l'autre. Le peignage & dernier lavage, dont on parlera, font encore décheoir la laine de trente à trente-cinq par cent, ſur quoi on retire dix, douze à quinze livres de peignon, qui ſe conſomme dans les étoffes drapées communes, les tricots, tiretaines, & autres de ce genre.

On verra qu'il eſt queſtion en pluſieurs circonſtances, de filatures, & même de tiſſage en gras ; mais ce ſont des matieres butyreuſes, oléagineuſes, ou autres également d'application, pour la facilité des opérations dont il eſt queſtion, & nullement de la graiſſe naturelle ou du ſuin de l'animal, dont il eſt toujours très-bien de purger la laine avant la filature, quoiqu'il y ait quelques ſentimens contraires.

A l'exception d'une partie des laines de Hollande, qu'on tire toutes filées de Turcoing en Flandre, & de quelques eſſais qu'on vient de faire de celles de Saxe, toutes celles qui ſe conſomment en Picardie, s'y filent. On en pourrait dire autant de toutes les autres fabriques citées, pour leſquelles ces exceptions même n'ont pas lieu, comme on le verra plus en détail, lorſqu'il ſera queſtion de chacune d'elles.

Je reviens à la Hollande, qui en produit une très-grande quantité, & qui en fournit à la France une quantité bien plus grande encore. La Zélande, la Hollande proprement dite, la Nort-Hollande, le Texel & le Wiering, la Friſe & la Groningue, ſont les provinces & cantons des Pays-Bas qui fourniſſent les laines connues ſous le nom générique de laines de Hollande ; mais elles ſe diſtinguent très-bien dans le commerce, par une qualité propre à chaque endroit.

La Zélande eſt un des moindres cantons parmi ceux de la Hollande conſidérés à cet égard. Les laines éprouvent au peignage un déchet de près du tiers, & ce peignon n'eſt propre qu'à la draperie commune. Les deux autres tiers entrent dans les calmandes, les camelots communs, & autres étoffes de ce genre.

La Hollande, depuis les bouches de la Meuſe juſqu'en Nort-Hollande, à l'exception du territoire d'Amſterdam, qui eſt compris avec la Nort-Hollande, en produit le double de la Zélande, & elles ſont plus eſtimées. Ce ne ſont point encore leurs laines de premiere qualité. Les Hollandais n'en emploient guere d'autres cependant, dans les manufactures de camelots de Leyde, ſi ce n'eſt dans les camelots poils ſuperfins, dont l'objet n'eſt pas conſidérable : ils en font auſſi beaucoup de bas, de tricots pour habits, & la plupart de leurs étoffes raſes communes ; ils n'ont chez eux que quelques peigneurs & peu de filatures, parce que la main-d'œuvre y eſt trop chere ; ils envoient en général les laines pour filatures raſes qu'ils consomment dans leurs fabriques, à Turcoing, où l'on peigne & file convenablement pour toutes les fabriques de ce genre : on les leur renvoie en fraude, moyennant quatre pour cent d'assurance, pour éviter un droit de sortie de quinze pour cent, assez mal calculé pour ne rien rendre ; au lieu que s'il n'était que de cinq à six pour cent, personne ne courrait de risque ; & mieux encore, s'il était supprimé, on ne gênerait pas, on n'arrèterait pas le cours de l'industrie & le progrès d'une main-d'œuvre par une taxe de quatre pour cent.

LA Nort-Hollande est le plus considérable & le plus riche filon de cette mine : c'est la plus belle laine que fournisse la Hollande, sur laquelle cependant il se fait encore un choix de superfin, mais tel que rien ne l'égale. C'est absolument le sol du canton entre Hoorn sa capitale, Alckmar, & Purmerent, & ses gras pâturages, qui déterminent cette supériorité ; & la laine du Beemster est toujours la laine par excellence. C'est un terrein bas, anciennement submergé, de prairies très-coupées de canaux, où les moutons paissent & parquent toute l'année. A mesure qu'on s'éloigne de ce centre, la laine perd de sa qualité. Celles de la Westfrise & des Dunes de la mer du Nord sont les moins belles. Toutes les laines de la Nort-Hollande viennent en France ; car je compte pour rien la faible quantité qui s'en reporte à Leyde, après avoir été filée à Turcoing, pour son emploi dans les camelots ; & l'exception à faire de ce qui s'en consomme dans les étamines glacées de Bruxelles, n'est pas de nature à faire plus de sensation.

LES isles du Texel & de Wiering en produisent en beaucoup moins grande quantité, & il faut se garder de les confondre avec la masse générale : elles sont plus communes que les laines de la Hollande, & valent un tiers de moins que celles de la Nort-Hollande, sur-tout celles de Wiering, inférieures encore à celles du Texel.

LA Frise fournit aussi de très-belles laines, de qualité à peu près égale à celles de la Nort-Hollande, mais un peu plus courte : elles passent aussi presque toutes en France. C'est de même, en tirant vers le centre de cette province, aux environs de Snec & de Leuwarde, qu'on trouve les plus belles.

LA Groningue, comme la Zélande & le Texel, forme aussi l'un des extrêmes. La quantité des laines y est moindre, & la qualité plus commune : elles valent un quart de moins que celles de la Frise. On peigne un peu en Frise & en Groningue, & il y a quelques manufactures qui en consomment entre quarante à cinquante milliers.

ON observe que les moutons auxquels on a coupé la queue étant jeunes, s'arrondissent davantage, se portent mieux, sont plus gras, ont plus de laine, & de plus belle laine. Toute la Hollande, la Nort-Hollande, la Frise & la

Groningue font dans cet ufage. (1) Le Texel & le Wiering, dont la race eft la même que celle de la Hollande, ne le fuivent pas, non plus que l'Utrecht,

(a) Il eft également commun en Flandre, en Angleterre, en Efpagne, en Saxe, dans toutes les Marches du Brandebourg, en Poméranie, &, à ce qu'il parait, dans tous les états de l'Europe où la culture des laines, formant un objet important de commerce, eft prife en confidération par le gouvernement, où l'attention des particuliers & leur émulation font réveillées & foutenues par les regards, la protection, & les fecours de l'adminiftration.

Quelques auteurs penfent bien que de couper la queue des agneaux à tel ou tel âge, cela influe fur leur corpulence; mais tous nient que la laine y participe. C'eft, à l'égard de fa qualité, nous affure-t-on, une opération indifférente; mais une telle affertion ne l'eft pas, & demanderait bien une preuve. Tous les peuples qui la pratiquent, en jugent autrement; & en effet, comment concevoir qu'un opération quelconque, qui changera la forme de l'animal, qui concourra à le rendre plus gras, plus fain, mieux portant, ne contribuera pas en même tems à quelque variation dans une partie telle que la laine, qui tient auffi effentiellement à la conftitution du mouton? Je ne décide pas le fait; j'engage à le vérifier: mais je fais que la laine des bêtes foignées & bien nourries, toutes chofes égales d'ailleurs, eft plus fine, plus douce que celle des autres; celle des moutons, que celles des béliers; celle des chatrices, que celle des brebis. Je fais que les laines, plics, pelures ou pelades, au fujet defquelles on a débité tant d'abfurdités & prefcrit des chofes fi ridicules, font auffi plus douces, plus fines que les autres, par la feule raifon qu'elles proviennent de bêtes engraiffées avant d'être conduites à la boucherie; d'où il arrive que, fi elles coûtent un peu moins, comme moins longues, & en cela moins propres à certains travaux qui demandent auffi plus de confiftance & de nerf, elles font très-recherchées pour les ouvrages qui exigent de la douceur & plus de tendance au feutrage.

La pelade a l'inconvénient, & c'eft le feul, d'être un ramas de laines de toutes qualités, & à toutes fortes de degrés de maturité; mais ce mélange-là même n'eft pas nuifible dans bien des cas, & il arriverait qu'on le ferait à deffein & avec fuccès. Qui empêche que dans ces toifons on ne faffe un choix & des affortimens, comme dans les autres? Qu'on voie comment les Turquinois s'y prennent, & l'on faura qu'on en peut tirer le plus grand parti.

Si nos réglemens, au lieu de les profcrire avec anathême, comme vuidant ces étoffes aux apprêts, ou y réfiftant, comme fujettes aux vers & à la pourriture, &c. euffent donné des méthodes pour les bien faire, elles feraient auffi généralement eftimées que les autres, & employées avec autant d'avantage, bien entendu qu'il ne faudrait pas y mêler les agnelins avec les toifons faites, celles des bêtes crevées, & fur-tout de maladies peftilentielles, avec celles des bêtes mortes de mort violente: bien entendu encore qu'il n'eft pas ici queftion de laines tirées des plains à chaux des mégiffiers, parcheminiers, & autres ouvriers de ce genre, qui, n'ayant égard qu'à la peau, brûlent la toifon fans difficulté, pour hâter & perfectionner leur travail. Mais qu'on emploie l'alkali fixe, fans en aiguifer, ou même en en modérant la caufticité, foit en leffive ordinaire, foit en empliffant les peaux de cendres humectées pendant un efpace de tems proportionné à la température de l'air & à l'expofition des objets; ou, pour le mieux, qu'on abatte ces laines aux cifeaux, & tous les fujets de profcription feront évanouis. Voici de quelle maniere cette partie fe traite dans les Pays-Bas. Les laines de

dont les moutons, de race allemande, portent une laine beaucoup plus commune. Si l'on transporte des agneaux de ces cantons dans les bons endroits de la Nort-Hollande & de la Frise, on leur coupe la queue aussi-tôt, & ils changent en un an ou deux; ils se naturalisent, & deviennent insensiblement semblables aux autres.

En Hollande, les moutons parquent toute l'année, même en tems de neige: alors ils grattent & cherchent leur nourriture dessous. Est-elle gelée? on leur jette du foin dessus, & ils y vivent sans quitter le champ ni jour ni nuit; car il n'y a point de bergeries dans tous ces pays-là, qui, étant bas, découverts, & très-coupés de canaux, sont absolument exempts de loups, ainsi que l'Angleterre.

Dans l'Utrecht, comme en Allemagne & en France, on renferme les troupeaux l'hiver, & ils ne parquent que l'été. Les laines sont très-communes dans cette province, ainsi que dans l'Overissel & la Gueldre, dans les duchés de Cleves, Bergues & Juliers, & en continuant de remonter le Rhin & la Meuse, y compris les électorats ecclésiastiques, les états de Liege, & jusqu'en-deçà du Luxembourg. On en pourrait dire autant de presque toute la Westphalie, partie de l'Allemagne où les troupeaux sont les moins soignés, où l'on voit aux champs, presque par-tout, un mêlange continuel de bêtes à laine avec les cochons, les vaches, les chevaux, & autres bestiaux de ce genre, sous la

moutons tués depuis la tonte jusqu'à la Saint-André, qui sont courtes, & qu'on nomme *berbisaine*, s'emploient à faire des couvertures, des molletons, & quelques autres étoffes communes, en les mêlangeant avec d'autres laines. Les plus basses se mêlent avec la laine des agneaux & d'autres poils qu'emploient les chapeliers. Les laines obtenues depuis la Saint-André jusqu'à la tonte, se nomment *plys*; on les prépare ainsi: Aussi-tôt que la peau est livrée au pelletier, il la lave pour en ôter le sang de l'animal; il l'étend; il en retire les ordures les plus apparentes, puis il enduit de chaux vive tout le côté de chair, avec l'attention qu'elle n'ait point de contact avec la laine. Cette couche de chaux doit être légere, proportionnée cependant à l'épaisseur de la peau. Ceci fait, il plie la peau en deux, la laine en-dehors, & il la roule sur elle-même en forme de manchon. On entasse toutes ces peaux, ainsi préparées, les unes sur les autres pendant vingt-quatre heures, plus ou moins suivant la saison. Les peaux laissées trop longtems en chaux, s'arrachent avec la laine, & donnent de très-mauvais plys. Ont-elles trop peu de chaux? la laine ne se leve pas facilement. On les lave ensuite en eau vive & courante; on les roule de nouveau; &, soit à la crosse de bois, soit aux pieds, on les bat, on les foule, pour les purger du suin & de la chaux. On continue cette opération jusqu'à ce qu'elles soient blanches & nettes: alors on les met sécher; & tandis qu'elles conservent encore un peu d'humidité, on les étend sur une claie, la laine en-dessus, qu'on en détache avec précaution, pour que la toison, autant qu'il est possible, ne fasse qu'une seule piece. On étend de nouveau cette toison pour la faire sécher parfaitement; on en forme ensuite une *botte* ou *cotte légere*.

conduite du même berger. Cette pratique est nuisible à tous égards, puisqu'il y a la plus grande opposition de goûts, d'humeurs, de sensations, de besoins : elle entraîne la dégradation de l'espece ; elle augmente & aggrave toutes les infirmités de différens bestiaux, & les communique des uns aux autres.

On trouve cependant dans ce pays-là des traces de l'amputation de la queue aux troupeaux. Cette pratique gagne des Marches du Brandebourg, par la haute-Saxe, & les parties de Brunswick & de l'Hanovre, qui l'avoisinent.

Je suis bien loin de confondre ici les laines des Marches du Brandebourg, celles des parties de la Poméranie qui l'avoisinent, & celles de la haute-Saxe, avec celles qui sont ordinairement connues sous la dénomination de laines d'Allemagne. Les premieres méritent la distinction la plus marquée ; & je me sens d'autant plus porté à en faire une mention particuliere, qu'elles s'emploient avec le plus grand succès dans toutes les étoffes dont la fabrication fait l'objet de l'art que je décris.

Berlin, au milieu des sables des Marches, est en même tems le centre des plus belles laines que l'Allemagne produise. Cette qualité se fait encore remarquer, mais avec quelque altération, dans les terreins sablonneux que nous avons indiqués ; & par-delà Potsdam, en tirant vers le Brandebourg, un peu au-dessous de Stetin, & plus près encore du côté de la Lusace, elles n'ont plus ce même degré de finesse, de douceur, qui, jointes à la fermeté, à la longueur, & à leur état ras & lisse, donnent une filature très-unie, toutes qualités merveilleusement propres à porter les étoffes à grains ou à lustrer au plus haut point de perfection. L'exportation de ces laines est sévérement prohibée ; cependant il en descend de tems en tems par l'Elbe, que les Hollandais nous apportent de Hambourg, avec beaucoup d'autres laines de qualités différentes.

Les laines des belles & vastes plaines de la haute-Saxe viennent après celles des Marches, & servent à entretenir les nombreuses manufactures du même genre de ce pays & de Gottingen, dont nous aurons encore occasion de parler.

Revenant maintenant aux Pays-Bas, il est bon, après avoir fait remarquer la grande infériorité des laines d'entre le Rhin & la Meuse de la Gueldre & de l'Overissel, de dire que celles de l'Oostfrise, de la partie de la basse-Saxe entre l'embouchure du Veser & celle de l'Elbe, du Holstein & même du Jutland, & de la plus grande partie du Danemarck, leur sont supérieures, quoique très-inférieures à celles de la Hollande.

Les Hollandais, qui commercent de tout, en tirent beaucoup de tous ces pays-là ; & souvent, après les avoir mêlées avec les leurs, il les vendent toutes comme de leur crû. Les connaisseurs voient la fraude au premier coup-d'œil ; mais beaucoup de gens y sont trompés. Ils en expédient même quelquefois

fois venant de Hambourg ou des côtes de la Baltique, sans mêlange des leurs, sous le nom de laine de Hollande ; & quelques-uns en sont la dupe. Le caractere le plus distinctif des laines de Hollande est d'être blanches, fines, très-longues, très-lisses, & toutes très-propres à être peignées : mais indépendamment de ces signes communs, plus ou moins caractérisés, & à part les ruses & les supercheries trop ordinaires dans le commerce, les Hollandais, outre la distinction de leurs laines par canton, font un choix de diverses parties des toisons très-propres à en favoriser la vente, ce qu'ils appellent les détricher ; & alors elles sont connues dans le commerce sous les noms de

Norte close, premiere qualité.

D°. deuxieme qualité.

D°. troisieme qualité.

Fine blanche détrichée, c'est le superfin de ces premieres qualités.

Fine grise, inférieure aux précédentes.

Commune blanche, qualité ordinaire.

Commune grise, très-commune.

Cuissards, très-basse & derniere qualité.

Les principaux marchands de laine de Hollande se tiennent à Amsterdam, à Leyde, & à Rotterdam ; & c'est de là que les tirent les riches fabricans de France, que leurs occupations empêchent de voyager, & les marchands qui les achetent, pour les revendre aux fabricans moins riches. Les Flamands qui font un gros commerce de filatures de Turcoing, voyagent assez régulièrement quelques années de suite dans les provinces de la Hollande, où ils trouvent bon de fixer leurs achats, & il en est qui tirent les laines des lieux même qui les produisent. Nulle part en Hollande, où l'on parque toute l'année, on ne lave les moutons avant la tonte, si ce n'est aux isles du Texel & de Wiering ; on les tond en gras, comme dans nos provinces méridionales. Les toisons pesent alors en suin de sept à douze livres ; mais on varie ensuite à l'égard de l'opération du lavage. La Nort-Hollande ne les lave guere ; elle expédie généralement en *suin*, & c'est ainsi qu'elles arrivent en gras à Turcoing, au contraire des parties méridionales de ces provinces, qui lavent ordinairement celles de leur crû, qui s'expédient par Leyde & Rotterdam.

Ce premier lavage, fait en riviere à l'eau dormante, dans les canaux, suivant la coutume, ne les exempte pas d'un second avant le peignage, si l'on veut les teindre avant d'être filées. On peut le comparer, quant à l'effet, à celui que les Espagnols donnent à leurs laines avant de nous les expédier : il les diminue en gras du poids de dix-huit à vingt pour cent, & l'on estime le déchet total du plein suin au dernier dégrais de ces laines, être de vingt à trente pour cent. Elles nous parviennent enfin en Picardie, en balles du poids de cinq, six, sept à huit cents livres, par le port de Saint-Vallery, & par la

Somme qui y a ſon embouchure. Celles qui ſe filent à Turcoing, & qui en portent le nom, y arrivent par Oſtende ou par Dunkerque, & nous viennent par terre.

Les Turquinois tirent toutes ces laines en toiſons qu'ils nomment *pieces* dans leur commerce avec les Hollandais, quoique le prix en ſoit toujours déterminé par le poids. Ils en évaluent la quantité, année commune, de cinq à ſix mille balles du poids ſpécifié ci-deſſus.

Celles de ces laines qu'ils tirent en ſuin, & c'eſt la plus grande quantité, au contraire de la Picardie qui s'approviſionne plutôt par Leyde & Rotterdam, où l'uſage commun eſt de les laver après la tonte; ils les lavent à l'eau dormante faute d'autre, aſſez mal par conſéquent: mais il les dégraiſſent incontinent avec du ſavon noir à l'huile de colzat, & les font ſécher enſuite. Je cite cette opération actuellement, parce que le triage ou *détrichage* ne s'en fait qu'après: alors ils diviſent & ſéparent chaque toiſon en ſept ou huit parties, pour en former autant de ſortes de laines, qu'on nomme *naturelle*, *ſuperfin*, *fin*, *petit-fin*, *demi-fin*, *gris-cordeau*, *demi-commune*, & *commune*.

On peigne toutes ces laines ſéparément; & le peignon, dit *entredent*, & les parties trop courtes pour être peignées, ſe cardent pour la draperie.

Le choix de la laine ainſi fait, ils lui font ſucceſſivement ſubir les autres opérations; & quoique la filature ſoit un des objets très-conſidérables de la main-d'œuvre & du commerce de leur pays, ils en expédient la plus grande partie après le peignage, blanches ou teintes, pour la bonneterie, en Champagne, à Paris, à Lyon, & juſqu'en Languedoc, mais très-peu par-tout ailleurs qu'en Picardie: ils fourniſſent beaucoup dans le Santerre, où la fabrique de bas eſt très-répandue, principalement au Pleſſier. (*a*)

Ces laines peignées ſe nomment *ſayette* au pays, & ici *bouchon*, nom qui lui vient de la maniere dont elle eſt pliée par paquets, en forme de bouchons de paille.

Les fils de Turcoing ſont la baſe de nos plus belles étoffes glacées & à grains, & c'eſt de ſon ſuperfin que la manufacture des Gobelins emploie dans la compoſition de ſes belles tapiſſeries.

La plupart de ces obſervations détruiſent un peu les idées qu'on nous a

(*a*) MM. Senart y ont un établiſſement en ce genre, très-vaſte, & qui occupe beaucoup de monde dans toutes les campagnes voiſines. Ils ont cela de commun avec quelques autres, de vivifier au profit de l'état un très-grand canton, en y répandant l'induſtrie & de l'argent; mais ils ont cela de particulier, & peut-être d'unique parmi les entrepreneurs de manufactures, de s'être maintenus & conſervés de pere en fils dans leur état, avec une fortune très-honnête, ſans ambition, avec des mœurs patriarchales, & faiſant beaucoup de bien ſans la moindre oſtentation. D'autres auraient ſollicité des cordons, des penſions, & autres choſes ſemblables: ils ſe ſont toujours contentés de répandre le bonheur autour d'eux.

données de l'éducation des moutons, de la culture & du commerce des laines de Hollande, absolument inconnus en France. C'eût été bien autrement encore, si nous nous fussions plus étendus sur le traitement & les distinctions des nôtres: il aurait fallu faire un traité; & après bien des discussions, on aurait vu qu'on ne semble avoir écrit que pour embrouiller la matiere. Si l'erreur n'avait d'effet que de laisser dans l'ignorance, le mal serait moins grand; mais elle agit en sens contraire, & ce n'est pas un mince travail que de la détruire. Trop d'auteurs prennent des mémoires de toutes mains, & tranquilles à l'abri de leur célébrité, ils pensent la faire passer dans la copie de ces mémoires qu'ils publient. C'est ainsi que quelques-uns ont été trompés, & qu'ils nous ont trompés dans certains articles des descriptions des arts qu'ils ont données. Mais, sans entrer dans le détail de leurs erreurs, il est de la suite de notre travail de faire observer que les Hollandais récoltent beaucoup de laine, que nous en tirons la plus grande quantité, & qu'ils ont peu de manufactures de ce genre. On doit encore remarquer que la qualité des belles laines de Hollande ne differe point autant qu'on le pense de celle des laines d'Angleterre de même sorte.

Les moutons de la Flandre Française donnent à peu près autant de laine que ceux de la Hollande, lorsqu'ils sont également bien nourris, mais un sixieme, & même un cinquieme de moins pour l'ordinaire. Cette laine s'emploie presque toute dans les manufactures de Lille, de Roubais, & des environs: elle est préférée, pour les objets de ces fabriques, à celle même de Hollande, parce que, disent les fabricans, elle est plus *coursable*; elle court davantage; elle donne plus de longueur de fils; elle est un peu plus seche, plus roide, plus élastique, & beaucoup moins blanche; &, à tous égards, elle est moins propre à la bonneterie, qui demande une matiere qui ne se refuse pas absolument à toute impression du foulage.

Les Flamands sont persuadés que c'est à la bonne & ample nourriture qu'ils donnent à leurs moutons, qu'ils doivent la beauté & la quantité de leurs laines. Ils sont persuadés que c'est le moyen efficace par lequel nous changerions considérablement la qualité des nôtres, & que nous en augmenterions la quantité. Un particulier nous a donné un exemple qui confirme ces idées. A force de bonne nourriture, de propreté, & de soins, il a obtenu dans la même année deux amples récoltes de meilleure laine avec des moutons ordinaires: mais depuis bien des années, les tems n'ont pas été favorables à ces essais, & il faut avouer qu'on ne saurait encore les tenter par intérêt.

Les moutons ne parquent jamais en Flandre; ils paissent aux champs le jour, & la nuit on les renferme à l'étable. C'est de là que la laine est moins blanche que celle de Hollande, & que celle de France même: mais comme ils sont tenus proprement dans l'étable, & qu'on les y nourrit abondamment, au lieu qu'on ne leur donne rien dans nos parcs, où ils passent des douze à quinze heures de suite dans les beaux tems, l'inconvénient de l'étable disparaît devant tous ceux de notre méthode.

J'ai déjà dit qu'on tond aussi en gras ou en suin en Flandre, qu'on met ainsi les toisons dans le commerce, & qu'on les lave ensuite à la *manne*, comme en Hollande; j'ajouterai qu'on y blâme beaucoup la méthode contraire. Les cantons de choix sont la châtellenie de Lille, & les environs d'Armentieres. Les fabriques de Lille & des environs, qui consomment ces laines, en tirent aussi beaucoup du Brabant, du Hainaut, du pays de Liege & de l'Artois, sans parler de celles de Hollande. Je dirai ici en passant, que la filature des plus belles laines qui s'emploient dans les fabriques de Flandre, se fait aux environs de Lille, à Turcoing, à Roubais, Launoy, Orchies, Saint-Amand, &c. & celle des plus communes en Artois, principalement aux environs d'Hesdin, Frevent, S. Pol, Aire, Arras, Béthune, &c. Celles qui viennent en France du pays de la Reine, sont taxées à un droit de sortie de 4 sols 6 dèn. par livre, qu'on trouve bien le moyen d'esquiver.

On est forcé d'en user ainsi, attendu la prohibition à l'égard des matieres filées que nous y introduisons en échange. Dans tous ces parages on trouve des assureurs pour tous les objets, mais plus encore de fraudeurs, qui courant tous les risques, rendent les premiers presque inutiles.

Les Turquinois, qui font un commerce si considérable de la filature des laines de Hollande & de celles de Flandres, prétendent que le mêlange d'une petite quantité de celles-ci sur une beaucoup plus grande de celle-là, fait un meilleur effet que les unes & les autres prises séparément. Ils distinguent parfaitement les laines de tous les cantons de ce pays-là, les premieres à l'odorat principalement, & celles de France au tact.

Le commerce des laines de ce pays se fait par des particuliers qui en font leur état, & qui les achetent des laboureurs même. Les uns poussent ce commerce plus loin, en les faisant filer & les revendant après : les autres les cedent en nature, soit aux fabricans qui suivent toutes les opérations que subit la matiere dès son principe, comme à Abbeville, soit aux entrepreneurs de filatures, ou aux fileurs eux-mêmes, qui les apportent ensuite aux marchés où s'en fournissent les fabricans d'Amiens. (*a*) Mais que ce soit à façon ou à forfait, toujours est-il que la filature, objet de main-d'œuvre considérable,

(*a*) Jusqu'ici ce commerce avait été dans un état de contraction horrible, par la nécessité de vendre & d'acheter, & les entraves qu'y mettait une ambition audacieuse, d'autant plus révoltante, qu'elle avait établi, sous une apparence légale, la concussion la plus décidée. Il en résultait journellement des voies de fait odieuses, pour autoriser & soutenir une rapine annuelle de dix-huit à vingt mille francs, sur le seul commerce des fils de laine employés à la fabrique d'Amiens. Si l'oppression n'a pas été vengée, le commerce du moins a eu un libérateur. Le Conseil, par

eſt entiérement réſervée aux campagnes, ainſi que la plus grande partie du peignage & des opérations qui le précedent. Il eſt beaucoup de villages dont le grand nombre des habitans, hommes, femmes & enfans, ſont entiérement livrés à ce genre de travail. (*b*)

Diverſes opérations des peigneurs.

On livre la laine aux peigneurs par poids, en l'état où elle a été miſe dans le commerce : on fait à peu près le déchet qu'elle doit éprouver : tout leur eſt fourni, & ils ſont payés à raiſon du travail. Ils l'épluchent, la battent, l'épluchent de nouveau, la dégraiſſent, & la tordent, l'écharpiſſent ou l'ouvrent bien, l'*enſiment*, c'eſt-à-dire, l'arroſent & la frottent d'huile, à moins qu'ils ne la peignent au beurre, & ils la peignent mouillée. Il y a des variations qui ſeront indiquées à meſure : enſuite, ſi c'eſt pour teindre, on le fait en ce moment ; ſinon on relave la laine une ſeconde fois, on la repeigne, & enfin on la relave pour la derniere fois. Ce n'eſt qu'alors qu'elle ſort des mains du peigneur.

Premier épluchage de la laine.

Les toiſons ſont plus ou moins imprégnées de crotin, plaquées de matieres réſineuſes & colorées, pour diſtinguer les bêtes. C'eſt un mauvais uſage, contre lequel on perſiſte avec raiſon à ſe récrier. Cette matiere, indiſſoluble à l'eau & à toute autre menſtrue qui n'altere la laine, s'applique ordinairement ſur le dos du mouton, qui fait partie de la toiſon, du premier choix. Ces toiſons ſont d'ailleurs garnies & comme feutrées avec des brins de paille & autres ordures. Il les faut ouvrir à la main, & en arracher ces ordures, qu'on

ſon arrêt du 23 juillet 1775, a remis les choſes dans l'état de droit.

Je cite ce fait, pour apprendre aux autres provinces que le tems eſt venu où l'adminiſtration veut connaître les abus pour les réprimer, & le bien à faire pour l'opérer.

(*b*) M. Fougeroux de Bondaroy, l'un des commiſſaires nommés par l'académie pour l'examen des arts que je lui ai ſoumis, avait en porte-feuille l'art décrit du lainier, ſervant de premiere partie à l'art du fabricant de bas de laine. J'avais traité un peu plus briévement dans cet art-ci des préparations de cette matiere. M. Fougeroux a penſé qu'on pouvait s'étendre davantage; & comme il a détaillé & conduit pluſieurs de ſes procédés juſqu'au retordage des fils, il croit que des redites, dans des arts qui ont tant de connexité, & faits pour ſe trouver dans les mains des mêmes perſonnes, leur deviendraient onéreuſes par l'augmentation que ces répétitions donneraient au texte, & ſur-tout aux *planches*. M. Fougeroux m'a fait le ſacrifice généreux de ſon travail. Je l'ai fondu avec le mien, & je le lui rends, autant qu'il eſt en moi, par un aveu dont je m'honore, d'autant plus qu'il eſt inutile à M. Fougeroux.

n'en faurait féparer autrement. Les peigneurs font même obligés de couper avec les forces les marques qui ont été mifes au fer chaud trempé dans le goudron. Celles qui font en rouge, délayées fimplement à l'huile, fe diffolvent au favon.

Le premier épluchage ou détrichage des laines fe fait fur des tables, fur des planches ou fur les genoux, dans un appartement au grand jour. On nomme *détricheurs*, *pl. I*, *fig.* 1 & 2, C D E, les ouvriers qui s'en occupent. Ils mettent dans des cafes *bbb*, ou par tas à terre, les différentes parties de laine qu'ils féparent les unes des autres; & ces divifions de qualité, qu'on porte ordinairement à trois ou quatre, s'étendent quelquefois jufqu'à neuf ou dix. On y procede en déroulant & étendant chaque toifon, dont on commence par *émécher* les pointes groffieres avec les forces. Les toifons des béliers demandent d'être plus éméchées que celles des moutons ou des brebis; & lorfqu'il s'en trouve plufieurs dans une balle de Hollande, il y a de la perte pour le fabricant. Les différens choix qu'on fait de ces laines ont chacun leur deftination; ils prennent auffi des noms, dans certaines fabriques, par lefquels on les diftingue, tels que, *blanc de Leyde* ou *blanc fuperfin*, *blanc demi-fin*, *blanc cordeau* ou *blanc bouchon*, & ainfi de celles mifes en teinture, qu'on défigne par la couleur & par la qualité.

Battage des laines.

L'OPÉRATION à laquelle on affujettit la laine lavée avant ou après la tonte & après le premier épluchage, eft celle du battage. Pour cela, on étend les toifons fur une claie, & un homme, armé de chaque main d'une gaulette ou baguette de houx de la groffeur du doigt, longue d'environ trois pieds & demi, feche, ferme & élaftique, frappe deffus avec force & viteffe par coups alternes, (*Pl. I*, *fig.* 3 & 4.) La laine s'ouvre, fe dilate, laiffe échapper les ordures qui y font mêlées, & qui paffent au travers de la claie; & ainfi bien ouverte, dilatée ou purgée, on l'épluche encore pour en diftraire les parties recuites, jaunies, tenaces & durcies par les ordures qui n'ont pu s'en détacher au battage, & qui rendraient le peignage plus difficile, & la laine peignée moins blanche & moins douce.

Ces claies doivent être en cordes de la groffeur du doigt, paffées dans des barres percées, & qu'on puiffe ferrer en lacet à volonté, pour les entretenir toujours très-tendues, H H: elles en font plus élaftiques, & concourent par-là avec les baguettes à dilater plus mollement & plus promptement la laine & à la purger beaucoup mieux. On fe fert le plus fouvent, dans tous ces pays, de claies de bois faites avec des gaules plus ou moins groffes. Cet ufage eft à réformer. Les gaules font moins élaftiques que la corde tendue: elles s'entament

& s'éclatent par esquilles qui accrochent la laine & la brisent : il faut d'ailleurs frapper plus fort sur ces verges de bois, & la laine se rompt & perd davantage de son ressort.

C'est mal-à-propos qu'on n'observe point, ou rarement du moins, dans nos fabriques, ce que M. Duhamel prescrit dans son Art de la draperie, article du battage, de ne battre que sur les chassis de la menuiserie ; c'est-à-dire, d'observer que les baguettes ne frappent point la laine à plomb sur leur longueur, mais seulement par l'effet de leur ressort. Cette opération n'ayant pour objet que de faire tomber les ordures & d'ouvrir la laine, si les baguettes la frappent directement, elles la resserrent au contraire, & tendent à la feutrer.

Lorsqu'on l'épluche encore après le battage, & qu'on en arrache celles de ces parties durcies ou jaunies qu'on n'a pu séparer par cette opération, on coupe avec de petites forces à main celles qu'on ne saurait distraire autrement, sans entraîner en même tems des parties meilleures & à conserver.

La netteté des laines d'Angleterre dispense de les battre, comme je l'ai observé dans une autre circonstance. Il en serait ainsi des laines de France & de par-tout ailleurs, si elles étaient traitées comme celles d'Angleterre. L'attelier dans lequel se fait cette opération, se nomme la batterie : il convient qu'il soit très-éclairé, & qu'il y ait vis-à-vis chaque établi une croisée qu'on ouvre & ferme à volonté V V V.

Peignage & dégraissage des laines.

Le peignage se fait à l'huile, au beurre ou à la graisse. Ce n'est pas toujours l'abondance, d'où résulte le bas prix, qui détermine l'emploi de l'une de ces matieres dans les différens endroits : c'est l'habitude, un peu de préjugé, & la difficulté pour ceux qui n'ont pas de grandes entreprises, de tirer les beurres de la Hollande ou de l'Irlande, comme font les autres. A Turcoing, à Courtray & autres endroits de la Flandre, on ne peigne qu'au beurre ; à Lille, à Roubais & aux environs, on peigne quelquefois à l'huile de graine, de même qu'en Artois, & le plus souvent en Champagne, & dans la plus grande partie de la Picardie, excepté au Santerre, pour les bas & la bonneterie, où l'on peigne tout au beurre. Au Mans, au Cotentin, on peigne à l'huile d'olive. A Berlin, en Saxe & à Lintz, on peigne à la graisse.

L'emploi du beurre ou de l'huile de graines ne me semble pas indifférent. Le premier paraît préférable à bien des égards : la laine en est plus coulante, en reste plus douce, & se dégraisse mieux. Cet usage est universel en Angleterre & en Hollande ; il est constamment suivi dans les grands atteliers de la Flandre ; & j'observe qu'ici même, lorsqu'on a de belles laines à traiter, c'est par l'intermede du beurre. Cependant ces méthodes sont également vantées par ceux qui les mettent en pratique, pourvu que les ingrédiens soient également bien choisis. La perfection, ajoutent-ils, vient des précautions à prendre dans le travail, & de la main de l'ouvrier. L'huile d'olive est toujours préférable à toute autre matiere: on n'en use pas d'autre dans les grandes manufactures de draperies, & au midi de la France, soit pour le peignage & cardage, soit dans la composition des savons de toutes les sortes; mais elle est chere, quoiqu'on n'emploie jamais que la plus commune.

On fait des huiles de bien des sortes de graines qu'on cultive dans ces pays, de navette, de colzat, de lin, de chanvre, de camomille, de pavot, &c. Celles de navette & de colzat ont à peu près la même vertu. Ce sont les seules qu'on emploie pour le peignage des laines: les autres, plus siccatives, durcissent la matiere, & sont d'une extraction plus difficile; d'où il arrive quelquefois qu'elles ressortent à la teinture ou aux apprêts, par des taches qui les ternissent. Combinée avec les alklalis, il en résulte les savons mous, connus dans le commerce sous les noms de savon verd ou noir, & de savon rouge. Toutes les especes d'huiles connues sous la dénomination d'huiles grasses, sont propres à former ces savons, mais quelques différences dans la couleur, comme on vient de l'observer, & quelques autres dans l'effet, que l'on va indiquer.

Le savon verd ou noir se fait avec l'huile de chenevis pure, ou mèlangée avec l'huile de navette ou de colzat; le rouge, avec l'huile de lin pure aussi, ou quelquefois également mèlangée avec celle de navette ou de colzat. On emploie encore dans ce dernier de l'huile de camomille, & même de l'huile de poisson dans l'un & dans l'autre, mais rarement, à cause de leur odeur forte & désagréable, & seulement lorsque les huiles indiquées sont trop cheres: on pourrait même y employer de toutes sortes de graisses; mais l'odeur en serait bien plus insupportable encore.

Le savon verd est plus doux, & blanchit plus; le rouge a plus d'action, & dégraisse mieux: on emploie l'un ou l'autre, suivant les lieux. Mais les personnes curieuses, qui veulent avoir des laines bien blanches & à la fois bien dégraissées, font le premier bain du dégraissage avec le savon rouge, & le dernier avec le savon verd.

Le savon noir ou verd se vend par barril de 70 livres pesant, sur lequel il y a environ dix livres de tare pour le poids du barril. Celui de graine de lin, qui produit le savon rouge, se vend de dix, quinze à vingt sous plus cher par barril que les autres, qui sont tous à peu près au même prix. La bonté du savon se reconnaît à la transparence, & à un certain degré de consistance glutineuse, ni trop dure pour le casser net lorsqu'on le souleve avec une spatule, ce qui proviendrait d'une surabondance d'alkali fixe, ou d'une évaporation des huiles poussée trop loin: ce qui reviendrait au même, & tendrait également à en rendre la dissolution moins prompte, mais la causticité

causticité plus grande ; ni trop molle, défaut contraire, qui produirait des effets opposés & également nuisibles.

La composition de ces sortes de savons fait le secret de tous ceux qui s'en mêlent. Chacun croit, dans ses petites pratiques, être supérieur à tous les autres : cependant la chose est simple, & toutes ces petites différences peu importantes. Ainsi, attendu l'usage très-répandu de cette matiere & sa grande utilité, nous allons mettre à portée ceux qui en consomment beaucoup, & qui seraient bien-aises d'en avoir la recette, de le faire eux-mêmes chez eux, & avec aussi peu de frais que les fabricans même.

Procédé du savon mou.

Prenez 1200 livres de potasse, qui est la quantité que les savonniers emploient par brassin : étendez-la sur le pavé, & écrasez-la avec un maillet de bois garni de têtes de clous : jetez dessus 50 livres de chaux vive par quintal de potasse ; arrosez jusqu'à ce que la chaux éteinte n'augmente plus en volume ; remuez le tout avec une pelle, & vous aurez ce qu'on nomme le *levain*, dont vous remplirez une cuve de bois.

Chaque fabricant de savon a cinq cuves pareilles pour lessiver ses matieres, toutes remplies des levains précédens. On charge la plus faible d'eau pure : on fait passer cette premiere lessive sur la seconde, puis sur la troisieme, sur la quatrieme, & enfin sur la cinquieme, qui est celle du nouveau levain, où elle acquiert le degré de force convenable. Par chaque brassin, on charge une nouvelle cuve de levain, & l'on rejette le plus faible. Deux levains rendent environ vingt barrils de lessive très-chargée.

Mettez dans la chaudiere dix barrils d'huile, six de chenevis, & quatre de colzat, si c'est pour du savon verd ; & sept d'huile de lin, & trois de navette, si vous voulez du savon rouge : ajoutez dix barrils de lessive ; mêlez le tout ; faites un feu très-doux dans le commencement ; augmentez-le par degrés, jusqu'à ce que le bain bouille au bout de six heures. A mesure que le bain diminue par l'évaporation, recrutez-le d'un ou deux barrils à la fois de lessive, jusqu'à ce que la combinaison paraisse se faire. Si la lessive est trop forte, elle saisit l'huile très-promptement, & elle la convertit en grumeaux : on y remédie en versant dans la chaudiere un ou deux barrils de lessive faible. Si elle est au contraire trop faible, la liaison se fait plus lentement, & le déchet est plus considérable.

Au bout de dix à douze heures de cuisson, éprouvez le savon, en faisant couler la matiere goutte à goutte, au travers du jour, sur une ardoise. Si vous n'appercevez plus de grumeaux, la liaison est intime : laissez cuire votre savon encore quelques heures, jusqu'à ce qu'à une nouvelle épreuve il paraiſſe tranſparent, de couleur foncée, qu'il ſe ſépare net, avec un grain fin : alors il eſt au degré de cuiſſon le plus parfait.

Il faut ſe hâter de retirer le feu, & mettre le ſavon bouillant dans des barrils : autrement, il cuirait trop, & ſouffrirait trop de déchet. Vingt-quatre heures après, quand les barrils ſont refroidis, on les met en magaſin, & le ſavon ſe conſerve long-tems en cet état.

On a attention de faire choix de la meilleure chaux poſſible, & de préférer la potaſſe griſe à la blanche, comme plus active. Cette potaſſe nous vient ordinairement de Pologne, par la voie de Dantzic.

A l'égard du beurre employé au peignage, celui qui eſt doux & frais eſt le meilleur ſans doute ; mais il eſt très-cher, & l'on en prend en conſéquence de ſalé, & de la plus baſſe qualité, dont on s'approviſionne en Hollande & en Irlande, dans les tems les plus favorables. Mal lavé & mal ſalé, il ſe corrompt à la longue, & prend une odeur déſagréable qui empêche bien des peigneurs d'en faire uſage : cependant les maîtres qui les fourniſſent aux ouvriers, ne ſont pas fâchés que quelque raiſon ſemblable empêche ceux-ci d'en uſer comme d'alimens ; ce qui arriverait ſouvent s'il était ſupportable. Le ſel dont il eſt ſurabondamment chargé, le rend âcre & cauſtique, & il en deviendrait moins propre au peignage, ſi on ne le laiſſait fondre à feu très-doux, pour que cette ſurabondance de ſel ſe dépoſe au fond du vaſe. Si la laine ſe trouvait un peu criſpée & durcie par cette acrimonie, le lavage au ſavon qui s'en fait immédiatement après le peignage, lui rendrait ſa premiere douceur.

Suite du peignage.

L'ATTELIER des peigneurs eſt diſpoſé de maniere que quatre ouvriers travaillent ſur un pot, entre deux poteaux, *pl. II*, *vignette*. Le pot eſt rond, en forme de piédeſtal, évaſé par le haut, de la hauteur de deux pieds, fait de briques & d'argille, ou de bois enduit d'argille, au deux tiers plein, & creux ſeulement par le haut. Au-deſſus de ce pot eſt un couvercle de tôle ou de terre cuite, en dôme, au bas duquel on a pratiqué des ouvertures longitudinales, pour laiſſer paſſer le fer des peignes ; & au ſommet, un applatiſſement ou une ouverture pour poſer le vaſe qui contient le beurre, & l'entretenir dans un degré de fluidité convenable. On met dans ce pot un peu de charbon allumé, qui entretient une chaleur douce, dont on peut encore modifier l'effet ſur les peignes par le plus ou moins de tems qu'on les y laiſſe. Ce degré de chaleur eſt eſſentiel : pouſſé trop loin, il criſperait & durcirait la laine : trop modéré, il ne donnerait pas à la matiere onctueuſe la fluidité néceſſaire pour pénétrer la laine dans toutes ſes parties, & procurer à ses fibres une dilatation & une division douce & insensible.

Les poteaux de bois, solidement établis en terre avec une maçonnerie autour, se placent à une distance du pot, telle que deux ouvriers, travaillant contre les faces opposées de chaque poteau, puissent en même tems atteindre au pot. Les ouvriers, assis sur un trépied ou tabouret de bois ambulant lorsqu'ils peignent, se levent & se tiennent debout en tirant la laine du peigne. On fiche dans les poteaux, à environ quatre pieds du sol, une broche de fer à vis, un peu élargie, & même percée dans le milieu, pour la facilité de l'enfoncer ou de la retirer, relevée par le bout à angle droit, & ayant dans la partie la plus proche du poteau, lorsqu'elle y est enfoncée, un crochet dont la pointe, en courte & forte aiguille, revient parallélement au-dessus de ladite broche. Le manche du peigne est percé longitudinalement au bout, & transversalement au milieu, dans une direction parallele à celle de la piece de bois où sont passées les broches, de telle maniere qu'enfilé dans ces crochets, il y tient très-solidement. Le peigne, dont les aiguilles posées horizontalement forment ensemble un plan vertical, se trouve en face & à portée de l'ouvrier.

Le peigne est construit de deux rangées paralleles de broches de fer polies & pointues, sur une piece de bois garnie en corne, & emmanchée à angle droit avec le plan des broches.

La difficulté de donner une échelle pour d'aussi petits objets, m'engage à placer ici les dimensions de toutes ces pieces.

Longueur des files ou rangées des broches, de six à sept pouces.

Longueur des grandes broches, environ douze pouces.

Longueur des petites broches, environ huit pouces.

Diametre de leur base, deux lignes.

Ecartemfnt de la base, une ligne & demie, ou un peu moins que le diametre.

Ecartement des files ou rangées, environ quatre lignes.

Longueur du manche, douze pouces.

La piece que traversent les broches est un peu ceintrée; la convexité tournée du côté de leur prolongement pour la facilité du travail.

On sent que le plan incliné, par lequel la pointe de ces broches est formée, doit être pris de leur base même; qu'il faut qu'elles soient bien polies, sans la moindre paillette, & qu'elles soient très-droites. Si elles viennent à se courber dans le travail, ou par quelque accident, l'ouvrier les redresse aisément au moyen d'un canon de fer.

Les peignes anglais sont plus grands, plus forts que les nôtres: les broches en sont mieux trempées, d'un acier plus fin, plus poli; & ceux d'ufage pour la derniere opération, pour le dernier peignage, ont trois rangs de broches. Les nôtres valent de 8 à 9 liv. la paire : ceux des Anglais coûtent le triple.

Les chofes étant en cet état, l'ouvrier affis en face du poteau, à portée du pot à feu, & ayant de l'autre côté le barril qui contient la laine à peigner, bien épluchée, bien écharpie, ou ouverte & enfimée fi elle doit être peignée à l'huile, ou feulement encore humide du lavage fi c'eft pour être peignée au beurre; le peigneur, dis-je, prend d'une main l'un des peignes qui chauffent, & de l'autre une petite poignée de laine, qu'il paffe peu à peu dans le peigne, en tirant toujours à lui, & répétant cette opération jufqu'à ce qu'il ne lui refte plus de laine à la main : il en reprend, & continue ainfi, jufqu'à ce que le peigne en foit fuffifamment chargé ; il remet celui-ci au feu, la pointe des broches en-dedans du pot, & la partie garnie de laine en-dehors ; il retire l'autre ; il le charge de laine également & comme le premier. Prenant alors fes deux peignes, l'un de chaque main, il préfente le plan des broches de l'un dans une fituation à peu près perpendiculaire d'abord au plan des autres ; & inférant celle-ci alternativement en différens fens & à plufieurs reprifes dans la laine dont celui-là eft chargé, par un léger effort en direction contraire, il la fait paffer de l'un à l'autre fucceffivement, jufqu'à ce qu'elle foit parfaitement bien ouverte, & que toutes fes fibres tendent à devenir paralleles, & à fuivre la même direction.

L'ouvrier, dans ce travail, change de tems en tems fes peignes de main, pour le rendre plus égal fur chacun ; il doit être attentif à ne commencer l'opération du peignage que par la pointe de la laine, dans laquelle il avance & pénetre par degrés jufqu'au plus fort de la matiere. Sans cette précaution, il ne démèlerait pas les brins de la laine ; il les briferait en les arrachant ; il la rendrait plus courte, & en augmenterait le peignon. Il en arriverait comme à des cheveux très-mêlés, qu'on peignerait avec effort & fans ménagement ; on les arracherait, on les briferait plutôt que de les démèler. *Pl. II*, *fig.* O M N. C'eft en ce moment que le peigne, qui refte feul chargé de la laine, fe place fur la patte ou broche de fer fichée dans le poteau, & que l'ouvrier tire la laine *à menu* par les deux mains & par reprifes ferrées contre les broches, entre le pouce & l'*index*, & relâche à mefure, pour reprendre de nouveau le plus près du peigne, jufqu'à ce qu'il ait tiré la laine d'une feule longueur, & formé une *barre* de trois à quatre pieds de long, fuivant la hauteur de la laine. Cette barre doit être claire, nette, & d'une dilatation bien uniforme.

Ce qui refte dans le peigne après le premier peignage, & qu'on nomme *entre-deux* ou *retiron*, peut encore fe repeigner, pour avoir une feconde forte, qu'il faut mettre à part : mais ce qui refte après le fecond tirage, n'eſt plus que du *peignon* commun, uniquement propre aux étoffes groſſieres.

Le peigneur, en formant la barre, tire avec quelque effort un peu en-bas; & de tems en tems, pour avoir la matiere plus aiſément, il la ſouleve un peu, & lui donne une petite ſecouſſe dans une direction horizontale. Ces divers mouvemens diviſent & amenent la laine beaucoup mieux; & les ouvriers qui tirent mollement, aſſis, n'ont point les facultés qui concourent à la perfection de ce travail, d'où réſulte en grande partie celle de la filature & des étoffes qui en ſont l'objet.

Lorsque l'ouvrier n'a pas fait paſſer toute la laine ſur un même peigne, le ſecond reſte au feu, tandis qu'il tire la premiere barre; il le prend enſuite pour tirer une ſeconde barre; il le rengraine de nouveau, juſqu'à ce que la battée entiere ſoit peignée & tirée en barres. A meſure que ces barres ſe forment, ou plutôt, après que chacune eſt formée, on la préſente au jour; on l'examine en la regardant au travers. Si elle ne ſe montre pas d'une tranſparence bien égale, on en retire par-derriere, & avec la main, les parties mal peignées, pour les réunir à l'*engrainée* ſuivante: on la repréſente encore au jour, & l'on en tire avec la bouche tous les petits nœuds ou bouchons qu'on apperçoit. L'opération eſſentielle de décharger ainſi la barre, ſe nomme *rabattage*.

Pour qu'une barre ſoit bien faite, il faut que la laine ſoit d'un ſeul jet, & que, préſentée au jour, elle ne paraiſſe point tirée à différentes repriſes; qu'elle ſoit d'une dilatation égale & ſans ondulation. Lorſque la laine eſt tirée trop longue ou inégalement, ces défauts, qui ſe font bientôt remarquer, s'appellent des *pouſſées*. On poſe les barres D D D les unes ſur les autres, au nombre de quatre, ſix, huit; on les roule enſemble, pour en faire des *boulets* B, lorſque la laine ne doit plus être peignée, qu'elle l'eſt actuellement pour la derniere fois: mais lorſqu'elle doit être repeignée, l'ouvrier ne rabat pas les barres; & au lieu de les mettre en boulets, il les laiſſe en pelote.

Lorsque la laine à peigner a été lavée ſur la bête, & qu'on ſe propoſe de la peigner à l'huile, on l'enſime après le battage, ſans la relaver. Cette opération conſiſte à étendre la laine bien battue, bien épluchée, bien ouverte, ſur une claie de bois, ou mieux encore, ſur un plancher propre, deſtiné à cet uſage, à l'arroſer d'huile, à la doſe d'une pinte de Paris ſur 24 livres de laine, & à la tourner, frotter, manier, pour que toutes les parties en ſoient imprégnées: on la met en cet état dans le barril du peigneur. Dans les grandes manufactures, l'enſimage des laines ſe fait dans une ſorte d'auge plate, baſſe, de forme quadrangulaire, garnie en plomb, & placée ſur le plancher, au coin d'un attelier.

Lorsque la laine n'a pas été lavée ſur la bête, ni après la tonte, ou enfin lorſqu'on la veut travailler plus proprement, & preſque toujours lorſqu'on ſe propoſe de la peigner au beurre, lavée ou non lavée en toiſon, on la dégraiſſe à fond, après le battage & l'épluchage, dans deux bains ſucceſſifs d'eau chaude, dans chacun deſquels on a fait diſſoudre du ſavon, à raiſon de deux livres pour vingt livres de laine. On la tord & on la peigne mouillée. Ce peignage ſe fait avec ſix onces de beurre pour vingt livres de laine, qui eſt la livraiſon ordinaire qu'on fait aux ouvriers dans le Santerre. On met le beurre dans une écuelle de terre placée ſur le chapiteau du fourneau, pour le tenir en diſſolution, & l'ouvrier y trempe un peu de la laine qu'il tient à la main, pour en charger le premier peigne; il l'en enduit légérement. Son humidité actuelle du bain de ſavon, jointe à la chaleur du peigne, favoriſe l'écoulement du beurre, qui, dans cet état de fluidité, pénetre bientôt la laine dans toutes ſes parties.

La laine ſeche aſſez dans cette opération du peignage, pour être miſe en teinture immédiatement après; & c'eſt ce qui ſe pratique pour toutes les fabriques de bas & de bonneteries de ces pays, & pour toutes les étoffes qu'on fabrique en laines de Hollande teintes avant la filature, lorſque ces laines nous parviennent toutes peignées de Turcoing, ſous le nom de *bouchon*.

On pouſſe les choſes plus loin à Abbeville; puiſqu'on y teint les laines de Hollande telles qu'elles arrivent, avant même le parfait déſuintage; car nous ne nommerons point ainſi le lavage à la *manne*, fait en l'eau froide, dormante ou courante. Les laines ſe blanchiſſent cependant dans cette opération; mais c'eſt plus par l'extraction des ordures qui y ſont adhérentes, que par une entiere décompoſition des matieres graſſes qui les nourriſſent. On les y dégraiſſe enſuite avec une livre de ſavon verd pour ſix livres & demie de laine; on les peigne une ſeconde fois avec un quart de livre de ſavon, par pelotes de ſix livres & demie, réduites à environ cinq livres de *houpe*. On met un quart ou un cinquieme de ſavon de moins pour les laines blanches que pour les laines teintes, qui, un peu durcies par cette opération, en deviennent d'une dilatation plus difficile. Lorſqu'on y peigne mouillé incontinent après le dégraiſſage, c'eſt au beurre; autrement on enſime, & c'eſt ce que l'on appelle peigner à l'huile.

On ne diſſimulera pas que la teinture, appliquée ſur une matiere non dégraiſſée après le peignage, ne ſaurait donner des couleurs vives; mais ce ne ſont en général que des couleurs baſſes, communes ou éteintes, pour leſquelles le tems & la maniere de procéder n'eſt pas d'une grande conſéquence: on n'en uſe pas ainſi pour l'écarlate ou autres couleurs éclatantes.

Après la teinture, on relave la laine deux fois, chacune dans la moitié d'un bain où l'on a fait dissoudre trois livres de savon. On repeigne la laine comme la premiere fois, également mouillée, & avec la même quantité de savon.

A Rheims & à Rhetel, où l'on fait des étoffes rases & des étoffes drapées, on tire les laines étrangeres d'Allemagne, d'Italie, d'Espagne, & de Portugal ; & les nationales, de la Brie, de l'Auxois, de la Sologne, du Berry, des duché & comté de Bourgogne, de la Lorraine & des Ardennes : on les traite suivant l'état où elles sont, & la destination qu'on s'en propose ; on n'y connaît pas l'usage du beurre, quoiqu'on peigne également mouillé au sortir du dégraissage. On peigne au moyen d'un peu d'huile appliquée du bout du doigt, & que la chaleur du peigne répand bientôt sur la totalité de la laine. Quatre onces d'huile ainsi employées suffisent pour le peignage de douze livres de laine. Dans les pays où l'on peigne à la graisse, on l'emploie à raison de quatre à cinq livres par quintal de laine, de la même maniere & en suivant les mêmes procédés que pour le beurre. Le dégraissage se fait aussi de même avec du savon blanc ou noir, usage déterminé par le prix. En Saxe & à Berlin, pays de plaines, où l'on récolte des graines propres à faire de l'huile, on emploie le savon noir ; à Lintz, au contraire, c'est du savon blanc : l'alkali y est plus concentré ; il en faut moins.

En Gévaudan, on n'emploie ni beurre ni huile pour le peignage ; mais on frotte le peigne chaud d'une couenne de lard, qui produit le même effet.

De quelque maniere que la laine soit peignée, à l'huile de graines ou au beurre, teinte ou non teinte, on lui donne toujours un dégraissage au savon avant la filature. Au Maine & au Cotentin, où l'on fait usage d'huile d'olive, & où l'on fabrique toujours en blanc, on file & tisse en gras, & l'on dégraisse l'étoffe ensuite. Cette pratique, qui est aussi celle de l'Angleterre, quoiqu'on y peigne au beurre, est très-bonne : la matiere est bien plus coulante pour toutes les opérations ; mais cette graisse met les ouvriers & tous les ustensiles dans un état de mal-propreté qui ne leur plait point, lorsqu'ils n'y sont pas habitués.

La machine à dégraisser & à laver les laines au savon, consiste en une auge, *pl. II*, *fig.* 2, ou espece de baquet alongé, placé à terre entre deux montans J J, ou jumelles, à chacune desquelles, à hauteur convenable, est adapté un crochet de fer C F, vis-à-vis l'un de l'autre, en-dedans. L'un de ces crochets est fixe, & l'autre mobile, & tournant par le moyen de deux leviers en croix M, ou mieux encore, par le moyen d'une manivelle *b*, placée derriere la jumelle au travers de laquelle il passe. Dans les grands atteliers, on a une suite d'auges percées, si l'on veut, dans le même arbre, comme celles qui reçoivent les piles des moulins à fouler, & entre chacune desquelles sont des pieces de bois sortant du mur contre lequel l'arbre des auges est placé, pour tenir lieu des jumelles de la premiere machine, c'est-à-dire, pour y adapter le crochet fixe d'une part, & le crochet mobile à manivelle de l'autre. Ces auges sont percées par le bas pour les vuider, au lieu qu'on renverse les baquets. Quelquefois on met entre les leviers en croix, le moulinet, la manivelle & la jumelle, une roue d'encliquetage, pour que la laine se tienne autant qu'on veut au degré de tors qu'on lui donne. En lâchant le cliquet, la laine se détord.

L'EAU de savon chaude versée dans ces auges, on y agite la matiere partie par partie en différens sens, plus ou moins, selon le besoin ; on la passe ensuite d'un crochet à l'autre, de C en F ; on la tourne l'une sur l'autre ; on rentre toutes les parties qui tendent à s'éloigner de la masse ; & quand le tout est bien réuni, on tourne la manivelle : la matiere se tord ; & les graisses, huiles ou beurre, unis pour lors au savon, s'en échappent avec l'eau qui tombe dans le baquet ou dégorgeoir qui est en-dessous, & qu'on acheve d'exprimer en passant la main fortement sur la laine lorsqu'elle est tordue. Si c'est le dernier dégraissage, on secoue la laine, on la fait sécher, & elle est en état d'être filée. Ce bain de dernier dégraissage peut resservir au premier dégraissage fait avant le peignage, ou entre deux peignages.

SI la laine qu'on dégraisse est blanche, un homme suffit pour la laver & la tordre. Si au contraire elle est teinte, & que la couleur puisse souffrir quelque altération en restant trop long-tems dans le bain de savon, il faut deux ouvriers, dont l'un tord la premiere barre, tandis que l'autre trempe la seconde, & ainsi de suite.

ON ne passe dans l'eau de savon qu'une barre de laine à la fois, dont on forme un boulet, comme on voit *fig.* B, mais successivement l'une toujours dans le bain, & une autre sur les crochets ; au Verrin, on coule à fond la *battée* ou *rais.*

LORSQUE les fabricans veulent un degré de blancheur au-dessus de celui que tous les dégraissages & lavages ont pu donner à la laine, on la soufre ; mais par cet apprêt, quelque léger qu'il soit, elle devient plus rude ; & ce qu'elle gagne à la vue, elle le perd au tact. L'usage de l'alun a aussi des inconvéniens, outre celui de blanchir moins. La légere dissolution de ce sel, qui s'entretient dans la matiere, lui donne une continuelle humidité un peu poissante, & sa présence se fait également reconnaître à l'odorat & au tact : d'ailleurs cet ingrédient rend la matiere moins propre à certaines teintures ; le noir sur-tout en est altéré ; il le fait toujours porter au rouge, ainsi que toutes les couleurs très-rembrunies : ce qui trompe quelquefois les fabricans, & ce qui l'a fait bannir des atteliers de Turcoing, où l'usage de cette drogue commençait à s'établir, d'après le reste de la Flandre & l'Artois, où il est général.

général. On y trouve que la laine trempée, après le dégraiſſage, dans une légere diſſolution d'alun, devient plus coulante, & ſe tire mieux à la filature; il en réſulte auſſi conſtamment une augmentation de poids ſur la matiere filée.

IL eſt des endroits où l'on fait le mélange d'une petite partie d'eau de ſoude avec le bain chaud de ſavon pour le dernier dégraiſſage, & l'on s'en trouve bien pour cette opération; mais il faut toujours craindre de rendre la laine trop ſeche, lorſqu'il eſt queſtion de la peigner ou de la filer : un peu de ſoin même, penſe-t-on, ne nuit pas à ce premier travail; & le dégrais à l'urine eſt peu d'uſage, en partie pour cette raiſon, qui pourtant pourrait bien n'être pas abſolument fondée.

LA laine miſe en boulets, on la porte à l'étendage pour la faire ſécher. C'eſt ordinairement en plein air qu'on l'étend ſur des cordeaux attachés d'arbre en arbre, ou ſoutenus ſur des perches dans un lieu où le ſoleil donne ſans obſtacle, & en même tems le moins ſujet au grand vent. On tourne la laine & on la laiſſe ſur ces cordeaux juſqu'à ce qu'elle ſoit parfaitement ſeche : on la leve enſuite, tenant ſéparées les diverſes couleurs & qualités.

IL s'attache toujours un peu du duvet de cette laine ſur les cordes tendues; elle y adhere avec quelque tenacité; elle s'y feutre; elle en engagerait d'autre à s'y fixer, ce qui formerait un déchet qui pourrait devenir nuiſible au fabricant : il faut donc en dépouiller ces cordes, & les tenir nettes.

LES laines ſeches, & liées par qualité de blanc & par nuances, ſe portent au *plioir*, où on les arrange, pour les remettre aux fileuſes. La quantité de laine qu'on prend dans la main pour la plier, ſe nomme *garotte* ou *moche*. Ces garottes ou moches ſe mettent en bottes, & la laine en cet état ſe nomme *bouchon*. On l'envoie ainſi de Turcoing & d'ailleurs, où le peignage eſt un objet de commerce : on en envoie d'Angleterre : on la vend ainſi à tous ceux des fabricans qui ne ſuivent pas les diverſes opérations que ſubit la laine depuis la tonte, comme le font MM. Senart au Pleſſier, quelques fabricans à Amiens, & un beaucoup plus grand nombre à Abbeville.

ON peut remarquer en paſſant, une différence bien ſenſible entre les effets du peigne & ceux de la carde. L'opération du premier tend non-ſeulement à ouvrir la laine & à la dégager des matieres groſſieres & étrangeres qui s'y trouvent, mais à ſéparer les poils longs d'avec les courts, pour en diſtraire ceux-ci qu'on nomme *peignons*, avec leſquels ſe confond ordinairement la laine jarreuſe : elle alonge ſes fibres les unes ſur les autres; & dans cette ſituation parallele, elles acquierent la plus grande facilité à s'unir, & le plus haut degré de force que puiſſe donner au fil le rouet, en tordant la matiere. C'eſt d'après une telle maniere d'être de la matiere, qu'elle acquiert cette qualité ferme, nette, & même luiſante, qui eſt ſi eſſentielle pour la perfection des étoffes raſes & ſeches.

L'OPÉRATION de la carde au contraire ouvre la laine, & en tiraille les fibres dans tous les sens; elle se dilate & prend une semblable expansion. Les poils n'ont en particulier ni respectivement, aucune direction déterminée. Plus courts, plus brisés, ils ne sauraient se réunir pour faire un tout solide, quelque degré de tord que le rouet donne au fil en le formant. Chaque partie de ces fibres, peu liées entr'elles, tend à s'échapper & à s'accrocher à de semblables parties; d'où il arrive que, lorsque des fils de cette espece sont employés à la composition d'un tissu, il a la plus grande disposition à draper.

De la filature.

L'OPÉRATION du filage fournit peu à la dissertation : les mouvemens en sont peu nombreux, peu compliqués : c'est une répétition continuelle; & c'est absolument de cette répétition exacte, qui est le fruit d'une grande pratique, que dépend la perfection dans cette partie. Mais comme c'est de cette perfection que dépendent absolument, en ce qui concerne la main-d'œuvre, la beauté & la bonté des étoffes, on sent qu'il n'est pas d'opération plus importante.

EN suivant les lieux où l'on s'occupe le plus de cet objet, on trouve quelques variétés dans le travail; on les notera à mesure. La méthode la plus générale est à peu près la seule méthode en Picardie. On commencera par la décrire : tout s'y file à la quenouille, au petit rouet & à la main.

LA quenouille, d'environ trois pieds de longueur, est terminée en fourche ou croissant, *pl. III*, *fig.* A B, pour y attacher la laine, ou, plus généralement, a un renflement un peu avant son extrêmité, pour l'attacher au-dessus. La laine, étendue sur cette quenouille dans la longueur de douze à quinze pouces plus ou moins, est repliée, *fig.* B, & retournée sur elle-même par le haut, & se tire pour le filage par le bas, où elle est contenue, enveloppée & serrée par une bande de cuir assez ferme, qu'on nomme le *castou* O V, & par un petit bâton fendu, qu'on nomme le *mordant* N, qui contient la bande de cuir du côté de ses extrêmités, & qu'on rapproche de la laine, pour la tenir toujours serrée à mesure qu'elle s'échappe, que la quenouille se vuide, & que le fil se forme.

ON met ainsi la quantité d'un quarteron à une demi-livre de laine sur la quenouille, toujours moins à proportion qu'on veut filer plus fin. On ne craint pas, dans les filatures en gros, de la charger beaucoup : on se débarrasse bientôt de la gène qu'occasionne une quenouille trop garnie; & d'ailleurs il faudrait trop souvent recommencer.

LES choses ainsi disposées, l'ouvriere assise devant son rouet, passe le bas de la quenouille dans sa ceinture, & la couche sur sa poitrine diagonalement de droite à gauche, en forme de baudrier; puis ayant enté sa matiere sur un bout de fil resté, & qui sort du bout de la broche, elle tire la laine d'une main, tourne le rouet de l'autre; & le fil s'alonge, se tord, & se roule en même tems sur la *bobine.*

CETTE maniere de filer s'appelle *filature en petit rouet*, *fig. I, II*, qui est très-différent du grand rouet à filer la laine pour la draperie, & même du petit rouet à filer le lin & le chanvre. Il a le banc ou la table horizontale T, de deux pieds de longueur, soutenue sur trois ou quatre pieds, à treize à quatorze pouces d'élévation. La roue à manivelle R M est de vingt-trois à vingt-quatre pouces de diametre, & il la vaut mieux encore de vingt-quatre à vingt-cinq pouces. Sa circonférence C I, comme celle d'un grand tamis, est mince, & large de trois à quatre pouces. La broche en fer *b b* est longue de douze pouces, & engagée de six dans les cuirs C D qui la soutiennent, & de quatre au moins sous les *ailettes* L, où est placé le *buhot* I: les deux autres pouces restans la terminent du côté du bout où est engagée la *mouquette* E, dans laquelle le fil passe à mesure qu'il se forme. Les parties de cette broche, qui tournent sur leurs appuis, sont cylindriques: celles dans lesquelles on engage quelques pieces, comme les *noix* F, & sur-tout les *ailettes*, qu'on ôte & replace pour donner passage à la *bobine*, sont quarrées: sans cela, elles risqueraient de tourner dans la broche, lorsqu'il faut qu'elles y soient adaptées solidement, comme faisant un même corps, pour suivre exactement les mêmes rotations.

LES *noix* en buis, dont le diametre est de six à dix lignes, sont au nombre de trois, tournées de suite sur la même piece. Cette suite de noix est pour changer la corde, lorsqu'elle attire la roue plus d'un côté que de l'autre, c'est-à-dire, qu'elle lui fait perdre sa situation verticale ou de champ; & comme le cylindre sur lequel sont tournées ces trois noix, ne garnit pas encore tout l'espace compris entre les cuirs, & qu'il y aurait un balancement qui rendrait le mouvement inégal, on y ajoute de chaque côté d'autres petits canons ou cylindres d'os, de buis *o b*, le tout sans la moindre gêne; car c'est de la grande liberté dans les mouvemens que dépend leur égalité, & celle de la filature par conséquent.

C'EST pour cela que les cuirs qui soutiennent la broche ne doivent être ni trop durs, ni trop mous; il les faut un peu fermes, mais d'une douce élasticité. Beaucoup d'ouvriers emploient à cet usage des feutres de chapeaux; mais ils sont plus susceptibles de l'humidité: ils se gonflent, se soutiennent bien moins, & jamais bien également. Beaucoup d'autres s'en tiennent à des soutiens de tresses de paille: il les faut renouveller plus souvent; & ce n'est jamais sans que le travail n'en ait été souvent dérangé & toujours inégal.

Les *poupées pp* ou montans qui fixent les cuirs, portent la broche à huit ou dix pouces au-dessus de la table, ce qui en tout l'éleve de terre de vingt à vingt-quatre pouces. Le plus ou le moins dans ces dimensions, est la chose du monde la plus indifférente : l'essentiel est, que la fileuse soit fort à l'aise, & le plus à portée de tous les objets de son travail. La *mouquette* est un court cylindre d'os, percé longitudinalement, pour qu'il puisse s'adapter au bout de la broche, & transversalement & en biseau du côté du rouet, pour que le fil qui y passe aille de là s'accrocher à l'*ailet*, en redescendre, & s'arranger sur le *buhot*. Le fil entrant par l'ouverture en bourlet de la *mouquette*, y forme un angle à peu près droit; il en forme un second aigu sur l'*ailet*. Ces deux frottemens considérables concourent pour beaucoup à rendre la filature ferme & unie.

Les *ailettes* ne sont point ici, comme au rouet à filer le lin, garnies de petites pointes, qui lui ont fait donner le nom d'*épinglier*. Il n'y en a qu'une également à crochet, mais mobile, fixée sur un petit morceau d'étoffe, qu'on fait couler sur la tranche des ailettes, dans laquelle il est passé. On a évité d'en mettre plusieurs, parce que la laine plus molle & plus en duvet que le chanvre & le lin, s'y accrocherait. On fait donc aller & venir l'*ailet*, pour charger également le buhot & former la bobine, comme au lin on change le fil de crochet. La corde du rouet est souvent en laine : le mouvement en est fort doux; mais en boyau, elle est moins susceptible des influences de l'athmosphere.

On sent actuellement que la finesse, le tors & l'uni du fil dépendent d'abord de la finesse de la matiere, de sa netteté, & du peignage bien fait, puis de la grandeur du diametre de la roue, ou de la petitesse de celui des noix; de la corde plus ou moins serrée, parce que le mouvement est accéléré en raison du frottement; de la plus ou moins grande quantité de matiere qu'on lâche en un tems donné ; de l'uniformité exacte de cet écoulement; enfin de la même uniformité, & du nombre des rotations en un tems donné. On fait peu de distinction dans ces filatures, de cordes ouvertes ou de cordes croisées.

Les filatures rases se font presque toujours du même côté, à corde ouverte, soit pour la chaîne, soit pour la trame : cependant, comme il est nécessaire, dans la plupart des étoffes de ce genre, que la chaîne soit un peu plus torse que la trame, il arrive souvent que certaines fileuses se destinent à l'une, & certaines à l'autre; mais beaucoup plus généralement dans ce pays, elles filent sans destination : c'est le fabricant qui la détermine à l'achat sur ce qu'elle lui paraît. A Abbeville, & par-tout ailleurs où le fabricant fait filer pour son usage, il en est tout autrement. On fait la distribution de ses matieres, & suivant la capacité & les talens des ouvriers auxquels on confie ce travail, & suivant l'emploi auquel on les destine.

A Turcoing, on replie & serre la laine en une pelote à jour, de forme demi-circulaire, qu'on attache au haut de la quenouille, & dont la matiere se tire avec effort & très *à menu*. On pense que cet arrangement concourt à *l'uni* & au plus de *tors*, qu'on observe & qu'on estime particuliérement dans le fil de Turcoing. Au Mans, on charge la bobine sur un canon de carte, lorsqu'on destine le fil à la trame; & sur un canon de bois ou *buhot*, quand c'est pour la chaîne. En Champagne on file comme en Picardie; mais indépendamment de la filature au rouet, la plus ordinaire, on file au fuseau; & cette filature, aussi égale & plus torse que celle au rouet, est préférable pour la chaîne des étoffes, & se met comme telle à un plus haut prix. Mais s'il y a quelque avantage pour le fabricant qui emploie de préférence une laine filée au fuseau, il y en a plus pour l'ouvrier qui la file au rouet, dont l'usage gagne exclusivement par-tout, excepté dans les lieux où l'on veut allier à ce travail tranquille & sédentaire une vie active & errante, telle que les bergeres qui filent des laines peignées en Gévaudan, en Auvergne, & dans les montagnes du Rouergue, en Béarn, en Gascogne, & particuliérement dans le Néboufan, & du chanvre ou du lin dans toutes les provinces méridionales de la France: mais il s'en faut bien que ce soit dans ces filatures qu'il faille chercher de la perfection.

La méthode de Saxe, celle de Lintz & des Marches du Brandebourg, dont la filature est supérieure à tout ce que nous faisons en ce genre, est aussi préférable aux nôtres. On s'y sert, pour la filature des laines peignées, d'un rouet semblable à celui avec lequel on file le coton. Sa roue a deux pieds de diametre; & la broche, toujours en bois, a environ sept pouces de longueur: elle est de même grosseur pour toutes les sortes de filatures, très-pointue, & sans mouquette. La corde qui la fait tourner est en laine.

La fileuse reçoit la matiere dégraissée & arrangée, comme l'est ici la laine de *bouchon*: elle en prend une pincée, qu'elle entortille sur la phalange du milieu de l'*index* de la main gauche; elle la tient assujettie, en la comprimant du pouce & du *medius*. En cet état, elle présente le dos de l'*index* à la pointe de la broche, & les fibres de la laine s'y accrochent sur le travers. L'ouvriere est debout, & elle alonge l'aiguillée autant que le bras peut s'étendre, observant de diminuer par degrés la pression du pouce & du *medius* contre l'*index*, à mesure que la main s'éloigne davantage de la broche, pour lâcher & fournir de la matiere également dans un tems donné.

Plus le fil est tendu en le tordant, plus la filature est unie & ferme. S'il se rencontre quelques *bouillons* sur la longueur de l'aiguillée, la fileuse quitte la manivelle, & les enleve de la main droite. La petite quantité de matiere épuisée ; & le fil renvidé, on regarnit le doigt, & ainsi de suite.

CETTE méthode, quoiqu'également usitée à Berlin, n'est pas la seule qui s'y pratique. Cette ville considérable, devenue la patrie d'un grand nombre d'artistes qui y ont été conduits par l'espérance, par l'adversité, & par l'inconstance, semblable, à quelques égards, à l'ancienne Rome, malgré les influences de son triste climat, & les différences plus grandes encore de son gouvernement ; cette ville, dis-je, en naturalisant toutes sortes d'étrangers, s'approprie toutes sortes de talens. La difficulté d'ailleurs d'y vivre sans rien faire, réveille l'industrie, & il n'y a pas jusqu'aux soldats qui, la plupart étrangers, ne s'exercent dans les arts qu'ils cultivaient avant d'embrasser cet état, souvent même dans les métiers dont ils n'avaient que de faibles notions : tant les besoins sont impérieux ! Aussi est-il beaucoup d'hommes de cette classe qui fabriquent des étoffes, tandis que leurs camarades filent les matieres qui y sont convenables. Ce sont ceux-ci qui ont porté & répandu à Berlin la filature au rouet, à pédale, & à deux mains.

ON y divise sur la longueur les *barres* de laine peignée ; on réunit ces parties ; on les roule ; on les serre devant soi ; on tourne le rouet par le moyen de la pédale correspondante à la manivelle, & l'on a les deux mains libres, pour tirer, lâcher, ouvrir & étendre la matiere à mesure qu'elle se file. Il en est ainsi du coton, qu'on obtient plus fin, plus tors, & plus uni à la filature au pied, qu'à celle à la main.

A Lintz, on livre la laine, soit en gras, soit dégraissée, à un maître-ouvrier, qui rapporte la filature qui en provient. La filature commune, qui est depuis le n°. 10, qualité la plus basse qu'on puisse employer dans le baracan, jusqu'au n°. 25, se fait en gras, & l'on dégraisse la matiere au savon après la filature. Depuis le n°. 25 jusqu'au dernier degré de finesse, on file la laine dégraissée. Les fils, trop fins alors, ne pourraient pas supporter le torsage à la cheville, usité & nécessaire pour purger la laine du savon employé au dégrais. On pourrait cependant toujours filer en gras, tisser de même, & ne dégraisser les laines qu'après la fabrication de l'étoffe. On obvierait au dernier inconvénient ; mais il est à présumer qu'on n'y a pas encore poussé l'industrie jusqu'à ce point.

UN des grands avantages de filer en gras, est de pouvoir amener des laines communes à un grand degré de finesse, par l'intermede des matieres onctueuses. Les fibres de ces mêmes matieres parfaitement dégraissées reprennent une roideur qui les rend plutôt cassantes qu'elle ne les dispose à s'unir.

Lorsqu'on annonce les filatures de Saxe supérieures aux nôtres, on ne prétend pas dire qu'il ne fût possible de très-bien filer en France. Le superfin de Turcoing en laine de Hollande, est d'une grande beauté ; & au Mans, l'on file très-fin la laine du pays. Le fil du Mans est même plus nourri, plus ferme & plus résistant au travail. Ces qualités sont dues assurément à l'usage où l'on y est de filer en gras. L'huile d'olive, ainsi que le beurre, donne à la matiere un *onctueux* qui facilite le dégagement des fibres sans les briser : elles s'étendent, se lient mieux, & prennent du corps ; & le fil qui en résulte, résiste à des opérations que le fil de Saxe même ne pourrait pas supporter.

Les fils de Saxe sont très-unis & très-fins, mais un peu secs, un peu creux même, ce qui les rend légers. Ils en ont plus de longueur, & ils acquierent suffisamment de force par le doublage usité dans ce pays-là, comme dans celui-ci, pour toutes les chaînes des étoffes rases. On y double de plus celles des étamines fines dans le goût de celles du Mans, & elles y sont superbes. On y double même la trame de presque toutes les étoffes, & on la triple dans la plupart des camelots : mais le grand marché de ces laines & de la main-d'œuvre, & la filature généralement très-belle, & beaucoup plus fine qu'ici, quoique de degrés de finesse très-variés, donnent les moyens d'y établir les mêmes especes supérieurement faites à des prix très au-dessous des nôtres.

Du devidage.

L'industrie est aussi plus perfectionnée dans la suite des opérations sur la laine & dans son emploi, en Saxe & à Lintz, qu'en France ; non qu'elle y soit plus ancienne, au contraire, c'est là où les arts sont le plus anciens, qu'ils sont le plus long-tems à se perfectionner. Une instruction est plus aisée à saisir, qu'un préjugé à détruire ; & un homme qui ne sait rien peut apprendre, lorsque celui qui sait mal ne le veut pas. L'*asple* ou *devidoir* est établi dans tous ces pays, & l'on n'y va au marché que la balance à la main. Le devidoir n'est établi en France que dans quelques manufactures particulieres ; mais en Picardie il est entiérement inconnu. Je viens de l'introduire dans le Boulonais, où il n'y avait pas d'industrie de ce genre, & il prend très-bien dans la manufacture de tricotés anglais, que MM. Delporte ont établie nouvellement à Boulogne.

Combien de travail cependant n'éviterait-il pas aux fabricans, & quelle sécurité ne répandrait-il pas dans ce genre de commerce sujet à tant de fraudes ? Son importance nous engage non-seulement à en décrire l'usage, mais même à en donner le calcul. Le coup-d'œil sur la *figure* indiquera assez sa forme & sa position.

La circonférence de ce devidoir, *pl. III, fig.* 4, a cinq quarts d'aune ; le fil qui l'entoure a par conséquent la même longueur. On lui fait faire quatre-vingt tours de suite, en devidant le fil : ce qui forme des *pieces*, *marques*, ou *sons* de cent aunes, dont la réunion, au nombre de sept, forme des écheveaux

On peut former ainsi autant d'écheveaux que le devidoir en peut contenir sur sa longueur ; il suffit qu'ils ne se surmontent pas l'un l'autre, pour éviter le mêlange. Les quatre-vingt tours faits & les cent aunes completes, on arrête par une petite ligature faite du fil même de la piece, maque ou son. On répete cette opération sept fois de suite, l'écheveau ordinaire étant composé de sept cents aunes de fil, & l'on arrête les sept maques à la fois d'une maniere plus déterminée qu'on ne le fait de chacune en particulier. On réunit plusieurs de ces écheveaux, tant qu'on parvient à faire une livre de fil ; & c'est du nombre qu'il en faut pour ce poids, qu'on établit son N°.

TARIF.

	Poids de l'écheveau.				*Poids de la piece.*			
Num.	Onces.	Gros.	Gra.	Fract.	Onc.	Gros.	Gra.	Fract.
1	16				2	2	70	4/7
2	8				1	1	35	2/7
3	5	2	48			6	6	6/7
4	4					4	41	1/7
5	3	1	43	1/5		3	47	11/35
6	2	5	24			3	3	3/7
7	2	2	20	4/7		2	43	49/73
8	2					2	20	4/7
9	1	6	16			1	4	2/7
10	1	4	57	3/5		1	59	23/35
11	1	3	45	9/11		1	47	53/77
12	1	2	48			1	37	5/7
13	1	1	60	12/13		1	29	25/91
14	1	1	10	2/7		1	22	1/22
15	1		38	2/5		1	15	81/105
16	1					1	10	2/7
17		7	38	2/17		1	5	53/119
18		7	8			1	1	1/7
19		6	53	1/9			69	39/133
20		6	28	4/5			65	29/35
21		6	6	1/2			62	102/147
22		5	58	10/11			59	40/41
23		5	40	16/23			57	39/161
24		5	24				54	6/7
25		5	8	16/25			52	116/175
26		4	66	6/13			50	58/91
27		4	53	1/3			48	46/63

Poids

	Poids de l'écheveau.				Poids de la piece.			
Num.	Onces.	Gros.	Gra.	Fract.	Onces.	Gros.	Gra.	Fract.
28		4	41	1/7			47	1/7
29		4	29	23/29			45	81/203
30		4	19	1/5			43	62/70
31		4	9	9/31			42	107/217
32		4					41	1/7
33		3	63	3/11			39	69/77
34		3	55	1/17			38	86/119
35		3	47	11/35			37	131/259
36		3	40				36	4/7
37		3	33	3/37			35	171/259
38		3	26	3/19			34	13/19
39		3	20	4/13			33	207/273
40		3	14	2/5			32	16/35
41		3	8	32/41			32	32/287
42		3	3	3/7			31	17/49
43		3	2	42/43			31	43/291
44		2	65	3/11			29	71/77
45		2	60	4/5			29	9/35
46		2	56	8/23			28	100/161
47		2	52	4/47			28	4/319
48		2	48				27	3/7
49		2	44	4/49			26	298/333
50		2	40	8/25			26	8/175
51		2	36	12/17			25	93/175
52		2	33	3/13			25	29/91
53		2	29	47/53			24	312/371
54		2	26	2/3			24	8/21
55		2	23	31/55			23	361/385
56		2	20	4/7			23	25/49
57		2	17	13/19			23	5/49
58		2	14	24/29			22	180/203
59		2	12	12/59			22	130/413
60		2	9	2/5			21	32/35

En voilà affez pour faire fentir combien la fileufe a d'avantage à filer fin, à ne point mèlanger fes bottes de fils filés plus gros, & fourrés dans l'intérieur pour n'être pas apperçus, à éviter l'humidité & l'adhérence de tout corps étranger, &c. & combien le fabricant a de facilité, pouvant toujours faire la destination de la matiere sans autre examen, sur le nombre des écheveaux à la livre de fils.

L'AXE de ce devidoir est terminé en arêtes, comme des fuseaux de lanterne, & elles en font l'office. Le nombre de ces arêtes est indéfini, mais déterminé relativement; s'il est de quatre, la petite roue dentée dans laquelle ces arêtes s'engrenent, a seize dents. L'axe tournera donc quatre fois, & cette roue une seule. L'axe de la roue aura aussi quatre arêtes; & la grande roue dans laquelle ces arêtes s'engreneront, sera de quatre-vingt dents, & ne fera qu'un tour quand sa lanterne à quatre fuseaux en fera vingt. Donc le premier axe, l'axe du devidoir, le devidoir même fera quatre-vingt tours lorsque la grande roue en fera un. Si le premier axe avait cinq arêtes, la roue suivante vingt-cinq dents, l'axe de cette roue cinq arêtes aussi, & enfin la grande roue également quatre-vingt dents, l'effet serait encore le même; & l'on voit qu'il y a encore plusieurs combinaisons pour y arriver, mais qui sont fort inutiles.

MAINTENANT, si l'on place un petit maillet ou marteau de bois sur la table, ou le banc du devidoir, tout près de la grande roue, & qu'on plante une cheville de bois sur le bord du plat de la roue, de telle maniere qu'elle presse sur le manche du maillet, le souleve & le laisse enfin échapper en bascule, il est évident qu'en tombant il frappera un coup qui fera du bruit; & comme ce coup ne pourra être frappé qu'une fois exactement par révolution, il est encore évident que le devidoir aura fait alors ses quatre-vingt tours, & que les sons seront complets. Après sept révolutions semblables, on arrête, on fait la ligature, & l'on dégarnit le devidoir, pour recommencer; car si l'on devidait de nouveaux écheveaux sur les premiers, ce diametre étant augmenté, les fileuses fourniraient plus de longueur de fils, & elles les vendraient moins, eu égard à la surabondance du poids, ce qui serait une double perte pour elles. Il en est qui ont déjà vu assez clair dans ces petites pratiques, pour raccourcir un peu la circonférence de leur devidoir; mais en mesurant un des écheveaux sur la longueur, la fraude est bientôt découverte. Il est bon d'ajouter une petite corde qui réponde à l'axe de la grande roue du devidoir, & de la compasser de maniere que quand cette roue aura fait sept révolutions, elle agite une petite sonnette qui avertisse l'ouvriere que l'écheveau est complet.

LA circonférence de l'aspe de Lintz a deux aunes du pays, ou cinquante-six pouces & demi de France; on y divise la livre en écheveaux, & l'écheveau en liasse. La liasse est de quarante tours de devidoir, quatre-vingts aunes du pays; il faut dix liasses pour un écheveau : l'écheveau est donc de huit cents aunes. Cette filature se paie à proportion du nombre d'écheveaux à la livre, & elle varie depuis le numéro 10 jusqu'au numéro 80, qui est un point de finesse auquel il est rare qu'on atteigne.

Les fils très-tors tendent au devidage ou après, par l'élasticité de leurs fibres, contraintes à reprendre leur premier état, ce qui les fait se replier sur eux-mêmes & se corder. On évite cet inconvénient par plusieurs moyens. Les uns trempent les bobines dans l'eau chaude, & ne les devident que lorsqu'elles sont seches, ce qui est long & peu commode; car, à moins d'une grande chaleur naturelle, ou d'une chaleur ordinaire factice, telle que celle d'une étuve, on risque qu'il ne s'y établisse de la fermentation. D'autres font le devidage à la vapeur de l'eau bouillante; & je préférerais cette méthode à la précédente. Celle des Turquinois me semble meilleure encore. Ils devident leur fil serré sur le devidoir, tel qu'ils l'ont filé; & lorsque le devidoir est garni, d'un bout à l'autre, d'écheveaux plus ou moins gros, ils passent dans chacune des quatre faces un morceau de bois cylindrique, d'un bon pouce de diametre, entrelacé dans chaque écheveau: ce qui restitue, ce qui augmente même la premiere tension de ces fils, & les soutient dans l'uni qu'on leur a donné à la filature; on les trempe dans l'eau en cet état à plusieurs reprises, jusqu'à ce qu'ils en soient imbibés. On suspend ainsi ces devidoirs au grand air; & lorsque le fil est sec, on le met en botte, & il se soutient très-bien au degré de tension qu'on lui a donné: il acquiert même par cette opération, qui en *couche* & *plaque* le duvet, une sorte de lustre & un air ras, qui le rend très-propre aux étoffes seches & à grains, telles que le baracan, le camelot, &c.

On n'est guere, en Picardie, dans le cas d'exercer aucune de ces pratiques. En général, on y tord peu la matiere à la filature; d'où il arrive qu'on n'y saurait faire à chaîne simple presqu'aucun travail qui ait une certaine consistance. Cette pratique est à réformer à l'égard de beaucoup d'objets; car, si la serge d'Aumale, de Blicourt, &c. s'accommode bien d'une filature peu torse, elle ne saurait convenir à la tamise, au duroi & à tant d'autres étoffes, qui demandent également, pour faire un bel effet aux apprêts, d'être travaillées à chaîne simple, de filature suffisamment torse.

Du poil de chevre.

Le poil de chevre est, après la laine, la matiere dont il se consomme le plus dans les fabriques d'Amiens. Il s'emploie particuliérement dans le velouté d'une immense quantité de pannes, & dans celui des velours d'Utrecht. Mais ces sortes d'étoffes n'ont aucun rapport à l'objet que nous traitons actuellement. C'est relativement au camelot-poil, que nous en dirons quelque chose.

Ce poil se tire tout filé du Levant, par la voie de Marseille. Nos marchands le vendent ici aux fabricans, moyennant cinq pour cent de commission, &

ils répondent des fonds. Cette marchandise est souvent à un très-haut prix pour nous. Deux raisons y concourent ; les causes communes à tous les objets de récolte, & aux révolutions quelconques, qui arrêtent ou ralentissent le cours de la culture & le progrès des arts : la seconde est la plus odieuse, parce qu'elle ne naît pas de la nature de la chose, mais de l'acception des personnes.

Il existe un droit de vingt pour cent sur la valeur du poil de chevre qui nous vient par toute autre voie que celle de Marseille ; d'où il arrive que si les Marseillois s'entendent, ils font la loi dans cette partie, &, quelque dure qu'elle soit, il faut s'y soumettre. Les Anglais, & principalement les Hollandais, nous offrent quelquefois cette matiere à un prix au-dessous de dix à douze pour cent, de celui auquel veulent le fixer les négocians de Marseille ; mais il ne nous est pas permis d'user de préférence ; & les Hollandais font des camelots-poil, des velours d'Utrecht ; ils en répandent dans toute l'Allemagne, & en introduisent en France même par cette seule raison. Eh ! qu'importe à Amiens, à l'état même, que notre argent passe au Levant par la voie de Marseille, ou par celle de la Hollande ? La chose essentielle est, que les matieres premieres soient à bas prix, afin que celui des étoffes fabriquées arrête l'introduction des étrangeres, & qu'elles obtiennent par-tout ailleurs, sinon la préférence, du moins la concurrence.

Il y a un grand inconvénient à ne pas tirer cette matiere en toison : indépendamment d'une main-d'œuvre considérable qui résulterait de la filature, raison de prohibition de la part des Turcs, qui, pense-t-on, veulent se la conserver, c'est qu'ils ne prennent aucun soin dans l'assortiment de ces fils ; qu'ils mêlent le travail de toutes mains ; qu'ils en devident deux, trois, quatre, cinq à six, sans regles & sans suite sur le même écheveau, & qu'il faut toujours procéder à un nouveau devidage & à un nouvel assortiment ; d'où il résulte une perte de tems, de nouveaux frais, & des déchets considérables.

J'avais proposé pour ce devidage, qui se fait ici fil par fil, durement, & l'on ne saurait plus gauchement, le *va & vient* de la soierie, assez doux pour ne jamais forcer, & ne pas faire rompre par conséquent dans les résistances ; mais il n'obvie pas à l'embarras qu'occasionne la pluralité des fils indéterminée dans chaque écheveau, & souvent dans le même.

Le devidoir de Lintz, le même qu'a imaginé & dont fait usage le sieur Delié de Rheims, pare à cet inconvénient. Il consiste en une barre élevée sur la base du devidoir, parallélement à l'axe de l'*aspe*, & garnie d'anneaux de verre également distribués, dans lesquels on fait passer les fils à mesure qu'ils se présentent ; car il en vient tantôt un, deux, tantôt trois, quatre & jusqu'à six à la fois. L'égale distribution des anneaux rend semblable celle des écheveaux. Quand il se présente des fils qui se tordent ensemble, on les casse, pour en redistribuer le devidage plus en face, & d'une maniere plus coulante.

C'est ainsi qu'on est bien à même d'assortir le poil de chevre : on le fait encore après le devidage en blanc, tant pour la finesse que pour le degré de blancheur, & l'on répete de nouveau cet assortiment après la teinture, où il est plus facile de s'appercevoir des inégalités que les nuances de blanc & les différences de tors occasionnent. Aussi les camelots de ce pays-là sont-ils parfaitement unis en couleur & en grains. Il est aisé de juger que la Saxe, qui ne fait que des camelots-laine, mais infiniment supérieurs aux nôtres, procede ainsi à leur égard.

Il est un poil de chevre très-supérieur à celui qu'on nous apporte en France, & qui provient d'une espece particuliere de ces animaux qu'on éleve en assez grande quantité dans la province d'Angora, au milieu de la Natolie; mais on le réserve pour la fabrique des camelots de ce pays-là, avec défense d'en exporter. Cependant les Hollandais, soit par traité, soit par adresse, trouvent les moyens d'en avoir; & c'est en partie à cela qu'ils doivent la supériorité bien décidée de leurs camelots-poil, & qu'on leur donne la préférence sur les nôtres.

Ceux de la fabrique d'Angora ne souffrent aucune comparaison; ils sont poil, chaîne & trame. On en a tenté ici l'imitation, mais toujours sans un succès déterminant.

Un seigneur Florentin, frappé de ces différences, & remontant à leurs causes, est parvenu à avoir des chevres d'Angora, dont le troupeau, successivement sous sa direction, s'est considérablement accrû. Cette éducation a donné lieu à l'établissement d'une manufacture, dont les camelots ne le cedent à ceux d'aucune autre. Il ne serait peut-être pas impossible d'imiter en France ce seigneur Florentin, dont l'entreprise a eu assez de succès pour nous ôter l'espoir d'un débouché de quelque conséquence, dans un pays où il doit y avoir une grande consommation de ce genre d'étoffes.

C'est de la Natolie exclusivement que se tire le poil de chevre; & l'expédition s'en fait par Smirne principalement, & par Constantinople.

Des soies.

La soie fait encore une partie des matieres employées à la fabrication des étoffes rases d'Amiens, & cet emploi augmente de jour en jour. Les camelots mi-soie, diverses sortes d'étamines, des serges de nouvelle invention, & plusieurs autres especes d'étoffes en consomment beaucoup. On les a long-tems tirées *organcinées* & toutes teintes de Lyon & de Paris. On les teint actuellement à Amiens, & on les devide comme les autres matieres. A l'égard du doublage qu'on en fait avec la laine, du *virage* ou léger *retorsage*, & de quelques autres opérations qu'elles subissent, elles sont toutes communes à l'une & à l'autre matiere, & l'on en traitera ensemble. Ces soies sont en partie du crû du Piémont, & en partie de celui du Languedoc. On les tire quelquefois de Turin en droiture, mais plus généralement par la voie de Lyon, qui en expédie également des organcinages du Languedoc.

Du premier devidage, de l'opération de doubler, & du second devidage pour retordre.

LORSQUE le fil vient du marché, ou qu'il est rendu aux fabricans immédiatement après la filature, l'opération que subit d'abord celui qui est destiné pour la chaîne, est un premier devidage qui se fait en plaçant l'écheveau sur la *tournette*, *pl. III*, *fig. 3*, & tournant le fil sur un *buhot* enfilé dans la broche d'un petit rouet. La forme de ce *buhot* est d'être plus évidé par le bas, pour qu'il contienne plus de fil, un peu renflé par le haut, pour qu'il s'en échappe moins vîte; sans rebord néanmoins, pour éviter le trop de résistance & le frottement qui le ferait casser. On donne à la fusée une forme conique, & l'on en pose ainsi deux, fichées contre une piece de bois placée en face du rouet, de maniere que les pointes de ces fusées regardant le nouveau buhot sur lequel elles se devident ensemble par l'une de leurs extrêmités, le point de rencontre de leur prolongement se trouve sur le buhot même, *fig. 6.* On dirige d'une main la réunion de ces deux fils sur le nouveau buhot, tandis que de l'autre on tourne le rouet. On donne également à cette fusée ou bobine la forme conique, pour que le fil s'en échappe avec la même facilité, lorsque, placé verticalement sur le moulin à retordre, il tend, en se tordant, à s'enrouler sur le devidoir.

ON pourrait absolument ne faire qu'un de ces deux devidages, & former sur-le-champ la bobine à retordre de deux écheveaux placés chacun sur une tournette dont on doublerait le fil en même tems: mais il en pourrait résulter l'inconvénient, de la part des ouvrieres négligentes, qu'un fil cassant, on laissât courir l'autre seul pendant quelque tems; ce qui, répété, nuirait beaucoup. Un autre inconvénient très-grand encore, serait que les échevaux plus ou moins mêlés, opposant enfin au devidage, par quelque raison que ce soit, plus ou moins de résistance, les fils se trouveraient inégalement tendus au doublage: on ne serait donc exposé à rien moins, par cette économie, qu'à avoir souvent du fil mal uni & presque toujours inégal en grosseur & en force, en supposant même dans le premier cas, ce qui serait pourtant inévitable, qu'il ne cassât pas fréquemment au moulin à retordre.

Le devidage du fil pour la trame consiste uniquement, la matiere étant teinte en écheveaux, à la faire passer de dessus la tournette sur le petit canon, qui, garni pour être mis dans la navette, se nomme l'*espoule*. Cette opération est la même que celle du premier devidage du fil de la chaîne : un coup-d'œil sur les *planches* achevera d'éclaircir toutes ces idées ; une description plus étendue serait absolument inutile.

Du retordage & devidage pour ourdir.

Le moulin à retordre est aussi dans le cas d'être plus aisément compris par le secours des *planches*, que par aucune description : on ne donnera pas de dimension de ses parties, parce que la gravure de cette méchanique doit être accompagnée d'une échelle. Ses effets, pour être bien entendus, demandent quelques détails, dans lesquels on va entrer.

Ce moulin, *pl. IV*, *fig.* 1, 2, 3, 4, 5, 6, consiste en une grande charpente circulaire, sur un des côtés de laquelle sont tous les rouages qui le meuvent. Sur la base de cette charpente, à peu d'élévation du sol, sont placées verticalement les broches de fer sur lesquelles on fiche les bobines qui portent le fil à retordre. Le bas de ces broches est pressé par une bande de cuir M, soutenue de champ, qui, passant sur un tambour, en même tems qu'elle frotte sur toutes les broches, leur imprime un mouvement de rotation qui est en raison des diametres du tambour & des broches. Lorsque cette *laniere* ou courroie de cuir se trouve trop lâche ou trop tendue, on avance ou l'on recule au moyen d'une vis, une espece de poulie V, placée dans l'enceinte du moulin sur le devant du tambour, & sur laquelle la courroie passe, après avoir croisé sur le tambour S. Les fils qui s'échappent du bout de la bobine, s'élevent dans la direction de son plan jusqu'au haut de la méchanique, & passant de là dans un anneau, ils prennent une direction à peu près horizontale & un peu convergente, pour aller s'enrouler sur l'*aspe d*, ou devidoir, & y former chacun son écheveau. Une personne est en-dedans de cette enceinte, pour renouveller ou regarnir de bobines & raccommoder les fils qui se cassent, tandis qu'une autre du dehors tourne la manivelle qui fait tout mouvoir. Il faut quelquefois deux personnes en-dedans, lorsque les fils, trop tendus, se cassent fréquemment ; ce qui arrive encore lorsqu'on veut forcer le torsin, ou que la matiere se trouve altérée par la teinture.

Toute cette charpente est soutenue par six colonnes ou piliers A ; elle porte ordinairement cinquante-deux ou cinquante-quatre bobines en un seul rang, sur le même plan ; (*a*) sa circonférence est interrompue sur un sixieme

(*a*) On pourrait en mettre beaucoup plus, en étendant davantage la charpente du moulin ; & il est bien étonnant qu'on n'ait pas encore imaginé d'appliquer l'eau ou un cheval au mouvement d'une méchanique d'un aussi grand usage.

de son étendue, & c'est là que sont placés tous les rouages & l'*aspe* au-dessus.

MAINTENANT, si l'on suppose un axe horizontal qui remplisse le vuide de l'interruption de la circonférence, & se prolonge même; qu'il soit tournant, mais immobile; qu'il lui soit adapté une manivelle à l'un des bouts, une lanterne à l'autre, & une roue de champ dans l'intervalle, on sentira que le mouvement imprimé à la manivelle pourra se communiquer à deux rouages à la fois, qui peuvent être placés, l'un en-dessus *c*, l'autre en dessous S de ce grand axe, & à chacun desquels il est libre de donner un mouvement très-différent. Si la roue est fixe, qu'elle ait le même diametre, & toujours le même nombre de dents, qu'il en soit ainsi à l'égard de celle dans laquelle elle s'engrene, elle aura toujours le même mouvement; c'est celui du tambour S; c'est le tambour qui est en-dessous. Ainsi les bobines doivent tourner sur elles-mêmes avec une vélocité toujours égale, les mouvemens de l'ouvrier étant supposés égaux.

MAIS si la lanterne peut se déplacer à volonté, & qu'on puisse lui en substituer une de diametre & de nombre différens de fuseaux, il est évident qu'on changera par-là le mouvement du rouage qui s'engrene dans cette lanterne. Or, ce rouage est adapté à l'axe du devidoir, lequel ne reçoit de mouvement que celui qui résulte de l'engrenement de la roue dans cette lanterne, très-variable en diametre & en nombre de fuseaux. On fait donc tourner le devidoir aussi vîte & aussi doucement qu'on veut, lorsque le mouvement des bobines est toujours le même. Que l'on conçoive encore que le fil ne se devide de dessus la bobine qu'en raison de ce qu'il est attiré par le mouvement de l'*aspe*, & il sera démontré que plus ce mouvement de rotation est lent, celui des bobines étant toujours le même, plus la partie du fil devidé sera torse. Il n'est donc question, pour tordre plus ou moins le fil, que de changer la *tourte* ou *lanterne*. On en a pour cela une grande variété; & il y a une adresse à bien juger du degré de *tors* qu'il convient de donner, eu égard à la qualité de la matiere, à sa disposition actuelle, & à sa destination future, & à la *tourte* à placer, pour y parvenir.

LE diametre de la *tourte* étant égal à celui de la roue, les rotations de chacune seront égales. Son diametre étant double, celle-ci tournera deux fois quand celle-ci tournera une seule; n'étant que de moitié, ce sera le contraire: ainsi, plus la lanterne sera petite, avec un nombre de dents proportionné pour faciliter l'engrenage, plus le devidoir tournera doucement, plus le fil sera retors; & ce degré de tors sera toujours en proportion de ce diametre.

ON a un second moyen pour opérer le même effet, & même pour le doubler en même tems, si l'on veut; c'est d'agrandir ou de diminuer le diametre du devidoir, en éloignant ou rapprochant ses côtés de l'axe, au moyen des traverses à coulisses pratiquées par des mortaises dans l'axe même. Plus ce diametre

diametre est petit, plus la longueur du fil devidé est de tems à s'y rouler, & plus elle se tord dans cet intervalle; *& vice versa.*

LORSQU'ON change de *tourte*, on éleve & on abaisse le devidoir proportionnément au diametre de cette tourte, pour que la roue s'engrene toujours avec la même facilité; on l'abaisse également à l'autre bout, pour la tenir toujours dans une position horizontale. Le point extérieur de tangence du tambour n'étant pas tout-à-fait dans le plan circulaire, mais un peu en-arriere, il arrive que la bobine la plus proche de chaque côté ne reçoit qu'un faible frottement de la courroie, qui même n'est pas absolument continu; les fils en sont moins tors: on pourrait remédier à cet inconvénient, par des chevilles de bois arrondies, implantées en-avant plutôt qu'en-arriere de ces bobines. La forme circulaire de ces moulins semble devoir retordre les fils inégalement, les longueurs de fils devidés étant toujours elles-mêmes égales, & la position de ces fils toujours inégale; & cela serait en effet pour la premiere longueur des fils: mais on y remédie en amenant d'abord tous les fils au centre du moulin, les tordant en cette position, & les distribuant ensuite chacun à sa place sur le devidoir: alors le tors est égal, parce que le fil ne se devide plus pour chaque endroit, à proportion de l'espace que chacun a à parcourir, mais toujours également & en même longueur. Mais il résulte un autre inconvénient de l'inégale longueur de ces fils, celui de la différence de poids, & par conséquent celle de tension dans leur longueur. Leur position étant presqu'horizontale, & leur pesanteur spécifique augmentant en raison de leur longueur, il se fait aux plus longs une plus grande courbure au centre; & lorsque les fils se tordent ensemble, ils se cordent quelquefois dans cette partie par bouts de longueur proportionnée à la moindre tension, occasionnée par la plus grande distance du devidoir à la bobine.

ON obvierait à ce dernier inconvénient, en employant, au lieu de ce moulin, celui à retordre les soies, où la longueur des fils devidés est toujours verticale.

LES fils pour chaîne de camelots-laine se retordent en blanc & à deux fois: on trouve cette pratique meilleure que de le faire en une; le tors en est plus égal & plus ferme: la premiere avec une lanterne de vingt fuseaux, & la seconde avec celle de quinze, plus ou moins, selon la qualité de la matiere.

LES fils, pour chaînes de camelot-poil & de camelot-mi-soie, se retordent en couleur, parce que le fil de laine & le fil de soie dont elles sont composées, se teignent en écheveaux séparément, l'une & l'autre matiere demandant des procédés de teinture différens. On les retord aussi de préférence, & le plus souvent, malgré la double main-d'œuvre, à deux fois, avec des lanternes de quatorze, quinze à seize fuseaux, ou quelquefois à une ſeulement, avec des lanternes de ſix, ſept à huit fuſeaux : on a ſoin d'augmenter le nombre des fuſeaux à proportion que les couleurs ſont de nuances fortes, parce que les hautes couleurs altérant plus la matiere, elle demande plus de ménagement.

La chaîne des baracans ſe retord comme celle des camelots, & plus ferme encore. Celle des étamines, dites *viré-fin*, ne ſe tord qu'une fois avec une lanterne de ſept, huit, neuf fuſeaux ; & le *demi-fin*, avec celle de neuf, de dix, & onze, & ainſi des autres. Celle des ſerges de Rome, de Minorque, calmandes, baſins, grains d'orge, &c. ſe tord deux fois avec une lanterne de vingt à vingt-cinq fuſeaux pour la premiere, & de quinze à vingt pour la ſeconde, ſuivant encore la qualité de la matiere, ſon état actuel, & ſa deſtination future.

Le poil de la trame des camelot-poil eſt ſimplement *viré*, ce qui eſt une maniere de retordre légérement. Cette opération ſe fait d'une ſeule fois avec une lanterne de quinze, dix-huit à vingt fuſeaux. Ne veut-on qu'un virage très-faible ? il n'y a qu'à ſubſtituer une poulie à la roue du devidoir, qui s'engrene dans la lanterne, & une corde ou une courroie paſſée deſſus, & qui embraſſe en même tems la lanterne. Cette lanterne beaucoup plus grande que la même ; fera tourner le devidoir beaucoup plus vîte qu'elle ne tournera elle-poulie, & le fil y étant amené beaucoup plus tôt, y ſera moins retors.

On remarquera que la filature à corde ouverte ſe fait toujours de droite à gauche, & le retordage de gauche à droite, en ſens contraire par conſéquent. Chaque fil ſe détord un peu au premier mouvement : ils s'ouvrent, s'accrochent & s'incorporent en quelque ſorte, puis ils ſe roulent en *hélices*, & non en *ſpires*, comme on le dit dans l'Encyclopédie, & enfin ils forment de petites cordes ; autrement chaque fil continuerait de ſe tordre ſur ſoi : ils ne s'accrocheraient point l'un à l'autre ; ils ſe tortilleraient même de diſtance en diſtance par brins ſéparés ; ils ſe corderaient dans ces points. Les fils reſteraient bâillans, inégaux en tenſion & en force, très-mal unis.

On dit encore dans l'Encyclopédie, qu'on a vu beaucoup de perſonnes qui ne pouvaient ſe faire des idées nettes de la raiſon de cette manœuvre, & qui s'opiniâtraient à prétendre qu'il fallait retordre les brins dans le ſens où le fil avait été tordu.

Il ne s'enſuit autre choſe, ſinon que beaucoup de perſonnes n'ont pas voulu ſe donner la peine de réfléchir un inſtant à l'objet de leur prétention, ni de jeter les yeux ſur un rouet ou un moulin à retordre : ils auraient vu qu'il n'eſt aucune de ces méchaniques qui ne ſoit diſpoſée pour produire ſon effet en ſens contraire.

Ces diſpoſitions ont toujours lieu lorſqu'il eſt queſtion de retordre deux fils enſemble : mais lorſqu'on n'en retord qu'un, pour augmenter ſeulement le tors de la filature, ce qui eſt néceſſaire dans bien des circonſtances, ce qui ſerait avantageux ici à pluſieurs égards, ſi l'on pouvait ſe plier à cette pratique, ce qui ſe fait journellement à Moliens-le-Vidame, à Govillé, & en d'autres paroiſſes des environs de celles-ci, pour la fabrique des rubans de laine qui y eſt conſidérable: alors, ou l'on file à corde croiſée, ſi l'on ne change pas la diſpoſition des moulins à retordre pour cet objet, parce qu'il faut néceſſairement retordre dans le ſens de la filature; en tordant le fil en ſens contraire, les fibres de la matiere ſe déſuniraient ſans reſſource, & ce ne ſerait plus du fil: ou l'on change en effet la diſpoſition des moulins, comme on en uſe à Rheims.

Je dis que cette pratique ſerait avantageuſe, parce qu'un fil de bonne matiere en acquiert beaucoup plus de conſiſtance, & qu'elle nous mettrait dans le cas de monter des chaînes à fils ſimples pour la tamiſe & autres étoffes à luſtrer, qui en ſeraient beaucoup plus ſuſceptibles de cette ſorte d'apprêts. Je dis que ces fils en acquierent beaucoup de conſiſtance; car j'ai vu les ouvriers dont on vient de parler, travailler ſur de ſemblables chaînes avec force & action, & faire ainſi juſqu'à cent cinquante aunes de rubans en un jour, un ſeul ruban à la fois. Les ouvriers ordinaires en font environ cent aunes: ce qui ne ſuppoſe pas des ménagemens à garder ſur la matiere, qui n'eſt cependant pas d'une qualité ſupérieure; mais qui, à la vérité, eſt filée plus gros pour cet objet, que quand on ſe propoſe de la doubler & retordre pour le même emploi. Il faut auſſi obſerver, dans le cas du retordage à fil double, que la partie du buhot horizontal, tournée du côté de la doubleuſe, lui ſerve de baſe lorſqu'il eſt poſé verticalement ſur le moulin à retordre; & dans le cas du retordage à fil ſimple, qu'elle ſoit tournée du côté oppoſé, en même tems que le moulin à retordre agit en ſens contraire.

Le moulin à retordre, d'uſage dans la bonneterie, n'eſt pas connu dans cette fabrique; il ſerait très-propre à virer les fils, & il a de plus l'avantage de marquer les tours par une ſuite de rouages ſemblables à ceux du petit devidoir indiqué & calculé; mais il n'eſt ſuſceptible, ni d'autant de variations, ni d'atteindre jamais à un très-grand degré de tors.

Le fil tors, lorſque c'eſt pour chaîne, ſe devide de nouveau ſur des buhots, pour en former des bobines à ourdir. Ces buhots ne ſont point faits comme les précédens, mais en forme de poulie alongée *b b b*: ils ſont plus longs & d'un moindre diametre, mais à rebords très-élevés à chaque bout, pour contenir la matiere dont on les charge beaucoup, pour avoir à y revenir moins ſouvent: il faut cependant éviter qu'il le ſoient trop, & dans la crainte que le fil ne s'éboule, & parce que ſon poids pourrait augmenter ſa difficulté à tourner, & faire caſſer le fil à l'ourdiſſage.

De l'ourdissage.

L'OURDISSAGE consiste dans la réunion des fils qui doivent composer la chaîne, tous prolongés dans toute sa longueur, & la division alterne de chacun, qu'on nomme la croisure. Pour y parvenir, on a un moulin vertical, *pl. V, fig.* 1, qui n'est qu'une suite circulaire de grands parallélogrammes, dont la piece du centre est en même tems un côté commun à tous, & l'axe à pivot sur lequel tourne la machine A A. On lui imprime le mouvement par une roue horizontale *r* creusée en rainure, placée au bas de l'axe, & sur laquelle passe une corde qui vient répondre à une semblable roue placée hors du moulin R, & au milieu de laquelle est dressé un petit axe à hauteur d'appui *a a*, avec une manivelle horizontale au bout M.

A cinq ou six pieds de distance de ce moulin, on place la *cannelier*, qui consiste en deux grands cadres ou chassis sur le même plan, l'un devant l'autre C C C C: on les traverse de broches de fer posées horizontalement de l'avant en arriere; & l'on passe dans ces broches les bobines chargées du fil à ourdir *b b b*; on les place de maniere que les fils se puissent à toutes devider du même côté, afin qu'il y ait toujours une distance plus égale entr'eux; on éleve les bouts, pour les passer chacun dans un anneau placé au-dessus. Cet anneau est de fil-de-fer ou de verre; celui-ci vaut mieux, le frottement en étant plus doux. C'est de là qu'on les conduit au moulin, faisant la croisure dans l'intervalle. Cette croisure se fait au moyen d'un gril de fer G G, dont les broches sont percées dans le milieu, & qui, placé dans un cadre de la hauteur du moulin T T, & suspendu par une corde qui va répondre au haut de l'axe du moulin B, & se rouler dessus à mesure qu'il tourne, le fait monter ou descendre, suivant que la corde se roule ou se déroule, ou que le moulin tourne à droite ou à gauche.

ON passe tous ces fils alternativement un à un, entre les broches du gril, & les trous de ces broches; on les souleve tous à la fois après qu'on les a passés. Ceux qui sont passés entre les broches, s'élevent jusqu'au haut du gril; & ceux qui sont passés dans les trous sont arrêtés à cette hauteur. Il se forme un intervalle entre les uns & les autres; on y passe le pouce; on abaisse actuellement les fils; ils se divisent de nouveau, mais dans le sens contraire & en se croisant: on passe l'index dans ce nouvel intervalle; l'on amene ainsi le bout de la chaîne où tous les fils sont réunis en faisceau, & la croisure, pour attacher le premier à une cheville du haut *c* du moulin, & passer la seconde dans une seconde & troisieme chevilles plus rapprochées l'une de l'autre que de la premiere. Cela fait, on tourne la manivelle M; l'axe devide la corde qui fait descendre le gril; & les fils qui passent au travers, & qui descendent en même tems, se rangent d'eux-mêmes en *hélice* E E sur le moulin, & le garnissent ainsi du haut en bas. Arrivé au bas, on y arrête les fils par une cheville *c*; on forme, en revenant sur soi, une nouvelle croisure, mais par demi-portées seulement, & qu'on nomme la petite croisure, parce que la premiere du haut s'appelle la grande croisure. On tourne en sens contraire; la corde se roule sur l'axe; le gril remonte les fils en même tems & sur la même hélice; on forme de nouveau la premiere croisure, & ainsi de suite, jusqu'à ce qu'on ait composé la chaîne du nombre convenable de portées. On dit de ce nombre de fils qu'on met à la fois sur le devidoir, que c'est une demi-portée, & que le retour forme la portée.

COMME on fait des portées depuis vingt-six, vingt-huit fils, jusqu'à quarante, quarante-deux & quarante-quatre fils, on voit qu'il suffit d'avoir la moitié de ce nombre de bobines: on en met assez communément vingt, faisant les portées de quarante. Les camelots, & autres étoffes à très-longues chaînes & de matieres grosses, s'ourdissent en deux parties, parce que les portées se surmontant sur l'ourdissoir, & celles de dessus s'éloignant toujours plus du centre que celles de dessous, formeraient une plus grande circonférence, & seraient plus longues; d'où il arriverait qu'elles seraient lâches sur le métier, tandis que les autres seraient très-tendues. Les deux demi-chaînes des camelots-laine, ainsi ourdies séparément, après avoir arrêté la croisure des fils, & celle des demi-portées, au moyen d'une ficelle, & les avoir levées de dessus le moulin, & repliées chacune sur elles-mêmes, on les livre en cet état au teinturier, qui les réunit bout à bout pour les teindre, & ne pas courir les risques de l'inégalité de nuances en les teignant séparément. On les rapproche ensuite pour les monter sur le métier: ce qui s'opere de la maniere suivante.

De la maniere de monter les chaînes sur le métier.

CETTE opération se fait ici dans les rues, sur les remparts, ou en tout lieu où l'on a un espace suffisant pour y étendre la chaîne dans toute sa longueur, en ligne droite. On réunit là les deux parties en une; on passe un levier à l'un des bouts, *pl. V*, *fig.* 3, celui de l'extrêmité qui se doit rouler la derniere; à l'autre, on fait passer chaque demi-portée entre les dents d'un rateau (sorte de peigne à dents de fer, dont la partie de dessus se démonte pour donner passage aux fils), qui ne sert qu'à diviser ces demi-portées, & tenir la chaîne dans la largeur où on la veut monter, & que l'étoffe se doit fabriquer. On passe ensuite une baguette dans la chaîne, comme l'on a fait du levier à l'autre bout; on enchâsse cette baguette ronde, qu'on nomme le *verdillon*, dans une rainure faite à dessein dans l'*ensouple*, posée à cet effet sur un *baudet* BB, espece de chevalet élevé, au moyen duquel on fait aiſément tourner l'*enſouple* avec des bras de levier E. La chaîne en cet état très-étendue, ſoutenue par un homme qui tient, très-près de l'enſouple, le rateau V V dans lequel elle eſt paſſée, par pluſieurs autres de diſtance en diſtance *ggg*, aſſez rapprochées juſqu'à l'extrêmité, qui la tiennent à poignées très-fermes, & qui, ſans jamais la laiſſer couler entre leurs mains, ſe rapprochent tout doucement à meſure qu'on la roule ſur l'enſouple, & ne la lâchent qu'à l'approche du rateau, pour que les demi-portées prennent leur écartement avant d'y entrer.

Cette enſouple, comme toutes celles d'uſage dans ces fabriques, eſt garnie de plateaux circulaires *oo* très-élevés, pour ſoutenir la chaîne: ils ſont mobiles, pour les avancer ou reculer, ſuivant la largeur de la chaîne à laquelle on les fixe. On évite par-là les éboulemens, qui détendraient quelques portées, ſur-tout celles des liſieres: ce qui eſt d'une grande conſéquence dans le camelot, dont les liſieres fermes & nettes, qui annoncent une bonne fabrication en toute-étoffe, parent ſinguliérement celle-ci.

Il eſt un autre moyen de rouler ſur l'enſouple une chaîne moins longue, & ourdie à la fois; c'eſt de placer l'enſouple dans les anneaux de deux conſoles en fer, attachées contre un mur, *fig. II*, M V V; que les anneaux forgés au bout en forme de colliers, ſoient aſſez éloignés du mur pour qu'on puiſſe faire tourner l'enſouple avec des bras de levier, d'autres ouvriers la tenant très-ferme vis-à-vis, & la lâchant à meſure qu'elle approche du rateau V, dans lequel elle eſt également diviſée par demi-portées. On conçoit qu'il faut la même attention à bien diviſer cette chaîne ſur ſa largeur, & à en faire tendre également tous les fils.

Cette méthode eſt pratiquée pour monter la chaîne de toutes les étoffes qui ſe fabriquent dans ces pays, à l'exception de celle des camelots.

La chaîne, ainſi roulée ſur l'enſouple, ſe porte ſur le métier, & ſe paſſe incontinent dans les *liſſes* & dans le *ros*, pour en fixer l'extrêmité à la poitriniere, & commencer la fabrication.

Quoique ce paſſage dans les *liſſes* & dans le *ros*, ou peigne, ne ſe faſſe que rarement, au renouvellement de l'un ou de l'autre ſeulement, il n'eſt pas moins intéreſſant de le décrire, comme auſſi la méthode abrégée & plus facile qui en tient lieu: mais il faut avant, dire un mot touchant les *liſſes* & le *ros*, & donner une idée générale du métier.

Des liſſes.

Les *liſſes* ſe font en fils de laine ou en fils de lin: les premieres ſont préférables quant à la durée & à la douceur, mais elles ſont ſujettes à s'alonger; & ceux des fils qui paſſent dans ces parties diſtendues, ſont eux-mêmes moins tendus lors du jeu des lames, ce qui rend le travail inégal; & à l'égard du camelot, la trame forçant en-dessous ces fils plus mous, ne souleve plus ceux d'en-dessus, & ne peut former de grain dans ces parties. On ne s'en sert pas d'autre ici cependant dans la fabrication des camelots de toutes les sortes, & de bien d'autres étoffes, dont la chaîne peu garnie demande d'être traitée avec ménagement : mais c'est une attention à avoir pour réparer ce défaut aussi-tôt qu'il existe.

Les fils qu'on emploie à la composition des lisses supposent une bonne qualité de laine, & l'on choisit une belle filature. On réunit une quantité de ces fils proportionnée à la finesse de l'étoffe qu'on veut fabriquer avec ces lisses : quatre, cinq, six, & jusqu'à sept, qu'on retord à la fois très-fortement. On les devide ensuite très-tendus sur un petit aspe, & l'on trempe ainsi le tout dans l'eau bouillante, pour que, séchés dans cette situation, ils ne se cordent plus. On double & retord également les fils de lin qu'on destine à cet usage.

Ces lisses ne se distendent pas; elles cassent net : on les emploie, par préférence, pour fabriquer les calmandes, les serges de Rome, les prunelles, les grains d'orge, &c. & enfin toutes les especes d'étamines de cette fabrique, & toutes les étoffes à chaîne très-fournie, parce qu'elle s'accroche moins, & qu'elle se dégage mieux.

On fabrique ces lisses sur les *liais* ou tringles, sur lesquelles elles restent montées, qui les soutiennent par haut & par bas, pour en faciliter le jeu en-dessus & en-dessous : elles se font ou à deux grandes mailles passées l'une dans l'autre, & alors elles saisissent & serrent le fil au point de jonction, l'une en-dessus, & l'autre en-dessous, de maniere qu'il leve & baisse nécessairement à chaque fois que la lisse dans laquelle il est passé fait ce mouvement; ou à deux grandes mailles semblables, mais séparées par un petit anneau de même matiere, ou de verre dans certaines circonstances, dans lequel le fil passe également, & joue de la même maniere. La premiere est la lisse simple, & n'est d'usage que dans les fabriques de toiles & toileries, & toute étoffe de fil, de coton, & de fil & coton. La seconde, comme plus douce, M *m*, *pl. VII*, est préférable dans ces fabriques de laine & dans celles de soie. On la divise, pour ces usages, en deux classes, sous les noms de *lisse double à deux nœuds*, & de *lisse double à un nœud.* Dans la premiere, la maille du milieu est arrêtée; elle ne peut être ni plus grande ni plus petite; elle frotte moins les fils que la précédente; ils y sont à l'aise, & jouent sans contrainte : c'est la seule dont on se serve dans tous ces pays pour les étoffes de laine. Dans la seconde, il n'y a qu'un nœud en-dessus de la petite maille, & qu'on peut serrer plus ou moins près du fil de la chaîne. Ce seul nœud fait que la lisse passe plus aisément entre les fils des chaînes de soie, très-fournies ordinairement, & toujours délicates.

On sent que les liais des lames doivent excéder un peu en longueur la largeur des étoffes qu'on se propose de fabriquer par leur moyen. Les mailles doivent être distribuées précisément sur cette largeur, & d'un nombre qui soit le produit de la division, sans reste de celui des fils de la chaîne, par le nombre des lames; de maniere que si une chaîne se trouve composée de dix-huit cents fils, & fabriquée à quatre lames, il faut quatre cents cinquante lisses par lame; car dans aucune circonstance, on ne passe qu'un fil en lisse; mais on les passe, en alternant toujours de fil & de lisse, dans la croisure primitive, formée à l'ourdissage, & qui se conserve dans le jeu des marches communiqué aux lames. Dans les *pas* de toile ordinaire, où il n'est question que de deux lames, les fils se passent en alternant précisément comme on vient de le dire: mais lorsque le nombre des fils est plus considérable, ou qu'ils ont une certaine grosseur, on augmente le nombre des lames, sans changer celui des lisses: on augmente même celui des marches qui les font jouer; mais il n'en faut pas moins que la croisure se conserve, & que la moitié de la chaîne, prise par fils ainsi alternés, s'éleve, & que l'autre s'abaisse à chaque fois qu'on *marche*. On expliquera ces divers passages & leur effet, dans un petit tableau qui contiendra, avec la marche simple, celle des différentes especes de croisures: on expliquera aussi le jeu des lames & de toute la monture du métier.

Des peignes ou ros.

Les ros sont de deux sortes, en fer ou en roseaux de canne. On emploie les uns & les autres dans ces fabriques, mais avec des distinctions bien marquées pour certains objets, & beaucoup moins pour d'autres. Ceux en fer sont absolument nécessaires pour toutes les étoffes à trame mouillée: le roseau s'amollirait, se déjeterait, se pourrirait enfin par cette humidité: ainsi le baracan, la panne, la serge de Rome, la turquoise, &c. se fabriquent toujours avec des ros en fer. Il n'est pas aussi général de se servir de ros de canne pour les étoffes à trame seche; on n'en use plus guere, même dans la fabrique des camelots, mais seulement dans celle des petites étamines où il entre de la soie; & encore est-il probable que les fabricans de ces sortes d'étoffes en viendront à les abandonner, comme le font ceux des divers genres de camelots.

On convient que le roseau, plus doux, plus flexible, livre plus facilement passage aux nœuds, & que les ros en fer, lorsqu'ils sont neufs, & que le poli n'en est pas porté au degré convenable, sont sujets à couper beaucoup de fils; mais on trouve que ceux en canne, dont les broches durent beaucoup

beaucoup moins & se déjettent beaucoup plus, hachent & coupent aussi les fils, lorsqu'elles commencent à s'user.

On ne fait plus guére usage d'autres ros que de ceux d'acier dans les fabriques de soieries, à Lyon, à Tours, à Paris, &c. si ce n'est pour quelques étoffes légeres & délicates, & pour la gaze, dont la trame mouillée l'exposerait à ternir la blancheur recherchée dans ce tissu léger & de pur ornement. On n'est pas exposé à cet inconvénient à l'égard des étoffes de laine tissées à trame mouillée. Outre qu'elles sont toutes sujettes à être débouillies, dégraissées, ou lavées du moins pour premier apprêt, on a la plus grande attention, chaque fois qu'on quitte le travail, de tenir la chasse éloignée de la duite avec un bâton. Les ouvriers qui n'ont pas cette précaution, tachent l'étoffe sans remede : les lessives & le pré, par lesquels on opere le blanchissage des velours de coton, ne suffisent même pas pour enlever ces taches de rouille.

Le peigne ou ros, *pl. VII*, *fig.* H, n'est qu'une suite de broches passées dans la même filiere, pour leur donner la même épaisseur. On en forme un plan, en les rangeant de champ, à distance d'un fil doublé & retors, qui, passant entre chacune, les serre toutes fortement en même tems, les unes à la suite des autres : elles sont saisies de haut & de bas entre deux éclisses de bois applaties en-dedans, & que le fil enveloppe entre chaque séparation de broches. On choisit un bois sec, le moins sujet à se gonfler & à jouer : le noisetier y est très-propre ; mais on termine les bouts du parallélogramme par des morceaux de rebut du roseau même, qui est dur, ferme, inflexible. Ces bouts de canne sont insérés dans les extrêmités des éclisses, & fortement arrêtés chacun par quatre croisures du même fil. Les bouts de roseau, qui sont très-rapprochés des broches, leur procure du soutien ; & la derniere qu'ils avoisinent de chaque côté, est doublée pour soutenir mieux l'effort de la lisiere, qui tend toujours à s'écarter en poussant en-dehors, & d'autant plus qu'il arrive souvent que les fils en sont plus gros que ceux du corps de la chaîne.

Le fer des ros doit être bien battu, bien forgé, sans paillettes, trempé en acier & bien poli. La maniere de les faire à la main, telle qu'elle se pratique dans ce pays, est longue, & sujette à des irrégularités, au lieu que la méchanique leur donne la plus grande précision : elle serre les broches par une pression toujours égale ; & la ficelle étant toujours de même grosseur, les écartemens sont toujours égaux : mais cette méchanique, de l'invention du sieur Delié de Rheims, & que possede encore le sieur Fouquier de Rouen, n'est connue que par ses effets : il serait à desirer qu'elle devînt publique. Lorsque je conseille la méchanique comme plus propre à opérer également, je ne prétends pas exclure la méthode précédente. Le sieur Soval, maître rosetier à Amiens, fait des ros à la main avec autant de vitesse, & une précision que rien n'égale; mais les ouvriers de cette espece sont rares : il est le premier de ce genre. Il prépare lui-même sa matiere; & ses ros montés, il ne leur reste qu'à en redresser les broches.

A l'égard des ros de canne, qui se font de la même maniere que ceux en fer ou en acier, on choisit un roseau convenable à la finesse du ros. On tire ces roseaux du Portugal, de l'Espagne, de la Provence; on préfere ceux d'Espagne pour les ouvrages délicats : ils sont d'un bois ferme & plus fin que les autres qu'on emploie dans les ros à fabriquer les diverses draperies.

Le poli des broches, sur le plan formé par leur arrangement, se donne ordinairement après la fabrication du ros. On goudronne le fil employé à la construction du ros, & l'on s'en sert assez fraîchement goudronné, pour qu'il lui reste toute la flexibilité convenable. Le goudron est non-seulement destiné à garantir le fil de la pourriture, mais aussi pour le rendre moins susceptible de l'humidité; d'ailleurs le goudron séché & durci ne permet plus aux broches de jouer dans aucune circonstance : elles sont toujours soutenues & serrées avec un degré égal de fermeté. La longueur du plan formé par la longue suite des broches, est égal précisément à la largeur de la chaîne, qui est celle de l'étoffe. Le ros a de plus, après la largeur déterminée de l'étoffe, ses soutiens de canne. La hauteur des broches, dans leur vuide, est de deux pouces & demi à trois pouces & demi, suivant les genres d'étoffe, & elles sont arrêtées sur six lignes environ à chaque bout. A l'égard de l'écartement de ces broches, il est inassignable : il dépend & de la finesse de la matiere qu'on emploie, & du nombre des fils qui doivent y passer. Pour les étoffes à marches simples, on n'en passe ordinairement que deux entre chacune, ce qui s'appelle passer ou mettre *deux fils en broche* : on en passe pour les autres quelquefois trois, quatre, cinq, & jusqu'à six à la fois.

Des navettes.

Il est presque autant de sortes de navettes que de genres d'étoffes. Pour les camelots, par exemple, dont le travail doit être fait le plus près possible du ros, & dont l'ouverture de la chaîne reste courte, même en poussant la chasse le plus qu'on peut, il faut une navette mince & étroite; aussi n'a-t-elle de convexité d'une part & de concavité de l'autre, que ce qu'il en faut pour éviter les frottemens, qu'on cherche toujours à faire porter sur le moins de points possible; c'est aussi pour cette raison qu'elles sont évidées en-dessous. Mais eu égard à ce court diametre, on ne saurait faire des *espoules* pour la trame d'une certaine grosseur, & il les faudrait renouveller trop fréquemment; on a donc alongé cette navette, ainsi que la poche ou fosse qui contient l'espoule, & l'on fait en conséquence celles-ci plus longues.

La chaîne étant large, dans le genre des étoffes seches, il a fallu donner du poids à cette navette, pour que le retard occasionné par les frottemens dans cet intervalle, devînt à peu près nul, qu'elle soutînt le mouvement imprimé dans le jet, & qu'elle pût être lancée avec célérité de part & d'autre alternativement. Pour y parvenir, on les perce longitudinalement à jour sur leur largeur, & l'on remplit ces vuides de plomb, par masses égales, afin d'y conserver toujours l'équilibre. Celles qui doivent servir à la fabrication d'étoffes moins larges, sont un peu moins longues, ont un peu plus de courbure, ont moins de poids; mais elles conservent plus de ressemblance avec les premieres, à mesure que l'étoffe plus serrée, plus forte de travail, demande à être tissée plus près du ros. A l'égard de celles employées à fabriquer les étamines & toutes ces étoffes légeres, appellées en conséquence étoffes de *petite navette*, elle est en effet plus courte, plus arquée, plus large, plus évasée, & sans addition de corps étranger, pour en augmenter le poids.

Toutes les navettes sont ferrées au bout, pour qu'elles n'accrochent pas les fils, & que, plus pointues, elles s'ouvrent mieux le passage; ces bouts sont relevés & obtus, pour qu'ils ne heurtent nulle part. La matiere dont elles sont faites, est toujours du buis, le bois du pays le plus lourd, le plus dur, & le plus susceptible de poli; car il faut éviter par-dessus tout, qu'aucun fil ne soit accroché dans ce passage continuel & subit.

L'espoule qui garnit la navette pour former la trame à son passage dans la chaîne, est une petite bobine formée sur un canon de roseau. L'axe sur lequel elle tourne très-librement dans la fosse de la navette, est en bois dur & ferme, & mieux encore en acier, telle que partie d'une grosse aiguille de bas. L'un des points d'appui de cet axe, celui dans lequel on l'introduit d'abord, est garni d'un ressort qui fait effort pour le contenir.

L'espoule se devide toujours en-dessous, parce que le trou par où sort le fil, est plus bas que ceux de l'appui de l'axe, & qu'il aurait trop d'effort à faire en passant par-dessus; il se casserait, ou arrêterait la navette chemin faisant. Le fil sortant par la partie convexe de la navette, on sent que ce côté doit être tourné du côté de l'étoffe, & la partie concave vers le ros.

Du métier.

Tous les métiers de ce pays sont les mêmes; on y fabrique indifféremment des camelots, des pannes ou peluches, des baracans, des serges, des étamines, des calmandes, &c. Ils ne different en rien quant à la charpente, à laquelle on donne seulement plus ou moins d'inclinaison, suivant le travail; & encore est-il douteux que cette différence d'inclinaison, toute inclinaison même soit nécessaire : j'ai fait faire derniérement à Paris un métier horizontal, sur lequel on a fabriqué un baracan très-grainé, aussi parfaitement & avec plus d'aisance que sur les métiers inclinés, d'usage : c'est celui dont la *planche* est ci-jointe. Mais c'était un baracan, objecte-t-on, dont le grain ou la cannelure est formée par la chaîne. Voici sur quoi on fonde l'inclinaison du métier à camelot. La partie de la chaîne qui est en-dessus lorsque l'ouvrier foule, étant en ce cas beaucoup moins tendue que la partie inférieure, présente un logement à la trame, que cette partie inférieure, par sa tension, lui force de prendre sous le coup de la chasse. Cette portion ainsi soulevée par la trame, domine le plan de la chaîne, & forme le grain de l'étoffe. Mais on trouverait le même avantage dans la seule inclinaison de la chaîne sur un métier horizontal. Voyez celui d'usage, *pl. VI*, vu sur ses différentes faces, avec toutes les pieces de son armure, en travail & séparées.

Quoi qu'il en soit, tout métier doit être monté carrément & solidement sur quatre piliers, avec des traverses de haut & de bas, *fig.* 1, 2, 3 & 4. Ils ont de dehors en-dehors six pieds de haut, quatre de long, & quatre de large. On sent que pour des étoffes étroites, cet excès de largeur est assez inutile. Ils sont en outre soutenus par les côtés de deux pieces de bois qu'on nomme les *coterets*, placées au-dessous de l'*œuvre* ou *poitriniere*, laquelle est placée d'un pied en-avant sur le devant du métier. Jusqu'ici ce n'est que la charpente, dont aucune piece n'est mobile ; c'est un métier isolé de sa garniture ; ce n'en est, à proprement parler, que la carcasse. Comme ils different dans ces garnitures, je vais décrire toutes les pieces qui servent à composer celle du métier à camelot, *pl. VIII*, & j'en ferai ensuite remarquer les différences d'avec ceux des autres étoffes.

1°. La piece de l'*œuvre* ou *poitriniere* P, nommée aussi *ventriere* dans la fabrique du camelot, par la position que l'ouvrier est obligé de prendre, est celle dont on a déjà parlé, sur laquelle l'ouvrier s'appuie en travaillant, & qui est à rainure à jour, du dessus en-dessous, pour que la partie de l'étoffe fabriquée y passe, & s'aille rouler sur une *ensouple* ou *enselle o* qui est en-dessous, par-delà le sommier de la chasse.

2°. La chasse H qui est composée du *sommier c c* & de la *cape b b*, entre lesquelles pieces le *peigne* est saisi par des rainures pratiquées en-dessus du *sommier* qui est au-bas, & en-dessous de la cape qui le couvre. La cape est à coulisses dans les *épées a a ;* on la leve pour placer les ros, & on l'arrête avec des chevilles. C'est le sommier très-lourd, & dont l'effet est de porter en-avant le ros, qui amene avec force & vîtesse la trame au fond de l'angle des fils de la chaîne, qui a donné le nom de *chasse* à ce grand cadre. Il est soutenu sur des *créneaux* en gradins *c r,* à plus ou moins d'élévation, pour en faciliter le balancement, & en faire porter le bas d'autant plus en avant, que le talus ou les gradins plus élevés ont plus de pente. Ces creneaux, ou plutôt ces dents de ſcie, ſont ſur une ligne horizontale au nouveau métier. Les autres pieces de la chaſſe ſont les *épées*, ou côtés du cadre qui uniſſent le ſommier, qui y eſt ſuſpendu, à la *barre* qui ferme le cadre par en-haut. Il y a encore des pieces à la chaſſe, mais réſervées à ce genre de travail; c'eſt la *barre de ſuſpenſion* **, à un demi-pied de diſtance en-avant de celle qui fait la clôture du cadre, & réunies l'une à l'autre par deux gros morceaux de bois qui ſont entre deux, & qu'on nomme les *avelots*. Cette forme de ſuſpenſion concourt encore, à ce qu'on prétend, à faire chaſſer le ſommier en-avant. C'eſt la conſtruction des métiers d'uſage dans cette fabrique. Celui que j'ai fait faire n'a point ces *avelots*. La barre de ſuſpenſion eſt attachée immédiatement aux épées.

3°. L'*enſouple* ou *enſelle* de la chaîne qui eſt ſuſpendue par des cordes à la regle placée au-haut, ſur le derriere, & qui eſt ſoutenue entre les derniers piliers par des tringles verticales qui y ſont clouées, & contre leſquelles elle coule; lorſqu'on veut élever l'enſouple à meſure qu'elle ſe dégarnit, & que le plan de la chaîne s'abaiſſe ſur le derriere, on tourne une cheville poſée entre les cordes de ſuſpenſion, & elles s'accourciſſent, ou bien on les éleve ſur des creneaux en gradins, qui ſurmontent la regle dans laquelle elles ſont paſſées. Si l'on veut la dérouler pour fournir au travail à meſure que l'étoffe ſe fabrique, on tourne l'enſouple avec un *étendoir* en fer, inſtrument à long manche & recourbé en équerre. L'enſouple percée ſur ſon extrêmité comme un treuil, reçoit de même la partie recourbée du détendoir; & appuyant deſſus le manche en-avant, on fait tourner l'enſouple à volonté. On repoſe le manche de ce détendoir, dont on laiſſe l'autre bout dans le trou de l'enſouple, ſur les broches d'un rateau placé verticalement à cet effet ſur le côté droit du métier. On a ſubſtitué à la ſuſpenſion dont on vient de parler, des appuis à l'enſouple, *pl. VI*, avec une roue dentée I, & au détendoir, la barre G. Le méchaniſme eſt plus ſimple, & d'une toute autre ſolidité.

4°. L'*enſouple du travail O*, ſur laquelle s'enroule l'étoffe à meſure qu'on la fabrique, eſt placée en-deſſous, comme on l'a déjà dit, percée en treuil comme la précédente, & de plus armée d'une roue dentée en *encliquetage* N, avec ſon crochet, qui donne la facilité d'enrouler l'étoffe fabriquée, d'amener en-avant la chaîne déroulée, & de donner le degré de tenſion convenable au travail.

5°. Les marches S, *pl. VII*, au nombre de quatre ayant du derriere leur prolongement ſur la longueur du métier, ſont fixées à charniere à cette extrêmité; & la diſtance de leur point d'appui au pied de l'ouvrier, eſt pour faciliter leur jeu naturellement dur par la forte tenſion de la chaîne, & la tenſion plus forte encore des lames. Ces marches, qui ſont toutes des leviers du troisieme genre, ont la *puissance*, qui est la pression du pied de l'ouvrier, à peu près à égale distance du point d'appui & du poids, ou de la résistance. On verra que dans les autres métiers la puissance est plus rapprochée de la résistance. Ces marches se prolongent de l'avant en arriere, ou, si l'on veut, de l'arriere en avant de l'ouvrier, jusqu'à l'extrêmité du métier : elles y reçoivent les cordes, qui, passant au travers d'une latte, à peu près dans le milieu de leur cours, sont attachées au haut, chacune à l'une des extrêmités des *bilbacs x x*, qui font la bascule sur le *vinaigrier y y*, avec les cordes qui vont répondre aux lames. Le *vinaigrier* n'est autre chose que la traverse du haut & du derriere, surmontée du *peigne* à cinq dents ou broches de bois, entre lesquelles passent les quatre *bilbacs* : ceux-ci sont enfilés avec les dents du peigne par la *fleche z z*, qui est une broche de fer, sans gêner leur mouvement de bascule ; de maniere qu'en foulant une des marches soutenues en l'air par des cordes toujours tendues, on fait tirer cette corde qui y est attachée, baisser le bout du bilbac correspondant, & lever la lame suspendue à l'autre bout : enfin, ces *bilbacs* sont des leviers du premier genre, qui ont leur point d'appui sur la fleche.

6°. LES *lames* sont un composé de *lisses* fixées en-dessus & en-dessous, ou de haut & de bas par les liais, *pl. VII*, *fig.* 1 & 2, E E, comme il a déjà été expliqué : elles traversent la chaîne dont chaque fil passe dans la maille de l'une d'elles ; &, attachées en-dessus & en-dessous, lorsqu'on leve ou baisse chaque lame, on fait lever ou baisser tous les fils de la chaîne qui y passent. Il reste à faire connaître comment on fait lever & baisser ces lames. Le premier de ces deux mouvemens vient d'être décrit : il résulte de la pression de la marche, & du mouvement de bascule du bilbac. A l'égard du second, il est plus difficile à concevoir. Supposons deux forts morceaux de bois, taillés en-dessous en creneaux par gradins, pour y faire plus ou moins tendre une corde qu'on y passe, chacun par le côté, sous le métier, fixés contre terre, avec la facilité de faire couler la corde sur les creneaux. Cette corde est attachée à l'axe d'une poulie, dans laquelle passe une nouvelle corde qui contient les *jutriaux* dans le milieu, & leur laisse la liberté de faire la bascule sur ce point d'appui. Les *jutriaux* sont au nombre de deux de chaque côté ; ce sont des morceaux de bois de huit à dix pouces de long, aux extrêmités desquels sont attachées les lames par-dessous en cette maniere : la premiere lame à un bout de l'un des jutriaux, la deuxieme à l'autre bout du même, & ainsi de chaque côté ; la troisieme à l'un des bouts de l'autre jutriau, & la quatrieme à l'autre bout du même. Un des bouts des jutriaux levant, attiré en-haut par la lame, attirée elle-même par la corde du bilbac, l'autre bout du même jutriau baisse, & attire en-bas la lame d'après celle qui leve, à laquelle il est attaché. Ces jutriaux ſont, comme on voit, ainſi que les bilbacs, des leviers du premier genre. Comme le mouvement ſe fait des deux côtés de la même maniere, il eſt clair que, du ſeul élévement de l'une des lames, il en réſulte l'abaiſſement de l'autre.

Ceci bien conçu, il eſt aiſé de voir comment on attire fortement les lames en-bas, pour donner du fond à la chaîne, au moyen des creneaux en gradins. Il faut être bien attentif à donner des longueurs & des tenſions égales, pour ne forcer pas plus d'un côté que de l'autre. Les lames attirées en-deſſous de chaque côté à la fois & avec même force, réſiſtent à ce travail ſans ſe caſſer ni ſe déjeter: ce qu'elles ne pourraient faire, ſi la réſiſtance était inégale ou fixée en un ſeul point. C'eſt pour cette raiſon que chaque corde de ſuſpenſion des lames, qui part du bilbac, ſe diviſe bientôt en deux, pour aller ſaiſir la lame en-deſſus, à peu près vis-à-vis les points, où elle eſt ſaiſie par-deſſous.

Il eſt bon d'obſerver que les traverſes du bas & des côtés du métier ſont placées à la hauteur convenable, pour ſoutenir l'axe de l'enſouple ſur laquelle ſe roule l'étoffe, qu'on a dit être placée par-deſſous la chaîne, derriere le ſommier de la chaſſe. On remarquera auſſi que la traverſe du bas & du derriere, qui eſt ſous le ſiege, ſert à repoſer les pieds de l'ouvrier lorſqu'il ne travaille pas, & à le ſoulever lorſqu'il étend le corps & les bras en-deſſus les lames, pour raccommoder les fils qui ſe caſſent par-derriere. On ajoute même à cet uſage, & pour plus grande facilité, une barre en-avant de cette traverſe, qu'on nomme le *brançon.*

Uſage en Allemagne.

En Saxe, à Gotingen, & à Lintz, où l'on travaille le camelot ſupérieurement, on en monte la chaîne ſur le métier tout différemment qu'ici; & je ne doute nullement que la ſupériorité que j'indique ne ſoit due en partie à leur méthode, que je vais décrire.

D'abord le métier, qui a à peu près les dimenſions du nôtre, quatre pieds en quarré, eſt poſé d'à-plomb ſans aucune inclinaiſon. L'enſouple ſur laquelle la chaîne eſt roulée, eſt poſée à un pied & demi au-deſſous d'une autre enſouple ou cylindre, au-deſſus duquel paſſe la chaîne, pour en ſoutenir les fils à la hauteur convenable. Ce cylindre excede de huit pouces le plan horizontal de l'œuvre, & la direction inclinée de la chaîne n'eſt plus interrompue qu'à ſon paſſage dans les lames, qui la tirent en fond d'environ trois pouces.

Il n'y a pas de bilbacs, & les cordes de ſuſpenſion des lames roulent ſur des poulies, comme au métier à toile. Le battant ou chaſſe n'a point de revers : il eſt tout uniment ſuſpendu verticalement ſur la traverſe du haut. On ſe ſert, comme ici, de quatre lames & de quatre marches ; mais la *rentreture* & le *marcher* ſont différens, comme on le verra ci-après.

Je n'oublierai pas d'obſerver que les marches ſont fixées, ou qu'elles ont le jeu à charniere ſous le derriere du métier, comme à celui de velours de coton, & que l'ouvrier foule à l'autre extrêmité : le travail en eſt certainement plus doux, & l'étoffe, à ce qu'on prétend, plus grainée.

En réfléchiſſant ſur la poſition de l'enſouple de la chaîne, je m'étonne qu'on n'ait pas préféré de la mettre autant en-deſſus du cylindre qui détermine ſa direction à l'œuvre, qu'on l'a miſe en-deſſous ; elle ſerait moins près de terre, moins expoſée à l'humidité, plus en vue, & plus à la main de l'ouvrier. Les fils qui caſſent ſe montreraient pendans ; on les pourrait réprendre ſans tâtonner, & ils ne ſeraient pas ſujets à traîner. Cette poſition a ſur notre méthode deux grands avantages entre pluſieurs autres : le premier, de donner un développement de la chaîne beaucoup plus long, lequel, au moyen de l'appui qu'il reçoit en paſſant ſur l'enſouple du haut, donne aux fils de la chaîne une tenſion auſſi forte que ſi le développement ne partait de ce point d'appui, & à la fois une beaucoup plus grande élaſticité. Il réſulte de ces diſpoſitions, que les parties développées de la chaîne réagiſſent à toute action, & que les coups de chaſſe étant moins durs, il ſe caſſe moins de fils, & le travail en eſt d'autant plus net.

Le ſecond avantage eſt de tenir la chaîne dans tout ſon développement, toujours à la même élévation : ce qui, toutes choſes égales d'ailleurs, doit rendre le grain égal d'un bout à l'autre de la piece. L'ouvrier qui l'éleve en ſerrant les cordes par leſquelles l'enſouple eſt ſuſpendue, ne le fait ni dans des tems aſſez réglés, ni aſſez également pour que l'inclinaiſon ne varie d'une maniere ſenſible, & qu'elle ne ſoit expoſée à quelque déverſement qui occaſionnerait néceſſairement de la variété dans la tenſion des fils de la chaîne.

Il eſt pourtant dans cet uſage un inconvénient qu'il ne faut pas ſe diſſimuler ; il ne tient, ou plutôt ne nuit en rien à la bonne fabrication ; il en eſt abſolument indépendant ; mais il dérange un peu plus l'ouvrier, & il en faut moins pour rebuter des gens dont la routine eſt preſque toujours la raiſon : c'eſt qu'un fil venant à ſe caſſer au-delà des liſſes, le bout qui tient à la chaîne va pendre ou traîner ſur le derriere, & il faut que l'ouvrier ſorte du métier pour le raccommoder & le ramener en place ; au lieu qu'ici il n'a beſoin que de ſe dreſſer & de tendre les bras par-deſſus les lames, pour atteindre aiſément d'un bout du développement de la chaîne à l'autre.

Mais en alongeant les métiers, on remédierait aux inconvéniens de l'une & l'autre méthode. Dans aucun genre de fabrique, ils ne ſont auſſi courts

courts que le ſont ceux d'ici, & il n'eſt abſolument bon à rien qu'ils le ſoient ainſi. Un pied de plus procurera, toutes choſes égales d'ailleurs, plus de longueur d'étoffe fabriquée en un tems donné, & d'une fabrication plus parfaite. Qu'on les alonge de deux pieds, qu'on leur donne la longueur des métiers de la toilerie, celle des métiers de la ſoierie, & l'ouvrier ne ſera plus obligé d'en ſortir pour raccommoder les fils qui caſſeront: il en caſſera beaucoup moins d'ailleurs.

Paſſage des fils en liſſe & dans le ros.

La chaîne roulée ſur l'enſouple, & celle-ci miſe en place, & tournée de façon que la chaîne ſe devide en-deſſus, on en étend les fils pour les faire paſſer un à un d'abord dans les liſſes, & enſuite dans le ros, *pl. V* & *VI*, *fig.* E & F. Lorſque la liſſe eſt ſimple, il faut que le fil ſoit ſerré entre les deux mailles, pour qu'il leve & baiſſe lorſque la lame fait ce mouvement. Quand elle eſt double, le fil paſſe tout uniment dans l'anneau qui eſt entre les deux mailles. Quand il n'y a que deux lames, le paſſage ſe fait alternativement; tous les fils de l'un des côtés de la croiſure dans l'une, & tous ceux de l'autre côté dans l'autre. Quand il y en a quatre qui doivent produire le même effet que deux, mais ſeulement pour diſtribuer davantage les fils, & rendre leurs mouvemens plus libres, on paſſe tous les fils de l'un des côtés de la croiſure, alternativement un à un, dans les liſſes de la premiere & de la troiſieme lame, & de même ceux de l'autre côté de la croiſure, dans les liſſes de la ſeconde & de la quatrieme lame. La premiere & la troiſieme s'élevant & s'abaiſſant toujours enſemble, tandis que la ſeconde & la quatrieme font toujours en même tems le mouvement contraire, il en réſulte que la chaîne s'ouvre auſſi également dans la croiſure que s'il n'y avait que deux lames.

S'il eſt indifférent de faire lever les deux lames proche l'une de l'autre à la fois, comme cela ſe pratique dans la fabrication du baracan, & même du camelot baracané, il faut alors paſſer tous les fils de l'un des côtés de la croiſure alternativement dans les deux premieres lames, & ceux de l'autre côté de la croiſure alternativement dans les deux dernieres.

Les fils ainſi paſſés en liſſes, on les paſſe en ros, au moyen d'une lame d'acier dentée un peu à crochet; & amenés du côté de la poitriniere, on les y fixe à un verdillon qu'on paſſe dans la poitrine même, ou que l'on attache à une autre étoffe ou reſte d'ancienne chaîne, pour perdre moins de longueur de celle-ci, qui ne pourrait être tiſſée dans cette partie. Ces différens paſſages ſont longs & minutieux: on les évite, en laiſſant un reſte de chaîne dans les liſſes & dans le ros, & dont on retord ces bouts avec ceux de la nouvelle chaîne qu'on ſe propoſe d'y introduire; puis en tirant tout doucement la verge ou verdillon de bois, auquel les premiers sont attachés, on y fait aisément passer les seconds.

Ce reste de chaîne, qu'on laisse passer dans les lisses & dans le ros, se nomme la *peignée.* On sent que, formé toujours par le reste de la derniere chaîne, il se renouvelle à chaque piece, & que c'est un petit déchet sur la longueur de la chaîne à supporter à chaque fois. A Amiens le passage de la peignée dans les lisses est toujours l'affaire du lamier ou faiseur de lames : il ne vend celle-ci qu'ainsi garnies ; & s'ils arrivait, par quelque événement, qu'une chaîne se trouvât entiérement dépassée, on lui remettrait encore les lames, pour y passer une nouvelle peignée, pour *passer les lames*, en terme de fabrique.

Le tors des fils de la chaîne avec ceux de la peignée se fait en pinçant les deux pointes, les tordant ensemble, recouchant cette partie torse sur la longueur de l'un des fils & roulant le tout à la fois entre le pouce & l'index. L'ouvrier entre dans le métier, & continue toujours en reculant, laissant le travail fait en-avant, & celui à faire en-arriere, jusqu'à ce qu'il en soit à l'autre lisiere. Dans le premier cas, il faut une grande attention à ne pas prendre un fil pour un autre dans leur passage en lisses : un seul fil d'un pas mis sur un autre dérangerait le travail ; il en serait de même dans celui-ci, si le tors ne se faisait pas de chaque fil avec son correspondant ; & c'est ce qu'on appelle mettre la chaîne *hors-pas.*

Réflexions sur les diverses sortes de grains dans les étoffes, & moyens d'en produire ou de les éviter.

On a déjà dit que tout métier doit être monté quarrément & solidement. Celui du camelot est de plus incliné de l'arriere en avant, quoique la chaîne au contraire doive l'être un peu de l'avant en arriere. Cette différente inclinaison est déterminée, & par la position de l'ensouple de la chaîne, & par le changement de direction de ladite chaîne, qui, dans son développement & à son passage dans les lames, reçoit une inflexion en-bas. C'est de cette disposition que la partie de la chaîne, qui est en-dessous lorsque l'ouvrier marche, est plus ouverte & un peu plus tendue que celle qui est en-dessus ; & c'est par-là que l'effort de la trame seche & filée un peu tors, se trouve secondé pour faire surmonter la chaîne : effet d'où résulte le grain, qui, sans beaucoup d'usage d'ailleurs, & d'adresse de la part de l'ouvrier, ne se formerait encore que très-imparfaitement. Il est un moment à saisir pour clorre le *pas* & serrer la *duite :* c'est celui où cette duite se trouvant à une ligne proche du tissu, il frappe, *démarche* & *marche* subitement, pour ouvrir le pas suivant. Le coup que l'ouvrier donne est sec, & la chasse en est répercutée. La trame ſe roule & s'arrondit chaque fois pendant quatre à cinq coups de ſuite, & par-là même elle concourt le plus à l'effort & à l'effet dont on a parlé, qui eſt, diſent les ouvriers, de bien *faire tourner la trame.* Une des choſes qui concourent encore à ramener la trame en-deſſus, eſt la forme de la ſuſpenſion de la chaſſe qui porte le ſommier très-en-avant, comme on l'a fait remarquer en parlant du métier.

L'USAGE de tenir au pied, toujours & également, & le moment ſaiſi de frapper entre les deux marches, ſont ce qui conſtitue le bon ouvrier; mais de ſavoir de leur part préciſément à quoi tient cette ſupériorité, il n'en eſt guere, parmi les meilleurs même, qui ſoient dans le cas de l'indiquer. Les uns font bien ſans beaucoup de peine; d'autres, avec les plus grands efforts, ne ſauraient réuſſir. J'inſiſte ſur ces pratiques, parce que le travail fait mollement laiſſe flotter la chaîne, eſt toujours inégal, & donne moins de longueur d'étoffe. Il réſulterait les mêmes inconvéniens de chaſſer trop tôt. En chaſſant ou frappant trop tard, on ne fera qu'une étoffe plate & ſans grain, une toile enfin.

SI toutes ces attentions de l'ouvrier ont été prévenues de la part du fabricant, par le choix d'une chaîne bien aſſortie à la trame, il eſt évident que l'étoffe aura atteint le degré de beauté & de perfection dont la matiere & la filature peuvent la rendre ſuſceptible.

MAINTENANT, ſi l'on veut ſentir la différence du grain d'une étoffe formé par la trame, de celui formé par la chaîne, il faut ſavoir qu'au baracan la chaîne eſt beaucoup plus groſſe que la trame, qu'elle eſt doublée & retorſe fortement à deux fois, au lieu que la trame ſimple, plus fine, d'une filature plus molle, eſt en outre employée mouillée, que le métier & la chaîne ſont très-inclinés d'arriere en avant, l'enſouple de la chaîne étant à peu près horizontale à la vue de l'ouvrier, & la direction de cette chaîne abſolument droite dans cette pente; d'où il ne peut y avoir aucune différence de tenſion dans quelque partie de la chaîne en un tems que dans un autre. La chaſſe très-lourde retombant par ſon poids toujours conſidérable, eſt tout uniment ſuſpendue par la traverſe qui termine le cadre du côté du haut des épées; & frappant la trame à pas ouvert par un coup dur, ſourd & ſans réaction, elle plaque & l'empêche de ſurmonter la chaîne: ce qui ferait draper l'étoffe, eu égard à ſon peu de tors. La chaîne plus ronde & d'une conſiſtance ferme, réſiſte à toutes les opérations: elle ne reçoit aucune inflexion de la trame, qui au contraire les reçoit toutes d'elle. Elle conſerve par-là ſon grain en forme de cannelures prolongées ſur la longueur de l'étoffe; au lieu que celles du camelot formées par la trame, ſont prolongées ſur la largeur.

ON voit par ce qui vient d'être dit, ce qui eſt à faire pour qu'une étoffe n'ait de grain d'aucune maniere, comme à la tamise, au duroi, & autres semblables qu'on destine à des apprèts luisans, pour lesquels la fabrication la plus en toile possible, est la plus convenable. Il faut que la chaine & la trame soient de fils à peu près de même grosseur & également tors, que le métier soit horizontal, que la chaine soit également tendue dans cette direction, que les lames jouent en l'air sans faire d'effort de part ni d'autre, & enfin que l'ouvrier tisse continuellement, *marchant*, *frappant*, selon leur maniere de s'exprimer.

CES préliminaires sur des différences si marquées & si peu sensibles à la plupart des hommes, m'ont paru nécessaires pour l'intelligence des opérations qu'on va décrire. Les raisons seront actuellement senties, sans être obligé d'entrer dans des détails qui interrompraient inévitablement le cours de la description.

Division & subdivision des especes & genres d'étoffes.

LES seules étoffes comprises sous la dénomination d'*étoffes rases & seches*, peuvent se représenter sous un grand nombre de classes, & fournir une variété innombrable d'échantillons. On resserrera les premieres divisions, se réservant à donner dans les subdivisions les détails dont chaque objet est susceptible. On commencera donc à diviser ces étoffes en deux classes : la premiere contiendra toutes celles *à pas simple*, soit qu'il en résulte du grain & de quelque maniere qu'il soit produit, soit qu'on les destine à un apprèt ras, mat ou luisant ; & cette classe comprendra les camelots de toutes les sortes, les baracans, la grande variété d'étamines, les tamises, durois, & autres de ce genre.

DANS la seconde, on fera entrer toutes les étoffes à *pas croisé*, de quelque croisure que ce soit ; comme toutes les especes de serges d'Aumale, de Blicourt, du Gévaudan, de Rome, de Minorque, les prunelles, les calmandes unies & à côtes, les basins, turquoises, grains d'orge, siléfies, malbourougs. La premiere division supportera quatre subdivisions. Dans la premiere, on renfermera les étoffes qui grainent par la trame ; tels sont les camelots, qu'on subdivisera par especes : 1°. en camelot-laine d'Amiens, de Lille, de Saxe, de Gottingen, de Berlin & d'Angleterre ; 2°. en camelot-mi-soie d'Amiens & de Berlin ; 3°. en camelot-poil d'Amiens, de Lintz, de Bruxelles & de Hollande.

DANS la seconde, ce seront les étoffes qui grainent par la chaine : tels sont les baracans ou autres étoffes, sous quelque dénomination que ce soit, dites *baracanées*.

ON placera dans la troisieme toutes les sortes d'étamines, dont les unes ne grainent point, les autres grainent un peu plus par l'un des deux moyens, & les autres un peu par les deux.

DANS la quatrieme enfin, on trouvera les tamifes, les durois, & autres étoffes à pas de toile fans grains, & dont le fil demande d'être applati par l'apprêt.

LA feconde des grandes divifions comprendra toutes les fortes d'étoffes croifées, dont la fabrication nous eft connue; & comme les croifures, la matiere, l'équipage, la monture & la fabrication de prefque toutes font différentes, on en fera autant de fubdivifions qu'il y aura d'efpeces principales.

PREMIERE CLASSE.

§. I.

Du camelot-laine.

ON a obfervé précédemment, que c'était le fabricant qui deftinait la matiere lorfqu'il l'achetait filée, & que fa deftination ultérieure dépendait abfolument de fa maniere actuelle d'être. On ajoutera ici, que, pour l'emploi des chaînes à doubler & à retordre, telles qu'elles font toutes dans cette fabrique, on fait toujours choix de fils filés moins tors, réfervant pour la trame ceux qui le font plus. On fera en outre remarquer que toutes les matieres employées à la fabrication du camelot font teintes en fil; favoir, celle pour la chaîne, lorfqu'elle a paffé par toutes les opérations qui précedent celle de monter la chaîne fur le métier; enfin, qu'elle fe teint la chaîne ourdie. Les fils de lifieres, au nombre de fix de chaque côté, doivent être de couleur différente, pour indiquer que l'étoffe eft compofée de matieres teintes avant la fabrication. La trame fe teint en écheveaux, immédiatement avant d'en former les efpoules. Ces matieres, tant pour la chaîne que pour la trame, en ce qui concerne le camelot-laine d'Amiens, font de fon cru: c'eft toujours laine du pays, de la province, ou des provinces voifines. Il en eft cependant de très-beaux: il en eft auffi de très-communs. On fent à quoi tiennent ces différences: elles font encore diftinguées par les prix, & chaque chofe refte dans l'ordre. Le nombre des fils en chaîne paffés toujours quatre en broche, varie de quinze à dix-huit cents, fur la largeur de cinq huitiemes d'aune, qui ne varie guere dans cette fabrique.

ON pourra appercevoir l'effet d'une fixation toujours la même fur la même largeur, lorfqu'on voudra réfléchir qu'il faudrait en même tems obtenir, ce qui eft impoffible, une filature toujours égale. Car enfin, un ouvrier, quelque habile qu'il puiſſe être, pourra très-bien ne jamais parvenir à fabriquer convenablement une étoffe avec tel nombre de fils en chaîne, qu'il la fabriquerait ſupérieurement avec un nombre moindre. Il faut toujours entre la matiere, les liſſes & le ros par où elle doit paſſer, des rapports, dont le fabricant peut ſeul être le juge; & à tout prendre dans ce cas-ci, il vaudrait encore mieux pécher par défaut que par excès: au lieu de faire une étoffe néceſſairement bourrée, inévitablement mal tenue au pied, mal unie, mal-propre, elle pourrait n'être que légere, elle pourrait même ne l'être pas, quoique très-bien fabriquée: mais, comme c'eſt toujours la chaîne qui donne de la conſiſtance à l'étoffe, on retrouverait à l'uſage l'inconvénient de ne l'avoir pas ſuffiſamment fournie.

Outre les camelots de laine ordinaires, qui ſe font toujours à Amiens à trame ſimple, aſſez paſſablement torſe, & jamais retorſe, il s'en fait une eſpece très-groſſiere, qu'on nomme improprement *baracan*, où l'on double, où l'on triple même la trame; mais il exiſte dans la fabrication de celle-ci des différences qui ſont expliquées ailleurs.

On fabrique à Lille de beaucoup de ſortes de camelots-laine en couleurs unies, de rayés & de jaſpés, comme à Amiens; mais on les y varie de plus dans les largeurs, & il s'en fait conſidérablement en blanc, pour être teints en pieces. Les plus larges de ces camelots, de trois quarts & d'environ une aune, meſure de France, ſont peu connus hors la Flandre; il ſont légers, communs & à bas prix, & ſe conſomment principalement en habillemens de femme. Ceux de largeur ordinaire de demi-aune un douzieme, connus ſous la marque diſtinctive de *quatre*, *quatre & demi*, & *cinq barres*, ſe travaillent tantôt en couleur, tantôt en blanc, pour être teints enſuite. La chaîne eſt double & retorſe à ces camelots; mais à beaucoup de ceux-ci on double auſſi la trame, qu'on vire même un peu fortement; on les fait encore en plus belles matieres que ceux d'Amiens, ſouvent en ſuperfin de Turcoing, & en plus hauts comptes, ce qui les rend d'une qualité & d'un grain bien ſupérieurs.

Il s'en fait à très-groſſe trame ſimple, connus ſous le nom de *gros grains*, & ceux-ci ſont pour être moirés; d'autres plus légeres, à trame plus fine, de la groſſeur à peu près de la chaîne, qu'on deſtine au gauffrage.

Les camelots ordinairement rayés à larges raies, & dont Lille fournit abondamment, ſe déſignent par le mot d'*étroit*, & varient en qualités connues ſous les noms de *treize*, *quatorze* & *ſeize tailles*, comme les précédentes par les *barres*.

On differe beaucoup de nos pratiques en Allemagne, dans la fabrication du camelot-laine. On en double, on en triple, & quelquefois même on en quadruple la trame; il arrive toujours au moins qu'on la double, même dans les camelots rayés & à carreaux, pour meubles & habillemens de femmes du commun, ou d'enfans; & aussi dans une espece de petit camelot, sorte de crépon, qu'ils font en blanc ou en couleur unie, & dont ils écrasent le grain, ainsi qu'au rayé, par un apprêt luisant. Il se fait une consommation prodigieuse dans toute l'Allemagne de ces camelots rayés par échantillons très-variés en toutes sortes de couleurs, & elle s'étend beaucoup jusques dans la Lorraine & autres provinces voisines.

A l'égard de la chaîne, ordinairement double comme ici, on la triple quelquefois; mais en général on la tord légérement au moulin : elle acquiert assez de consistance par l'encollage, qui se fait, la chaîne ourdie, à la colle forte dissoute dans une suffisante quantité d'eau chaude, à raison d'une livre pour treize à quatorze livres de matiere, en procédant d'ailleurs comme il est usité pour l'encollage des chaînes de draperie.

LINTZ, qui depuis long-tems emploie tous les moyens que les entrepreneurs de cette fabrique impériale imaginent pour la porter au point de perfection de celles de Saxe & de Gottingue, divise ses diverses sortes de camelots-laine par centaines de fils en chaîne. Les plus communs ont deux mille fils sur la largeur de cinq huitiemes d'aune de France, & les plus fins jusqu'à trois mille. On proportionne la finesse du fil au compte dans lequel on veut fabriquer; de sorte que pour une chaîne de deux mille fils, on en prend du numéro 20, ou 21. Lorsqu'on double le fil de la trame, on le choisit du même numéro que celui de la chaîne; si l'on en met trois ou quatre, on le prend d'une filature plus fine : plus le fil est fin, plus il est tors.

LES camelots-laine d'Angleterre, dont la matiere & la filature approchent beaucoup plus de celles de Saxe que des nôtres, en tiennent beaucoup plus aussi quant à la composition. On en double, on en triple quelquefois aussi la trame; & ils n'en sont ni moins fins, ni moins beaux.

ON fait en Angleterre, indépendamment de toutes les sortes de camelots dont on a parlé & dont on parlera dans cet ouvrage, beaucoup de petits camelots de seize à dix-sept pouces de large, de matieres très-communes, à chaîne double & retorse, & à trame simple, mais très-torse aussi, brochés à chaînons; on en donnera la marche ci-après. La laine du broché est de filature très-ouverte, pour qu'elle s'épate & garnisse mieux, & de couleur toujours tranchante sur celle du fond. On en fait de même à carreaux, avec le bouquet au milieu, ou de rayés, avec les fleurs entre les raies.

SI la trame est teinte d'une couleur différente de celle de la chaîne, la couleur composée qui en naîtra, aura du changeant; & cette maniere de nuancer a été & est encore fort à la mode. Si l'on veut avec cela, ou sans cela, que l'étoffe soit rayée en chaîne, il n'est question que d'alterner ses couleurs dans l'ourdiſſage, avec une quantité de fils de ſuite de la même couleur, proportionnée à la largeur qu'on a deſſein de donner aux rayures. Veut-on avec cela, ou ſans cela, que l'étoffe ſoit jaſpée? Il n'eſt queſtion que de faire teindre différemment les fils de la chaîne avant de les doubler, pour les retordre; & de ce mêlange il naîtra l'effet deſiré.

De la fabrication.

TOUTES ces choſes en état, la navette garnie, l'ouvrier aſſis dans le métier, & bien en face de ſon travail, il ne lui reſte qu'à marcher, lancer la navette, clorre & rouvrir ſes pas, comme il a été expliqué au camelot particuliérement qui a quatre marches & quatre lames, pour ne faire l'office que de deux. Il faut fouler deux marches à la fois, pour faire lever deux lames en même tems. Dans l'un & dans l'autre cas, ce ſont la premiere & la troiſieme, la ſeconde & la quatrieme. Il ne reſte donc pas d'appui à l'ouvrier. Il faut en conſéquence qu'il ſoit ſolidement aſſis à plat ſur une planche, laquelle eſt ſuſpendue par une corde d'un côté, & ſoutenue de l'autre par un bout arrondi ſur un appui formé par les platines ou regles inclinées, & une cheville qui y eſt implantée à l'angle droit, pour l'élever & l'abaiſſer à volonté, & pour lui donner la facilité, par cette tendance au jeu d'un axe tournant, de ſe porter aux ſituations que l'ouvrier a beſoin de prendre dans ſes divers mouvemens. Il eſt de plus ſoutenu contre l'œuvre qui lui preſſe le ventre, & cette preſſion eſt la plus favorable pour le ſoutien du corps, & pour la liberté des deux jambes qui doivent agir à la fois.

DANS la plupart des autres métiers, où la planche du ſiege tournée de champ appuie ſeulement l'ouvrier & le rejette en-avant, comme au baracan & à toutes les étoffes de la petite navette, ſerges de Rome, prunelles, turquoiſes, &c. ou miſe à plat, mais courbée de maniere que l'ouvrier, aſſis ſolidement dans la concavité de la planche, puiſſe agir avec l'aiſance & la force qu'exige la fabrication du camelot baracané; ou enfin ſur quelqu'autre métier que ce ſoit, où l'on eſt libre de marcher & de démarcher de l'un & de l'autre pied alternativement, c'eſt plutôt la poitrine qui appuie ſur l'œuvre. Mais le corps ne pourrait long-tems être ſoutenu ainſi, ſans en ſentir bientôt de très-mauvais effets: auſſi eſt-il ſoutenu ſur l'un de ſes pieds, toujours ou alternativement, ſuivant ſon uſage, tandis que l'autre agit ſeul.

QUOIQUE l'ouvrier, pour ouvrir le pas, doive fouler deux marches à la fois, il y a cependant un petit intervalle dans lequel on donne un léger mouvement de balancement alternatif, qui ſe communique du bas en haut, pour détacher les liſſes & les fils que la tenſion & la preſſion uniſſent aſſez pour

pour en casser dans ce frottement, par une division unique & trop brusque. Le pas ouvert, l'ouvrier pousse la chasse d'une main par la partie la plus proche de l'ouverture de la chaîne; & de l'autre il lance la navette, laquelle est reçue par la main qui a poussé la chasse, & qui la soutient jusqu'à ce que la navette arrive. On laisse alors tomber la chasse d'elle-même sur la duite; on frappe ensuite deux coups, en saisissant alternativement la chasse par la cape, avec la main qui vient de lancer la navette; on démarche dans l'intervalle, & enfin on laisse encore retomber la chasse. L'ouvrier ne va pas chercher le milieu de la cape pour frapper, il la prend par l'endroit le plus à portée; mais comme il alterne à chaque duite, & que la chasse est ferme & contient le ros de même, le tissu n'en est pas moins égal.

Pour étendre le premier fil de la trame, l'ouvrier place en face du trou, en-dedans la fosse de la navette, le bout du fil de l'espoule, &, par une aspiration forte & subite, il l'attire en-dehors, & l'y prolonge tout de suite convenablement. Il faut faire ce devidage à chaque nouvelle espoule, d'une longueur de trame égale à la largeur de la chaîne, si la derniere s'est terminée à la lisiere; ou de ce qu'il en reste à courir, si elle s'est terminée dans l'intervalle, parce que le fil n'étant arrêté encore par rien, & l'espoule n'éprouvant aucune résistance, il ne se deviderait pas. Il faut avoir attention de placer en trame les fils bout à bout; s'ils se surmontent, ils font *double duite* dans cette partie; il y a gonflement & inégalité de grains : s'ils ne se joignent pas, il y a encore *double duite* en cette place, & l'étoffe au contraire y est creuse.

La navette est tenue entre le *pouce* & le *medius*, appuyée contre l'*annularis*, & lancée par un coup de poignet, aidé de l'*index* qui presse en même tems sur la pointe du derriere de la navette; elle est reçue de l'autre part, entre l'*index* & le *medius*, & non sur la pointe de l'*index*, comme font les ouvriers mal-adroits. Indépendamment de ce qu'elle pique le bout du doigt dans ce cas-là, & qu'il s'y forme une callosité à la longue, c'est qu'elle réagit contre, & la trame n'en est jamais aussi bien étendue: défaut qu'il faut soigneusement éviter, si l'on veut avoir un tissu égal & net. Pour faciliter le jeu du poignet, on fait une échancrure de chaque côté aux *coterets*, chose à laquelle on obvierait fort aisément, en les plaçant plus bas, encore plus au-dessous de l'œuvre, dans la construction du métier. A l'égard des marches successives & du tems de lancer & de chasser la trame qu'on nomme ici *enflure* ou *lanchure*, il en a été suffisamment parlé.

Le temple est un instrument brisé en forme de regle, qu'on alonge & qu'on raccourcit à volonté au moyen d'une crémaillere, ou autrement, & qu'on fixe par un bouton. Il sert à tenir l'étoffe dans sa largeur, & à la soutenir dans le travail. Il est, à ses extrêmités, garni de pointes de fer qui entrent dans les lisieres de part & d'autre. On le replace fréquemment en travaillant. Il eſt toujours mieux de travailler près du temple ; la tenſion ferme de la chaîne & de l'étoffe ſur la longueur les ferait rentrer ſur la largeur ; & en *templant* trop éloigné du travail, cette partie ne ſe maintiendrait pas actuellement dans la largeur exacte du ros ; il ſe déjeterait ſur ſes extrêmités ; il ne pourrait pouſſer la *duite* aſſez avant, & le travail ſerait inégalement & mal-proprement fait. Il eſt indifférent de *templer* en-deſſus ou en-deſſous du travail, lorſque l'étoffe, moins large que le camelot, laiſſe la facilité d'agir par-deſſous, pour y tendre, détendre & placer le *temple*. On le met deſſus au camelot, & toujours deſſous aux petites étamines.

Si un fil ſe caſſe, il faut ralonger un des bouts, pour rapprocher les deux : on prend pour cela du dernier *penne*, ſi l'une & l'autre matiere eſt blanche, ou de ſemblable couleur, & de même eſpece & qualité : ſi elle differe en l'une de ces choſes, on devide une petite bobine de plus qu'il n'en faut pour ourdir la chaîne, & on l'emploie à cet uſage.

Le nœud n'eſt plus celui du tiſſerand, la laine eſt trop molle ; elle n'a pas aſſez de reſſort pour ſe prêter au paſſage rapide des bouts de fils ; elle n'aurait même ſouvent pas aſſez de force pour ſoutenir la ſecouſſe prompte qu'on a coutume de donnér au fil pour ſerrer ce nœud. On joint tout uniment les deux fils l'un ſur l'autre, & on les noue enſemble, par un nœud ſimple & ordinaire : on ſépare enſuite ces deux fils, & on les étend de longueur de part & d'autre du nœud, ce qui le ſerre ſuffiſamment. On coupe les bouts paſſans, avec des ciſeaux, le plus près du nœud.

A-t-on du fil de poil de chevre à raccommoder ? il faut faire un ſecond nœud ; la matiere qui eſt élaſtique & plus coulante que la laine, s'échapperait du premier, ſi l'on ne la contenait par les mêmes bouts qu'on coupe à la laine. On commence par faire un nœud avec les deux bouts ; on noue enſuite les deux bouts enſemble ; on ramene le premier nœud de l'autre côté du ſecond, en couchant deſſous les deux bouts, & il ſe ſerre deſſus, en tirant les fils prolongés de part & d'autre.

S'il ſe lâche quelque fil en travaillant, ou que ceux caſſés & raccommodés ſoient moins tendus, ce qui arrive ſouvent, on les arrête ſur l'œuvre avec une aiguille à groſſe tête, qu'on nomme *épinglette*, qu'on plante dans l'étoffe, & qui tient ceux-ci également tendus que les autres.

Obſervations ſur quelques différences du camelot baracané & du camelot ordinaire.

Les différences dans la fabrication & dans l'effet du camelot baracané, ſont trop marquées pour ne les pas indiquer. D'abord, la chaîne de celui-ci n'eſt point retorſe, quoique doublée, mais ſeulement virée. On prétend que c'eſt pour que la trame de trois fils aſſez communs, & d'un très-gros volume, ait plus de facilité à s'approcher, par les inflexions de la chaîne; mais ce ne pourrait être qu'en énervant le fil, puiſqu'il faut que cette chaîne ſoit tenue très-tendue. La vraie raiſon eſt, que l'étoffe eſt de bas prix, & qu'une chaîne torſe coûterait davantage que lorſqu'elle eſt ſimplement virée. On trouve même au marché ce fil ainſi préparé, ſans que le prix en ſoit augmenté d'une maniere ſenſible.

Cette chaîne a peu de conſiſtance, comme l'on voit, eu égard aux ſecouſſes qu'elle éprouve; on la colle pour lui en donner davantage. L'opération de coller, dont on donnera le procédé ci-après, eſt commune à toutes les chaînes ſimples, ou virées, ou légérement retorſes, comme il arrive même quelquefois au camelot ordinaire, qui eſt d'une filature trop tendre.

L'inclinaison de cette chaîne ſur le métier eſt à peu près égale à celle des baracans, de vingt, vingt-deux à vingt-quatre pouces, ſur une longueur horizontale d'environ trois pieds; & on ne lui donne point de fond, c'eſt-à-dire, qu'elle n'eſt pas attirée en-deſſous par les lames.

La chaſſe eſt ſuſpendue comme au baracan, par la barre de travers, ſans *avelots*. Cette barre, à toutes les chaſſes, eſt attachée avec des cordes qu'on ſerre plus ou moins, pour élever ou abaiſſer la chaſſe au beſoin: & pour derniere reſſemblance enfin avec le baracan, on tiſſe ce camelot à trame mouillée. On le fabrique ordinairement en blanc, pour être teint en piece. On en a fait autrefois à trame en quatre & en cinq fils virés enſemble. La trame de ceux qu'on fait aujourd'hui en *beige*, couleur naturelle très-rembrunie, eſt ſeulement double.

Les Anglais font auſſi une ſorte de camelot baracané à très-gros grains, dont la chaîne, quoique double, eſt aſſez fine, mais dont la trame, à fil ſimple, eſt très-groſſe, & d'une filature très-ouverte. La chaîne en haut compte ſerre la trame de près, & la fait regonfler en-deſſus par de groſſes cannelures terminées en arètes, & prolongées ſur la largeur de l'étoffe.

La navette eſt plus longue, plus groſſe, ſa poche ou foſſe plus grande, parce que la trame eſt volumineuſe, & qu'il en faut peu pour former une groſſe eſpoule. Le vinaigrier, au lieu d'être poſé ſur la barre de traverſe, eſt ſuſpendu en-deſſous par deux crémailleres qui donnent la facilité de le hauſſer ou le baiſſer à volonté; en tenant les cordes moins tendues, la foule des marches eſt plus douce, & le jeu en baſcule des bilbas plus facile.

Revenons aux camelots ordinaires: ce qui reſte à en dire eſt commun à celui dont on vient de parler.

La piece achevée, l'ouvrier la ramene ſur l'œuvre, pli par pli, pour la viſiter, & la mettre en état d'être rendue au maître. Alors il la vergette en différens ſens, avec un petit balai de bouleau, pour en faire relever les bouts de fils, les nœuds & autres superfluités *caties* par le roulage ; & avec la pince armée d'une pointe à l'autre extrêmité, il arrache les nœuds, tire les doubles duites, épluche & nettoie la piece d'un bout à l'autre. Le fabricant fait une seconde visite, plie la piece par feuillets, la roule dans l'un des bouts, & la porte ainsi au marchand, soit qu'il la lui livre comme marchandise de commande, soit que le fabricant l'ayant faite pour son compte, il la lui vende *à prix défendu.*

Un petit tableau de cet objet, relativement à la fabrique d'Amiens, serait ici d'autant moins hors-d'œuvre, que les détails dans lesquels on entrera, jeteront du jour sur sa fabrication, & en même tems sur son commerce.

Chaque pièce de camelot-laine consomme de vingt-cinq à trente livres de matiere, dont les deux tiers environ pour la chaîne, & l'autre tiers pour la trame. Celle-ci est d'un prix moindre que celui de la chaîne, d'un huitieme ou d'un dixieme. Ce prix ne peut s'assigner, tant il est variable ; mais en le supposant, comme en ce moment, de 3 liv. à 4 liv. 10 sols la livre, la matiere filée & prise au marché, il en résultera une somme d'environ 100 liv. La main-d'œuvre de toutes les opérations, depuis la filature exclusivement aussi, peut s'estimer à 10 liv. celle du tissage à 20 liv. l'ouvrier tisseur gagnant de 20 à 25 sols par jour. La chaîne a communément de soixante à soixante-cinq aunes de longueur, & souvent davantage ; elle perd environ trois aunes, & toujours plus, à mesure quo l'étoffe se graine mieux à la fabrication ; reste soixante aunes d'étoffe pour le taux commun, qui se vend depuis 40 jusqu'à 50 sols l'aune : la piece entrera donc dans le commerce sur le pied de 120 à 150 liv. C'est le moment où le fabricant la livre au marchand, celui-ci se chargeant de tous les apprêts.

Il paraît au premier coup-d'œil, que le fabricant ne gagne rien, ou qu'il gagne bien peu dans ce travail, qui cependant est d'un détail considérable ; ajoutez qu'il achete toujours comptant les matieres, & qu'il ne vend pour l'ordinaire l'étoffe qu'avec des délais de paiement. Il gagne peu en effet. C'est ici, plus que nulle part, que les bénéfices sont véritablement le fruit de l'industrie : mais la consommation en est considérable, & cette faible industrie en apparence est d'un grand produit pour l'état. Le nombre des métiers battans dans ce seul article est couramment de cinq, six à sept cents, suivant les tems de l'année ; & celui des pieces qu'ils produisent, de huit à dix mille, année commune. La grande consommation s'en fait en Espagne, principalement en couleurs rembrunies, & ensuite dans toute la France, sur-tout dans les provinces méridionales.

On n'entrera pas dans un semblable calcul à la suite de chaque objet. Celui-ci donnera une idée de la consommation de la matiere, de l'étendue &

du prix de la main-d'œuvre, & c'eſt tout ce qu'on voulait : il ſera bon ſeulement d'ajouter pour cet effet, que les camelots-poil & ceux mi-ſoie, dont on va parler, ſont des objets de quantité de plus d'un tiers chacun du précédent, & que le total du nombre des métiers à Amiens, dans le ſeul genre de la cameloterie, eſt couramment de mille à douze cents, & quelquefois de quinze cents.

Du camelot-mi-ſoie.

Le *camelot-mi-ſoie*, ainſi que le camelot-poil, ſe fabrique, quant aux opérations, préciſément de la même maniere que le camelot-laine. A l'égard de la matiere, la différence eſt indiquée par leur nom. Il eſt compoſé en chaîne d'un fil de pays plus fin & mieux choiſi que pour le camelot-laine, & d'une ſoie organcinée de trente à trente-ſix *deniers* retors enſemble. Le nombre des deniers de la ſoie ſe détermine par celui des brins qui ſe devident à la fois des cocons, pour en former un fil. Quoique ce nombre ne ſoit pas toujours égal, il eſt de l'art de le rendre le plus uniforme. Plus il s'en trouve dans la compoſition d'un fil, plus il eſt gros, plus il a de poids. On a dans les manufactures de devidage & d'organcinage des ſoies, un moulin, dont un nombre déterminé de tours de cette ſoie en fixe le denier ou le poids. On l'organcine enſuite : c'eſt une opération à part, qui conſiſte à doubler deux de ces fils, & à les virer légérement.

L'usage était précédemment d'employer deux de ces ſoies organcinées virées enſemble & avec le fil de laine, mais chacun d'une quantité de deniers moindre de moitié que le précédent. Cette quantité de ſeize, dix-huit à vingt deniers, eſt le plus bas des extrêmes de cette progreſſion. On pouvait les teindre de différentes couleurs, ce qui donnait la facilité de mieux jaſper le camelot : mais on ne pouvait pas autant varier le poids de cette ſoie ; car en le diminuant davantage, elle n'avait plus aſſez de force & de conſiſtance : d'ailleurs on pouvait être moins attentif à en raccommoder ſur-le-champ une ſeule des deux, lorſqu'elle venait à caſſer, que lorſqu'il n'y en a qu'une, laquelle même, comme beaucoup plus forte, n'eſt guere dans le cas de ſe rompre. Les avis à ce ſujet ont été long-tems partagés, & il y a eu d'amples diſcuſſions ſur le parti le plus avantageux. L'autorité des réglemens avait long-tems tranché la difficulté. La liberté a décidé en faveur du parti oppoſé ; il faut croire que c'eſt le meilleur. Ce n'eſt pas qu'on n'emploie encore ſouvent une double ſoie organcinée ; mais c'eſt dans les camelots de qualités ſupérieures, & alors elle eſt d'un titre au-deſſus de celui qu'on a indiqué. On en emploie même quelquefois, dans ce cas-ci, d'organcinée en trois.

On a obſervé que la ſoie doit être teinte avant le doublage de la chaîne, à cause de la différence des procédés de teinture. Lorsqu'on se propose d'exécuter un échantillon, il est tout simple qu'on ne veuille avoir de soie teinte en couleur convenable, que ce qu'il en est nécessaire pour cela. On en ourdit une portée, qu'on mesure & qu'on pese : le calcul est ensuite aisé à faire.

VEUT-ON éprouver des soies, pour voir celle qui mérite la préférence? on en double & ourdit une livre, plus ou moins; on voit ce que cette quantité fournit de longueur, & le fabricant se regle là-dessus. La trame du camelot-mi-soie est aussi un fil de pays bien choisi, & d'une filature très-torse. On emploie quelquefois des laines de Hollande filées à Turcoing, dans la fabrication de ce camelot; & la qualité de l'étoffe qui en résulte, est supérieure à ce qu'on fait communément en ce genre.

IL se fait aussi à Berlin des camelots-mi-soie, & ils y sont très-beaux, supérieurs aux nôtres, & par la qualité de la matiere, & par sa filature, & enfin par la trame bien assortie, doublée & fortement virée. Y sont-ils plus ou moins chers que chez nous? Les primes que le roi donne sur la culture de la soie, les gratifications qu'il accorde par pieces d'étoffes, brouillent le calcul qu'en pourraient faire ceux qui ne sont pas parfaitement instruits de ces détails : cependant je ne pense pas que Berlin entre jamais en concurrence avec nous sur cet article, ni sur aucun autre objet de fabrique dont la matiere premiere ne soit pas purement & naturellement de son cru; car les soies de ce pays-là proviennent d'une culture forcée, dont le profit ne sera jamais qu'une chimere.

ON en pourrait dire autant de la Hollande relativement à cet objet, & à plusieurs autres du même genre, non quant à la matiere, puisqu'elle ne cultive que ses laines, mais eu égard à la main-d'œuvre, qui y est fort chere.

LE *camelot-mi-fin* de Lintz tient un peu, par son composé, de notre camelot-mi-soie; mais il lui est très-supérieur, non-seulement par les matieres, la filature & l'assortiment, mais par l'addition aux brins de soie & de laine qui forment les fils de la chaîne, d'un troisieme fil de poil de chevre uni aux deux précédens. La trame est en laine, comme aux nôtres; mais ils different à cet égard, en ce qu'elle est toujours plus fine par proportion que la chaîne. Il est de principe chez eux que la chaîne doit couvrir entiérement la trame, & ils l'enrichissent en conséquence. Nous, au contraire, nous cherchons à faire surmonter & *piquer* la trame; & on la fournit relativement à cette intention. Il en résulte de leur part un grain plus fin, plus uni, & une nuance plus égale; & de la nôtre, un grain plus marqué, & en forme de cannelure sur la largeur de l'étoffe.

ON a fait des essais dans tous les genres; on a tenté des imitations de toutes les especes : mais dès qu'on veut sortir de son cercle, on se trouve en défaut, & du côté de la matiere, & du côté de la filature. On n'eſt pas non plus aſſez exercé dans l'art des aſſortimens. Si l'on veut, & qu'on puiſſe réunir tous ces objets, on fait auſſi bien qu'ailleurs; mais on ſort des prix communs, & il n'y a plus de concurrence. Le grand point eſt la matiere propre; on eſt découragé par ce vuide immenſe; & tant qu'on ne s'en occupera pas ſpécialement, il faudra ſavoir ſe tenir dans l'état de médiocrité.

Le nombre des fils en chaîne varie peu ici dans cette étoffe: il eſt toujours d'environ deux mille; mais il eſt plus conſidérable ailleurs, à proportion que les matieres qu'on y emploie ſont plus belles & de filature plus fine. Sa largeur eſt de cinq huitiemes d'aune, ou demi-aune demi-quart, la même que celle du camelot-laine, la même auſſi que celle du camelot-poil, à l'égard duquel tous les détails ſur la quantité, le poids & la maniere d'eſſayer & d'employer la ſoie en chaîne dans le camelot-mi-ſoie, ſont de plus abſolument communs.

Du camelot-poil.

Le *camelot-poil* eſt ſans contredit la plus belle des étoffes raſes qui ne ſoient pas de pure ſoie; & ſupérieurement traité, il n'en eſt pas d'unie qui lui puiſſe être comparée. On varie plus dans la fabrication de cette étoffe que dans toute autre. On ne ſaurait donc aſſigner un nombre aux fils de ſa chaîne: le moindre d'uſage eſt cependant de deux mille cinq cents à deux mille ſix cents, juſqu'à trois mille, comptés pour un, comme en toute autre circonſtance, tous ceux qui ſont retors enſemble, & ayant également quatre fils en dent. Le camelot-poil ordinaire, celui qui occupe ici un grand nombre de métiers, eſt compoſé en chaîne d'un fil de Turcoing plus ou moins fin, ſuivant le degré de beauté qu'on veut donner à l'étoffe, & d'une ſoie organcinée, l'un & l'autre retors enſemble, & la trame de deux fils de poil de chevre virés enſemble. On en fait dont la chaîne eſt d'un fil de laine retors avec deux fils de ſoie, & la trame de trois fils de poils virés; d'autres à chaîne de deux fils de laine, & deux fils de ſoie, les quatre retors enſemble, & à trame de quatre fils de poil virés; d'autres à un fil ou deux fils de poil, avec un fil ou deux fils de ſoie, tramés de quatre ou cinq fils de poil; d'autres tout ſoie en chaîne très-fournie, & de cinq fils de poil en trame; d'autres enfin tout poil, chaîne & trame, à trois, quatre, cinq ou ſix fils pour celle-ci, & deux, trois, quatre à cinq pour celle-là.

On a fait en France quelques eſſais de ces derniers, comme on l'a déjà obſervé: il ne s'y en fabrique plus, ni nulle part en Europe, que je ſache, ſi ce n'eſt à Lintz, & peut-être quelques-uns à Florence. La ſeule fabrique qu'on en connaiſſe ailleurs, eſt à Angora, & il ne vient guere de ces camelots en France. A Leyde, on fabrique des camelots-poil de différentes claſſes, connus ſous le nom de camelots de Hollande. Cette dénomination ne les déſigne pas, car on y en fait de toutes les ſortes: mais le camelot-poil eſt fait en chaîne, tantôt d'un fil fin de Turcoing retors avec un, & le plus ſouvent avec deux fils de ſoie; tantôt d'un fil de poil retors avec deux fils de ſoie, ou même de deux fils de poil & de deux fils de ſoie, & toujours tramé de trois, quatre à cinq fils de poil virés. Ce camelot, dis-je, eſt très-beau, ſur-tout lorſque le poil dont il eſt composé provient de cette eſpece de chevre particuliere à la province d'Angora en Natolie, dont on a parlé précédemment: mais que ce ſoit de l'une ou de l'autre eſpece ou qualité de poil, il eſt toujours fort cher; auſſi n'en vient-il en France que ce qui y eſt attiré par le caprice. Le goût en ce genre peut trouver à ſe ſatisfaire dans les fabriques de MM. Laurent freres, & de pluſieurs autres, tels que MM. Joiron, Maret, Henri Martin, &c. qui, par un zele actif & une induſtrie éclairée, les ont portées à un haut degré de perfection.

Les camelots de Bruxelles jouiſſent auſſi d'une réputation diſtinguée: ils ne ſont composés que de ſoie & de poil; il n'y entre jamais de laine, & l'on n'en fabrique pas au-deſſous de trois fils en chaîne, un de poil & deux de ſoie; on en met ſouvent quatre, dont deux de ſoie & deux de poil retors enſemble; ils ſont toujours tramés de trois, quatre & cinq fils de poil virés. Cet objet n'eſt pas conſidérable, & ce n'eſt plus par ſon importance qu'il fait encore beaucoup de bruit. La manufacture de camelots de Bruxelles pourrait être comparée, par ſes effets, à celle des tapiſſeries de Gobelins: ce ſont des enfans chéris, qu'on eſtime plus par ce qu'ils coûtent que par ce qu'ils rendent; mais on n'imitera de long-tems celle-ci, & il y a long-tems qu'on a imité celle-là.

Le camelot tout poil, façon d'Angora, qui ſe fait à Lintz, dans la largeur des nôtres, eſt de trois mille à trois mille ſix cents fils en chaînes, ſuivant la fineſſe de la matiere. La chaîne du camelot façon de Bruxelles, eſt d'un fil de poil très-fin, & de deux beaux organcins de Piémont de 22 deniers chaque.

On commmence par retordre le fil de poil de chevre avec un fil de ſoie; on tord ceux-ci enſuite une ſeconde fois avec le ſecond fil de ſoie. Cette main-d'œuvre répétée ſemble devoir en augmenter le prix; mais elle économiſe deux onces de ſoie par chaîne. D'ailleurs le fil tors plus réguliérement eſt exempt de *chevilles* qui, s'alongeant pendant la fabrication, cauſeraient des défauts eſſentiels.

Aux ſoins que prennent les Allemands dans le choix des matieres, des filatures, des degrés de tors, & des aſſortimens de nuances avant & après

la

la teinture, ils ajoutent encore tous les moyens propres à réparer les défauts inévitables dans une fabrication courante. S'il se trouve une double *duite* par excès, ils la retirent à la pointe; si c'est par défaut, ils enfilent une aiguille de la même matiere, & ils la replacent suivant la croisure de la chaîne comme elle eût dû être.

Je ne parle pas des camelots anglais; on ne les fabrique ni supérieurement à ceux que nous venons de décrire, ni à un aussi bas prix que celui où nous pouvons les établir: ainsi nous ne redoutons aucunement la concurrence de leur part dans ce genre de commerce. Que n'en est-il ainsi d'une infinité d'autres étoffes rases qu'ils répandent dans tous les pays commerçans du monde, & dont ils inondent la France! Que n'en est-il ainsi du camelot-laine, du baracan, de l'étamine, & de toutes les étoffes seches de la Saxe! Je ne puis m'empêcher de le répéter ici, cela tient uniquement à la quantité & à la qualité de la laine. Ce sont les taxes de toutes especes sur cet objet, qui propage le découragement de la culture dans toute la France, c'est l'arbitraire dans l'imposition, c'est la dureté & la violence de la perception, qui le font tendre à sa ruine; c'est le genre d'administration qui ruinerait enfin le commerce & l'agriculture.

§. II.

Du baracan.

En expliquant la maniere de varier le grain dans les étoffes, & d'en former la cannelure sur la longueur ou sur la largeur, on a donné plusieurs instructions relatives à la fabrication du baracan: on en va rappeller quelques-unes, pour marquer mieux la différence des procédés & des méchaniques entre celle-ci & celle du camelot.

On a déjà dit que les fabricans de baracans achetaient une grande partie de leurs laines en toison, qu'ils en faisaient le choix, la destination, & qu'ils en dirigeaient toutes les opérations: on a dit que la matiere se teignait avant le peignage, & souvent même avant le dégrais; que la chaîne des baracans était filée plus gros & plus tors que la trame; qu'elle était en double, & retorse fortement & à deux fois; qu'elle était inclinée sur le métier de l'arriere en avant, de vingt à vingt-quatre pouces; qu'elle suivait la même direction dans tout son développement sans inclinaison forcée par les lames attirées en-bas; que la trame plus fine, & de filature moins torse, était lancée mouillée; que la chasse était suspendue sur des crémailleres, ou creneaux en gradins, par la barre de traverse, sans renvois. On ajoutera ici, qu'on ne peigne la laine destinée pour la chaîne que deux fois,

& cela par économie ; qu'on peigne celle de la trame trois fois ; & jusqu'à quatre fois, pour qu'elle soit d'une filature plus douce, & que les couleurs en soient mieux mêlangées ; effet pour la chaîne, auquel le doublage des fils concourt beaucoup ; qu'après avoir chassé la trame par un coup à *pas ouvert*, pour la bien enfoncer, on la frappe ensuite fortement à deux à trois coups à *pas clos* ; sur quoi on observera qu'en aucune circonstance, quoique cela soit quelquefois d'usage, quelquefois aussi prescrit, il n'est utile, & qu'il est même toujours nuisible de frapper plusieurs coups de suite à pas ouvert, parce que le second ramene en-avant, par réaction, la matiere chassée au fond par le premier. Il est inutile, par cette raison, de frapper très-fort ce premier coup à *pas ouvert*.

On ajoutera qu'il n'y a que deux marches aux baracans, quoiqu'il y ait quatre lames, & que les lames levent & baissent deux à la fois, l'une à côté de l'autre, & non pas par position alterne, comme au camelot, parce que la chaîne beaucoup moins fournie, n'étant que de mille à douze cents fils sur la même largeur que le camelot, il n'y a ni des mouvemens instantanés à saisir pour le détachement des lames les unes des autres, ni les risques à courir d'un frottement aussi considérable. Aussi en conséquence de ce nombre moindre de fils, n'y en a-t-il que deux *en dent* ou en broche.

On ajoutera encore, que l'ouvrier n'ayant qu'à fouler alternativement, mais la marche étant dure, & par la tension de la chaîne & par sa grande inclinaison, il faut qu'il se tienne presque debout dans son métier, toujours un pied à terre, & soutenant le poids du corps, tandis que l'autre foule ; il n'est d'ailleurs appuyé du derriere que par la planche du siege, posé ici de champ, & par la piece de l'oeuvre, sur laquelle fléchit un peu la poitrine.

Les lisses sont souvent en fil, soit parce qu'elles cassent plus net que celles de laine, comme on l'a déjà observé, soit parce qu'elles sont à beaucoup meilleur marché que celles-ci, comme un est à quatre. La navette est de celles de la deuxieme sorte, dont on se sert dans la fabrication des serges de Rome, des calmandes, &c. Tous les autres détails d'opérations sont entièrement conformes à ce qui se pratique pour le camelot.

On distingue les baracans en trois sortes, en *fins*, en *demi-fins* ou *entre-fins*, & en *communs*. Pour les uns, comme pour les autres, on choisit toujours une plus belle matiere pour la trame que pour la chaîne. Celle-ci en général est toujours formée de laine de pays, du Soissonnais, de la Brie, &c. plus ou moins bien choisie ; & la trame, de laine de pays également pour les communes, & de laine de Hollande pour les autres. A l'égard de cette derniere, ce n'est pas fréquemment de celle de premiere qualité, ou du moins il arrive qu'on en extrait le superfin au peignage, pour être employé dans les fabriques d'un autre genre. On en fabrique bien quelquefois en laine de Hollande, chaîne & trame, qui sont d'une grande beauté, & qu'on nomme baracans anglais, quoiqu'ils n'y ressemblent point du tout; mais c'est dans la largeur de demi-aune.

On ne dit rien ici de ce qui est prescrit quant au poids des pieces, à leur longueur, qui est de vingt-six aunes; ce qui fait qu'on les vend à la piece, & qu'il en résulte quelquefois des contestations jusques dans l'étranger, ni à mille autres choses aussi inutiles à citer qu'à pratiquer.

Il y a lieu aux mêmes distinctions entre les baracans de Saxe, ceux de Gottingue & les nôtres, qu'entre les camelots. Ils tissent aussi leurs baracans à trame double, mais d'une assez grande finesse pour que la cannelure de l'étoffe n'en reste pas moins nette sur sa longueur. Ils augmentent aussi la chaîne, & la retordent quelquefois par trois fils. En Angleterre, on fournit aussi beaucoup la chaîne des baracans, & l'on y met une trame fine & filée très-ouvert, ce qui marque fortement cette cannelure en chaîne qui les distingue si bien des nôtres. Il ne tient donc qu'à cette cannelure en chaîne sur une étoffe rase & un grain sec, de donner la dénomination de *baracanée* à une étoffe quelconque : aussi fait-on des *turquoises baracanées*, des *calmandes baracanées*, &c. Ce sont des étoffes à côtes, & dont chaque côte est cannelée, comme faisant partie d'un baracan : l'intervalle est croisé tout uniment, ou satiné, &c. & cet intervalle peut être l'envers d'une semblable cannelure, *& vice versa*; alors l'étoffe serait sans envers.

On peut encore *baracaner* une étoffe en enserrant sur le même pas plusieurs fils à la fois, beaucoup plus rapprochés entr'eux qu'ils ne le sont des autres; il s'en forme une cannelure en largeur, & c'est ce qu'on nomme baracan-*gros-grain*.

Différence du métier à petite navette, de celui à camelot.

Quoiqu'ici on appelle plus particuliérement les diverses sortes d'étamines de cette fabrique, *étoffes à petite navette*, on y renferme aussi sous ce nom tout ce qui n'est pas camelot, baracan, ou autres de ce genre. Comme tous les métiers sur lesquels on les fabrique ont une armure semblable, mais qui differe de celui du camelot, il est à propos, pour n'avoir plus à y revenir, d'indiquer actuellement en quoi consiste cette différence.

Le mouvement des marches aux lames se communique dans le métier à camelot, *pl. VII*, *fig.* S *q x*, par des cordes attachées à l'extrêmité des premieres, correspondantes par le derriere du métier, aux bilbacs qui, par un mouvement de bascule, attirent les lames en-haut, & celles-ci, les lames voisines en-bas, par un semblable mouvement de bascule des jutriaux. La communication du mouvement des marches aux lames, dans la construction des métiers de la petite navette, ne se fait point par le derriere du métier, mais par le côté *pl. VI*, *fig.* 1 & 3, S, Q, 10, & c'est toujours le côté droit. Il n'y a ni *jutriaux* ni *bilbacs ;* les marches sont attachées à des *contre-marches* qui les traversent en-dessus à angle droit, à environ un pied d'élévation. Ces contre-marches sont percées par le bout, & enfilées par une broche ou cheville de bois passée horizontalement, & soutenue de deux tringles qu'on nomme *ficrons*, percées & clouées verticalement au métier. Elles jouent ainsi du côté gauche. A l'autre extrêmité sont attachées des cordes qui montent jusqu'au-haut du métier, & qui vont répondre aux *bricoteaux*, autres bascules semblables aux *bilbacs*, & faisant le même office, mais par côté ; ils attirent également les lames par une corde qui y est suspendue, & qui les vient attacher en se divisant. Voilà pour le jeu des lames en-haut : voyons maintenant pour celui des lames en-bas.

Au-dessus des contre-marches, à peu près à la même distance de celles-ci aux marches, sont les *marchettes*, attachées de même avec des chevilles de bois, également passées dans les *ficrons*. Ces *marchettes* répondent par-dessus aux lames qu'elles tirent en-dessous, & par-dessous aux marches ; de maniere que ces dernieres foulées attirent toutes les autres en-bas. Il est évident que la corde correspondante à une autre marche qui attire une lame en-dessous, ne doit pas être attachée à la même lame que celle correspondante à la même marche, qui attire une lame en-dessus ; car les choses sont tellement disposées, qu'une seule marche foulée fait toujours lever ou baisser toutes les lames : mais elle en fait lever plus ou moins, ou baisser plus ou moins, suivant la complication du dessin : d'où l'on peut voir que le nombre des marches n'est pas déterminé relativement à celui des lames ; mais celui des lames est égal à celui des marchettes, à celui des contre-marches, & à celui des bricoteaux, toujours tous égaux entr'eux.

Dans la fabrication des étamines, où l'on n'emploie que deux marches & quatre lames, & où l'on pourrait n'employer que deux lames, si la chaîne était moins nombreuse, puisque c'est un pas de toile, on pourrait absolument monter le métier comme celui de la toile, supprimer les contre-marches & les bricoteaux, ainsi que les marchettes ou petites marches ; on pourrait attacher les marches tout simplement aux liais du bas des lames, & par-dessus chacune à l'un des bouts d'une corde passée dans une poulie fixée au-haut du métier. Il arriverait alors qu'une lame attirée en-dessous, attirerait en même tems en-dessus celle qui serait attachée à l'autre bout de la même corde ; mais le frottement serait trop considérable, & ces sortes de chaînes ne le supporteraient pas.

Les marches de ces métiers n'ont plus la longueur de celles du métier à camelot, quoiqu'elles aient le *talon* aussi éloigné en-arriere ; mais elles ne se prolongent pas par-delà les lames : c'eſt toujours un levier du troiſieme genre, mais dont la puiſſance eſt très-rapprochée de la réſiſtance, qui eſt la contre-marche à laquelle la marche eſt attachée, l'ouvrier foulant preſque ſous la contre-marche. Cette contre-marche eſt également un levier du troiſieme genre, mais dont le lieu de la puiſſance n'eſt déterminé que par la poſition de la marche. Dans les métiers où il y a 10, 12, 15 ou 18 marches, il peut être très-rapproché, ou du point d'appui, ou de la réſiſtance, ou à égale diſtance de l'un & de l'autre. A l'égard des marchettes ou petites marches, ce ſont tantôt des leviers du ſecond genre, tantôt des leviers du troiſieme genre. Cela dépend du point par où elles ſont attirées en-bas, qui eſt celui de la puiſſance, les lames y correſpondant toujours par le milieu. Si les marches ſont à la droite de l'ouvrier, les marchettes ſont des leviers du ſecond genre : la réſiſtance eſt entre la puiſſance & le point d'appui. Si elles ſont à gauche, la puiſſance eſt entre deux : c'eſt un levier du troiſieme genre. Lorſqu'il y a une marche au milieu, elle eſt attachée à la marchette, & celle-ci à la lame ; de façon que la puiſſance eſt directement oppoſée à la réſiſtance, & alors le point d'appui eſt nul.

Les bricoteaux ſont toujours, comme les bilbacs, des leviers du premier genre : ils jouent ſéparés par de petites viroles, ſur une cheville qui traverſe un cadre ou chaſſis poſé lui-même ſur les traverſes du haut du métier, & mobile, pour hauſſer, avancer ou reculer les lames.

C'est dans l'aſſemblage de toutes les pieces pour le jeu de ces lames, que l'ouvrier eſt le plus dans le cas d'exercer ſa ſagacité, & de montrer de l'adreſſe. Il faut bien que le plan ſupérieur que forme la ſuite des lames ſuive toujours l'inclinaiſon de la chaîne, l'état de repos ſuppoſé ; mais elles la doivent toutes varier dans le mouvement d'une ligne ou deux, & cette variation doit ſe renouveller & ſe conſerver toutes les fois qu'on change le pas, & auſſi long-tems qu'il reſte ouvert ; autrement les lames ſe détachant par maſſes, pour hauſſer & baiſſer les fils trop ſerrés dans les liſſes, où ils ſeraient contraints de reſter à la fois ſur un même plan, s'accrocheraient par les nœuds. Le poil ou le moindre duvet, & l'effort de ſéparation dans l'ouverture du tiſſu, les briſerait fréquemment : ils éprouveraient les mêmes frottemens, avec plus de dureté encore, de la part du ros, entre chaque broche duquel il paſſe ſouvent quatre fils, comme dans la chaîne du camelot ; cinq, comme dans celle de la calmande ; ſix, comme dans celle de la prunelle, &c. tous forcés, ſans les précautions indiquées, de garder la poſition horizontale ; mais ſe dégageant les uns au-deſſus, les autres par ces mêmes précautions qui conſiſtent à tendre plus ou moins les cordes qui font correſpondre les marches aux contre-marches.

Qu'on faſſe bien attention qu'il n'eſt queſtion que de celles-ci, les cordes qui communiquent des contre-marches aux bricoteaux devant toujours être égales, parce que les lames ne doivent avoir d'abord que l'inclinaison de la chaîne ; & celles qui communiquent des marches aux marchettes, & des marchettes aux lames, devant toujours être également tendues, parce que cette différence de hauteur doit se trouver principalement dans la partie des fils de la chaîne, qui sont en-dessus lors de l'ouverture du pas, & être presque insensible dans la partie qui est en-dessous, pour que la navette ne s'accroche à aucun de ces fils.

L'ART consiste donc à donner à chacune des cordes le degré de tension convenable, pour que la gradation des hauteurs respectives des lames se forme & se maintienne à chaque fois qu'on foule une des marches ; & ceci, pour rendre l'effet des deux mouvemens alternatifs qu'on donne à la chaîne du camelot, dont chaque pas s'ouvre par la pression de deux marches, qu'on tient toujours l'une d'un pied un peu plus ferme que l'autre.

CETTE opération se nomme le *jumellage*. S'il n'est pas réguliérement fait, & que des fils de la partie du dessus de la chaîne bâillent ou pendent dans le tissu, la navette les surmonte, & la trame fait fausse duite. Quand il n'y a que quelques fils unis ensemble, ou arrêtés par un nœud, & que la navette passe par-dessus ou par-dessous, la duite forme *annelée* ; c'est-à-dire que, restant lâche dans le tissu, lorsque le ros la serre contre le travail, elle y forme un anneau ; & les fils de la chaîne qui ne se trouvent point liés par celui de la trame, forment un *pont*. Ces défauts sont considérables. L'ouvrier doit à l'instant mettre ordre aux fils de la chaîne, rouvrir le même pas, en retirer la duite, & y en lancer une nouvelle.

IL reste maintenant à expliquer l'usage varié & multiplié de toutes ces pieces, la raison d'un plus ou moins grand nombre de lames, & de toutes les parties correspondantes de l'armure, la maniere de passer ou rentrer les fils d'une chaîne, d'attacher les cordes aux lames, de *marcher* enfin pour la formation de toutes les sortes de croisures, & de tous les dessins dont l'exécution est possible au moyen des marches. Mais ces choses tiennent au genre d'étoffes comprises dans les divisions de la seconde classe, & l'on y renvoie pour cet objet.

J'AJOUTERAI seulement, qu'il y a un terme propre pour exprimer toutes les opérations qu'on a déjà expliquées, & celles qu'on expliquera dans la suite, par lesquelles un ouvrier se met dans le cas de fabriquer l'étoffe desirée, après qu'on lui a livré le métier, la chaîne & tous les ustensiles de fabrication. Ce terme est *ambrevage* ; ainsi *ambrever* un métier, c'est rapprocher toutes les parties de son armure, & leur donner les dispositions convenables pour opérer.

ON a placé ici les variations du métier, parce qu'elles sont d'usage, sans être absolument nécessaires au métier servant à la fabrication des étamines.

§. III.

Des étamines.

L'ÉTOFFE de ce nom se divise en plusieurs sortes, & chaque sorte en divers genres. Les principales sortes sont : 1°. les *étamines unies*, en laine & soie, telles qu'elles se fabriquent à Amiens, en Saxe, à Bruxelles & ailleurs : 2°. les *étamines de pure laine*, en blanc, teintes, rayées & à carreaux, les voiles, &c. qui se fabriquent principalement à Rheims : 3°. les *étamines* dites du Mans, qui se fabriquent en effet dans la ville de ce nom.

LES premieres se divisent : 1°. en *étamines unies, fines, demi-fines* ou *communes* : 2°. en *viré-fines* & *demi-fines* : 3°. en *façon de crépon d'Alençon deux soies, trois soies, quatre soies* : 4°. en *façon de crépon d'Angleterre*, autrement dites *castignettes* : 5°. en *étamines glacées*, &c.

ON peut varier ces étoffes à l'infini ; on les a beaucoup plus variées encore qu'on ne les varie aujourd'hui ; mais on les varie encore plus que je ne l'indique ici. Il suffit néanmoins de décrire la fabrication des especes les plus répandues dans le commerce, & dont toutes les autres se peuvent déduire. (a)

De l'étamine unie.

L'*étamine unie fine* se compose en chaîne d'un fil de laine de *bouchon*, ou filé à Turcoing, ou enfin des plus belles laines de pays, doublé & retors avec une soie de Piémont écrue, organcinée de trente à trente-deux deniers, le tout teint en écheveau, après être retors & en trame, avec un fil de belle laine de pays, peignée, teinte & repeignée avant la filature.

LES *étamines demi-fines* & les *communes* se font dans les mêmes principes, mais avec des matieres assorties & convenables à leur dénomination : celles de ce genre, rayées en chaîne, le sont d'une soie organcinée à trois bouts retors ensemble, du titre de quarante-huit à cinquante deniers, teinte de couleur différente de celle du corps de la chaîne. Celles à carreaux se tramen avec des soies semblables à celles de la chaîne, les trois soies seulement virées. On pourrait les rayer en chaîne ou en trame avec des laines teintes de différentes couleurs, ou avec du coton. Ces sortes d'étoffes sont susceptibles d'une très-grande variété ; on les broche même à petites fleurs faites à la

(a) On ne répetera aucun des détails de procédés communs aux objets qu'on a traités. Si l'on ne lit cet ouvrage que par parties, on s'exposera à le lire sans fruit. Quoiqu'il y ait encore beaucoup de répétitions dont j'ai moi-même senti le dégoût, il faut cependant le lire de suite : il faut du moins lire ce qui précede, pour entendre ce qui suit.

marche, soit par la chaîne, soit par la trame, sur un fond uni, entre des rayures ou des carreaux : & ce broché flottant à l'envers, & dont la marche sera expliquée en son lieu, peut être de soie, de laine, ou de coton, d'une seule ou de plusieurs couleurs, mais toujours différentes de celle du fond.

On aura seulement attention que la matiere ainsi employée à former un dessin quelconque, soit peu torse à la filature, qu'elle soit doublée, légérement virée, pour qu'elle garnisse davantage, & que le dessin soit mieux marqué, & la figure plus saillante.

De l'étamine virée.

L'*étamine virée* differe de l'*étamine fine*, en ce que le fil est teint d'abord, & ensuite doublé & retors avec une soie de trente-six deniers, aussi teinte, mais toujours de couleur différente de celle de la laine. La trame est la même à l'une & à l'autre. A l'*étamine virée demi-fine*, on teint les matieres pour la trame après la filature, & elles sont plus communes, soit pour la chaîne, soit pour la trame. L'étamine virée veut un peu plus de grain que l'étamine unie. Il faut donner un peu plus de fond à la chaîne, en tendant davantage les cordes qui font correspondre les marches aux marchettes, qu'on appelle les *grandes cordes*, par comparaison à celles qui correspondent aux contre-marches placées plus près des marches, qui sont plus courtes, & qu'on nomme en conséquence les *petites cordes*. Cette étamine n'est susceptible d'aucun mêlange, parce que son mérite consiste à être *piquée* ou *jaspée* par la soie teinte différemment de la laine : aussi se font-elles toujours en uni.

Du crêpon façon d'Alençon.

Le *crêpon façon d'Alençon* est formé en chaîne d'un fil de Turcoing dans les premieres qualités, & d'un fil de pays dans celles au-dessous, toujours de filature très-torse, & ensuite viré avec deux, trois & jusqu'à quatre soies, d'où il a tiré ses diverses dénominations, & qui en fixent les variétés. La trame est d'un fil de laine de pays teint, plus ou moins fin, à peu près comme la chaîne, mais moins tors. La soie de la chaîne est ordinairement du crû du Languedoc, & connue dans le commerce sous le nom de *poil d'Alais*. Elle est toujours teinte de couleur différente de celle de la laine ; & non-seulement elle *jaspe*, mais elle *glace* en proportion de sa quantité. Comme cette soie est peu torse dans le principe, & qu'elle est ici virée seulement avec le fil de laine, elle ressort & tranche sur le fond, d'où elle brille avec plus d'éclat. La trame est toujours teinte de la couleur du fil de laine de la chaîne ; on travaille cette étoffe comme la précédente, &, par la même raison, toujours en uni.

Du

Du façon de crépon d'Angleterre, dite castignette.

L'ÉTAMINE sous le nom de *crépon d'Angleterre*, ne differe en rien par la chaîne du *crépon d'Alençon-quatre-soies*; mais la trame est de pure soie, en deux fils retors ensemble, toujours également teinte de la couleur du fil de laine, le plus souvent en brun, mais tranchant toujours beaucoup avec celle des soies de la chaîne : on l'achete ainsi teinte, doublée & torse, prête à être employée. On la désigne sous le nom de *trame*, & cela suffit pour la distinguer dans le commerce & dans la fabrique : elle se tire de la Provence ou du Languedoc.

De l'étamine glacée.

L'*étamine glacée* est à chaîne toute de soie, de deux fils organcinés d'environ trente deniers, faisant quatre brins teints & retors ensemble. On ne les faisait pas retordre autrefois : elles étaient moins cheres, & elles avaient plus de brillant ; mais les ouvriers sont devenus plus difficiles sur ce travail fort tendre : on ne les déterminera pas facilement à s'y remettre. La trame est un fil de bouchon teint en laine peignée & filée après.

IL est ordonné par les réglemens, de n'employer dans la fabrique des étamines fines, glacées, &c. que des laines de bouchon venant d'Angleterre; & l'on a long-tems & violemment sévi contre les contrevenans. Je n'insiste pas sur le ridicule de prescrire une matiere étrangere, mais une matiere prohibée à la sortie ; c'était forcer les fabricans, & ne leur laisser que l'alternative des risques d'être punis & ruinés par l'administration d'Angleterre, ou par celle de France. Mais ces mêmes réglemens défendent bien à tous fabricans de travailler ou faire travailler à la lumiere, & cela dans un pays où il y a seize heures de nuit en hiver. (*a*)

TOUTES ces sortes d'étamines, dans lesquelles on varie encore beaucoup le nombre & la qualité des soies, se fabriquent dans la largeur de demi-aune, & sur la longueur d'environ soixante aunes par piece, à la réserve de celles dites d'*Alençon*, qui ne se font que de quarante aunes. Le nombre des fils en chaîne est, pour les ordinaires, de neuf à douze cents; & dans les plus fines, de douze à quinze cents. Elles s'emploient principalement en habillemens de femmes, & quelquefois aussi en habits d'hommes. La consommation s'en fait dans l'intérieur du royaume ; elle était autrefois considérable

(*a*) Statuts & réglemens arrêtés au conseil pour les sayteurs, hautelisseurs, houpiers, foulons, & autres ouvriers faisant partie de la manufacture d'Amiens, du 23 août 1766. Art. 553. « Il est défendu aux » dits maîtres de travailler ou faire tra- » vailler à la chandelle au soir & au ma- » tin, d'avoir proche de leurs étilles au- » cunes lampes ou crasses, ni, &c. &c. »

au-dehors, & fur-tout dans nos provinces réputées étrangeres; mais la Saxe, Bruxelles & l'Angleterre travaillent en concurrence avec nous : ils n'ont pas, comme nous, les entraves de paffe-avant, d'acquit à prendre, à faire vifer, décharger & rapporter, de route à fuivre, fans pouvoir s'en écarter, ou de droits à payer à la fortie, & nous n'en exportons prefque plus.

On fait encore ici une forte d'étamine qu'on nomme fimplement *crépon*, de pure laine de pays, à quelques fils de lin près, femés çà & là dans la chaîne par rayures & échantillon quelconque. Ce fil de lin, toujours employé blanc, eft connu fous le nom de fil d'*Epinay*. Le crépon fe fabrique en blanc, à fil fimple, chaîne & trame, celui de la chaîne très-tors à la filature, ou retors au moulin. On teint enfuite cette étoffe; mais le fil de lin ne prend pas la teinture applicable fur la laine, il refte blanc, ou très-légérement teint, & c'eft ce qui la raie fur la longueur. Elle a de la fermeté, à caufe du tors du fil de la chaîne; mais comme elle fe fabrique toujours en très-bas compte, elle ne fert guere qu'en doublure.

De l'étamine du Mans.

L'ÉTAMINE du Mans fe fabrique en laine de pays bien choifie & foigneufement traitée, comme on l'a indiqué en diverfes circonftances, toujours en gras & en blanc, pour être dégraiffée & teinte en piece. Elle n'a que le nom de commun, fans aucun rapport avec celles de Rheims & celles d'Amiens, qui n'en ont auffi aucun entr'elles. Cette étoffe rentre toujours un peu aux apprêts, quoiqu'on ufe d'une méthode qu'on penfe la plus propre à dégraiffer fans fouler; & fa derniere largeur eft d'environ demi-aune.

Les fils de la chaîne font d'une filature très-torfe, & non retors; ils font cependant toujours employés en fimple, ainfi que ceux de la trame. Le nombre de ces fils, qui varie depuis quinze à dix-huit ou dix-neuf cents, eft déterminé par leur fineffe, la largeur étant toujours la même.

On paffe la chaîne dans un bouillon de tripes pour l'encollage, & on la pare à la colle de rognures de peaux.

A l'égard de la difpofition du métier, elle eft la même que celle du métier de baracan : deux marches & quatre lames; grande inclinaifon du métier & de la chaîne; même longueur, ros femblable; également deux fils en broche; trame mouillée, fortement tiffée; liffes de fils à deux mailles, & un anneau dans le milieu.

L'ÉTAMINE du Mans eft d'un excellent ufage. Après le choix des matieres le mieux fait, elle exige fur-tout une très-belle filature, telle qu'il faut défefpérer de l'étendre en France, en matiere de pays, tant qu'on s'opiniâtrera à la faire au fec.

De l'étamine de Rheims.

On fait à Rheims des étamines de diverſes ſortes ; on les varie beaucoup, ſoit par le choix des matieres, la filature, le nombre de fils en chaîne, le tiſſage plus ou moins ſerré, ſoit en couleur & en rayures ; mais elles ſe font toutes ſur le même principe : de laines de la Champagne, de la Brie, du Berry, de la Bourgogne, de l'Auxois, ou autres ſemblables, toujours peignées, filées très-tors au fuſeau en grande partie pour la chaîne, & plus mou, plus ouvert : au petit rouet pour la trame ſur vingt-quatre pouces de large, pour revenir à une demi-aune après les apprêts.

Le voile n'eſt qu'une étamine fine. Les plus belles laines peignées y ſont les plus convenables : celles ſur-tout d'Angleterre, de Hollande, de Flandres, s'y emploieraient avec beaucoup de ſuccès. Ce ſont ordinairement des laines de la Champagne dont on compoſe cette étoffe : les plus longues, les plus ſuſceptibles d'un beau peignage, dont on tire le fil le plus fin, le plus uni, le plus ferme, le plus propre à produire une belle étoffe, ſerrée, raſe & ſeche.

Les burats & les buratés ne varient pas moins dans leurs eſpeces & qualités ſous ces dénominations génériques, que les étoffes précédentes ſous les leurs. Ils ſe fabriquent ſur la même largeur, avec des matieres ſemblables, plus ou moins torſes, ſuivant la douceur ou le grain, le ras & l'uni qu'on veut leur donner.

Toutes ces étoffes du genre des étoffes raſes & unies, ſont à fils ſimples, ſouvent retors au moulin : la chaîne en eſt légérement collée à la colle de Flandre, & parée enſuite avec un parement fait au petit-lait ; la trame mouillée, & même légérement gommée.

A l'égard des flanelles unies & croiſées, façon d'Angleterre, elles ſe font, quant à la chaîne, en laines ſemblables à celles employées dans les étoffes précédentes, & à trame de laine de Ségovie cardée à l'huile & filée au grand rouet : on dégraiſſe cette laine au ſavon noir après la filature, & on la fait ſécher avant de l'employer.

La largeur des flanelles eſt de ſept huitiemes pour trois quarts ; & la longueur de cinquante-cinq à cinquante-ſix aunes, pour cinquante-deux à cinquante-trois.

Les métiers de Rheims ſont montés, comme ceux des toiliers, à poulies pour le jeu des lames, ſans marchettes ni contre-marches. Ils ſont de la longueur de ceux d'Amiens, mais ils ont moins d'inclinaiſon.

§. IV.

De la tamiſe.

On a déjà obſervé dans les diverſes diſtinctions qu'on a données, que la tamiſe n'eſt qu'une toile en laine. On a fait remarquer que les fils dont elle eſt compoſée, doivent être le plus égaux en filature, chaîne & trame, d'une filature très-torſe l'une & l'autre; la trame un peu moins cependant que la chaîne, afin qu'elle entre mieux; aſſez enfin, pour que les petits quarrés du tiſſu ſoient parfaits, ou que dans un plus grand il entre un nombre égal de duites & de fils de chaîne, & que ces fils ſoient toujours employés en ſimple.

Il ne faut pas de grain à la tamiſe, puiſqu'elle eſt deſtinée à recevoir un apprêt luiſant. Mais lorſque la filature n'eſt pas bien torſe, l'humidité s'y introduit plus aiſément. Alors, quelque ferme que ſoit le *cati* de la preſſe, il ſe perd inſenſiblement, l'étoffe devient molle, & le luſtre diſparaît. Si la chaîne eſt double, elle devient plus dure aux apprêts que la trame; elle réſiſte davantage au *cati*, & elle tend également à ſe détordre: mais en employant des chaînes de fils ſimples, il les faut plus tors que ceux qu'on deſtine à doubler, plus tors même qu'il n'eſt poſſible de le faire à la filature: ainſi le moulin à retordre devient indiſpenſable, ſoit pour la chaîne, ſoit pour la trame des tamiſes; & les buhots doivent être placés, & le moulin à retordre tourné en ſens contraire, comme on l'a obſervé. Il faut en outre coller légérement les fils de la chaîne en écheveaux, avant de l'ourdir, & ceux de la trame qui en doivent reſter encore mouillés lorſqu'on les emploie. C'eſt ainſi qu'en uſe le ſieur Chabail, le ſeul de nos fabricans qui ait encore parfaitement réuſſi à imiter les tamiſes anglaiſes, d'après les principes que lui a donnés le ſieur Price, à qui nous devons les apprêts anglais, & beaucoup d'autres excellentes notions de fabrique qu'il a rapportées de ſon pays. On placera le procédé du collage à la fin de cette ſection.

Il ſerait à deſirer qu'on filât en gras pour cet uſage: non-ſeulement la filature en ſerait plus belle, comme on l'a vu précédemment, mais elle réſiſterait davantage au travail; on dégraiſſerait l'étoffe enſuite. C'eſt ainſi qu'operent les Anglais: ils trouvent le moyen d'employer par-là, avec beaucoup de ſuccès, & des fils d'une grande fineſſe, & des fils très-communs, qui ſouvent ne réſiſtent pas davantage, quand la matiere eſt ſeche, courte ou filée peu tors. Mais le moyen qu'on ait tenté cette pratique, qu'on ait fait des eſſais, qu'on ait exercé ſon induſtrie en ce genre! Nos réglemens preſcrivent la filature en gras, & l'on a pourſuivi l'exécution de ces réglemens avec aussi peu d'intelligence & autant de dureté à cet égard qu'à mille autres.

Si la tamise n'est qu'une toile, il convient que la disposition du métier soit la même qu'à celui de la toile. La matiere n'y fait actuellement rien; toute inclinaison de la chaîne est donc inutile, & la plus grande liberté dans le jeu des lisses est nécessaire. On y emploie deux ou quatre lames, ce qui dépend de la grosseur ou de la finesse des fils de la chaîne, & par conséquent de leur nombre. On s'en sert de quatre ordinairement; elles levent & baissent par position alterne, comme au camelot, ou l'une à côté de l'autre, comme au baracan: l'effet est le même, le passage des fils y étant relatif. On peut ne mettre que deux marches, & fouler alternativement, ou en mettre quatre, en en foulant deux à la fois; tout cela est assez indifférent: cependant plus la chaîne est fournie de fils, plus il convient de porter à quatre le nombre des lames, plutôt encore que celui des marches.

La difficulté de travailler nos fils en simple, les a fait doubler d'abord dans la tamise, comme dans les autres étoffes: on en vient d'indiquer les effets. Quelques-uns ont doublé en chaîne le fil de la laine avec un fil de soie, qui ne paraissait point d'abord, mais seulement pour donner de la consistance à la chaîne. Cette soie ne prend point la teinture comme la laine; mais elle pique encore plus l'étoffe par la différente impression de l'apprêt sur l'une & l'autre matiere, que par une nuance qui n'est pas uniforme.

On fabrique ordinairement, & il convient de fabriquer toujours la tamise en blanc: j'en déduirai les raisons, en traitant des apprêts auxquels elles sont entiérement relatives. On fabrique cette étoffe supérieurement en Angleterre. La matiere longue & lisse se prête à une belle filature, & elle a une grande disposition au lustrage. Sa largeur ordinaire est de vingt-sept pouces, mesure de France; le nombre des fils de la chaîne est de treize à quatorze cents; la matiere presque égale en chaîne & en trame, très-peu plus fine pour la derniere. La chaîne doit peser de dix à dix livres & demie pour quarante-six aunes d'étoffe, qu'on met en deux coupes, pour avoir des longueurs conformes à celles des tamises anglaises. Il entre de sept, sept & demi à huit livres de trame dans cette longueur de quarante-six aunes. Dans les tamises superfines, on porte le nombre des fils au pouce jusqu'à soixante, ce qui fait seize cents quatre-vingt fils dans cette largeur.

Le *duroi* est plus forcé en compte que la tamise, puisqu'on y met de mille à onze cents fils sur une largeur de dix-huit pouces & demi: il est aussi plus tissé. On suit d'ailleurs sur la matiere, dans toutes les opérations, le même traitement que pour la tamise. On en fait aujourd'hui de très-beaux à Amiens, & c'est encore le sieur Chabail, d'après le conseil du sieur Price, qui réussit le mieux dans cette étoffe beaucoup demandée d'Espagne, & que fournissait l'Angleterre en très-grande quantité avant la guerre.

La fabrication de la tamise, celle du duroi & de bien d'autres étoffes ont long-tems mis à la torture l'esprit de nos fabricans. Les apprêts nous manquaient ; nous les avons actuellement aussi parfaits que ceux des Anglais: nous avons poussé aussi loin qu'eux l'industrie en ce genre ; & quoique leur filature en gras, encore inusitée chez nous, leur donne beaucoup de facilité & de grands avantages, on peut s'en rapporter à l'esprit actif & curieux de nos fabricans, à leur esprit de recherches, & sur-tout d'imitation ; ils les balanceront du moins en tout ce qui dépend de l'exercice libre des unes & des autres facultés: mais en ce qui concerne la matiere sur laquelle ils peuvent les exercer, il dépend du gouvernement, & de lui seul, de nous placer au niveau des Anglais.

On fait des tamises en Saxe & à Berlin, à l'imitation de celles d'Angleterre ; car ce nom est anglais, & il est le même par-tout: elles y sont de la plus grande finesse, en Saxe sur-tout ; mais l'apprêt n'en est pas porté à sa perfection.

Rheims fabrique une sorte de petite étamine à fils très-tors, qui, mise plus en compte & mieux tissée, peut passer pour une tamise. Cette étoffe se lustre très-bien, & sa beauté d'ailleurs dépend de la finesse de la matiere & de la filature.

On encolle les chaînes de fils gras, ainsi que les autres. On les *pare* aussi, soit avec de la colle à la farine, qu'on nomme *parement*, soit avec une légere dissolution de colle de peau, un peu chaude, pour qu'elle soit plus liquide.

Du collage.

La colle se fait avec des rognures ou des raclures de peaux de toutes les sortes, des muscles, des cartilages, &c. enfin toutes les parties animales fibreuses, gélatineuses, qui, souples à l'humidité & dissolubles par la chaleur, reprennent du corps, se durcissent & deviennent tenaces lorsqu'elles sont privées de cette humidité. Il n'est donc question que de faire bouillir ces matieres dans l'eau pure, jusqu'à ce qu'elles y soient entiérement fondues: on les lave avant cette cuisson à l'eau chaude, & l'on en coule le bain après la dissolution, pour en distraire les parties charnues & indissolubles, & que la colle refroidie soit en gelée nette & transparente.

Appliquée sur une matiere quelconque, elle lui procure ses qualités, en raison de la quantité qu'on y en met: ainsi, lorsqu'on veut un encollage plus fort, on étend une plus forte dose de cette colle dans une quantité d'eau donnée. S'il y en avait trop, devenue feche, elle ferait dure & caffante, & elle rendrait telle la matiere à laquelle on l'unirait. Les fils d'une chaîne qui en ferait enduite à ce degré, fe briferaient à chaque inftant, & ne foutiendraient aucun travail. Il vaudrait beaucoup mieux pécher par défaut que par excès; il refterait la reffource de parer, & il n'en eft aucune contre un encollage trop fort. On a foin que le bain foit très-chaud, pour qu'il foit plus fluide, & qu'il pénetre mieux dans les pores de la matiere. On y comprime les chaînes avec une batte pefante par le bout.

QUAND on a beaucoup d'encollage à faire, on fe fert du bain immédiatement après qu'il eft coulé. Quand on a peu de cette matiere à employer, pour une, deux ou trois chaînes feulement, on fait rediffoudre de la colle dans l'eau, & on fe fert de cette nouvelle diffolution au degré de chaleur indiqué.

ALORS on arrange une ou plufieurs chaînes à la fois au fond d'un baquet; on y verfe deffus le bain de colle; on les y comprime; on les *liffe*, & on les tord, pour qu'elles s'imbibent également; on les fecoue bien, pour que les fils fe détachent, & on les étend ainfi à l'air, pour qu'elles fechent. On fent bien que le degré de chaleur du bain n'influe en rien fur la confiftance de la chaîne, mais bien la quantité de colle qui y refte lorfque fon humidité eft évaporée. S'il était queftion de matiere teinte, il faudrait proportionner le degré de chaleur à la tenacité de la couleur: il faudrait qu'elle ne fût que tiede pour des couleurs peu folides, & ainfi de fuite, jufqu'à la chaleur employée pour les chaînes en blanc.

IL eft toujours mieux de fécher l'encollage au grand air, la chaîne bien tendue, & foutenue de diftance en diftance: elle fe feche plus également. Lorfque le tems n'y eft pas favorable, on a des fécheries couvertes, & l'on y met des poëles au befoin, ayant attention que la chaleur foit modérée, pour que l'humidité s'évapore infenfiblement, & que le féchage, fait par degrés, n'ôte rien de leur fouplefle aux fils de la chaîne.

ON colle auffi des fils en écheveaux, lorfqu'ils font d'une filature trop molle; ceux principalement venant de l'Artois y font très-fujets, & ils font alunés, à deffein de leur procurer une apparence de fermeté & de force, que leur aurait réellement donnée plus de tors à la filature, fi l'on n'eût voulu gagner fur le tems néceffaire à porter cette main-d'œuvre à fa perfection.

CET encollage fe fait dans une légere eau de colle, qui n'eft autre que le bouillon que vendent les tripiers, où ils ont fait cuire des pieds de veaux, des oreilles, & autres parties femblables, étendu encore dans une plus grande quantité d'eau. On trempe les écheveaux dans ce bain; on les tord; on les fecoue; on les étend pour les faire fécher; après quoi on les double, pour les retordre au moulin. C'eft de cette maniere que fe fait au Mans l'encollage des chaînes pour les étamines.

PARER une chaîne, c'est enduire l'espace des fils déroulés de dessus l'ensouple jusqu'aux lames, d'une colle quelconque. On le fait, en trempant des brosses de crin dans la colle, & les passant l'une dessus, & l'autre dessous la chaîne; vis-à-vis, ou l'une sur l'autre, de maniere qu'on en vergette les fils dans toute cette étendue. On en use ainsi, lorsque cette espece d'encollage est fait avec le *parement*. Quand on le fait à la colle de peau; plus liquide que le *parement*, on y trempe un vieux penne ou autre matiere semblable, & on le passe & repasse sur cette partie développée de la chaîne. Comme on tisse incontinent après avoir paré, & que l'humidité des fils les exposerait à se distendre & à rompre même au travail, on les seche, en passant & repassant dessous un réchaud de feu.

IL est des endroits, comme à Rheims, où l'on fait dissoudre la colle à cet usage dans du petit-lait. (*a*) On n'a aucune observation à faire sur cette préférence. Quand il arriverait qu'elle procurerait à la matiere un peu plus de douceur, l'objet est de donner un peu plus de consistance à la chaîne pour l'instant du travail, passé lequel il la faut purger de tous ces ingrédiens, quels qu'ils soient. A l'égard de la variation des effets de la colle, & des influences même de l'intempérie de l'air sur elle, les ouvriers paraissent y avoir peu d'égards: ils l'emploient sans aucune considération du chaud ou du froid, du sec ou de l'humide.

SECONDE CLASSE.

§. I.

De la serge d'Aumale, de Blicourt, &c.

CES deux premieres especes d'étoffes rentrent dans la même, quant à la fabrication; elles ne different que par la largeur. L'*Aumale* a demi-aune un huitieme & trois pouces, pour revenir à demi-aune un huitieme après les apprêts; & le *Blicourt* a demi-aune un douzieme, pour revenir à demi-aune. Elles different encore par le choix des matieres, toujours plus fines & mieux assorties dans le *Blicourt* que dans l'*Aumale*, à l'égard de laquelle on réserve, pour les plus communes, les laines les plus grossieres.

L'OBJET de travail & de commerce de ces deux articles est considé-

(*a*) *Procédé du collage en Angleterre pour la chaîne des tamises.* Passer la chaîne dans un bain composé de quatre pots d'eau de riviere, & un demi-pot de lait, où l'on aura fait dissoudre une demi-livre de colle; faire sécher ladite chaîne au grand air; tremper seulement la trame dans ledit bain; l'exprimer à la main, & l'employer sur-le-champ ainsi mouillée.

rable

rable au midi de l'Amiénois, dans tout le Vimeu, & principalement dans les environs de Grandvilliers, d'Hardvilliers, de Crevecœur, en se rapprochant de Beauvais, & considérablement encore en tirant du côté d'Aumale, de Poix, & vers Oisemont. Les premiers pays dont on vient de parler, s'adonnent plus particuliérement à la fabrication du Blicourt, & les autres à celle de l'Aumale, quoiqu'on fasse l'un & l'autre dans ces différens endroits. On y fait aussi des *serges de Rome*, des *serges de Minorque*, des *turquoises*, & autres petites étoffes de ce genre qu'on travaille bien supérieurement à Abbeville, & dont on fait beaucoup aussi à Amiens: mais je ferai mention de chacune de ces étoffes, après avoir traité de la serge d'*Aumale* & de celle de *Blicourt*.

Les laines de la province ou des provinces voisines, sont les seules qui servent à alimenter ces sortes de fabriques, à moins que le hasard n'ouvre quelque branche de commerce de cette matiere dans des pays éloignés, comme il arrive quelquefois d'en tirer pour ces objets, de l'Alsace, de l'Allemagne, & d'ailleurs, mais de qualité & de prix à peu près les mêmes.

Après avoir ouvert les toisons, extrait les ordures & coupé les *durillons* ou *loquets* à la petite force, mis à part les parties les plus hautes & les plus fines pour chaîne les suivantes pour trame, & les rebuts pour lisiere; après avoir battu la laine sur la claie, l'avoir ensimée sur le plancher à l'huile de colsat ou de navette, roulée sur elle-même, l'huile en-dedans, entrée avec force dans le barril vuide de savon noir, bien peignée, lavée audit savon, filée, la chaîne & la trame au sec, & à corde ouverte, mais moins tendue pour celle-ci que pour l'autre, pour qu'il s'échappe plus de matiere en même tems, que la trame soit filée plus ouverte, plus molle, & la chaîne au contraire, rase, lisse & plus torse; après avoir enfin devidé, bobiné & ourdi, selon les procédés décrits, on colle la chaîne à la colle de veau, à raison d'une livre & demie par chaîne du poids de vingt livres.

Cette chaîne ainsi collée, & étendue pour sécher, se repasse encore quelquefois à la colle en cette situation, comme il arrive aussi quelquefois aux chaînes de camelots-laine, après la teinture; on les suit d'un bout à l'autre avec des brosses imbibées de colle, en maniere de parement.

Le nombre des fils de la chaîne est d'environ quinze à seize cents pour l'Aumale, & de douze à quinze cents pour le Blicourt. On tisse ordinairement l'Aumale à trame mouillée. Il est moins question de faire draper ces étoffes, que de former une croisure nette & apparente, qu'elles soient destinées à un apprêt mat ou à un apprêt luisant, l'un & l'autre leur convenant également.

Le métier de la serge a les mêmes dimensions que ceux des fabriques d'Amiens, & son armure est la même qu'à ceux des étoffes de la petite navette : quatre marches, quatre lames, &c. L'inclinaison de la chaîne de l'arriere en-avant, plus ou moins grande, est ordinairement de vingt à vingt-quatre pouces. Les lisses sont en fils de lin, à deux mailles ; l'anneau de même matiere, intercepté ; deux fils en broche : le passage des fils de la chaîne, ainsi que le jeu des marches & des lames, sont expliqués ci-après.

En attendant qu'on traite des apprêts, on prévient d'un usage d'ouvriers, qui y est très-contraire : pour rendre plus coulant le passage des fils dans le ros, ils le graissent avec l'huile de la lampe, ce qu'ils appellent *faire une passe*. Cette huile brûlée desseche la matiere, & y adhere avec une tenacité contre laquelle les dégraissages ordinaires ne peuvent rien : il les faut donc forcer pour l'en purger entiérement, & néanmoins toujours éviter le foulage, qui est aussi très-contraire aux fortes d'apprêts convenables à cette étoffe, ce qui est fort difficile à opérer. Si elle n'était pas parfaitement nette avant la presse, on verrait remonter cette huile à la chaleur, en plaquer la surface, ternir la couleur, & graisser les cartons qui, à leur tour, tacheraient les nouvelles étoffes dans lesquelles on les emploierait.

On fabrique beaucoup de serges dans le Gévaudan : elles sont travaillées bien supérieurement, quoique dans les mêmes principes, à ce que nous faisons de plus beau en ce genre : elles sont d'une filature plus fine, plus fournies en compte ; mais leur largeur est moins considérable. On y met environ douze cents fils passés dans des ros de vingt pouces, pour leur fournir, après la fabrique & les apprêts, une largeur de dix-huit pouces. La chaîne ourdie sur la longueur de trente-six aunes en donne environ trente-cinq d'étoffe, qui pese de douze à quinze livres.

Les laines de ce petit pays un peu montagneux, sont assez fines, longues, lisses, & très-propres au peignage. On en use dans le choix de celles propres à la chaîne & à la trame, & dans la filature de l'une & de l'autre, comme en Picardie : les plus longues & les plus fines, qu'on a soin de filer plus fin & plus tors, pour la premiere, & les autres qu'on file moins fin & plus ouvert pour la derniere.

Le fil filé pour chaîne se nomme *estame* ; & trame, celui qui n'est employé qu'à cet usage.

Les plus belles serges se font, chaîne & trame, en *estame*, & se nomment alors serges *étaminieres*, *premiere qualité*, *seconde*, &c. Quoiqu'elles aient éprouvé un peu de foulage pour les purger de toutes les parties hétérogenes, la laine n'ayant reçu qu'un premier lavage d'être peignée, le grain en reste fin, & la croisure nette. Il est vrai que ce foulage ne se fait qu'à l'eau pure : eau qu'on prétend dans le pays avoir la qualité de faciliter le peignage & les autres opérations, sans l'intervention des matieres grasses ou huileuses, employées par-tout ailleurs. On frotte seulement le peigne avec une couenne de lard, comme on l'a indiqué.

L'AUTRE espece de serge, fabriquée également en blanc, en même compte & sur la même largeur, se nomme *serge tramiere*, *premiere*, *seconde qualité*, &c. Elle est un peu plus foulée, a plus d'étoffe & paraît moins fine. On fait encore à Mande des serges dans le goût des *sagatis* d'Angleterre, teintes en laine chaîne & trame de couleurs différentes. Les fabriques du Gévaudan, qui jouissent d'une réputation bien méritée, étaient autrefois entiérement fournies de laines du crû de ce canton, ou des cantons voisins. Ces matieres ont aussi souffert des diminutions considérables; & il faut aujourd'hui, là comme ailleurs, s'en pourvoir à l'étranger. On supplée à celles qui manquent en Gévaudan, par celles des provinces voisines; & en plus grande quantité par des laines qu'on tire de diverses Echelles du Levant. Il n'est cependant pas rare de voir dans ce pays-là le même particulier récolter la laine, la faire passer successivement par toutes les opérations préparatoires de la fabrication, fabriquer enfin, & vendre les étoffes, produit de sa matiere & de ses soins; de telle maniere que le cultivateur est à la fois fabricant & marchand.

CE serait bien, quant à la population, à l'agriculture & au commerce, le dernier degré d'extension, de force & de richesse, auquel la politique pût atteindre, que de réunir le plus, sur des individus dispersés, de ceux de ces objets qui en sont susceptibles. Les hommes, entassés avec une seule ressource, autre que celles de l'agriculture, quelqu'abondante qu'elle puisse être, dans des tems aussi prolongés qu'on voudra les imaginer, périront tôt ou tard de la plus affreuse misere: les moindres crises dans le commerce en sont presque chaque année, dans quelques-uns de ces gouffres murés, d'horribles exemples. Mende, la capitale de cet industrieux canton, n'a point encore atteint la perfection des apprêts propres à ses serges. Comme Amiens les possede supérieurement, nous lui en ferons part, ainsi qu'à toute la France, par la publication des pratiques qui y conduisent.

LA Gascogne, & principalement le Nébousan, fait aussi des serges avec les matieres de son crû; elles sont très-communes, mais à très-bas prix. La Picardie en tire en assez grande quantité, pour les teindre, les apprêter, & les exporter ensuite en Espagne. Les différentes provinces par où elles passent pour arriver en Picardie, sont remplies de douanes, de bureaux de visite, & de droits énormes perçus comme sur marchandises passant des provinces de France en provinces réputées étrangeres, *& vice versa;* droits qui, sur une étoffe de 17 à 18 sols l'aune, en augmentent le prix d'environ quinze pour cent, sans compter les retards que ces perceptions destructives occasionnent, & les frais considérables de transport; droits qui par conséquent font éprouver sur cette branche de commerce des surcharges telles qu'elle court risque d'être bientôt ruinée, si l'on n'y met ordre.

Les ferges d'Aumale s'emploient beaucoup en meubles & en doublures; teintes & apprêtées : on en imprime auffi une certaine quantité, quoique ce goût très-répandu depuis vingt ou vingt-cinq ans, commence à s'ufer. Le Blicourt, plus fin, plus léger, fait des doublures plus propres; & la ferge de Mende, plus rafe, plus fine, plus belle enfin que le Blicourt, y eft bien plus convenable; mais elle eft plus chere.

Il fe fabrique encore des ferges dans le Cotentin, connues fous le nom de *ferges de Saint-Lo*, parce que cette ville eft le centre de leur fabrication. On ne peut guere les comparer aux précédentes, fi ce n'eft dans les procédés de la fabrique, qui font les mêmes, à de grandes différences près, indiquées relativement au lavage, quant au triage des laines, à la filature, à la maniere de rentrer les fils, pour opérer la croifure, de marcher & tiffer enfin. On enfime, avant le peignage, à l'huile d'olive la plus commune; on dégraiffe enfuite au favon *madré* de Marfeille, la laine fuppofée bien hors de fon fuin avant le peignage: la filature & le peignage faits en gras. Mais, avec tout cela, la ferge de Saint-Lo n'eft guere dans le cas d'être comprife parmi les étoffes rafes & feches que j'ai entrepris de décrire. Son foulage, quoiqu'aux pieds, la quantité dont elle rentre, fon feutrage enfin, & le corps qu'elle acquiert dans cette opération, la rapprochent autant du drapé de la ratine, qu'ils l'éloignent du ras de la ferge ordinaire.

Ces ferges font de plufieurs fortes, connues principalement fous les noms de *rafes* & *finettes*, & de *fortes*, qui les défignent à peu près. Elles fe fabriquent fur la largeur d'environ cinq quarts d'aune, pour revenir à une aune en blanc; & elles s'emploient ainfi, ou teintes en diverfes couleurs, en habillemens, de même que les ferges d'Agen, qui font encore plus drapées que celles de Saint-Lo.

Je n'ometrai pas de parler, dans cette fuite de ferges qui fe fabriquent dans le royaume, de celle qui fe fait à Rheims, à l'imitation & au même ufage que les petites flanelles d'Angleterre, dont on fait des chemifettes à mettre fur la peau; elles font auffi fines, auffi blanches, plus rafes, & plus fournies en compte que celles d'Angleterre, mais elles ont l'air moins brouillées; elles font moins crêpées, qualité que les anglaifes acquierent par une filature torfe, un foulage léger, & qui les fait préférer, comme plus propres à abforber la tranfpiration.

§. II.

De la ferge de Rome.

La *ferge de Rome*, croifée des deux côtés, ou fans envers, n'eft, à bien des égards, qu'une ferge d'Aumale; c'eft le même paffage des fils, le même nombre de marches & de lames, celles-ci se foulant, & celles-là levant & baissant dans le même ordre. Mais elle en differe essentiellement par la qualité de la matiere, bien supérieure dans la serge de Rome, par la chaîne de fils toujours doubles & retors, par la trame de filature très-ouverte, plus fine, & toujours lancée très-mouillée, & par un tissage fort & très-rapproché, qui lui donne plus de consistance & autant de main qu'en acquierent plusieurs sortes de draperies par un foulage long & serré.

COMME la chaîne est peu fournie, eu égard à sa finesse & à la largeur de l'étoffe, qui est de demi-aune, c'est la trame fine, ouverte, mouillée & fortement chassée, qui lui donne cette épaisseur drapante.

ON fabrique toujours cette étoffe en blanc, pour la débouillir, la dégorger, & la teindre ensuite, ordinairement en matieres de pays; mais les belles qualités, en laine de Flandre ou de Hollande. La croisure de la serge de Rome est la même à l'endroit & à l'envers, à la seule différence près, qu'elle va de droite à gauche d'un côté, & de gauche à droite de l'autre.

LORSQU'ON veut faire un envers à la serge de Rome, on n'en passe la chaîne que dans trois lames, mais toujours également, chacune par tiers, & l'on ne les fait jouer qu'au moyen de trois marches. Dans la serge précédente, il leve & baisse toujours moitié de la chaîne, & toujours deux fois de suite & à la fois, deux fils l'un à côté de l'autre, le premier avec le second, le second avec le troisieme, le troisieme avec le quatrieme, le quatrieme avec le premier, & ainsi de suite. Ici, tout s'opere également par les fils qui baissent; mais il n'en leve jamais qu'un, & la croisure en-dessus se forme par la trame.

CES croisures qui dessinent différemment une étoffe, sont sujettes à des variations sans fin. Le nombre de combinaisons est-il épuisé avec un tel nombre de lames & de marches? on varie l'un des deux, ou tous les deux, & à chaque fois il s'ouvre une nouvelle carriere. On en jugera, en observant la gradation suivante des marches, & des manieres de marcher.

§. III.

De la serge de Minorque.

A la *serge de Rome* sans envers, les deux côtés sont les mêmes, parce que la chaîne passée de suite dans les lames, leve & baisse par moitié; à la serge à envers, elle ne leve que par tiers, & par quart seulement à la serge de Minorque: ajoutez que la trame est beaucoup plus fournie dans celle-ci que dans les autres; les trois fils contre un la repoussent en-dessus; & comme le fil qui enserre la trame à l'endroit de l'étoffe n'est jamais deux pas de fuite, le même, mais le plus proche de celui-ci, il en résulte une cannelure diagonale, renflée par la trame ordinairement triple, virée, mouillée & chassée avec force. Cette cannelure est plus ou moins nette, mieux ou moins bien marquée, suivant l'uni de la filature, & le plus ou moins de finesse du fil. La chaîne fine, double & très-torse, & la trame filée très-ouverte & légérement virée, sont les premieres conditions pour faire une bonne serge de Minorque.

QUELQUES fabricans ne tissent cette étoffe qu'à trame double, quelques-uns même qu'à trame seche : alors il en entre moins ; & commme elle surmonte fort à l'endroit les fils de la chaîne qui la pressent en-dessous, elle est bientôt coupée pas ceux-ci, faute de leur opposer une consistance qui résiste à cet effort. Nous fabriquons toujours en blanc la serge de Minorque, ainsi que la plupart de nos petites étoffes croisées, pour les teindre en pieces, de sorte que la couleur est toujours une ; mais dans l'étranger, & sur-tout en Saxe, on en fabrique beaucoup en couleurs variées en chaîne & en trame : ce qui tranche par piquures rapprochées & suivies en direction diagonale, suivant l'effet de la croisure. Ces variations, lorsqu'on y oppose des couleurs assorties avec goût, font un effet assez piquant.

§. IV.

De la calmande.

LA *calmande* est une étoffe connue & réglémentée d'ancienne date ; elle s'est soutenue avec un accroissement continuel, parce qu'on la varie à volonté, qu'elle est applicable à une infinité d'usages, & d'un très-bon service. On en fabrique beaucoup en blanc, en uni, & à côtes, pour teindre en pieces. Il s'en fait aussi une très-grande quantité de rayées en diverses couleurs, & à fleurs de différens dessins.

LE *pas* de la calmande est précisément celui du satin. On se sert également de cinq lames & de cinq marches, dont l'une de celles-ci, foulée, fait lever réguliérement quatre de celles-là à la fois, lorsqu'il n'en baisse qu'une. En considérant cette marche, on reconnaîtra que les quatre fils qui levent, dominent la trame chacun quatre duites de suite, toujours en-avant, quoique toujours parallélement, mais diagonalement ; de maniere qu'au premier pas, les quatre premiers fils levant, le cinquieme baisse ; au second, les deuxieme, troisieme, quatrieme & cinquieme levent, le premier baisse ; au troisieme, les troisieme, quatrieme, cinquieme & premier levent, le deuxieme baisse, & ainsi de suite. Il en résulte une flotté de la part des fils de la chaîne, qui forme le satiné de l'étoffe ; & dans le fait, la calmande n'est qu'un satin en laine.

Mais en travaillant cette étoffe, comme on l'indique ici, il arriverait qu'il n'y aurait jamais qu'un cinquieme de la chaîne en-dessous lorsqu'on ouvre le tissu, & toujours par fils séparés de la distance des quatre qui se trouveraient en même tems en-dessus. Cette partie de chaîne serait trop faible pour résister au frottement continuel de la navette, d'un certain poids, & qu'elle supporterait en entier: on tourne donc la chaîne sens-dessus-dessous; ou, ce qui est la même chose, on dispose les pieces de l'*armure*, ou l'on fait le *jumellage* en sens contraire; & la calmande se travaille à l'envers.

Tout ceci est dit pour les calmandes unies. A l'égard de celles à côtes, dont il se fabrique considérablement depuis quelque tems, on conçoit que le passage des fils & le jeu des lames ne doivent plus être les mêmes, mais que les côtes n'étant qu'une alternative d'endroit & d'envers, la *rentreture* doit alterner d'abord pour produire cet effet; ce qui sera encore expliqué à l'article des marches. Ces côtes sont ordinairement de largeur égale entr'elles, & de distance égale à cette largeur; alors l'étoffe n'a point d'envers, car tout est semblable de l'un & de l'autre côté. Elles peuvent être inégales, ainsi que leur distance: ce n'est plus une étoffe absolument sans envers; & l'endroit est toujous censé être le côté où il y a le plus de satiné, celui où les côtes un peu en relief, eu égard au fond, sont plus larges que leurs intervalles.

On fabrique la calmande en blanc, unie, ou à côtes le plus ordinairement, sur la largeur de demi-aune un douzieme. On en distingue la qualité par le nombre des fils en chaîne, indiqué par le nombre des barres qu'on fait avec des fils en couleur, placés sur une partie de la largeur, près de la lisiere & du chef. Celles dites *deux barres*, sont composées de deux mille fils en chaîne; les *trois barres*, de deux mille trois cents; les *quatre barres*, de deux mille six cents; les *cinq barres*, de deux mille huit cents; les *six barres*, de trois mille; & les *sept barres*, qui est la qualité supérieure, de trois mille deux cents; chaque fil double & retors; & la trame simple, filée moins torse, fine proportionnément à la chaîne, employée mouillée & tissée ferme.

Les calmandes de premiere qualité sont déjà très-blanches en comparaison des communes, quoique les unes & les autres soient également fabriquées en écru, étant destinées le plus souvent, ou à rester en blanc, ou à être teintes en couleurs fines, & beaucoup en couleurs claires. On choisit les matieres les plus nettes & les plus blanches naturellement; & en conséquence, les laines de Flandre, jaunies par le défaut de parcage, n'y sont pas très-propres. On se sert donc ordinairement, pour ces premieres qualités, de laine de Hollande. Les autres sont très-convenables à la composition de cette étoffe, quant à la finesse & à la force. On les emploie avec succès dans les qualités moyennes & inférieures, qui plus bises d'abord, se décruent & s'apprètent suivant les procédés qu'on indiquera ensuite.

QUOIQU'IL se fasse une très-grande quantité de calmandes en écru, il s'en fait beaucoup plus encore de teintes, rayées en couleurs variées de toutes sortes d'échantillons. Celles-ci ne different en rien des autres quant à la fabrication ; mais elles sont ordinairement de matieres plus communes, & presque toujours de largeur plus étroite, comme de six à sept seiziemes, & de neuf cents, mille, à douze cents fils en chaîne.

LE centre de fabrication en France de la calmande, est la Flandre, & particuliérement Roubais & ses environs : on en fabrique cependant en Picardie, mais plus généralement dans le commun, toujours en écru, & jamais de rayées. On n'y fait pas non plus de calmandes à fleurs ; variétés dont il se fabrique prodigieusement, ainsi que des autres, à Berlin, & sur-tout en Angleterre. Le fond de l'étoffe des calmandes fleuries, se fait de même que les calmandes ordinaires : le dessin s'exécute en outre au moyen de la tire : mais ce n'est pas ici le lieu de parler de cette maniere d'opérer ; on en traitera ailleurs. Je m'en tiendrai, pour le moment, à dire que la calmande à fleurs, & celle rayée de toutes couleurs, font une partie considérable de cette immense quantité d'étoffes de petit lainage, que les Anglais fabriquent dans les plus basses largeurs, depuis treize à quatorze pouces, jusqu'à dix-huit ou vingt, & dont ils font un commerce prodigieux dans le monde entier.

JE ne puis m'empècher de répéter à cette occasion, ce que j'observais dans un mémoire à mon retour d'Allemagne, après avoir passé à Francfort & à Leipsiok en tems de foire. Les étoffes rases étaient en si grande quantité dans ces deux villes, qu'entassées, on en aurait pu former des montagnes : la plupart étaient en contravention à nos réglemens, soit par les largeurs si peu considérables, que beaucoup ne semblaient propres qu'à faire des ceintures, soit dans le nombre des fils, moindre d'un tiers ou d'un quart, proportionnément à leur largeur, de ce qui nous est prescrit dans les mêmes especes. Ces marchandises arrivent en très-grande quantité : elles se dispersent de même. La consommation en est prodigieuse, & il semble le plus souvent n'y en avoir pas assez. Eh bien ! on n'y en voyait pas une piece des fabriques de France. Je ne voudrais que cet exemple, pour prouver combien sont dangereux à l'industrie & pernicieux au commerce, la plupart de nos réglemens de fabrique.

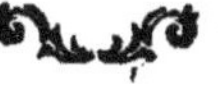

§. V.

§. V.

De la prunelle.

CETTE petite étoffe, de nouvelle invention & d'un excellent uſage, a déjà ſouffert diverſes révolutions dans ſa fabrication & dans ſon commerce; mais elle ſe ſoutient, & l'on en conſomme toujours beaucoup. Sa chaîne eſt compoſée de deux fils de Turcoing ſuperfins, doublés, & fortement retors enſemble; & ſa trame, d'une ſoie de Languedoc ou de Piémont organcinée, doublée, & virée en trois, quatre ou cinq fils, ſuivant ſa groſſeur: ce qui forme ſix, huit ou dix brins. Le nombre des fils en chaîne eſt de deux mille à deux mille quatre cents, ſur la largeur de vingt pouces.

ON jugera de la fineſſe des matieres propres à fabriquer la prunelle, lorſqu'on ſaura que le poids d'une chaîne fine de quarante à quarante-cinq aunes ne doit pas excéder onze livres: celui de la ſoie en trame eſt d'une livre & demie à deux livres. Cette ſoie s'emploie de toutes les manieres, *crue*, *décruée*, ou *greſe-blanche*. On en a fait en couleur, travaillées en ſoie teinte: on fait aujourd'hui généralement en écru celles qu'on veut en couleur unie, à l'exception des gris, & des autres couleurs, dont les procédés pour la teinture en ſoie ſont différens de ceux pour la teinture en laine. A l'égard des rayées, dont on fait beaucoup auſſi, on en teint les matieres avant de les employer.

ON fait quelquefois des prunelles à chaîne, de laine de pays, de la plus belle filature qu'on puiſſe trouver; mais la laine de Hollande ſe montre dans cette comparaiſon avec toute ſa ſupériorité. La chaîne de cette derniere laine reſte à peu près dans ſa longueur après la fabrication & les apprêts; tandis que la laine de pays, quelque bien choiſie qu'elle ſoit, s'accourcit d'une aune à une aune & demie. Une chaîne de ſoixante aunes ne donne guere que cinquante-huit à cinquante-huit aunes & demie d'étoffe, l'une & l'autre ſuppoſée également tenue au pied. La laine de Hollande, plus fine, plus liſſe, plus longue, eſt ſuſceptible d'un meilleur peignage: elle ſe dilate plus aiſément; ſes fibres ſe détachent, s'étendent, s'alongent davantage. La nôtre plus ſeche, plus dure, plus courte, caſſerait plutôt que de ſe prêter à une pareille extenſion.

POUR donner en même tems autant de force & plus de fineſſe à la prunelle, on a eſſayé d'en faire la chaîne d'un fil de Turcoing ſuperfin, doublé & retors avec une ſoie organcinée; les prunelles fabriquées en laine ſont plus communes, mais elles ſont moins cheres, & d'un bon uſage. Le nombre des fils de la chaîne eſt diminué, ſuivant la qualité, d'un cinquieme ou un sixieme de celles tramées de soie. Elles se tissent toujours à trame très-fine, double, virée, & le plus souvent mouillée. La pratique de tisser à trame seche est mauvaise, lorsqu'on fabrique en blanc, & que la chaîne est fournie en compte. Les duites ne sauraient s'approcher.

Le travail de la prunelle se fait ordinairement avec cinq marches : c'est pour une plus grande commodité de l'ouvrier. En considérant le plan des marches, & le mouvement que chacune d'elles procure aux lames, on reconnaîtra que la quatrieme foulée fait lever & baisser les mêmes lames que la premiere ; & la cinquieme, que la deuxieme. Il suffirait donc de trois marches ; mais un même pied serait obligé de *foncer* deux fois de suite, ce qu'on nomme ici *brochetter*, & ce qui est pénible pour l'ouvrier : mais il faut toujours six lames, & ainsi de toutes les autres parties qui concourent à leur jeu.

Il y a peu de différence du travail de la prunelle à celui de la calmande. Celle-ci, comme on l'a vu, s'exécute par quatre fils levés & un baissé, ou le contraire, puisqu'elle se fait à l'envers, cinq fils en broche par conséquent. La prunelle en a six, & elle s'exécute par quatre levés & deux baissés ; elle n'a plus besoin d'être tissée à l'envers, parce que les deux fils de dessous ont assez de force pour soutenir la navette. Le passage des lames étant égal dans les prunelles comme dans les calmandes unies, il est nécessaire que le nombre des lisses le soit à chaque lame : mais dans les prunelles à côtes, il y a des variations dans l'arrangement par paquets, qui se feront sentir à l'inspection des marches.

La prunelle est l'étoffe rase en laine la plus jolie & la meilleure qu'on ait faite en France. On en doit l'invention, quant à nous du moins, & la perfection, à M. Joiron Maret. (*a*)

§. VI.

De la turquoise. (*b*)

De toutes les petites étoffes croisées que je décris, la *turquoise* est celle

(*a*) On fabrique de très-nouvelle date à Amiens une étoffe satinée, qu'on nomme *prussienne* ou *satin turc*. Cette étoffe, de la largeur de vingt pouces, est d'une grande beauté, & sera d'un excellent usage, puisqu'il passe en-dessus les $\frac{6}{7}$ de sa chaine, très-fournie, & $\frac{1}{7}$ en-dessous pour l'envers. Je cite encore avec plaisir M. Joiron Maret, pour la fabriquer supérieurement.

(*b*) J'ai mis au rang des étoffes croisées, la turquoise & le basin, quoique l'une & l'autre se fasse à pas simple & sans croisure, lorsqu'elle est travaillée en uni : mais comme on y forme le plus souvent quelques petits dessins, & qu'ils exigent des pas croisés, il m'a paru plus convenable de les placer dans cet ordre.

qu'on varie le plus dans la fabrication, & chacune d'elles a une dénomination particuliere. On dit donc : *turquoise à côtes*, *turquoise baracanée*, *guillochée*, *croisette*, *grande*, *petite*, *double*, *simple*, *mille-points*, &c. &c.

On les fabrique généralement en matieres de bonne qualité, filées fin, à fils doubles & retors pour la chaîne, simples & mouillés pour la trame, avec environ mille fils sur la largeur de demi-aune. La turquoise simple s'exécute avec trois marches & quatre lames : celles à dessins en exigent un nombre proportionné à leur complication, & qu'on trouvera déterminé relativement à l'examen des marches indiquées ci-après n°s. 8 & 9.

Cette étoffe, & ainsi de la plupart de celles que je décris, qui se fabriquent en écru, & de petite largeur, se monte en chaîne d'environ soixante aunes de longueur, qu'on coupe en deux ou trois pieces, suivant les demandes.

§. VII.

Du basin.

Le *basin* tire son nom d'une sorte de toilerie, ou étoffe en fil & coton, cannelée sur la longueur, & que celle-ci imite fort bien : c'est encore une espece de turquoise qu'on aurait pu nommer tout uniment *turquoise basinée*, sans en faire une division à part, si elle n'eût eu une distinction marquée dans le commerce. Il s'en fabrique d'ailleurs beaucoup en couleurs qui, par leur opposition, détachent encore mieux la cannelure du fond, ce qui n'arrive jamais à la turquoise proprement dite, qui ne se fabrique qu'en blanc. Le basin se tisse, ainsi que la turquoise, toujours à trame simple & mouillée, lorsqu'il se fabrique en blanc ; & à trame seche, lorsqu'il se fabrique en couleurs.

§. VIII.

Du grain-d'orge.

Si la *turquoise* est de nos petites étoffes celle dont on varie le plus les dessins, le *grain-d'orge* est celle dont les dessins sont le plus saillans. C'est pour y parvenir, qu'on le tisse à trame double virée. Le principal mérite de l'étoffe ne consiste pas dans sa finesse, on y emploie des matieres ordinaires ; mais dans sa force, dans sa résistance, qui lui a acquis successivement les noms d'*amen*, d'*éternel*, de *fort-en-diable*, &c. Elle soutient mal ces dénominations, lorsqu'on néglige d'en fournir la chaîne du nombre convenable de fils, de huit cents, neuf cents à mille, suivant la filature, sur la largeur de demi-aune, & si on la tisse légérement, l'étant toujours au fec, fur-tout fi c'eft à trame fimple, comme cela arrive quelquefois, principalement dans ceux qu'on fabrique en couleurs.

Le nom de *grain-d'orge* lui vient de celui de fon auteur, & non de celui du deffin de cette forme, long-tems le feul qu'on ait exécuté fur cette étoffe; mais qu'on varie beaucoup aujourd'hui. On réunit & prolonge ces grains en côtes fur la largeur, en carreaux, en lofanges, &c. &c. Il ne fe fabrique qu'en blanc, pour être teint, ou en couleur unie, & feulement en gris. Ceux qui fe font en couleurs variées en chaîne & en trame, pour détacher mieux le deffin du fond, fe nomment, *façon* de *Siléfie*, ou tout uniment *filéfie*, & forment en cela une nouvelle divifion.

§. IX.

Du filéfie, ou façon de filéfie.

On vient de voir que le *filéfie* ne differe du *grain-d'orge* qu'en ce qu'il fe fabrique à chaîne & à trame de différentes couleurs, & en ce que les deffins plus variés & fouvent plus compliqués demandent un autre ordre dans le paffage des fils, dans le nombre des marches, dans celui des lames, en un mot, dans l'*ambrevage* & le *jumellage*.

Le filéfie eft de nos étoffes croifées, celle qui confomme les matieres les plus communes, & l'une de celles qui foient à plus bas prix.

La *rentreture* a bien en général une forme déterminée pour chaque efpece d'étoffes décrites, & auffi quelquefois la même pour plufieurs: mais elle varie fouvent auffi dans la même efpece, ce qui dépend de la nature du deffin. Elle n'eft même pas toujours déterminée pour tel deffin; car, comme on peut exécuter différens deffins fur la même rentreture, par la feule difpofition des cordes, d'où réfulte le jeu des lames, on peut quelquefois le varier, en difpofant les cordes de maniere à ramener les lames à produire le même effet: tout cela dépend de la facilité que l'ouvrier trouve à exécuter un deffin, le grand art confiftant toujours à fimplifier l'état de la machine.

§. X.

Du malbouroug.

Le *malbouroug* eft de toutes les étoffes croifées la plus compliquée, celle dont l'exécution du deffin demande le plus grand nombre de marches, & dont le paffage des lames préfente le plus d'irrégularité. Cette étoffe, qui fe fait à la marche, reffemble le plus au ras de Sicile qui fe fait à la tire, dont la figure d'un côté fait fond de l'autre, & dont l'un est toujours formé par la trame, lorsque l'autre l'est par la chaîne. Il faut donc qu'il soit fabriqué en couleurs, & que celle de la chaîne soit différente de celle de la trame.

L'APPRÊT qui convient & qu'on donne ordinairement au malbouroug, est le *cati* fortement lustré : les fils doublés & retors ne sont donc pas propres à sa fabrication : on en a déjà insinué les raisons à l'article de la tamise & ailleurs ; elles seront expliquées, lorsqu'on traitera des apprêts. Cependant nos fils de laine courte & seche ne sauraient guere s'employer autrement. Ils ne résisteraient pas aux secousses qu'éprouve une chaîne très-fournie, & qui demande d'être tissée fortement. Les laines de Hollande filées à Turcoing s'y emploieraient à fils simples avec succès, mais elles sont très-cheres. C'est bien un grand mérite de cette étoffe d'être fabriquée avec de bonnes matieres & susceptibles d'un bel apprêt ; mais, en y ajoutant en outre de la consistance, il la faut établir à bas prix.

ON voit donc encore, relativement à cet objet, de quelle importance il serait de remonter à l'amélioration de nos laines, pour les rendre propres aux travaux auxquels plusieurs nations, & sur-tout les Anglais, se livrent avec tant d'avantage.

ON a aussi retors un fil de soie avec un fil de laine, pour donner plus de finesse, & laisser autant de force à la chaîne ; mais on a vu dans la tamise & dans la prunelle les inconvéniens qui résultent de cette pratique : ils se réunissent ici ; & cette soie y ajoute un prix de matiere & de main-d'œuvre que le malbouroug ne saurait supporter. Il faut donc, pour fabriquer cette étoffe convenablement, n'employer dans sa chaîne que des fils simples, d'une filature très-torse, ou retors ensuite au moulin ; dans lequel cas il aurait fallu avoir l'attention de les filer à corde croisée. Le nombre de ces fils sur la largeur de demi-aune, est de neuf cents à mille, la trame de matieres de pays, comme celle de la chaîne, également bien choisie, également filée fin, mais un peu moins torse, & assez rapprochée au tissage pour que le nombre des fils de trame soit à peu près égal à celui des fils de chaîne.

ARMURES DES MÉTIERS.

ON ne donne ici qu'une trentaine de ces sortes d'armures, qu'on pourrait encore beaucoup varier ; mais ce nombre suffit pour avoir une idée des différences qui se rencontrent dans les tissus simples, croisés, à carreaux, à côtes & à toutes sortes de petits dessins praticables à la marche, & pour faire concevoir le méchanisme de toutes ces sortes de métiers.

M désigne les marches, qu'on multiplie selon le dessin des étoffes qu'on veut faire ; T le talon des marches, ou le point où est fixé leur jeu à charniere ; L les lames, dont le nombre quelquefois moindre, quelquefois plus grand, ou égal à celui des marches, est souvent déterminé relativement à ce dernier. F désigne les fils de la chaîne. Les petits points noirs marquent leur passage dans les lisses. Les o marquent l'endroit où sont attachées les cordes qui correspondent des marches aux lames par en-haut, & qui les levent lorsqu'on foule la marche correspondante, tandis que toutes les autres baissent, ce qui forme la *foule*. C'est de cet arrangement des fils que sort le dessin qu'on veut former, soit par la trame, soit par la chaîne.

N°. 1. *Planche VIII.* Toile.

La toile se fait avec deux marches & deux lames. Les fils sont passés dans les lisses, alternativement de la premiere à la seconde, &c. On foule les marches en commençant toujours par le pied droit, dans l'ordre suivant : 1 : 2 &, recommençant ; la marche 1 fait lever la lame 2, & la marche 2 la lame 1. Le nombre des lisses est ici égal en chaque lame. Quand il se trouvera des lames d'un nombre inégal de lisses, on le fera remarquer.

N°. 2. *Planche VIII.* Camelot.

On emploie quatre marches & quatre lames. On foule à la fois 1, 1, qui font lever de même 1, 3. On foule ensuite 2, 2, qui font lever 2, 4. On passe quatre fils entre chaque broche du ros ou peigne, ce qui s'appelle *mettre quatre fils en dent.* Le nombre des lisses de chaque lame est égal. Les fils sont rentrés dans les lames à la suite l'un de l'autre : c'est pourquoi on fait lever les lames 1, 3, afin qu'il ne se rencontre pas une petite cannelure, que les dents du ros occasionneraient, si elles levaient 1, 2, & 3, 4. La *figure* G est l'armure du métier de camelot en Allemagne : on foule avec le même pied deux marches à la fois.

N°. 3. *Planche VIII.* Camelot baracané.

Le camelot baracané se fabrique à quatre marches & quatre lames, comme le camelot simple. On foule 1, 3 : 2, 4 à la fois. Les lames levent 3, 4 : 1, 2. Le passage des fils est différent. On passe dans la premiere lame, ensuite dans la troisieme, puis dans la seconde, & enfin dans la quatrieme. La raison que nous avons donnée du passage précédent, est confirmée par celui-ci ; car si les fils étaient rentrés tout de suite, il faudrait que les lames levassent aussi 1, 3 : 2, 4.

Quatre fils en dent.

N°. 4. *Planche VIII.* Baracan.

IL faut pour le baracan deux marches & quatre lames, qui levent auſſi 1, 2 : 3, 4. On foule 1, & enſuite 2. Les fils ſont paſſés dans les lames 1, 3, 2, 4.

Deux fils en broche.

N°. 5. *Planche VIII.* Serge ſans envers.

ON peut faire cette étoffe de différentes manieres, avec le même nombre de lames & de marches: on peut auſſi les varier, pourvu qu'on faſſe lever trois fois de ſuite deux lames, l'une à côté de l'autre, & qu'on termine par les deux extrêmes. Voici la maniere d'arranger les cordes, & de faire lever les lames en foulant les marches. Il y a quatre lames & quatre marches. Les fils ſont paſſés de ſuite dans 1, 2, 3, 4. Les o, qui ſont ſur les points de ſection des lignes longitudinales & des tranſverſales, marquent les lames qui levent; tandis qu'on foule ſur la marche qui y répond, les autres baiſſant en même tems. Ici on ne travaille qu'avec un pied, qui eſt le droit : le gauche reſte appuyé par terre ſur le bord de la foſſe, dans laquelle ſe fait le jeu des marches. On foule 1, qui fait lever les lames 4, 3 : on foule enſuite 2, qui fait lever 3, 2; puis 3, qui fait lever 2, 1; enfin 4, qui fait lever 1, 4. On recommence à la premiere marche.

QUAND on veut faire uſage des deux pieds, on ſe ſert de l'une des deux *figures* A B. Pour la *figure* A, on foule avec le pied droit 1 & 3, & avec le gauche 2, 4, & ainſi pour la *figure* B. On obſerve de fouler les marches ſelon l'ordre des chiffres, pour qu'elles puiſſent faire lever les lames qui y répondent, ſuivant leur indication. Deux fils en dent. La *figure* C eſt encore une autre maniere de paſſer les fils, & de marcher, pour opérer le même effet. On foule 1, 4 : 2, 3; il leve 2, 4 : 2, 3 : 1, 3 : 1, 4.

N°. 6. *Planche VIII.* Serge de Rome avec un envers.

CETTE étoffe ſe fait avec trois lames & trois marches, qui ſe foulent 1, 2, 3, avec un ſeul pied; les lames levent 3, 2, 1. On voit qu'il doit néceſſairement y avoir une croiſure à l'endroit, formée par la trame, & que la chaîne doit former une toile à l'envers, puiſqu'il n'y a qu'un tiers de la chaîne qui leve, tandis que les deux autres tiers baiſſent.

LES fils ſont paſſés 1, 2, 3 : il y en a deux en dent.

N°. 7. *Planche VIII.* Serge de Rome à côtes.

IL faut, pour former la côte qui eſt baracanée, & à pas de toile, lorſque les intervalles sont croisés, multiplier le nombre des lames, sans augmenter la somme totale des lisses, & faire lever trois lames à la fois.

Les fils sont passés dans les lisses 1, 2, 3 : 1, 2, 3 : 4, 5, 6 : 4, 5, 6, & en recommençant. On voit par cet arrangement qu'il faut laisser des intervalles entre les lisses, puisqu'il s'en trouve un si grand entre les fils passés dans celle de la lame 1, & dans celles de la lame 6 : c'est ce qu'on n'apperçoit pas d'abord, lorsqu'on veut imiter un dessin. Pour éviter un examen trop réfléchi, quand le métier est monté & les fils passés, on élague tout ce qui est inutile. S'il restait à chaque lame autant de lisses qu'à celle de la serge de Rome, n°. 6, il y en aurait la moitié qui ne serviraient pas. Les marches se foulent 1, 2, 3, & les lames levent 2, 3, 6 : 1, 3, 5 : 1, 2, 4, & ainsi de suite en recommençant.

Deux fils en dent.

N°. 8. *Planche VIII.* Turquoise baracanée.

Comme on veut avoir dans la turquoise cette espece de cannelure ou raie que les broches du ros forment entre les fils, on les passe dans les lisses 1, 2, 3, 4, & on fait lever les quatre lames deux à deux, par le moyen de deux marches, qu'on foule alternativement, comme à la toile. La marche 1 fait lever 3, 4; & l'autre, 1, 2.

Deux fils en broche.

N°. 9. *Planche VIII.* Turquoise mont-à-loisir.

Trois marches & quatre lames, les fils passés 1, 2, 3, 4. On foule 1, qui fait lever les lames 3, 4 : on foule 3 avec l'autre pied, qui fait lever 1, 4. Le pied droit foule 2, & 1, 2 levent. Le pied gauche refoule 3; ensuite le pied droit retourne à la premiere marche, parce que la marche 3 baisse deux fois, tandis que les autres ne baissent qu'une fois chacune.

Deux fils en dent.

N°. 10. *Planche VIII.* Basin en turquoise.

Trois marches & quatre lames, dans lesquelles les fils passent 1, 2, 3, 4 : 3, 2, 1 : 2, 3, 4, & ainsi de suite; de sorte que la premiere & la derniere lame ne soient garnies que de moitié des lisses des autres. On foule 1, qui fait lever les lames 3, 4; puis 3, qui fait lever 4, 2; ensuite 2, qui fait lever 3, 1, & on reprend 3 : la course est finie, la troisieme marche allant deux fois avec le pied gauche, contre les deux autres une seule. Si l'ouvrier n'est pas assez agile du pied gauche, on le fait commencer par 3, &

& il marche alors 1 deux fois ; mais il faut transposer l'arrangement des cordes.

On appelle *course* le nombre de duites à passer pour faire le dessin. Il y en a ici quatre, quoiqu'il n'y ait que trois marches ; mais l'une d'elles joue deux fois.

Deux fils en broche.

N°. 11. *Planche VIII.* Basin varié du précédent.

Il y a trois marches & six lames. Les fils sont passés de suite 1, 2, 3, 4, 5, 6. On foule comme au précédent 1, 3 : 2, 3. Les lames levent 1, 3, 5 : 4, 5, 6 : 2, 4, 6.

Deux fils en dent.

N°. 12. *Planche VIII.* Mille-point en turquoise.

Quatre marches & sept lames dans lesquelles les fils passent 1, 2, 3, 4, 5, 6, 7 : 6, 5, 4, 3, 2, 1 : 2, 3, 4, 5, 6, 7, &c. On voit par-là comment les lisses des lames doivent être compassées. On foule 1, 4 : 1, 3 : 1, 4 : 1, 3 : 2, 4 : 2, 3 : 2, 4, &c. On peut pousser plus loin la course, suivant la finesse de la trame, ou selon la longueur qu'on veut donner au dessin. Les lames levent 1, 2, 6, 7 : 1, 3, 5, 7 : 3, 4, 5, & enfin 2, 4, 6.

Deux fils en broche.

N°. 13. *Planche VIII.* Prunelle unie.

On pourrait faire la prunelle avec trois lames & trois marches ; mais comme il se trouve beaucoup de fils dans la chaîne, on met six lames & cinq marches. Les fils sont passés 1, 2, 3, 4, 5, 6. On foule 1, 3, 2, 4, 5, & la course est finie. Les lames levent 2, 3, 5, 6 : 1, 3, 4, 6 : 1, 2, 4, 5 : 2, 3, 5, 6 : 1, 2, 4, 5.

Six fils en broche.

N°. 14. *Planche VIII.* Prunelle à côtes.

Trois marches & six lames. Les fils se rentrent 1, 2, 3 : 1, 2, 3 : 1, 2, 3 : 1, 2, 3 : 4, 5, 6 : 4, 5, 6 : 4, 5, 6 : 4, 5, 6, &c. On foule 1, 2, 3. Les lames levent 2, 3, 6 : 1, 3, 5 : 1, 2, 4. On fait aussi cette étoffe à six marches, & à six lames, composées comme celles ci-dessus, *fig.* A, & elles levent ainsi, 2, 3, 6 : 1, 3, 5 : 1, 2, 4 : 2, 3, 6 : 1, 3, 5 : 1, 2, 4 : ce qui est une répétition.

N°. 15. *Planche IX.* Calmande unie.

Cinq marches & cinq lames; les fils rentrés 1, 2, 3, 4, 5. Les lames levent 4, 2, 5, 3, 1 : d'où l'on voit que quatre baissent à la fois, tandis qu'il n'y en a qu'une qui leve. Cette étoffe se fait à l'envers, & la croisure de l'endroit ne se forme qu'avec la chaîne.

Cinq fils en broche.

N°. 16. *Planche IX.* Calmande à côtes.

Cinq marches & dix lames. Les fils se rentrent 1, 2, 3, 4, 5 : 1, 2, 3, 4, 5 : 1, 2, 3, 4, 5, 6, 7, 8, 9, 10 : 6, 7, 8, 9, 10 : 6, 7, 8, 9, 10 : & ainsi de suite en recommençant. On marche comme au n°. 15, d'un seul pied, 1, 2, 3, 4, 5. Les lames levent 2, 3, 4, 5, 10 : 1, 3, 4, 5, 7 : 1, 2, 3, 5, 9 : 1, 2, 3, 4, 6 : 1, 2, 4, 5, 8.

Cinq fils en dent.

N°. 17. *Planche IX.* Serge de Minorque.

Quatre marches & huit lames; les fils passés 1, 2, 3, 4 : 1, 2, 3, 4 : 1, 2, 3, 4 : 5, 6, 7, 8 : 5, 6, 7, 8 : 5, 6, 7, 8 : on foule d'un seul pied dans l'ordre suivant, 1, 2, 3, 4. Les lames levent 2, 3, 4, 6, 7, 8 : 1, 3, 4, 5, 7, 8 : 1, 2, 4, 5, 6, 8 : 1, 2, 3, 5, 6, 7. L'ouvrier a ici six lames à faire lever à la fois, tandis qu'il n'y en a que deux qui baissent.

Pour sa commodité, l'étoffe se travaille à l'envers, comme il est tracé en A, le nombre des lames, le passage des fils, & la marche étant de même. Les lames levent 1, 5 : 2, 6 : 3, 7 : 4, 8.

Quatre fils en broche.

N°. 18. *Planche IX.* Grain-d'orge.

Huit marches & huit lames; la rentrée des fils, comme à la serge de Minorque. On ne foule qu'avec un seul pied 1, 2, 3, 4, 5, 6, 7, 8, & en recommençant; les lames levent 2, 3, 4, 8 : 1, 3, 4, 7 : 1, 2, 4, 6 : 1, 2, 3, 5 : 4, 6, 7, 8 : 3, 5, 7, 8 : 2, 5, 6, 8 : 1, 5, 6, 7.

Quatre fils en broche.

N°. 19. *Planche IX.* Barré en grain-d'orge.

Huit marches & huit lames; la rentrée comme au n°. 18, se marche de même, les lames levent 1, 5 : 2, 6 : 3, 7 : 4, 8 : 1, 2, 3, 5 : 1, 2, 4, 6 : 1, 3, 4, 7 : 2, 3, 4, 8.

N°. 20. *Planche IX.* Mille-point cannelé.

Quatre marches & huit lames : se rentrent 1, 2, 3, 4, 5, 6, 7, 8 : 7, 6, 5, 4, 3, 2, 1 : 2, 3, 4 5, 6, 7, 8, &c. On marche à deux pieds, 1 avec le droit, 4 avec le gauche, répétant autant de fois qu'il est nécessaire, pour alonger le point convenablement; ensuite 2, 3, &c. avec les mêmes répétitions. Les lames levent 1, 2, 3, 5, 7 : 4, 6, 8 : 2, 4, 6, 7, 8 : 1, 3, 5.

Deux fils en broche.

N°. 21. *Planche IX.* Mouches & navettes.

Huit marches & six lames : se rentrent comme au n°. 20. On marche 1, 8 : 1, 8 : 1, 8 : 1, 8 : 2, 7 : 2, 7 : 3, 6 : 3, 6 : 4, 5 : 4, 5 : 4, 5 : 4, 5, &c. Les lames levent 2, 4, 5, 6 : 1, 3 : 1, 3, 5, 6 : 2, 4 : 1, 2, 4, 6 : 3, 5 : 1, 2, 3, 5 : 4, 6. Le travail se fait à deux pieds, le droit foulant les quatre marches à droite, & le gauche les quatre à gauche.

Deux fils en broche.

N°. 22. *Planche IX.* Petite fraise de mouche.

Huit marches & huit lames; les fils passés comme aux numeros précédens. On marche 1 & 8, chacun trois fois; 2 & 7 de même; 3 & 6 de même; 4 & 5, cinq à six fois chacun. On est actuellement au milieu des marches, les deux pieds l'un contre l'autre; on s'en retourne comme on est venu, en foulant 3 & 6 trois fois, 2 & 7 de même, & enfin 1 & 8 aussi trois fois, & l'on revient. Les lames levent 1, 3, 4, 5, 7, 8 : 2, 6 : 1, 3, 5, 6, 7 : 2, 4, 8 : 1, 3, 5, 7, 8 : 2, 4, 6 : 1, 2, 3, 5, 7 : 4, 6, 8.

N°. 23. *Planche IX.* Petite croisette.

Les marches, les lames & le passage sont comme au n°. 22. Les lames levent 1, 3, 5, 6, 7 : 2, 4, 8 : 1, 3, 5, 7, 8 : 2, 4, 6 : 1, 2, 4, 6, 8 : 3, 5, 7 : 2, 3, 4, 6, 8 : 1, 5, 7.

N°. 24. *Planche IX.* Zigzag cannelé.

Huit marches, huit lames, les fils rentrés 1, 2, 3, 4, 5, 6, 7, 8, & recommencer. On marche 1, 8 : 2, 7 : 3, 6 : 4, 5. Les lames levent 1, 2, 5, 6, 8 : 3, 4, 7 : 3, 4, 5, 7 : 1, 2, 6, 8 : 2, 3, 4, 5, 8 : 1, 6, 7 : 2, 3, 4, 7 : 1, 5, 6, 8.

N°. 25. *Planche IX.* Croisette & fraise.

Neuf marches & dix lames; la rentrée des fils comme aux numeros 20 & 21. On marche cinq à six fois, comme il suit : 1, 8 : 1, 9 : 2, 8 : 2, 9 :

3, 8 : 3, 9 : quatre à cinq fois, 4, 8 : 4, 9 : trois fois, 5, 8 : 5, 9 : trois fois, 6, 8 : 6, 9 : trois fois, 7, 8 : 7, 9. S'en retourner de la même maniere, en recommençant par 6, 8. Les lames levent, en considérant la progression naturelle 1, 2, 3, &c. des marches, 1, 5, 6, 7, 8 : 1, 3, 5, 6, 7, 9, 10 : 2, 4, 6, 8, 9, 10 : 1, 2, 4, 6, 9, 10 : 2, 3, 4, 6, 8, 10 : 1, 2, 4, 5, 6, 8, 10 : 2, 3, 4, 6, 7, 8 : 1, 3, 5, 7, 9 : 2, 4, 6, 8, 10.

N°. 26. *Planche IX.* Croisette sans envers.

Seize marches & dix lames ; les fils rentrés comme au n°. 24. On marche 1, 16, quatre ou cinq fois ; 2, 15, deux fois ; 13, 14, quatre à cinq fois ; quatre, 13, chacun deux fois ; 5, 12, chacun deux fois ; 6, 11, chacun trois ou quatre fois ; 7, 10, chacun deux fois ; 8, 9, quatre ou cinq fois ; revenir à la premiere en travaillant. Les lames levent 2, 4, 5, 6, 7, 8 : 1, 3, 9, 10 : 1, 3, 5, 6, 7, 9 : 2, 4, 8, 10 : 2, 4, 6, 8, 9, 10 : 1, 3, 5, 7 : 1, 3, 5, 7, 9, 10 : 2, 4, 6, 8 : 3, 4, 5, 6, 7, 9 : 1, 2, 8, 10 : 2, 4, 5, 6, 8, 10 : 1, 3, 7, 9 : 1, 2, 3, 5, 7, 9 : 4, 6, 8, 10 : 1, 2, 4, 6, 8, 10 : 3, 5, 7, 9.

N°. 27. *Planche IX.* Silésie en AV, ou zigzag.

Huit marches, huit lames ; les fils sont passés comme au n°. 26. On marche avec un seul pied 1, 2, 3, 4, 5, 6, 7, 8 : puis on recommence par 1. Les lames levent 3, 4, 5, 8 : 2, 3, 4, 7 : 1, 2, 3, 6 : 1, 2, 5, 8 : 1, 4, 7, 8 : 3, 6, 7, 8 : 2, 5, 6, 7 : 1, 4, 5, 6.

Quatre fils en broche.

Pour faire des yeux de perdrix, il suffit de marcher de la huitieme à la septieme, puis la sixieme, la cinquieme, &c.

N°. 28. *Planche X.* Silésie à bâton rompu.

D'ix marches & dix lames ; la rentrée des fils comme au n°. 27. On marche comme au même n°. 27, & l'on peut faire des yeux de perdrix avec le même changement. Le dessin est ici plus grand, & il se forme un petit bouton qui ne se trouve pas dans celui ci-dessus. Les lames levent 4, 5, 6, 10 : 3, 4, 5, 9 : 2, 3, 4, 8 : 1, 2, 3, 7 : 1, 2, 6, 10 : 1, 5, 9, 10 : 4, 8, 9, 10 : 3, 7, 8, 9 : 2, 6, 7, 8 : 1, 5, 6, 7.

Quatre fils en broche.

N°. 29. *Planche X.* Silésie ou cœur enflammé.

Seize marches & dix lames ; les fils rentrés comme au n°. précédent. On foule 1, 2, 3, 4, &c. jusqu'à 16. On revient par 15, 14, &c. jusqu'à la premiere. Les lames levent 1, 2, 5, 6, 8, 9 : 1, 2, 4, 7, 10 : 1, 2, 3,

6, 9, 10 : 1, 2, 5, 8, 9, 10 : 4, 7, 8, 9 : 3, 6, 7, 8, 9 : 2, 5, 6, 7, 8 : 1, 4, 5, 6, 7 : 2, 3, 5, 6, 9, 10 : 1, 4, 7, 9, 10 : 1, 2, 5, 8, 9, 10 : 1, 2, 3, 6, 9, 10 : 2, 3, 4, 7 : 2, 3, 4, 5, 8 : 3, 4, 5, 6, 9 : 4, 5, 6, 7, 10.

Trois fils en broche.

N°. 30. *Planche X.* Bâton rompu.

DIX-fept marches & dix lames ; les fils paffés comme ci-deffus. On marche 1, 2, 3, 4, &c. jufqu'à la dix-feptieme, & on recommence par la premiere. Les lames levent 1, 4, 5, 6, 7, 10 : 4, 5, 6, 9 : 3, 4, 5, 8 : 2, 3, 4, 7, 10 : 1, 2, 3, 6, 9, 10 : 1, 2, 5, 8, 9, 10 : 1, 4, 7, 8, 9 : 3, 6, 7, 8 : 1, 4, 5, 6, 7, 10 : 2, 5, 6, 7 : 3, 6, 7, 8 : 1, 4, 7, 8, 9 : 1, 2, 5, 8, 9, 10 : 1, 2, 3, 6, 9, 10 : 2, 3, 4, 7, 10 : 3, 4, 5, 8 : 1, 4, 5, 6, 7, 10.

N°. 31. *Planche X.* Malbouroug.

SEIZE lames & feize marches. Les huit premieres lames font employées à faire le deffin, & les huit autres la répétition qui eft à côté, ce qui eft diftingué par des X. On marche 1, 2, 3, 4 : 9, 10, 11, 12 : 1, 2, 3, 4 : 5, 6, 7, 8 : 13, 14, 15, 16 : 5, 6, 7, 8 : 1, 2, 3, 4 : 9, 10, 11, 12 : 1, 2, 3, 4 : 5, 6, 7, 8 : 13, 14, 15, 16 : 5, 6, 7, 8, pour agrandir le deffin. Il faut répéter de fouler quatre marche autant de fois qu'on le jugera convenable.

N°. 32. *Planche X.* Malbouroug.

VINGT-quatre marches, & vingt-quatre lames, les fils paffés en AV ou en zigzag ; marcher 1, 2, 3, &c. jufqu'à 24.

N°. 33. *Planche X.* Etoffe brochée à chaînons.

ON a parlé ci-devant du broché à chaînons, qui s'exécute à la marche, fur les étoffes à pas fimple ou croifé. Il fe fait ainfi des camelots, des étamines & autres étoffes rafes & feches. Les chaînons font des parties de chaîne, diftribuées fur une feconde enfouple placée au-deffus de celle de la chaîne principale, & paffée dans d'autres lames que celles qui fervent à faire le fond. Le plan de l'armure fuivante donnera l'idée de cette forte de travail. Pour l'exécution de ce deffin, il faut douze marches & dix lames, dont quatre pour fabriquer le fond de l'étoffe, & fix pour faire la figure. Le marcher eft 1, 12 : 1, 11 : 2, 10 : 3, 9 : 4, 8 : 5, 7 : 6, 7 : 5, 8 : 4, 9 : 3, 10 : 2, 11 : 1, 12. Quatre fils en broche, dans les parties où il y a figure, & deux feulement où il n'y a que du fond.

On voit qu'il n'y a pas de fils de chaînons passés dans les lames du broché 1 & 12, afin de pouvoir séparer le dessin, & former une figure détachée. En répétant l'usage de ces deux marches, on fait cette séparation à volonté. Cette étoffe se travaille à l'envers ; le flotté de la matiere à brocher se trouve en-dessus, & les o marquent les lames qui baissent, pour faire le broché en-dessous. Il en est ainsi du *lancé*, maniere de brocher par une seconde trame de couleur, & quelquefois de matiere différente. Cette autre pratique, beaucoup plus commune, & d'un usage fréquent dans les fabriques de toileries, ne differe de la précédente, qu'en ce que les marches, qui font mouvoir les lames du fond, ne sont pas les mêmes que celles qui font agir les lames par lesquelles on opere la figure ; & qu'au lieu des fils de chaînons qui sont passés dans celles-ci, ce sont des fils de la chaîne du fond qui levent ou baissent dans un tems différent de celui où se fabrique le corps de l'étoffe. La figure du n°. 34, qui est le même dessin que celui du n°. 33, donne l'idée de cette différence.

Dans la fabrication du *lancé*, on ouvre le pas de fond ; on trame ; on ferme le pas ; on foule la marche de la figure ; on lance la matiere du broché ; on rouvre le pas du fond, & ainsi de suite ; au lieu qu'au broché à chaînons, le fond & la figure s'exécutent en même tems. Le flotté est sur la largeur au lancé ; il est sur la longueur au broché à chaînons.

Moyens de trouver la marche d'une étoffe par l'échantillon.

Après avoir donné la marche par laquelle on s'éleve de l'idée d'un dessin à son exécution, il n'est pas hors de place d'indiquer la méthode de redescendre de l'exécution aux élémens, & d'établir les principes qui y conduisent

Si en tirant un fil de la trame, on apperçoit que les fils de la chaîne levent & baissent alternativement, il est évident que l'étoffe est fabriquée à pas simple, que ce soit à deux ou quatre marches.

Si à la premiere duite, deux fils de la chaîne, proche l'un de l'autre, levent ou baissent à la fois, & qu'à la seconde duite il s'en leve ou baisse également deux, mais l'un de ceux qui ont levé avec l'un de ceux qui ont baissé, & ainsi de suite, ce sera une serge ordinaire, & la marche sera 1 & 2, 2 & 3, 3 & 4, &c. s'il n'y a que quatre marches.

Si quatre fils levent sur la premiere duite, & qu'un cinquieme baisse, & ainsi de suite en s'éloignant toujours d'un fil, il y aura cinq lames : elles leveront 1, 2, 3, 4 : 2, 3, 4, 5 : 3, 4, 5, 1 : 4, 5, 1, 2, &c. Ce sera une calmande, un satin.

S'il est question d'un petit dessin, croix, mouche, fraise, &c. il faut procéder de même, & fixer les objets de la maniere suivante.

TIREZ ſur le papier pluſieurs lignes droites, paralleles & rapprochées; tirez-en d'autres qui coupent les premieres à angles droits. Les unes repréſenteront les marches du métier, & les autres les lames. Dégagez un fil de la trame des fils défilés de la chaîne. Si le premier fil de chaîne eſt par-deſſus le fil de trame, marquez un o ſur le premier point de ſection de la premiere colonne, qui annonce que ce fil a levé lorſque l'ouvrier a foulé la marche. Si le ſecond fil de chaîne eſt par-deſſous le fil de trame, ne marquez rien : celui-ci baiſſait, tandis que le premier levait, & ainſi de ſuite, juſqu'à ce que vous rencontriez une colonne ſemblable à la premiere; ce qui indique que le deſſin eſt fini quant à ſa largeur.

A l'égard de ſa longueur, ſuppoſez une étoffe figurée telle que le Malbouroug du nº. 32, & poſez ſur les ſections de la prochaine ligne longitudinale & de toutes les tranſverſales, des o qui indiquent tous les fils de la chaîne qui levent, ceux qui ſurmontent la trame; continuez ainſi, juſqu'à ce qu'un nouveau fil indique une répétition exacte d'élévation & d'abaiſſement des mêmes fils de chaîne. Une nouvelle colonne, ſemblable à une précédente, annonce l'achevement du deſſin; & ſoit qu'elle ſoit longitudinale, ſoit qu'elle ſoit tranſverſale, il la faut retrancher.

LA rentrée des fils eſt déterminée par la nature de la croiſure du deſſin; toujours du même côté, s'il en eſt ainſi de la croiſure; ou en A V, ſi elle eſt en zigzag. S'il eſt queſtion d'une étoffe à côtes, il faut doubler le nombre des lames employées pour une étoffe croiſée unie, & rentrer moitié en-deſſus, & moitié en-deſſous; puiſque les côtes, comme on l'a déjà obſervé, ne ſont qu'une ſuite alternative d'endroits & d'envers, qui s'exécutent en même tems de chaque côté.

IL eſt auſſi un moyen d'exécuter un petit deſſin quelconque qu'on aurait ſeulement ſur papier : celui de le rayer en long & en large, & la maniere du papier à deſſin. Comme les étoffes figurées uniquement par la chaîne & par la trame, ne préſentent que l'un pour le fond, & l'autre pour la figure, n'importe lequel, il ſuffit de ſavoir que l'envers offre toujours le contraire de l'endroit, c'eſt-à-dire, la chaîne oppoſée à la trame, ou la trame à la chaîne, & que toutes les parties correſpondantes du deſſin ſe raſſemblent de part & d'autre. Si l'on ſuit un fil de la chaîne, en conſidérant le fond de l'étoffe, là où ce fil diſparaît pluſieurs pas de ſuite, commence la figure; & là où il reparaît dominant, elle eſt achevée.

IL en eſt ainſi de toutes les raies paralleles à la premiere, qui repréſentent les fils de la chaîne. La trame à ſon tour prédominera où le deſſin ſera tracé, & l'on multipliera les points de croiſure en raiſon inverſe de cette prédominance marquée par le plus ou le moins de plein de la figure ſur le fond. Si elle couvre beaucoup, ce ſera un pas de ſatin. Ce ſera un pas plus alongé encore, ſi elle forme du flotté : je veux dire que la trame flottera, ſi la figure ne paraît point piquée : ſes fils ne ſeront point arrêtés par ceux de la chaîne. Si au contraire la figure eſt raſe, qu'elle couvre peu le fond, il faudra ſerrer la croiſure, la faire ſur des pas plus rapprochés : la figure ſera fréquemment piquée.

On peut donc uſer de tous les deſſins qu'on rencontre, où & comme on les trouve. On peut en former auſſi à l'infini, & avec une très-grande facilité. Il n'y a qu'à voir dans les mémoires de l'académie des ſciences, année 1704, combien le P. Sébaſtien Truchet a tiré de combinaiſons de ſimples carreaux mi-partis en deux couleurs par une ligne diagonale. Il en a préſenté trente deſſins différens : il en avait formé cent, on peut en trouver mille.

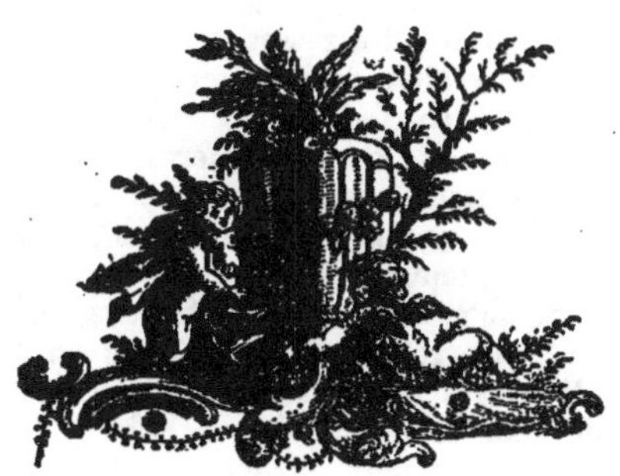

L'ART

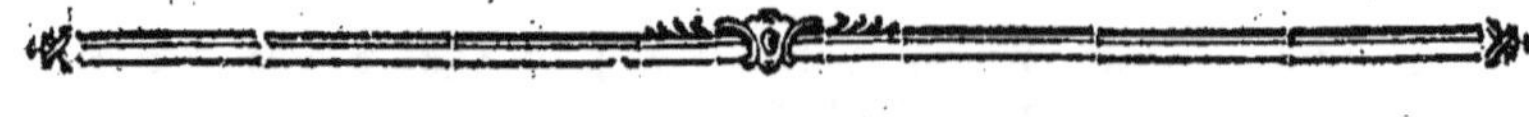

L'ART DU FABRICANT D'ÉTOFFES EN LAINES.

SECONDE PARTIE.

VAINEMENT fabriquerait-on les étoffes dans la derniere perfection, si on ne les assujettit ensuite à un apprêt convenable à chaque espece : elles perdent leur plus grand mérite, celui de flatter l'œil du consommateur, & de nourrir une idée de luxe en se montrant avec éclat. La partie des apprêts est très-variée, très-variable encore, & plus susceptible qu'aucune autre de s'étendre & d'être perfectionnée. Je vais indiquer les procédés d'usage pour chaque sorte d'étoffes : il restera sans doute beaucoup de petites pratiques à suppléer ; mais comme elles different considérablement, attendu que chacun a les siennes, je m'en tiendrai aux méthodes générales.

LES étoffes se fabriquent, ou en matieres teintes avant ou après la filature, ou en matieres écrues, pour être teintes en pieces. Les apprêts, qui varient beaucoup dans les différentes especes, different plus encore dans l'un & l'autre cas. La premiere attention à avoir à l'égard des étoffes fabriquées en blanc, est qu'elles soient parfaitement dégraissées avant la teinture & les apprêts. La graisse ressort & s'étend à la teinture ; elle ternit les couleurs, & tache l'étoffe ; elle ressort, & tache autrement encore à la chaleur des apprêts ; elle gâte les cartons à la presse, & les cartons gâtent les nouvelles étoffes dans l'apprêt desquelles on les emploie. Les serges d'Aumale, celles de Blicourt, & quelques autres étoffes fabriquées à la campagne, sont les plus sujettes à cet inconvénient, par l'usage où sont les ouvriers de graisser les ros avec de l'huile de la lampe, & de travailler mal-proprement.

AUSSI faut-il employer à leur égard des agens propres à absorber ou à se combiner avec les parties grasses ; de maniere qu'en chassant les uns de l'étoffe, on la purge en même tems des autres. Il faut souvent beaucoup de travail pour détremper & extraire les matieres grasses, durcies dans les étoffes ; & ce genre de travail est susceptible d'un très-grand inconvénient, relativement à certains genres d'apprêts auxquels on les destine ; il détord les fils ; il en dilate les parties ; il les incorpore les unes aux autres ; il foule l'étoffe enfin. Si la serge d'Aumale ou de Blicourt est destinée à l'impression, il n'en est que mieux qu'elle soit foulée, elle serait trop seche autrement : mais si elle doit avoir du grain, on sent combien tous ces effets y seraient contraires ; ils ne le sont pas moins à ce qu'elle acquiere du lustre & de la fermeté : ce n'est qu'un fil tors distinct & écrasé qui peut lui procurer l'un & l'autre. Cependant, lorsqu'une étoffe est très-mal fabriquée, encore vaut-il mieux en rapprocher les fils, en couvrir les défauts par le foulage, que de les laisser paraître. Il faut donc dégraisser les étoffes sans les fouler : on y procede de différentes manieres. Celle usitée à la campagne opere rarement l'effet complet, & presque jamais sans inconvénient : on est toujours obligé, lorsqu'il est question de couleurs claires & de blancs blanchis, de faire un nouveau dégraissage. Elle consiste à prendre de la terre grasse, telle qu'elle se présente aux ouvriers peu intelligens qui tiennent les moulins, à la détremper, à la verser en plus ou moins grande quantité dans la pile, & à y faire battre l'étoffe jusqu'à ce qu'elle leur paraisse dégraissée : alors on lui donne l'eau en plein ; on la retire ; on la rend au fabricant, qui la fait sécher, & elle est mise dans le commerce.

Je dis qu'on rend les étoffes mouillées au fabricant, & il est bon que celui-ci exige qu'elles soient ainsi, parce que les foulonniers les étendent & les roulent même autour des arbres pour les faire sécher ; & lorsque ce sont des chênes, des frênes, & même des pommiers ou poiriers, les étoffes s'y tachent d'une teinture qu'il est très-difficile de faire disparaître.

Je ne dis rien des dangers d'employer de la terre mal choisie, mal passée, peu détrempée, mêlée de gravois. Les étoffes en sont rapées, & l'on voit la bourre qui s'en détache remplir les atteliers dont je parle. Un moyen plus efficace est de faire ce travail à l'urine seule, ou mêlée avec un peu de fiente de cochon, ou de crotin de mouton. Ce fluide gras & visqueux pénetre, détrempe la matiere, & forme aisément une nouvelle combinaison avec les corps gras & huileux qu'il rencontre. On fait d'abord un léger foulage, seulement pour en bien imbiber l'étoffe, qu'on laisse ainsi s'échauffer autant de tems qu'il est nécessaire pour que la fermentation qui s'y établit agisse fortement sur les matieres grasses, sans nuire aux parties constituantes de l'étoffe, auxquelles elles adherent. Ce tems est de huit, dix, douze heures en été, dix-huit, vingt, vingt-quatre en hiver. On remet l'étoffe dans la pile avec la premiere matiere dont elle est imbue, & on l'y travaille un instant : on lâche la pile, & on la lave en pleine eau. Au lieu d'urine seule, ou mêlée avec les ingrédiens qu'on vient d'indiquer, souvent on n'emploie que le savon en petite dose, mais toujours avec la chaleur dont il est fait mention : l'eau chaude même y serait favorable dans certains cas. Le dégraissage s'opere très-bien avec un bain de ſurge, c'eſt-à-dire, avec de l'eau dans laquelle on a dégraiſſé de la laine en toiſon non lavée avant la tonte : c'eſt ainſi qu'on en uſe à l'égard des ſerges de Saint-Lo, en les foulant aux pieds dans de grandes auges de bois creuſées en forme cylindrique. Mais la maniere la plus ſimple, ſouvent applicable, la moins en uſage en France, faute d'y être connue, de dégraiſſer parfaitement toutes ſortes d'étoffes ſans les durcir, ſans en altérer les couleurs, ſi elles ſont teintes, qui les diſpoſe à aſpirer la teinture & à bien réfléchir les couleurs ſi elles ne le ſont pas, c'eſt de mettre du ſon dans la pile ; de l'employer en plus ou moins grande quantité, avec peu d'eau d'abord, qu'on fait tiédir, ſuivant le beſoin.

C'est ainſi qu'on en uſe en Allemagne & ailleurs dans pluſieurs manufactures de draperies ; que les dégraiſſeurs nettoient la plupart des habits, non ſans quelque ſecret, pour ſe faire payer cher une opération qui ne coûte preſque rien : de même qu'ils levent les taches les plus invétérées, les matieres les plus incorporées & durcies avec l'étoffe, celles même qui réſiſtent le plus à la terre à foulon, comme le cambouis, &c. avec du jaune d'œuf délayé ſur la tache, & qui, en frottant, forme une écume ſavonneuſe qui s'unit à la graiſſe, dont on purge ainſi, en lavant, les étoffes de quelque matiere qu'elles ſoient, ſans plus d'altération des couleurs que l'eau pure n'eſt capable d'en produire.

Pour le dégraiſſage ſimple, il faut des pilons fort légers ; ceux des moulins ordinaires y ſont peu propres. Lorſqu'on n'a pas un courant d'eau pour les faire mouvoir, il ſuffit de deux chevrons de trois à quatre pouces d'écarriſſage, formant un chaſſis de quinze, dix-huit à vingt pouces de large, ſoutenu par des traverſes, terminé au-bas par une traverſe un peu plus longue & plus forte, & ſuſpendu verticalement à une planche ou des perches paſſées entre les poutres du toit, & formant reſſort : on place deſſous une auge de bois ; & un ouvrier, en appuyant de la main, fait jouer cette ſorte de pilon dans l'auge avec une grande facilité. En donnant de l'inclinaiſon à l'auge, elle fera l'effet de la pile : l'étoffe y tournera également. Lorſque l'étoffe eſt bien dégraiſſée & dégorgée en riviere, on la ſeche, on la grille, & on la met en teinture. Si elle eſt deſtinée au blanc blanchi, il convient qu'elle ſoit grillée avant le dégrais. Dans tous les cas, il conviendrait mieux de commencer par l'opération du grillage : mais les ouvriers prétendent que l'étoffe eſt alors plus difficile à dégraiſſer ; que la graiſſe plus recuite, plus deſſéchée, ſe détache avec plus de peine. Cette prétention eſt très-fauſſe, ſur-tout ſi l'on procede au dégraiſſage, l'étoffe étant encore chaude du grillage. Les pores de la matiere ſont ouverts ; la graiſſe a commencé d'entrer en diſſolution ; elle ſe combine plus aiſément avec la terre ou le ſavon, & elle s'échappe plus promptement que d'aucune autre maniere. Ainſi donc, pour procéder au blanc fin, on donne un léger foulage d'une seconde eau de savon; on y laisse tremper l'étoffe pendant quelque tems; on la lave bien; on donne une nouvelle eau d'un premier bain de savon: il n'en est que mieux dans l'un & l'autre cas qu'elle soit un peu chaude, ainsi que l'eau dans laquelle on la lave bien au sortir de ce dernier savon; on la dégorge en riviere; on la laisse égoutter quelque tems sur le chevalet; on la passe au bleu, fleur d'indigo, qu'on délaye en petite quantité dans de l'eau claire; on la fait égoutter une bonne heure, & on la met au soufre pendant cinq à six.

Au sortir du soufroir, on la lave en riviere; on la met au blanc d'Espagne, & en même tems au bleu, qu'on délaye l'un & l'autre ensemble dans l'eau claire: on la met au soufre une seconde fois; on la lave dans une légere eau de savon, & on la fait sécher; puis on la passe à l'étendoir ou corroi, & de là à la calandre ou à la presse, ou à l'un & à l'autre, suivant sa nature.

Quoiqu'on puisse en user ainsi pour toutes les sortes d'étoffes, & que ce soit la maniere dont on les blanchisse le mieux, il s'en faut qu'elle soit le plus pratiquée: ce n'est point là le blanc ordinaire, pour lequel on se contente de soufrer l'étoffe en premier lieu, même seche, quelque mal souvent qu'elle soit dégraissée; de la mettre ensuite au blanc de craie, de la laver, battre & bien dégorger en riviere; de la passer, ou de ne la point passer au bleu; de la faire sécher au grand air; de la mettre de nouveau au soufrage, & définitivement de la laver dans une légere eau de savon, pour lui ôter l'odeur pénétrante & dégoûtante du soufre. Il n'est pas d'agent plus actif pour blanchir les étoffes, que l'acide vitriolique évaporé par la combustion du soufre: il ronge les couleurs, & détruit toute espece de teinture interposée sur la laine; mais indépendamment de l'odeur désagréable qu'il lui donne, il la rend âpre & rude au toucher: ce n'est que par les bains de savon qu'on lui donne de la douceur; elle en acquiert d'autant plus qu'elle y est trempée & travaillée plus long-tems; & le dernier bain de savon lui restitue ce que le dernier soufrage lui avait enlevé.

Je ne crois pas qu'il soit nécessaire de décrire l'espece d'étuve dans laquelle se fait l'opération du soufrage; c'est tout uniment une chambre bien close, dans laquelle sont des perches de bois, mises en travers dans le haut, auxquelles sont passées des unes aux autres les étoffes par plis pendans jusqu'en-bas, & où l'on introduit du soufre allumé dans un vase de terre, un plat.

On ne considere point le dégraissage comme faisant partie du travail des apprêteurs: leurs fonctions commencent au débouilli des étoffes, & toutes celles dont il est question, dans cet art y sont sujettes, excepté les différentes sortes d'étamines de la fabrique d'Amiens, dont l'apprêt est particulier à ces sortes d'étoffes. On peut y joindre les tamises, qu'il est fort inutile de débouillir, attendu que le principal mérite de l'apprêt de cette étoffe est bien plus encore de lui donner de la fermeté & du lustre que de la douceur.

J'AI dit cependant qu'il convenait de griller les étoffes, ou d'en raser le poil avant toute autre opération ; mais il n'y a pas long-tems qu'on fait celle-ci, & elle ne convient qu'aux étoffes rases, soit qu'on leur donne un apprêt mat ou brillant, & nullement aux étoffes à grains, comme le camelot, le baracan, &c. Le grillage se fait à la plaque, ou sur un corroi ou étendoir : méchanique du plus grand usage dans toutes les sortes d'apprêts, & qui consiste en un assemblage très-solide de quatre piliers verticaux, à hauteur d'appui, par des traverses horizontales qui les unissent haut & bas. Aux deux extrêmités, & au-dessous du plan supérieur & horizontal que forme ce cadre, sont des entailles & des supports destinés à recevoir les rouleaux de bois sur lesquels s'enroule & se déroule l'étoffe. Plusieurs autres cylindres & barres de bois & de fer, quelques-uns mobiles sur leur axe, les autres fixes, sont distribués en travers de ce cadre, à des hauteurs différentes, pour que l'étoffe passe alternativement dessus & dessous les unes & les autres, & que par la résistance qu'elle trouve dans ces frottemens, elle se déplisse & s'étende parfaitement. S'il est question de corroyer l'étoffe telle qu'elle doit l'être dans les circonstances qu'on indiquera, il faut ajouter deux barres de fer, posées horizontalement près du sol, pour supporter une poële de feu de charbon très-ardent, sur lequel se passe & repasse quelquefois l'étoffe.

SI l'on ne veut que la griller, ou raser le poil à l'esprit de vin, on place une petite auge en gouttiere demi-cylindrique, de cuivre étamé, & remplie de la liqueur, un peu en-avant, très-près & au-dessus d'un rouleau mobile, qu'on tourne, recule ou approche suivant le besoin, sur lequel passe l'étoffe sans s'y enrouler. La flamme de l'esprit de vin brûle très-bien le poil de cette maniere : on pourrait y adapter une brosse qui le relevât avant, & une autre, ou une barre de fer un peu tranchante, pour nettoyer en même tems l'étoffe des bulbes crispées des poils brûlés. Pour donner le mouvement au corroi, & faire passer l'étoffe du cylindre qui en est chargé sur un autre, il faut adapter celui-ci dans l'axe d'une roue dentée qui s'engrene dans une lanterne, à laquelle l'ouvrier, au moyen de la manivelle, donne un mouvement qu'il peut faciliter & régler par un balancier.

Débouilli des étoffes.

ON les enroule fortement sur un rouleau de bois blanc, de trois à quatre pouces de diametre, au corroi & à froid ; on les enveloppe d'une triple toile ; & l'on place ainsi autant de rouleaux, verticalement, près les uns des autres, dans une chaudiere remplie d'eau de riviere, qu'on a eu la précaution de faire bouillir & d'écumer. On les laisse bouillir pendant une heure & demie; & on s'en tient là, si ce sont des étoffes légeres, faciles à pénétrer, comme les serges d'Aumale, celles de Blicourt, les camelots à teindre, &c. Mais les serges de Rome, de Minorque, les calmandes, les prunelles, les basins à côtes, les grains d'orge & autres étoffes chargées de matieres, & d'une fabrication serrée, veulent être bouillies une seconde fois. On les change de rouleau, les parties les plus intérieures se trouvent en-dessus; & par cette nouvelle opération, toutes sont également pénétrées. On a soin de faire bouillir les premieres, celles des étoffes qu'on destine aux couleurs noire, brune, bleu de roi, verd de Saxe, parce que la crudité de l'eau des premiers bains les noircit toujours un peu. On passe les dernieres, celles pour les couleurs claires & vives. Au sortir de ce bain, on les laisse refroidir sur le rouleau même, & on les livre ainsi, pour être mises en teinture. Je dis qu'il faut les laisser refroidir; mais j'ajoute qu'il ne faut les laisser ainsi sur le rouleau, que le tems nécessaire pour opérer ce refroidissement; car elles passeraient bientôt à une nouvelle chaleur de fermentation qui les gâterait, sur-tout si elles étaient empilées ou appuyées les unes sur les autres. A l'égard des étoffes fabriquées en couleur, on a beaucoup varié dans la maniere de les apprêter. On bouillait le camelot comme on vient de l'indiquer; mais on l'a mêlangé, ou composé en entier, de couleurs si délicates, de nuances si légeres, déterminées par le goût du tems, qu'on a eu raison de craindre l'effet du bouilli. Les uns le trempent à l'eau chaude, d'autres à l'eau tiede; ceux-ci seulement à l'eau froide; ceux-là ne font que l'asperger. Quand on le mouille en plein, comme il est d'usage général, on le pose ensuite sur une lisiere; peu après on le pose sur l'autre; & lorsqu'on le juge par-tout également pénétré, & que l'eau en est égouttée, on le fait sécher; puis encore moite, on le passe au corroi sur le brasier ardent; il y prend du corps par la dilatation de ses parties; il s'y nourrit même, si l'on n'abuse pas de la facilité de lui donner une extension qui brise le ressort de la matiere & dégrade l'étoffe, ou qui la tiraillant outre mesure par parties inégales, suivant la disposition de ses fibres, laquelle lui donne plus ou moins de facilité à se détendre, la fait se raccourcir & friper de toutes parts, lorsque l'humidité, dilatant de nouveau ces parties contraintes par la pression, leur laisse la faculté de réagir sur elles-mêmes. Cette misérable pratique, qui ne peut être fondée que sur une mal-adroite cupidité, ajoute un nouvel inconvénient, ou plutôt une nouvelle dégradation au camelot; elle lui ôte le grain, qui est le mérite principal de cette étoffe; elle lui fait perdre de sa largeur, en raison de l'extension forcée qu'on lui donne sur la longueur. Et ainsi, pour obtenir le prix de quelques aunes d'étoffes de plus, on mécontente un correspondant, qui reçoit des reproches & se voit abandonné des consommateurs; on acquiert une mauvaise réputation, & l'on manque de gagner légitimement au centuple de ce qu'on réalise par la fraude. A Lintz, au lieu du brasier ardent, on fait passer l'étoffe sur un cylindre creux, en cuivre, de huit pouces de diametre, dans lequel on met des boulons de fer rouge. De cette maniere, la chaleur est plus égale, elle desseche moins l'étoffe, & l'opération est moins sujette aux accidens; mais elle est en général peu grainée. Il est essentiel de visiter, avant le débouilli ou le bain quelconque, les camelots & autres étoffes fabriquées en couleurs, pour en ôter les taches que les ouvriers peuvent y avoir faites en les travaillant. On enleve ces taches avec de la craie de Briançon pulvérisée, à l'aide d'un fer chaud, & d'un papier brouillard interposé. On emploierait le savon de Gènes avec succès, si les couleurs pouvaient en supporter l'action. Après l'opération du corroi à chaud & serré, on laisse ainsi l'étoffe sur le rouleau pendant vingt-quatre heures, ou plus; on la porte à la calandre, où elle est remise de nouveau sur un rouleau de quatre à cinq pouces de diametre; on en arrête le dernier bout avec du fil sur les lisieres même, & on la met sous la calandre, qui ne saurait être trop chargée, de même que les étoffes trop serrées sur le rouleau, pour soutenir l'effort du poids considérable qui les comprime. Elle n'écrase cependant pas le grain, mais elle le roule en différens sens, & adoucit l'étoffe. On donne ainsi autant de tours de calandre qu'on les juge nécessaires pour produire cet effet.

Dès que la piece commence à s'ébouler, on la retire de dessous la calandre, on la déroule; & si elle n'est pas assez calandrée, on la remonte sur le rouleau, & on la travaille de nouveau autant de fois qu'il est nécessaire. Si on ne la retirait pas aussi-tôt, il s'y formerait des plis & un tiraillement qui en désordonnerait le tissu, qui la couperait, la déchirerait enfin.

Il est peu d'étoffes à qui la calandre soit très-propre pour dernier apprêt, & qu'il ne soit beaucoup mieux de presser ensuite. Le corroi à chaud, à feu nu, durcit toujours la laine; il serait mieux, dans tous les cas, de le faire à froid, l'étoffe un peu humide, pour la bien étendre & en effacer les plis; c'est de la presse qu'on doit attendre de la fermeté, du lustre, & en même tems de la douceur. La chaleur, qui s'insinue lentement dans l'étoffe, qui se dissipe de même après y être restée long-tems, est seule capable de produire tous ces effets. Le cylindre peut donner du lustre, mais ce n'est qu'en écrasant la matiere, qu'en alongeant l'étoffe & la détériorant, loin de lui donner du corps. Le baracan, qui est une étoffe plus serrée, plus dure que le camelot, doit se traiter différemment. Au sortir du métier, on l'étend sur un banc de tondeurs; on en releve le poil avec une vieille carde, & on le coupe avec des forces de la même maniere qu'on tond les draps. En Angleterre & en Allemagne, on ne tond pas le baracan, on le brûle: on a tenté cette opération en France; mais on s'est apperçu que lorsque la filatute & la fabrication n'étaient pas bien égales, les imperfections s'en découvraient davantage; on a cru d'ailleurs qu'elle le rendait plus sec, & l'on a généralement repris l'usage de le tondre. On le fait passer de là aux *épointeuses*, *époteyeuses*, *nopeuses*, pour en tirer avec les pinces ou avec la pointe dont elles sont armées, toutes les ordures, les nœuds, les bouillons qui s'y rencontrent. Le nopage doit avoir lieu à l'égard de toutes les étoffes qui doivent être mises en presse ou passées au cylindre, à moins qu'elles ne soient actuellement, ou destinées à des couleurs noire, brun foncé, bleu de roi, & autres très-rembrunies; autrement les bouillons qui s'étendent à la chaleur, les pailles & autres ordures noircissent & font tache. On foule ensuite le baracan à la terre grasse; on s'en tiendrait à un simple revicage, s'il suffisait pour le purger de la graisse & des ordures qu'il peut contenir. On le corroie pour l'étendre & le tenir en largeur, & on le fait bouillir dans la chaudiere sur le rouleau, comme il a été dit précédemment, pendant deux heures; au bout duquel tems on retire le rouleau, on le met debout dans un coin de l'attelier, & on l'y laisse jusqu'à ce que l'étoffe soit refroidie. On observe, lorsqu'on met plusieurs rouleaux dans la chaudiere, que les couleurs des différentes pieces, dont il peut s'échapper quelques parties dans le bain, ne s'alterent ou ne se ternissent point les unes les autres. On revique encore l'étoffe, on la rebout, également très-serrée, avec l'attention de mettre sur le rouleau, en-dessous, la partie qui était en-dessus au premier bouillissage; on la repasse au corroi à chaud, on la met à la calandre, & définitivement à la presse.

La baracan d'Amiens, beaucoup plus gros, plus fort, plus dur encore que le précédent, qui se fabrique en blanc pour être teint en piece, & qui se consomme principalement en Normandie & en Bretagne, en capotes à l'usage du peuple; ce baracan, dis-je, se débout deux fois successivement, en le changeant de rouleau; on le fait reviquer, & teindre ensuite. Après la teinture, avant qu'il soit parfaitement sec, on l'asperge d'une eau chaude, dans laquelle on a fait dissoudre une petite quantité de colle forte d'Angleterre; on le corroie à chaud; on en pose cinq à six pieces à côté, & croisées les unes sur les autres, sur une chaudiere d'eau pure, qu'on fait bouillir. On couvre le tout d'une étoffe grossiere; la vapeur pénetre les étoffes, elle étend la colle; après quatre à cinq heures on les leve, on les fait sécher, & l'apprêt est fini. D'autres font simplement dissoudre de la gomme arabique dans de l'eau chaude; ils y trempent ce baracan, ils le font sécher, & le corroient. Son grand mérite, aux yeux du consommateur, est d'avoir beaucoup

beaucoup de fermeté, sans être trop dur ni cassant. Les Anglais font bouillir sur les buhots ou bobines, les fils de la chaîne du baracan, avant de l'ourdir; mais ils n'évitent pas par-là le gripage, auquel il est beaucoup plus sujet que le nôtre: il est aussi plus sec, plus sujet à se couper & à se graisser, sans doute parce qu'ils ne le reviquent pas & ne le débouillent pas, comme nous le faisons; opérations qui lui donnent toute la douceur dont il est susceptible. Si les baracans anglais sont ordinairement plus grainés, plus brillans, plus unis, que la cannelure en soit plus nette, c'est uniquement à la qualité de leurs matieres qu'ils doivent cette supériorité; & nous ne leur cédons rien à cet égard en ce qui est de pure industrie.

Nous avons observé qu'il est inutile de faire bouillir la tamise, & nous en avons dit les raisons; ce sont les mêmes qui rendent inutile la calandre pour son apprêt. On fabrique toujours la tamise en blanc, parce que la maniere de la griller pour subir l'apprêt anglais (maniere propre à beaucoup d'autres étoffes & apprêts supérieurs à tous les autres) ternirait la plupart des couleurs. On s'en tient à leur égard à les corroyer au sec & à froid après la teinture, & à les presser. Il en est de même de toutes les étoffes croisées & fabriquées en blanc, avec quelques différences, qu'on va expliquer, pour certaines especes. Ces différences n'ont point lieu pour les serges d'Aumale, ni pour celles de Blicourt, qui, après la teinture, se corroient également à froid, & se pressent ensuite. La prunelle se corroie à chaud, & se calandre seulement. La calmande se corroie à chaud, & se presse ensuite. Les turquoises, les serges de Rome, de Minorque, doubles croisées, &c. se corroient & se pressent. A l'égard du grain d'orge, du basin à côtes, & même de toutes les étoffes figurées en blanc, & qu'on cylindre mal-adroitement quelquefois, puisqu'on détruit par-là l'effet du dessin relevé, en l'écrasant entiérement, on devrait se contenter de les corroyer, ou de les presser dans le goût des étoffes grainées, en adoucissant & lustrant le grain sans le détruire. Si l'on pouvait admettre l'effet du cylindre comme favorable à quelque sorte d'étoffe, ce serait seulement sur les silésies, peaux de poule, malbourougs & autres petites étoffes de figures coloriées, qui tranchent avec le fond; mais en toute circonstance la presse est toujours préférable.

De la presse.

L'OPÉRATION de la presse est essentielle dans les apprêts: je ne dirai pas qu'elle l'est plus qu'une autre, parce que toutes les opérations se tiennent, & qu'il suffit d'une d'entr'elles mal faite, pour faire manquer toutes les autres. Chacun a sa petite pratique, & tous en font un grand secret. Les uns humectent un peu les étoffes avant de les presser; quelques-uns même n'y mettent rien, & les pressent seches. On les plie par feuillets, lorsqu'elles sont bien étendues par le corroi, & qu'il a produit sur elles l'effet de la rame sur les draps. On y met des cartons à l'endroit & à l'envers; les plus vieux ici, & les plus nouveaux là: les plus fins, les plus durs, les plus lisses & les plus brillans pour les étoffes glacées, afin qu'ils réagissent sur elles, & qu'ils n'en soient pas atteints; d'infiniment plus mous & sans lustre pour les étoffes dont le grain doit se conserver, se nourrir même, & se lustrer en pénétrant dans le carton. On sait que pour les premieres il faut une très-grande chaleur & une très-forte pression: il faut l'une & l'autre moindre dans le second cas.

On range en pile sous la presse les étoffes cartonnées; on en met de vingt-cinq à trente pieces de trente aunes les unes sur les autres, en interposant à chacune, formant la base, & couvrant la pile d'une plaque de fer forgé ou battu, de trois à quatre lignes d'épaisseur, & chaude presqu'au rouge. On tempere l'effet trop violent de la grande chaleur des plaques sur les étoffes, en les en séparant par une planche & quelques gros cartons: il ferait mieux qu'elles eussent un degré de chaleur tel que l'on ne fût point obligé d'y mettre ces planches. On serre la presse avec un levier passé dans une lanterne adaptée au bas de la vis, ou dans un trou qui y est percé à dessein: quelquefois on y ajoute un cabestan, ou autre méchanique de ce genre. On laisse ainsi les étoffes sous le repos de la presse pendant douze à quinze heures: il ferait mieux de les y laisser refroidir entiérement. On les rechange, c'est-à-dire, qu'on les replie & qu'on les cartonne de nouveau; de maniere que le pli du feuillet formé par le bord du carton, se trouve placé entre les cartons même, pour y être applati, pressé & lustré comme les autres parties: on les presse une seconde fois, en procédant comme à la premiere. Si les cartons ont été faits avec des chiffons broyés sous des maillets garnis de fer, qu'il s'en soit détaché quelques paillettes, que la pâte n'en soit pas bien purgée, & qu'il s'en retrouve quelques-unes sur les cartons, ce qui arrive fréquemment, il faut éviter avec grand soin d'employer ceux-ci dans les couleurs rose, écarlate, cramoisi, &c. L'acide nitreux, qui entre dans la composition de ces couleurs, décomposerait le fer, & tacherait les étoffes sans remede: il faudrait les mettre en noir.

Mémoire demandé par l'administration, sur les apprêts des étamines du Mans.

Au sortir du métier, on porte l'étamine au bureau de fabrique, pour y recevoir le plomb; elle passe de là chez le dégraisseur, pour y être purgée de sa graisse. Avant de parler de cette opération, je vais décrire la composition du bain qu'on y emploie, & les ustensiles dont on se sert.

Composition du bain.

Ce bain est composé de lessive neuve & de lessive vieille, par parties égales. La lessive neuve se fait dans une chaudiere contenant environ quatre à cinq cents pintes ; (*a*) on la remplit d'eau ; on allume le feu sous la chaudiere ; on la chauffe jusqu'au bouillon ; on y met environ dix boisseaux (*b*) de cendre ; on la fait bouillir pendant quatre heures, puis on la laisse déposer ; on vuide ensuite cette lessive dans une seconde chaudiere, dans une troisieme, enfin dans une quatrieme, en laissant toujours déposer dans chacune, pour qu'elle soit bien clarifiée.

La lessive vieille ou bourgeoise, est celle qu'on achete chez les particuliers qui font la lessive, & qui la vendent quatre sous la seille ou seau contenant quatorze à quinze pintes. Il y a dans l'attelier une chaudiere contenant environ vingt seaux, sous laquelle il y a toujours un feu modéré ; on remplit cette chaudiere de lessive, moitié vieille, moitié neuve : on y met quatre à cinq livres de savon noir, & un morceau de savon blanc d'une livre ou d'une livre & demie, pour adoucir le bain ; & à mesure qu'on consomme du bain, on remet de la lessive & du savon à proportion. Il entre communément deux livres de savon noir, & deux livres de savon blanc par piece d'étamine, tant pour la dégraisser que pour la dégorger au moulin, en supposant toutefois qu'on ne soit pas obligé de la repasser.

Ustensiles.

Le vaisseau avec lequel on verse la lessive dans la piece, est un petit seau à anse de bois, qui peut contenir trois à quatre pintes.

La table sur laquelle est déposée la piece pour être dégraissée, est longue, garnie d'un rebord, élevée de vingt-deux pouces, & un peu inclinée vers un bout qui se termine en bec, pour conduire le bain qui sort de la piece dans une seille placée au-dessous, afin qu'il ne soit pas perdu ; & quand elle est pleine, on la revuide dans la chaudiere.

Le battoir a quatorze pouces de long, un pied de large, trois pouces d'épaisseur du côté du manche, & va en diminuant vers le bout, qui n'a que deux pouces. Le manche a à peu près dix-huit pouces de long. Ce battoir pese de dix-huit à vingt-quatre livres.

Le dégraisseur a devant lui, en forme & de la largeur d'un tablier, une planche, dans le milieu de laquelle il y a une piece de bois rapportée, qui est assez épaisse & creuse dans le milieu ; & après chaque coup de battoir, le

(*a*) Trois pintes du Mans font quatre pintes de Paris.
(*b*) Le boisseau du Mans pese trente livres.

bout du manche vient répondre dans le trou, ce qui donne la facilité de l'enlever en formant un arcboutant.

Il y a aussi des moulins à eau, dans lesquels on dégraisse. L'opération s'y fait comme au battoir : la seule différence est, qu'au lieu de table on pose la piece sur une cuve plate, un peu inclinée en-devant, percée à un coin pour que la lessive qui sort aille s'y rendre, & coule par un bec dans la seille qui est au-dessous. Un arbre tournant fait lever alternativement deux pilons posés perpendiculairement, & dont le bout est en forme de battoir. L'opération se fait également bien par l'un comme par l'autre, plus vîte cependant au moulin ; mais il est sujet à beaucoup d'inconvéniens, comme les grandes eaux, la sécheresse, les réparations fréquentes & considérables.

Le moulin à dégorger est construit comme tous les autres moulins à foulon : c'est une cuve de deux pieds deux pouces en carré & profondeur, dans laquelle, par le moyen de l'arbre tournant, viennent frapper deux maillets ou pilons posés horizontalement.

Dégrais.

Pour dégraisser une piece d'étamine, on la plie en deux, puis on la roule de façon que les deux bouts réunis se trouvent en-dehors : elle présente un pied de surface, qu'on appelle *carre ;* on la met après cela tremper deux ou trois heures dans un baquet plein de vieille lessive dégourdie, reste du dernier bain, lequel se trouve imprégné de savon ; après quoi le dégraisseur pose la piece debout sur une lisiere, verse dedans plein le petit seau de bain, la remet sur son plat, lui donne sept à huit coups de battoir alternativement sur une moitié, & sur l'autre, la largeur du battoir ne faisant guere plus de la moitié de l'étamine ; puis il la remet debout sur l'autre lisiere, verse également dedans la petite seille pleine de bain, & la bat, après avoir changé la carre ou surface : il recommence jusqu'à dix ou douze fois cette opération ; il déroule après cela la piece, pour la rouler dans l'autre sens, & remettre en-dedans ce qui était en-dessus ; il recommence encore dix ou douze fois la même opération, & la piece est dégraissée.

Dégorgement en blanc.

On la porte ensuite au moulin à dégorger ; on met quatre à cinq pieces dans la cuve ; on arrose toujours ces pieces avec une eau de savon blanc : il en faut une livre environ par piece ; on les fait tourner ainsi trois ou quatre heures à l'eau de savon, & demi-heure ou trois quarts d'heure à l'eau claire, ce qui suffit pour les dégorger.

Étendoirs.

ON les met après cela aux étendoirs : ils ont environ cent soixante pieds de long. Ce sont des poteaux à quatre ou cinq pieds de distance les uns des autres, le long desquels regne, à six pieds d'élévation, une traverse de fer garnie de plusieurs crochets rivés & tournans. On assujettit le bout de la piece dans sa largeur, à un bâton que l'on attache avec des cordes à ces crochets ; on va ensuite accrocher l'autre bout de la piece monté aussi sur un bâton, à la traverse régnante le long des poteaux de l'autre extrêmité de l'étendoir ; de façon qu'elle reste étendue en l'air dans toute sa longueur & largeur. On la range ainsi plus ou moins, suivant la largeur de l'étendoir, en laissant un pied environ entre chaque piece. Le fond de l'étendoir est en gazon, afin qu'en cas d'accident les pieces ne puissent pas se gâter.

Épreuve.

LA piece seche, on la plie & on la reporte au marchand, qui l'éprouve plis par plis, pour juger si elle est parfaitement dégraissée. Cette épreuve se fait en poudrant chaque pli avec une terre jaune, très-fine & très-seche. Avec le bout des doigts, on frappe dans plusieurs endroits du pli, puis on le secoue. Toutes les places où il a pu s'attacher de la terre, sont mal dégraissées ; on renvoie la piece en ce cas au dégraisseur. Si c'est d'un bout à l'autre, il est obligé de la repasser, c'est-à-dire, de recommencer toute son opération. S'il n'y a que quelques taches, il se contente de les frotter avec du savon blanc ; puis il verse quelques petites seilles de lessive, & la rebat au battoir en proportion du besoin. Le mauvais lavage des laines met quelquefois dans la dure nécessité de repasser jusqu'à trois fois, ce qui fait toujours tort à la qualité de la piece. Dans tous les cas, on ne peut repasser une piece en tout ou en partie, qu'on ne soit obligé de la rapporter au moulin à dégorger, & de la faire tourner le même tems & avec la même quantité de savon.

Le chardon.

LA piece bien dégraissée & bien dégorgée, est remise entre les mains des chardonneurs. Cette opération se fait en passant le bout de la piece sur un rouleau attaché au mur : on la tire huit ou dix tours, avec des chardons vieux, montés, comme par-tout, sur une croix, & on lui donne trois ou quatre tours de chardons neufs, pour lui procurer ce poil ou duvet dont l'étranger est si jaloux.

Débouilli.

CETTE opération faite, on monte la piece bien ferme sur un rouleau de bois de trois à quatre pouces de diametre, auquel il y a une rainure, dans laquelle on pose le bout de la piece, & qu'on y contient par le moyen d'une vergue ou verdillon qu'on y fait entrer. Il y a à chaque bout du rouleau un tourillon, l'un desquels est terminé par un dé, dans lequel on rapporte une clef qui sert de manivelle quand on veut le tourner. On met la piece toute montée sur son rouleau, dans une chaudiere pleine d'eau chaude au point d'y tenir à peine la main; on l'y laisse pendant deux heures, après lesquelles on la retire pour la liser une & souvent deux fois, suivant le besoin. Par la façon dont se fait cette opération, elle se trouve, comme on le verra par la suite, remontée sur un autre rouleau, & on la remet ainsi dans la chaudiere pleine d'eau, au même degré de chaleur; on l'y laisse quatre ou cinq heures; on la retire, & on la laisse trente-six heures sur le rouleau pour refroidir. Suivant la grandeur de la cuve, on en met une certaine quantité débouillir à la fois. Quand ce sont des pieces fines pour mettre en couleur, on prend la précaution de les envelopper sur le rouleau avec une serpilliere, pour éviter que la cuve ou quelqu'autre accident puisse la tacher.

CETTE piece bien refroidie, on la déroule, on la porte toute mouillée au bureau des marchands, pour y recevoir le plomb de *vu pour noir;* elle est ensuite remise au teinturier, pour être guedée & mise en noir.

Teinture.

CES procédés, connus de tout le monde, & exécutés, comme par-tout, à la cuve au pastel pour le guede, à la couperose & à la noix de galle pour la bruniture, n'ont pas besoin d'être décrits, *ce n'en est pas le lieu du moins: on se réserve d'en traiter ailleurs.*

AVANT d'entrer dans le détail des opérations qui suivent la teinture, je vais expliquer la façon dont se pratique le lisage.

Lisoir.

LE lisoir ou dressoir est un carré de trois pieds & demi de long, sur deux pieds dix pouces de large, composé de quatre poteaux forts, de trois pieds trois pouces de haut, assemblés dans le bas par quatre traverses de deux à trois pouces, & à deux pieds & demi de terre dans le haut, assemblés par quatre autres traverses de cinq à six pouces de largeur. Chaque poteau est échancré dans le haut, pour recevoir les tourillons des rouleaux qui doivent être posés à chaque bout du dressoir; & dans le milieu du carré long, il y a cinq barres assemblées aux traverses du haut sur la largeur: elles ont deux pouces de large, & font à un demi-pouce environ de diftance les unes des autres: celle du milieu eft ronde. A la traverfe d'un des bouts ou derriere du dreffoir, il y a de chaque côté un corroi d'un pouce & demi de large, à chacun defquels pend un poids d'environ vingt livres.

Lifage en blanc.

Pour lifer une piece d'étamine, on fait entrer les tourillons du rouleau fur lequel eft montée la piece, dans les échancrures des poteaux du derriere du dreffoir, où font attachés les corrois, qu'on paffe par-deffus chacune des lifieres, pour les contenir au moyen des poids qui font au bout; on prend le bout de l'étamine, qu'on paffe fur la premiere, fous la feconde, fur la troifieme, fous la quatrieme, & enfin fur la cinquieme barre; on conduit le bout jufqu'au rouleau vuide qui eft dans les échancrures des poteaux de l'autre extrèmité, au-devant du dreffoir, & fur lequel on l'affujettit par le moyen de la rainure & du verdillon. Il faut quatre hommes pour lifer une piece: l'un tourne le rouleau de devant pour rouler l'étamine, ce qui déroule en mème tems de deffus l'autre rouleau, derriere lequel eft un fecond homme qui contient la piece bien ferme avec fes deux mains, vu qu'elle ne le ferait pas fuffifamment par les deux corrois; & pendant ce tems-là, deux autres hommes tiennent les lifieres des étamines, qu'ils tirent chacun de leur côté, à mefure qu'elle paffe, pour la ramener à fa laize, & la décrifper en mème tems. Dans l'hiver, lorfqu'il fait bien froid, on met dans le milieu du carré, au-deffous de l'étamine, un réchaud, dans lequel il y a un feu modéré, pour lui donner la facilité de couler; comme auffi, vu qu'elle eft mouillée, pour empècher qu'elle ne gele & ne fe caffe.

Je reviens à la fuite des opérations.

Dégorgement en noir.

Le teinturier, après avoir tiré la piece de la chaudiere, & lui avoir donné l'évent, la lave à la riviere, ce qui s'appelle rincer; puis il la renvoie au dégraiffeur, qui la remet au moulin à dégorger, dans lequel elle tourne à l'eau claire pendant environ une heure & demie; il la roule enfuite comme pour le dégrais, c'eft-à-dire, fans rouleau; il verfe dedans de l'eau chaude, au point d'y tenir la main; il la bat avec le battoir pendant environ un quart d'heure, en verfant de tems en tems de l'eau chaude, tantôt par une lifiere, tantôt par l'autre, & en changeant la carte, comme il fait pour le dégrais; & par cette opération il parvient à en faire fortir le teint, au point qu'elle rend l'eau claire; après quoi il la remet à l'étendoir.

Epluchement.

QUAND la piece est bien seche, des femmes l'épluchent & la nettoient avec des pinces & des verges pareilles à celles dont on se sert pour les draps, à la réserve que les pinces, au lieu d'être pointues, ont demi-pouce de large. On tire avec soin toutes les pailles, ordures, fils de laine, & autres corps étrangers qui peuvent s'y trouver; on la remonte après cela sur un rouleau, pour la liser en noir.

Lisage en noir.

CETTE opération est la même que celle du lisage en blanc, à la réserve que, comme la piece est seche, celui qui tourne le rouleau de devant pour remonter la piece, arrose avec une poignée d'hysope & de l'eau l'étamine qui est dans le carré, pour donner aux liseurs la facilité de l'étendre & de la décrisper. Cette opération demande beaucoup d'attention pour ramener l'étamine à sa largeur, & la rendre bien unie.

Le four.

LA piece, par l'opération du lisage, se trouve toute remontée sur un rouleau; on l'enveloppe de papiers; on la recouvre ensuite avec une serpilliere bien attachée aux deux bouts du rouleau, & on la met ainsi dans un four chaud au même degré que quand on a tiré le pain; on en met une quantité proportionnée à sa grandeur; on l'y laisse cinq heures; on la retire; on la lise encore une fois; on la remet autant de tems au four; après quoi on la retire, & on la laisse trois jours sur le rouleau pour refroidir.

La presse.

LES pieces de couleur, au lieu d'être mises au four, passent à la presse comme les draps; avec cette différence, que les plaques sont modérément chaudes, & sont mises seulement entre de vieux cartons: on les y laisse vingt-quatre heures; mais la presse ne sert pas souvent dans ce pays-ci, vu que presque tout se fait en noir, par la difficulté de trouver des laines assez blanches & assez unies pour faire des couleurs.

Le pliage.

L'ÉTAMINE ainsi apprêtée, on la plie au bronchoir, qui est une traverse de bois d'une aune, adossée au mur, garnie de trois broches, l'une à chaque

chaque bout, & l'autre au milieu. Ces broches sont un peu coudées en remontant, très-longues, fines & pointues, dans lesquelles on enfile d'un bout à l'autre le bord de la lisiere. La piece se trouve ainsi pliée & aunée en même tems. On la retire des broches, & on acheve de la plier sur une table; on la porte au bureau des marchands, pour y recevoir le plomb de contrôle: il ne reste plus alors qu'à l'appointer.

Apprêts des étoffes de Rheims.

Les burats, buratés, étamines & voiles se trempent à l'eau tiede pendant une nuit: on les foule aux pieds, ce qu'on appelle *saboter*; on les bat ensuite jusqu'à ce que l'eau en sorte claire; on les teint, & on les livre mouillés à l'apprêteur. Les petites étoffes qui tendent à draper, comme le ras-de-castor, le maroc, le croisé, se foulent à la terre grasse: quelquefois même on fait subir cette opération à l'étamine; du moins on la fait toujours reviquer. Les flanelles, qui ne sont que de petites serges, se mettent au foulon & à la rame. On gomme les ras-de-castor, maroc, croisé, les buratés & les étamines rayées, en les aspergeant avec de l'eau dans laquelle on a fait dissoudre de la gomme arabique, & qu'on a coulée à travers un linge; on les bat avec un battoir, & on les pose sur le feu jusqu'à ce que la gomme les ait pénétrées par-tout, & qu'elles soient presque seches; on les met en cartons chauffés à la grille; on les presse deux, trois ou quatre fois, serrant peu la premiere, afin que l'excédant de la gomme ne sorte pas par les côtés. Gommer en chaudiere serait sans doute préférable; il faudrait moins de tems, moins de feu pour l'étendage de la gomme, & il se ferait plus également: il serait beaucoup mieux de n'en point employer.

Jusqu'a ces derniers tems on n'avait connu à Rheims que les presses de bois; le sieur *Forest* en a fait monter en fer. Cet apprêteur très-intelligent travaille avec succès à la perfection de son art; mais il n'a point encore les apprêts anglais, si propres à toutes nos étoffes rases, supérieurs à tout ce qu'on possede de pratique en ce genre, & à tout ce que j'ai décrit. Le sieur Price, Anglais, apprêteur de Londres, & qui nous les a apportés à Amiens, est le seul qui les exerce, & le seul sans doute en état de les exercer en France. J'avais envie d'en décrire les procédés à la suite de ceux des apprêts ordinaires; mais la grande dépense dans laquelle a entraîné ce nouvel établissement, m'en fait différer encore la publication.

En attendant, je dois prévenir d'une chose dont dépend entiérement le succès de ce travail, & pour laquelle le gouvernement a fait beaucoup de dépenses inutiles & de recherches vaines; je veux parler des cartons anglais, dont les procédés secrets, en Angleterre même, sont absolument inconnus en France. On vient de publier dans un ouvrage imprimé à l'imprimerie royale, des assertions les plus capables d'égarer quiconque aurait pu être sur la voie de découvrir ces procédés. On y dit qu'on vernit ces cartons d'une composition, & qu'il résulte de ce vernis & de cette composition, des étoffes solides & glacées qui ne s'écrasent plus entre les plis du drap, & que le lissage des cartons agit plus sur la composition dont on vernit les cartons, que sur l'étoffe ; & enfin on donne à croire qu'avec un vernis & la lisse on rendra des cartons propres à l'apprêt des draps : on y avance que tels sont les principes qu'il faut suivre pour avoir des cartons anglais. Ce serait induire en erreur, puisqu'il n'est aucune sorte de vernis qui puisse être propre aux cartons ; qu'il n'en est aucun, au contraire, que la grande chaleur & la forte pression ne rendissent nuisible aux apprêts ; & que l'art de faire ces cartons consiste uniquement dans le choix & l'assortiment des matieres constituantes, & dans la maniere pure & simple de les préparer.

L'ÉTAMINE de Rheims, après la teinture, se vergette, & s'étend trois à quatre fois au corroi à chaud ; & ensuite on la met *bruire*. Cette opération, dont on a déjà dit quelque chose, se fait ici avec plus de précaution. On expose également les rouleaux, chacun chargé d'une piece, à la vapeur de l'eau bouillante d'une chaudiere d'environ six pieds sur huit d'ouverture ; on les couche sur des barres ou grilles de bois, posées horizontalement au-dessus de l'eau ; on place les premiers sur le même plan, à quelque distance les uns des autres ; on forme un second plan de rouleaux qui croisent sur les premiers ; on en garnit ainsi le haut de la chaudiere de plusieurs rangs. On a attention que l'étoffe ne touche point la chaudiere ; on recouvre le tout d'une grosse toile en plusieurs doubles ; & par-dessus, d'un couvercle en cuivre, qui close bien la chaudiere. On a fait bouillir l'eau pendant quelque tems, on laisse ensuite tomber le feu ; & les étoffes, après s'être bien pénétrées de la vapeur de l'eau chaude, se dilatent autant qu'il est possible à toutes leurs parties contraintes par la forte pression du rouleau. Cet effort spontané & de réaction, qui se fait dans le repos de la masse, long-tems encore après que la premiere cause est détruite, puisqu'on les laisse dans cette situation pendant cinq à six heures, & qu'elles se refroidissent sur le rouleau, fait que les parties de la surface se pénetrent, se serrent les unes dans les autres ; ce qui donne du corps, du grain, de la fermeté & du lustre à l'étoffe. Cette maniere de bruire une étoffe obvie encore à l'inconvénient du gripage, auquel celle-ci serait d'autant plus sujette, qu'elle n'a pas été débouillie avant la teinture. Mais il est à observer qu'on ne l'emploie qu'à l'égard de celles de ces étoffes qui sont teintes en noir, qui est la couleur la plus ordinaire : les autres couleurs en seraient ou altérées, ou ternies.

Apprêts des étamines, alençons, crêpons & autres étoffes de ce genre, qui se fabriquent à Amiens.

La raison qui a fait varier dans l'apprêt du camelot, a apporté quelque changement dans celui de ces étoffes. On les lavait, on les battait autrefois en pleine eau, & on les faisait sécher. On s'en tient actuellement à les asperger, à les laisser quelque tems en tas, pour qu'elles s'humectent également par-tout. On les lustre ou corroie à chaud, à plusieurs reprises, jusqu'à ce qu'on voie bien sortir & s'élever la vapeur de l'humidité; on fait aller & venir ainsi la piece, dont on augmente la tension, pour la bien étendre, la tenir en largeur, & les lisieres égales, en chargeant les rouleaux de poids qu'on suspend à des cordes passées sur leurs extrêmités. Roulées, serrées, on couvre chaque piece de ces étoffes de feuilles de papier, & on les met au four. Ce four ou étuve est une petite chambre de trois à quatre pieds en quarré, sur environ six pieds d'élévation; elle est garnie à plusieurs étages de barres de bois, sur lesquelles on pose horizontalement les rouleaux. On met un feu de charbon, un brasier ardent, sur le sol de l'étuve: on retourne les rouleaux, on les change de place & d'étage jusqu'à ce que les pieces soient également frappées de la chaleur, que les impressions qu'elles en ont reçues soient à peu près égales pour toutes. On ferme le four alors, & l'on y laisse les étoffes jusqu'au lendemain, plus long-tems si l'on veut; mais il faut faire la même opération sur d'autres. On retire les rouleaux, on les met debout; on y laisse l'étoffe sur son repos pendant deux, trois & quatre jours; on la déroule, & on la plie.

Plus la couleur des soies employées dans la fabrication des castignettes, des alençons, &c. est délicate & tendre, plus on est en crainte sur les effets de l'humidité, plus on est réservé à cet égard, c'est-à-dire, moins on les mouille. Ces étoffes, plus légeres, moins nerveuses que le camelot, sont plus susceptibles encore de s'alonger, de s'altérer au corroi à chaud; il faut bien les étendre, mais il ne faut forcer cette extension en aucun cas & à l'égard d'aucune étoffe.

Il est des personnes qui les font presser à la suite de cet apprêt: elles acquierent par cette derniere opération toute la fermeté & toute la douceur dont la finesse des matieres & la légéreté du tissu peuvent les rendre susceptibles.

EXPLICATION DES FIGURES.

PLANCHE PREMIERE.

Premiere vignette. *Attelier des détricheurs.*

FIGURE 1. CD. Deux ouvriers aſſis devant une table, ſur laquelle ils épluchent de la laine, tenant en main les petites forces pour couper les durillons.

A A A. Grandes caſes où la laine, miſe en toiſon, eſt à portée des ouvriers détricheurs.

b b b. Petites caſes ou tas ſur le plancher, où ils la mettent choiſie & ſéparée.

Fig. 2. Un homme iſolé, épluchant la laine ſur ſes genoux, comme cela ſe pratique ordinairement, & formant autour de lui pluſieurs tas ſéparés de la laine choiſie.

Deuxieme vignette. *Attelier des batteurs.*

Fig. 3. T. Batteur de laine en travail, frappant alternativement, une baguette levée ou baiſſée.

R. Claie ſur ſon pied & vuide.

Fig. 4. S. Ouvrier qui retourne la laine avec ſes baguetes, qui la réunit & la ramaſſe pour l'emporter.

V V V. Fenêtres vis-à-vis de chaque claie : celles en face des batteurs ouvertes, l'autre fermée.

Bas de la planche.

F. Force pour *émécher* la laine, ou en couper les durillons.

B B. Baguettes pour la battre.

C C. Corde de la claie.

H H. Claie.

L L. Laçure de la claie, pour la ſerrer à volonté.

PLANCHE II. Vignette.

Trois ouvriers en travail.

N charge l'un de ſes peignes, tandis que l'autre peigne chauffe ſur le pot à feu.

M tient ſes deux peignes preſque à angle droit, & fait en peignant paſſer ſur l'un la matiere dont l'autre eſt chargé.

O tire la laine du peigne placé sur le crochet fiché dans le poteau P.

V. Vase ou pot à feu.

T. Couvercle en tôle.

E. Ecuelle où chauffe la matiere butyreuse ou oléagineuse pour oindre la laine.

C. Patte ou broche à vis & crochets.

B A. Barrils où chaque ouvrier met la laine qu'il a à peigner.

F. Filet où le peigneur dépose le peignon.

S. Tabouret du quatrieme ouvrier absent, dont les peignes garnis chauffent en attendant.

D D D. Trois barres, ou longeurs de la laine tirée du peigne en une fois.

B. Boulet ou bouchon fait d'une ou de plusieurs barres, & en l'état où l'on expédie ou met la laine peignée dans le commerce.

Détail des ustensiles nécessaires à l'art du peigneur.

Fig. 1. Poteau où est fichée la patte *l* & le peigne *f* en l'état convenable, pour en tirer la laine.

Fig. 2. Machine à laver la laine, avant, pendant ou après le peignage.

J J. Jumelle de cette charpente, qui doit être solidement montée.

C F. Crochets de fer dans lesquels on passe la laine pour la tordre au-dessus du baquet B, dans lequel on vient de la laver.

M. Levier en croix adapté au crochet C, tournant dans la jumelle, avec lequel on tord & exprime la laine lavée.

Fig. 3. Levier en croix, armé d'un encliquetage, pour tenir fixe la laine torse à volonté.

a. Vue de cet encliquetage avec le crochet, pour tenir le levier arrêté.

b. Crochet à manivelle, qu'on peut substituer au levier en croix.

c. Plaque de fer encastrée dans la jumelle, dans l'ouverture de laquelle tourne le crochet à qui elle sert d'appui.

f. Peigne vu en-dedans.

g. Peigne vu par le dos.

h. Coupe du peigne avec le trou longitudinal & le trou transversal, pour y entrer les deux pointes de la patte.

i. Peigne anglais a trois rangs de broches.

m. n. p. q. r. Canon, tenailles, lime, aiguille & marteau, tous en fer, pour redresser, polir & rendre égales les broches des peignes.

u. Coupe du fourneau ou pot-à-feu, pour chauffer les peignes.

s. Brasier très-peu ardent.

t. Couvercle en tôle du pot-à-feu.

o. Ecuelle à placer au sommet du chapiteau.

PLANCHE III.

Fig. 1. Fileufe au petit rouet, à la main & à la quenouille.

Fig. 2. Rouet vu d'un autre côté, le fil paffant des deux ouvertures de la mouquette fur l'épinglier ou les ailettes, & dans l'ailet, vu plus en grand au point *d* de la *fig.* L, & enfin fur la bobine.

Fig. 3. Rouet pour devider les écheveaux de deffus la tournette T, & en faire des bobines coniques, pour doubler ou tripler les fils, *fig.* 6.

Fig. 4. Afpe ou petit devidoir calculé de cinq quarts de tour.

Si l'axe A A a quatre arêtes qui s'engrenent dans une roue de vingt dents; l'axe de celle-ci, cinq arêtes dans une roue de quatre-vingt dents, ou le premier axe cinq arêtes, & le fecond quatre, quatre-vingt tours de l'afpe en feront faire un complet à la derniere roue, & le marteau tombera fur la table une fois par chaque révolution de cette roue : ce qui avertit que l'écheveau eft compofé de cent aunes de fil.

Fig. 5. Rateau où font pofées fix bobines, de celles tirées du rouet après la filature, pour en former autant d'écheveaux à la fois fur le devidoir.

Fig. 6. Trois bobines placées à la fois *q q q*, pour mettre trois fils enfemble avant de les retordre. Ce font ces mêmes qui ont été devidés de l'écheveau placé fur la tournette T, fur la bobine de la *fig.* 3.

A. Quenouille vuide.

B. Quenouille garnie avec le caflou O V, arrêté par le mordant N.

C D. Cuirs qui foutiennent la broche du rouet.

E. Mouquette.

v. Trou par où paffe le fil en fortant de la main de la fileufe.

F. Noix de buis fur lefquelles paffe la corde du rouet, & canons d'os qui les féparent, pour les foutenir & les fixer.

I. Bobine vuide.

H. Bobine garnie.

L. Ailettes avec la bande d'étoffe, & le mordant pour la faifir.

M. Rapprochement de toutes ces parties du rouet.

p p. Poupées.

b b. Broche foutenue par les cuirs C D, & chargée fucceffivement de la mouquette, des ailettes, de la bobine, & entre les cuirs, des noix en forme de poulie, & des canons cylindriques qui les féparent.

PLANCHE IV.

Fig. 1 & 2. Moulin à retordre les fils, vu en travail de deux côtés oppofés. L'homme placé en-dehors tourne la manivelle, & donne le jeu à toute la machine : une fille, en-dedans, raccommode les fils à mesure qu'il s'en casse.

L'axe de la manivelle est commune à deux roues de champ, qui par conséquent sont paralleles. La premiere s'engrene en-dessous, perpendiculairement au tambour S ; la seconde *b*, la *tourte*, espece de lanterne qu'on change à volonté en d'autres d'un plus ou moins grand diametre, s'engrene endessus dans la roue *cc*, dont l'axe prolongé devient celui de l'aspe *dd*.

La courroie M se croise sur le tambour, & court sans fin entre les broches pour les faire tourner par le frottement, & les pouliots de rejet qui la soutiennent en même tems qu'ils la pressent légérement & également contre toutes ces broches.

Cette courroie, suivant les circonstances, se serre ou se lâche quelquefois au moyen d'une poulie horizontale placée en V, *fig.* 3, qu'on avance ou qu'on recule avec une vis, comme il est indiqué dans le texte. Ici c'est un rouleau tournant sur son axe, dont la base est fixée, & le haut mobile dans une mortaise, pour l'avancer, le reculer & l'arrêter avec une cheville, *fig.* 4, Z.

L'inclinaison de ce rouleau nécessite une autre cheville qui y est implantée au-dessus de la courroie, pour la maintenir dans son niveau. Dans quelques moulins, on se sert d'un poids, pour opérer cette tension de la courroie toujours egale.

C C. Banquette qui soutient les broches dans leur situation verticale, & au-dessus de laquelle sont les bobines, dont les fils s'élevent dans la même direction jusqu'au haut du métier en *e*, d'où, passant par des anneaux, on les voit converger jusques sur l'aspe, & y former des écheveaux paralleles.

Fig. 3. Plan du moulin.

A A. Piliers qui en soutiennent la charpente.

BBQR. Intérieur & premiere banquette, dans laquelle, sur verre ou caillou recouvert & contenu par la piece de bois refendue pour s'y encastrer, pivotent les broches garnies des bobines, ainsi que les broches servant d'axe aux pouliots.

Les points noirs, serrés sur cette banquette, indiquent la base qui porte les bobines ; ceux qui sont plus écartés, celle de l'axe des pouliots ; & la raie circulaire qui passe entre les unes & les autres, la courroie sans fin qui tourne de R en STVX, 8989.

S. Tambour horizontal.

a a. Roue de champ, dans laquelle il s'engrene.

b. Tourte dont l'axe est le même que celui de la roue précédente.

cc. Roue qui s'engrene dans la lanterne *b*, & dont l'axe prolongé forme celui de l'aspe.

Fig. 4 & 5. Vues intérieures du moulin de face & par côté. Il eſt inutile de répéter les lettres, qui ſont toutes correſpondantes aux mêmes parties de la *figure* précédente, ou qui indiquent des parties plus développées dans la *figure* ſuivante : mais il faut remarquer la roue iſolée *hh*, qui eſt la même que celle *cc*, vue du côté oppoſé, dont la vis ſert à élever ou baiſſer l'axe de l'aſpe, ſuivant la grandeur du diametre de la tourte ou lanterne, dont on en voit une *b* iſolée, de rechange.

Fig. 6. Vue extérieure d'une partie plus développée du moulin.

BB. CC. Banquettes.

MM. Courroie.

N. Point d'appui de l'axe des pouliots.

H. Taſſeau refendu & encaſtré dans la banquette, pour diriger & contenir les broches ſur leur appui.

G. Bobines.

DE. Buhots ou bobines avant qu'elles ſoient garnies.

FF. Bobines ou buhots garnis.

G. Broches qui portent les bobines ſur le moulin.

K. Taſſeau encaſtré, dans lequel tournent les broches.

I. Verre ou caillou ſur quoi elles pivotent.

P. Axe des pouliots O.

PLANCHE V.

Fig. 1. Moulin à ourdir.

AA. Axe dudit moulin.

cc. Chevilles ſur leſquelles ſe paſſe & ſe fait la croiſure de la chaîne. Ces chevilles ſont au nombre de trois en-haut, par où commence l'ourdiſſage, en accrochant la chaîne à la premiere, & la croiſant ſur les deux autres. Il n'y a-que deux chevilles ſemblables au bas, pour y croiſer de nouveau la chaîne en la repliant ſur elle-même, & augmenter ainſi le nombre des portées autant de fois qu'on fait deſcendre & monter la giette, dont l'anneau ayant réuni les fils en un faiſceau, les diſtribue ainſi par demi-portées.

EE. partie de la chaîne ourdie.

B. Broche de fer qui ſurmonte l'axe AA, ſur laquelle s'enroule la corde B*npp*, lorſque la giette GG remonte, & d'où elle ſe déroule lorſqu'elle deſcend entre les deux montans du cadre TT. Cette corde eſt fixée en *i*, & paſſe ſucceſſivement ſous la poulie *m*, ſur celle *n*, pour arriver en B.

M. Manivelle du petit axe *a a*.

R. Roue horizontale, adaptée à cet axe, pour faire tourner, au moyen de la corde croiſée *x*, la roue *r* adaptée à l'axe du moulin.

F. Fils partant des bobines *b b b*, implantés ſur le cannelier L L L, paſſant alternativement dans les broches percées & entre ces broches du gril de fer, & ſe réuniſſent en un faiſceau au point *o*, dans l'anneau du crochet auſſi de fer, viſſé verticalement ſur la planchette horizontale de la giette, laquelle giette hauſſant & baiſſant, dirige toujours la matiere de maniere à former ſur l'aſpe du moulin une ſuite d'hélices régulieres.

C C. Autre cannelier, très en uſage auſſi dans ces fabriques : les bobines *b b* y ſont poſées horizontalement, & ſe devident verticalement, chaque fil paſſant par un anneau de verre pour reprendre, comme au cannelier précédent, la direction du gril, & celle toujours horizontale du gril à l'aſpe ou moulin.

Fig. 2. Chaîne montée dans l'attelier.

o o. Enſouple ſur laquelle la chaîne s'enroule.

V V. *Vautoir* ou rateau dans lequel paſſe la chaîne par demi-portées, à meſure que les hommes *g g* la lâchent.

h. Chaîne roulée ſur elle-même.

M. Contre-maître qui dirige le travail en tenant le rateau.

d. Ouvrier qui, au moyen d'un levier & avec effort, tourne l'enſouple en treuil, tandis que les ouvriers *g g* la tiennent ferme, & ne la lâchent qu'à meſure qu'elle s'arrange ſur ladite enſouple, ſous la direction du contre-maître.

f. Crochet de fer courbé à angle droit, & paſſé carrément dans des boucles *r r*, fichées dans un plateau happé contre le mur aux points *a a a*.

1, 1. Crochet dont le collier eſt à charniere.

2, 2. Crochet à collier ſans charniere.

3, 3. Détendoir ou levier courbé, qu'on emploie auſſi pour tourner l'enſouple.

4, 4. Rateau dans lequel paſſe la chaîne par demi-portées.

5, 5. Rateau ouvert pour le paſſage de ladite chaîne.

6, 6. Enſouple garnie de la chaîne, avec les verguenoirs ou baguettes qui en maintiennent la double croiſure.

7, 7. Coupe des pieces du haut du baudet, qui ſupportent l'enſouple de la chaîne lorſqu'on la monte, *fig.* 3.

Fig. 3. Maniere de monter la chaîne des camelots, étendue ſur toute ſa longueur, & tenue par trois, quatre à cinq hommes *g g g*.

B B. Baudet.

o o. Enſouple.

V V. Rateau.

M. Contre-maître.

E. Levier, & ouvrier qui le fait agir, pour rouler la chaîne ſur l'enſouple.

PLANCHE VI.

Fig. 1. Perſpective cavaliere du métier à armure du travail de la petite navette, dont le jeu du haut ſe fait par côté.

A A. Chaſſe.

B B. Créneaux pour élever ou baiſſer la chaſſe au moyen de la corde qui s'y accroche, & qui eſt attachée à la barre de ſuſpenſion.

d d. Cordes qui attachent la barre aux épées, & par laquelle la chaſſe eſt ſuſpendue.

a a. Créneaux ſur leſquels porte ladite barre.

C C. Ratelier poſé & mobile ſur le haut du métier, au ſommet duquel ſe fait le jeu des bricoteaux D D.

Fig. V F. Vue de face du ratelier, dont 2, 2, eſt la broche, ſur laquelle les bricoteaux *y* jouent en baſcule, chacun entre les dents du ratelier.

Fig. V C. Les mêmes bricoteaux *x*, *x*, vus de côté ſur la coupe verticale du ratelier, mobiles en *y*.

E. Lames attachées aux bricoteaux en-deſſus, & aux contre-marches en-deſſous.

F. Peigne d'acier.

G. Barre horizontale qui entre dans les dents de la roue I, de l'enſouple de la chaîne qui l'arrête, & ſoutient la chaîne dans ſa tenſion.

H. Enſouple & chaîne ſur laquelle elle eſt roulée.

K. Poitrinieré ſur laquelle paſſe l'étoffe fabriquée.

L. Barre mobile, placée en-avant de la poitriniere, pour que l'étoffe paſſe entre l'une & l'autre, & que l'ouvrier ne la comprime pas de ſon corps en s'appuyant dans le travail.

O. *Enſouple*, *enſuple*, ou *enſelle*, ſur laquelle s'enroule l'étoffe à meſure qu'elle eſt fabriquée.

N. Roue dentée en encliquetage, pour rouler & ſerrer l'étoffe ſur ladite enſouple, au moyen des leviers en croix qui y ſont adaptés.

M. Crochets de fer pour tenir l'enſouple à un point fixe, & l'étoffe tendue à volonté.

P. Aiguillettes qui uniſſent & attachent en-deſſous les lames aux contre-marches.

Q. Contre-marches ayant leur point d'appui, paſſées dans une cheville de fer *v*, ſur le côté gauche du métier; poſées en travers du métier, à angle droit au-deſſus des marches, attachées du milieu aux lames, & par l'extrêmité oppoſée au point d'appui, c'eſt-à-dire, du côté droit du métier, aux *longs tirans* R, qui ſont les cordes qui font jouer par côté les bricoteaux.

S. Marches attachées aux contre-marches.

Fig. 2. Vue de côté du métier, dont on a ôté tout le bas de l'armure & les longs tirans. Le ratelier C, de face, laiſſe appercevoir la correſpondance des bricoteaux D aux lames E.

a. Créneaux ſur leſquels poſe la barre de ſuſpenſion de la chaſſe.

A. Vue de profil de la chaſſe.

F. Peigne.

c c. Rainures où paſſe le peigne à couliſſes entre la cape & le ſommier.

b. Vis pour ſerrer la cape, & tenir ferme le peigne lorſqu'on l'a mis en place.

o o o o. Chaîne & étoffe paſſant de deſſus l'enſouple G dans les lames E, le ros F, ſur la poitriniere K, entre elle & la barre L, pour venir s'enrouler ſur l'enſouple N.

Fig. 3. Vue de derriere du métier, où l'on n'a laiſſé que l'enſouple de la chaîne avec ſes bourlets mobiles *b b*, qu'on ſert plus ou moins par les coins *cc cc*, poſée ſur les appuis *a a*, & arrêtée par la barre G, au moyen de la roue dentée I; & le jeu réciproque des conrre-marches Q d'une part, aux lames E par les aiguillettes P, & des lames aux bricoteaux D; & de l'autre part, à l'autre extrêmité des bricoteaux, au moyen des longs tirans R.

L'extrêmité des marches, qui croiſent ſous les contre-marches & qui y ſont attachées, ſe montre aux points *m m m.*

Fig. 4. Chaſſe, compoſée du ſommier S O, de la cape C.

c c c c indiquent les rainures, dans l'une & l'autre piece, pour le paſſage & l'emboîtement du peigne ou ros.

b b b b indiquent les vis pour ſerrer, fixer & contenir le ros.

A A. Epées.

B B. Crumaliere de ſuſpenſion par la corde qui ſe croiſe derriere les épées; recroiſe en-avant ſur la barre, retourne, & vient enfin ſe nouer au point *d.*

T. Barre de traverſe de la chaſſe.

S. Barre de ſuſpenſion.

**. Lames de fer fichées ſous la barre, & qui lui ſervent de ſoutien ſur les créneaux.

PLANCHE VII.

Fig. 1. Métier à camelot travaillant, vu de côté: l'ouvrier pouſſe la chaſſe de la main gauche, foule la marche, & eſt prêt à lancer la navette de la main droite.

A A A A. Piliers du métier très-incliné en-avant.

c r & *c r.* Créneaux également inclinés dans le ſens oppoſé; ceux du haut, pour la suspension de la chasse ; ceux du bas, pour la tension des lames.

Les marches sont fixées & jouent sur un axe au point S ; elles sont foulées en *p ;* elles attirent les bilbacs *x x*, par les cordes *q*, qui passent dans les trous *b b*, de la barre *o o.*

Les bilbacs font la bascule sur le vinaigrier, entre les dents du peigne *y y*, & sur la broche de fer rond *z z*, & attirent les lames E.

L'ensouple de la chaîne *t t*, est suspendue en *i i*, arrêtée & tenue par le rateau & l'étendoir *t r.*

Les fils de la chaîne passent dans les lames E, dans le ros F ; & l'étoffe fabriquée, après avoir passé dans la rainure à jour de la poitriniere P, vient s'enrouler sur l'ensouple *o*, où elle se tient tendue au moyen de la roue d'encliquetage N.

Les cordes *d d*, & les chevilles *c c*, sont pour tendre & tenir les lames plus ou moins en-arriere.

Fig. 2. Vue du métier par-derriere.

Fig. 3. Vue du métier par-devant, pour montrer seulement la suspension de la chasse H.

CCCC. Piliers de face.

g g. Raccourci des barres de longueur & inclinées du métier, sur lesquelles sont posés les créneaux ou crumalieres en talus, pour la suspension de la chasse.

c c. Cordes qui enveloppent les avelots, & attachent les épées à la barre **.

S. Point où sont fixées les marches enfilées dans la broche *u u.*

Fig. 4. H. Chasse avec le ros placé & serré entre la cape *b b*, & le sommier *c c.*

Les épées *a a*, sont à coulisse dans la cape, qui s'éleve & s'abaisse pour sortir & replacer le ros : le tout suspendu par la barre **.

Fig. 5. Vinaigrier *x x* bilbacs, faisant la bascule sur la broche de fer rond *z z*, entre le peigne *y y.*

Fig. 6. Marche-pied E T, avec la crumaliere *c r*, la boîte à poulie *b*, & les jutriaux *j*, pour tendre les lames en-dessous ; les cordes *d* & la cheville *c*, pour les tendre en-ariere.

b & *j.* Boîte, poulie, & jutriau détachés, vus de face.

P. Poitriniere vue du côté du travail, opposé à l'ouvrier. L'étoffe entre par la rainure à jour, ressort par-dessous, & va s'enrouler sur l'ensouple.

S. Ensouple de la chaîne avec ses cordes de suspension ; & la rainure marquée, pour y placer le verdillon & fixer la chaîne.

D. Verdier pour contenir les fils de la chaîne, avec un fil de fer en-dessus.

M *m.* Lisses simple & composée d'usage dans les fabriques de Picardie.

E E. Lame, avec l'indication de la suspension.

T. Temple ouvert & fermé.

tt. Rateau & tendoir pour tenir la chaîne bandée.

r. Roue d'encliquetage vue de profil.

rf. Roue d'encliquetage vue de face, avec ſon crochet.

m. Enſouple du travail avec ſa rainure, pour y fixer l'étoffe au moyen du verdillon *h* ou *i*.

R. Havet ou crochet d'acier très-mince, pour paſſer les fils dans le ros lorſqu'ils caſſent.

N *n.* Navette vue de face, & ſa coupe tranſverſale, au lieu de ſa foſſette ou poche.

I. Aiguille *o*. La même aiguille garnie de l'eſpoule, pour être placée dans la poche de la navette.

r. Petit reſſort pour contenir l'eſpoule dans la foſſette.

co. Corbeille pour mettre les eſpoules ou petites bobines, compoſées du fil de la trame, devidé ſur des canons de roſeau.

E G. Epingle pour tendre les fils qui ont fait cheville au moulin à retordre, ou qui ſe trouvent trop lâches par toute autre raiſon.

P L. Epincette pour éplucher l'étoffe, en tirer les nœuds, les doubles duites, les ordures, &c.

ba. Balai de bouleau pour tenir lieu de broſſe, relever le poil, les nœuds, &c. avant l'épluchage.

PLANCHE VIII, IX & X.

Les armures des métiers expliquent ces planches; il ſuffit de répéter le nom des eſpeces d'étoffes qu'on peut produire par leur moyen.

Nº. 1. *Toile*, ou toute étoffe raſe à pas ſimple, dont la chaîne & la trame ſont de fils d'un diametre à peu près égal.

2. *Camelot*, ou étoffe grainée, dont la ſuite des grains forme une cannelure plus ou moins fine, ſuivant les matieres, mais toujours ſenſible ſur la largeur de l'étoffe.

3. *Camelot baracané*, ainſi nommé de ce que la cannelure eſt beaucoup plus marquée qu'aux précédens, quoique dans la même direction, ce qui rend fauſſe cette dénomination d'uſage; ce n'eſt en effet qu'un très-gros camelot, à trame doublée ou triplée.

4. *Baracan*, ou étoffe très-grainée plus ſerrée que le camelot, & dont la cannelure, plus ſenſible, eſt prolongée ſur la longueur de l'étoffe.

5. *Serge ſans envers*, ou étoffe plus ſimplement croiſée, & également de part & d'autre.

6. *Serge de Rome*, avec un envers, ou étoffe croiſée en-deſſus, & à pas ſimple en-deſſous.

7. *Serge de Rome* à côtes, ou étoffe à cannelures rapprochées & par bandes saillantes, avec un envers entre ces bandes.

8. *Turquoise*, étoffe ordinairement croisée, à cannelures serrées, prolongées ou interceptées, susceptible d'une grande variété.

9. *Turquoise mont-à-loisir*, nom bizarre d'une variété particuliere de la turquoise ordinaire.

10. *Basin en turquoise*, autre variété remarquable.

11. *Basin ordinaire*, étoffe cannelée sur la longueur, croisée ou non croisée, comme la turquoise, mais faisant plutôt cannelure que côte.

12. *Mille-point* en turquoise, étoffe dont les carreaux, plus ou moins petits, sont en échiquier, cannelés, & à envers.

13. *Prunelle unie*, étoffe-croisée, d'un tissu très-serré.

14. *Prunelle à côtes*, en cela seulement, variée de la précédente.

15. *Calmande unie*, ou satin en laine.

16. *Calmande à côtes*, en cela seulement, variée de la précédente.

17. *Serge de Minorque*, étoffe croisée, d'une cannelure indiquée, diagonalement & fortement exprimée.

18. *Grain d'orge*, étoffe à petits carreaux, comme des cannelures transversales, coupées, saillantes & disposées en échiquier, sur un fond à cannelures plus fines, indiquées diagonalement.

19. *Barré en grain d'orge*, la même étoffe que la précédente, avec la différence que les cannelures transversales ne sont point interceptées dans la largeur.

20. *Mille-point* cannelé.

21. *Mouches & navettes.*

22. *Petite fraise & mouche.*

23. *Petite croisette.*

24. *Zigzag cannelé.*

25. *Croisette & fraise.*

26. *Croisette sans envers.*

Toutes ces petites étoffes ne sont que des variétés de la même, & n'ont été placées ici, que pour indiquer la possibilité & le moyen de les varier à l'infini.

27. *Silésie en zigzag.*

28. *Idem, à bâton rompu.*

29. *Idem, cœur enflammé.*

30. *Idem, autre bâton rompu.*

Celles-ci varient par la quantité moindre & la qualité inférieure des matieres; mais elles prouvent que le changement de ces petits dessins est très indépendant des variétés indiquées.

31. *Malbouroug*, petite étoffe figurée d'un côté par la chaîne d'une couleur, & de l'autre par la trame d'une couleur différente.

32. Autre malbouroug.

33. Etoffe brochée à chaînons, formant du flotté à l'envers.

Nota. Il ne faut pas confondre ces numéros, qui correspondent à ceux des armures, avec ceux des échantillons de la *pl. XI* qui n'y correspondent point.

PLANCHE XI.

Echantillons de différentes étoffes unies & croisées, résultant des armures & des marches ci-devant décrites.

N°. 1. Tamise, ou toile quelconque en laine, dont les fils de la chaîne & ceux de la trame ne different point ou different peu en grosseur.

2. Camelot quelconque, comme cannelé, & plus marqué sur la largeur que sur la longueur.

3. Baracan plus marqué & effectivement cannelé sur la longeur de l'étoffe & nullement sur sa largeur. (*a*)

4. Serge de Rome unie, légérement tracée par des diagonales.

5. Serge de Rome à côtes.

6. Turquoise baracanée.

7. Turquoise mont-à-loisir.

8. Basin baracané.

9. Mille-point en turquoise.

10. Prunelle à côtes.

11. Calmande à côtes plus marquées qu'à la prunelle.

12. Serge de Minorque.

13. Grains d'orge.

14. Barré en grains d'orge.

15. Mille-point cannelé.

16. Mouches & navettes.

17. Petites fraises & mouches.

18. Petite croisette.

19. Zigzag cannelé.

20. Croisette & fraise.

21. Croisette sans envers.

(*a*) Ces cannelures, soit en largeur sur le camelot, soit en longueur sur le baracan, sont plus fortement senties sur l'échantillon gravé que sur l'étoffe. La difficulté de les rendre, y a entraîné.

22. Siléſie en AV ou zigzag.
23. Bâton rompu, rapproché en loſange.
24. Cœur enflammé.
25. Carreaux & bâtons rompus.
26. Malbouroug.
27. Deſſin à chaînons.
28 Deſſin à lever de deſſus l'échantillon pour le remonter ſur le métier. Des fils de la chaîne ſont défilés, & deux fils de la trame, retirés en partie du tiſſu, laiſſent diſtinguer ceux qui les ſurmontent de ceux qui paſſent deſſous.

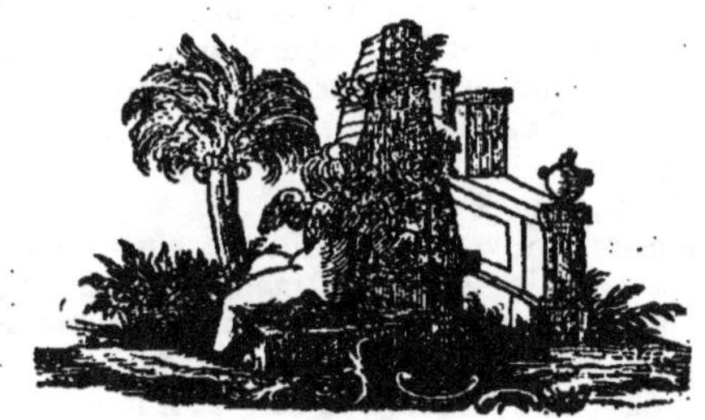

TABLE

NOTES DE L'AUTEUR. (*a*)

Pour l'Art du fabricant d'étoffes en laines.

PAGE 292, ligne 15. *S'y filent.*

Il eſt auſſi mal-adroit que nuiſible à ſes intérêts de ne pas les y filer toutes. Heureuſement la ſupériorité des Turquinois dans l'aſſortiment, le peignage & la filature, n'a plus rien qui étonne quelques-uns de nos intelligens fabricans ; l'induſtrie gagne & fait entrevoir qu'on pourra enfin s'affranchir entiérement de cette dure ſervitude : la province le peut avec d'autant plus de ſuccès, que dans les laines qu'on lui envoie de Turcoing, ſous le nom de laines de Hollande, ce n'eſt le plus ſouvent qu'un mèlange de ces dernieres avec les laines de Flandres, de l'Artois & de la Picardie même, mieux aſſorties, mieux préparées qu'elle n'avait ſu le faire, & parées encore après la filature, par un bain de petit lait, quelquefois même d'un peu de farine. Ces matieres additionnelles donnent en effet de la douceur & de la fermeté à la laine, & la rendent ſuſceptible d'un tiſſu plus facile & meilleur ; mais auſſi elles en augmentent le poids : obſervations qui avaient échappé à l'auteur *de l'art des étoffes de laines raſes & ſeches*, &c. (*Almanach de Picardie*, *année* 1782, pag. 50.)

Pag. 311, l. 33, *baquet.*

Quelques peigneurs ont trouvé qu'il étoit plus avantageux, au lieu du baquet entre les deux jumelles, d'y monter un chauderon ſur un petit fourneau & de faire ſon lavage en eau entretenue au même degré de chaleur ; on lave ainſi plus de laine, on la lave mieux ; & je ſuis tellement porté à adopter cette méthode, que j'ai conſeillé de graver la machine à dégraiſſer, d'après la deſcription que je viens d'en faire.

Pag. 320. Subſtituer au tarif, qui a beaucoup de fautes, celui de *l'art du fabricant de velours de coton*, qui eſt le même, mais beaucoup plus correct.

Pag. 325, l. 30. . . . . . *de ce genre d'étoffes.*

M. Airolles, de Carcaſſonne, a réaliſé la conjecture de l'auteur qui, d'après l'examen qu'il a fait, & du poil filé, provenant de chevres de l'eſpece dont il s'agit, propagées en Languedoc dans la terre, & par les ſoins de M. Airolles, & de pluſieurs pieces de camelots-poil, qui en ont été fabri-

(*a*) L'auteur ne nous ayant fourni ces notes intéreſſantes qu'après l'impreſſion du texte, nous ne pouvions faire mieux, pour ne pas en priver le public, que de les raſſembler ici ; c'eſt d'ailleurs une addition qui manque dans les cahiers in-fol. contenant les deſcriptions de ces mêmes arts.

qués à Amiens, a jugé que ce poil ne le cede en rien au poil de la Natolie qu'on tire pour le même usage.

Pour l'Art du fabricant de velours de coton.

Introduction, page 163, lig. 1, *un calendreur de Manchester.*

Sept à huit mois après la publication de l'art, piqué contre son auteur, offensé de la vérité, celui qui se reconnut à son expression, écrivit en style de son premier état, une brochure dans laquelle, à travers un tas de faussetés & d'injures, il déclame contre la publication des arts, suppose de grands services, & se montre plein de prétentions. Après avoir répandu ce libelle dans le public, en avoir empoisonné la capitale & les provinces, l'administration & l'académie des sciences, il fut en personne solliciter... quoi? lui demanda-t-on, *que des faits publics soient dit être faux? que des assertions & des injures soient prises pour des vérités & des preuves?* L'administration rejeta l'homme & la brochure, à laquelle dans l'intervalle, on avait répondu de maniere à ce qu'on n'y replique jamais. L'académie aurait pu en user comme l'administration : elle écrivit à l'auteur, dont les réponses furent si publiques, qu'on les imprima à Rouen dans le tems. Cette correspondance n'est pas sans intérêt, à ne considérer les choses que par la maniere dont elles se menent dans la vie civile, & même dans la vie littéraire : nous y renvoyons pour tout ce qui est de procédés, de systèmes & de faits suffisamment éclaircis, excepté un seul, celui qui a le plus remué la bile du calendreur, & dont voici la preuve. . . . . . : *Extraits faits sur les originaux.* (*V. au n°. 1.*)

Pag. 173, *décider la question.* (1) Substituez & à la place de la note, *Comme cette méchanique*, &c. qui est à supprimer en entier, substituez la suivante.

On ne retire pas de cette méchanique tout l'avantage qu'on s'en était proposé : indépendamment de son prix qui est considérable sur un objet de main-d'œuvre de cette nature, puisque ce n'est pas à moins de 1500 liv. que la manufacture de velours de coton de Sens s'est engagée auprès de l'administration, d'après les gratifications qu'elle en a reçues, d'en fournir au public, & que ces méchaniques ne cardent guere par jour que de 20, 25 à 30 livres de coton. Elle est sujette à se déranger, difficile à réparer : il faut peu de chose pour détruire le parallélisme des cylindres : les cardes s'usent très-promptement : si la méchanique joue, elles s'écrasent en proportion de la différence d'appui ou de frottement. Le coton généralement moins bien cardé, plus brisé, plus arraché, que par le cardage à la main, en devient plus difficile à filer, & le fil qui en provient n'est pas également propre aux parties des tissus qui demandent à la fois beaucoup de finesse, de douceur & de force.

Portés à croire que la plupart des vices qui proviennent de cette méchanique sont dus à sa complication, à la multiplicité des cylindres qui chargent & déchargent les cardes, qui les garnissent & dégarnissent beaucoup plus de fois qu'à la main, qui effacent trop le coton, qui le déchirent enfin : nous pensons qu'on pourrait en diminuer le nombre, & le réduire à six, deux grands & quatre petits. Deux de ces derniers, l'un au-dessus de l'autre, & tournant en sens contraire en s'engrenant, par des roues dentées d'un diametre un peu plus grand que celui de ces cylindres, adaptées sur leur même extrèmité, saisiraient le coton préparé, l'ouvriraient & le porteraient sur le premier grand cylindre. Au-dessus de celui-ci, l'un à côté de l'autre, sans se toucher, mais agissant sur le grand cylindre, seraient les deux autres petits. Viendrait enfin le second grand cylindre horizontal, parallele au premier, & de même diametre que lui : ce second grand cylindre est celui qui se charge du coton en dernier lieu, celui de dessus lequel il se détache pour en former la laquette, au moyen du rouleau à lames d'environ six lignes de hauteur ou de saillie.

Les conjectures qu'on vient de lire ne sont point hasardées ; elles sont le résultat de plusieurs essais, auxquels il ne manque pour le succès qu'on a lieu d'en attendre, que de déterminer le nombre de tours que doit faire la premiere grande roue, pour un tour de la seconde. Ce nombre trouvé, que je crois être entre ceux de 12 & 15, la méchanique est conçue, & son exécution est facile ; c'est le point où nous en sommes. Si nous réussissons, je ferai graver cette méchanique, je l'expliquerai, je la publierai : en attendant, je profite de cette occasion pour donner mes idées, afin que celui, quel qu'il soit, qui les joindra aux siennes, sache mieux tirer parti des unes & des autres.

Pag. 216, l. 24 . . . . . . *Extraire la couleur.*

Dans l'idée puérile & basse de donner plus de force, & quelque croyance aux invectives qui composent le libelle dont on a parlé à la note de la préface, l'auteur de ce libelle y a ajouté une critique stérile de deux ou trois procédés : celle du *mordoré* est la principale : voici la réponse qu'on y a faite : " On sait bien qu'on peut faire le mordoré en un seul teint : » c'est ainsi qu'il se pratique pour le faux teint sur toutes les sortes d'étoffes, » pour le bon teint sur la plupart, & sur le velours même par les teinturiers intelligens & très-exercés ; mais pour les autres, il est difficile & rare » de faire bien unie cette couleur, facile & sûre en deux teints : il en coûte » un peu plus de feu, un peu plus de tems ; les teinturiers instruits peuvent » & doivent économiser sur l'un & l'autre ; ceux qui le sont moins, feront » sagement de craindre plus les inconvéniens dont je parle, que la dépense » que vous boursoufflez. »

Pag. 227, l. 3. . . . . *pour la composer.*

Le *prune de Monsieur* se fait comme le cramoisi violet : à la composition, au lieu de se servir d'un bain pur de bois de Bresil, on le coupe à moitié du bain de bois d'Inde ; on augmente encore la dose de celui-ci, au second bain, plus ou moins suivant la nuance qu'on veut obtenir ; je conseille d'ajouter ici le procédé de *prune de Monsieur*, que M. Pilatre de Rosiers vient de publier dans le Journal de physique.

Pag. ibid. l. 5. . . . . *acide nitreux*

Par-tout où je me suis servi du mot d'*acide nitreux* ou de celui d'*eau-forte*, en parlant de l'agent propre à dissoudre l'étain pour la composition de quelque couleur, si je me suis écarté du langage des laboratoires, ç'a été pour adopter celui des atteliers ; mais il en a résulté une erreur à peu près semblable à celle qui entraîna M. Hellot à employer pour la dissolution de l'indigo, l'acide nitreux au lieu de l'eau-forte des savonniers, alkali fixe, rendu caustique par la chaux, parce qu'on s'était servi dans le procédé, du terme simple d'*eau-forte*.

Voici le fait. L'*acide nitreux*, rigoureusement parlant, est un acide pur, dégagé de toute autre substance. Réuni à l'acide marin, il forme *l'eau régale*, & ce n'est véritablement que par l'eau régale que se fait la dissolution de l'étain pour la composition des couleurs ; mais l'acide nitreux du commerce, plus particuliérement connu sous le nom d'*eau-forte*, n'est jamais pur ; il est au contraire toujours plus ou moins chargé d'acide marin, par lequel cette liqueur est naturellement régalisée : quelquefois même elle l'est au point qu'il est inutile, dans certains cas, d'y ajouter de l'acide marin ; on y en ajoute toujours dans les opérations du genre de celles qui nous occupent ; on le fait en raison de son état, qu'on ne peut guere déterminer que par un essai.

On régalise l'eau-forte du commerce avec du sel marin, sel commun ou de cuisine, ou avec du sel ammoniac, préférable au sel marin en ce que la dissolution également bien faite par les deux se décompose (toutes choses égales, car la chaleur naturelle ou factice y concourt aussi) beaucoup plus tôt que par celui-ci : peut-être aussi parce qu'on a cru remarquer que le sel ammoniac donnait à la couleur quelque chose de plus éclatant.

Je dois plusieurs de ces observations à M. de la Morliere, teinturier habile, & l'un des hommes les plus estimables que je connaisse.

Pag. 236, l. 8. . . . . *donne lieu de le présumer.*

Semblable à un enfant qui a perdu son joujou, & sans que notre auteur l'ait attaqué, un homme chagrin, dont pourtant on n'a pas renversé le poëlon, effarouché d'un projet vraiment grand, relatif à la teinture, annoncé dans le Journal de physique du mois de janvier 1781, s'est récrié qu'on lui *ait accordé onze pages*. Et dans le même Journal du mois d'avril suivant, il en prend le même nombre pour déclamer contre les auteurs de ce projet, & le revendiquer; pour citer beaucoup un ministre & un commis qui n'y connaissent rien, & pour faire des phrases très-académiques assurément, mais que ne prouvent pas toujours un homme bien conséquent. On veut croire qu'une réponse dont M. le directeur-général a honoré l'auteur, *soit un gage précieux de ses bontés & de distinction*, &c. Mais ce gage précieux, ces bontés, cette distinction, &c. auxquels le public n'a aucune part, ne le convainquent de rien de relatif à la question : & les cent couleurs, qui ne sont pas des couleurs, mais des *nuances*, 100, 200, 300 échantillons qui, bien arrangés comme une carte de marchand qui veut vendre, dont les couleurs tranchent avec art, pour qu'elles jouent mieux à l'œil, qui peuvent être regardées un moment, & faire écrire une lettre à celui qui s'est ainsi amusé, n'apprennent pas grand chose au public, & ne lui feront jamais d'une grande utilité.

D'après tout ce que dessus, il serait mal néanmoins de regarder l'auteur de tant de nuances, quoiqu'avec le fruit seul du *phytolacea* on pût en faire mille, assez jolies & qui ne joueraient pas mal aussi, suivant leur arrangement, il serait mal que personne, même le *commissaire de l'administration, juge né, en premiere instance, de toutes les nouveautés de ce genre*, le regardât comme un *vil plagiaire du travail d'autrui*.

Le début seul de l'auteur a quelque chose de vraiment poétique : « Tout » ce qui peut résulter de vraiment utile, de l'exécution parfaite du projet » annoncé, *je l'ai dit, fait*, &c. » Tout! tout, dans une matiere sur laquelle l'auteur n'a jamais rien publié; sur une matiere dans laquelle les *Dufay*, les *Hellot*, les *Dapligny*, les *Delafolie* conviennent que nous sommes dans l'enfance, & sur laquelle les autres savans le prouvent. Tout! pour avoir fait quelques bouillons de bois, rejetant même toute méthode. J'avais cru jusqu'ici que ce ne serait pas trop d'être un dieu pour avancer une pareille proposition; & je ne pense pas qu'un mortel, quelque flegmatique qu'il soit, puisse entendre, sans rire, prononcer une semblable exagération.

Voyez le Journal cité, avril 1781, pag. 306 & suiv. Voyez les lettres ci-après, de M. Roland de la Platiere, au secretaire de l'académie de Rouen, lesquelles lettres & leur inscription sur les registres de l'académie, très-antérieures à l'écrit de M. Dambourney, prouvent assez ses sentimens pour lui, & combien il était éloigné d'imaginer même qu'il prît part à cette discussion, ou du moins qu'il cherchât à s'y compromettre.

« J'ai regret, continue M. Dambourney, de relever cette erreur, d'au» tant que M. Roland de la Platiere, inspecteur-général des manufactures, » qui par état doit savoir distinguer les *feutres d'essai* des *feutres de chapeau*,

„ S'EST COMPROMIS EN LA PERMETTANT à ſon coopérateur. „ S'il faut convenir que dans l'expreſſion de *feutres de chapeau*, le mot *chapeau* ſoit de trop, il faut auſſi avouer que c'eſt diſputer ſur les mots : la propoſition n'en eſt pas moins vraie : le regret de M. Dambourney n'y change rien, quant à ſon obligation de la relever, & à ſa croyance publiée que M. R. D. L. s'eſt compromis en la permettant : Si M. Dambourney ne veut pas donner à croire qu'il ſe rend reſponſable de toutes les bévues de ſes confreres, il s'eſt laiſſé entraîner par une cruelle envie de critiquer. M. R. D. L. ſait que cette lettre, datée du lendemain de la ſienne, ne fut écrite que huit ou dix jours après, & qu'elle fut travaillée & retravaillée avant de la mettre à l'impreſſion : l'hiſtoire en ſerait aſſez plaiſante, mais M. R. D. L. ne dirigea jamais la plume de ſon auteur, & ces meſſieurs different encore plus d'opinions que de ſtyle.

En ſuivant M. Dambourney, l'on voit qu'il pourchaſſe M. R. D. L. qui ne lui en voulait pas. " Quant à la diſſertation ſur les anciens & ſur Pierre „ Gobelin, qui fixaient les couleurs au moyen d'une diſſolution métallique ; „ on le ſavait avant les arts publiés par M. Roland. Le dictionnaire de chymie, de M. Macquer, ſes mémoires à l'académie des ſciences, & bien d'autres ouvrages en inſtruiſent aſſez. „ Pas aſſez, M. Dambourney, puiſque dans ce moment-là, dans l'inſtant même où M. Roland écrivait, on ſe chamaillait à Paris pour cette prétention ; vous le ſaviez ; il vous l'avait mandé ; il l'avait mandé à l'académie de Rouen.

A l'égard des ſuccès, entre les mains de M. Dambourney, de tel ou tel procédé, on ne les nie pas ; mais on eſt en doute ſur la valeur propre du mot *aſſurer les couleurs*, &c. de l'étendue de ſa ſignification, & de ſon application ; & l'on ne ſaurait diſſimuler combien il eſt pénible, après la lecture des onzes pages in-4°. relatives à cette matiere, de ne ſavoir comment s'y prendre pour conſtater aucun des faits, de n'avoir pu même en prendre l'idée.

Enfin le nom de M. Roland reparaît une troiſieme fois, pour dire qu'il a jugé l'auteur ſur un apperçu de ſon ouvrage ; mais cette maniere de s'exprimer n'eſt point encore exacte. M. Roland n'a point jugé M. Dambourney ; il n'a jugé, puiſqu'on veut qu'il l'ait jugé, que ſon ouvrage qu'il avait entre les mains : & quel jugement ? Il a dit que ce projet n'eſt pas le ſien ; il n'a dit rien autre.

D'après tout ce que deſſus, dirons-nous auſſi, on voit que toutes les déclamations du grave ſecretaire contre M. R. D. L. n'alterent pas plus la gloire de celui-ci, qu'elles n'ajoutent à celle de celui-là.

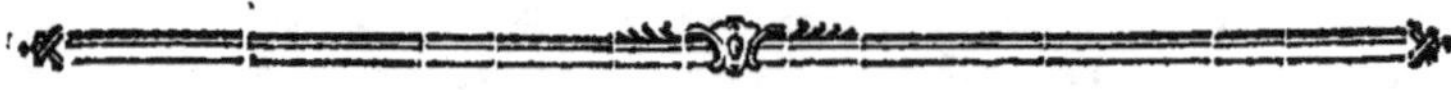

MÉMOIRE (a)

SUR L'EDUCATION DES TROUPEAUX ET LA CULTURE DES LAINES.

UN royaume puiſſant, dont la ſplendeur & l'éclat ſont répandus par toute la terre, qui, ſemblable à l'ancienne Grece, dicte aux nations les loix du beau, & leur fait adopter ſon langage & ſes goûts ; qui, entouré d'états agricoles & commerçans, où fleuriſſent les arts & les ſciences, n'a qu'à vouloir pour les ſurpaſſer tous ; qui, par ſa ſituation, ſes productions, le génie & l'activité de ſes habitans, peut rendre tributaire le reſte du monde : la France l'eſt du monde entier, ſur une des parties les plus importantes de l'économie rurale. Son induſtrie eſt gênée, ſon commerce languit, ſon agriculture ſe détériore.

L'ÉDUCATION des troupeaux & la culture des laines, une des ſources les plus fécondes de la proſpérité des empires, qui ſont aux manufactures ce que l'argent eſt à la guerre, que les gouvernemens les plus ſages, même dans la plus haute antiquité, ont toujours ſpécialement protégées, ſont abandonnées au caprice de l'ignorance & du préjugé, & victimes de l'eſprit inconſéquent & barbare de la burſalité.

L'ANGLETERRE, la Hollande, le Danemark, le bas-Rhin, preſque toute l'Allemagne & principalement la Saxe & les Marches du Brandebourg, qui produiſent les plus belles laines de cette vaſte contrée, ſont les ſources où notre induſtrie va puiſer la matiere premiere. Sans elles, il faudrait renoncer aux étoffes remarquables par leur fineſſe & leur légereté : ſans elles, plus de ces chefs-d'œuvres de l'art qui montrent la ſupériorité de l'induſtrie françaiſe. *(b)*

JALOUSE de cette main-d'œuvre, l'Angleterre s'efforce encore de nous en priver ; on ferait effrayé par le calcul des ſommes que nous lui faiſons paſſer chaque année pour l'acquit de la prodigieuſe quantité d'étoffes dont

(a) M. Roland de la Platiere deſirant que ce mémoire, quoique déjà publié dans le Journal de phyſique, fût ajouté à notre collection, nous y avons ſouſcrit avec d'autant plus d'empreſſement, qu'on ne peut trop multiplier un morceau tel que celui-ci, qui réunit l'importance de l'objet à la ſupériorité avec laquelle il eſt traité.

(b) Les camelots, les baracans, les ſerges, les étamines, les tamiſes, les calemandes, &c. &c. la bonnetterie, le tricotté, &c. &c. les tapiſſeries des Gobelins & tant de beaux ouvrages à l'aiguille.

elle inonde la France. La Saxe nous confidere du même œil, & nous lie des mêmes chaînes.

Du côté du midi, l'Efpagne, l'Italie, la Turquie d'Europe & d'Afie, les côtes de la Barbarie, alimentent nos manufactures de draperies fines, & la plupart des communes, qui fans elles n'exifteraient pas.

La France, dans toute fon étendue, fabrique des étoffes de laine : elle en confomme beaucoup ; elle en exporte autant : elle pourrait en exporter le double, & plus aifément arrêter l'introduction des étrangeres. Elle ne récolte pas la moitié des laines qu'elle confomme : elle pourrait en fournir à toutes fes manufactures, & même à celles des autres nations. Elle n'obtient que des qualités altérées par la mauvaife culture : elle pourrait en avoir de toutes les qualités & de toutes les fortes. Quelque médiocres qu'elles foient, elles reviennent à un prix double de celui des laines d'Angleterre : elles pourraient être réduites au même taux. La main-d'œuvre eft beaucoup plus chere en Angleterre, les terres y font à beaucoup plus haut prix ; cependant les Anglais font des fpéculations continuelles & très-lucratives fur la culture & le commerce des laines, comme fur la fabrication des étoffes, tandis que nos fermiers font découragés dans l'éducation de leurs troupeaux, & nos manufactures dans leurs entreprifes.

Indépendamment des grands avantages que l'agriculture doit retirer de la multiplication des troupeaux en France, de ceux qui doivent réfulter pour le commerce, de l'augmentation & de la perfection des laines ; indépendamment de la plus abondante & de la meilleure fubfiftance qu'on peut fe procurer par-là, il eft une raifon déterminante, fupérieure à toute autre confidération, fur laquelle on n'a point encore infifté, & qui réclame avec force une vigilante attention de la part du gouvernement.

Qui peut nous promettre que l'Efpagne, l'Italie & les délicieufes contrées du Levant ne fortiront point de ce long affoupiffement où les a jeté la barbarie des fiecles d'ignorance, & où les ont entretenu la bonté des productions naturelles & la douceur du climat ? Qui peut nous affurer que quelques-uns de ces états ne feront point avec une puiffance intéreffée ou jaloufe, des traités d'exclufion pour nous ? Qui peut nous garantir que jamais des guerres ou d'autres révolutions n'en mettront aucun d'eux dans le cas de nous nuire, fans confidérer s'il fe nuit à lui-même, par l'interdiction du commerce des matieres premieres ?

L'Angleterre, fi févere dans fes prohibitions, le Brandebourg & les autres états, ne pourraient-ils pas trouver des moyens plus fûrs encore de nous priver de ces productions ? Que deviendrions-nous alors avec toute notre induftrie ? Un état auffi précaire, une dépendance auffi marquée, n'ont-ils pas de quoi nous effrayer ?

De l'éducation des troupeaux & de la culture des laines en France ; des mauvais effets qui en résultent, & des raisons qui s'opposent à en établir une meilleure.

Les animaux, les plantes, toutes les productions de la nature enfin, changent de forme & prennent un caractere particulier au climat où elles se trouvent transportées. L'éducation, la culture, augmentent ou alterent les qualités primitives ; & les variétés immenses des êtres ne proviennent que de l'un ou de l'autre. Sans s'écarter de l'objet qui nous occupe, sans sortir de la France, on peut remarquer, en la partageant à peu près à la latitude de Tours & d'Angers, que tous les établissemens en matieres nationales, sont, du côté du midi en draperie, & du côté du nord en étoffes rases. Les grandes fabriques de ce dernier genre sont celles de la Picardie, de la Flandre, de la Champagne & du Mans. Les manufactures de draps d'Abbeville, de Sedan, de Louviers, d'Elbeuf, des Andelis, de Darnetal & autres, n'emploient que des matieres étrangeres, & leur position est indifférente relativement aux matieres du pays.

Narbonne & ses vastes plaines nous fournissent les plus belles laines de France. La bénigne influence de ce beau climat se propage par gradation dans les campagnes du Roussillon jusqu'aux Pyrénées, & de l'autre part jusqu'au-delà de Beziers. Si l'éducation pouvait détruire entiérement l'influence du climat, Narbonne aurait les plus mauvaises laines de la France. Je ne dirai rien de trop pour prouver jusqu'à quel point cette partie est mal traitée : le déchet au lavage des laines de ces moutons est ordinairement de 70, souvent de 75, & quelquefois de 80 pour 100. On y renferme les troupeaux dans des bergeries mal-propres, étroites, étouffées, dont les planchers de gaules ou de lattes écartées laissent passer la poussiere & les menus brins de fourrage qu'on met dessus. Le crotin & l'urine croupissent dans les toisons : le suin en devient caustique, les rend jaunâtres & les brûle. L'idée seule de la chaleur étouffante, de l'air empesté qu'ils respirent dans ces étables, où ils sont continuellement dans l'ordure, doit faire juger de leur état de faiblesse, de langueur, du nombre de maladies qui les affligent & de la quantité qu'il en périt.

Ce tableau, plus ou moins conforme à ce qui se pratique généralement en France, présente la maniere exacte dont cette partie de l'économie rurale est traitée dans ses provinces méridionales. On ajoutera pour dernier trait, que dans beaucoup d'endroits on ne fait parquer en aucun tems de l'année.

La diversité des aspects, des productions & des méthodes dans nos provinces méridionales en répand beaucoup dans la qualité des laines. La température eſt plus uniforme dans celles du nord ; les productions ſont moins variées, les inégalités moins ſenſibles, & la différence des laines ne ſe fait appercevoir qu'à de plus grandes diſtances. Mais la regle eſt générale, que les troupeaux rentrent à l'étable pendant ſix mois de ſuite, de novembre en mai, & qu'ils n'en ſortent jamais, ni du parc l'été, qu'entre neuf & dix heures du matin, juſqu'au déclin du jour, & invariablement avant le coucher du ſoleil. Ils n'en ſortent abſolument pas durant les pluies, la neige, le verglas : c'eſt le tems de la portée des brebis, celui où elles mettent bas, celui de la premiere nourriture & de la plus grande faibleſſe des agneaux : on craindrait les avortemens, le dépériſſement, les mortalités.

On nourrit mal les troupeaux à l'étable, toujours au ſec, en gerbées de pailles, en bottes de fourrage compoſées de pois, de feves, de veſces, dans leſquelles ſont des tiges dures, qui réduiſent à une livre au plus la nourriture que chacun de ces animaux prend en 24 heures. Les béliers, qu'on fait d'ailleurs ſervir à tout âge, manquent de force, les brebis de lait ; les agneaux naiſſent & vivent en langueur.

Quand le troupeau ſort au printems, échauffé, tremblant, maigre, exténué, il ſe jette avec avidité ſur les premieres herbes qu'il rencontre : les rhumes, les dyſenteries, & une infinité d'autres maladies l'aſſiegent. Il a beaucoup coûté pour le conſerver en un très-mauvais état ; & ce n'eſt qu'en courant des riſques & des dangers, & en eſſuyant des pertes, qu'on le fait paſſer à un état meilleur.

Le tems de parquer eſt-il venu ? on le fait toujours ſur une terre que la moindre humidité met en boue : on ne parque jamais ſur le gazon. Le troupeau eſt auſſi entaſſé dans le parc que dans la bergerie. Il faut qu'il reſte dans cette ſituation durant les matinées & les ſoirées entieres. On ne lui donne abſolument rien à manger dans le parc, d'où il n'a la liberté de ſortir que lorſque le ſoleil lance ſes rayons les plus ardens, que lorſque ceux qui vivent habituellement dans les champs ſe repoſent & digerent en paix. Affamés alors, nos troupeaux haltent en mangeant ; & s'ils trouvaient des pâturages gras, ils s'engorgeraient, ils périraient en peu de tems.

L'opinion ſur les dangers de la roſée, pour être une des plus abſurdes, n'en eſt pas moins univerſelle en France. Juſqu'aux phyſiciens, aux écrivains l'ont adoptée : elle occaſionnerait le claveau, des rhumes & mille autres chimeres : cependant la plus grande partie de l'Europe nous montre des ſuccès qu'elle doit à une pratique auſſi conſtante qu'elle eſt oppoſée à cette opinion. Je ne vois parmi nous que les bouchers qui n'y croient pas : ils s'imaginent, au contraire, que la roſée engraiſſe les moutons : en conſéquence, leurs troupeaux ſortent dès le point du jour. S'ils ſe trompent sur la cause, il n'en résulte pas moins l'effet qu'ils desirent. (1)

Je ne differterai point sur l'avantage de laver les laines avant ou après la tonte : l'Angleterre & l'intérieur de la France lavent le mouton avant de le tondre. L'Espagne, la Hollande, une partie de l'Allemagne, nos provinces du midi, la Flandre, l'Artois & le Boulonnais, ne lavent la toison que lorsque l'animal en est dépouillé. Cette pratique, qui n'est pas indifférente pour nous, chez qui les troupeaux sont presque toujours dans l'ordure, peut l'être pour la Hollande & l'Espagne, où les toisons sont plus nettes, où l'on ne consomme pas les laines dans le pays, où on les garde le moins de tems qu'il est possible. Il est bon d'en diminuer le poids pour l'exporter; mais elle se conserve beaucoup mieux en suin.

En Boulonnais & en Artois, où l'on tient les troupeaux plus mal-proprement encore que dans les provinces voisines, on fait tremper les laines dans l'eau le jour d'avant celui qu'on se propose de les laver · on les met en tas, pour que la chaleur y établisse de la fermentation & en facilite le dégraissage : elles acquierent dans cette opération une teinte jaune, qui les altere sensiblement. En Languedoc, où l'on tond & vend également la laine en gras, & souvent ailleurs où on la lave sur le dos du mouton, on fait marcher, avant la tonte, les troupeaux dans la poussiere, pour que les toisons s'en chargent, s'en pénetrent, & que leur poids soit augmenté d'autant. Par-tout enfin, nous avons des pratiques ridicules & dangereuses, par lesquelles nous croyons nous assurer un plus grand bénéfice; comme si celui qui vend de la laine une fois l'année, la connaissait mieux que celui dont le commerce est d'étudier toutes ces petites ruses, pour se mettre à l'abri de leurs inconvéniens.

Le poids des toisons du Boulonnais, en plein suin & avec toutes les ordures qui y adherent, est l'une dans l'autre de six livres. Celui des toisons

(a) J'ai trouvé des personnes, depuis que ceci est écrit, qui persistent à croire que l'herbe couverte de rosée est dangereuse pour les animaux qui la mangent, & qui donnent en surabondance de preuve les lapins qui en sont malades. Je crois, comme ces personnes, que les moutons échauffés par l'athmosphere raréfiée du lieu où ils sont entassés pendant la nuit, & par la faim devenue dévorante par le long espace de tems où ils sont restés sans manger, trouvent l'herbe fraiche excellente, qu'ils la mangent avec avidité, qu'ils en mangent trop, & qu'elle leur fait mal; & ainsi des lapins en clapier : mais je crois tout aussi fermement que des animaux toujours dans le pâturage, jamais affamés, ne prennent de la nourriture que quand elle leur convient, qu'autant qu'il leur en faut, & qu'elle ne les incommode jamais. Semblables aux enfans de la ville à qui on mesure le pain, & pour qui on compte les heures d'intervalle auxquelles ils doivent le manger, comparés à ceux de la campagne, qui en mangent quand & autant qu'ils veulent : ceux-ci sont forts & vigoureux, tandis que les premiers, faibles, maladifs, ont de fréquentes indigestions.

de Picardie & des provinces voisines, où le lavage se fait avant la tonte, est d'environ trois livres. On estime que ce lavage bien fait réduit nos laines à la moitié de leur poids, non compris le déchet qu'elles éprouvent au parfait dégrais du dernier lavage, qui est de 12 à 15 pour 100 sur les laines anglaises, comme sur celles du troupeau du sieur Delportes, & plus considérable sur les nôtres, puisque les six livres de la toison boulonnaise sont réduites, après le parfait & dernier dégrais, à deux livres un quart.

On verra que le taux commun des toisons anglaises, au moment de la tonte, est de 6 livres, & de 5 livres $\frac{1}{10}$ après le dernier dégrais; d'où il suit que les troupeaux du pays ne fournissent pas, les moutons l'un portant l'autre, 2 livres $\frac{1}{2}$ de laine à mettre en œuvre, lorsque les moutons anglais en fournissent plus de 5 livres; ajoutez à cela, que les ordures dont les toisons de pays sont continuellement chargées, alterent la qualité de la laine, au point qu'il s'y trouve peu de parties fines & fortes à en extraire au peignage; que le peignon en est sec, abondant, peu propre aux étoffes même les plus grossieres; & qu'enfin elles déchoient considérablement dans toutes les préparations. (*a*)

Nous gardons nos troupeaux jusqu'à la caducité, jusqu'à la décrépitude des individus: les béliers sont usés, les brebis n'ont presque plus de lait, si elles portent encore: leur laine diminue & s'altere par l'âge: nous voulons en tirer le même profit avant & après le tems de vigueur marqué par la nature; c'est le moyen de ne le jamais obtenir. On verra combien differe à cet égard, comme à tant d'autres, la pratique des Anglais: on verra comment, en dépensant beaucoup moins, ils gagnent beaucoup plus: on verra comment ils se dispensent de nos soins, de nos embarras, comment ils sont à l'abri de nos inquiétudes & de nos pertes.

Il ne faut pas tout imputer à l'ignorance & aux préjugés qui en sont la suite. Quoique nos laines, depuis quinze ans, aient augmenté de prix d'environ 30 pour 100, le nombre des individus qui la donnent est diminué, & plus encore la quantité de matiere par individus. La grande cherté des grains & des fourrages, pendant une suite d'années trop nombreuse, a forcé de se défaire de leurs petits troupeaux ceux qui n'ont que de faibles récoltes & ceux qui n'en font point: les autres ont plus mal nourri les leurs, réservant pour les vendre des denrées qui procuraient un bénéfice actuel & plus considérable; d'où les toisons du poids de 4 livres, taux commun, se sont trouvées réduites à environ 3 livres; les maladies de ces animaux ont été plus fréquentes, plus dangereuses; on s'est moins hâté de les remplacer, & le nombre des moutons, dans les territoires où la diminution est

(*a*) Le prix commun actuel des laines de pays, prises en toison, est de 24 à 25 £ la livre.

le moins sensible dans les lieux de terres labourables mises en pleine culture, n'est qu'égal à celui des journaux à la sole; un pour trois journaux, & moindre à proportion dans les autres endroits. Cette quantité dans les tems ordinaires, va de pair avec la population des campagnes.

On compte les moutons en Angleterre par millions, & je n'ose hasarder ici la quantité qu'on y en suppose. Le prix des nôtres, depuis l'époque indiquée, a diminué en raison de l'augmentation du prix de la nourriture. (*a*)

Les toisons en Picardie valent actuellement 3 livres 10 sols l'une dans l'autre; l'agneau se vend de 40 à 50 sols: ainsi le produit d'une brebis est de 5 à 6 livres, lorsqu'on évalue sa dépense à 8, 9 & jusqu'à 10 livres. Il est évident que la seule raison de l'engrais a pu déterminer les fermiers à soutenir cette éducation.

Ne pourrait-il pas y être encouragé par quelque récompense, par quelque diminution de taille proportionnée à l'objet, au lieu de l'augmentation réelle & toujours arbitraire? Cet arbitraire, qui tient sans cesse en suspens & en crainte, qui met tout le monde dans une dépendance humiliante & ruineuse, qui a été & sera nuisible dans tous les tems & à tous les égards, écrase entr'autres cette partie dont il a fait un objet d'industrie dans les campagnes pour y augmenter ceux d'impositions; ensorte qu'on ne taxe pas seulement le bien, sa valeur & son produit, mais l'intention & les efforts qu'on fait pour améliorer ce bien & augmenter son produit, quoique ces efforts soient quelquefois infructueux, quelquefois ruineux.

De l'éducation des troupeaux & de la culture des laines en Angleterre.

Un procès-verbal du troupeau du sieur Delportes, le compte rendu des terreins où il paît, du parc où on le retire, des pratiques qu'on observe, des vues même qu'on a pour la suite: tout cela eût mal fait concevoir ce qui en peut résulter, ce qu'on en doit attendre. Il faut des comparaisons dans les choses de pratique. Où les prendre, si ce n'est sur les lieux même des objets qu'on veut imiter? L'importance de celui-ci m'a fait fouler aux pieds les dangers auxquels de semblables démarches exposent, dans un tems sur-tout où la frayeur de se mettre en mer était égale de part & d'autre, à cause des hostilités commencées, qui ne m'ont permis en outre de mettre en usage que des moyens très-périlleux.

(*a*) Les moutons anglais, maigres ou gras, mais principalement ceux-ci, se vendent plus du double des nôtres; ce qui prouve, la viande n'étant pas beaucoup plus chere en Angleterre qu'en France, que les moutons anglais sont plus gros, plus gras que les nôtres; & qu'il y a beaucoup à gagner dans ces sortes d'entreprises lorsqu'elles sont conduites avec intelligence.

J'AI paffé en Angleterre pour y vifiter les troupeaux de bêtes à laine, les terreins fur lefquels ils vivent, & y étudier les pratiques relatives à l'éducation de ces animaux & à la perfection de leur laine. Je vais entrer dans tous les détails de ce que j'ai obfervé, & des inftructions que j'ai prifes à ce fujet dans les provinces de Kent & de Suffex, que j'ai parcourues, comme celles où les moutons font en plus grande quantité, & qui fourniffent les plus belles laines.

PARMI beaucoup de fortes de moutons que poffede l'Angleterre, il en eft quatre efpeces principales, dont les produits de la croifure forment à peu près toutes les autres. Je ne remonte point à l'origine de ces moutons, à l'hiftoire de ces troupeaux, que tant d'autres ont faite, fur laquelle même on eft peu d'accord, & qui d'ailleurs ne peut contribuer en rien au projet qu'on a en vue. Il fuffit qu'on fache qu'en imitant les Anglais dans leurs pratiques, on obtiendra les mêmes réfultats qu'eux.

LA plus groffe efpece fe nourrit dans les gras pâturages de Lincolnshire, province maritime fur l'Océan Germanique ; elle fournit abondamment une laine la plus longue, mais non pas la plus fine. C'eft de cette province qu'on tire les béliers pour foutenir & renouveller les races dans les autres cantons : & de tems en tems elle en tire elle-même de la Barbarie pour la même raifon, comme elle le fait, ainfi que la province d'Yorck, des étalons pour les chevaux de race, les plus eftimés de l'Angleterre.

LA feconde efpece, qui eft la plus nombreufe & qui fournit la plus grande quantité de laines fupérieures aux précédentes, eft déjà très-belle, couvre les vaftes prairies des provinces de Kent & de Suffex, qui bordent la Manche, & particuliérement celles connues fous le nom de *Romeney-Marsh*, ou marais de Romeney. Les individus de ce canton l'emportent en groffeur & en quantité de laine fur ceux de tous les autres, excepté ceux de Lincolnshire, auxquels ils le cedent à ces deux égards.

LA troifieme eft celle des environs de Cantorbery ; plus petite de taille que la précédente, & qui fournit une laine plus fine, mais en moins grande quantité. Cette derniere laine eft une des plus belles de l'Angleterre ; elle eft très-propre au peigne, ainfi que celle des cantons précédens. La plupart des individus, mâles & femelles, ont des cornes, ainfi que les béliers de Lincolnshire, ce qui eft d'un exemple rare dans les autres troupeaux, où l'on n'a pas mêlé ceux de cette race.

LA quatrieme, enfin, eft celle de la partie de l'oueft de la province de Suffex, aux environs de Lewes & de Bourne, dans la montagne, à 40 à 45 miles de Rye ; les moutons y font les plus petits de tous : leur laine, plus courte & plus fine, eft auffi en moins grande quantité qu'en aucun endroit. Elle eft plutôt propre à la carde qu'au peigne, & elle s'emploie avec fuctrès dans les draperies, sur-tout en chaîne. Elle a plusieurs degrés de finesse au-dessus de celui des laines de la Sologne & du Berry ; mais elle est encore très au-dessous des belles laines d'Espagne. Le produit de la croisure de cette espece avec celle de Romeney-Marsh, en est une de grosseur moyenne, dont la laine fort fine est très-propre au peignage.

On apperçoit déjà le moyen de varier les laines & de les obtenir à peu près de la qualité qu'on les desire. Cette croisure des moutons de la plaine avec ceux des hauteurs a encore cela d'avantageux, qu'elle soutient les troupeaux qui, continuellement reproduits par eux-mêmes, dégénéraient enfin ainsi que la laine. Elle est encore indiquée par une autre raison, celle d'avoir une espece propre aux pâturages qu'on lui destine.

En général, plus l'espece est grosse, toutes choses égales d'ailleurs, plus la laine est longue, plus elle abonde en poids, & moins elle est fine : plus elle est grosse, plus les pâturages doivent être gras & abondans. Ainsi les premiers paissent toujours dans les terreins bas, les prairies qui avoisinent la mer ; les suivans dans les pâturages des côteaux, & les derniers dans ceux de la montagne. La grosse espece dépérirait bientôt dans les pâturages maigres, & l'altération de la laine suivrait de près celle de l'individu. La petite espece s'engraisserait trop tôt dans les pâturages abondans, & elle serait incessamment sujette aux maladies qui proviennent de cet état.

Les béliers sont séparés des brebis pendant toute l'année, excepté environ un mois, à commencer vers le 15 novembre. Comme la portée des brebis est d'environ cinq mois, elles mettent bas en avril, saison où le tems devient plus doux ; & où la verdure commence à pousser. On ne donne le bélier aux brebis qu'à la seconde année de sa naissance, à l'âge de 18 à 19 mois, & les brebis ne sont couvertes qu'au même âge. La premiere année que saute le bélier, on ne lui donne qu'environ 20 brebis, avec lesquelles on le met à part durant sept à huit jours, quoiqu'il les saillisse & les remplisse toutes ordinairement dans la premiere nuit. La seconde & troisieme année de service des béliers, on les lâche dans le troupeau à raison d'un pour quarante à cinquante brebis, qui ne portent ordinairement que trois fois, & qui ne passent jamais quatre ans. On les engraisse alors : on les tuerait plus tôt, si elles devenaient trop grasses.

Les troupeaux en Angleterre, naissent, vivent dans les champs, toujours en plein air : hiver & été, en santé comme en maladie, il n'y a ni étables, ni hangars. Il se trouve seulement à l'extrêmité de l'un des champs sur lesquels ils pâturent, un petit parc en barricades, divisé en plusieurs chambres, où l'on ramasse le troupeau de tems en tems, pour le visiter, lui administrer les remedes dont il peut avoir besoin, en faire la tonte, féparer ceux qu'on ne veut pas qui reftent avec les autres, faire la caftration, leur couper la queue, choifir & marquer les plus gras pour la boucherie, &c. &c.... Sans cette précaution, il ferait impoffible de joindre des animaux vifs, alertes, bien conftitués, dont le regard eft fixe, la marche ferme, & à qui leur maniere de vivre donne un air fauvage & les rend prefque tels.

La tonte des troupeaux fe fait depuis la Saint-Jean jufqu'au 15 ou 20 juillet, & même plus tôt à l'égard de ceux qui font deftinés à l'engrais. Le premier de juillet, il n'y avait prefque encore que ceux-ci de tondus. On tond les agneaux environ un mois plus tard, & c'eft alors qu'on fait la caftration, qu'on leur coupe la queue, un peu plus tôt ou plus tard. On ne met pas une grande conféquence au tems de cette opération. On coupe même la queue plufieurs fois aux brebis, comme remede pour les faigner, fuivant les circonftances.

(a) Plusieurs perfonnes penfent que l'opération de couper la queue n'influe en rien fur l'animal. J'ai de la peine à croire qu'une opération auffi générale en Angleterre, en Hollande, en Allemagne, en Efpagne & ailleurs, faite avec une exactitude auffi conftante & une intention auffi déterminée, auffi raifonnée, foit fans conféquence.

Les Anglais prétendent que cette opération carre l'animal, lui arrondit la croupe, fortifie fes différentes parties, & lui donne plus de difpofition à engraiffer. C'eft pour cette raifon qu'ils la font fur leurs chevaux. Les Hollandais infiftent fur cette pratique pour la même raifon. Il en réfulte d'ailleurs cet avantage, que les parties qui environnent la queue, le haut des cuiffes, les proximités de l'anus & des parties fexuelles, fujettes à s'échauffer, y font moins expofées. En Angleterre, pour éviter cet inconvénient, on leur coupe fouvent tous les poils du bout de la queue qui refte, ceux qui avoifinent toutes les parties qu'on vient de nommer, & où s'attachent ordinairement beaucoup d'ordures. Ainfi, couchant toujours dans l'herbe, expofés à toutes les intempéries des faifons, les moutons font toujours propres; aucun corps étranger n'augmente le poids des toifons, n'en catit & durcit la laine; elle fe conferve blanche & nette, ce qui contribue autant à fa beauté qu'à la fanté de l'animal. Malgré toutes ces précautions, pour avoir des laines encore plus nettes, on lave les troupeaux avant la tonte. Cette opération fe fait en riviere, ou dans des réfervoirs dont on renouvelle l'eau quand on ne peut en avoir de courante. Dans le dernier cas, on

(a) On juge de l'âge des moutons par l'état de leurs dents. Ils n'ont d'abord que huit dents canines à la mâchoire inférieure: deux de ces dents font au bout d'un an remplacées par des mâchelieres, quatre à deux ans, fix à trois ans, & les huit enfin à quatre ans. Elles fe foutiennent en bon état environ un an, & leur dépériffement fucceffif indique la fuite de cet âge.

prati-

pratique, autant qu'il est possible, des réservoirs à cet effet près des parcs dont j'ai parlé. Le lavage se fait de 8 à 10 jours avant la tonte. Les eaux réchauffées alors par l'ardeur du soleil, dissolvent parfaitement le suin, ou la graisse naturelle de l'animal ; & l'on ne met cet intervalle du lavage à la tonte, que pour que la toison se fournisse d'un nouveau suin qui maintient & conserve la laine dans un bon état, qui la rend exempte de sécheresse & à l'abri des vers, jusqu'à ce qu'on l'emploie.

Le poids commun des toisons de Romeney-Marsh est de 7 livres ; celui des toisons des environs de Cantorbéry, de 4 livres ; & celui des laines de la montagne, de 2 livres ½. Les troupeaux qui paissent dans les herbages en ont plus : ceux qui paissent dans les terres jacheres en ont moins : & c'est une remarque générale que plus la nourriture est abondante, plus les moutons ont de laine. Il est cependant à observer que les brebis qui ont des agneaux donnent moins de laine que celles qui ne portent pas, & moins encore que les moutons coupés, dont la laine est toujours plus belle. Cette diminution peut aller à un tiers ; mais quoique les brebis forment toujours en Angleterre le plus grand nombre des individus dans chaque troupeau, on y voit cependant beaucoup de moutons coupés.

Le prix courant de la laine en Angleterre, depuis quelques années, est pour celles de Romeney-Marsh, de 6 liv. ½ sterling le pak ; (*a*) celle des environs de Cantorbéry, d'une livre à une livre & demie sterling de plus ; & celle de la partie de l'ouest, de deux livres sterling au-dessus de celle de Romeney-Marsh ; ce qui établit les qualités ordinaires parmi les belles, que nous tirons pour employer dans nos manufactures, de 12 à 16 sols, & les plus fines de 16 à 18 sols la livre, argent & poids de France. (*a*)

(*a*) Le pak est de 244 livres poids d'Angleterre, qui est de 9 pour cent moindre que celui de France. Le scheling vaut 12 f. anglais, environ 23 f. de France. La livre sterling vaut 23 liv. de France ; la guinée vaut 21 schelings.

(*b*) Soit l'abondance réelle des laines cette année, soit qu'on en ait moins employé à la fabrication depuis quelque tems, quoiqu'il en soit beaucoup passé en France depuis deux à trois ans, elles sont encore baissees de prix en ce moment. Un fermier du haut-pays, entre Lewes & la Rye, chez lequel je me suis arrêté assez de tems, où j'ai pu trouver la facilité de visiter les troupeaux, les pâturages, les laines en magasin & de prendre une partie des instructions que je desirois ; ce fermier, dis-je, dont les troupeaux sont formés de la croisure de l'espece de Romeney-Marsh avec la petite espece des hauteurs, & dont les laines sont fort belles par conséquent, me dit qu'il serait content s'il les vendait cette année 6 liv. sterling le pak (environ 12 f. de France la livre anglaise). Ainsi la diminution du prix de ces laines ferait cette année sur les précédentes de 12 à 15 pour 100. Elles se vendent aujourd'hui en France, de la main du fraudeur qui les amene au premier marchand qui spécule sur cet article, 100 pour 100 & au-delà de plus qu'elles ne valent chez le fermier Anglais. Il est à presumer qu'elles coûteraient plus encore, si la peine de les sortir était moins rigoureuse, quel-

Les moutons ou brebis maigres de la plaine, la grande eſpece, valent de 20 à 25 ſchelings, & gras de 35 à 40 ſchelings, & juſqu'à 2 guinées; ceux de la petite eſpece également maigres en foire de même, & pris en troupeaux, ſe vendent de 16 à 18 ſchelings. Les béliers ſont ſans prix; il dépend de leur force, de leur bonne conſtitution : on en paie quelquefois 10 guinées; il eſt ordinairement de 3 à 4.

Le prix des agneaux pour former des troupeaux, à 6 mois, eſt de 14 à 15 ſchelings; & pour la boucherie, à 2 à 3 mois, de 10 à 11 ſchelings. Celui des béliers dont on a parlé, n'eſt tel qu'on l'a dit que lorſqu'ils ſont formés & en état de ſervir, à 17, 18, à 20 mois, avant qu'ils aient ſervi. (a)

Il arrive aſſez ſouvent qu'une brebis faſſe deux agneaux, quelquefois trois. On a beaucoup de peine à les faire adopter à d'autres en cas d'accident: on y a réuſſi en enveloppant l'adoptif de la peau du vrai agneau : la brebis paraiſſait d'abord avoir des doutes, marquer de la répugnance; elle s'y prêtait enſuite.

Dans tous les pâturages bas, ceux des plaines ou vallées qui avoiſinent la mer, on n'apperçoit ni haies ni arbres. Les poſſeſſions ne ſont diviſées & ſéparées que par des foſſés ou des barrieres, & la vue ſe perd dans l'immenſité de ces prairies vertes, tachetées de blanc par-tout, par la quantité prodigieuſe de moutons dont elles ſont couvertes.

En octobre, dès la fin de ſeptembre même, lorſque les pluies commencent à devenir abondantes, on retire les agneaux des prairies pour les tranſporter ſur les hauteurs. Souvent on en uſe ainſi à l'égard des béliers, & cette pratique eſt la meilleure; on les y garde juſqu'au printems, en avril, qu'on les ramene dans la plaine. A l'égard des brebis, s'il en eſt qui tendent à s'engraiſſer trop, ſymptome & avant-coureur de la pourriture, dont on courrait les riſques en les laiſſant plus long-tems dans cette ſorte de pâturages, on n'attend pas l'événement, on les vend pour la boucherie. On ne tranſporte jamais les autres que dans le cas où les eaux trop abondantes couvrent les prairies, ou que la neige tient au-delà de 15 jours à 3 ſemaines, & qu'il y en ait une certaine hauteur. Lorſqu'il y a peu de neige, elles la labourent avec le nez, & elles reviennent ſur leurs traces pour manger l'herbe qu'elle couvrait. On y jette un peu de foin qu'on récolte ſur des réſerves faites dans les prairies; mais comme ces récoltes ſont faibles en comparaiſon de celles des hauts pâturages, où l'on a plus de réſerves, on y conduit les brebis dans ces longs intervalles.

que grandes qu'en ſoient les difficultés, comme on le verra ci-après.

(a) Qu'on les choiſiſſe bas ſur jambes & bien membrés; la jambe courte eſt en général un bon ſigne. On prétend que les qualités qu'elle annonce s'étendent juſques ſur la chair de l'animal qui en eſt plus délicate.

Quoiqu'il y ait beaucoup de terres en culture dans le haut pays, la plus grande quantité du terrein est en pâturages. Les clôtures y sont généralement en haies & quelquefois en barrieres ; cependant on n'y emploie guere ces dernieres que pour fermer les basses-cours & ceindre les parcs.

On voit par-là qu'il n'y a ni bergers ni chiens en Angleterre. Il résulte de ce qui précede & de ce qui suit, que les Anglais, outre qu'ils n'ont point de frais à faire à cet égard, dépensent moitié moins sur toutes les autres avances qu'exige cette culture, & qu'elle leur rapporte moitié plus qu'en France. *(a)*

Le mouton est de tous les animaux, peut-être, celui qui a le plus besoin de transpirer, & celui à qui une transpiration forcée soit la plus contraire. Ami de la liberté, il ne respire à l'aise qu'en plein air. Libre, il est toujours divaguant, & il ne le cede qu'à la chevre par son inconstance. Jamais on ne les voit se réunir pour paître, pour se coucher : ils n'affectent aucune place, ils ne donnent la préférence à aucun lieu, comme les autres animaux. Il craint beaucoup la grande chaleur, & il ne mange point aux heures où elle se fait le plus sentir, quand il a pu se rassasier dès le matin : on le voit se lever au point du jour, errer dans les pâturages, y manger dans la rosée & faisant son meilleur repas avant le lever du soleil. Il se couche dans l'herbe au fort de la chaleur ; & dans les pâturages élevés, il se range volontiers à l'ombre des haies ou des arbres, puis il se releve sur le soir, il bondit & mange avec appétit.

Quand il n'y a pas de neige, ou qu'elle ne tient que peu de tems, on ne donne absolument rien aux troupeaux qui paissent dans les prairies. Dans le haut pays, ou pendant l'été, ils vivent sur les pâturages, lorsqu'ils sont secs, que le troupeau n'y trouve plus une nourriture suffisante, non plus que sur les chaumes ou les terres en jacheres, sur lesquelles on le conduit aussi ; on lui donne des navets qu'on cultive à cette intention, & qu'il mange en terre ou arrachés, suivant les circonstances, avec réserve quant au terrein & à la qualité, *(b)* comme je l'expliquerai après avoir parlé de sa culture.

(a) Lorsque j'arrivai en Angleterre, je fus jeté sur la plage à trois heures du matin, à 4 & à 5 milles de toute habitation, & j'errai dans les prairies pendant plus de deux heures, sans rencontrer une figure humaine ; mais elles étaient couvertes de troupeaux. Ce fut pour moi un spectacle assez intéressant que la grosseur, l'embonpoint de ces animaux, leur blancheur éclatante, leur air étonné & fugace, semblables à un troupeau de biches ou de daims qu'on surprendrait dans une forêt.

(b) J'ai rapporté, répandu & fait semer de la graine de ce navet en France, comme j'ai répandu ici & en Boulonnais de la graine de ce fameux choux du nord qui dure de 15 à 20 ans, & qui fournit abondamment une pâture toujours verte & fraiche, propre aux vaches, aux bœufs & aux moutons.

Le navet qui sert de pâture aux animaux en Angleterre, & qui y est connu sous le nom de *common fields turnips*, se seme depuis le 15 de juillet jusque dans les premiers jours d'août, dans une terre préparée à dessein, bien fumée, labourée au moins deux fois, & rendue la plus meuble possible : terre en sole néanmoins, prise dans l'année de son repos ; elle n'en est que meilleure pour la récolte des années suivantes. On en mêle la graine avec du sable ou de la cendre pour la semer également & très-clair. Quand les navets sont levés, on les éclaircit encore ; on les sarcle souvent ; on les cultive même avec une petite houe, ce qui les fait grossir prodigieusement.

On retarde l'usage de cette pâture, on la pousse le plus avant qu'on peut dans l'hiver. La petite amertume du navet dans les premiers tems ne plait pas d'abord aux moutons ; mais quand le besoin les a une fois sollicités d'en manger, ils en sont très-avides. Lorsque la neige est très-abondante, on les arrache ; on les coupe par morceaux & on les leur donne ainsi sur la neige même, mais en telle quantité qu'ils puissent s'en gorger, & seulement le soir lorsqu'ils n'ont pu trouver une nourriture suffisante pendant la journée. Lorsqu'il y a peu de neige, on les conduit sur le champ, & ils y mangent les navets en terre, pénetrent jusqu'au fond de l'intérieur, & n'en laissent absolument que la peau ou l'écorce. On a soin de les cantonner sur ce champ pour qu'ils ne le parcourent pas d'abord, ce qui ferait pourrir les navets entamés, s'il venait à pleuvoir ; d'ailleurs le navet ne craint ni la gelée, ni la pluie, il se conserve très-bien en terre. On laisse ainsi pâturer le troupeau pendant une demi-heure, trois quarts d'heure, plus ou moins, suivant ce qu'en jugent les personnes habituées à les voir & exercées à les soigner.

On donne aussi de ces navets aux bœufs & aux vaches ; & en général on regarde cette découverte, en Angleterre, comme une des plus importantes qu'on y ait faite depuis long-tems dans l'économie rurale.

Quelque multipliés que soient les avantages de la méthode anglaise sur la nôtre, ce qu'on comprendra mieux en se rappellant les détails dans lesquels je suis entré touchant celle-ci, il ne faut pas croire qu'elle remédie à tout efficacement, & que les troupeaux ne soient sujets en Angleterre à aucune des maladies que la trop grande domesticité, la mal-propreté, la mauvaise nourriture, l'ignorance & les préjugés rendent si communes & si dangereuses en France.

Les maladies les plus ordinaires sont le claveau ou la pourriture, & les coliques. Lorsque la premiere n'est pas invétérée, on la guérit avec du sel : (a) les moutons ne paraissent pas s'en soucier d'abord ; on le leur fait avaler,

(a) Le sel paie des droits en Angleterre ; avec cela il ne coûte qu'environ 7 sols & demi anglais le gallon, ce qui reviendrait en France à 5 la livre au plus.

fondu dans de l'eau, avec une corne; on en mêle ensuite dans leur nourriture, & ils finissent par le manger volontiers; on le leur administre en plus ou moins grande quantité, & plus ou moins de tems, suivant le degré de la maladie. Les coliques se guérissent avec de l'huile d'olives pure qu'on leur fait avaler.

Les moutons ont quelquefois la gale, rarement en Angleterre, où ils sont toujours à l'air, quelquefois seulement lorsqu'après avoir voyagé en tems de chaleur, ou avec trop de vîtesse, ils se sont échauffés; alors on fait bouillir du tabac dans de l'urine, & on les frotte de cette liqueur. Il faut avouer que dans ce cas-ci la pommade indiquée par M. Daubenton est préférable; elle est composée de suif ou de sain-doux suivant la saison, & d'huile de térébenthine: $\frac{4}{5}$ du premier ingrédient & $\frac{1}{5}$ du second; d'autres préferent la dose de $\frac{3}{4}$ de l'un & $\frac{1}{4}$ de l'autre: le tout fondu & bouilli ensemble. On racle légérement la peau pour en faire tomber toutes les gales, & l'on enduit les parties vives de cette pommade.

La lourdie est une maladie qui n'est guere connue que par ses effets; c'est une espece d'épilepsie qui ne fait pas mourir subitement le sujet qui en est attaqué; mais elle altere sensiblement sa constitution, & il périt enfin. Les Anglais ne connaissent aucun remede à cette maladie; mais comme elle n'arrive que lorsque le mouton est fort gras, ils le tuent alors, & il est fort bon.

On connaît encore les coups de sang, espece d'apoplexie, maladie qu'on ne saurait guérir que par une saignée faite au moment même de l'accident, sans quoi ils meurent aussi-tôt; mais cette maladie est aussi rare parmi les moutons que parmi les hommes, & presqu'inconnue en Angleterre, où la maniere de vivre les en préserve.

En toute circonstance on reconnaît l'état de santé du mouton particuliérement à l'inspection de ses yeux. Lorsque les caroncules en sont d'un rouge vif, ainsi que les veines répandues sur le blanc, ils se portent bien: la teinte violette annonce une mauvaise disposition: si la couleur est pâle, ils sont certainement malades.

A l'égard du *jarre*, poil dur & roide qui se refuse à tout apprêt, & qui n'est susceptible d'aucune teinture, dont les toisons sont plus ou moins affectées par l'âge ou d'autres causes peu connues, il faut être attentif à ce que les béliers en soient absolument exempts, & ne pas se persuader d'en guérir un troupeau par les croisures, à moins que la quantité de ce mauvais poil ne soit insensible dans les brebis: autrement, il faut sans hésiter les engraisser & les tuer.

Il n'y a pas de bergers en Angleterre; mais on a des gens qui visitent les troupeaux de tems en tems, & qui en ont soin. Ces gens demeurent chez eux, & ils sont attachés à autant de maîtres qu'ils peuvent en servir, pour ce seul genre d'occupation; ils n'ont pas d'autre état. On leur donne un scheling par acre de pâturages sur lesquels vivent les troupeaux; & l'on nourrit environ dix moutons sur un acre en été, & de trois à quatre en hiver.

Ceux qui spéculent sur le produit des troupeaux & en font leur commerce, n'ont souvent ni biens fonds ni fermes; ils louent seulement des prairies, & ils s'arrangent avec les fermiers de la hauteur pour les tems de neige seulement, à tant par semaine; car ceux-là ne spéculent que sur les moutons à engraisser.

En Angleterre, comme en France, on marque les moutons sur le dos en noir avec une composition de goudron & de bray, ou en rouge avec le *recdoek*, terre rouge délayée à l'huile. On n'y croit pas que ces marques ne puissent pas s'en aller: erreur qu'ont accréditée nos réglemens en les défendant. Elles ne s'en vont pas au lavage des moutons à l'eau pure, où les résines ne sont pas solubles, & qui ne se mêle pas avec les huiles; mais il n'en reste rien au dernier dégrais de la laine, qui se fait toujours par un lavage au savon.

Après avoir indiqué la méthode d'éduquer les troupeaux en Angleterre, après avoir donné le prix de la laine & celui des individus dans leurs différens âges, il n'est pas hors de place de faire quelques recherches sur la nature & le montant des dépenses que cette méthode entraîne. C'est sur-tout par le prix des choses qui y sont relatives qu'on en pourra juger.

Les prairies de Romeney-Marsh sont louées chaque année de 30 à 35 schelings l'acre. Les fermes hors la prairie sur la hauteur sont évaluées à 15 schelings l'acre, toutes especes de terres les unes dans les autres.

En Boulonnais elles ne valent, hauts & bas terreins, prairies & côteaux, les unes dans les autres, que 10 liv. la mesure; & elles sont de moindre valeur en Picardie. L'acre d'Angleterre contient environ 85 verges, réduit à la mesure du Boulonnais, qui en contient 100, & à l'arpent de France qui en contient 120.

Les hommes de journée pour les travaux de la campagne, ont deux schelings par jour en été, & 16 s. anglais en hiver. Le scheling vaut 12 s. anglais, environ 23 sols de France. Les valets de charrue ou autres des fermes, ont de 9 à 10 liv. sterling par an, outre la nourriture, le chauffage, &c. comme en France. La livre sterling vaut environ 23 liv. de France. Le pain ordinaire chez le boulanger vaut ordinairement d'un sol un quart à un sol & demi anglais la livre. On sait le prix des grains par les papiers publics. Celui du bœuf pris à la boucherie est de 4 s. $\frac{1}{4}$, & celui du mouton de 4 s. $\frac{1}{2}$ anglais, à peu près le même prix qu'en France; le poids de

9 pour 100 au-dessous du nôtre, comme je l'ai déjà observé. On ne compte guere la biere, on ne paraît pas la mesurer du moins.

En général, le prix de la main-d'œuvre (*a*) en Angleterre est plus haut qu'en France de 20 à 25 pour 100 au moins. Les ouvriers dans les arts, qui n'y gagnent que 14 à 15 schelings par semaine, y sont malheureux; ils en gagnent ordinairement de 15 à 18 dans les manufactures, & beaucoup même gagnent une guinée. Ce n'est pas parce qu'ils travaillent davantage qu'on le fait en France, qu'il faut qu'ils gagnent plus, ni même que la nourriture commune y soit beaucoup plus chere; mais parce que l'ouvrier dépense davantage, qu'il vit beaucoup mieux sur-tout, & qu'il est mieux vêtu, qu'il prend plus ses aises, qu'il a plus ses commodités en tout genre: ce qui est devenu habitude & besoin chez lui, au point de ne devoir attendre ou craindre aucune réforme à cet égard. Il faut cependant convenir que, si l'ouvrier Anglais se repose beaucoup plus que ne le fait l'ouvrier Français, il met bien une autre activité que lui au travail lorsqu'il le reprend.

On peut donc remarquer & le dire en précis, que la matiere est de 100 pour 100 meilleur marché, prise en Angleterre, que rendue en France, & que ce prix primitif des laines d'Angleterre est d'environ 80 pour 100 au-dessous du prix de nos laines, celles du moins des provinces où nous employons les leurs; & qu'enfin la location des terreins y est aussi à peu près double à 100 pour 100 au-dessous de ce qu'elle est en Boulonnais, en Picardie, &c.

Ainsi, ayant autant d'industrie que les Anglais, eu égard au bas prix de la main-d'œuvre en France, à prix, quantité & qualité égales de la matiere premiere, nous sommes certains d'avoir toujours la préférence sur eux dans tous les objets de concurrence. Et sans s'écarter de notre objet, on pourrait montrer jusqu'à l'évidence, que ce n'est pas en prohibant les étoffes de laine d'Angleterre, qu'on en empêchera l'introduction en France, mais en augmentant la quantité & perfectionnant la qualité de nos laines, pour établir les mêmes étoffes aussi belles & à aussi bas prix que celles des Anglais.

Je ne veux dans ce moment, pour montrer l'importance d'adopter les méthodes anglaises que je viens d'exposer, que donner l'idée des craintes de la nation à cet égard. (*b*) On en jugera par les formes qu'elle a impo-

(*a*) Les canaux, fossés & abords par eau, de la petite ville de Rye, qui ont été faits dernièrement aux dépens du gouvernement, ont été travaillés en plus grande partie par des Français Boulonnais, qui vivaient du prix de cette main-d'œuvre, où les ouvriers Anglais seraient morts de faim.

(*b*) Malgré les surveillans on trouve les moyens d'éluder toutes ces dispositions, ou plutôt on s'y conforme pour s'éloigner plus sûrement du but de l'administration; & l'on ne manque pas de laines d'Angleterre, quand on y veut mettre le haut prix où les portent les risques à courir pour les avoir.

sées & les peines qu'elle a décernées contre l'extraction prohibée de ses matieres premieres. Il est dit que les fermiers qui auront des moutons le long des côtes de la mer, jusqu'à trois lieues dans l'intérieur des terres, seront tenus de déclarer avant la tonte, à un officier de la douane, le nombre des moutons qu'ils ont: que ce préposé ira vérifier la déclaration: qu'il sera appellé à la tonte: qu'il comptera de nouveau les moutons, & qu'il pesera les toisons. Et pour toute l'Angleterre, que chaque fermier qui aura vendu des laines, le déclarera au commis préposé; que ce commis sera présent à l'emballage; qu'il comptera le nombre des toisons qu'on met dans chaque balle; qu'il prendra note du poids; qu'il les numérotera, & qu'il délivrera un acquit à caution pour la destination, pour la sûreté de laquelle une personne qui aura 300 guinées en biens-fonds, se rendra garante.

Il est dit que toutes les balles de laine doivent être numérotées; & qu'il sera écrit dessus en lettres de 6 pouces de longueur & de 6 lignes d'épaisseur le mot *wooll*, qui signifie *laine*; que les voituriers ne pourront les conduire que depuis le lever jusqu'au coucher du soleil; de maniere que s'ils se trouvent en route aux approches de la nuit, fût-ce en plein champ, ils y laisseront la voiture, & ils en iront faire la déclaration au maire, syndic, ou toute autre personne notable de la ville, village ou hameau le plus prochain.

Pour avoir le droit d'acheter & vendre des laines en Angleterre, il faut une commission *ad hoc* du gouvernement, & cette commission ne s'accorde que sous une caution de 1000 liv. sterling, environ 23 mille livres de France, pour garantir qu'on n'exportera point de laine hors du royaume, & qu'on n'en vendra à qui que ce soit connu ou soupçonné d'en exporter. Ajoutez à cela la peine de mort contre ceux qui l'exportent.

Je ne crois pas assez éloignées du sujet que je traite, certaines observations sur la culture des terres en Angleterre, que j'ai faites pendant mon séjour dans quelques-unes de ses contrées, pour craindre de les placer ici. Les terres y sont en général un fonds de sable plus ou moins mêlé d'argille. On y voit beaucoup moins qu'en France des terres en culture & beaucoup plus en prés, prairies ou pâtures; si les récoltes y sont presque partout toujours plus abondantes que chez nous, c'est à leur maniere de cultiver, très-supérieure à la nôtre, qu'ils les doivent. Ils ont peu de fumier; ils n'ont point d'étables; ils ne mettent que les chevaux à l'écurie. Les moutons sont toujours en plein champ, & leur crotin est le seul engrais qu'on donne aux pâturages sur lesquels ils vivent. Les bœufs n'ont que des hangars dans les parcs de barricades où on les enferre: on en fait deux qu'on oppose aux vents les plus violens & les plus froids, & les bœufs restent libres de choisir celui qui peut le mieux les en garantir, ou de n'être sous aucun.

aucun. La nourriture qu'on leur donne dans ces parcs pendant l'hiver est mise dans une grande auge à claires voies, plantée au milieu du parc. Voilà déjà une grande économie en bâtimens ; ils la poussent plus loin à cet égard, car ils n'ont presque point de granges ; ils ne renferment aucune espece de fourrages. Ils le mettent en monceaux proche des basses cours, ou des parcs qui en sont quelquefois très-éloignés, & là affaissé & serré, ils le coupent avec un outil à large lame trempée, par sections verticales, qui le mettent à l'abri des impressions de la pluie, & le rendent impénétrable aux rats ou autres animaux de cette espece. On met également la paille dehors en monceaux, dont on la tire à menu pour les ouvrages journaliers. On scie le bled fort haut, ce qui donne des gerbes très-courtes qui tiennent peu de place en grange, où on le bat l'hiver comme dans les provinces du nord de la France. La paille qu'on donne aux chevaux en Angleterre n'est que la sommité des tiges du bled qui composent ces gerbes, brisée sous le fléau & quelquefois hachée. On recoupe le chaume, mais ce n'est plus que pour la litiere ; on y emploie même une grande partie de la premiere paille qu'on rejette dans la basse-cour aussi-tôt que le bled est battu. Du reste, on nourrit les chevaux au foin, à l'avoine & aux feves, & l'on donne des carrottes, dit-on, aux chevaux de race. On nourrit les bœufs au foin & aux navets hachés, l'hiver seulement ; car l'été on ne donne de verdure à aucun animal que celle qu'il trouve dans les champs.

La culture se fait ici en général par des bœufs : ce n'est pas cependant un pays où l'on fasse de grandes éducations de ces animaux ; ils viennent en plus grande partie de la province de Galles ; mais on les y engraisse supérieurement, & la viande en est excellente.

Les engrais du gros bétail ne se font ici que dans les hauts pâturages, & jamais dans la plaine. L'objet de ce commerce n'y est pas considérable. Ce sont les provinces de Chester & de Glochester, pays de gras pâturages, qui fournissent cette subsistance le plus abondamment.

La premiere étude du cultivateur Anglais est celle de la nature de son terrein ; c'est ainsi qu'il se prépare à lui donner le genre de culture & la sorte d'engrais les plus convenables. Il fait un grand usage des vases de la mer, qu'on mêle par couches avec une petite quantité de fumier, & qu'on laisse ainsi réciproquement se pénétrer de leurs sels durant plusieurs mois, une année & plus même. Le résultat de cette combinaison, répandu sur les terres, les fertilise prodigieusement.

On charie les vases à plusieurs lieues avant dans les terres, dans d'immenses tombereaux traînés par 4 à 5 jougs de bœufs de la plus grosse taille & d'une très-grande force ; on y ajoute encore quelquefois des chevaux de trait pour tirer devant les bœufs. Ces charges se font à raison d'un millier pesant par bœuf, & l'on ne fait que deux voyages par jour à trois milles de distance. La chaux est aussi excellente pour diviser & réchauffer les terres, elle s'emploie sur-tout avec le plus grand succès sur celles qui abondent en argille & qui, servant depuis quelque tems, se trouvent plus garnies de mauvaises herbes qu'elle détruit entiérement. On ramasse avec grand soin les fucus, les varecs & toutes les sortes de plantes marines, dont on extrait les sels par la combustion : il en est ainsi des coquillages & principalement des écailles d'huîtres que l'on convertit en chaux pour cet usage. La pratique de marner les terres est aussi très-répandue en Angleterre. Il n'y en a guere cependant dans les environs de Rye. On la tire par mer de la côte plus méridionale, à 25 à 30 milles d'ici, & elle revient toute extraite & amenée sur le rivage, où on l'achete, y compris les frais de chargement & de voiture jusqu'au port de Rye, ainsi qu'un nouveau droit au profit du gouvernement, à 4 schelings le tonneau de 2000 pesant. Ce droit, qu'on vient de mettre, dans un besoin sans doute très-pressant, est d'environ un scheling par tonneau. (*a*)

PAR le seul mèlange des terres de différentes natures, que les Anglais mettent en tas en proportions convenables, ils donnent une nouvelle vie à leurs champs & en augmentent considérablement la fertilité. On juge bien que la terre des marais, la vase des étangs, des fossés, des canaux, &c. toutes enfin sont mises à contribution & à profit. Les terres se reposent après deux années de production, à moins qu'on ne les mette en pâturages & qu'on en rompe d'anciens pour les remettre en culture. Cette alternative est générale & fréquente : un pâturage éléve ne vieillit jamais, on le remet en culture après quelques années, & *vice versa*. Il est prodigieux ce que donne de grains une terre en pâture rompue de l'année : ceux que j'ai trouvés dans mes courses sont les plus beaux que j'aie jamais vus, extraordinairement garnis, sans la moindre plante étrangere : ils ont au moins six pieds de hauteur avec des épis de 5 à 6 pouces, quarrés & fournis à proportion. (*b*)

(*a*) Ce droit a paru à quelques Anglais aussi ridicule qu'injuste. Un de ceux de qui je prenais mes instructions me dit à cette occasion, que l'Angleterre n'avait pas besoin qu'on lui fit la guerre pour la détruire, qu'elle se détruisoit bien elle-même. Mais c'est un moment d'humeur, parce que les Anglais ne se font des maux de ce genre que dans des besoins très-pressans ; & ils les réparent toujours lorsque ces besoins n'existent plus : ce qui, pour l'ordinaire, n'est pas de longue durée chez eux.

(*b*) J'ai remarqué avec étonnement que dans la plupart de nos provinces tous les prés ont des siecles : on les fume : on les cendre : on les arrose : on en arrache les mauvaises herbes. Sans cela, les mousses, les renoncules, les jones, ou toute autre plante destructive de la bonne herbe, suivant la nature du sol, s'en empare ; & bientôt ce n'est plus qu'une mauvaise pâture, lorsqu'un ou deux labours le renouvelle-

Toutes les récoltes offrent cette propreté, cette netteté dans les champs; & nulle part on ne voit régner une pareille abondance en tout genre. Point de mauvaise herbe dans les prés; on en arrache les chardons avec le plus grand soin. On y fait pâturer les bœufs pour manger les grosses herbes, ensuite les chevaux, & enfin les moutons qui trouvent dans l'herbe la plus fine & la plus courte, la nourriture qui leur convient le mieux.

Comparaison du sol de Kent & de Sussex avec celui du Boulonnais.

Les vallées & prairies voisines de la mer sont également des conquêtes faites sur cet élément, & les pâturages sont les mêmes. L'un & l'autre pays est en côteaux, avec des aspects absolument semblables. On y trouve le même fonds de terre, du sable plus ou moins mêlé d'argille: les mêmes productions naturelles en arbres & en plantes: les terreins coupés & les possessions également divisées: le produit des terres cultivées, de la même nature, plus abondant en Angleterre, uniquement par la différence de culture. On trouve de part & d'autre beaucoup de terre à briques, à tuiles, à poterie, à faïance, à foulon, &c. des bancs d'argille pure entre des sables cruds, & quelquefois si proches de la surface de la terre, qu'ils y entretiennent de la fraîcheur en tout tems; & souvent en Boulonnais, des jones, des bourbiers, des especes de marais & des passages dangereux, dont on a su tirer bon parti en Angleterre, en les cultivant au profit du champ. On trouve de fortes & larges haies pour défendre les héritages, empêcher la communication des animaux qui paissent çà & là, & plus encore en Boulonnais pour se procurer du bois de chauffage pour le four, la cuisine; & en Angleterre, de la rame aux mêmes usages domestiques, surtout dans les lieux éloignés de la mer & des rivieres navigables, où le char-

rait en plein & le fertiliserait pour des années. C'est la crainte de la dixme, m'a-t-on dit par-tout; la culture rend cet impôt exigible: dès que la charrue est une fois entrée dans un champ, il y est établi à perpétuité. Ainsi on ne cultive point ici, dans la crainte d'un impôt qui n'est pas mis seulement sur le produit, mais sur le travail, mais sur les semences, mais sur les mises & toutes les avances, de quelque nature qu'elles soient. On n'ose là faire un fossé, un mur, planter une haie, bâtir une grange, une maison, avoir un troupeau, ou l'augmenter: on tremble de montrer de l'aisance, de bonifier son fonds; & l'on reste pauvre, parce que l'arbitraire ne calculant jamais que sur les apparences, le possesseur ou le fermier ne paie pas sur ce que le fonds vaut réellement, sur ce qu'il doit naturellement rendre, mais suivant qu'il a plus ou moins d'art à montrer ou cacher ce qu'il rend. Il n'existe rien de tout cela en Angleterre, où l'opération est commune de faire son propre bien & de concourir à celui de l'état.

bon de terre ne pénetre qu'à grands frais ; & par-tout pour en refendre les plus grosses branches, & les employer à faire les barricades, si communes en Angleterre pour fermer les parcs, diviser & clorre ceux des champs qui n'ont ni haies ni fossés.

Etat du troupeau de moutons du sieur Delportes, de sa manufacture de tricots, & réflexions sur sa méthode & ses projets.

Le nouveau troupeau du sieur Delportes est placé à une lieue de Boulogne, sur un pâturage fort ancien & trop maigre pour l'espece d'une partie des individus qui le composent. Le nombre total de ces animaux est de 100, dont 25 à 30 tirés d'Angleterre de différens lieux & en différens tems ; autant provenus des croisures des précédens : 8 à 10 brebis de France & le reste en agneaux. Les dernieres brebis d'Angleterre sont arrivées en France au mois d'avril 1777 ; elles sont au nombre de 15, y compris un bélier. Les plus anciennes sont de 1774, ainsi elles ont eu quatre tontes en France, & les précédentes deux, en comptant celle qui s'est faite le 26 juillet dernier, en ma présence.

Ces moutons anglais se distinguent parfaitement des autres au premier aspect par la grosseur & par leur taille plus rapprochée de la terre, ayant les jambes plus courtes que celles des nôtres : à la blancheur & à la finesse de la laine : à la quantité dont ils en sont fournis par-tout, & notamment sous le ventre, à la partie du cou la plus voisine de la tète, & jusque sur la tète, les nôtres n'en ayant en aucun de ces endroits. Ils ont même en général une large fraise au haut du cou, d'où la tète, ornée d'une houppe, semble sortir comme d'un capuchon. Ils se distinguent enfin par leur air de santé, de vigueur & d'embonpoint.

Le changement du climat ne paraît pas avoir influé sur la santé des moutons anglais. D'une trentaine tirée d'Angleterre, il n'en est mort depuis quatre ans que deux de maladies communes à l'un & l'autre pays. A l'égard de la laine, on en jugera par les échantillons que j'ai pris ; elle ne me parait pas altérée. Cependant je ne pense pas qu'elle pût se soutenir long-tems dans l'état primitif, si les moutons continuaient de parquer sur une terre remuée, qui se détrempe & fait boue à la pluie, & sous des arbres, ainsi que le fait actuellement le troupeau du sieur Delportes, faute d'un terrein plus convenable : inconvénient qu'il sent mieux que personne, & qu'il se propose de réformer quand il en aura la facilité.

Il n'y a point de ces parcs en Angleterre, il n'en est pas besoin. Les loups les rendent indispensables en France. Il faut rassembler le troupeau tous les soirs, & le mettre en lieu de sûreté pour la nuit. Il faut aussi le laisser dans ces parcs l'hiver lorsqu'il y a beaucoup de neige, soit pour lui donner de la nourriture, soit à cause des loups, qui dans ces tems-là se rendent redoutables en bien des endroits, même le jour. Alors, ne pouvant être dispersés proprement & sainement sur le gazon, il faut du moins qu'il soit garanti de la mal-propreté & d'une trop grande humidité, qui lui donneraient des rhumes, les exposeraient à la pourriture & altéreraient en même tems la laine.

LE troupeau avait été lavé dix jours avant la tonte. J'en fis peser trois toisons aussi-tôt après cette derniere opération. La premiere, dont l'échantillon est sous le n°. 1, pesait de 7 à 8 livres. La deuxieme, sous le n°. 2, pesait de 6 à 7 livres. La troisieme sous le n°. 3, de $4\frac{1}{4}$ livres à $4\frac{1}{2}$ livres; & les trois toisons mises ensemble pesaient 18 livres: ce qui donne un poids commun de 6 livres: taux à peu près le même que celui des toisons d'Angleterre, où la grosse espece est plus abondante que la petite; sur quoi l'on peut encore observer que presque toutes les brebis du troupeau du sieur Delportes ont des agneaux.

SUR ces trois toisons j'ai pris dix livres de laine de choix, dans lesquelles la plus petite toison est presque toute entrée; elle provient de l'une des brebis des environs de Cantorbéry, les plus anciennement venues d'Angleterre, depuis quatre ans: ce qui prouve que la laine ne dégénere pas en France par le tems ou l'inflence du climat, & que ce n'est que par l'éducation.

UN navire anglais venant des côtes de la Barbarie, il y a environ dix ans, échoua sur celles du Boulonnais: il en rapportait de fort beaux béliers: le capitaine se prêta en faveur de quelques particuliers qui voulurent bien s'en accommoder, & on se les répartit. Ils se dégraderent en trois à quatre générations, à ne les reconnaître que par une laine plus frisée, que leur postérité conserve encore, & cela parce qu'on n'eut aucun égard dans leur traitement, à leur maniere ordinaire de vivre; on suivit la méthode usitée ici, qui chaque fois qu'on y a introduit l'espece anglaise, l'a fait dégénérer en peu de tems.

J'AI fait peigner les dix livres de laine dont on a parlé plus haut; elles en ont donné sept livres peignées à fin & parfaitement dégraissées. J'en fais fabriquer à Abbeville un baracan qui sera joint à une piece de tricoté, faite de la laine du même troupeau, & à divers échantillons de laine peignée & non peignée.

J'OBSERVERAI qu'il y a un grand choix à faire parmi ces laines, même les plus belles; car on peut remarquer en Angleterre, comme dans le troupeau du sieur Delportes, que plus une toison est de laine fine, plus la partie des cuisses se trouve grosse à proportion.

Les Anglais font ce choix très-exactement, ils peignent leurs belles laines très-fin, & laissent en-arriere un peignon fort gras, qu'ils emploient avec intelligence dans les genres propres de manufactures, dont ils ont un si grand nombre. La netteté de ces laines dispense de les battre lorsqu'on les veut travailler; on les lave dans une eau de savon fait à l'huile d'olive; on les peigne encore mouillées à la même huile, une premiere fois avec des peignes à deux rangs de broches, & une seconde avec des peignes à trois rangs. Ces peignes sont d'un acier bien trempé, très-poli; ils coûtent de 30 à 36 livres la paire. Ceux de France ne valent que de 7 à 8 livres. Après le premier peignage on relave la laine dans une nouvelle eau de savon, on la rebrise, & l'on procede au second peignage.

Lorsqu'on les destine a faire du tricoté, elles sont filées très-ouvert; on double les fils, mais on ne les retord point, comme en France, où l'on croit diminuer par cette opération le duvet désagréable dont sont couverts ceux que nous fabriquons; tandis qu'en Angleterre il est toujours uni, ras, brillant, qualités qui proviennent en plus grande partie de la beauté de la laine.

Le sieur Delportes imite toutes ces pratiques dans sa manufacture de tricotés, la seule en France à l'instar de celles d'Angleterre, & dans laquelle on est parvenu à imiter ce qu'ils ont de plus parfait en ce genre.

Mais ce choix des laines que font les Anglais n'est ordinairement qu'à leur usage. S'ils nous en envoient quelquefois de peignée, la plus grande partie est toujours en toison; & dans ce cas ils laissent toutes les sortes de qualités sans en rien distraire. Il est alors peu de nos manufactures à qui il convienne de s'en fournir; ce ne sont que des entrepreneurs de diverses sortes d'étoffes, qui le peuvent faire avec avantage par la faculté qu'ils ont de les toutes consommer.

Les Hollandais, au contraire, trient avec grand soin leurs laines ou celles de Hambourg, de Danemark, de la Poméranie ou d'ailleurs, qu'ils mêlangent avec les leurs, & qu'ils nous vendent toutes comme de leur crû; ils en font de plusieurs classes, & ils nous en envoient de 4 à 5 sortes différentes. Le commerce des laines d'Angleterre en France est d'ailleurs très-nouveau ou très-renouvellé; il est encore très-clandestin & fort difficile, comme on l'a déjà observé. Toutes ces raisons font ordinairement donner la préférence, pour les mêmes usages, aux laines de Hollande, quoique plus cheres. La différence de celles-ci à celles d'Angleterre peut concourir dans quelques occasions à cette préférence; & je ne vois aucun inconvénient de déterminer ici leur caractere pour fixer ces circonstances.

Les laines d'Angleterre sont plus douces, plus liantes, moins longues, moins propres aux étoffes absolument rases & seches; elles sont plus convenables, à raison de ces qualités, pour les étoffes qui ont quelque tendance à draper. Celles de Hollande sont plus longues, plus lisses, plus brillantes, plus fermes; elles se tirent mieux encore que celles d'Angleterre : la filature en est plus coulante, les poils se séparent les uns des autres insensiblement & avec moins d'effort : elles sont les plus propres aux différentes sortes d'étoffes à grains, telles que les baracans, les camelots, les étamines, &c. pour la chaîne sur-tout.

Pour revenir à la méthode comparative du sieur Delportes, j'observerai qu'il ne laisse pas couvrir ses brebis au tems où l'on est dans cet usage en France, où les agneaux naissent dans les mois les plus rigoureux de l'année, en janvier & février. Il suit à cet égard, comme à beaucoup d'autres, les pratiques anglaises. Il ne donne jamais rien au troupeau dans le parc, que durant la neige ou les fortes gelées; on lui jette alors un peu de foin pendant la nuit; & en tout autre tems de l'hiver, le soir son passage plus ou moins long sur les navets, lui suffit pour suppléer au défaut de la nourriture des champs.

On a observé depuis long-tems que les moutons nourris au sec & même au grain, ont une laine plus grossiere, plus dure, plus seche que ceux qui vivent d'herbages, de navets ou d'autre nourriture fraîche. L'hiver, M. Daubenton nourrit son troupeau à la paille; mais il ne paraît pas avoir eu principalement égard à la laine, qui est commune; du moins m'a-t-elle paru telle, ainsi qu'aux manufacturiers dans les atteliers desquels j'ai été à portée de la visiter & d'en raisonner avec eux.

Le troupeau du sieur Delportes trouve la nourriture qu'on lui donne l'hiver, sous un hangar placé au fond du parc : les brebis anglaises y viennent, poussées par le besoin; mais elles en sortent aussi-tot qu'elles sont rassasiées, & elles n'y reviennent de jour ni de nuit que pour manger. Les brebis françaises n'en sortent jamais qu'on ne les en chasse. Les premieres cherchent bien un abri aux grands vents d'hiver, sur-tout lorsque la pluie s'y mêle; mais jamais elles ne se mettent sous le hangar, où elles ne paraissent pas respirer à l'aise : raison qui a déterminé le sieur Delportes à en faire dans son nouvel établissement, s'il a lieu, de très-élevés, & qui soient aérés de toutes parts.

Quoiqu'il soit essentiel de laisser toujours les moutons au grand air, & que le froid ni la neige ne leur nuisent pas, que la rosée même leur soit très-salutaire, & qu'ils ne s'en trouvent que mieux d'être exposés à toutes les intempéries des saisons, il est constant que la laine participe de l'âpreté & de la rudesse des hivers à proportion qu'elle y est plus exposée. (a)

(a) Les moutons ne craignent rien tant que la pluie, ils ne dorment ni ne mangent durant le tems qu'elle tombe. Mais dès qu'elle cesse, ils se trémoussent, se se-

On en a bien l'expérience, & l'on en sent les raisons en Angleterre ; mais on y a eu pour principe, dans toutes les méthodes, de réunir toujours les meilleurs effets à la plus grande économie ; & l'avantage qui résulterait d'un abri quelconque, n'indemniserait pas des frais à faire pour l'obtenir.

Les loups qui infectent la France d'un bout à l'autre, ne nous laissent pas libres du choix : le parc y est indispensable, mais les hangars à y faire ajoutent peu à la dépense. (*a*) Il n'importe que l'enceinte soit formée par un mur, des fasciens ou un large fossé, dont les bords soient élevés & escarpés ; & il suffit pour le hangar, d'un toit de paille, de fougeres, de bruyeres, de genets, ou autres choses semblables, soutenues de quelques piliers très-élevés. On doit avoir attention que le parc soit assez vaste pour que les moutons puissent s'y agiter & même s'y promener à l'aise, & d'y placer les hangars, comme en Angleterre, dans les parcs à bœufs, aux extrèmités des deux côtés opposés aux vents les plus impétueux, aux bourrasques

couent violemment ; ils se déchargent de ce poids très-lourd & très-incommode, & ils mangent ou dorment aussi-tôt suivant le besoin le plus pressant. En Ecosse, où le climat est rude, âpre, où la nourriture est peu abondante, peu substantielle, où les moutons sont une partie de l'année dans la neige & les frimats, les laines sont beaucoup plus communes que celles d'Angleterre, quoiqu'elles aient acquis toute la qualité qui peut résulter des mêmes soins qu'on a pris pour les unes comme pour les autres ; & si elles sont beaucoup plus belles que celles de France, on voit bien que c'est à ces soins qu'on le doit. Nous avons déjà dit que le prix en Angleterre des laines anglaises était de 15 à 16 f. la livre poids & argent de France ; nous ajouterons ici que celui des laines d'Ecosse n'est que de 10 à 11 f. même poids & même argent, d'environ un tiers ou de 30 à 35 pour 100 moindre que le précédent. Il ne vient guere de ces laines en France ; ce sont les manufactures d'Halifax & des environs qui les consomment ; & ce n'est que depuis quelques années que les laines de Hollande étant devenues très-cheres, on a renouvellé les tentatives d'en tirer d'Angleterre. Il nous en est venu environ 200 milliers, année commune, depuis deux à trois ans. La Picardie seule, Amiens, Abbeville en ont employé les trois quarts au moins. La Suede a perfectionné les laines, sans doute, mais elle a fait de vains efforts pour imiter celles d'Espagne. La Hollande n'a pas des laines de Barbarie, de l'Inde, ni d'ailleurs ; mais elle a des laines de Hollande superbes, parce qu'elle a des pâturages excellens & abondans, dans lesquels les moutons restent jour & nuit dans tous les tems de l'année ; parce qu'elle ne permet pas que les béliers trop jeunes s'énervent, qu'elle prend, pour les faire saillir, un tems également propre à la conservation de leurs qualités, à celle des brebis, & à transmettre ces mêmes qualités à l'être qui doit résulter de cet accouplement. Il n'y a que la France qui, par la différence de ses climats, par la variété de ses températures & de ses productions, puisse aspirer à la diversité des especes comme à la perfection des qualités.

(*a*) Il ne faut pas même que cet animal cruel ait la faculté de porter un regard avide sur le timide troupeau : l'épouvante s'y mettrait ; il ne mangerait ni ne dormirait plus en paix.

rasques les plus violentes. Mais quelque tems qu'il fasse, ne fût-ce que pour les promener, il faut sortir tous les jours les moutons du parc. Leur bonne constitution, ainsi que la qualité de leur laine, tient autant au changement d'air & à l'exercice, qu'à la propreté & à la nourriture ; ces précautions sont indiquées par la nature même de l'animal, couvert d'une toison épaisse & lourde, qui excite chez lui une transpiration presque continuelle, qu'il est aussi dangereux de gêner que de forcer. Telles sont celles que prend le sieur Delportes, autant que la situation & la petitesse de son terrein peuvent le permettre: telles sont celles auxquelles il se propose de donner, lorsqu'il y aura lieu, toute l'étendue convenable.

Suivant le mémoire du sieur Delportes, & les objets de ma mission, qui s'étend sur l'examen & le rapport de tout ce qu'il contient, j'ai parcouru & examiné les terreins dont il demande la concession. C'est la queue d'une forêt immense, laquelle partie est presque entourée & comme enclavée dans nombre de villages, qui vraisemblablement la considerent à peu près comme de leur domaine ; elle est du moins comparée aux autres parties de cette forêt, dans un état de dégradation qui semblerait l'annoncer. A cette cause il en faut ajouter une qui y concourt pour beaucoup, celle de la nature du terrein, très-aquatique en nombre d'endroits, faute de donner de l'écoulement aux eaux ; ce qui serait d'autant plus facile que le terrein est en pente. Cette partie de forêt est absolument dégarnie de bois & remplie de places vaines & vagues, qui indiquent bien par la verdure du gazon, qu'elle serait plus avantageusement cultivée en prairies. Le bois de 18 à 20 ans n'a pas l'air d'en avoir 10: il en est de même de celui de chaque âge ; & j'ai vainement cherché pour y trouver un chêne de quelque grosseur, qui ne fût pas couronné ou écimé. Le haut de cet emplacement est dans une situation plus horizontale, le terrein y est moins argilleux qu'ailleurs, le sable plus crud, plus sec, & il est fort bien indiqué pour y placer le parc. On verra par le plan raisonné que j'ai cru devoir joindre à ce mémoire, dans quel ordre on se propose de disposer les choses pour former une éducation en grand & s'en assurer le succès.

Ce terrein y est le plus convenable, c'est peut-être même dans la province le seul qu'on pût y employer. Je ne crois pas qu'il fût possible d'en trouver une suite aussi étendue, tant il est morcelé, & les héritages divisés dans ce canton. C'est d'ailleurs de la part du gouvernement un faible sacrifice relativement à l'importance de l'établissement proposé & aux grands avantages qui en résulteront. Les dépenses à faire pour défricher ce terrein, l'applanir, le rendre sain, le mettre en culture enfin & en rapport, ne doivent pas laisser l'administration indifférente sur le choix de la personne à qui elle se propose de le concéder. Cette entreprise est majeure ; il n'est plus tems d'en tenter de semblables avec légéreté, & je ne fais aucun doute que la régénération des espèces & la multiplication des troupeaux en France ne tiennent à celle-ci.

Il faut un exemple en grand, une pratique raisonnée & suivie : plus on a fait d'essais, plus on a marqué d'inconstance à les suivre, plus il faut actuellement de zele, d'instruction & peut-être de dépenses. Il faut faire oublier ses erreurs au public, qui, les regardant comme des preuves de la difficulté de réussir, s'est fortifié dans ses préjugés, & devient d'autant plus difficile sur quelque sorte de réforme qu'on lui propose. Il ne voit pas qu'on a abusé de la confiance & trompé les meilleures intentions, il ne sait pas qu'il y a des intrigans qui, n'ayant rien, ne risquent rien, & que ce sont le plus souvent ces sortes de gens qui se mettent en-avant. Le gouvernement n'a pas pu réussir : quelle confiance devons-nous avoir en ses instructions ? & que saurions-nous tenter pour réussir mieux que lui ? Tels sont les idées & les propos du public ; & le public a raison. Ajoutez à cela que si un homme aisé peut risquer 100 pour gagner 200, que, si un homme riche peut risquer 1000 pour gagner 10000, ayant même dix chances contre une, un homme qui n'a que le nécessaire ne peut ni ne doit rien risquer, pas seulement un pour 20 ; & certainement le plus grand nombre des individus, ceux que l'administration doit le plus considérer ici, parce que c'est d'eux seuls qu'on doit attendre cette réforme ; ce plus grand nombre ; dis-je, sont ceux qui n'ont que le nécessaire, si ce n'est ceux à qui il manque.

Ainsi, tout considéré, l'exemple est le seul moyen que puisse employer l'administration : c'est une dette de sa part ; & elle est très-heureuse qu'il se présente une de ces occasions rares, qui sans dépenses, & conservant toujours sous la main le léger objet de son sacrifice, la mette dans le cas de s'en acquiter avec le plus grand avantage. Le sieur Delportes jouit dans sa province d'une considération distinguée ; deux de ses fils ont demeuré en Angleterre pour en apprendre la langue, & étudier le caractere & le génie d'un peuple dont les intérêts individuels se confondent souvent avec ceux des commerçans Français ; l'un y a joint le goût de l'agriculture, & a tourné ses vues plus particuliérement du côté de l'éducation des bêtes à laine : il me paraît être entré dans ces détails avec une intelligence & une activité qui sont le présage le plus assuré de la réussite de l'entreprise. Ses recherches se sont étendues en spéculant sur les différens produits qui peuvent résulter d'une éducation raisonnée.

La manufacture de tricots est un objet auquel il se propose d'en faire succéder d'autres : (a) pour y concourir autant qu'il est en mon pouvoir,

(a) Si cet établissement ne réussit pas entre les mains des sieurs Delportes, il ne réussira entre celles de personne. L'intelligence de la langue, la connaissance du pays,

je lui fais passer différentes méchaniques, parmi lesquelles est le devidoir à l'anglaise, avec le tarif pour la filature. Il est de la derniere conséquence de monter convenablement une premiere opération, sur-tout dans un pays privé de toute espece de main-d'œuvre, & sans autre industrie que celle que ses soins commencent à y faire naître.

L'AUTEUR, après avoir prouvé par des échantillons de laines, soit de celles d'Angleterre, qu'il y a pris en différens cantons, soit de celles du crû de moutons anglais, d'une, deux, trois & quatre tontes, faites en France sous ses yeux, ainsi que de celles des diverses croisures; de laines de Hollande, de Boulonnais, de Picardie, de Soissonnais; de brutes & grasses, de lavées, de peignées; grasses & dégraissées; & par une piece de baracan & une de tricotés, fabriquées avec la laine de ces croisures de moutons anglais, élevés en France à la maniere anglaise, qu'il a mis sous les yeux de l'administration: après avoir prouvé, dis-je, que ces dernieres laines n'ont point dégénéré, puisque les étoffes qui en proviennent sont aussi belles que les plus belles étoffes anglaises du même genre, continue ainsi:

POUR s'assurer de la pleine & entiere exécution du projet, & trouver le moyen de propager les bonnes especes par cet établissement, il convient de prescrire au sieur Delportes de former son troupeau, dans la premiere année, de 300 individus, tous moutons anglais, sur le nombre desquels il y ait de 15 à 20 béliers; dans la seconde, de 600 au moins; & d'y ajouter le complément dans la troisieme, avec un nombre de béliers proportionné, tel enfin qu'il ne soit jamais au-dessous de cinquante sur mille. En faisant visiter le troupeau chaque année, en s'en faisant rendre compte très-exactement, l'administration instruite de son état, de ses progrès, jugera mieux des moyens de multiplier les établissemens de ce genre; nous croyons devoir prévenir que c'est une erreur de croire qu'on peut renouveller entiérement des races dans quelques générations par le moyen des béliers. C'est le sentiment de quelques auteurs, mais il est contredit par l'expérience. On soutiendra bien un troupeau une fois monté, en le renouvellant de bons béliers de la race originelle; mais on ne convertira pas une race en une autre, à moins d'une suite de générations sans fin. Quand je dis qu'on ne convertira pas une race en une autre, j'entends qu'on n'obtiendra jamais les mêmes produits, des laines de même qualité, ce qui est l'essentiel.

LES particuliers curieux de monter un troupeau en bonne race, y parviendront en tirant un bélier & quelques brebis à la fois du troupeau du

les relations avec les fermiers, les marchands, les contrebandiers Anglais; leur position; la similitude des pays & des productions; tout enfin concourt à applanir les difficultés devant eux. Si l'administration néglige cette occasion, elle s'exposera aux reproches de la postérité: il faut des siecles pour en ramener de semblables.

ſieur Delportes. Pour ceux qui ne voudront ou ne pourront faire des eſſais qu'en petit, il ſuffira d'un bélier entre pluſieurs propriétaires, à raiſon du nombre de brebis indiqué. Il faut ſeulement préſerver ce troupeau naiſſant, du mèlange de l'ancien. Je crois qu'il ſerait beaucoup plus long de ramener nos races abâtardies par la mauvaiſe éducation, quelque croiſure qu'on en fît avec d'autres, que de les renouveller entiérement par une autre race. Je voudrais que le ſieur Delportes ne livrât ſes béliers qu'à l'âge où ils peuvent ſervir ſans que leur conſtitution en ſoit altérée; je voudrais que, ſans rien faire qui lui fût décidément onéreux, il ſe prêtât ſur le prix des béliers, comme ſur celui des brebis, de maniere à ne point apporter d'obſtacle à leur propagation. Il eſt eſſentiel que l'adminiſtration elle-même ſe prête dans cette circonſtance. Quoi qu'elle faſſe, une telle régénération ſera longue; elle le ſera d'autant moins que ſes ſoins ſeront plus actifs; elle ſerait nulle ſans les encouragemens qu'on a droit d'attendre des hommes éclairés qui la dirigent.

Colbert avait porté ſes regards ſur la culture des laines en France; leur augmentation & leur perfection étaient à ſes yeux une des cauſes de la proſpérité des états; & ce projet, dont l'exécution eût tant ajouté à celle de la France, n'a pas peu contribué à la gloire de ſon adminiſtration. Mais l'ignorance & les préjugés, ſans pouvoir obſcurcir l'éclat du génie, n'en arrètent que trop ſouvent l'influence. Les vues de ce grand homme reſterent des projets; il était réſervé à celui de ſes ſucceſſeurs qui le mieux en a parcouru l'étendue & ſondé les profondeurs, de partager ſa gloire en les adoptant, & d'en acquérir une qui n'appartiendra qu'à lui ſeul en les réaliſant.

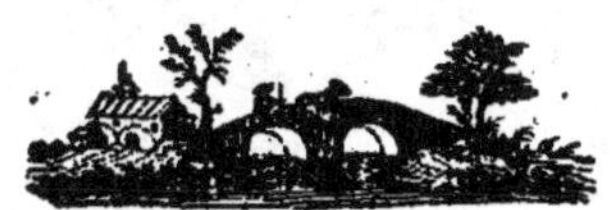

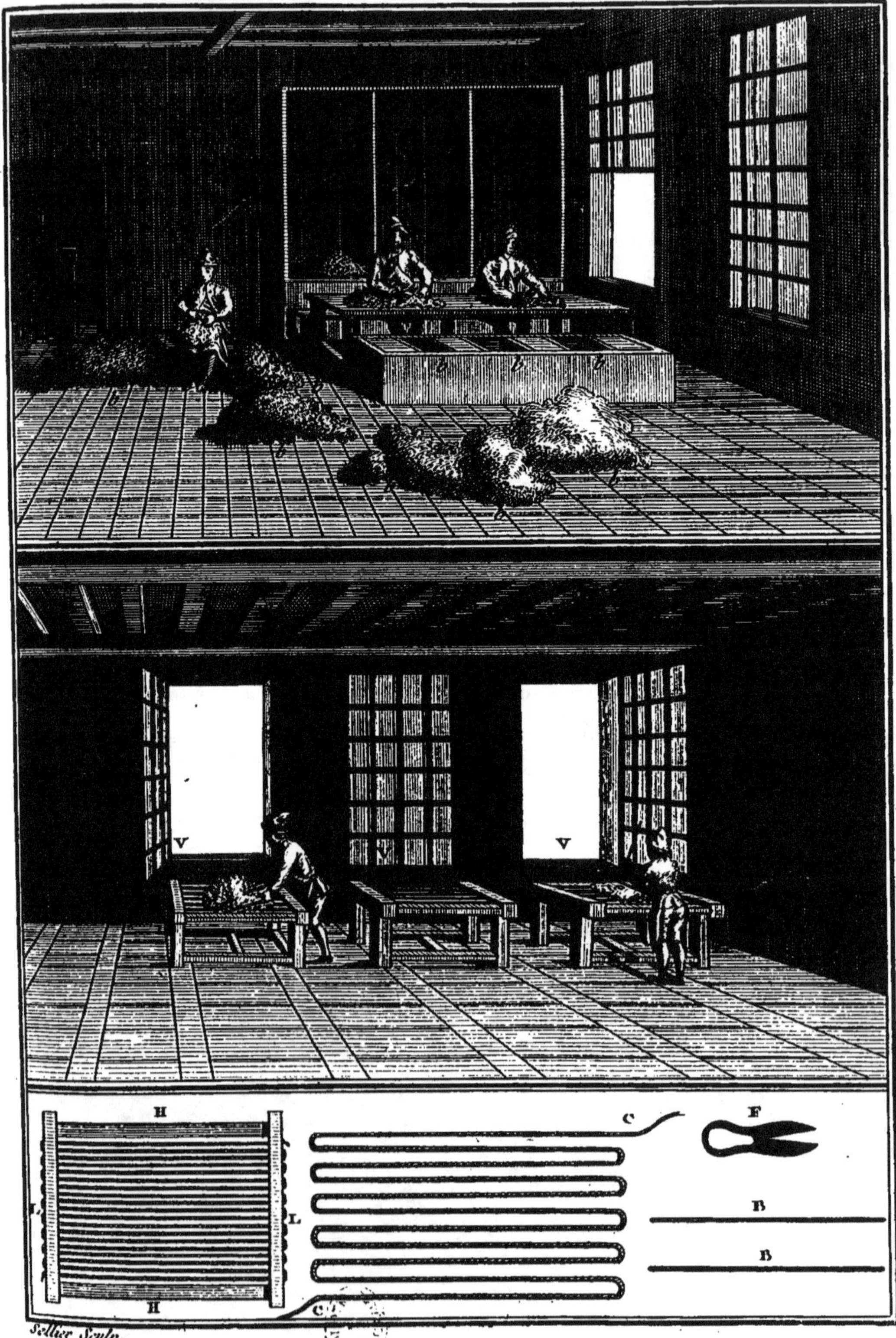

Sellier Sculp.

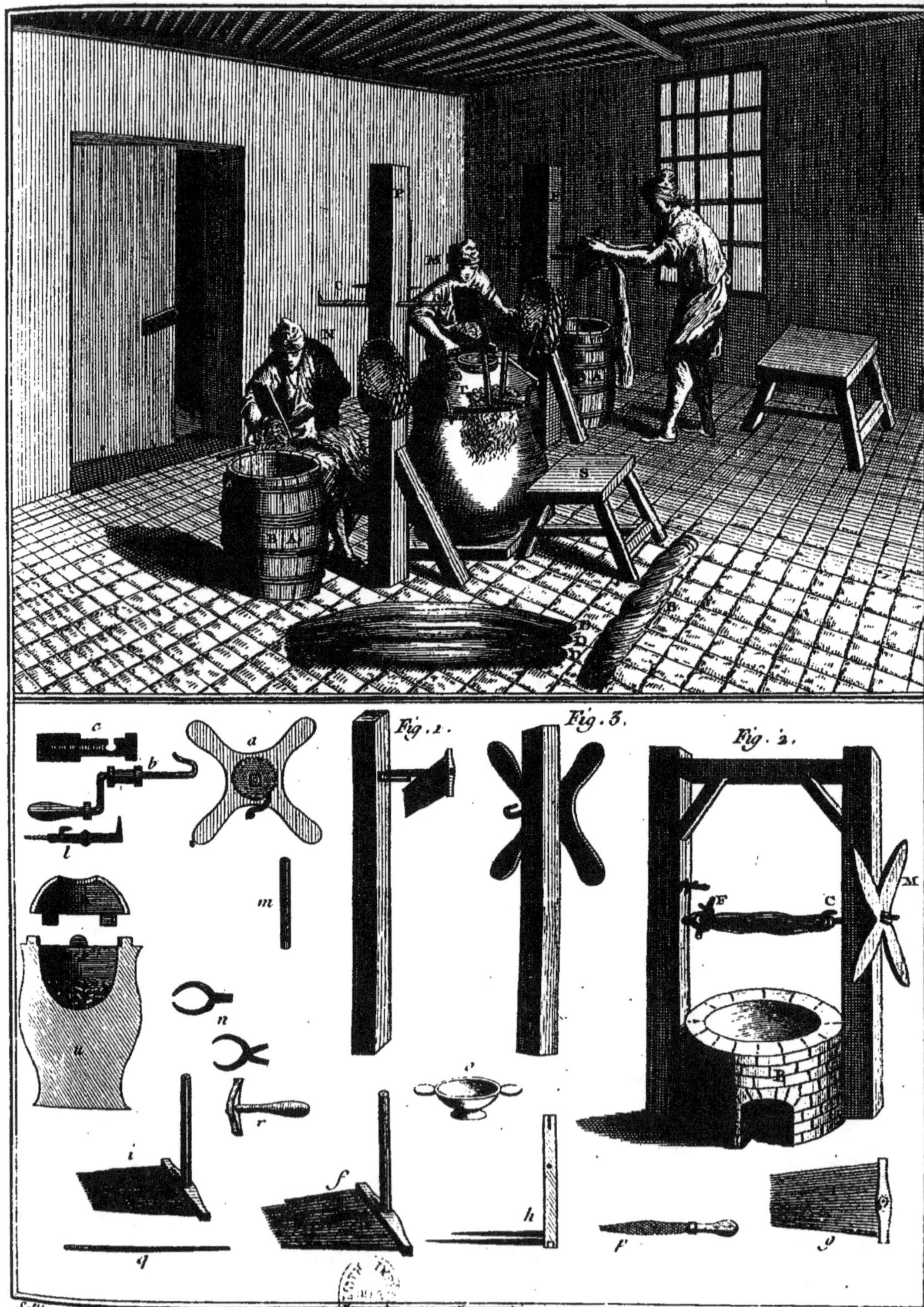
Fig. 1.
Fig. 3.
Fig. 2.
Sellier Sculp.

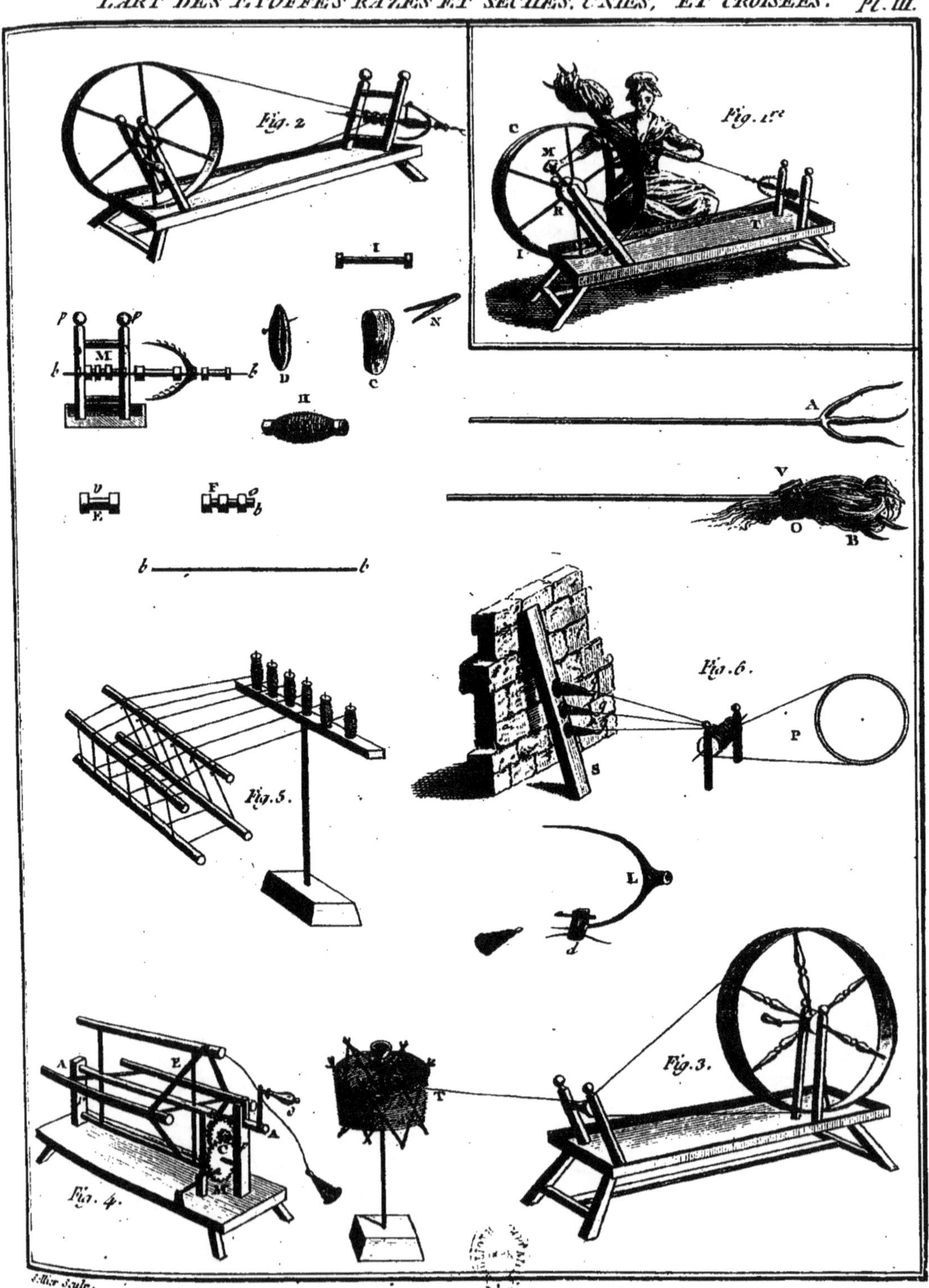

Sellier Sculp.

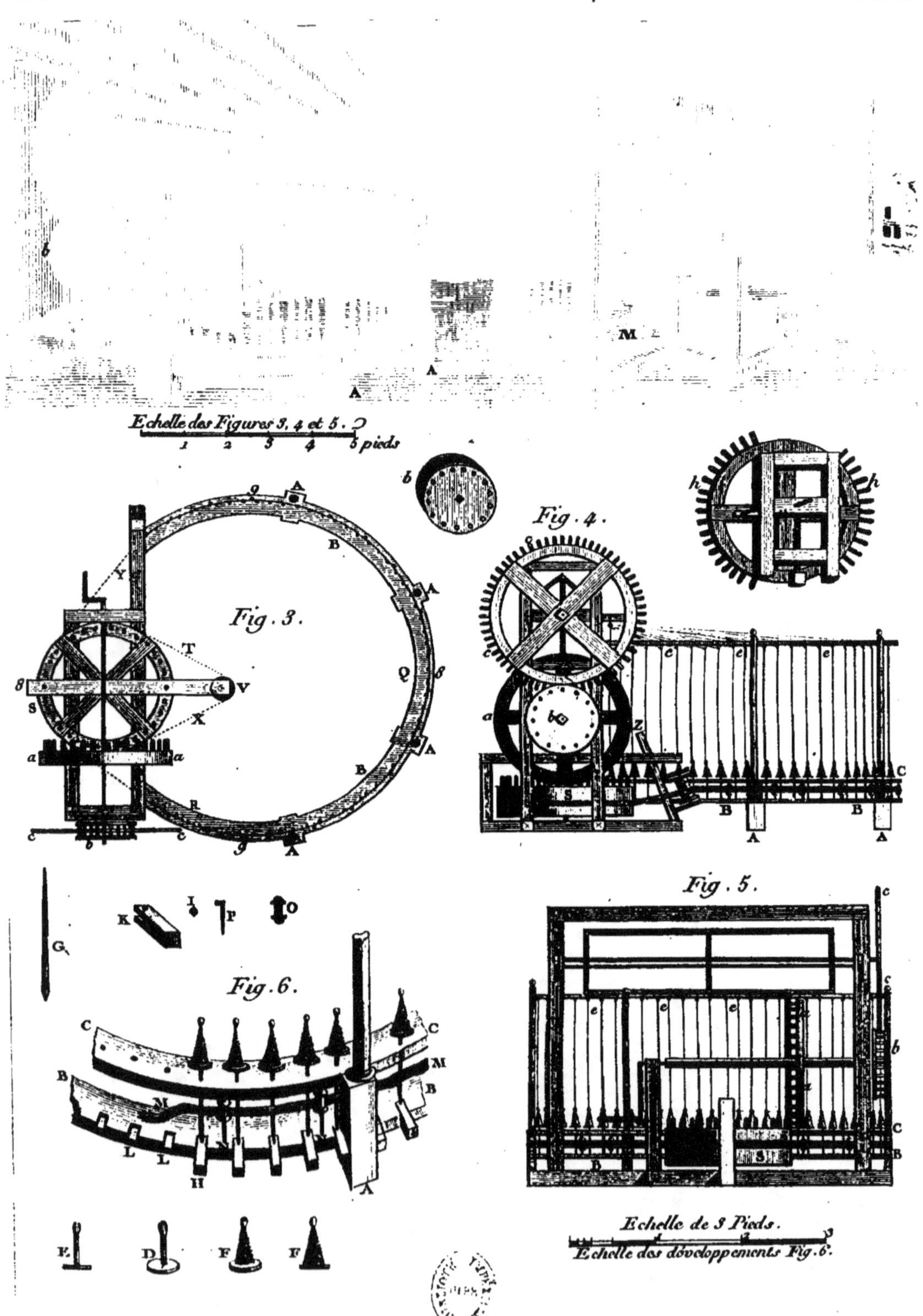
Echelle des Figures 3, 4 et 5.
1 2 3 4 5 pieds
Fig. 3.
Fig. 4.
Fig. 5.
Fig. 6.
Echelle de 3 Pieds.
Echelle des développements Fig. 6.

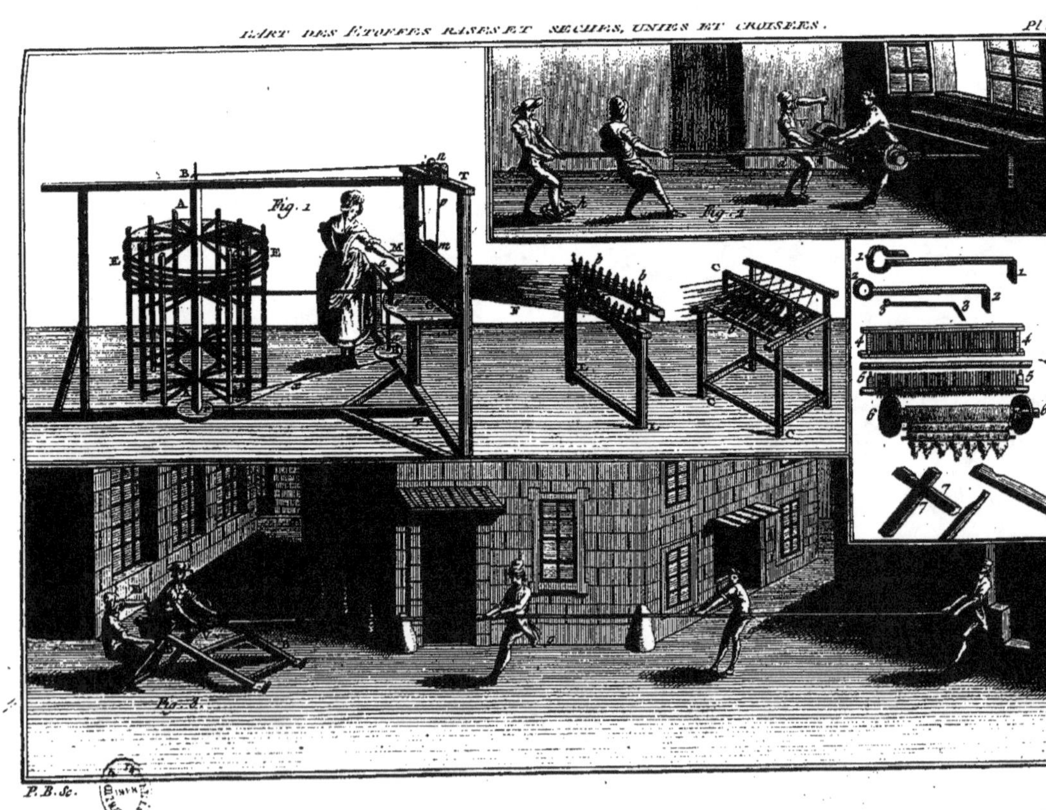
Fig. 1
Fig. 2
Fig. 3
P. B. Sc.

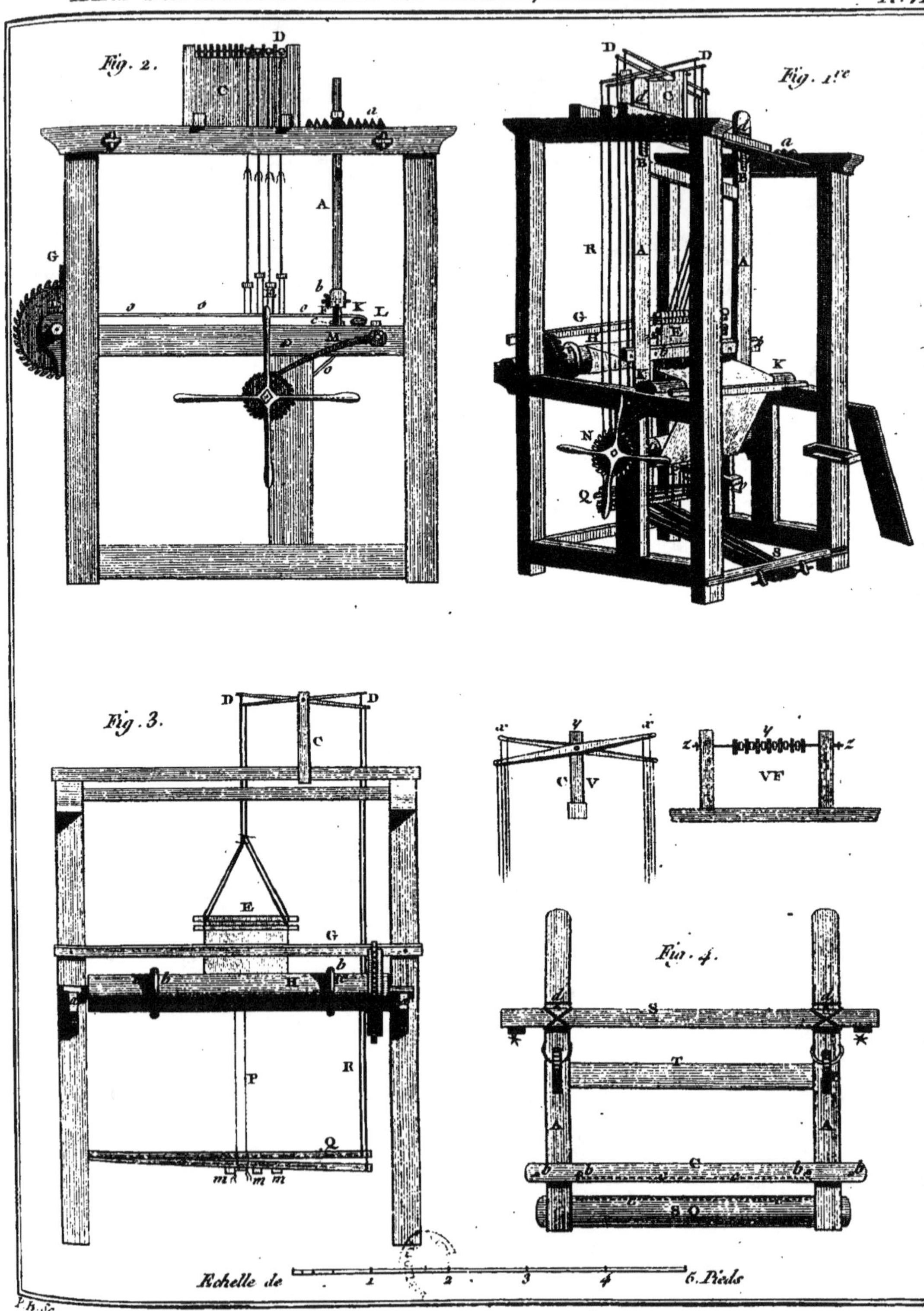
Fig. 2.
Fig. 1.re
Fig. 3.
Fig. 4.
Echelle de 1 2 3 4 6 Pieds
Ph. Sc.

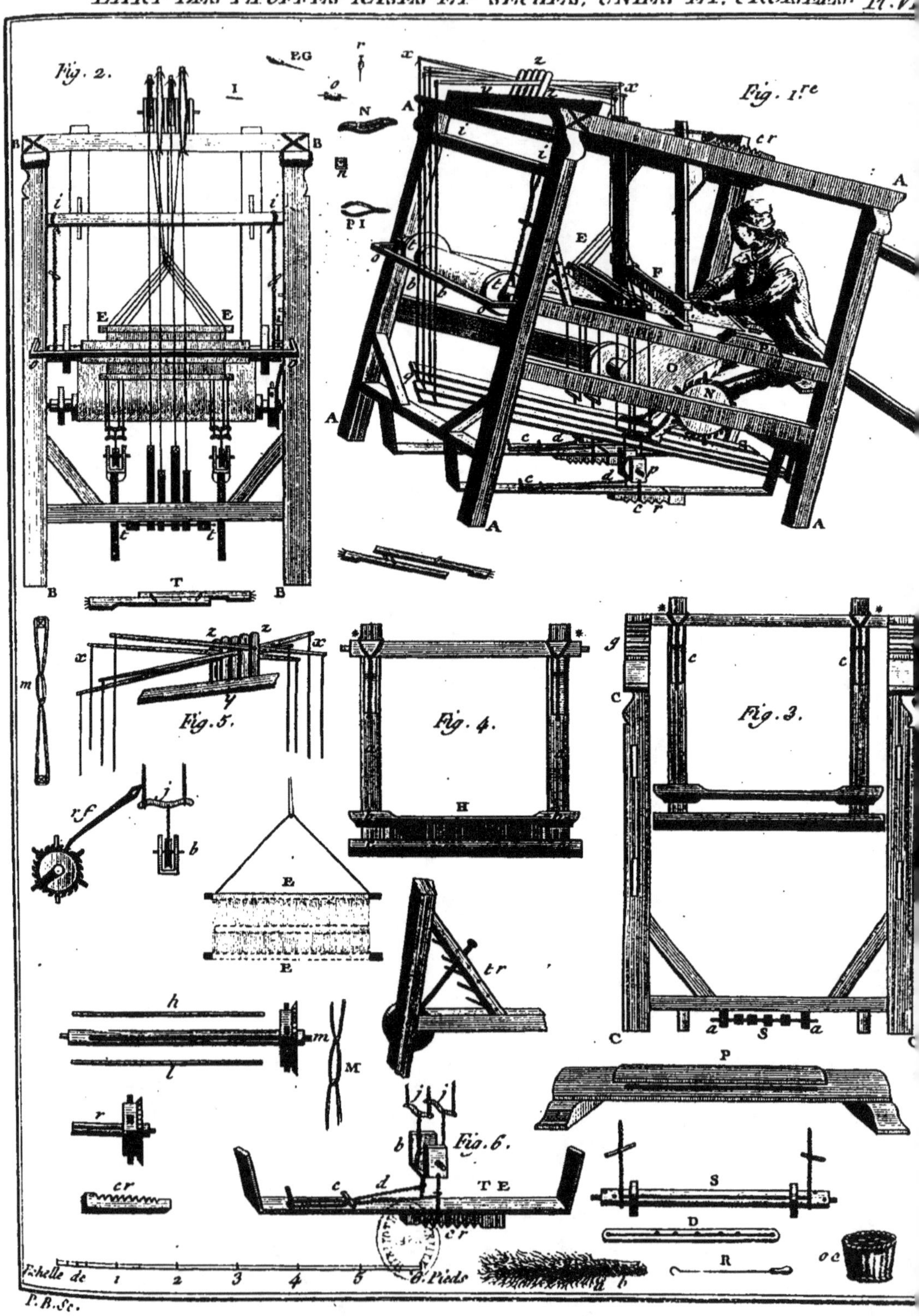
Fig. 2.
Fig. 1.re
Fig. 5.
Fig. 4.
Fig. 3.
Fig. 6.
EG
PI
TE
Echelle de 1 2 3 4 5 6 Pieds
P. B. Sc.

L'ART DES ETOFFES RASES ET SECHES, UNIES ET CROISÉES. Pl. VIII.

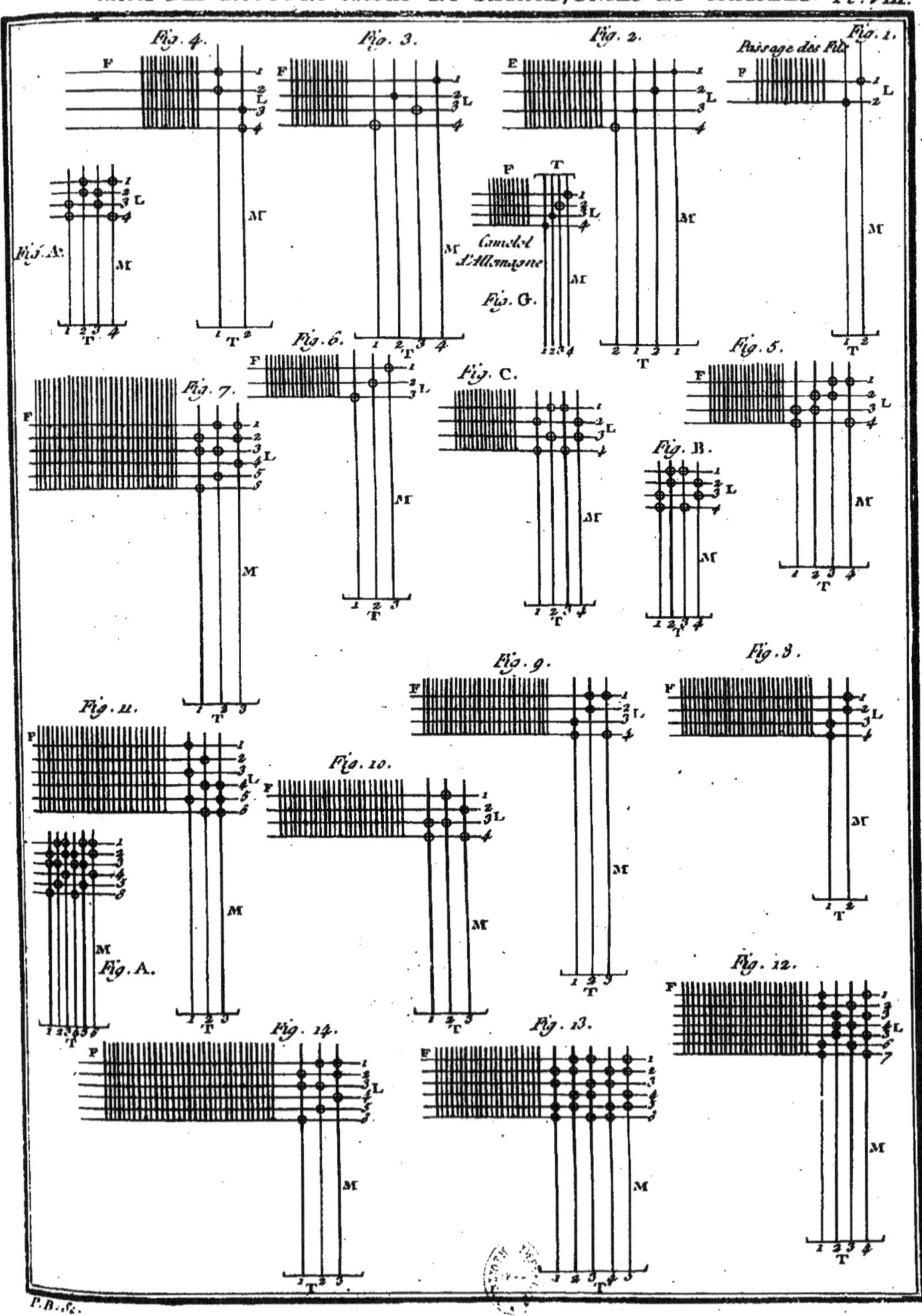

Fig. 15.
Fig. 16.
Fig. 17
Fig. 18.
Fig. 19.
Fig. 20.
Fig. 21.
Fig. 22
Fig. 23.
Fig. 24.
Fig. 25
Fig. 26.
Fig. 27
Fig. A.

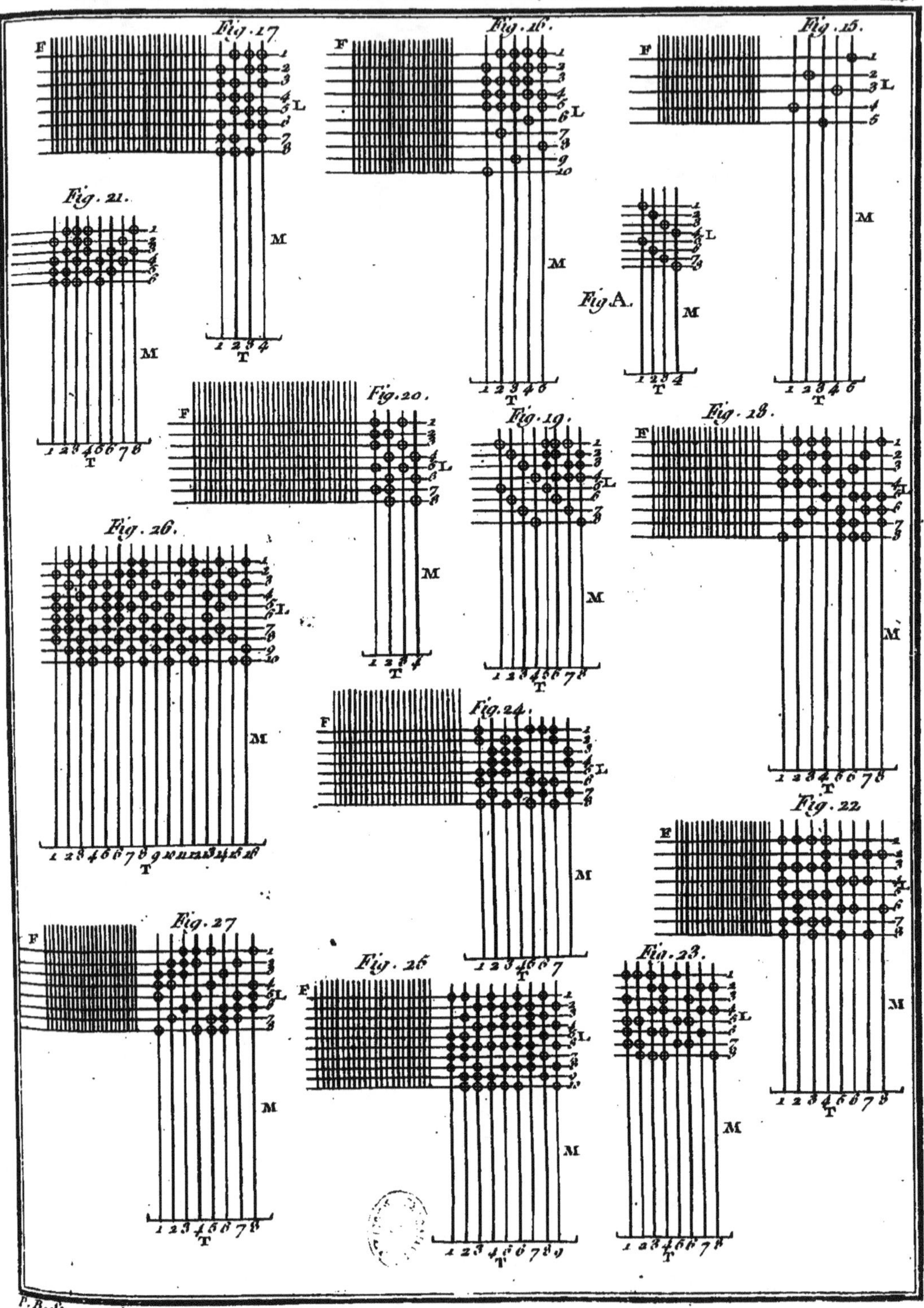

P. B. S.

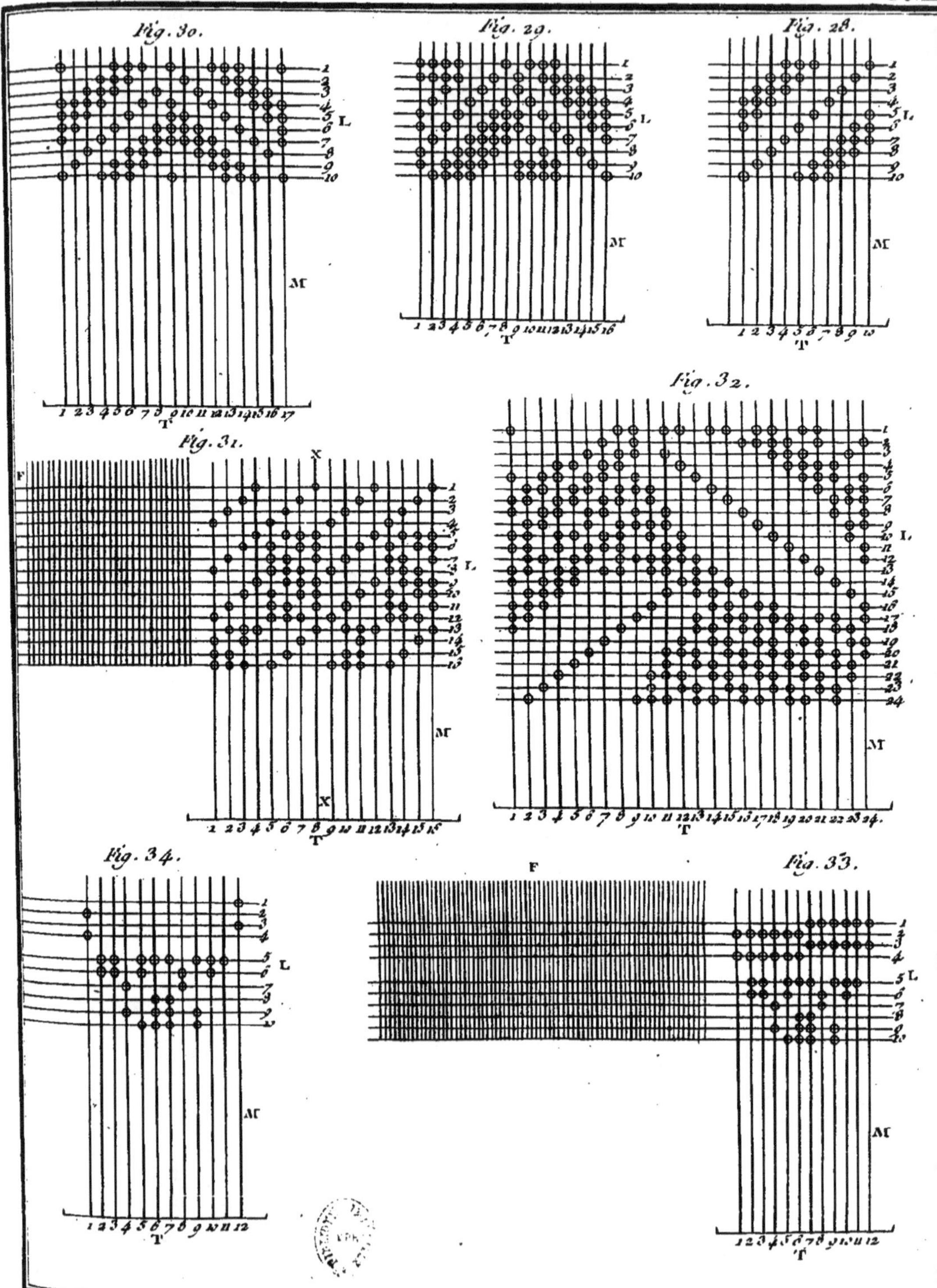

P. R. Sc.

Fig. 1.
Fig. 2.
Fig. 3.
Fig. 4.
Fig. 5.
Fig. 9
Fig. 8.
Fig. 7.
Fig. 6.
Fig. 10.
Fig. 11.
Fig. 12.
Fig. 13.
Fig. 17.
Fig. 16.
Fig. 15.
Fig. 24.
Fig. 18.
Fig. 19.
Fig. 20.
Fig. 21.
Fig. 22.
Fig. 23.
Fig. 26.
Fig. 24.
Fig. 28.
Fig. 27.
Fig. 26.

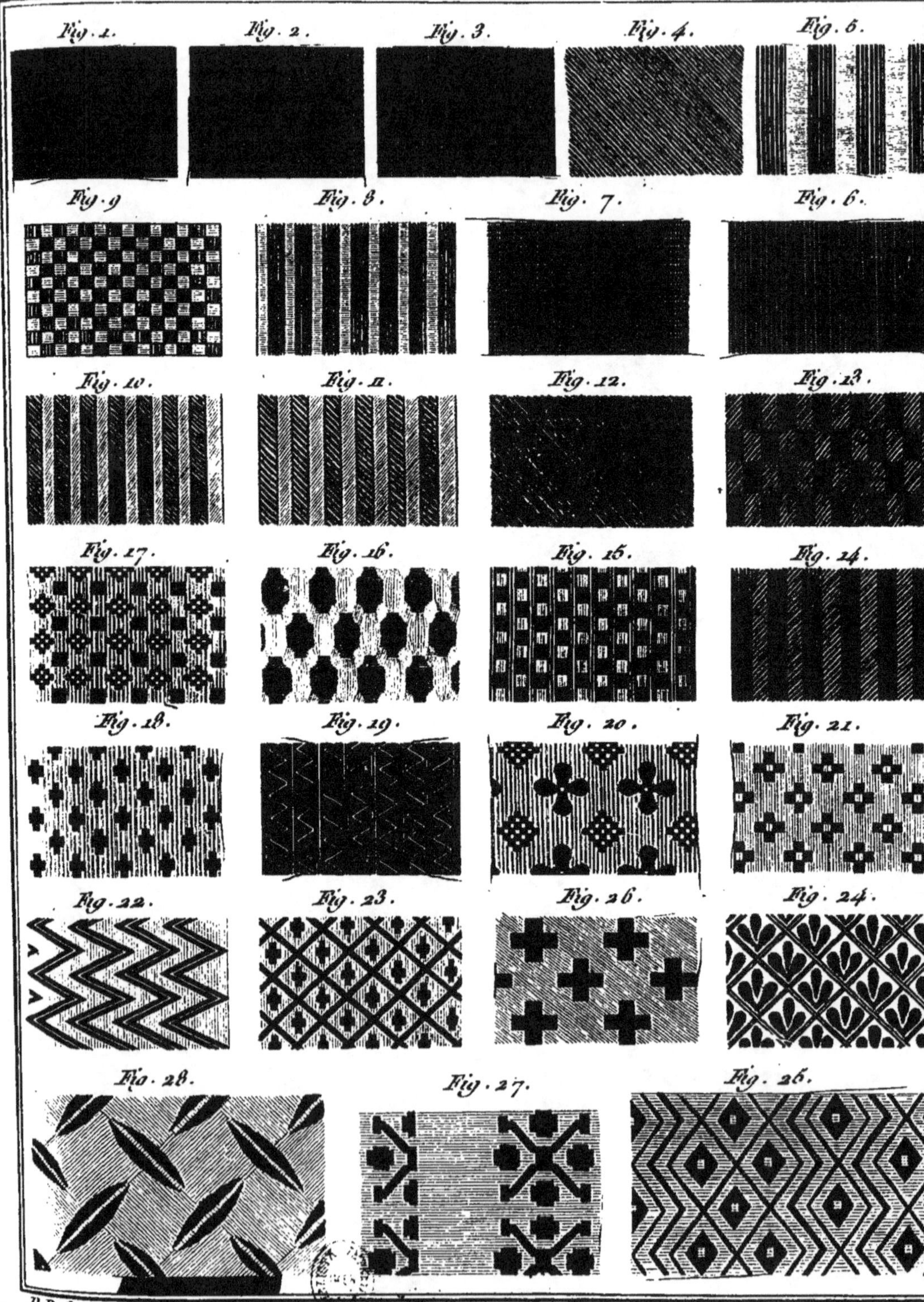

P.B. Sc.

TABLE

DES CHAPITRES, DES SECTIONS, ET DES ARTICLES.

PREMIERE PARTIE.

SECONDE PARTIE.

Fin de l'Art du fabricant d'étoffes en laines.

ART
DU TOURBIER,
OU
TRAITÉ

Des différentes manieres d'extraire la tourbe, & de l'employer; précédé d'une dissertation sur sa formation & les changemens qu'elle subit.

Par M. ROLAND DE LA PLATIERE,

Inspecteur-général des manufactures de Picardie, honoraire de la société économique de Berne, correspondant de l'académie royale des sciences de Paris, & de la société royale des sciences de Montpellier, des académies de Rouen, Villefranche, &c.

Nisi utile est quod facimus, stulta est gloria.
PHED.

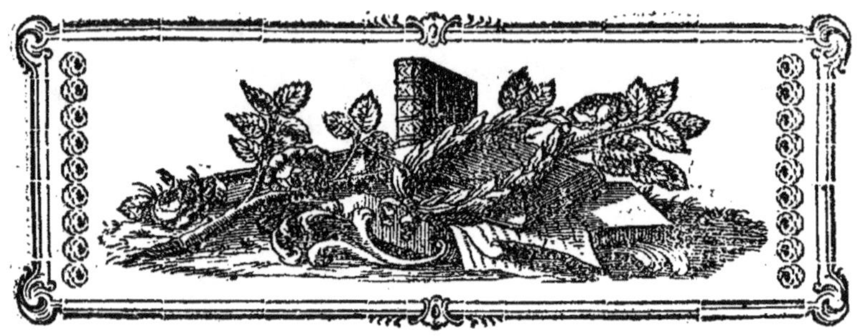

ART
DU TOURBIER.

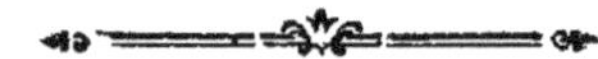

AVIS DES EDITEURS.

Ce que nous pourrions dire relativement à l'art que nous publions est suffisamment exprimé dans la lettre qui nous a été adressée par M. Roland de la Platiere, en nous envoyant son ouvrage, pour que nous n'ayons rien de mieux à faire que de la publier.

Lettre écrite à Messieurs de la Société Typographique de Neuchatel en Suisse.

Amiens, le 20 août 1782.

« MESSIEURS. J'ai l'honneur de vous adresser l'art du Tourbier, pour » faire suite aux arts que publie l'académie des sciences de Paris, & dont » vous donnez une édition qui intéresse le public par les notes qu'elle ren- » ferme, & le bas prix auquel vous pouvez la livrer. L'art que je vous » envoie a été rapporté à l'académie par ses commissaires MM. Tillet & » Morand, & j'ai lieu de présumer que leur rapport était très-favorable. Ces » messieurs ont lu l'ouvrage avec la plus grande attention ; ils l'ont corrigé, » ils y ont mis des notes, le tout de leur propre main, & je vous envoie » le manuscrit même sur lequel ils ont fait les changemens qu'ils ont jugé » convenables, auxquels je ne veux ni retrancher ni ajouter un mot. L'ou-

» vrage eſt tel qu'ils l'ont jugé, ou ſi vous voulez, qu'ils l'ont rendu digne » de l'approbation de l'académie : cependant cette approbation n'y eſt point. » On m'avait conſeillé, & j'y étais porté, d'en donner pour raiſon les lon- » gueurs qu'on éprouve pour l'obtenir; mais ce ſerait un menſonge que » de petites ni même de grandes conſidérations ne ſauraient juſtifier dans » ce cas-ci, ni autoriſer en aucun cas. L'art était à l'académie depuis un an; » il était rapporté, & ſuivant le cours ordinaire des choſes, je ne devais » pas tarder de l'obtenir. Voici le fait. Lorſque j'adreſſai un premier art à » l'académie, je récuſai un de ſes membres pour commiſſaire : l'académie » eut égard à ma récuſation, ou enfin il fut agi conformément à ma ſuppli- » que; l'académicien récuſé ne fut pas nommé. Au ſecond art même ſup- » plique de ma part, même égard de celle de l'académie; au troiſieme art, » itérative demande & itérative faveur; enfin au quatrieme art qui eſt celui » en queſtion, je rappellai la précédente excluſion, toujours la ſeule, tou- » jours à l'égard de la même perſonne. J'ajoutais que j'avais de plus fortes » raiſons encore d'y inſiſter, & l'on voulut bien perſiſter dans la faveur, » ſi c'en eſt une, qu'on m'avait accordée. MM. Tillet & Morand furent » nommés : mais lorſqu'ils eurent fait leur rapport à l'académie, l'acadé- » micien que j'avais récuſé fit tant d'objections qu'aucune réponſe ne put » les rendre terminables. L'académie crut (ce furent ſes expreſſions) les » rendre telles en livrant mon art à cet académicien. J'en fus informé au » moment même, & au moment même je redemandai mon art, comme » voulant le retirer de l'académie; préférant de n'avoir point ſon ſuffrage, » s'il n'était pas poſſible d'éviter que l'académicien récuſé fût pour autre » choſe que pour ſa voix dans un travail qui m'appartenait : je ne voulais » pas que perſonne dût voir par ſes yeux. MM. les commiſſaires ne répon- » dirent à ma demande qu'en m'exhortant à la patience. J'étais convaincu de » la bonté de leurs intentions; mais je ne me flattais pas qu'elles fuſſent » ſecondées. J'appris enſuite qu'à telle ſéance leur adjoint n'avait pas paru; » qu'à telle autre il n'avait pas eu le tems, &c. Je voyais approcher les » vacances; j'étais perſuadé que les *pourquoi* ne finiraient jamais, & après » cinq à ſix ſemaines j'ai redemandé mon art d'une maniere très-décidée, » & je l'ai retiré,

» Je ſuis, &c.

Signé, ROLAND DE LA PLATIERE.

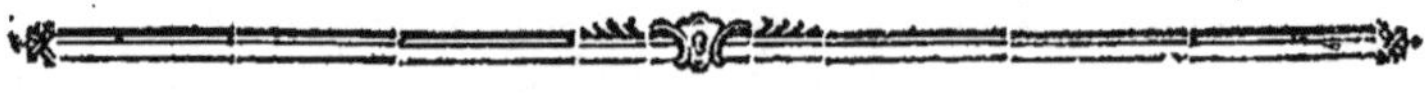

AVERTISSEMENT. (a)

L'UTILITÉ de la tourbe, soit comme supplément au bois dans les lieux où il est rare, soit par l'emploi des cendres pour engrais, n'est pas assez généralement sentie dans la plupart des lieux où sa présence même en assure l'existence, & où l'on est instruit de l'usage qu'on en fait ailleurs; on ignore absolument l'art de l'exploiter.

CET art, très-anciennement né dans les Pays-Bas, gagna de proche en proche jusqu'en Picardie, où il s'exerce depuis deux siecles exclusivement à presque toutes les autres provinces du royaume. A peine la haute Normandie & quelques parties de l'Isle-de-France partagent-elles le bien de cette découverte: aucun autre canton plus au midi de ceux-ci ne fait extraire ni employer la tourbe comme combustible.

A l'égard des tourbieres du haut pays, que je nomme *profondes* par comparaison à celles des marais actuels, que je distingue par le nom de *superficielles*; de ces matieres plus ou moins profondément *enfouies* par le tems & les révolutions qu'il entraîne; ce n'est que très-nouvellement qu'on en connaît les propriétés vitrioliques & fertilisantes; & cette connaissance ne s'étend point encore au-delà des provinces indiquées, si ce n'est dans quelques parties de la Champagne & de la Brie.

(a) Cet écrit en forme de mémoire, fut adressé en juillet 1781 à l'académie des sciences, qui nomma des commissaires pour lui en faire le rapport. L'auteur l'a retiré en janvier 1782 pour le réduire en art, & faire le raccord du texte & des planches dessinées d'après nature, avant l'envoi du mémoire. Dès lors, soit pour une plus ample instruction, soit pour être plutôt utile à différens particuliers qui prierent l'auteur de leur prêter son manuscrit, il en fit faire & répandit plusieurs copies; il en est même passé à l'étranger. Sans doute l'auteur avait médité & travaillé son sujet avant de faire passer ses idées à l'académie; mais bonnes ou mauvaises, il ne les revendique que depuis le mois de juillet 1781. Mais il les revendique formellement où qu'elles se trouvent depuis cette époque. Il avait lu & cité *l'Examen de la houille, considéré comme engrais des terres, par M. Raulin*; & quoiqu'il n'eût adopté ni ses idées, ni ses distinctions, ni ses définitions, ni par conséquent le résultat de ses assertions, il avait cru pouvoir n'en rien dire; mais il n'avait aucune connaissance des *observations critiques* de ce même ouvrage, qu'il n'a lues que depuis; non plus que les *Recherches sur la houille d'engrais & les houilleres*, du même auteur, *la Haye & Paris*, 1780. Recherches qui s'étendent aussi *sur les marais & leur tourbe*, & *sur l'exploitation de l'une & de l'autre de ces substances*. Titre & ouvrage qui semblent avoir tant de choses communes avec l'art du tourbier, qu'elles ont entraîné l'auteur à quelques réflexions qu'il a mises à part, pour ne rien changer à son texte. Ces réflexions seront placées à la suite de l'art.

Les méthodes d'exploiter la *tourbe* ont subi des changemens notables, particuliérement en Picardie; & la perfection qu'elles ont acquise mérite d'être publiée.

L'ADMINISTRATION d'ailleurs nous a demandé des instructions sur cette partie: le besoin commun à bien des personnes de les mettre en pratique les leur fait attendre avec empressement.

C'EST en dire assez sur les motifs qui m'ont déterminé à décrire l'art du tourbier.

DISCOURS PRÉLIMINAIRE.

Ancienneté du tems que la tourbe est connue. Auteurs qui en ont traité. (a)

LA tourbe a été connue dans des tems reculés. *O miseram gentem quæ cibum suum bibit & terram suam urit*, a dit un ancien, en parlant des Bataves réduits à boire de la bierre & à brûler de la tourbe.

CEPENDANT le besoin & la pauvreté ont fait suppléer au bois par de plus tristes moyens. Encore aujourd'hui, sur la côte de Picardie, du Calésis, aux environs de Gravelines, de Dunkerque & ailleurs, on brûle de la bouze de vache desséchée, en la plaquant contre un mur, ainsi qu'on le fait en Egypte, où la disette absolue du bois ne permet qu'aux gens riches d'en user, en le tirant à grands frais, par mer, de la Caramanie. (b) Anciennement les Frisons pour leur chauffage pétrissaient avec de la paille cette fiente qui sentait fort mauvais.

LES Cauches (habitans de la Westphalie occidentale), suivant Pline cité par Patin, brûlent du limon de la terre après l'avoir fait sécher plutôt à la bise qu'au soleil. Ils s'en échauffent & en font cuire leurs alimens.

LES Hollandais, à qui l'usage de la tourbe avait été connu, ont recommencé de le pratiquer depuis quatre cents ans, au rapport de Patin, en 1660. On lit dans le *Scaligerana*, manuscrit de la bibliotheque du roi: " Il

(a) Cette partie serait plus intéressante, s'il était possible d'y joindre des recherches sur l'ancien usage de la tourbe, par quels peuples elle était employée, comment ils l'exploitaient, & s'ils faisaient usage de ses cendres. Mais on ne trouve rien de ces détails chez les anciens.

(b) On sait que l'Egypte fait un commerce considérable du sel ammoniac qu'elle tire de la suie qui résulte de la combustion du fumier des animaux, dont elle fait son chauffage. Quoique le mot *ammoniac* vienne du temple de Jupiter Ammon, situé au milieu des sables arides où la nécessité a inspiré cet usage & où ce sel a pris naissance, c'est néanmoins le Delta qui le produit aujourd'hui en plus grande partie.

„ y a trois cents ans qu'on fe fert de tourbes dans ces cantons : en Hollande, „ elles font foufrées. On ufe auffi de la tourbe en Ecoffe ; mais elle y fent „ mauvais ; ce n'eft qu'un gazon, où l'herbe coupée renaît fans ceffe par la „ fertilité de la terre : *uno avulſo, non deficit alter, ſuccreſcit alter.* „

PICCOLOMINI cardinal, puis pape fous le nom de Pie II, écrivait en 1458, en parlant de la Frife : *Ager planus ac paluſtris eſt, multo gramine fœcundus, ligno caret, bituminoſo ceſpite ignes fovent.*

GUICHARDIN, à fon hiftoire de la Hollande, ajouta un traité des tourbes. L'Overiffel pria Charles-Quint à fon couronnement, l'an 1528, d'empêcher qu'on ne tranfportât ailleurs fes tourbes. On connaiffait donc bien dès-lors dans ce pays l'avantage de leur emploi.

MARTIN SCHOOKIUS, profeffeur de philofophie à Groningue, par fon traité *de turfis ſeu de ceſpitibus bituminoſis*, a la gloire *d'avoir produit le premier des raiſonnemens ſur une choſe ſi utile & ſi difficile.*

C'EST ainfi que Patin s'en exprime, quoiqu'il ait fait mention du traité de Guichardin ; mais Patin était ami de Schookius, dont il convient avoir fuivi le plan & la marche ; on voit auffi qu'il a adopté fes opinions, qui étaient & furent long-tems encore celles de tout le monde.

LE traité de Charles Patin, publié en 1663, eft le premier ouvrage en français fur les tourbes ; il s'y plaint en ces termes des Picards & des Flamands : " En vérite, je les juge bien négligens de n'avoir pas éclairé le refte „ du monde de cet avantage, puifqu'ils nous le pouvaient produire fans „ préjudice, & qu'ainfi ils auraient eu l'honneur qu'il y a de procurer à fes „ voifins de nouvelles commodités. „ Déterminé par l'utilité de la matiere, il a beaucoup compté, dit-il, *ſur la nouveauté dont tous les Français ſont paſſionnés.* Il mérite, malgré fes erreurs, les éloges que lui donna la faculté de médecine de Paris, dont nous rappellons l'approbation (*a*) pour lui en rendre le tribut que l'auteur accorde à Schookius, fans prétendre le juftifier du filence de ce qu'il devait aux mémoires & aux expériences du fieur de Lamberville, qu'il avait fans doute en vue lorfqu'il raconte qu'un homme de beaucoup d'efprit avait fait tirer près d'Effone, il y avait alors trente à quarante ans environ, plus de deux cents mille tourbes. Des bergers ayant allumé du feu pour fe chauffer contre le tas formé de ces tourbes, elles brûlerent toutes, à leur grand étonnement, fans que l'incendie pût être

(*a*) *Hunc librum de ceſpitibus bituminoſis ubi perlegimus, & materiæ atque utilitate, quæ nunc primum publicis commodis in uſum apud nos venit, & nitore ſtili dignum cenſuimus, qui in publicum prodeat, & in omnium manus veniat, diligenter & jucunde evolvendus. Qua propter hunc non tantum approbatione, ſed laude atque commendatione proſequimur. Datum Pariſiis, kalendas decembris, M. DC. LXII.*

arrêté que par l'entiere consommation des tourbes.

CHARLES de Lamberville, avocat au conseil-privé & au parlement, avait fait sur la tourbe, dès 1616, des expériences qu'il aurait portées plus loin, si la mort ne l'eût interrompu au milieu de ses travaux. C'était à ses mémoires qu'on devait en France l'idée de l'existence de la tourbe en diverses provinces, des vues sur son exploitation, & sur les avantages d'en user, dont il avait instruit l'administration.

MAIS enfin, dans un tems où chez nous l'histoire naturelle & la physique étaient dans l'enfance, Patin fixa les idées sur un sujet intéressant; & à force de conjectures dont il a facilité la carriere, il a donné lieu de la parcourir; on en a plus sûrement rejeté les systèmes & découvert la vérité.

DEGNER & Vallerius traiterent de la tourbe: MM. Bellery & Bizel en écrivirent, l'un en 1754, l'autre en 1758; cependant on s'occupait encore d'hypotheses assez inutiles aux faits qu'il importait de déduire; & c'est à M. Guettard que nous devons le mémoire le mieux raisonné, le plus dégagé des idées systématiques qui n'éclaircissent rien, & le plus nourri de choses.

QUELQUES auteurs encore, des Allemands principalement, nous ont donné divers ouvrages sur cette matiere. (*a*)

(*a*) Auteurs & ouvrages qui ont traité de la tourbe.

A ceux des auteurs dont j'ai parlé & qui ont précédé Patin, on doit joindre *André Libavius* qui a fait dans ses œuvres une mention avantageuse de la tourbe, & *Hugenius de Zulichens* qui en parle beaucoup dans ses épigrammes.

Est locus in Batavis, ubi nec gratissimus hæres
Terram defuncto non velit esse gravem.

Quant aux remarques du sieur Chambré, que Patin a jointes à son traité, aucune n'est d'un physicien ni d'un naturaliste; ôtez les idées dénuées de fondement & de principes, on n'y trouve que de vains efforts pour justifier une très-injuste, très-onéreuse exclusion, & des raisonnemens de marchand qui veut vendre. On doit lire ensuite les ouvrages de MM. *Hesselius & Faggot*, dans les Mémoires de l'académie royale de Suede, années 1745, 1748; ceux de M. *Lind* dans les Essais d'Edimbourg, & l'Encyclopédie même qui les cite. Sur-tout il ne faut pas omettre le mémoire sur les tourbes, de M. Guettard, déjà cité dans les Mémoires & l'histoire de l'académie des sciences, 1761. L'examen de la houille considérée comme engrais, par M. Raulin, en 1775, a des rapports avec cette matiere. Il faut lire dans le journal économique, ce qui est écrit sur la tourbe, *Avis économiques d'Allemagne*, juin 1754. *Avis économique d'Angleterre*, juillet 1757, M. *Dupré d'Aunai*, mars & avril 1758, nouvelle description de l'Islande, août 1764. On peut aussi voir dans le journal de physique, les mémoires de MM. *Brisson*, *Vallot*, *Monnet*, *Sellier*, &c. années 1774, 1775 &c. Nous avons en italien un mémoire de 1773 sur la tourbe découverte dans le Frioul, & les expériences relatives à son usage. Mémoire & observations de la société d'agriculture d'Udine, to. I. Parmi les ouvrages du siecle sur cet objet, ceux enfin qui nous ont été fournis par les Allemands, & dont nous avons traduit le titre sont: 1. *Avis fondamental* sur les qualités particulieres du terrein des environs d'Ulm, qui depuis très-long-tems fournissent de la

Noms de la tourbe.

JUTE-LIPSE qui confond le charbon de terre (houille) du pays de Liege avec la tourbe qu'on tire par-tout ailleurs, prétend que le mot *turf* dérive de *thurthie*, qui signifie *pauvre*, ou dorft, *durst*, qui veut dire *pauvreté*, par l'usage que font les pauvres gens, de tourbe au lieu de bois. Qu'il ait été déterminé par cette cause ou par toute autre, c'est ce que nous ignorons; mais le *cespites bituminosi* des Latins ne désignant point les matieres inflammables dont nous parlons, il a fallu emprunter des Allemands & des Hollandais le mot *turf*, dont se servent aussi les Anglais, qu'on a exprimé en latin par *turfa*, en français par *tourbe*, en italien par *turba*. (*a*)

tourbe, &c. de Martin Muller, à Ulm en 1752.

2. *Réponse aux questions : quels sont les caracteres d'une tourbe convenable & de durée à l'usage*, &c. &c. dans les avis des savans d'Hanovre, année 1762, pag. 1245-1256.

3. *Expériences en réponse abrégée aux questions sur le choix de la tourbe*, &c. Idem supplément, pag. 291-298.

4. *De la tourbe*, supplément, pag. 298-306, pag. 345-352.

5. *Traité de M. A. sur les marques caractéristiques d'une bonne tourbe*, &c. Id. supplément, pag. 351-360.

6. *Questions sur l'origine de l'état des tourbieres*, &c. Idem, année 1754, pag. 95.

7. *Réponse d'un tourbier d'Hanovre aux questions sur la tourbe.* Id. pag. 465-470.

8. *Recherches sur l'origine des tourbes & de leur usage.* Idem, pag. 509-524, & la collection de Leipf. tom. XIV, pag. 48-67.

9. *Remarques sur la tourbe*, an. 1760, pag. 345-352.

10. *Description de la tourbe à brûler*, de Jacob Strang Robertson.

11. *Considérations physiques & chymiques sur la tourbe*, de M. Hagen, Konigsberg, 1764.

12. *De la tourbe & du charbon de tourbe*, &c. de J. G. Lehmann, à Pétersbourg.

13. *Traité économique & pratique de la tourbe*, &c. de Charles baron de Meidiger, Prague, 1775.

La société d'agriculture d'Amsterdam a proposé les questions suivantes pour sujet du prix de 1777 : *Les cendres de tourbe & de bois sont-elles un engrais propre à l'amélioration de nos pâturages & de nos autres champs ? A quelle espece de terrein conviennent-elles le mieux & de quelle maniere doit-on les employer ?* Dans ces dernieres années, le professeur de botanique de Leyde a aussi publié en hollandais un ouvrage relatif à notre objet.

(*a*) On aurait peut-être desiré de trouver ici les noms, en diverses langues, des tourbes diverses, ou plutôt diversement modifiées; mais cette liste est faite d'une maniere assez complete dans la Minéralogie de Vallérius, édition de 1778. Ouvrage qui est dans les mains de tout le monde, *ainsi que l'Art d'exploiter le charbon de terre*, par M. Morand, de l'académie royale des sciences, où ces distinctions sont savemment établies. Lisez aussi le ch. X. *de variis nominibus*, *& du Tractatus Martini Schookii*, déjà cité; lisez même tout cet ouvrage, très-curieux pour la vaste érudition de son auteur, à la singuliere application qu'il en fait aux faibles connaissances en histoire naturelle & à la mauvaise physique de son tems.

These de médecine. Ouvrage de M. du Luc. Tome V, part. 2, ne roule presque que sur les tourbieres de Hollande, à l'occasion desquelles il traite ce sujet sous tous les points de vue.

Formation de la tourbe, lieux où elle se trouve, plantes qui entrent dans sa composition, qualités qu'on lui reconnaît.

On a prétendu que *les pays chauds & les pays froids ne produisaient point de tourbe, qu'elle ne se trouvait que dans les pays tempérés.* Sans doute que dans ces régions extrêmes, où d'une part les glaces continuelles & de l'autre l'excessive chaleur arrètent toute végétation, ne laissent qu'aridité & sécheresse, comme au fond du Spitzberg ou dans les sables brûlans de l'Afrique, on ne trouve pas plus de tourbe que de plantes qui concourent à sa formation; mais par-tout où il y a eu des eaux stagnantes, où la chaleur suffit à la végétation, par-tout dans ces eaux où la végétation n'a été interrompue & ne s'est renouvellée que par l'effet ordinaire & la succession périodique des saisons, il y a de la tourbe; & nulle part la tourbe ne souffre de variétés que de deux causes principales, l'une naturelle & absolument dépendante du climat, l'autre accidentelle, & qui tient invariablement à la position du terrein. La premiere consiste dans la nature des plantes aquatiques, parties essentiellement constituantes des tourbes dans leur genre & leur espece, toujours déterminés par le climat, ainsi que les propriétés & le degré d'intensité provenant de la combinaison de l'huile & des sels dissous qu'elles contiennent, combinés ensemble, suivant M. Guettard, & peut-être recombinés avec l'acide sulfureux ou vitriolique répandu dans les entrailles de la terre, qui réagissant également sur les parties grossieres des végétaux herbacés, les désorganise entiérement le plus souvent, & les bituminise toujours d'une maniere particuliere. La seconde cause particuliere, & que je nomme accidentelle, provient de la nature de la pente & de l'éloignement des terreins environnans.

Eclaircissons autant qu'il est possible ces idées par les faits. Tout espace plus ou moins étendu, plus ou moins bas respectivement aux fonds qui l'environnent, où l'eau séjourne constamment & où il croît des végétaux qui se décomposent, s'accumulent & se reproduisent chaque année, n'importe comment, est nécessairement garni de tourbes, ou il s'en garnit actuellement; car la tourbe n'est autre chose que le produit successif de la destruction, ou plutôt de la décomposition de ces mêmes végétaux, dont beaucoup par leurs racines tiennent à la terre, aux couches supérieures du produit des plantes décomposées, & s'élevent plus ou moins, les unes de toute la hauteur de l'eau, ou pour avoir leur sommité couverte de sa surface, ou pour couvrir elles-mêmes cette surface en la rasant, ou enfin beaucoup au-dessus d'elle; quelques autres ont leurs racines dans l'eau même, proche de sa surface, sur laquelle ces plantes nagent toujours.

Personne n'a indiqué celles qui servent à la formation de la tourbe; par

par la raison que toutes les plantes aquatiques y sont propres. On remplirait cette indication, en donnant pour chaque pays le catalogue des plantes indigenes de cette nature ; c'est ce que nous allons faire pour celles de la Picardie. J'observerai seulement qu'elles ne se trouvent pas toutes également partout ; là, le *nymphea* abonde ; ici, il n'existe pas : dans telles vallées on trouve l'*épi d'eau*, la *stellaria*, le *morsus ranæ*, qui manquent dans d'autres : mais l'*arundo*, le *scirpus*, le *typha* principalement, paraissent faire constamment la base de la tourbe, & contribuer par leur abondance, plus que toute autre, à sa formation.

PLANTES AQUATIQUES

OBSERVÉES DANS LES ENVIRONS D'AMIENS. (a)

1°. *Plantes qui demeurent toujours sur la surface de l'eau.*

Classes & genres.	Noms des plantes.	Noms français.	Durée des plantes.	Endroits où elle ont été observées.
CLAS. 2. Diand. Monogy.	*Ultricularia vulgaris.*	La lenticulaire.	Vivace.	Dans les trous à tourbe de tous côtés
CLAS. 4. Tetrand. Tetragy.	*Potamogeton, Perfoliatum, Crispum, Serratum, Compressum, Pectinatum, Gramineum.*	Les rubans d'eau & variétés.	Vivaces.	Dans les trous à tourbe des deux côtés de Longueau dans la somme.
CLAS. 13. Polyand. Polyg.	*Ranunculus aquatilis.*	La renoncule d'eau.	Vivace.	Dans les trous à tourbe des deux côtés de Longueau, dans la somme.
CLAS. 21. Monoec. Polyand.	*Ceratophyllum, Demersum, Submersum.*	L'hydre cornu.	Vivace.	Dans les trous à tourbe des environs de Long. & Rivery.
CLAS. 21. Monoec. Polyand.	*Myriophillum-vesicillatum.*	Le Volans d'eau.	Vivace.	Dans les trous à tourbe de Longueau & de Rivery.
CLAS. 24. Cryptogam. Alga.	*Chara-vulgaris.*	Le charague.	Durée incert.	Marais de Rivery.
CLAS. 24. Cryptogam. Alg.	*Ulva-intestinalis.*	Vulve intest.	Durée incert.	Trous à tourbe du côté de Rivery.

(a) Ce petit traité, considéré comme introduction à l'art du tourbier, paraît d'autant moins déplacé ici, que peut-être un jour il mettra sur la voie de juger en partie de l'espece & de la qualité de la tourbe par la connaissance des plantes qui naissent dans les différentes tourbieres, & qui les constituent par l'analyse de celles qui y dominent.

2°. Plantes qui s'élevent à la hauteur de l'eau, en la rasant.

Classes & genres.	Noms des plantes.	Noms français.	Durée des plantes.	Endroits où elles ont été observées.
CLAS. 1. Monand. Digy.	*Callitriche, Verna, Automnalis.*	Etoiles d'eau.	Durée incertaine.	Dans les trous à tourbe & dans la Somme de tous côtés.
CLAS. 4. Tetrand. Monogy.	*Potamogeton natans.*	L'épi d'eau.	Vivace.	Dans les trous à tourbe de Lompré.
CLAS. 13. Polyand. Monogy.	*Nymphea, Lutea, Alba.*	Nenuphars.	Vivace.	Trous à tourbe, des deux côtés de Longueau. Les deux especes ne se trouvent pas ensemble.
CLAS. 22. Diœc. Enneand.	*Hydrocharis, Morsus ranæ.*	La grenouillette ou salade de grenouille.	Annuelle.	Trous à tourbe fossés de tous côtés.
CLAS. 24. Cryptogam. Alg.	*Conferva, (a) Rivularis.*	Le conferve espece de mousse verte.	Durée incert.	Dans les eaux stagnantes par-tout.
CLAS. 21. Monoec-diand.	*Nota.* On peut ajouter à la division précédente. *Lemna, Trisulca, Minor.*	La lentille d'eau.	Durée incertaine.	Dans les eaux stagnantes par-tout.

Cette plante rase la surface de l'eau, sans paraître tenir à la terre.

3°. Plantes qui s'élevent beaucoup au-dessus de l'eau.

Classes & genres.	Noms des plantes.	Noms français.	Durée des plantes.	Endroits où elles ont été observées.
CLAS. 3. Triand. Monog.	*Scirpus lacustris.*	Scirpe, grand jonc des marais.	Vivace.	Dans les trous à tourbe par-tout en abondance.
CLAS. 3. Triand. Digyn.	*Arundo phragmites.*	Roseau des marais.	Vivace.	Dans les trous à tourbe de tous côtés en abondance.
CLAS. 21. Monoec. Triand.	*Typha palustris angustifolia.*	La masse d'eau.	Vivace.	Idem & même par champs.

Nota. Ces plantes par le volume de leur tige, de leurs feuilles & l'entrelacement de leurs racines, ainsi que par leur abondance, doivent contribuer principalement à la formation de la tourbe.

(*a*) Je n'ignore pas que M. Desmars, Journal économique, avril 1761, jeta des doutes sur la nature, du conferva, & s'efforca de tirer cette production du regne végétal. Cette discussion n'entre pas dans mon plan; & sans nier que le conferva puisse être un zoophite, je le range avec le grand nombre, dans la classe qui lui a été assignée jusqu'à présent.

4° *Plantes qui s'élevent au-dessus de l'eau, mais moins que les précédentes.*

Classes & genres.	Noms des plantes.	Noms français.	Durée des plantes.	Endroits où elles ont été observées.
CLAS. 1. Monand. Monogy.	*Hippuris vulgaris.*	La presle d'eau.	Vivace.	Dans les fossés & dans les fontaines de tous côtés.
CLAS. 5. Pentand. Monagy.	*Myosatis palustris.*	Le gremille d'eau.	Vivace.	Dans les fontaines de tous côtés.
CLAS. 5. Petand. Digy.	*Phellandrium aquaticum.*	La ciguë aquatique.	Vivace.	Dans les trous à tourbe & fossés en-deçà de Longueau.
CLAS. 6. Hex. Polyg.	*Alisma plantago damasonium.*	Le plantain d'eau.	Vivace.	Dans les trous à tourbe, principalement dans les fossés de tous côtés.
CLAS. 9. Enneand. Exad.	*Butomus umbellatus.*	Le jonc fleuri.	Vivace.	Dans les fossés du côté du pont de Metz.
CLAS. 21. Monoec. Triand.	*Sparganium erectum natans.*	Le plane d'eau.	Vivace.	Dans les trous à tourbe & dans les fossés de tous côtés.
CLAS. 21. Monoec. Polyand.	*Sagittaria, sagittifolia.*	La fleche d'eau.	Durée incertaine.	Trous à tourbe & fossés de tous côtés.

5°. *Plantes venant également dans l'eau & sur les bords ou dans les endroits aquatiques, qui paraissent par cette raison pouvoir concourir pour beaucoup à la formation de la tourbe.*

Classes & genres.	Noms des plantes.	Noms français.	Durée des plantes.	Endroits où elles ont été observées.
CLAS. 2. Diand. Monogy.	*Veronica anagallis.*	Beccabunga à feuilles longues.	Vivace.	Dans les fossés de différens côtés.
CLAS. 2. Diand. Monogy.	*Lycopus Europeus.*	Marube aquatique.	Vivace.	Dans les fossés de différentes côtés.
CLAS. 3. Triand. Monogy.	*Tris-pseudacorus.*	Glayeul, iris à fleurs jaunes.	Vivace.	Sur les bords de l'eau, de différens côtés.
CLAS. 3. Triand. Monogy.	*Scirpus-palustris.*	Petit jonc des marais.	Vivace.	Dans les endroits humides, les marais.
CLAS. 3. Triand. Monogy.	*Aira-aquatica.*	Foin aquatique.	Vivace.	Dans les endroits humides.
CLAS. 3. Triand. Monogy.	*Poa-aquatica.*	Paturin.	Vivace.	Bords de l'eau, endroits humides.
CLAS. 5. Triand. Monogy.	*Gallium-palustre.*	Croisette aquatique.	Vivace.	Dans les fossés de tous côtés.
CLAS. 5. Pent. Monogy.	*Lysimachia nummularia.*	La nummulaire, herbe aux écus.	Vivace.	Au bord de l'eau de tous côtés.

Classes & genres.	Noms des plantes.	Noms français.	Durée des plantes.	Endroits où elles ont été observées.
CLAS. 5. Pent. Digy.	*Sium - latifolium Angustifolium, Nodiflorum, Sisarum.*	La berte ou hache d'eau & ses variétés.	Vivace.	Dans les ruisseaux & sur leurs bords de tous côtés.
CLAS. 5. Pent. Digy.	*Hydrocotile-vulgaris.*	L'écuelle d'eau.	Vivace.	Dans les fossés & endroits humides au-delà de Longueau aux environs de Lompré.
CLAS. 8. Octand. Trigy.	*Polygonum, Hydropipea, Persicaria.*	Persicaires des marais, la 2e. esp. à feuil. maculées.	Annuelle.	Endroits humides & bords de l'eau en-deçà de Longueau.
CLAS. 11. Dodecand. Monog.	*Lythrum salicaria.*	La salicaire.	Vivace.	Bords de l'eau de tous côtés.
CLAS. 12. Icosand. Pentagy.	*Spirea ulmaria.*	Reine des prés.	Vivace.	Au bord de l'eau de tous côtés.
CLAS. 13. Polyand. Polygin.	*Caltha palustris.*	Populago souci des marais.	Vivace.	Dans les trous à tourbe, dans les fossés & les endroits humides de tous côtés.
CLAS. 13. Polyand. Polygin.	*Ranunculus lingua, flammula, sceleratus.*	La grande douve, la petite douve, le ris sardoniq.	Vivace. Annuelle.	Dans les trous à tourbe & fossés au-deçà de Longueau. Dans les fossés en-deçà de Longueau.
CLAS. 14. Didyn. Gymnop.	*Mentha aquatica.*	La menthe aquatique.	Vivace.	Dans l'eau & sur ses bords de tous côtés.
CLAS. 14. Didyn. Gymnop.	*Scutellaria galericulata.*	La toque.	Vivace.	Bords de l'eau de tous côtés.
CLAS. 14. Didyn Angiosp.	*Pedicularis palustris.*	Le pédiculaire aquatiq.	Annuelle.	Dans les marais & fossés de tous côtés.
CLAS. 14. Didyn. Angiosp.	*Scrophularia aquatica.*	Le scrophulaite aquatique, betoine d'eau, herbe du siege.	*bis* annuelle.	Dans les endroits humides de tous côtés.
CLAS. 14. Didyn. Angiosp.	*Sisymbrium nasturtium.*	Le cresson d'eau.	Vivace.	Dans les ruisseaux de tous côtés.
CLAS. 19. Syngen polygam, aquat.	*Bidens tripartita cernua.*	L'eupatoire aquatique.	Annuelle.	Dans les fossés du pont de Metz & en-deçà de Longueau.
CLAS. 21. Mono - Triand.	*Carex - divica.*	Le Caret.	Vivace.	Dans les endroits humides de tous côtés.
CLAS. 24. Cryptog. Fili.	*Pilularia globulifera.*	La pilulaire.	Sa durée incertaine.	Dans les fossés de côté de Lompré.

J'AVAIS noté dans mon mémoire quelques plantes telles que l'*hydre cornu*, pour avoir toujours la feuille & les fruits sous l'eau ; mais en observant de plus près la végétation des plantes aquatiques, je suis très-porté à croire qu'il n'en est aucune dont la fructification ne se fasse à l'air libre. Celles qui sont le plus constamment sous l'eau, gagnent sa surface au moment de la fécondation ; ce qui peut être n'arrive que rarement, peut-être jamais, à certaines plantes ; alors elles se propagent par drageon, par les nœuds des racines, par boutures, où l'individu meurt.

A moins qu'il n'y ait dans ces marais des plantes extrêmement rares ou imperceptibles, ce petit traité que je ne craindrais pas d'intituler : *Flora aquatica Ambianensis*, est assez complet. Je puis le croire, si l'on en doit juger par l'exactitude que j'ai mise dans mes herborisations avec des personnes qui ont le goût, l'instruction de la chose & l'ardeur nécessaire pour la suivre dans la vallée de Somme, très au-dessus d'Amiens jusqu'au-dessous d'Abbeville, & dans presque toutes les vallées qui y aboutissent dans ce long intervalle.

TOUS les dépôts de ces plantes successivement accumulées, forment, après un laps de tems proportionné à la nature, à l'abondance des corps végétables, & à la vigueur de la végétation, toutes choses égales d'ailleurs, une masse de tourbes, dont la hauteur ne se trouve point graduelle par tranches, comme on pourroit le croire, mais fondue dans une série insensible de couleur & de densité qui prouvent évidemment que c'est par la macération, la décomposition, la combinaison & la recombinaison de ces végétaux, par la pression & le tems, que les tourbes acquierent le plus haut degré d'inflammabilité, & la qualité précieuse de donner une chaleur vive, expansible, en résistant long-tems au feu.

CUTTER TONSTAL, dans une épître à Erasme, parlant de sa fievre, qu'il attribuait d'une part au mauvais air de la Zélande, de l'autre à la vapeur des tourbes, ajoute : *Audivi ab indigenis vestrates hollandices* (turfas) *ex mitiore erutas solo, thus olere præ illis.* D'où provient cette extrême différence d'odeur ? Certainement le bitume de la mer n'a pas moins imprégné les tourbes de la Nort-Hollande & des environs d'Amsterdam, que celles de la Zélande ; & celles de Sens en Champagne, très-compactes, très-combustibles & très-puantes, sont-elles autrement bituminifées que celles de la Frise ? La distinction d'ailleurs de tourbes végétales & de tourbes animales peut-elle servir à quelque explication ? Le fait est, qu'on n'a encore rien dit là-dessus de certain : peut-être trouverait-on la raison de l'odeur des tourbes de différentes vallées, qui ne differe que du plus ou du moins dans la décomposition des pyrites répandues dans les terreins environnans : peut-être aussi y trouverait-on le principe de vitriolisation qu'elles renferment généralement, qui caractérise toutes les tourbieres profondes ou du haut pays, & qui par son abondance distingue particuliérement celles de Goincourt & du Bequet près de Beauvais. Au reste, il ne faut pas trop insister sur le *thus olere* de Cutter Tonstal, modifié par le *præ illis*, en comparaison, *car la tourbe de Hollande répand aussi une odeur incommode pour les étrangers qui n'y sont point accoutumés*, comme en convient le B. D. H. & comme nous nous en sommes convaincus par notre propre expérience.

En admettant deux especes de tourbes bien caractérisées par la nature de leurs parties constituantes, il faudrait, d'après plusieurs auteurs, répéter comme M. Guettard. " La tourbe de Hollande, qui passe pour l'une des „ meilleures qu'on connaisse, ne doit peut-être ce degré d'excellence qu'aux „ plantes marines dont elle a été formée. „ A quoi l'on devrait peut-être ajouter : *Si elle a été formée par des plantes marines ;* ce dont il est très-loisible de douter, lorsque l'on considere que la tourbe ne saurait se former dans la mer, ni dans les marais, à qui une communication avec elle fait partager ses flots, ses courans, le déplacement des sables, ou le remuement de ses galets.

Ce n'est point uniquement du poids de la tourbe que l'on doit tirer des conséquences pour sa qualité, mais de sa densité, de la ténuité, de l'homogénéité, & de la couleur du brun le plus noirâtre de ses parties. Un certain poids de la tourbe indique souvent qu'elle est terreuse : ainsi la premiere *pointe*, (*a*) celle qui se tire immédiatement au-dessous de l'humus, quelquefois à un pied, dix-huit pouces, deux pieds même, & quelquefois à dix pieds de sa surface, est généralement plus pesante, que celle de la deuxieme, troisieme & quatrieme pointe ; mais chacune de ces dernieres augmente de poids à mesure qu'il s'en trouve un plus grand nombre au-dessus d'elle, jusqu'à la derniere, plus pesante en proportion que celle qui la précede, parce qu'elle tient à la terre & qu'elle y participe, ainsi que la premiere, quoique d'une maniere très-différente.

D'où l'on reconnaît évidemment que parmi les tourbes légeres, c'est-à-dire celles des premieres *pointes*, la premiere, quoique plus pesante, est cependant la moindre en qualité, & que parmi les tourbes les plus pesantes, telles que sont considérées les tourbes des *pointes* les plus basses, la derniere est de qualité inférieure à celle des tourbes qui la précedent ; mais l'avant-derniere est constamment la meilleure.

D'après ces observations, ne pourrait-on pas demander aux naturalistes & aux chymistes ce qu'ils entendent par les deux especes de tourbes dont quelques-uns donnent l'analyse & qu'ils distinguent par leur position, les

(*a*) On entend par pointe, une profondeur de la tourbe, de la hauteur du fer de la beche avec laquelle on l'enleve, & qui est d'environ dix pouces.

unes à deux ou trois pieds de la ſurface de la terre, les autres à quinze, dix-huit ou vingt, laiſſant à part l'intervalle, comme attribuant à cette poſition différente, quelques différences dans les réſultats de leur analyſe. Ils ont tiré cette diſtinction de Patin, qu'ils ſuivent mot pour mot: " On en „ fait diviſion de deux ſortes; les unes ſe trouvent proches de la ſurface de „ la terre, & ſont molles, légeres & poreuſes; les autres ſont plus dures, „ plus peſantes & plus ſerrées, & ne ſe tirent que dans des tourbieres fort „ profondes. „

Il n'y a certainement pas deux ſortes ni pluſieurs ſortes de tourbes nulle part; c'eſt en chaque contrée toujours & par-tout la même, y en eût-il de vingt pieds de hauteur, comme on la trouve quelquefois dans la vallée de Somme en Picardie. Elles ne different, ainſi que je l'ai dit, que par la poroſité, la denſité, l'homogénéité, le poids & la couleur, toutes choſes qui conſtituent & indiquent ſa qualité, mais qui n'en changent nullement l'eſpece.

Je donnerai ici quelques analyſes de différentes tourbes, (a) & ces analyſes ſeront bien faites, je puis en répondre par l'exactitude & le ſavoir connus de leurs auteurs; mais peut-être ces analyſes ſont-elles plus curieuſes qu'utiles, quoique des chymiſtes aient prétendu prouver l'exiſtence antérieure des ſubſtances végétales ou animales, & les donner comme parties conſtituantes des corps, de ce que par l'analyſe de ces mêmes corps ils en retirent en effet les ſubſtances dont ils parlent. Aſſurément l'analyſe a détruit les corps qui exiſtaient; elle en a diviſé, atténué, dénaturé les principes; il s'eſt formé de nouvelles combinaiſons & de nouveaux corps. Rien ne prouve tant cette perpétuelle & infinie modification que les analyſes de ces mêmes corps, faites en même tems par deux perſonnes différentes, & répétées par la même; jamais, quoique ſur la même matiere, les réſultats n'ont été exactement les mêmes, parce qu'ils tiennent tous & toujours à des différences d'opérer, qui ſont inévitables, quelqu'attention qu'on faſſe: coup de feu inattendu, chaleur plus ou moins ſoutenue, plus ou moins continuée, plus ou moins de lenteur ou de précipitation dans une ſeule des opérations peut varier tous les produits.

(a) Je croyois effectivement, en écrivant ceci, donner des analyſes: elles m'étaient promiſes par M. Darcet, auquel j'avais fourni une collection d'échantillons de tourbes; mais les occupations de ce ſavant chymiſte ne lui ont pas permis de remplir encore cette promeſſe, quoiqu'il me l'ait fréquemment renouvellée: & qu'il n'ait pas perdu depuis l'idée de ces échantillons, dont il a fait uſage dans ſes leçons publiques au college royal. Un chymiſte de Rouen, un autre d'Amiens, auxquels j'avais également fourni des échantillons, & qui m'avaient auſſi promis des analyſes, n'ont pas été plus prompts à me les donner: un an s'eſt écoulé; je n'ai pas cru devoir les attendre davantage.

Je sais que les analyses par les menstrues sont moins sujettes à ces inconvéniens; mais ne sont-elles sujettes à aucun? Et de quelque maniere qu'on s'y prenne, même par la simple trituration, macération ou lixivation, peut-on s'assurer qu'il n'y aura point de fermentation, & par conséquent de décomposition & de récomposition?

On aurait pu placer ici le résultat de quelques expériences sur l'air fixe, l'air ou gaz inflammable des marais tourbeux du pays; mais ces diverses modifications, combinaisons, altérations de l'air sont si locales, si partielles, si momentanées, & présentent pourtant des résultats si semblables à ceux tirés des expériences faites en d'autres lieux, d'autres tems & d'autres circonstances, qu'on n'apprendrait rien de nouveau.

Variétés & accidens de la tourbe.

Les variations de la tourbe étant purement accidentelles, on doit les retrancher de la nomenclature générale. Les distinctions & les divisions en especes de *tourbes limonneuses*, *de tourbes fibreuses*, *limonneuses à odeur*, *ou sans odeur*, *végétales ou animales*, *terreuses*, *coquilleuses* ou autres, pourraient être comparées aux divisions qu'on ferait en classant les eaux de la France comme plus ou moins séléniteuses que celles de l'Allemagne; celles d'une contrée comme plus ou moins troubles ou transparentes que celles d'un autre; toutes choses qui tiennent moins à la nature de l'eau, qu'elles ne dépendent des circonstances.

Une tourbiere située en rase campagne, dans les vastes plaines marécageuses de la Hollande, pays bas, où les eaux ont séjourné long-tems, où la végétation n'a été interrompue ni troublée par aucun courant d'eau, par le transport d'aucune terre, d'aucun corps étranger, à quelque regne qu'il appartienne, dont la décomposition des végétaux & le dépôt de leurs parties les unes sur les autres se sont faits successivement, en servant toujours de base, de principe & de véhicule à une nouvelle végétation, & celle-ci à de nouveaux dépôts, élaborés par le tems, par l'affaissement annuel & la continuelle pression : une tourbiere de cette espece donnera toujours une tourbe pure, homogene, qui variera seulement du haut en bas, & par une série insensible depuis la seconde *pointe* jusqu'à la pénultieme, en couleur d'un brun foncé rougeâtre jusqu'au noir; en densité, en pesanteur, en ténuité de ses parties fibreuses qu'une fermentation longue & réitérée a singuliérement disséminées & réduites en une sorte de pâte, si l'eau sur-tout a long-tems séjourné dans la tourbiere.

Cet état subsistera constamment, si l'interposition de quelques matieres plus denses, après un desséchement naturel ou artificiel, diminuant ou suspendant

pendant la filtration des eaux, permet de faire le tourbage à la beche, au sec par conséquent, sans que la tourbe subisse aucun changement au moment de l'exploitation.

Si au contraire la tourbe & la tourbiere ont été toujours imprégnées d'une masse d'eau continuellement adhérente aux eaux voisines, que l'épuisement soit impossible & qu'il faille tirer la tourbe de l'eau même & à la drague, comme je l'ai vu faire dans la plus grande partie des Pays-Bas, la matiere tourbeuse se divise, se délaie dans l'eau où elle nage; elle s'y réduit en espece de vase; les diverses couches se confondent, & l'aspect comme la qualité & l'effet de ces tourbes n'est plus que le résultat de cette confusion. C'est alors qu'on pêtrit la tourbe, qu'on la réduit en consistance de pâte pour lui donner dans un moule telle ou telle forme. Cette tourbe n'est souvent terreuse que parce que le délaiement de ses parties donne lieu à leur mêlange avec la terre, lors du tirage qu'on fait de la premiere.

On a conclu de l'état actuellement limonneux de la tourbe, que cette maniere d'être lui était propre & particuliere, qu'elle était essentiellement limonneuse, & que ce caractere distinctif, dont elle a pris le nom, devait en faire une classe à part.

Quoique ces divers états observés dans telles circonstances soient très-sensibles, le passage de l'un à l'autre ne l'est point; & quel que soit le nouveau résultat, quelles que soient les causes qui le déterminent, ces tourbes, par cela même, ne sont pas plus une autre sorte de tourbe qu'une premiere ou seconde pointe, prise à un, deux ou trois pieds de la surface de la terre, n'est une différente sorte de celle prise à dix-huit ou vingt pieds dans le même marais; l'une & l'autre distinction, pour être faite par des naturalistes & des chymistes, ne m'en paraît pas plus fondée.

La tourbe de nouvelle formation est non-seulement très-fibreuse, mais les racines & les tiges y sont en nature pendant long-tems: plus elle contient de parties susceptibles d'une fermentation subite & d'une décomposition prochaine, plus l'eau y abonde & les pénetre: plus la nature, dans cette désorganisation, opere de suite & sans interruption, plus promptement toutes ces parties se divisent, s'atténuent, se confondent, se combinent & se recombinent.

Plus les végétaux, parties constituantes de la tourbe, sont herbacés plus tôt ils sont réduits. Dans les marais qui abondent en roseaux, dont la tige & les feuilles même, sur-tout de ceux d'une espece que je désignerai, sont plus ligneuses que parenchymateuses, les tourbes qui s'y forment peuvent rester fibreuses pendant des siecles; j'en ai trouvé à dix-huit pieds sous terre qui étaient entrelacées de roseaux de douze à quinze lignes de diametre, parfaitement conſervées, quoiqu'on pût leur ſuppoſer une exiſtence de mille ans & plus.

La ſérie conſtante & invariable des terreins tourbeux, marécageux, actuellement en prairies, préſente :

1°. L'HUMUS ou terre *ceſpitée*, depuis dix juſqu'à trente pouces ; celle des terreins qui n'ont jamais été remués paſſe rarement dix-huit ou vingt pouces : une plus grande hauteur eſt évidemment accidentelle, ou toujours un ouvrage de la main des hommes.

2°. La premiere *pointe*, ou *béchée*, de tourbe, qui eſt toujours terreuſe ; cependant les roſeaux & autres plantes n'y ſont preſque que deſſéchés : elle peſe plus à raiſon de ſa terre, que la tourbe de la deuxieme, troiſieme, quatrieme & quelquefois la cinquieme & ſixieme *pointes* qui ſuivent, leſquelles vont toutes en augmentant de denſité, de poids, de couleur plus noire, de matieres plus réduites, &c. juſqu'à la derniere, à ſix, huit, dix, douze, quinze & juſqu'à vingt & vingt-cinq pieds de profondeur. Cette derniere, la plus lourde, mais moins bonne que la pénultieme, parce qu'elle eſt déjà terreuſe, tient long-tems au feu ; ſa chaleur eſt plus concentrée : elle eſt auſſi plus corroſive, parce que cette terre, toujours un peu argilleuſe, quoique crétacée, & faiſant effervecence, ainſi que le banc d'au-deſſous de cette derniere pointe, nullement tourbeux, mais très-noir, ſoit par la décompoſition de quelques matieres pyriteuſes, ſoit par l'huile des végétaux, ſur laquelle a réagi l'acide vitriolique, renferme toujours, & ſouvent en aſſez grande quantité, de cette derniere ſubſtance.

J'ai dit que le banc de terre au-deſſous de la derniere *pointe* étoit ſouvent argilleux ; j'ajoute, ce que j'aurai occaſion de répéter, que dans les tourbieres infiniment plus anciennes du haut pays, ce banc eſt toujours d'une argille aſſez pure. Si l'on fait attention à cette différence, très-conſtante, peut-être trouvera-t-on le principe de l'argille dans le mélange d'une terre calcaire décompoſée, réduite, n'importe comment, à l'état de chaux, la partie muqueuſe des végétaux décompoſés, combinée & recombinée avec l'acide vitriolique, & ſans doute auſſi la partie molle des animaux, également réduite par la voie humide ; peut-être reconnoîtra-t-on que cet état conſtant eſt invariablement le réſultat des circonſtances que nous indiquons, jointes à un tems ſi long, à une maniere ſi lente d'opérer, qu'on ne ſaurait pas plus expliquer celle-ci qu'en fixer le terme.

AU-DESSOUS de cette couche marneuſe, très-noire, de quatre, cinq à ſix pouces, quelquefois un pied, quelquefois pluſieurs, en eſt une, plus ou moins épaiſſe, dont le noir va toujours en ſe dégradant ; enfin au-deſſous de celle-ci, en eſt une de craie parfaitement blanche, très-peu argilleuſe, repoſant toujours & par-tout ſur un lit de galet, lequel galet eſt ici, comme au fond des rivieres & sur les bords de la mer, composé des débris de diverses sortes de pierres & cailloux roulés & polis. Au milieu d'une couche de tourbe, on trouve quelquefois des morceaux de la grosseur du poing, plus ou moins, d'une terre très-blanche qui n'est autre qu'une craie marneuse, si douce qu'on s'en sert à savonner, & que les filles sont fort empressées de se la procurer pour cet usage : d'où elle a pris, parmi les bonnes gens, le nom de *pierre à savonnette.*

Sans admettre plusieurs sortes de tourbes, j'ai distingué deux variétés principales, quoique les causes premieres soient les mêmes pour toutes, parce que les causes secondes sont aux unes naturelles & générales, aux autres accidentelles & locales.

Les *tourbes des vallées* sont généralement plus seches, plus fibreuses, plus mèlangées, plus variées dans leur apparence, dans leur poids, dans leur effet, dans leur résidu, que les tourbes des prairies ou plaines marécageuses. Celles-ci ne sont sujettes qu'aux variétés très-accidentelles qu'y peuvent apporter les rivieres qui se débouchent dans ces marais, en y entraînant çà & là quelques matieres hétérogenes ; mais les vallées sont infiniment plus sujettes à ces accidens, & ils y sont marqués & variés à raison de la largeur même de la vallée, des côteaux qui la forment, de la pente de ceux-ci, de leur hauteur, de la nature du terrein & des corps qu'il renferme, de leurs productions, de toutes ces choses enfin situées dans les lieux hauts & environnans, qui sont charriés par les eaux de pluie, des fontaines ou des rivieres qui y aboutissent souvent en torrent. M. Bellery, dans sa dissertation sur la tourbe de Picardie (*a*), a reconnu cette variété, qu'il appuie de quelques exemples. Si ces vallées sont situées près des lieux habités, on doit y trouver des décombres crayonneux, des os, des outils, des effets plus ou moins précieux ; de toutes ces choses enfin, que la propreté, la salubrité, quelquefois le crime exigent d'anéantir, ou sollicitent de faire disparaître ; de toutes celles que la négligence ou le malheur fait perdre. Telles les marnieres en différens pays, lorsqu'elles sont épuisées, qui servent de réceptacles à toutes les immondices, où l'on jette des bêtes crevées, où souvent sont tombés & se sont perdus des hommes & des animaux, dont il pourra se trouver des vestiges dans quelques milliers d'années, si l'on aboutit jamais à ces souterreins en fouillant dans la terre.

Le lieu, la profondeur où sont enfouis ces objets, lorsqu'on en trouve dans une tourbiere, indiquent l'état de celle-ci au tems où ils y furent placés, à moins que leur pesanteur spécifique ne l'ait de beaucoup emporté sur celle de la tourbe, dont elle pourrait avoir pénétré la premiere couche.

(*a*) Couronné à l'académie d'Amiens en 1754.

On a trouvé, en tourbant ſous les murs d'Amiens, des boulets à neuf ou dix pieds de profondeur, qu'on a ſuppoſé y être depuis le ſiege de cette ville, où les habitans la laiſſerent prendre aux ennemis d'Henri IV. Dans le fauxbourg de Ham, on trouva auſſi en tourbant une tête d'homme & des côtes de cheval, à dix ou onze pieds de profondeur.

Les *tourbes coquillieres*, fluviatiles & terreſtres, les *eſcargotieres* & autres ſemblables, n'ont pas d'autres cauſes; au reſte ces derniers accidens ne ſont ſenſibles qu'à la premiere, ou tout au plus, à la ſeconde *pointe* de tourbe, & rarement encore dans celle qui a été conſtamment & qui eſt encore imprégnée d'eau; car les compoſés de terres abſorbantes, calcaires, & autres ſemblables, qui ſe conſervent dans toute leur intégrité depuis des milliers d'années, dans les terreins ſecs, ſont bientôt détruits à l'humidité, ſur-tout lorſqu'il s'y établit une fermentation quelconque.

Les *tourbes terreuſes* ont le même principe accidentel; des terres peuvent être entraînées dans les marais, s'y mêler avec de la matiere tourbeuſe, y former des lits: elles ne ſont jamais partie de la tourbe, elles la détériorent; & l'aſſertion de M. Biſet, de l'académie d'Amiens, ne me paraît point démontrée. "Il n'y a point, dit-il, d'eſpece de tourbe qui n'ait été préciſément ſemblable à ces terres de déblai, puiſqu'il n'en eſt aucune dont la couche n'ait fait autrefois la premiere ſurface de nos marais, & qui conſéquemment n'ait été elle-même terre de déblai, par rapport à la tourbe qu'elle couvrait alors. Les différentes couches de tourbes ont été ſucceſſivement recouvertes après avoir paſſé par le même état, &c."

Assurément cet *humus*, cette *terre ceſpitée* n'eſt point de la tourbe, & ne ſe convertit jamais en tourbe, loin que toute tourbe en provienne; & ſi la terre même qui réſulte de la combuſtion du bois ne juſtifie point l'idée qu'elle ait été partie conſtituante de celui-ci, à plus forte raiſon, la terre qui ſe trouve après la combuſtion de la tourbe ne donne pas droit d'en conclure qu'elle en était partie conſtituante. Il faut bien diſtinguer la décompoſition des végétaux qui ſe fait dans l'eau & ſous l'eau, de celle qui a lieu à ſa ſurface, & à laquelle l'air concourt. La premiere n'eſt proprement que le réſultat d'une fermentation qui les a déſorganiſés & réduits, ſans les faire paſſer à la putridité, laquelle peut-être n'a jamais lieu ſans le contact immédiat de l'air; déſorganiſation d'ailleurs dont le réſidu n'eſt point terreux: au lieu que de la décompoſition des végétaux comme de celle des animaux, faite par la voie humide & à l'air libre, il réſulte toujours une fermentation putride enfin, & de la terre en plus ou moins grande abondance.

Il en eſt peut-être de cette élaboration des végétaux dans le ſein de la terre, dont les divers produits dans leur décompoſition réagiſſant les uns ſur les autres, ſont tous combinés avec les matieres minérales qui les environnent, comme de celle des végétaux dépofés dans l'eftomac pour notre fubfiftance, qui fe décompofant auffi, fe combinent avec divers fucs préexiftans, & forment ainfi le chyle, le fang & toutes ces fortes de fécrétions, fans qu'il y ait putréfaction pour aucune, dans aucune, ni par aucune, à moins d'un trouble dans les fonctions : trouble qui tend immédiatement à la deftruction du fujet chez qui elles s'operent, & qui la rendrait très-prochaine, fi la nature ou l'art n'y remédiait inceffamment.

TOUTE terre unie à la tourbe par addition, ne peut que l'altérer, comme je viens de le dire ; & celle qui fe trouverait dans la tourbe après fa combuftion n'y faurait être confidérée que comme réfidu des végétaux auxquels la tourbe doit fon exiftence.

LES arbres charriés dans les tourbieres s'y confervent quelquefois en nature pendant un très-grand laps de tems ; mais ils y font toujours accidentellement, & il n'eft jamais vrai que les tourbieres foient le réfultat de la décompofition d'arbres enfouis & entaffés.

CETTE opinion n'eft ici mieux fondée, ni plus vraifemblable pour les tourbes des vallées préfentes, des prairies actuellement marécageufes, que pour celles de toute antiquité, qu'on trouve fous les terreins hauts, très-variés par leurs couches & mis en culture à leur fuperficie ; de ces tourbieres particulieres dans la haute Picardie, qu'on n'exploite que pour l'engrais des terres, que j'ai obfervées, dont je parlerai, & qu'un écrivain que j'ai trouvé très-inexact fur la Picardie, a foutenu n'être autre chofe, & a avancé, en critiquant l'idée, auffi mal fondée, que ce pourrait être de la houille, qu'il y avait reconnu les couches ligneufes des arbres. Il peut fe rencontrer & il fe rencontre des arbres dans quelques tourbieres fouterreines, comme dans les tourbieres fuperficielles ou en marais actuels ; ces arbres peuvent être décompofés, plus ou moins réduits, defféchés, durcis, pyriteux même, comme on en trouve ailleurs de déforganifés, de pétrifiés, d'agatifés, fans que la gangue, fi l'on peut s'exprimer ainfi, où ils fe trouvent, foit non plus qu'ici le réfultat de leur décompofition.

UNE preuve que la tourbe n'eft point formée par la décompofition du bois, c'eft que celui-ci ne fe réduit pas dans la tourbe : il faut des circonftances particulieres pour qu'il tombe en cet état ; on pourrait même préfumer que tout celui qu'on y trouve tendait à une décompofition très-prochaine & inévitable, par quelque caufe que ce foit, avant d'être charrié dans la tourbiere par un accident quelconque.

J'AI vu tourber des terreins dont la tourbe a 5, 6 & 8 pieds, fous une terre *argillo-fableufe*, était remplie de racines qui depuis des milliers d'années, féparées de leur tronc, étaient fans végétation ; des branches, des troncs d'arbres, dont les trachées, les conduits, tous les canaux enfin par où circule la ſeve, étaient ouverts & vuides par leur épanchement, la diſſolution & l'extraction des ſels qu'ils renfermaient, mais dont la partie ligneuſe devenue ſeche & ſans liaiſon avec les matieres environnantes, était intacte, & la cendre qui en provient rare & légere, ſemblable à celle du bois déphlogiſtiqué, du bois long-tems flotté, alternativement délavé & deſſéché, qui a perdu la plus grande partie de ſon principe inflammable.

J'AI beaucoup d'échantillons de ces bois, trouvés à quinze, vingt & vingt-cinq pieds de profondeur dans la tourbe, qui tous confirment, par leur exiſtence & leur maniere d'être, que la tourbe ne ſaurait être formée de leur deſtruction; mais tout au plus que leurs parties huileuſes extraites pourraient auſſi en quelque choſe concourir à ſon inflammation. On ſait que dans les marais du Pecland, dans le Brabant Hollandais, *on trouve au-deſſous de la tourbe une grande quantité d'arbres à de très-grandes profondeurs*, & cependant très-bien conſervés.

ON lit dans l'hiſtoire de la Penſilvanie, qu'en creuſant des puits " on y „ trouve à la profondeur de dix-huit pieds, des troncs d'arbres, des arbres „ entiers avec leurs racines, & même quelquefois des feuilles de chêne *qui* „ *ne ſont point encore pourries entiérement.* „ (Qui vraiſemblablement ne ſont point du tout pourries, mais ſeulement déſorganiſées & détruites en partie.) " Les vallées, ajoute-t-on, ſont compoſées d'un terrein gras, ſemblable au „ meilleur terreau. „ Cela pourrait être; mais il eſt plus probable que ce ſoit de la tourbe mal obſervée.

J'AJOUTERAI à ces preuves celles que fourniſſent les parties des roſeaux les plus ligneux, tels que l'*arundo phragmites*, qui ne ſe réduit pas non plus en tourbe. J'ai beaucoup de celle-ci priſe à une très-grande profondeur, où la tige de ce roſeau eſt intacte; & l'on eſt ſûr de la trouver ainſi à quelque profondeur que ce ſoit, par-tout où l'on voit ce roſeau dominer à la ſurface des tourbieres.

SI l'on compare maintenant le charbon de terre à la tourbe, & qu'on reconnaiſſe que l'un doit ſon exiſtence à la deſtruction de toutes les ſortes de végétaux enfouis & bituminiſés par l'acide vitriolique, ou plutôt au bitume produit par cette ſorte de minéraliſation, & qui en a découlé: hypotheſe ſavamment combattue par M. le Camus, (*a*) mais uniquement par

(*a*) Journal de phyſique, &c. mars 1779. M. le Camus penſe que le charbon de terre ou la houille eſt une matiere entiérement minérale, quoiqu'il regarde le jayet comme une *bituminiſation végétale*; d'autres prétendent qu'il doit ſon exiſtence à l'eau-mere ou de cryſtalliſation des divers minéraux dont eſt compoſé le globe. Tant de conjectures prouvent que leur domaine eſt vaſte, & que chacun y a droit; mais elles prouvent auſſi que, pour être dans les poſſibles qu'elles conduiſent au vrai, il s'en faut qu'elles ſoient la vérité.

d'autres hypotheſes, & l'autre à la deſtruction des végétaux ſeulement herbacés, bituminiſés également. Ne pourrait-on pas attribuer la différente maniere d'être de ces diverſes ſubſtances, non-ſeulement à la nature des parties des végétaux, toutes confondues, extraites ou non extraites, dans le premier cas, & diſtinguées dans le ſecond; mais encore à la maniere dont ſe font ces deux opérations, l'une par la voie ſeche, l'autre par la voie humide?

La *tourbe croît & recroît-elle?* Queſtion faite par une académie, (*a*) ſans doute pour engager à expliquer la formation de cette ſubſtance foſſile. L'auteur, M. Bellery, qui a cherché à diſcuter cette queſtion, ne parle que des acceſſoires; ſeulement après avoir donné quelqu'idée de la formation des tourbes dans certaines parties des bords de la Somme, il ajoute: *ainſi la tourbe peut recroître, elle recroît effectivement.*

Quant à nous, non-ſeulement il nous paraît impoſſible que l'humus, la terre gazonnée des prairies forme jamais de la tourbe, qui ne ſaurait être compoſée que par les plantes aquatiques actuellement dans l'eau, retombant chaque année les unes ſur les autres, s'entaſſant, ſe décompoſant ſucceſſivement, & ſe reproduiſant en plus grand nombre par leurs racines vivaces qui ſe ſoutiennent en s'élevant & perçant des couches nouvelles, tandis que leurs parties inférieures ſe diſſéminent & ſe déſorganiſent. Mais il eſt ſi peu vrai que la tourbe recroiſſe, que par-tout où l'on en a tiré, en quelque tems que ce ſoit, celle qui ſe forme de nouveau dans le vuide, n'adhere jamais à la précédente, reſtée deſſous. C'eſt toujours une nouvelle production indépendante de l'ancienne, inerte & morte.

Il eſt à remarquer qu'à moins qu'on ne jette des déblais ſur ce fonds de tourbe reſtée, n'importe par quelles cauſes, la végétation de quelque plante que ce ſoit eſt toujours plus rare, plus lente, plus tardive, plus en ſouffrance que lorſqu'on a tourbé le terrein juſqu'au fond, & découvert une terre qui puiſſe ſervir de baſe aux plantes & fournir à leur accroiſſement. Dans ce dernier cas, il n'eſt pas rare d'en voir, dès la premiere année, s'élever de dix à douze pieds dans l'eau, au-deſſus même de ſa ſurface. Enfin les végétaux qui forment, difficilement d'abord, de la tourbe nouvelle dans les foſſes qui n'ont point été tourbées juſqu'au fond, & dans leſquelles on n'a pas rejeté les déblais, naiſſent d'une petite couche *terro-argilleuſe*, qui ſe trouve dans la foſſe, & établit la diviſion de cette nouvelle tourbe avec l'ancienne, qui acquiert, par la preſſion, beaucoup plus de qualité.

Ceci eſt confirmé par l'hiſtoire du tourbage fait dans ces derniers tems ſur un fonds qui avait été tourbé environ ſoixante & dix ans auparavant, moins profondément; ſoit parce que la matiere étant alors moins précieuſe,

(*a*) L'académie d'Amiens, pour ſujet de prix. Diſſertation déjà citée.

on ne se donnait pas beaucoup de peine pour l'extraire, ou parce que, n'entendant pas bien l'épuisement, on cessait de tourber lorsqu'on était gagné par l'eau. Quelle qu'en fût la cause, une nouvelle fouille, ou plutôt un nouveau tourbage fit trouver les anciens déblais rejetés : on les reconnut, on les tira, & l'on trouva dessous une tourbe supérieure à la premiere en qualité; qualité qu'elle devait sans doute à la pression & à la vétusté : mais c'est principalement l'incohérence, universellement constante, de cette tourbe avec celle de nouvelle formation, que j'ai eu dessein de faire remarquer comme destructive de l'accroissement prétendu & spontané des tourbes.

Il est à observer que la tourbe, toujours imprégnée d'eau, est beaucoup plus soutenue dans sa dilatation, que la masse en est très-compressible, & même très-élastique; mais la compressibilité dont elle est susceptible une fois vaincue, si l'eau y circule toujours, sa résistance au même poids devient invariable, & son ressort reste sans action : mais si l'on en ôte le corps qui la presse, la masse reprend sa dilatation, son niveau ordinaire; de même que, privée de l'eau qui la pénetre & la soutient, elle s'affaisse, & cet affaissement n'aurait de bornes que le très-grand rapprochement de toutes ses parties.

Ainsi dans les marais gazonnés en prairies devenues telles par les dépôts successifs des végétaux décomposés, accumulés continuellement & abondamment imprégnés d'eau, les voitures, le gros bétail, les gens de pied même font fléchir, à plus ou moins de profondeur, le terrein qui se restitue à l'instant même que la pression cesse; il fléchit en raison du poids, & reste comprimé en raison de son intensité, si le sol est continuellement chargé.

De là cet affaissement graduel, déterminé cependant, des terreins tourbeux sur lesquels on jette des chaussées, qui fait qu'on en retrouve aujourd'hui à dix pieds sous terre, & même sous de la tourbe : de là l'affaissement de huit à dix pieds de la grande allée de la Hautois (promenade publique faite dans un marais à Amiens), qu'il a fallu long-tems charger & recharger des platras & décombres de la ville, pour qu'elle acquît un niveau permanent : de là l'impossibilité reconnue de faire sur la riviere de Somme le hallage avec des chevaux, parce qu'elle coule au milieu de la vallée, & que les parties de la prairie, sur-tout celles qui l'avoisinent, sont très-spongieuses.

Ajoutons à ces remarques, que si l'on veut bâtir solidement sur un terrein tourbeux, on ne saurait le faire que sur un chassis, sous lequel il y a peu d'affaissement à craindre, parce que les pilotis entrent difficilement dans la tourbe, quand elle forme un corps homogene & dense, quelque pénétrable qu'il soit d'ailleurs. Il semble qu'on en ait seulement comprimé le ressort, qui souvent se restitue en son premier état, en chassant les pilotis ; ce qui arrive sur-tout lorsqu'on en enfonce un second à côté du premier ; &, ce qui est une suite de la maniere d'être de ces pilotis seulement comprimés

primés par une matiere que sa continuité & le fluide aqueux qui la pénetre ont rendu élastique, si les corps qui les environnent cessent d'être soutenus, soit qu'on tourbe des terreins à trop peu de distance, soit qu'on y ouvre des tranchées, ou qu'enfin le terrein même sur lequel on a bâti se trouve privé de son eau par quelque cause que ce soit, il cede, s'affaisse en proportion du desséchement, & les pilotis & les bâtimens en suivent la pente : ce qui fut singuliérement observé un jour que, voulant curer les différens canaux de la riviere qui coupent les bas quartiers de la ville d'Amiens, tous assis sur la tourbe, on tenta de les mettre successivement à sec : les maisons du bord de ces canaux s'abaissaient & s'inclinaient à vue d'œil.

Les terreins tourbeux, c'est-à-dire, les terres qui recouvrent la tourbe & dans lesquelles sont déjà beaucoup de végétaux encore mal réduits, produisent peu, même de fourrage ; la végétation y est languissante ; leur surface se desseche bientôt. Cette terre se divise aisément ; elle est sans consistance, sans *cervelle*, disent les bonnes gens ; mais fumée & mèlangée avec du terreau ou de la vase, elle produit de beaux légumes & en quantité : on en a l'exemple dans les jardins de la voirie à Amiens, qui ne sont que des marais coupés en un très-grand nombre d'isles élevées par la terre des canaux creusés tout autour. J'ajouterai sur cette matiere, qu'on ne lira pas sans intérêt, dans le Journal économique, juillet 1757, une dissertation *sur les différens usages de la tourbe*, où l'on indique & insiste, d'après le raisonnement & l'expérience, sur le moyen de l'employer avec succès en engrais, soit en nature, soit après l'avoir fait putréfier. On y avance aussi qu'il n'y a rien de plus propre que la tourbe pour arrêter l'eau & l'empêcher de se perdre, lorsqu'on fait des étangs, des bassins, des réservoirs ; ce que l'expérience seule peut justifier.

PREMIERE PARTIE.

Exploitation de la tourbe superficielle, ou *tourbe des marais.*

Après avoir jeté les yeux sur la nature & la formation de la tourbe, nous allons considérer son exploitation avant de passer à son usage & aux résultats qu'il peut offrir.

En Picardie, on tire la tourbe depuis la fin de mars, ou le commencement d'avril, jusqu'à la premiere semaine de juillet, tems le plus sec & le plus favorable. Mais il suffit de pouvoir faire bien sécher la tourbe avant les grandes pluies d'automne ; & ceux qui la tirent à la *draghe* pour la mouler, continuent ce travail jusqu'à la fin d'août, environ. Sans doute on pourrait le pouffer auffi loin & au-delà, lors même qu'il fe fait à la *beche* ou à la *machine*; mais les autres travaux de la campagne follicitant les bras des hommes, leur font abandonner le tourbage auffi promptement dans ce pays.

LORSQU'ON ne peut retirer la tourbe chez foi l'hiver, on en forme plufieurs piles qu'on termine en talus, en faîte, que l'on couvre avec des mottes de terre gazonnées, *cefpites*; elle fe conferverait ainfi des années, fans la moindre altération.

J'OBSERVERAI en paffant, que ce nom *cefpites* ne convient qu'aux mottes gazonnées qu'on feche & qu'on brûle, telles que celles qu'on tire des marais de Saint-Omer, qui ne font que les racines & une partie de la tige des rofeaux qui y croiffent, & auxquelles adhere un peu de terre.

LA tourbe d'un terrein auquel on n'a pas encore touché fe trouve fous le gazon à dix ou douze pouces; elle eft plus bas quand le terrein a été travaillé, & toujours à la profondeur du déblai rejeté lorfque le terrein a été anciennement tourbé.

ON extrait la tourbe *à la beche*, lorfque le tirage peut fe faire au fec, ou que l'eau n'eft pas trop abondante; on commence par ouvrir un foffé d'environ fix pieds en quarré, qu'on a l'attention de faire dans la partie la plus élevée du marais, afin de faciliter l'écoulement des eaux; on pratique en outre un *foffé d'égout* pour les recevoir au loin & maintenir au fec, autant qu'il eft poffible, la tourbe dans la foffe d'où on la tire.

ON ne découvre le terrein, on n'ouvre la foffe, que d'une grandeur à pouvoir en épuifer la tourbe en un jour : & l'étendue de la furface découverte pour le travail de chaque jour dépend :

1°. De la quantité de terre ou déblai qui recouvre la tourbe.

2°. De la hauteur ou du nombre de *pointes* de la tourbe.

3°. De la nature du terrein plus ou moins imprégné d'eau, fuivant qu'on la fuppofe plus ou moins abondante, plus ou moins proche de la furface, retarder plus tôt ou plus tard, plus ou moins le travail.

4°. De l'effet des machines d'épuifement.

5°. Du nombre d'ouvriers bêcheurs : bien entendu que celui des gens qui les fervent doit toujours être en proportion.

UN des grands moyens pour éviter d'être trop tôt gagné par les eaux lorfqu'on a de la tourbe à une grande profondeur, eft de n'en pas lever la derniere *pointe*, de ne pas rompre le *plancher*, pour me fervir de l'expreffion ufitée en pareil cas. Le facrifice eft d'autant moins grand que cette derniere *pointe* de tourbe n'eft jamais de la meilleure qualité, & qu'on s'affure généralement, en l'abandonnant, de tourber les batardeaux en entier.

ORDINAIREMENT, pour deux hommes, on ouvre de 10 pieds fur 10 pieds, en fuppofant une profondeur de dix ou douze pointes de tourbe. S'il n'y a que ſix pointes, on fait une ouverture plus grande encore que dans la proportion de la moindre profondeur, parce que moins il exiſte de celle-ci, toutes choſes égales d'ailleurs, plus l'oûvrier peut faire de travail.

En général les *bêcheurs* ſe paient à la journée : quelquefois cependant ils font le travail par entrepriſe à tant la pile : il faut les veiller dans le premier cas ; il faut les ſurveiller dans le ſecond, pour qu'ils ne négligent pas, qu'ils ne laiſſent point en-arriere & en perte, de bonnes tourbes plus difficiles à extraire.

Si l'on veut avancer la beſogne, & occuper huit bêcheurs, il faut ouvrir ſur une ſurface de 20 pieds ſur 20 pieds, 400 pieds quarrés, ou une perche, en ſuppoſant dix ou douze *pointes* de tourbes. Ainſi dix bêcheurs peuvent aiſément, en quatre à cinq jours, tourber un terrein de ſept à huit verges, & en quarante ou cinquante journées en extraire quarante ou cinquante demi-piles de tourbes : épuiſant toujours, & faiſant des batardeaux, ordinairement néceſſaires à cinq ou ſix pointes, plus ou moins, de profondeur.

La découverte faite, les déblais mis de côté, on ouvre la premiere couche de tourbes avec la *beche de déblai*, la *beche* proprement dite, que je nommerai ainſi pour la diſtinguer de la *beche à tourber*, que je diſtingue par le nom uſité de *louchet*. On ouvre en coin, ſur la longueur de deux bêchées, en deux *gaʒons* qui portent le nom *de chanteau*, & qui équivalent à trois tourbes, *pl. III*, *fig. 6*. Les côtés des tranches ſe coupent verticalement, ceux du travail en plan incliné de 12 à 15 degrés, de maniere que le plan d'inclinaiſon coupe celui de la baſe au quart ou au tiers, à compter de la verticale. *Voy. fig. 7.*

Le *chanteau* a 9 à 10 pouces de hauteur ſur 7 à 8 pouces de largeur. On continue à enfoncer la beche verticalement de part & d'autre, le long des tranches de la foſſe ; de maniere que la tourbe à lever au louchet ne tienne jamais que par les deux côtés que coupe le fer de celui-ci, & en-deſſous, où elle ſe rompt & ſe détache par des mouvemens en tems ſucceſſifs ſi rapides qu'on les apperçoit à peine ; le premier eſt d'enfoncer le louchet de la hauteur du fer, ſuivant l'inclinaiſon préparée & indiquée : le ſecond, de le pouſſer du haut du manche, un peu en-avant : le troiſieme, de l'incliner également du haut du manche, du côté oppoſé à l'aileron : le quatrieme, de le remettre dans ſa premiere ſituation : le cinquieme enfin, de *jeter la tourbe.*

Le premier tems coupe la tourbe : le ſecond la briſe d'un côté par-deſſous : le troiſieme la détache de l'autre : le quatrieme l'aſſure ſur le fer du *louchet :* au cinquieme elle part ſans autre mouvement, lorſqu'on *tourbe à ſec.* Mais ſi l'on coupe la tourbe dans l'eau, ce qui arrive quelquefois, comme on l'expliquera ; il faut un tems de plus pour l'aſſurer ſur le fer du louchet, qui, remis à sa premiere inclinaison, a besoin d'en prendre une plus grande encore, & de la conserver jusqu'à ce que la tourbe soit hors, ou du moins à fleur-d'eau, premier instant où commence le mouvement du jet: plus tôt, la résistance de l'eau d'une part, son action de l'autre, de délaver le fer du louchet, l'entraînerait infailliblement.

Deux ouvriers supposés tourber l'espace ABCD, *pl. III*, *fig.* 6, de dix pieds sur dix pieds de surface, ayant commencé en A, vont l'un sur la gauche AC, l'autre sur la droite AB; le premier de A en C & de AC sur BD: le second de A en B & de AB sur CD, prenant toujours sur le travail l'un de l'autre, tant qu'amenés vers l'angle D, ils se gêneraient en continuant de travailler à deux; l'un abandonne pour aller ouvrir une autre fosse, tandis que l'autre acheve de tourber celle-ci.

Si à midi l'on s'apperçoit que le travail entrepris pour la journée ne pourrait pas être achevé au soir, on se retranche, pour que la partie que l'on continue soit coulée à fond dans la journée, & que celle qu'on abandonne reste à sec; parce que l'eau gagnant toujours, inonderait le tout. Alors on forme deux étages dans la même fosse: quelquefois il s'en trouve jusqu'à trois. Quelquefois aussi l'on est déterminé à en faire plusieurs pour donner aux bêcheurs plus de facilité à travailler que s'ils restaient sur le même plan; car il arrive que tantôt les uns jettent à droite, tantôt les autres à gauche: & l'on observe, ce qu'a produit le besoin dans ce genre de travail, que moitié à peu près du nombre des bêcheurs sont gauchers, & les beches dont ils se servent ont l'aileron du côté opposé à celui des autres beches; mais tout doit toujours être combiné de maniere que chaque ouvrier dans la journée tire la tourbe au plus bas possible, pour que les eaux, gagnant trop pendant la nuit, n'obligent pas d'en perdre.

Dans les lieux où les eaux ne sont point à craindre, on peut laisser divers plans, *exploiter* la tourbiere *par étages*, en un ou plusieurs jours indifféremment. Autrement on ne leve jamais qu'une *pointe* sur tout le terrein découvert, excepté lorsque les ouvriers tendant à la terminer, l'un d'eux commence une seconde couche, & ainsi des uns aux autres pour chaque plan parallele & horizontal.

Une premiere journée finie à huit bêcheurs, une verge de terrein tourbée par conséquent, & l'espace aussi garni d'eau qu'il peut l'être lorsqu'elle a repris son niveau (nous parlerons ensuite des différentes manieres de l'épuiser) il est question de faire une suite d'ouvertures tenant à la premiere pour perdre le moins de terrein qu'il est possible, en se garantissant des eaux néanmoins le mieux qu'on peut: pour cela on ne cherche point à épuiser la premiere fosse A, *fig.* 8, mais à y contenir l'eau pour qu'elle n'inonde pas à mesure celles qu'on ouvre autour d'elle. On n'ouvre point une nouvelle fosse, ni de la même grandeur, ni dans toute la direction de la précédente, pour que la poussée des eaux de celle-ci ne soit pas assez forte pour renverser le batardeau qu'on laisse entre les ouvertures de chaque jour: par exemple, pour continuation d'ouverture de la fosse A, travail de huit hommes dans le premier jour, & en occuper le même nombre une seconde journée, on ouvre pour deux dix pieds sur dix pieds, 1, 2, 3, 4; d'autre part, pour quatre, 20 pieds sur 10 pieds, 1, 2, 3, 4; d'autre part encore, pour deux hommes, 10 pieds sur 10 pieds 1, 2, 8, 10: ce qui comprend en total une seconde verge de terrein, en laissant des batardeaux entre chaque fosse de la seconde journée & celle de la premiere.

Ces batardeaux ne commencent point du haut des tourbes, mais seulement du niveau de l'eau, leur forme O, *fig.* 9, est en gradin, augmentant d'épaisseur d'une tourbe à chaque *pointe*, du côté de la nouvelle fosse, pour soutenir les eaux supérieures, dont la poussée est en raison des ouvertures de 3 en 4, de 2 en 4 & de 1 en 8: raison pour laquelle on fait ces ouvertures toujours moins grandes que celles de la premiere fosse, sur lesquelles on les pratique: raison qui détermine encore, lorsqu'elles sont d'une certaine longueur, comme pour le travail de quatre hommes, d'y laisser dans le milieu un contrefort nommé *baudet* P, sur la largeur de trois ou quatre tourbes, comme en est coupée la fosse 1, 2, 3, 4 de la seconde journée pour quatre hommes.

On évite également, dans une troisieme journée du même nombre de bêcheurs, de faire des ouvertures trop longues & trop directes sur les précédentes: on coupera d'un côté ou d'autre, il n'importe; mais on pourra le faire de 3, 5, 6, 7, pour quatre hommes; & de 6, 7, 8, 9, pour les quatre autres; en évitant qu'ils ne travaillent pas en même tems de part & d'autre de la ligne de jonction 6, 7, pour n'être point gênés, à jeter la tourbe, ni dans l'épuisement, ni dans le service des brouettures, & pour éviter un double batardeau, peut-être devenu nécessaire si les eaux gagnaient les deux côtés en même tems.

Il est ensuite de l'activité & de l'adresse des ouvriers de tirer de ces batardeaux & contreforts le plus de tourbe qu'il est possible avant d'être trop gagné par les eaux. Le *baudet* est non-seulement fait pour soutenir la portée du premier batardeau, mais pour garantir l'une des parties de la nouvelle fosse, dans le cas où le batardeau viendrait à se rompre sur l'autre partie. L'usage a établi, pour éviter ces accidens, autant qu'on le peut prévenir, d'ouvrir sur 10 pieds de portée pour deux hommes, sur 15 pieds pour trois, & sur 20 pieds pour quatre. On ne passe jamais de 20 pieds à la fois au long d'une ouverture précédente; on regarderait comme inévitable les dangers du trop de poussée.

On peut ainsi tourber de suite un espace contigu de 25 verges; mais en deux années, de 10, 12 à 15 verges seulement dans la premiere, plus ou moins, suivant l'abondance & la poussée des eaux, dont le volume varie beaucoup chaque année, & pour faciliter les *étendages*. Passé 25 verges il n'y aurait pas assez d'espace : il faudrait aller trop loin : 100 pas font une longue course pour les brouetteuses. D'après cela, entre chaque espace de 25 verges, il faut laisser une chaussée de 12 pieds au moins de largeur pour soutenir la poussée d'une aussi grande masse d'eau, & pour faire des chemins de pied & de voitures, qui se trouvent rarement en lignes directes très-alongées, la commodité de l'exploitation leur faisant souvent donner une forme à peu près semblable à celle qu'on voit en M N.

Le *louchet* ne differe de la beche ordinaire que par une sorte d'aileron à l'un de ses côtés, d'à peu près la moitié de sa longueur, & faisant un angle obtus d'environ cent degrés avec le plan de la beche. C'est au moyen de cet instrument que la tourbe coupée, enlevée par le bécheur, est jetée en l'air à des filles ou petits garçons qui la reçoivent adroitement dans leurs mains au bord de la fosse où ils sont placés, pour la mettre sur des brouettes avec lesquelles ils la transportent à quelque distance où l'on doit la ranger pour la faire sécher.

Quelquefois on rencontre l'eau très-promptement : toujours le travail en est gêné, retardé & souvent interrompu.

Quelquefois on se hâte, au moment où l'eau paraît, de creuser un trou assez profond à côté de l'endroit où l'on tourbe; l'eau se rend dans ce trou, & permet de travailler encore jusqu'à ce que, se mettant au niveau, elle oblige d'aller plus loin, en prenant la même précaution, & laissant ainsi d'espace en espace de petites portions de terrein, taillées en talus, pour servir de batardeaux. En cela même, cette méthode est vicieuse parce qu'elle fait perdre beaucoup de tourbe, qu'on tâche de ravoir quelquefois cependant par le secours de la *drague*, dont nous parlerons en son lieu.

L'épuisement.

L'épuisement se fait avec l'*épuche* & l'*épuchette*, lorsqu'il y a très-peu d'eau, & qu'on peut la ramasser dans un petit espace, pour laisser le travail des bécheurs à sec : il se fait à la bascule ou *trinqueballe*, à la vis d'Archimede, au chapelet & au panier ou corbeille d'osier.

L'inclinaison de 45 degrés de la vis, étant déterminée, on croit qu'il n'est pas possible d'en faire usage à une certaine profondeur où il la faudrait d'une longueur qui en rendrait le jeu pénible par le poids de l'eau dont elle se chargerait dans son étendue. Il en serait de même si son diametre était trop considérable. Ainsi, fixant la hauteur de l'eau à épuiser jusqu'à huit pieds au-dessous de la surface du terrein, & ajoutant deux pieds en-dessus pour le jeu de la machine, jusqu'au sommet de son axe, il est évident que la longueur de la vis doit être au moins de 14 à 15 pieds : & si on la suppose élever une colonne de 4, 5 à 6 pouces de diametre, il ne faudra pas moins de trois hommes pour la faire mouvoir avec la célérité & chasser l'eau avec la vitesse que cette opération exige.

La *trinqueballe* gravée dans Bellery, est un levier du premier genre, dont le point d'appui est élevé au-dessus de la surface du terrein, en raison ou à peu près de la profondeur de l'eau à extraire. La puissance à l'un des bouts est une machine funiculaire à plus ou moins de puissances. La résistance à l'autre bout, est un seau de forme ordinaire, qui contient depuis 10 à 12 jusqu'à 30 pintes de Paris. Dans le premier cas, il faut un homme ou deux filles pour tirer la bascule : dans le second cas, il faut trois hommes & même quatre pour la tirer ; & dans l'un & l'autre cas, un homme pour verser le seau : encore en faut-il un de relai pour cette derniere opération, sur-tout quand le seau est grand & lourd. Ce travail se fait très-rapidement, ainsi que celui de la vis ; & c'est quelquefois de cette rapidité seule que dépend la possibilité d'extraire de la tourbe à une certaine profondeur.

On ne se sert plus guere du *chapelet :* ses mouvemens se trouvant gênés dans un eau presque toujours vaseuse, la machine est lente, sujette à se déranger : il faut ici un travail non interrompu & une prompte expédition. Je ne fais aucun doute que la machine du sieur Veyra ne puisse être employée avec un très-grand succès à l'épuisement des tourbieres.

Quand l'eau presse, qu'elle abonde, & cependant qu'on a pu la ramasser, la contenir dans un petit espace pour mettre les bêcheurs en état de continuer leur travail, deux hommes, les pieds quelquefois jusqu'à mi-jambes & même plus haut dans l'eau, tiennent chacun par un bout, un grand panier serré d'osier, à peu près en forme de van ; ils puisent l'eau & la jettent avec abondance & rapidité au-dessus, en-avant, dans un réservoir pratiqué à dessein, où l'on peut plus facilement user de la bascule ou de la vis.

Quelquefois on éleve ainsi d'étage en étage des réservoirs où des hommes jettent l'eau de l'un à l'autre jusqu'au-haut de la fosse, où ils s'élevent assez du moins pour que les machines soient d'une facile application dans le dernier bassin où ils la jettent.

Quelquefois aussi, car les circonstances dans ce genre de travail varient singuliérement, les bêcheurs sont forcés de tirer une *pointe* & même deux *pointes* de tourbes dans l'eau. Lorsque le premier plan n'en est recouvert que de quelques pouces, l'ouvrier la fouette de l'avant en arriere, du fer de la beche ; ce qui l'ouvrant, laisse appercevoir le lieu & la disposition de la tourbe : d'après quoi il travaille sans voir. Ces mouvemens sont très-vîtes, quoiqu'il les faille répéter à chaque *tourbe* ou *bêchée*.

L'OUVRIER tourbe encore dans l'eau sans voir ni avoir vu la tourbe, lorsqu'elle est trop profonde pour la découvrir par un *coup de fouet* ; en tâtonnant de côté & en-avant également avec le fer de la beche, l'angle que fait la partie de la tourbe à extraire : c'est alors, comme on l'a déjà observé, qu'après avoir coupé la tourbe, & pour l'assurer sur le fer de la beche jusqu'à la surface de l'eau, il faut un peu plus d'inclinaison que lorsqu'on tourbe à sec, & un tems marqué & différent du tems pour la jeter, lequel ne commence, dans le cas du tourbage dans l'eau, que lorsque la tourbe en est dehors.

SI l'on avait beaucoup de déblai, qu'il y eût une certaine hauteur de terre à extraire pour découvrir la tourbe, les entrepreneurs en tireraient un grand parti, en la rejetant dans la fosse vuide de tourbes & remplie d'eau : il viendrait à bout par ce moyen de la mettre à sec. Les déblais jetés s'y affaissent, s'y affermissent jusqu'à un certain point. Le tourbage dans la nouvelle fosse se fait beaucoup plus sûrement : il est même possible alors de tourber le batardeau, quelquefois en entier, toujours du moins en plus grande partie.

C'EST une remarque assez générale dans les bons terreins, que plus il y a de tourbes plus il y a de déblais, & plus il y a de déblais moins il y a d'eau, parce que la terre, pesant sur la tourbe, la comprime & en augmente la densité. Si dans ce cas il n'y avait pas encore suffisamment de déblais pour remplir la fosse ouverte, du moins y en aurait-il toujours assez pour en garnir le derriere du batardeau, & retenir les eaux de l'autre part. Alors on fait un creux entre cette terre jetée & le batardeau, & avec l'*épuche* & l'*épuchette* on rejette l'eau assez abondamment pour tirer quelquefois, sans autre épuisement de 15 à 18 pieds de hauteur de tourbe, & tout le batardeau. Tout prouve que l'habileté du contre-maître peut beaucoup éloigner la dispendieuse nécessité de la machine, comme celle de la drague, & que le grand art dans le tourbage consiste principalement à se garantir de l'eau ou à l'épuiser.

LORSQUE l'abondance des eaux rend insuffisans les moyens d'épuisement dont nous avons parlé plus haut, on se sert d'une sorte de machine ou caisse qui va chercher la tourbe au fond de l'eau.

M. BELLERY attribue à M. le duc de Chaulnes l'invention de la *boîte à tourber*. Cette machine fut sans succès ; & M. Bellery, après en avoir donné la description, finit par ne la consulter que pour des cas particuliers. Elle peut avoir donné lieu à celle que nous publions : cependant, lorsque M. Cailleret l'entreprit, l'entreprit, il n'avait jamais vu la premiere; le fait eſt, que ces deux machines ne ſe reſſemblent ni par la conſtruction, ni par la maniere de les mettre en œuvre, ni par l'effet qui en réſulte.

La premiere, de ſeize pieds de longueur, ſe deſcendait verticalement & ne pouvait être enfoncée que par le ſecours d'un treuil & avec effort: ce qui demandait du tems & des peines. L'attirail des mouffles & des cordes était embarraſſant, expoſait à des accidens qui multipliaient les frais & retardaient le travail; l'aveu même de M. Bellery ſur les inconvéniens de cette boîte nous diſpenſe d'en donner la deſcription qu'on trouve d'ailleurs dans ſon mémoire.

La *boîte à tourber*, dont on ſe ſert aujourd'hui avec ſuccès, n'a pas plus de trois pieds de long ſur treize pouces de large: elle eſt d'une double tôle & peſe, toute garnie avant d'être attachée à la fleche, environ 90 livres. Ses deux longs côtés ſont pleins, à l'exception d'un jour large de neuf pouces & haut de trois, pratiqué vers l'extrêmité inférieure de chacun d'eux: le devant de la boîte eſt à jour en plus grande partie, le derriere eſt abſolument ouvert. Son extrêmité, tranchante de toute part, eſt garnie en-dedans de quatre eſpeces de ſoupapes à charniere, qu'on appelle des *couteaux* qui ſe couchent pour laiſſer entrer la tourbe & qui, lorſqu'elle a rempli la boîte, au premier mouvement qu'on lui donne pour la ſoulever, tendent à reprendre leur ſituation horizontale, & la reprenant enfin entiérement, en ſoutiennent ſa maſſe, aidée d'ailleurs à ſe détacher & à être ſoulevée par d'autres circonſtances qu'on va expliquer.

Quatre crampons de fer en quart de cercle terminent le haut de la boîte & viennent ſe réunir pour embraſſer ſur toutes ſes faces le bas d'une fleche dentée, très-garnie de chevilles qui s'engrenant dans un pignon, dont l'axe commun avec celui d'une roue à alluchons reçoit le mouvement d'un autre pignon ou d'une lanterne, mue par deux manivelles. *V. les planches.*

Le tout eſt monté ſur un chaſſis & forme un enſemble dont j'ai fait faire des deſſins très-exacts, ainſi que de tous les outils & uſtenciles ſervant aux différentes manieres de tourber, & dont j'expliquerai la forme & l'uſage d'une maniere plus circonſtanciée.

La boîte ſe lance ſur un plan un peu incliné ſans aucun effort, par échappement de l'engrenage, & l'effet de ſon propre poids, ſuffiſant pour la faire entrer dans la tourbe auſſi avant qu'il eſt néceſſaire pour la remplir. Au moment même on tourne les manivelles qui font mouvoir le premiere pignon dans lequel s'engrene la roue qui n'a qu'un même axe avec le ſecond pignon dont les dents s'engrenent dans celles de la fleche; on remonte ainſi la boîte, dont les jours & l'élargiſſement un peu plus conſidérable vers le haut qu'au bas, favoriſent le gonflement de la tourbe comprimée, & s'opposent, avec les couteaux rabattus, à ce qu'elle puisse échapper. Si l'on réfléchit à la forme de cette boîte & à la nature de la tourbe, on sentira que la résistance que nécessite la premiere, suffit pour détacher cette tourbe, dont les parties disséminées & réduites n'adherent entr'elles que par la compression les unes des autres; & qu'à la moindre séparation les couteaux tendent à reprendre leur situation. Elle en est aidée & hâtée sans retour. Le bloc qu'on tire de la boîte en sort par la partie tournée du côté de la prairie qui est entiérement ouverte, comme nous l'avons fait remarquer, & un peu plus évasée que le côté opposé. Ce bloc est reçu sur une planche qu'on tire plus loin pour couper la tourbe avec des couteaux, dont on donnera, ainsi que du reste, les planches & leurs descriptions.

Les tourbes faites à la beche ont la hauteur & la largeur du fer de cet outil de dix à douze pouces sur quatre, cinq, à six; ce sont de vrais parallélipipedes dont deux dimensions sont égales, & la troisieme est à peu près double des autres. Chaque bloc tiré par la boîte supporte trois sections longitudinales, quatre latérales & trois dans son épaisseur; ce qui donne trente-six tourbes de même échantillon que celle faite à la beche.

Il est sensible que le poids considérable de cette boîte réunie à la haute charpente qui la met en jeu, demande un terrein solide pour l'appuyer & un chassis pour la mouvoir. Placée sur le bord de la fosse, elle agit successivement dans toute la longueur de celle-ci, en allant par côté, lorsqu'elle a épuisé le terrein à chaque place; puis on la recule de son épaisseur, laissant toujours le vuide en-avant, & la prairie en-arriere, comme il arrive lorsqu'on beche un terrein.

Tourbages à la méchanique.

L'OUVERTURE de la fosse, pour *tourber à la méchanique*, se fait dans toute la longueur qu'on veut faire travailler de suite cette méchanique, de 10, 12, 15, 20 toises, plus ou moins: elle se fait à la beche, sur environ six pieds de largeur, & le plus profond qu'on peut; raison pour laquelle on épuise en même tems par l'un des bouts de la tranchée.

En placant la boîte sur le bord de la fosse, elle s'enfonce la premiere fois, c'est-à-dire, sur toute la premiere ligne, d'une *pointe* ou deux *pointes* de plus que la profondeur de la fosse: cet enfoncement de la boîte dans la tourbe augmente jusqu'à la concurrence de la hauteur de la boîte; ce qui arrive souvent à la seconde fois qu'on l'a lancée: on répete l'opération jusqu'à ce que la tourbe manque ou que la boîte ne puisse être lancée plus avant.

Le plus profond qu'elle tire est ordinairement six hauteurs de boîtes, six blocs, 18 pieds. S'il reste de la tourbe au-dessous, il est rare qu'elle ne soit perdue ; la drague ne va guere au-dessous de vingt pointes.

On estime que la boîte peut tirer, hauteur l'une dans l'autre, un bloc par minute ; à 10 heures par jour de travail sans interruption, c'est 600 blocs. Des six hommes employés à cet attelier, deux seulement sont à la manivelle ; mais ce travail, le plus pénible, est commun à tous : ils se relevent d'heure en heure plus ou moins.

La derniere *pointe*, ou plutôt le dernier *bloc* de tourbe tiré à la boîte qui s'enfonce toujours au-dessous de la découverte, fait beaucoup plus de résistance que les précédens, ouverts sur deux faces, excepté ceux des angles, qui le sont moins sur le devant. Le poids de l'eau, la compression de l'air, qui, ni l'un ni l'autre, ne peuvent pénétrer dans l'intérieur du bloc, en rendent le détachement par-dessous très-difficile ; ce n'est qu'avec effort qu'il peut s'opérer ; & souvent les ouvriers qui sont à la manivelle, n'en viennent point à bout par son secours : alors quelques-uns de ceux qui font le service du bas de la machine, facilitent d'un coup de levier le mouvement, ou lorsque le levier ne suffit pas, ou qu'il est jugé ne pas suffire, avec le cric, qui sert à reculer la machine, en passant une corde sous l'une des dents de la fleche & sur le croissant du cric. On observe que la résistance de la boîte au dernier bloc, ou plutôt celle de la matiere qu'elle contient, pour se détacher de celle qui reste, & les efforts qu'il faut faire pour l'arracher, quelque prompt qu'en soit l'effet, occasionne qu'elle se brise un peu, qu'il s'en échappe une partie : ce qui fait que ces derniers blocs ne sont point aussi complets que les précédens : quelquefois la boîte n'est qu'à moitié.

Quoique cette difficulté renaisse à chaque dernier bloc, à quelque profondeur qu'on le tire, ou plutôt à quelque hauteur que soit le plan de la base du terrein tourbé, lorsque le service est bien fait, le travail n'en est pas très-retardé ; mais la méchanique, dans cette secousse, le plus violent effort qu'elle ait à faire, est par fois endommagée : il se brise des dents ou des chevilles des pignons de la roue ou de la fleche.

S'il vient à casser une dent de celle-ci, qu'on appelle la *crémaillere*, le pignon n'engrene plus ; il faut l'usage du cric pour la monter jusqu'à la cheville suivante. Ces divers accidens ont fait varier les mouvemens : on a essayé des lanternes ; leurs fuseaux se brisaient encore plus facilement ; enfin l'on parait s'être fixé à des pignons de fer fondu, à une roue ou hérisson en bois, & à des chevilles aussi de bois à la fleche. On fait ces chevilles en *pieterrein* de charme très-sec : elles seraient meilleures en cornouillier ; mais il serait préférable à tout de faire les pignons en cuivre, l'hérisson & les chevilles en fer. Il y aurait moins de frottement, moins de secousses, d'inégalité dans les mouvemens, moins d'efforts à faire, moins d'accidens enfin ; & l'excédant des dépenſes pour établir cette réforme, ſerait bientôt compenſé par le plus de facilité, de continuité & de ſûreté dans le travail.

Le premier pignon, celui dont l'axe eſt le même que celui des manivelles, eſt à cinq dents : le hériſſon dans lequel s'engrene le pignon précédent, & dont les axes paralleles de l'un & de l'autre ſont horizontaux, eſt à 24 dents ; & le pignon dont l'axe eſt le même que celui de l'hériſſon, & qui s'engrene dans les chevilles de la crémaillere, à ſept dents. On pourrait dans ce cas, comme en tout autre, diminuer les forces au dépens du tems ; mais celui-ci eſt ſi précieux que la méchanique à tourber deviendrait inutile, s'il en fallait employer davantage pour ſon ſervice.

Pour faire ſécher les tourbes, on commence par en dreſſer des morceaux, les alternant les uns ſur les autres parallélement & pyramidalement au nombre de 5, 6 ou 7, pour la baſe, en diminuant toujours d'une pour les rangées ſuivantes : ce qui forme des tas de 15, 21, 28, ſelon la baſe de 5, 6, ou 7. On laiſſe la tourbe en cet état durant quinze jours, puis on change ces tourbes, on en met deux à une telle diſtance que deux autres puiſſent être placées deſſus en travers, & l'on continue ainſi d'en faire une ſorte de pyramide quarrée, où l'air peut circuler. La tourbe reſte encore dans cet état huit à dix jours, après leſquels on l'arrange en lanterne ou pyramide vuide, polygone, à ſix ou huit pans, dans laquelle il peut entrer, ſuivant l'élévation qu'on lui donne, 40 ou 50 tourbes qui reſtent ainſi environ huit jours.

Alors on les empile ſur une baſe de ſept pieds deux pouces quarrés, ou de côté ; ces côtés forment des angles dont les tourbes ſe croiſent & ſe lient comme les pierres d'un mur à chaque aſſiſe. On éleve la baſe ſur ſeize tourbes de hauteur, en diminuant la pile de maniere qu'à la ſeizieme tourbe de hauteur, la pyramide n'ait plus que cinq pieds deux pouces de côté. Le vuide du milieu ſe remplit à meſure de tourbes qu'on y jette ſans les ordonner. La maſſe qui réſulte de cet arrangement ſe nomme demi-pile & contient ordinairement à peu près 3600 tourbes qui ſont deux voitures & demie, ſuivant l'uſage d'Amiens, à 13, 14 ou 1500 par voitures, ſelon qu'elles ſont ſeches.

On fait au-deſſus de la demi-pile, pour la compléter & la garantir de la pluie, une petite pyramide d'environ deux pieds de hauteur.

Il eſt encore une troiſieme méthode d'extraire la tourbe ; méthode nouvelle en Picardie, employée lorſque les deux autres ſont impoſſibles, ſoit à cauſe de l'inégalité des lieux où il reſte de la tourbe, comme par exemple, dans ceux qui ont été déjà tourbés à la beche, où l'on a creuſé des trous & laiſſé des batardeaux ; ſoit à cauſe de la qualité de la tourbe trop délayée,

& qui n'a pas assez de consistance pour être retenue dans la boîte. On l'emploie encore pour ne rien perdre des débris qui se sont faits par la machine & qu'elle a échappés.

LA *drague* dont on se sert alors, est une perche d'environ vingt pieds de longueur, portant à son extrêmité un fer en grappin, auquel est adapté une forte & large tôle, en forme de pelle creuse, alongée, rebroussée, dont la partie concave est tournée du côté de la perche, sous laquelle cette pelle revient en faisant avec elle des, différentes parties de son plan, des angles plus ou moins aigus. De ses côtés part une verge de fer qui va s'attacher à la perche & faire avec, elle un angle opposé d'ouverture au précédent, ce qui maintient solidement la pelle & la met en état de mieux soutenir le poids dont elle peut être chargée.

UN homme placé dans un petit bateau qu'il fixe par les deux bouts où il doit travailler, gratte la tourbe au fond de l'eau avec cet instrument, & en retire des morceaux souvent très-gros : les débris épars sont ramassés à mesure avec une chausse en filet, longuement emmanchée, ainsi que la drague. La tourbe est rejetée du bateau sur le bord : d'autres ouvriers jettent de l'eau dessus en assez grande quantité pour la pêtrir facilement avec les pieds, & la mettre en moule ; ce moule est une boîte de bois, dont la hauteur des côtés termine l'épaisseur de la tourbe, & qui n'a pour fond que trois larges languettes, entre lesquelles sont placées autant de divisions posées de champ de la hauteur de la boîte, & formant ainsi quatre loges à tourbes ; les feuillets de ces divisions sont taillés en coin & fort amincis vers le haut pour évaser un peu cette partie, & faciliter d'autant la sortie des tourbes, qu'on va ranger à terre en ligne directe, les unes à côté des autres, en renversant la boîte sens-dessus-dessous, aussi-tôt après qu'on y a placé la matiere, & qu'avec la main on l'a comme pressée & rasée au niveau de la boîte. On laisse ainsi ces tourbes étendues par centaines en autant de rangées paralleles que l'on veut, pendant quatre ou cinq jours, afin que l'eau s'en égoutte, & qu'elles prennent de la consistance. Chaque tourbe séparée continue de l'être au second travail, qui consiste à les retourner sur le côté, où elles demeurent deux jours ; après quoi on les met en petite pyramide quarrée à jour, puis en lanterne, & enfin en demi-pile, comme les tourbes faites à la beche ou à la boîte. Pour les conserver, on les couvre de paille, de joncs, de roseaux secs, recouverts eux-mêmes en gazonnage. Cette sorte de tourbe est moins poreuse, plus serrée & plus dure que la précédente ; cependant elle seche plus promptement ; elle a beaucoup plus de retraite, parce que toutes les parties des végétaux y sont beaucoup plus réduites ; elle fait aussi par cette raison moins de flamme que l'autre tourbe, mais elle tient plus long-tems au feu. En général, cette différence est constante entre la tourbe ancienne du plus profond des marais & celle qu'on trouve à leur superficie, dans laquelle les roseaux & autres plantes sont encore presqu'en nature. Cette derniere brûle plus vîte, elle donne plus de flamme & un feu plus clair. C'est ce qui fait donner en Hollande la préférence à la tourbe de la Frise pour faire cuire les briques; ce que j'expliquerai ailleurs.

Frais d'exploitation.

Les frais d'exploitation & le prix de la tourbe méritent d'être considérés. Je calculerai les premiers par *journal de tourbes* sur dix *pointes*. Le journal est de cent verges quarrées, à raison de vingt pieds quarrés la verge, au pied de roi de douze pouces.

On entend par *pointe* une profondeur de tourbe de la hauteur du fer de la beche, c'est-à-dire, d'environ dix pouces.

Les *tireurs à la beche* coûtent par jour . . . . . 20 sols.
Les *brouetteuses* 10
Les *trinquebalieurs* & les *découvreurs* 14

On ne peut pas tirer plus de vingt-cinq pointes à la beche en deux reprises, & l'on ne saurait aller qu'à quinze pointes d'un seul jet de beche; c'est-à-dire, qu'au-delà de quinze pointes de profondeur, on est obligé de pratiquer une galerie sur laquelle se tiennent des manœuvres pour recevoir la tourbe jetée du fond par les bécheurs, & la rejeter en-haut aux brouetteuses.

Le prix d'une méchanique à tourber est d'environ . . . . 450 liv.

Celui de la drague depuis 6 jusqu'à 12

Ces dépenses sont compensées par l'épargne des frais d'épuisement, qui devient inutile alors.

Les ouvriers travaillant à la machine, pris en total, à six hommes & six filles par machine, sont payés à raison de 45 s. par chaque cent de blocs de trente-six tourbes.

Une machine peut tirer environ six cents blocs par jour; ce qui fait des journées de 30 s. pour les hommes, & de 15 s. pour les filles brouetteuses. On ne peut pas tirer au-delà de dix-huit à vingt pieds à la machine non plus qu'à la drague, parce que la fleche de l'une & le manche de l'autre deviennent trop flexibles.

Tout compté, la pile de tourbes revient communément à 9 liv. de main-d'œuvre jusqu'au parfait séchage.

Un journal sur dix pointes produit ordinairement 500 piles: ainsi les frais d'exploitation se montent aux environs de 5000 liv. par journal. Dans ces 500 piles il y en a moitié tourbe molle ou légere, c'est-à-dire; de celles des premieres pointes, moitié de dure, à peu près; non en quantité, mais en volume, parce que la dure plus réduite, se condense, a de la retraite, fraie beaucoup plus que la molle; par conséquent, il en entre un plus grand nombre de la dure que de la molle dans une pile.

Valeur & profit courant.

UNE verge de terrein qui contient dix pointes de tourbes en donne trois piles qui, vendues sur place 28 liv. produisent la somme de 84 liv. Cette verge se vend 30 liv. pour en extraire la tourbe, & non pour le fonds qui reste au vendeur, lequel propriétaire du terrein & vendeur de la tourbe reste chargé, quand on ne convient pas du contraire, de payer le vingtieme sur la valeur de la matiere extraite.

SI le terrein a vingt pointes de tourbes, qualité égale, il n'est supposé en produire que cinq piles, à cause des batardeaux, & de ce qu'on perd d'ailleurs de tourbes par le plus de difficulté occasionnée par la profondeur; enfin par cette difficulté-là même, qui exige plus de tems & qui occasionne plus de frais pour l'extraire, cette verge de terrein ne se vendrait que 50 livres.

ON pourrait objecter que la proportion, eu égard à la difficulté & aux frais, qui augmentent très-sensiblement à mesure que la tourbe est plus profonde, n'est pas encore proportionnée, & qu'une semblable verge de terrein à tourber ne devrait guere se vendre que de 42 à 45 liv. à quoi l'on repondra qu'on est indemnisé par la levée des déblais, l'ouverture de la fosse, la découverte enfin, qui étant faite, il n'y a qu'à continuer de bécher & jeter.

LES frais de tourbage par verge à dix pointes, pour trois piles de tourbes, sont de 30 livres; à 20 pointes, pour cinq piles de 50 liv. toujours à raison de 10 livres par pile. Le contre-maître se paie quelquefois pour la saison, ordinairement par semaine de 9 à 10 l. les jeteurs 20 s. les bécheurs ou déblayeurs 15 s. les brouetteuses 10 s. tous pris dans les environs d'Amiens, & en supposant qu'on paie tout en argent : mais dans la plupart des endroits on paie une partie en nature à chacun, & tout le monde y trouve son compte.

ON paie à part le *remuage* des tourbes pour les faire sécher. Les brouetteuses ne sont tenues que de les mettre en *rentelets* ou *pilets* : les changemens en *catelets*, en *lanternes*, *demi-piles* ou *piles*, sont un objet de 40 s. en tout par chacune de ces dernieres. Autre calcul.

UN journal de dix pointes, dont la tourbe molle des quatre premieres pointes peut se vendre 18 liv. la pile, & la dure, ou celle des six dernieres pointes 26 liv. s'évalue deux mille livres, seulement pour en extraire la tourbe.

LORSQUE celle-ci est de meilleure qualité, que la molle se vend 24 liv. & la dure 36, le terrein peut être évalué à 3000 livres.

ON *fonde* ordinairement le terrein en plusieurs endroits, pour juger par une estimation compensée, de la hauteur & de la qualité de la tourbe; mais cette maniere, dont nous parlerons à l'explication des *planches*, n'est pas la plus sûre; il est très-préférable d'ouvrir çà & là des tranchées de deux à trois pieds de largeur, sur huit à dix de longueur.

SANS doute on n'aura pas trouvé jusqu'ici de raison suffisante pour préférer le tourbage à la machine à celui au louchet, ou celui-ci à l'autre: cette raison n'est même point une affaire de conseil, elle ne peut se déterminer que par la considération des choses & l'état des lieux. Par-tout où les eaux sont basses, c'est-à-dire, à plus d'une hauteur de boîte au-dessous du niveau du terrein, l'usage de la boîte n'est pas praticable. Après le détachement du dernier bloc qui est le plus difficile, le support de tous dans l'eau n'est qu'un jeu, la pesanteur spécifique de la tourbe, même imprégnée d'eau, n'étant pas beaucoup plus considérable que celle de l'eau qu'elle déplace, & le poids en sus de la fleche armé de sa boîte ne se faisant alors que faiblement sentir; mais si-tôt que cette masse est hors de l'eau, elle pese de tout son poids, & la force de deux hommes suffit à peine. La machine ne résisterait pas à un tel effort continué. Alors ce poids est de 450 livres au moins; savoir:

Pour la fleche armée de chevilles	150 liv.
Pour la boîte avec son armure	100
Pour le bloc de tourbe sortant de l'eau	200
Total	450.

L'EFFORT pour le soutenir & l'élever ainsi isolé, est toujours plus considérable que celui ordinairement nécessaire pour détacher le dernier bloc, qui déjà lui-même est considérable.

L'ENTRETIEN d'une machine, par jour, en tems de service, est de 10 à 12 sols en vieux-oing ½ livre par jour, à 12 s. la livre, le reste en huile, chevilles qui cassent, &c.

D'APRÈS le mauvais usage de les cheviller à demeure, au lieu de les démonter & de les renfermer l'hiver, on les laisse en place, exposées à toutes les intempéries de l'air; elles se déjettent, se pourrissent; elles ne peuvent guere durer qu'une dixaine d'années, dans l'intervalle desquelles on peut encore estimer les frais de réparation pour la mettre en état de commencer la campagne, à 3 liv. par année: il n'en coûtera rien pendant 3, 4 & 5 ans: on dépensera 12, 15, 20 livres en une fois, à chevilles libres;

libres ; ces méchaniques pourraient durer 20 & 30 ans. La boîte ne s'use point d'une maniere sensible, à moins d'accident grave, tel que la rencontre de quelque grosse pierre, ou d'un bois dur qui se trouverait enfoui dans la tourbe, & sur lequel la boîte serait levée de tout son poids. Le fer de ces boîtes est d'une bonne double tôle, tandis que celui du louchet ordinaire est d'une tôle plus mince ; il dure cependant la vie d'un homme.

Il est avantageux de tourber à la machine ; le prix, quant à la main-d'œuvre, sauf les frais de la machine, étant le même qu'au louchet, à raison, de part & d'autre, de 9 liv. la pile, quand il y a beaucoup d'eau, qu'elle est très-élevée, & que l'épuisement devient en quelque sorte impraticable à une certaine profondeur. Dans ce cas, au louchet, on ne peut guere tirer que 8 à 10 pointes de tourbes : à la machine on va constamment jusqu'à 16, 17 & 18 pointes, quand il s'en trouve de cette profondeur.

Dans ce dernier tourbage, sur-tout lorsqu'il est profond, il y a toujours beaucoup de débris de tourbes réduites que la boîte ne saisit pas, ou qui s'en échappent, tandis qu'au louchet on ne perd rien. On la repètrit, il est vrai, on la travaille au moule ; mais ce sont des frais, & le déchet est inévitable : le profit n'est donc pas tout ce qu'il paraît être par la derniere observation ; il est toujours proportionné à la hauteur de l'eau & à la difficulté de l'épuisement : d'où il résulte que l'avantage de cette méthode sur l'autre peut quelquefois être considérable.

Observons qu'on ne peut faire aucun déblai à la boîte, quelque molle que soit la terre qui recouvre la tourbe, parce qu'elle n'éprouve point la dilatation, le gonflement de celle-ci dans la boîte, qui aide singuliérement à l'y soutenir ; que d'ailleurs, n'ayant pas, comme la tourbe, une certaine adhérence dans ses parties, ne formant point un corps, une masse qui ait de la consistance, elle s'échappe par parties, toute enfin, le plus souvent, avec l'extraction totale & la levée entiere de la boîte.

Raison pour laquelle, lorsqu'il se trouve des bancs de sable d'une certaine épaisseur, interposés dans la tourbe, il faut se résoudre, si l'épuisement n'a pas lieu, à abandonner le tourbage, & à perdre par conséquent la tourbe qui est au-dessous du sable.

Cependant, s'il arrivait que le banc de sable ne fût pas très-épais, qu'il eût moins de trois pieds de hauteur, qu'il eût enfin une hauteur moindre que celle de la boîte, il serait possible, & le fait n'est pas sans exemple, de tirer ce banc de sable en entier avec la boîte même. Pour, cela il faut lui conserver une couche de tourbe au-dessus, & prendre ses dimensions de maniere que la boîte, après l'avoir pénétrée, ainsi que tout le banc de sable, aille entamer la couche de tourbe placée au-dessous : ainsi entre ces deux couches de tourbe le sable peut s'y maintenir jusqu'à son extraction.

Ces détails prouvent encore que tout, dans la pratique du tourbage, n'eſt pas affaire de manœuvre, & qu'il eſt de la plus grande importance pour le propriétaire qui n'en ſerait pas très-inſtruit, ou qui ne pourrait y donner ſon tems, d'avoir un très-habile contre-maître.

Sonde.

En ſondant à *ſonde ouverte* ou à la beche, on ne peut guere creuſer qu'à 4 ou 5 pointes dans les terreins humides, où l'on eſt bientôt gagné par l'eau ; & dans tous les cas c'eſt toujours un grand travail, ſi l'on veut ſonder en beaucoup d'endroits. L'ouverture à la beche ſe fait de 4 ou de 6 pieds en quarré, ſuivant que le terrein ſe ſoutient mieux ou moins bien. L'uſage eſt de commencer à ſonder de 20 pieds en 20 pieds : ſi le terrein ſe montre uniforme, on ſonde de 40 en 40 pieds, & enfin de 60 en 60, en ſuppoſant toujours que ce ſoit un terrein vierge, ou qui n'ait point encore été tourbé. Dans le cas contraire il faut faire un ſondage fréquent & irrégulier ; car c'eſt plus que jamais le cas de la difficulté de bien juger, même par approximation. La *ſonde* proprement dite ou *terrelle* ſe pouſſe auſſi avant qu'on veut, à 20, 25 pieds, juſqu'à ce qu'on trouve le caillou ; mais elle ne peut s'employer d'abord que dans les terreins bas & mouvans.

Dans les prairies élevées, ſeches & fermes, où il y a beaucoup de déblais & beaucoup de tourbes, il faut ſonder à ſonde ouverte juſqu'à la premiere pointe incluſivement : puis on uſe de la terrelle.

S'il a été tourbé, il faut reconnaître les hauteurs des déblais rejetés çà & là, voir s'il y a de la tourbe en-deſſous, & ſi elle vaudrait les frais de l'extraire. S'il n'a pas été tourbé, il faut craindre d'en juger par d'anciens foſſés, des creux profonds, & redouter les bancs de ſable, d'argille ou de craie, chariés par de grandes pluies ou dépoſés dans des inondations.

Qualités & prix des tourbes des environs d'Amiens.

La qualité eſt généralement conſtante, quoiqu'elle ſoit partiellement très-variable : le prix n'eſt pas ſeulement en raiſon de la qualité, mais en raiſon compoſée de celle-ci & de la ſituation de la tourbe, de ſon debouché plus ou mois facile, abondant & diſpendieux.

Prix de la pile priſe ſur place, de 30, 32 & 34 liv. ſuivant la proximité.

La tourbe de la vallée de Somme, au-deſſous d'Amiens, à *Lonpré-Dreuil*, & juſque par-delà *Péquigny*, *le Gard*, *la Chauſſée*, *Belloy*, eſt généralement très-noire ; elle a beaucoup de retraite en ſéchant ; elle devient ſerrée, denſe & peſante, eu égard à ſon volume. La vapeur qui s'en exhale à la combuſtion donne peu d'odeur ; & cette tourbe eſt eſtimée l'une des meilleures.

Déja elle perd de ſa qualité à *Angeſt*, quoiqu'elle ſoit d'une pâte noire, fine & également belle; mais elle eſt plus légere, plus *veule* en terme populaire : elle tient moins au feu, & elle ſe vend en conſéquence de 2, 3, à 4 liv. de moins que les précédentes, c'eſt-à-dire, de 26 à 30 liv. Mais comme il y en a beaucoup en divers endroits, tels qu'Iſeu, Bourdon & autres, proche des cantons même où ſe trouve la meilleure, de plus ou moins griſe ou crayeuſe, il s'en vend à 15, 18, 20 & 25 liv.

La tourbe de l'*Etoile*, celle de Long, ſans valoir celle des environs de Péquigny, reprend de la couleur, de la conſiſtance, tient long-tems au feu & ſe vend de 27 à 28 liv.

Entre Dreuil & Lonpré, d'Amiens à Péquigny, on trouve l'*arundo fragmites* par places en grande quantité, comme dans la vallée de Boves & dans celle d'Hallancourt. On eſt ſûr, comme je l'ai obſervé, que les tourbes de ces cantons ſont remplies de roſeaux deſſéchés & en nature: la qualité de la tourbe n'en eſt pas altérée: elle conſerve toujours celle qui eſt accidentelle ou propre au lieu où on la tire, mais elle a moins de maſſe à volume égal, quoiqu'auſſi noire, auſſi denſe, par parties; & quoiqu'elle brûle très-bien, qu'elle faſſe un feu plus clair qu'aucune autre, ce qui la fait préférer pour l'uſage de la cuiſine, elle ſe vend trois livres de moins que celle du même canton & de même nature, qui eſt exempte de roſeaux, par la ſeule raiſon que cette derniere tient le feu plus long-tems.

a) Celle des environs de Corbie eſt moins peſante, moins noire, moins ſerrée que celle de Péquigny; elle eſt moins ſulfureuſe, elle a moins d'odeur : elle eſt miſe au rang des bonnes tourbes, quoiqu'inférieure à celle de Péquigny.

La petite vallée de Bonnay tout près de Corbie, en tirant vers Egly, en fournit qui ne le cede en qualité à aucune tourbe de la Picardie.

b) Celle des marais de Rivery & de Camont a peu de retraite; elle eſt peſante, aſſez noire, généralement ſulfureuſe, mais fort variable, un peu argilleuſe, très-puante à la combuſtion, moins eſtimée que les précédentes.

c) Celle de Boves eſt très-mêlée de roſeaux, l'*arundo fragmites;* elle eſt légere, & brûle bien, à feu clair, beaucoup moins concentré que celui des précédentes : elle a peu d'odeur & elle eſt eſtimée à raiſon de ces qualités, quoiqu'elle tienne le feu moins long-tems que les autres.

d) Celles de Longau & de Cagny ſont inférieures à celles de Boves, quoiqu'à peu de diſtance, dans la même vallée & au-deſſous : elles ſont plus dilatées, plus ouvertes, plus légeres; qualité ſpongieuſe qui provient de ce qu'elles ſont toujours très-imbibées d'eau, très-détrempées.

La vallée du Petit Saint-Jean, Hallancourt & Pont-de-Metz, a de la tourbe très-variée, qui ſemble diminuer en qualité, être plus terreuſe,

a) 26 à 28 liv. parce qu'elle eſt moins à portée.

b) 20 à 30 liv. & juſqu'à 34 à 35 liv. vu la poſition preſque ſous les murs de la ville.

c) 28 à 30 liv. vu la qualité eſtimée.

d) 24 à 26 liv. quoique plus à proximité de la ville que les précédentes.

quelquefois ſableuſe & un peu argilleuſe, mais ordinairement crayeuſe, ſur-tout vers le bas, à meſure qu'on s'approche plus de l'embouchure de ſa petite riviere. La meilleure eſt plus eſtimée que celle de même choix de Longau & Cagni; mais elle eſt tellement variée qu'il s'en vend depuis 16 juſqu'à 28 liv. Il s'en vend à un prix très-au-deſſous : on en tire même au fauxbourg de Ham, à la porte d'Amiens, qu'on ne ſaurait vendre en nature, tant elle eſt mauvaiſe, & qu'on brûle ſur la place pour uſer des cendres en engrais. Elle contient moitié, deux tiers, trois quarts de craie; & jamais elle ne prendrait feu, ſi l'on ne ramaſſait la pouſſiere des meilleures pour la brûler, toujours d'un feu concentré, qui ne montre ni inflammation ni incandeſcence.

J'OBSERVERAI, ſur-tout à l'égard de ces mauvaiſes tourbes, quand le champ tient à un village & que c'eſt une commune, qu'il eſt d'une mauvaiſe adminiſtration de les laiſſer tourber, parce qu'on perd pour quelque tems, & pour un profit médiocre, un pâturage eſſentiel; & ſi la raiſon du fiſc y entrait pour quelque choſe, ce ſerait le cas de la comparaiſon des ſauvages, qui pour avoir le fruit d'un arbre, le coupent par le pied.

A Longau & Cagni, l'on ne peut *tourber au louchet* qu'à peu de profondeur; & ſans le ſecours de la machine ou de la drague, il faudrait ſe réſoudre à abandonner beaucoup de tourbes, tandis qu'à Péquigny, à Corbie & en beaucoup d'autres parties de la vallée de Somme, on tourbe au louchet juſqu'à 20 & 22 pointes ſans être beaucoup incommodé des eaux, dont on ſe débaraſſe avec la trinqueballe ſeule & l'épuche & épuchette, plus aiſémement qu'à Longau à 3, 4 ou 5 pieds de profondeur.

EN général, plus le terrein eſt aqueux, moins la tourbe eſt compacte, & *vice verſa*; auſſi les tourbieres terreuſes ſont rarement aqueuſes.

A Amiens, une charge dite vulgairement une charrette de bonnes tourbes, revient pour celui qui l'achete, compris les frais de la voiture, ſur le pied de 30, 35 ou 40 ſols, ſuivant le tems; & pour une diſtance de deux ou trois lieues, à huit livres. La *pile* coûte donc de 38 à 40 livres, mais ſeulement de 30 à 32 de premier achat : ce qui fait par journal un produit à peu près de 16000 livres. Nous avons vu que le prix du terrein & les frais d'exploitation réunis, ſe montaient à 8000 l. Le profit ſerait donc d'une égale ſomme pour les entrepreneurs, en ſuppoſant que la tourbe fût de la meilleure qualité; mais elle eſt toujours variée dans l'étendue d'un journal. Il arrive quelquefois dans les vallées, qu'on rencontre des bancs de ſable entre des couches de tourbe; alors on eſt forcé d'abandonner l'exploitation de celle-ci, parce que le ſable s'écoulant toujours par la coupe verticale, ſe mêle avec la tourbe, l'altere beaucoup par conſéquent, & s'oppoſe à ſon extraction. D'autres fois, elle ſe trouve de ſi mauvaife qualité, que ne pouvant indemnifer de tous les frais, on la brûle fur les lieux après l'avoir extraite, uniquement pour la cendre : c'eft ce dont nous avons des exemples dans les vallées du voifinage d'Amiens, & même dans la vallée de Somme. Enfin divers inconvéniens, fouvent inattendus, multiplient les dépenfes & diminuent d'autant le bénéfice.

QUANT au profit des pauvres dans l'ufage de la tourbe par préférence au bois, il ne réfulte pas d'une grande différence entre leurs prix, du moins en Picardie. Nous avons vu qu'une pile de bonne tourbe, contenant cinq charges, coûtait 38 à 40 livres ; une corde & demie de bois au meilleur compte, & à la quantité de laquelle pour l'ufage (a) on évalue cette pile, coûte 42 liv. Mais la cendre qui provient d'une pile de tourbe vaut environ 5 livres, felon qu'elle eft plus ou moins colorée d'un jaune rouffâtre, par lequel on juge de fa bonté ; & ce qui eft plus fenfiblement avantageux, on peut épargner fur la quantité, en ce que deux ou trois tourbes font un petit feu qui fuffit aux befoins journaliers, tandis qu'on ferait forcé d'employer pour les mêmes chofes un volume de bois plus confidérable, qui s'embrafe & fe confume auffi plus facilement.

AU refte, s'il eft à defirer que cette reffource foit connue & mife en ufage dans les provinces où il eft poffible de fe la procurer & où elle a été négligée jufqu'à préfent, il faut convenir que l'indifcrétion avec laquelle on l'emploie, & l'abus qu'on en fait, particuliérement en Picardie, en exploitant ces tourbes par-tout fans ménagement & fur-tout en accordant peut-être trop légerement aux régiffeurs des biens patrimoniaux & autres gens de main-morte la faculté de tourber, donne lieu de craindre qu'on n'éprouve bientôt à cet égard une rareté, une difette égale à celle du bois même.

C'EST cette rareté jointe aux confidérations que nous avons remarquées & à l'abondance actuelle des tourbes dans les vallées de la Picardie, qui détermine les gens du peuple & la plupart des artiftes, dans leurs atteliers, à ne confommer que de ces tourbes, malgré la pénétrante & dégoûtante vapeur qui s'en exhale lors de la combuftion, dont la fubtilité & l'abondance font telles que le linge & les vètemens, quelqu'enveloppés & ferrés qu'ils foient dans des armoires, en contractent l'odeur, que portent partout ceux qui en font revètus. Les meubles, les outils & uftenciles, tout enfin ce qui eft dépofé dans ces maifons, les maifons même, après un grand laps de tems qu'on aurait ceffé d'y en brûler, toujours en décelent l'ufage. Lorfque l'athmofphere eft tellement chargée de vapeurs que celles de la tourbe ne fauraient la pénétrer, elle fe rabat dans l'air ambiant qu'on

(a) Ce qui s'entend d'un feu foutenu, & non de l'épargne que néceffite la pauvreté.

respire ; elle infecte ceux qui, n'y étant pas accoutumés, s'écrient volontiers avec l'ancien déjà cité : *O miseram gentem*, &c. Cette odeur s'annonce aux étrangers à une grande distance de la ville ; & il n'est guere de ceux qui y résident, qui n'y soient très-sensibles pendant quelque tems, après une longue absence. Cependant elle n'est point estimée mal-saine ; les hommes & les animaux qui y sont habitués se portent aussi bien & vivent aussi long-tems qu'ailleurs.

On a délivré nombre de certificats en différens tems ; j'en ai moi-même produit un de la municipalité d'Amiens, dont on a interverti l'usage par une fausse analogie, en voulant prouver, contre le fait, que la vapeur de l'acide sulfureux, dégagé & mis à nu, ne nuisait point à la végétation des plantes.

La tourbe tient le feu long-tems ; une seule allumée & garantie du contact immédiat de l'air libre, en étant recouverte de cendres, n'est pas consumée en vingt-quatre heures.

La fumée de la tourbe, au rapport de Levinus Lemnius, ternit l'argent, le cuivre, l'étain, & rend l'or plus éclatant. Plus dense que celle du bois, elle fournit aussi une suie plus noire & en plus grande abondance ; c'est ce qu'on observe encore, comme au tems de Patin, de l'avis duquel on peut n'être pas toujours sur les causes physiques & chymiques qu'il ne manque guere d'attribuer pour expliquer les effets. On peut même révoquer en doute les dangereux inconvéniens dont il parle & qu'il cherche à prévenir sur l'emploi de cette suie en engrais : il dit que les paysans s'en servent à cet usage dans les vignes, & le trouvent excellent ; cependant il le blâme hautement & conseille de l'abandonner, comme faisant mourir les plantes en peu de tems. Il aurait, au contraire, dû observer que la chose pouvait être bonne en soi, & qu'en ce cas-ci, comme en mille autres, il n'y a véritablement que l'excès qui soit pernicieux.

On arrange les tourbes au foyer en forme pyramidale, laissant des jours entre chacune, pour que la flamme y circule & s'éleve au-dessus ; une fois arrivée à un certain point d'expansion, elle s'y maintient ; & la tourbe, ainsi arrangée au nombre d'une quinzaine, fournit un feu passablement ardent qui dure cinq à six heures & qu'on ne remonte ordinairement que deux fois par jour, pourvu qu'on ne le remue pas.

Usages de la tourbe.

Nous avons fait observer les motifs qui déterminent à se servir de la tourbe ; voyons à quels usages & par qui elle est particuliérement employée.

Les imprimeurs d'étoffes en laine, les gauffreurs & les calendreurs à chaud, les petits teinturiers, la plupart des atteliers enfin qui demandent un feu égal & continu, emploient de la tourbe, à l'exception de ceux qui n'ayant pas un emplacement assez vaste pour l'emmagasiner, lui préferent le charbon de terre d'un infiniment plus petit volume, & dont le plus grand nombre de sortes peut être exposé à toutes les intempéries des saisons sans inconvéniens. La facilité plus grande de la tourbe à produire des incendies en détermine aussi quelques-uns; car la tourbe une fois allumée, & elle s'allume d'une étincelle, entretient un feu couvert qui consume sans discontinuer, & ne s'éteint, ainsi que je l'ai déjà remarqué, que faute d'aliment.

A l'égard des teinturiers en grand, dont les opérations exigent souvent un feu vif & des coups de feu subits, ils font usage du bois. Les chaufourniers & briquetiers emploient la tourbe; les premiers l'emploient volontiers seule, aussi long-tems qu'ils en ont; ou ils emploient le charbon de terre également seul, lorsque la tourbe leur manque. Consultés sur la préférence à donner, pour la qualité de la chaux, à l'un de ces deux agens, ils ne se montrent point trop décidés; ils semblent croire que c'est chose indifférente: cependant on observe, & ils en conviennent, que la chaux faite à la tourbe s'éteint plus promptement à l'air que celle faite au charbon de terre, qui, moins chargé sans doute de parties salines, est par la même raison plus analogue à cette fabrication, comme l'a judicieusement observé M. Fourcroix de Ramecourt dans son art du Chaufournier. Ils disent néanmoins, & je l'ai remarqué, que l'eau dont on l'humecte toujours pour rendre sa chaleur plus intense, & celle même de la tourbe, lorsqu'elle n'est pas au degré de dessication convenable, condense & durcit la matiere crétacée. Cette eau, dans l'un & l'autre cas, fait fluer une matiere visqueuse qui s'agglutine autour des morceaux de la pierre à chaux, & qui en lie plusieurs par un encroûtement vitreux, lequel fait feu avec le briquet. Cette matiere perdue, qu'on rejette, provient sans doute du peu d'argille éparse, adhérente à quelques pierres de craie, ou répandue dans la tourbe, & en plus grande quantité dans le charbon de terre, qui par l'humide & le chaud s'est rapprochée de la craie, & se sont mutuellement servis de fondant.

Quant aux briquetiers, qui emploient aussi la tourbe & le charbon de terre, ils terminent toujours par le bois; principalement lorsqu'ils ont fait usage de tourbe. La raison de cette différence vient de ce qu'il faut une plus grande quantité de tourbe que de charbon, & que sa fumée plus épaisse, sa suie plus abondante, obstrue davantage les interstices des briques, & que la chaleur gagne moins vîte & moins également le haut du four, tout aussi long-tems qu'on use de la tourbe; mais si, après en avoir brûlé pendant 40, 48 à 50 heures, on pousse le feu au bois durant 6,

10 à 12 heures, la suie même de la tourbe s'allume; la flamme monte jusqu'au haut & passe par-dessus; la chaleur se répand par-tout, la cuite devient égale, autant qu'il est possible; car il y aura toujours à cet égard une différence sensible des briques du bas à celles du haut, de celles du centre à celles de la circonférence. C'est plus encore dans ces fours que dans ceux à chaux, que la matiere coulante & vitreuse abonde, sur-tout si la cuite s'est faite au charbon de terre trop humecté : il n'est pas rare alors de trouver au centre de la fournée des masses de briques par centaines, par milliers, si intimement liées par ce gluten, qu'on brise beaucoup plus facilement les briques que de les séparer les unes des autres. Mais ces détails appartiennent à l'art du Tuilier-Briquetier.

M. Jars nous assure qu'on se sert de tourbe également en Hollande, pour cuire la tuile & la brique; & à cette occasion, *il remarque que celles dont on fait usage pour cette opération se tirent de la province de Frise; qu'elles sont plus grandes & plus légeres que celles de Hollande, moins compactes & paraissent moins terreuses; qu'elles sont composées de plantes & de racines plus grosses que les autres; & que par cette raison elles brûlent plus promptement & donnent de la flamme, au lieu que celles de Hollande n'en donnent presque pas, sur-tout lorsqu'elles sont agitées par l'air extérieur qui entre par les embouchures des foyers. Ces tourbes*, ajoute-t-il, *laissent très-peu de cendres après elles; de sorte que, quoiqu'il n'y ait pas de cendriers, elles ne gênent aucunement.*

Ce passage, exact quant aux faits, & intéressant pour la pratique, n'a besoin que d'une observation pour être expliqué; c'est que la tourbe de la Hollande, toujours très-réduite, fort délayée, semblable à de la vase exploitée dans l'eau, à la *drague* ou au *filet*, est gâchée dans la barque même où on la tire; que ce n'est qu'après cette opération qu'on la dépose sur le terrein, où, soutenue de planches posées de champ, égouttée, affaissée, comprimée, desséchée en grande partie, on la coupe, comme ici, en forme de briques, & que cette tourbe ainsi que celle *faite au moule*, comme je l'ai observé, où qu'elle soit faite ainsi, est plus serrée, plus compacte, plus lourde, & qu'elle a en même tems beaucoup plus de retraite en séchant, que celle de la Frise, où souvent l'exposition & la nature du terrein permettent, comme en beaucoup d'endroits de la Picardie & de la Flandre, de le faire à la beche. Telles sont les vraies & les seules causes des différences de l'état & de l'effet de ces tourbes, remarquées par M. Jars.

Les tuiliers de ces cantons unanimement & constamment rejettent l'usage de la tourbe & même celui du charbon de terre. Poussés sur cet article par ce que dit M. Jars des Hollandais, ils n'y voient que la forme différente sans doute de leurs fours, qui, selon eux, ne permet que l'usage du bois, préférable en effet pour la cuite de la tuile. Il faut ajouter que M. Jars lui-même

même ne s'est point expliqué d'une maniere circonstanciée sur cette partie. Son titre principal porte bien, *la tuile & la brique*; mais au titre du procédé & dans les détails de l'opération, il n'est jamais question que de la brique : ce qui rentrerait dans notre maniere de procéder, & n'aurait plus rien de surprenant.

A l'égard des brasseurs & des distillateurs, je n'y vois que l'empire de l'habitude; les fourneaux, les chaudieres, & la maniere d'opérer étant par-tout les mêmes.

M. Dupré d'Aunai (*a*) aurait dû s'exprimer d'une maniere plus précise lorsqu'il a écrit, *qu'il a vu en Angleterre, en Ecosse, en Hollande, en Artois & en Picardie, où faute de bois suffisant pour tous les besoins, on se sert de houille & de tourbe pour la cuisson de la viande & de la bierre, pour les chaudieres des teintures, pour la cuisson des briques, des tuiles, des carreaux, de la chaux, des différentes poteries, verreries; en un mot, de tout ce qui exige du feu, excepté le pain & la pâtisserie.* Exception que n'avait même pas faite l'auteur de la dissertation dejà citée, (*b*) qui, en parlant des divers usages de la tourbe en Hollande, dit en propres termes, *les boulangers choisissent la tourbe légere.* Le même auteur croit avec plusieurs autres qu'on pourrait l'employer très-avantageusement pour fondre la mine de fer. " Il ne faut que la rendre ,, capable de faire un feu assez vif, & de rendre une chaleur assez forte ,, pour cette opération.... La méthode la plus propre pour arriver à ce but, ,, serait de l'amener au point de former une substance aussi solide & aussi ,, compacte qu'il est possible. Je trouve par quelques expériences que j'ai ,, faites, qu'il ne serait pas difficile de porter la tourbe à un degré de solidité considérable. L'opération seule de la pétrir en fait l'affaire.... La solidité de la tourbe, préparée de la maniere que je viens de le dire, est surprenante; sa gravité spécifique est un peu plus forte que celle du charbon de terre (des mines du Baron-Clerk proche Edimbourg). " Il ,, paraît, par ce qui vient d'être dit, que si l'on pouvait faire du fer avec ,, de la tourbe, ce serait un grand avantage, particuliérement pour certains endroits du nord de la Grande-Bretagne, où l'on peut avoir facilement une grande quantité de tourbes, & où les mines de fer restent vacantes faute de bois pour les exploiter. » (*c*)

(*a*) Journal économique, mars 1758.

(*b*) Idem, juillet 1757.

(*c*) Maniere de former la tourbe en *briquettes*, ou *hochets*, comme les Flamands & les Liégeois préparent le charbon de terre. M. Lind, dans les Essais d'Edimbourg, croit que la tourbe ainsi façonnée serait propre à être employée pour le traitement des mines de fer ou fourneaux de forges; par cet opération on rend la tourbe plus dense. Plus les corps sont dans cet état, plus ils s'échauffent. On sait que plus la tourbe est compacte & pesante, plus elle chauffe & conserve sa chaleur : on est pour

Charbon de tourbe.

LONG-TEMS avant Charles Patin, l'on avait imaginé de faire du charbon de tourbe; & cet auteur, qui rapporte la mauvaise coutume de l'éteindre des Hollandais, s'en plaint comme rendant sa fumée plus pernicieuse. Il cite l'usage que font de ce charbon les boulangers, pâtissiers & autres artisans, ainsi que les petites marchandes des Pays-Bas, dans leur *een stoofken* (chaufferette); & les dangers qui en résultent, contre lesquels ont écrit Martin Sehepper, & plusieurs autres médecins.

IL est sans doute un moyen de débituminiser le charbon de terre; moyen qu'on a voulu faire passer pour une découverte, après vingt-cinq ans d'une pratique constante en France & d'une semblable pratique de plus de cent ans dans l'étranger; (*a*) mais il pourrait bien n'avoir pas plus de succès sur celui de la tourbe pour le chauffage, qu'il n'en a eu jusqu'à présent parmi nous sur le charbon de terre pour le même usage : ou il n'était jamais assez débituminisé, & il donnait encore de l'odeur : ou il l'était tellement qu'il se consumait très-promptement, & que, soit l'odeur, soit le plus de dépense à faire que pour le bois, soit enfin le désagrément de n'avoir pas une chaleur si douce, un feu aussi clair, on l'a abandonné.

CE qu'il y a de vrai, c'est que le charbon de tourbe que j'ai vu faire par essai (je ne crois pas qu'actuellement on en fasse nulle part en France pour l'usage) ou n'a jamais perdu son odeur, sinon forte au moment de la combustion, insupportable du moins par la vapeur rabattue des cheminées où l'on en avait brûlé, même de celles où l'on avait cessé d'y en brûler depuis des années; ou trop brûlé, il ne semblait entrer en incandescence que pour tomber en cendres le moment d'après.

D'UN autre côté, si, malgré tout ce qu'on a prôné des succès de la débituminisation du charbon de terre, on ne peut point l'employer au raffinage des métaux, comme en convient & ainsi que le prouve M. Jars, frere du précédent, dans ses usines de Chessy & de Saint-Bel, où il s'en consume immensément, mais exclusivement à cette seule opération, sans doute parce que les pyrites qu'il contient ne sauraient se décomposer entiérement

cette raison en usage dans la Hollande de la fouler & de la pétrir. En conséquence M. Lind pense qu'il faudrait écraser la tourbe, encore molle & humide, sous des meules, & en former ensuite des masses. Mais ce moyen ne suffirait pas pour l'opération à laquelle l'auteur la croit propre, la tourbe n'étant pas par-là privée de son acide. Il est donc question, pour attendre quelque succès de la tourbe appliquée au traitement des mines, de la réduire en charbon; c'est-à-dire, de la brûler jusqu'à un certain point.

Note de M. Morand.

(*a*) Voyez Journal de physique, mois de février 1780, lettre de M. Morand à M. Leroy; Mercure de France, lettre de M. Morand à M. Jombert.

dans un feu ordinaire. A quoi peut-on espérer d'employer avec réussite & avantage le charbon de tourbe même ?

Quoi qu'il en soit, M. Guettard a publié (*a*) la maniere de faire ce charbon.

" On se sert d'un four qui a la forme d'un cône renversé, semblable „ à ceux de Vichy, de Lyon & de plusieurs autres endroits de France, „ dans lesquels on fait de la chaux. (*b*) Celui où l'on brûle la tourbe est „ de douze pieds à son ouverture, sur dix de hauteur : un des côtés a „ une porte haute de quatre à cinq pieds, sur plus ou moins de deux en „ largeur. Vers le bas du cône est une voûte aventorye ; cette voûte porte „ la tourbe : au-dessous est placé le peu de feu qui est nécessaire pour allu- „ mer la tourbe : lorsqu'elle a suffisamment pris feu, l'on bouche le trou „ qui a communication avec l'air extérieur : on ferme aussi la porte avec „ des briques, qu'on maçonne exactement. On a fait depuis quelque tems „ des changemens à ce four : il est beaucoup plus large & plus profond.

„ Lorsqu'on a rempli le four de tourbe, on la couvre de terre & on la „ laisse brûler peu à peu ; la masse totale s'affaisse, & l'on reconnaît qu'elle „ est cuite lorsqu'elle ne jette plus de fumée.

„ Si on remue la tourbe par-dessus, & que ce soit la nuit, on voit sortir „ une flamme violette, semblable à celle du soufre qui brûle : l'odeur qui „ sort du four est aussi sulfureuse & très-forte. Il s'attache le long des parois „ du four, de petites écailles blanches, brillantes comme du nitre ; les chau- „ fourniers veulent que ce soit de ce sel. On cuit à chaque journée trente „ voies de charbon, à seize boisseaux par voie, mesure de Paris.

„ On a d'abord fait ce charbon suivant la méthode employée pour le „ charbon de bois ; elle a été abandonnée ; la tourbe se consumait trop, „ & le charbon devenait par-là trop coûteux. „ (*c*)

Sur la montagne nommée Blocksberg, dans le Hartz, M. Duluc a vu réduire, avec les mêmes précautions que pour le charbon de bois, la tourbe en charbon dans des fourneaux de gueuses, où on la fait rougir sans la consumer. Ce sont des tuyaux de 3 à 4 pieds de diametre, & de 10 à 12 pieds de haut, placés les uns auprès des autres, comme des tuyaux d'orgues. (*d*)

(*a*) Mém. de l'académie des sciences, année 1761.

(*b*) Voyez les *figures* de l'art du Chaufournier.

(*c*) Il faut, pour cette préparation, avoir égard à l'espece de tourbes ; celles qui sont tendres & se réduisent en cendres, ne sont point propres à être converties en charbon, mais seulement celles qui sont pesantes & qui au feu se maintiennent en masse, comme on les a tirées de la tourbiere, ou qui se réduisent difficilement en cendres. *Note de M. Morand.*

(*d*) Lettres physiques & morales sur l'histoire de la terre & de l'homme.

On trouve dans Stahl le moyen de faire un charbon de cette matiere, très-propre à allumer promptement un fourneau qu'on se propose de chauffer à la tourbe. Il consiste à en faire allumer un morceau dans le feu, & à le tremper dans l'eau au moment de son incandescence ; il se rallume bientôt & il enflamme en peu de tems la tourbe sur laquelle on le place.

SECONDE PARTIE.

Des tourbieres profondes ou du haut pays ; de l'usage auquel on en emploie la tourbe.

Après avoir attentivement examiné les tourbieres de chauffage, celles qui s'exploitent ou pourraient s'exploiter pour la cuisine & les fourneaux, dans les vallées de Seine & d'Yonne, de Marne & d'Oyse, de Somme & d'Authie, & de plusieurs de celles en nombre qui y aboutissent ; après avoir étudié en particulier l'art de tirer & d'employer la tourbe en Flandre, en Hainaut, au Brabant & dans les Provinces-Unies, j'ai cru devoir faire des recherches sur les tourbieres du haut pays, que rien n'annonce à l'extérieur, & non moins utiles que les précédentes, que la terre renferme dans son sein, antérieurement à l'un de ces grands changemens de la surface du globe, dont rien ne met sur la voie de fixer l'époque.

Il n'y a pas plus de trente ans qu'on soupçonne l'existence de ces tourbieres : le hasard seul en a produit la découverte. La premiere le fut en creusant un puits. Il en existe de celles-ci, comme des précédentes, dans presque toutes les provinces de France ; mais loin d'être, comme elles, dans les vallées, elles sont toujours sous de petites éminences, respectivement au pays où elles sont situées ; & il n'y a guere encore que la haute Picardie, le Soissonnais & une petite partie de la Flandre, du Hainaut, de la Champagne & de la Brie, qui les connaissent & qui en fassent usage.

J'ai visité toutes celles qui sont en exploitation dans cette province, aux environs de Noyon, à quatre ou cinq lieues à la ronde, & jusqu'à Rollot. Les premieres situées dans les paroisses de Beaurain, de Beuvraines ou Sessie, de Jussy, de Gollancourt & de Muirancourt, ainsi que celles de Canley, près de Pont, de Harmey près de Compiegne, & les trois de Rollot, s'exploitent à ciel ouvert, excepté celle de Beaurain, qui a des galeries sous terre, dont on soutient le toit, comme dans les carrieres, en y laissant des piles ou staux d'espace en espace.

On donne dans le pays le nom de *mines* à ces tourbieres ; de *mineurs* aux ouvriers qui les exploitent, & en général celui de *houille* à la matiere tourbeuſe qu'on en tire.

Cette ſubſtance, appellée par M. Morand *terre tourbe* pour la diſtinguer de la *tourbe* proprement dite, eſt plus ou moins ſerrée, comprimée, durcie ſuivant le nombre des ſiecles qu'elle a d'exiſtence, ſuivant la nature, la hauteur, le poids enfin des terres qui la preſſent. Elle exige le pic pour être briſée & détachée de ſa maſſe, ou ſe leve à la beche.

Les tourbieres de Beuvraines & celles de Muirancourt s'exploitent de cette derniere maniere; celles de Beaurain, de Juſſy & de Gollancourt, de la maniere précédente. Cette ſubſtance eſt toujours vitriolique, ordinairement martiale, quelquefois alumineuſe : telle celle de Cauly ou Couly entre Compiegne & Verberie, au midi de la Cheſſe, à deux grandes lieues de Mouchy, très-pure, ordinairement très-noire, à moins que dans ſa formation il n'y ait eu des bancs de ſable ou d'argille, charriés entre pluſieurs de ſes lits : ce qui eſt très-reconnaiſſable, quant aux tranches qui ſont nettes lorſque c'eſt de l'argille ſeule, & dont les infiltrations ſe font remarquer quand il y a mêlange de ſable.

La *terre-tourbe* ſe trouve en quelques endroits à ſept ou huit pieds de profondeur, mais plus généralement à 10, 12, 15, 20 & 25 pieds; on tire à 27 celle de Beaurain. Ordinairement la tourbe eſt par bancs de 4 à 5 pieds d'épaiſſeur; mais quelquefois auſſi elle eſt par pluſieurs bancs coupés, comme on vient de l'obſerver, moins épais que les précédens, & ſeulement de douze, dix-huit à vingt-quatre pouces : alors le dernier banc eſt le plus dur; la tourbe en eſt la plus pure, la plus noire, la plus eſtimée pour engrais.

Que ces tourbes ſoient en couches d'une plus ou moins grande épaiſſeur, plus ou moins profondes, ou diviſées par des couches d'autres matieres interpoſées, elles ſont toujours recouvertes par un nombre déterminé, à peu près le même, de couches des matieres ſuivantes, dont les bancs ne different guere que par leur épaiſſeur; elles reſſemblent à bien des égards à celle trouvée à Langenſaltza en Thuringe, décrite au tome VI du *Magazin d'Hambourg*, cité au mot *Tourbe* dans l'Encyclopédie.

La tourbiere de ce genre, dont non-ſeulement j'ai pris exactement toutes les dimenſions, mais de chaque banc de laquelle j'ai recueilli un fort échantillon, eſt ſur le territoire de Rollot. Elle appartient au ſieur de Bourge, ſyndic du lieu, qui exploite pluſieurs tourbieres en grand, & qui fait de leur produit un commerce précieux. Cette tourbiere, dont les détails ſuivans donneront une idée très-nette de toutes celles du même genre, eſt recouverte, compoſée, terminée :

1°. Par une *terre ſablo-argilleuſe*, rougeâtre, végétative & miſe en cul-

	pieds.	pouc.
ture, dont le banc a d'épaiſſeur	2	
2°. Un banc *d'argille* griſe aſſez pure	1	3
3°. Un banc *d'argille ſableuſe*, ocreuſe, mêlangée de craie . .		8
Cette terre expoſée au ſoleil, ſe durcit & prend une conſiſtance de pierre; mais à la pluie, les parties groſſieres de craie, dont elle eſt mêlée, ſe pénetrent aiſément, & bientôt la maſſe eſt réduite en boue.		
4°. Un banc *coquillier* de coquilles marines, entaſſées, briſées, ſerrées & comme agglutinées, parmi leſquelles on reconnaît pluſieurs ſortes de cames, des huîtres, des moules, des vis en quantité, le coutelier & autres	1	8
5°. Un banc *d'argille* groſſiérement mêlangée de ſable . . .	1	8
6°. Un banc d'une *argille* qui ſe délite par bandes, entre leſquelles ſe trouve du *ſable* jaune & très-fin	2	6
7°. Un banc de *terre* très-durcie, qu'on ne peut rompre qu'au pic & même qu'avec effort, compoſée d'un mêlange de craie pulvériſée, de petites coquilles fluviatiles & terreſtres qu'on retrouve en nature, d'un peu d'argille, de ſable & de matieres tourbeuſes, toutes très-diſſéminées, de couleur gris-violet terne ou ſale. Cette terre a une légere odeur hépatique, qui ſe développe lorſqu'on la frotte, & beaucoup plus lorſqu'on la brûle: elle fait beaucoup d'effervеſcence avec les acides.		10
8°. Un premier banc de *tourbe* un peu mêlangée des terres du banc ſupérieur.		8
9°. Un banc de *marne* blanche un peu noircie par la tourbe, ce qui n'empêche pas qu'elle ne ſoit bonne à marner. . . .		8
10°. Un banc de *tourbe* très-bonne à brûler pour la cendre . .		5
11°. Un banc *marneux*, très-tendre, dont la matiere ſe deſſeche au ſoleil comme ſi elle ſe calcinait	1	6
12°. Un banc de *tourbe* très-mêlangée de craie & de marne, mais par lits, de maniere que la tourbe qui ſe feuillette par parties de deux, trois ou quatre pouces, eſt aſſez pure en tout . .	1	6
13°. Un banc de *tourbe* très-noire, la plus dure, la plus peſante, mais un peu variée par le mêlange des terres d'au-deſſus.		10
14°. Un banc *d'argille* noire par la tourbe qui repoſe deſſus.	1	3
	17	5

L'EAU ſourd actuellement: elle eſt quelquefois beaucoup plus haute, rarement plus baſſe; on trouve encore un banc de marne très-douce & très-argilleuſe, paſſablement blanche, & toujours le galet au-deſſous.

Les couches font moins variées dans les tourbieres fouterreines des environs de Noyon ; elles le font du moins d'une maniere moins fenfible : en général, après la *terre* rougeâtre, fablo-argilleufe, végétative, vient la *terre-forte*, vraie argille, peu fableufe, mèlangée par paquets de craie blanche ; enfuite le banc *coquillier ;* un autre banc *d'argille* mèlangée de fable ; la *terre* compacte & dure du n°. 7, & toujours la *tourbe* au-deffous.

Lorsque ce lit de tourbe eft feul, il eft ordinairement de trois, quatre à cinq pieds d'épaiffeur. S'il a moins de hauteur, on entame le banc fuivant, & l'on fouille au-deffous. Si l'on trouve enfin le banc de marne blanche, il eft inutile d'aller plus loin ; ce banc, quelquefois très-épais, eft conftamment affis fur le galet ; & ce galet, ici comme dans les tourbieres des marais, eft toujours très-rapproché, très-ferré, & impénétrable à la fonde, qui ne faurait s'y ouvrir un paffage.

L'eau ne fe trouve nulle part dans les hautes tourbieres au-deffus de la tourbe ; c'était le plus haut niveau des anciens marais, lorfque celle-ci acheva de s'y former. Elle fourd fouvent de la tourbe même, quoiqu'elle ne la pénetre pas, & que la tourbe preffée & ferrée n'en foit jamais détrempée ; mais par des tuyaux de communication aux réfervoirs qui font toujours au loin fous terre ou dans quelque vallée.

Plus fouvent encore l'eau ne fe montre que vers le fond du banc de tourbe, & quelquefois abfolument en-deffous de ce banc : ce qui dépend beaucoup de la hauteur accidentelle de l'eau ; car on a obfervé qu'elle varie chaque année, & même plufieurs fois dans l'année.

L'épuisement des eaux eft une des grandes dépenfes de cette forte de tourbage : on y emploie généralement les pompes ; mais depuis quelques années on a ouvert un conduit à la tourbiere de Gollancourt, plus élevée, ainfi que les autres tourbieres de ce genre, que quelques-uns des tereins environnans. En d'autres on ne connaît encore que l'ufage de la bafcule ou trinqueballe.

Si l'on veut maintenant rechercher quelle eft cette matiere, & comment elle fe trouve là, il eft fort inutile de fuppofer des forêts & des bouleverfemens pour les enfouir.

Ces terres-tourbes ne font ni du charbon de terre ni de la houille ; elles n'ont aucun des caracteres de cette fubftance, fi ce n'eft l'inflammabilité qu'elles partagent avec elle. Elles ne font pas plus de bois pourri que celles de nos marais : elles font, comme ces dernieres, formées de végétaux herbacés, crûs, décompofés, réduits & entaffés fur la place même. Ces lieux élevés & fecs étaient bas & marécageux ; c'étaient des vallées telles que celles d'aujourd'hui, qui fe combleront également après une révolution de fiecles que perfonne ne peut ni prédire ni imaginer.

L'ARGILLE qui eſt conſtamment immédiatement au-deſſous de ces tourbes, ne ſerait-elle pas l'extrait, fait par la voie humide, de la partie muqueuſe des végétaux, ſur laquelle leur acide a réagi, peut-être encore des parties molles des animaux décompoſés auſſi par la même voie, le tout combiné avec la terre premiere de la craie, ou ſon réſidu, comme nous l'avons déjà obſervé? Le banc de craie blanche, très-marneuſe, beaucoup plus ſurabondamment chargée d'argille dans ces hautes tourbieres que dans celles des vallées, ſur lequel repoſe toujours la couche précédente d'argille, n'eſt peut-être autre choſe qu'un ancien réſultat de la décompoſition des parties ſolides des animaux, uni vraiſemblablement au prompt réſidu des coquillages, qui a filtré au travers de la matiere de l'argille avant qu'elle eût de la conſiſtance, & que cette même argille a rendue auſſi marneuſe; & le galet joint & ſerré qui lui ſert de baſe, s'eſt trouvé fixé par ce dépôt, après avoir roulé ſous les eaux on ne ſait combien de tems.

LA gradation eſt conſtante dans toutes les vallées: au-deſſous de la derniere pointe de tourbe on trouve une terre noirâtre, argillo-crayeuſe, gluante & faiſant efferveſcence; puis griſâtre, contenant moins d'argille & plus de craie, puis blanchâtre; enfin très-blanche, avec beaucoup de craie & très-peu d'argille, toujours le caillou en-deſſous.

AU tact, le ſondeur juge quand la tourbe finit & que l'argille commence; & la ſonde s'arrête ſur le caillou, dont elle ne pénetre jamais la couche, tant il eſt ſerré.

JUSQU'ICI, tout eſt parfaitement ſemblable de part & d'autre; à ces deux différences près, très-remarquables, ſavoir, que la tourbe du haut pays eſt toujours vitriolique, qu'elle s'effleurit & s'échauffe avec le tems par le contact de l'air, ce qui n'arrive point à celle des marais; & que les bancs de terre noire & de terre blanche, qui ſont immédiatement au-deſſous de la tourbe, ſont toujours dans le premier cas d'une argille plus ou moins pure, & ſouvent très-pure, ſur-tout la noire, qui ne fait aucune efferveſcence avec les acides; & que dans le ſecond cas, elles ſont toujours très-crétacées, quoique toujours un peu argilleuſes.

CES différences ſemblent donner lieu au ſyſtème qu'on vient d'indiquer de la formation des argilles conſidérées comme le réſultat de la décompoſition par la voie humide des végétaux & même des parties molles des animaux, & celui de la craie décompoſée, n'importe comment; le tout combiné par l'acide vitriolique, mais avec un laps de tems conſidérable, néceſſaire ſans doute pour modifier ainſi ces matieres, donner naiſſance à leurs divers produits & en former les corps en queſtion.

ON a remarqué qu'on trouve quelquefois au milieu de la tourbe, à de grandes profondeurs, des boules en pierres de craie, ſi douces qu'on les emploie

emploie comme du savon & au même usage. Cette craie est pure comme l'est celle des côteaux voisins; jetée au centre de ces tourbieres, elle devient marneuse à force d'y rester : sans doute elle aurait fini, avec le concours de toutes les circonstances précédemment énoncées, par être décomposée; & de cette décomposition il aurait résulté une vraie argille. La tourbe du pays haut est plus réduite, parce qu'elle est beaucoup plus comprimée & infiniment plus ancienne que celle des marais actuels, laquelle même nous avons aussi remarqué être plus réduite en raison de sa compression & de son ancienneté.

A Coline, vis-à-vis de Beaumont, au-dessous de Nampont, sur la rive droite de l'Authie, non loin de son embouchure, est un monticule connu dans le pays sous le nom de *Grimont*. Ce monticule renferme une tourbiere dont la singularité, comme celle du monticule même, mérite d'être décrite. Entiérement isolé, de forme conique, sur trois quarts de lieue de tour par sa base, d'environ cent pieds de hauteur du côté de Nampont à l'est, & d'un peu plus au couchant du côté de la mer, au-dessus du niveau des terres en plaines & en culture qui partent de sa base, son aspect est triste; il est aride, & pourtant très-aquatique par intervalles.

LES eaux qui découlent de ces parties y entretiennent durant les saisons froides ou pluvieuses, de la verdure; dont la paquerette (*bellis perrennis*, Lin.) quelques graminés (*aira*, Lin.), un scirpus, (*scirpus acicularis*, Lin.) font la majeure partie, tandis que les places arides, toujours mousseuses & jaunâtres, font avec les précédentes une marquetterie qui contraste aussi désagréablement que le nu de la stérilité, l'uniformité, l'aride de cette surface, l'été, où tout est desséché, où la nature inerte ne laisse que l'idée d'un éclat mort, arraché à son système & mis au rebut. A peine alors y trouve-t-on quelques pieds d'épine blanche, en petits buissons fort rabougris.

AU sud, à mi-côte, est une fontaine d'eau minérale, dont le goût est semblable à celui d'une eau qui a passé & long-tems séjourné sur de la mine de fer. Si l'on en peut juger par quelques expériences, elle est en même tems laxative & diurétique. Le nommé Aubourg, atteint d'une fievre opiniâtre, en but sans discrétion : il fut considérablement purgé & fut guéri. Plusieurs personnes l'ont été de rétentions d'urine; & l'on assure que le remede est infaillible en pareils cas, mais par un long usage, lorsque la maladie est opiniâtre.

LES environs de cette fontaine sont maigres, arides; on n'y voit guere que deux sortes de plantes, & encore sont-elles rares; la paquerette dont on vient de parler, & la scrophulaire aquatique (*scrophularia aquatica*, Lin.)

SES bords sont encroûtés, ou plutôt encrassés d'une matiere ocreuse semblable à celle dont sont maculées les terres durcies par petites masses, que nous indiquerons, répandues dans l'argille du banc, n°. 9. Cette matiere ocreuse paraît la même que celle qui se forme quelquefois à la surface des eaux ferrugineuses. Quoique palpable, aussi sensible au tact qu'à la vue, délayée dans l'eau, elle revient toujours à la surface.

Si l'on fouille dans l'intérieur de ce monticule, on trouve immédiatement au-dessous de son encroûtement, qui n'est qu'une terre cespitée, d'un brun noirâtre, d'environ deux pieds d'épaisseur, ici, un banc d'*argille* assez pure, quoique par fois grossiérement mêlé d'une fort petite quantité de sable, & séparément d'une plus petite quantité encore de craie; là, une couche où le sable domine. L'eau retenue au-dessus des premieres parties, y favorise la végétation & entretient de la verdure jusqu'au tems où les rayons du soleil, pénétrant cette terre poreuse, en absorbent l'humidité, flétrissent ou tuent les plantes. A l'égard des autres parties, en tout tems pénétrées alternativement par le soleil & l'eau, à peine, comme on l'a observé, se couvrent-elles de mousse.

La troisieme couche est un mêlange d'*argille* mêlée d'ocre dont elle prend la teinte, & d'une assez grande quantité de terre calcaire : il fait beaucoup d'effervescence avec les acides.

La quatrieme est une *marne* très-douce, d'un *gris clair*, dont la teinte est unie sans altération; abondante en craie, elle fait beaucoup d'effervescence: elle est très-absorbante & sert à détacher les étoffes. La manufacture de Vanrobais en a fait usage.

La cinquieme est une *marne* semblable en tout à la précédente, avec la différence qu'elle est rougeâtre, mais beaucoup moins que celle de la troisieme couche.

La sixieme est une *argille* très-pure, très-douce, conservant long-tems sa mollesse, & même un peu de viscosité : je la crois bonne à être employée au foulage des étoffes de laine. Sa couleur est un gris foncé, tirant sur l'ardoise.

La septieme est un mêlange de la même *argille* & d'un *sable* rougeâtre, qui le fait participer de sa teinte. Entre ce banc & le suivant on trouve de la *tourbe* par veines & par paquets, souvent très-mêlangée des terres de l'un & de l'autre : il n'avait point encore paru de cette matiere, & on ne la reçoit qu'à la dixieme couche qui en est toute entiere.

La huitieme est un amas de débris de *coquilles* qui paraissent avoir été horriblement tourmentés, d'abord par les vagues, puis par d'autres très-grandes & très anciennes révolutions; ils sont en outre empâtés dans beaucoup d'argilles.

La neuvieme est une *argille* mêlée par paquets d'un peu de sable & d'une plus grande quantité de craie, le tout coloré inégalement & comme maculé par une terre ocreuse, plus ou moins noirâtre. Ces petites masses qui font beaucoup d'effervescence avec les acides, n'adherent point les unes aux autres, ou s'en ſéparent facilement dans les parties où la matiere noirâtre, qui d'ailleurs en augmente le poids, eſt plus rapprochée ou en plus grande quantité.

La même couche, de diſtances en diſtances fort inégales, renferme des cryſtaux de quartz interpoſés, & quelquefois faiſant couche pour leur réunion. Ces cryſtaux, en aiguilles tranſparentes, ſerrées les unes contre les autres, offrent des maſſes ſtriées verticalement, interrompues çà & là en divers ſens par des veines de terre abondant plus en argille que celles de leur enveloppe. On ſépare ces aiguilles par un léger effort, & on les pulvériſe aiſément ſous la dent: ce qui donnerait lieu de croire qu'elles appartiennent à quelque ſel, ſans leur inſolubilité dans les acides minéraux & leur inſipidité abſolue.

La dixieme eſt enfin cette matiere *turfacée*, d'une ſingularité telle que pluſieurs de ſes caracteres & de ſes propriétés ne lui ſont communs avec aucune autre. Très-noire quand elle eſt pure, elle eſt ſeche & rude au tact; elle eſt inſipide & inodore; jetée dans l'eau, elle ſe précipite avec rapidité & elle ſe déſunit dans un clin-d'œil; elle devient impalpable, à moins qu'il ne s'y rencontre quelques grains de ſable qui ſe diſtinguent très-bien à l'œil & au tact. Arroſée d'un acide minéral quelconque, elle l'abſorbe dans l'inſtant, le concentre ſans effervescence, & paraît toujours ſeche juſqu'à ce qu'elle tombe en boue; cependant elle rend ces acides fumans, & elle développe fortément l'odeur de l'acide nitreux.

Je n'ai pas pouſſé plus loin mes expériences ſur cette matiere; le tems ne me l'a pas permis: mais je ſais qu'elle s'effleurit à l'air, & qu'elle y acquiert une qualité vitriolique. On pourra d'ailleurs inférer une grande partie de ſes propriétés, des analyſes & examens chymiques ou pyriques, que je place ici en note, & que je dois à M. Morand. (*a*) Miſe ſur des char-

(*a*) *Analyſes de tourbes profondes, fournies par M. Morand.*

Terre-tourbe de Parroy, Brie Champenoiſe, généralité de Soiſſons, analyſée par MM. Morand & Deſyeux.

Les acides n'ont point d'action ſenſible ſur cette tourbe. Soumiſe à la diſtillation dans une cornue, elle a donné:

1°. Un phlegme d'une odeur légérement bitumineuſe d'une nature aſſez particuliere.

2°. Par le progrès de la diſtillation, ce phlegme ſe colore davantage, & ſon odeur devient plus forte.

3°. En pouſſant le feu, l'on obtient une petite quantité d'huile un peu épaiſſe, mêlée de quelques gouttes d'acide.

4°. Il a paſſé, pour dernier produit, quelques gouttes d'alkali volatil, mêlé avec une huile très-épaiſſe, très-noire & d'une odeur empyreumatique.

La matiere reſtée dans la cornue a une ſaveur vitriolique alumineuſe. En la leſſivant avec de l'eau chaude, filtrée enſuite, on obtient par évaporation une très-grande quantité de cryſtaux d'alun.

Cette terre-tourbe de Parroy brûle moins ardemment que pluſieurs autres analogues, donne une chaleur plus faible & de moindre durée; il lui faut plus de tems pour s'allumer ſur des charbons ardens: les vapeurs qu'elle exhale pendant quelque tems, étant épaiſſes, le morceau reſte rongé. L'o-

bons ardens, elle n'entre en incandefcence qu'avec beaucoup de peine, & fans jamais s'enflammer. Il s'en éleve une fumée extrêmement épaiffe,

deur qu'elle répand eft comparée par M. Morand, à une odeur de graiffe qui brûle avec des ordures, ou à un fumeron qui aurait été roulé dans un âtre embrafé, ou dans des cendres chaudes, avec des graiffes. Cette odeur, quoique plus rapprochée, fe manifefte dans le premier produit de la diftillation, & fe dénote toujours, felon M. Morand, dans le quatrieme produit, quoiqu'elle approche davantage du bitume.

Terre tourbe proche & au-deffus de Noyon.

A l'œil, elle offre en grande abondance la félénite fous forme de filets blancs & foyeux : elle eft très-chargée de vitriol martial, qui fe dénote en y portant la langue : elle attire l'humidité de l'air, s'y réduit en pouffiere & s'ufe : mouillée avec de l'eau, elle forme une pâte, mais ne s'enflamme point, non plus que celle d'Ietancourt : elle ne fe confume que quand on en expofe à l'air une grande quantité.

Sur les charbons allumés elle s'enflamme, rougit, & laiffe une cendre fine de couleur fauve dorée. Cette tourbe pyriteufe, martiale & vitriolique de Beaurain, contient, felon M. Sage, un foie de foufre particulier, formé par l'union du foufre & de l'alkali volatil. A la diftillation, il fe fublime un fel ammoniac fecret de Glauber.

Le réfidu a la propriété d'aller au fond & de remonter enfuite à la furface, au moyen de l'air qui s'en dégage. Ce même réfidu, après avoir été dépouillé par la calcination, du foufre qu'il contenait, laiffe en-arriere une terre martiale & féléniteufe.

Les cendres de la tourbe font dans l'état de ce réfidu, l'eau, l'huile & l'hépar s'étant diffipés par la chaleur qui s'eft excitée dans le tems de la combuftion fpontanée.

J'ai (M. Morand) en 1779, de Beaurain, un morceau marcaffiteux, venant d'une des couches de la tourbiere, reffemblant à celui de la faifanderie de l'Isle-Adam. Voyez l'*Art d'exploiter le charbon de terre.*

Terre-tourbe fchifto-argilleufe d'Ietancourt, près de Saint-Quentin.

Plus tendre & plus friable que celle de Beaurain, elle lui reffemble beaucoup d'ailleurs : la félénite fe montre à la vue en abondance dans l'une & dans l'autre : la premiere laiffe fur la langue un goût martial vitriolique ; elle attire l'humidité de l'air, s'y réduit en pouffiere, & a les mêmes propriétés que celle de Beaurain.

Celle-ci ne fe confomme que quand on l'a expofé à l'air en grande maffe ; ce qui arriveroit peut-être à celle d'Ietancourt, laquelle répandue fur des charbons allumés, ne s'enflamme point & donne peu de fumée, mais exhale une odeur d'acide fulfureux & de vitriol martial. Elle laiffe une terre feuilletée qui fe durcit au feu, perd fa couleur noire, & devient d'un jaune rougeâtre : éprouvée au feu dans le creufet, elle perd fon poids & devient rougeâtre : leffivée à l'eau bouillante, on reconnait, après l'évaporation, de la félénite de couleur blanche, une grande quantité de vitriol martial & quelques cryftaux d'alun.

Terre-tourbe de Lambais, attenant à l'abbaye de Homblieres.

Seche, aride, infipide au goût, au feu elle rougit fans donner de flamme ; au creufet elle exhale une forte odeur d'acide fulfureux : calcinée au feu de réverbere, elle fe réduit en cendre rouge qui eft prefqu'entiérement attirable à l'aimant : expofée à l'air, au bout d'un certain tems elle acquiert un goût vitriolique, & donne à la lixivation une grande quantité de vitriol de mars.

Les religieux avaient penfé que cette terre pouvait concourir à la fertilifation des terres ; mais on voit qu'elle abonde en fubftances très-contraires à cet objet.

dont l'odeur reſſemble d'abord à celle d'une mauvaiſe cire à cacheter, puis à celle d'un bitume brûlé, enfin à celle du charbon de terre le plus puant : à deux fois différentes, cette matiere à la groſſeur d'une noiſette, placée ſur de la braiſe au milieu d'un aſſez grand appartement, y a répandu une odeur qui portait à la tête & qui a rendu le lieu inhabitable pendant quelques heures. La cendre qui en réſulte eſt rude, plus encore que la matiere en poudre avant la combuſtion, & elle eſt également inſipide.

Cependant le terrein en général eſt très-pyriteux : on y rencontre des pyrites martiales & de cuivreuſes, dures, peſantes, par filets, ou ſtriées du centre à la circonférence; on y trouve auſſi des morceaux marcaſſiteux plus ou moins gros ou moins noirâtres, n'affectant aucune forme réguliere, mais également très-peſans, ayant de plus une forte odeur hépatique. L'état de ces ſubſtances prouve, quoique voiſin de la mer, la très-haute antiquité du monticule qui les recele. Souvent elles ont donné l'eſpoir d'en tirer un grand parti ; on y a fait des fouilles : on y en fait encore ; mais les frais d'exploitation ont juſqu'ici trop contrarié l'idée du profit, pour avoir oſé encore la fixer.

Ces ſubſtances pyriteuſes, ſoit celles qui ſont agglomérées ſur elles-mêmes, ſoit celles qui le ſont ſur une matiere quelconque, qui me paraît dans ce cas-ci être un réſidu turfacé, ſont dépoſées & ſe trouvent toujours dans des

Terre-tourbe de Laon.

Egalement ſulfureuſe & vitriolique, elle brûle en répandant de la fumée, & s'éteint dès qu'elle n'a plus de communication avec une matiere enflammée : elle eſt en feuillets plus ou moins épais, & ne préſente point de cryſtaux à la vue. Elle eſt de même nature que celles de Ceſſieres, de Fauconcourt & de Suzy, &c. qui brûlée, devient rouge, & tombe en poudre au ſoleil, à la gelée, à l'air.

Etat des couches de la tourbiere de Suzy.

Le terrein eſt labourable & ſitué au pied d'un monticule.

		Epaiſſeur.
1°.	Terre franche.	8 pieds
2°.	Banc de ſable, tantôt blanc, tantôt gris, ne différant en rien de celui qu'on rencontre partout.	4

La partie blanche, la plus abondante, eſt ſemée de coquilles.

3°.	Couche appellée *greve*.	4 pieds
4°.	Sable également varié, de couleur communément griſe.	
5°.	Couche connue ſous le nom de *terre bleue.*	4
	Sous celle-ci en eſt une de *terre tourbe.*	
6°.	Une terreuſe noire.	
7°.	Une d'argille dont on ſe ſert pour faire de la poterie.	

L'épaiſſeur de ces deux dernieres couches varie conſidérablement.

Etat des couches de la tourbiere de Beaurain.

Elle a deux lits ou couches de tourbes : le premier, à 5 pieds de la ſuperficie, a 4 pouces d'épaiſſeur : le ſecond, à 16 pieds, a auſſi 4 pouces d'épaiſſeur, y compris une bande pierreuſe.

Le tout dans une profondeur de 22 pieds, à peu près la même qui ſe remarque à Suzy, à Fauconcourt près Laon, à Ognolles, &c.

parties très-feches ; d'où je fuis porté à croire quelque néceffaire, toutes chofes égales d'ailleurs, que foit l'humidité pour déterminer la formation des pyrites, qu'une trop grande quantité d'eau, les chofes encore les mêmes d'ailleurs, eft le feul obftacle à cette formation : ce qui me femble confirmé par l'état des arbres fréquemment pyritifés, qu'on trouve enfouis dans les terreins fecs, lorfque ceux tirés des marais ne font que bituminifés.

LA onzieme couche eft une argille de teinte grifâtre, douce, connue dans le pays fous le nom de *terre favonneufe*, & employée comme telle avec de l'eau tiede, lorfqu'après avoir été expofée à l'air, elle y a acquis une confiftance ferme & de la dureté.

Epaiffeur de ces diverfes couches.	pieds	
1re. . . . . environ	2	
2.	1	3 à 4 pouces
3.	1	6 à 7
4.		5 à 6
5.		9 à 10
6.	1	7 à 8
7.	2	
8.	2	
9.		5 à 6

10. Depuis 5 à 6 jufqu'à 10 à 12 pouces.

11. Affez variable, quelquefois de plufieurs pieds au-deffous du gravois, du caillou, des galets.

LA bafe de la montagne eft de craie, comme le fond du fol de tout ce canton.

PAR-DELA la petite prairie ou marais tourbeux, fur la rive gauche de l'Authie à Beaumont, annexe de Coline, eft au fud du précédent, un autre monticule, d'un tiers de moins d'étendue, mais qui d'ailleurs a avec lui beaucoup de fimilitude : il n'eft pas rare d'en trouver dans ces cantons, qui s'en rapprochent ou y reffemblent à nombre d'égards ; d'où je ne faurais trop m'étonner de la maniere dont ils ont été obfervés & décrits, ainfi que le refte du pays, par la plupart de nos minéralogiftes.

L'IMMENSE quantité de coquilles marines, uniformément dépofées par places très-vaftes fur une étendue de 30 ou 40 lieues de pays, ne laiffe aucun doute que la mer ne l'ait couvert en entier pendant un très-grand nombre de fiecles, (a) depuis ceux de la formation de la tourbe, qui n'a

(a) L'efpece de quelques-unes de ces coquilles, quoiqu'en nature les mêmes que quelques coquilles foffiles, dont on ne retrouve l'analogue vivant dans aucune mer, parait favorifer le fyftême de M. de Lamanon qui eft que ces amas de coquilles qu'on

pu avoir lieu que par une végétation fucceffive, tranquille, & très-vraifemblablement en eau douce.

ON trouve de ces coquilles amoncelées par les vagues, à des hauteurs qui étonnent. La cave du curé de *Coivrel*, village fitué entre Maignelay-Halluin & Tricot, à deux lieues de Mondidier, eft creufée toute entiere dans des coquilles qui ont évidemment concouru à former la montagne fur laquelle eft ce village.

PLACÉES à huit ou dix pieds de la furface d'une terre de couleur gris-noirâtre, très-végétative, elles en font féparées par une ligne à peu près horizontale; & ces deux matieres, fans mélange apparent, tranchent net au coup-d'œil. L'ouverture prolongée en pente dans les coquilles même, & l'excavation de la cave, donnent une hauteur verticale de coquilles d'environ quinze pieds, fans qu'on en ait atteint le fond. On ignore l'épaiffeur totale de ce banc, affez compact & tenace pour qu'on y puiffe faire des percées & creufer des voûtes, fans autres foutiens que leur compreffibilité & le gluten qui les lie. Cependant, fi l'on en détache un morceau, la maffe très-friable par la fraîcheur, pour peu qu'elle foit percutée, fe divife en toutes les parties qui la compofent; mais fi, par beaucoup de ménagement, on réuffit à en extraire une maffe ou un bloc, de quelque volume qu'il foit, expofé à l'air, ou plutôt à l'ardeur du foleil, bientôt il n'eft attaquable qu'à la hache ou au cifeau.

IL fourd de cette petite montagne plufieurs fontaines, dont l'une que fa pente dirige du côté de Tricot, paffe pour être martiale; en attendant que je puiffe donner plus de tems à l'obferver, j'ai remarqué qu'elle pouffe au bouillon, des débris de coquillages & une terre noire impalpable : d'où je conjecture, avec beaucoup de vraifemblance, qu'entre un fond d'argille qui foutient les eaux & qui fe décele par les joncs qui naiffent autour, & l'énorme banc

trouve répandus dans la furface du globe en quantité dans des pierres calcaires, des filex, des grès, & fouvent changées en ces diverfes fubftances dans plufieurs provinces de l'Amérique feptentrionale, telles que la Virginie, le Maryland, la Nouvelle-Yorck, la Penfylvanie, &c. n'y ont pas été dépofés par la mer, mais par des lacs plus ou moins grands, d'eaux falées ou non falées, formés, exiftans, comblés, ou defféchés, n'importe quand & comment, qui renfermoient des poiffons, des coquillages, des infectes propres au climat, à l'expofition, au fol, à la nature de l'eau; comme il arrive dans le regne végétal à telles ou telles plantes qui affectent tellement certains cantons, que s'ils venaient à être entiérement fubmergés, l'analogue de ces plantes pourrait également fe perdre.

Si l'on avait la *flore* des vaftes campagnes qu'occupent la Méditerranée, la mer de Grece, la mer de Marmora, la mer Noire, & jufqu'à celle d'Azoph, *Palus Meotides*, avant le renverfement des côtes qui uniffaient l'Europe à l'Afrique, & le dégorgement de l'Orient par le *Gaditanum fretum*; nous ferions peut être auffi furpris de ce qui nous manque, que nous fommes émerveillés de ce que nous poffédons.

coquillier dont on vient de parler, il y a une couche de tourbe dans laquelle même l'eau s'eſt ouvert un paſſage, & dont elle délaie, atténue & charrie quelques parties.

Ces coquilles environnées de matieres pénétrantes & propres à les tranſmuer, prennent un caractere propre à la plupart des matieres minérales connues : les unes ſont ferrugineuſes, les autres cuivreuſes ; celles-ci ſont marbre, celles-là ſilex ; beaucoup reſtent en nature : réunies en quantité, ou enveloppées d'une gangue argilleuſe & ſeche, elles ſe conſervent toujours. Ainſi il eſt plus rare, dans ces cantons du moins, d'en trouver dans le grès & transformées en grès.

J'ai découvert & obſervé une carriere très-curieuſe de cette nature, ſituée dans la paroiſſe de la Hérelle, à deux lieues de Breteuil, peu loin de Quiry, en tirant ſur Mondidier. J'ai pluſieurs de ces coquilles ou empreintes remplies d'un grès plus poreux, moins fin, garni ou formé lui-même par d'autres coquilles ou empreintes ſemblables.

Je reviens aux *terres-tourbes*, qui expoſées à l'air, s'effleuriſſent, s'échauffent & s'enflammeraient ; elles ne ſont point autant vitrioliques que la tourbe infiniment réduite très-terreuſe & ſurabondamment chargée de matiere pyriteuſe, où ſouvent le vitriol ſe trouve par morceaux réguliérement cryſtalliſés & très-purs, & dont le banc de ſix, huit, dix pieds d'épaiſſeur eſt immédiatement au-deſſous de la tourbe en conſiſtance & d'uſage, déjà très-pyriteuſe, des tourbieres de Goincourt & du Béquet en Beauvoiſis. Mais toutes donnent également du vitriol ; j'en ai tiré moi-même par les procédés connus, de celle de Rollot, qui ne le cede en rien à celui du Beauvoiſis, ni à celui d'Angleterre, tirés des pyrites martiales. On en tirerait encore, ſi les frais juſqu'ici n'avaient paru excéder le produit. Il y a encore cette différence entre la matiere très-réduite & très-pyriteuſe du Beauvoiſis, qui miſe en tas, expoſée à l'air, s'effleurit, s'échauffe & s'enflammerait après un laps de tems proportionné à ſon état actuel, à la diſpoſition qu'on lui donne, à la température de l'air ; & la tourbe plus dure, plus ſerrée, plus compacte, moins terreuſe cependant, moins lourde, peut-être auſſi parce qu'elle eſt moins vitriolique que celle-ci, ne s'effleurit & ne s'échauffe, en tas mis à l'air, qu'autant que les morceaux rompus au pic ou autrement ; ſont laiſſés en cet état ; & non lorſque cette tourbe eſt briſée, broyée & pulvériſée : opération qui ſe fait lorſqu'on prévoit un trop long intervalle entre le tems qu'elle eſt extraite & celui de la brûler ou de l'employer autrement ; tems, pour l'un comme pour l'autre, déterminé par la ſaiſon ; car ces tourbieres étant ſans fonds & entourées de fonds en culture, il ne ſerait pas ſans inconvénient, & l'on ne permettrait pas dans bien des endroits, auſſi long-tems que la récolte eſt ſur terre, de brûler des monceaux de tourbes, dont la vapeur ſulfureuſe & très-pénétrante s'étend au loin.

On

On sent également que l'emploi de la tourbe brûlée ou non brûlée a un tems propre, indiqué par la nature des productions, à la fécondation & à la végétation desquelles elle doit donner un nouveau degré d'énergie.

La maniere de brûler ces tourbes pour en obtenir la cendre, n'est point sans intérêt; nous ne la passerons pas entiérement sous silence. On les met en tas plus ou moins gros, fort alongé, élevé en comble : si le tas a 60 pieds de longueur, on lui en donne huit à neuf de largeur & cinq ou six de hauteur.

On en garnit le centre du mêlange confus de toutes les sortes & l'on réserve pour le tour, par où doit commencer l'inflammation, la plus noire, la plus dure, la plus seche, la plus pure, la plus inflammable enfin.

On allume le feu de tous les côtés; il pénetre, se concentre & agit intérieurement avec une telle violence, qu'une partie de la matiere, non celle de la tourbe qui ne coule jamais, mais la terre qui y est jointe, se met en fusion, se vitrifie & est rendue, par le fer & le vitriol qui l'accompagne, pesante, cassante & d'une dureté extrême. Le tas reste à brûler l'espace de quinze jours à trois semaines. Plus la tourbe est terreuse, plus long-tems le feu y tient; on en a vu où il s'est maintenu pendant trois mois. Au reste, la durée du tems dépend encore de l'état de l'air, plus ou moins dense, sec, agité, &c. On la passe à la claie, on pile & broie les morceaux qu'une espece de fusion a rendus comme du mâche-fer, & l'on mêlange avec l'autre cette partie, qui n'est pas la meilleure assurément. Lors de la combustion de cette matiere il s'éleve au-dessus du tas une fumée épaisse, beaucoup plus sensible en tems humide & lorsque l'air est chargé de vapeurs, toujours très-sulfureuse; elle paraît violette ou blanche, à mesure qu'elle est plus chargée de cette matiere, dont elle dépose la fleur sur le tas même & aux environs. La flamme, quoique peu expansive, donne pourtant une chaleur pénétrante & corrosive; nulle part on ne se sert de ces tourbes pour le chauffage, & l'on n'en use dans aucun attelier. Les chaudieres, le fer & le cuivre exposés à sa flamme, les fourneaux même en sont altérés & bientôt dégradés; l'odeur qui s'en exhale est désagréable & la vapeur suffocante.

Nous n'examinerons donc point actuellement sous ce point de vue les tourbes dont il s'agit. Tant d'autres ont expliqué la maniere d'en extraire le vitriol, que nous nous abstiendrons également d'en parler. Mais l'usage journalier qu'on fait de leurs cendres, & les avantages réels qu'on en retire, fixeront un moment notre attention, lorsque nous aurons rendu compte d'une observation que nul autre n'a faite, que je sache, & des expériences qui y ont donné lieu.

De la pouzzolane & de la substitution qu'il est peut-être possible de faire à cette matiere pour les mêmes usages, de la cendre de tourbe.

J'AVAIS observé la pouzzolane à l'Etna, au Vésuve, tout autour du golfe de Naples, de Pouzzole & de Baies, au Velay, en Vivarais & dans l'Auvergne; j'en avais suivi l'emploi en Italie & en France, & je conservais une idée très-nette de son aspect, lorsque la cendre d'un brun rougeâtre des tourbes du haut pays m'a singuliérement frappé par sa ressemblance, son grain, la mobilité de ses parties, une sorte de dessication qui les rend comme fluides entr'elles en leur ôtant la faculté de s'accrocher les unes aux autres; caracteres tous communs à la pouzzolane, d'où provient sans doute sa propriété d'inhérence aux matieres calcaires, calcinées, auxquelles on l'unit par l'intermede de l'eau, & qui m'ont fait penser que cette propriété-là même pourrait être également commune aux deux substances.

IL est assez indifférent de rechercher si la pouzzolane est toujours un résultat de la décomposition des laves par le frottement, la corrosion, ou de quelque maniere que ce soit, ou si elle ne serait point aussi un résultat des terres non toujours mises en fusion, mais seulement torréfiées par le même volcan, & mêlangées en plus ou moins grande quantité avec les précédentes.

A l'appui de cette idée je citerai une observation faite en Sicile en 1776. « A un mille de l'hospice de *San-Nicolo-l'Arena*, est le mont *Fusara*, dont » le double sommet forme à une très-grande hauteur deux crateres dans une » situation très-escarpée. Ce mont qu'on voit de Catane en plein, & qu'on » nomme vulgairement *Monte-Rosso*, parce qu'il est tout couvert d'une cen» dre rouge, comme des terres vitrioliques calcinées, comme du colcothar, » se forma lors de l'éruption de 1669, qui dura plusieurs mois.

» Cette bouche de volcan vomit des cendres sur un champ voisin, cul» tivé, de plus de trois milles de tour; & l'on n'y apperçoit pas encore la moin» dre trace de végétation. Peut-être sera-ce, dans cent ans, le terrein le plus » fertile de la contrée. » *Lettres de Suisse, d'Italie, de Sicile*, &c. tom. III, pag. 194-196.

RIEN ne donne lieu de présumer que ces terres rouges torréfiées aient jamais été mises en fusion; aucune pouzzolane n'est plus propre qu'elles à faire un excellent ciment, & la cendre rouge ou terre brûlée de nos tourbes me paraît leur ressembler parfaitement.

JE sais qu'on a critiqué l'expression de *cendre de tourbe*, celle de *cendre minérale*, pour désigner cette substance; mais indépendamment de ce qu'on obtient le résidu des tourbes de marais par la voie de la combustion, & que la matiere, la même dans le principe, n'a souffert de modification que celles apportées par le tems & par des causes accidentelles, je crois la remarque

& ſes motifs trop frivoles pour m'y arrèter ; & je continuerai de déſigner ce réſidu par l'expreſſion de *cendre rouge*, pour le diſtinguer encore de la *cendre de tourbe* ordinaire, dont j'aurai auſſi à parler.

J'AI lu les brochures de M. de la Faye ſur le ciment des anciens, &c. & les recherches de M. Faujas de S. Fonds, ſur la pouzzolane ; j'ai employé quelques-unes des méthodes du premier, celle ſur-tout d'éteindre la chaux, & j'ai répété toutes les expériences du dernier. J'ai employé la cendre rouge exactement comme M. Faujas a employé la pouzzolane du Vivarais, comparée à celle d'Italie, & juſqu'ici j'ai obtenu des réſultats ſemblables aux ſiens, ſoit en réſervoirs, ſoit en terraſſes, ſoit en placages ſur mur ; la compoſition prend le poli & le luiſant du marbre. D'abord ce ciment s'eſt légérement fendu à la ſuperficie ; en repaſſant deſſus la truelle ou le poliſſoir, les parties ſe ſont parfaitement rapprochées, & la ſurface liſſe n'a plus offert aucune rugoſité ni gerçure ; ſeulement je me ſuis apperçu d'un léger ſuintement que j'aurais pu attribuer à l'humidité intérieure qui cherchait à s'échapper : j'ai penſé qu'il pourrait auſſi provenir de quelque partie ſaline, diſſoute intérieurement par cette même humidité, & qui augmenterait d'autant celle additionnelle aux matieres conſcrites, pour la formation du ciment ; en conſéquence, j'ai leſſivé la cendre rouge, & j'ai répété toutes mes expériences, ſur leſquelles cependant je ne prétends point donner des réſultats certains. En attendant, je puis dire que les plâtras de ce ciment, détachés & mis dans du vinaigre pendant un mois, n'y ont ſouffert aucune altération, quoique le ciment n'eût pas plus de trois ſemaines d'exiſtence.

ON ſait que le mâche-fer pulvériſé donne au mortier, lorſqu'il eſt en doſes convenables avec de la bonne chaux & du ſable, une conſiſtance inaltérable par l'eau ; & c'eſt par un ſemblable ciment, que les liqueurs acides durciſſent davantage & rendent encore moins ſuſceptible de l'humidité, qu'on trouve le moyen d'en préſerver les greniers à ſel.

LA tourbe dont il eſt queſtion, toujours pyriteuſe, toujours vitriolique dans le principe, laiſſe, lorſque l'acide ſulfureux s'en eſt exhalé par la torréfaction au grand air, un réſidu très-martial. C'eſt à l'apparente ſimilitude des objets, comme je l'ai obſervé, c'eſt à une ſuite de réflexions de ce genre, que je dois les recherches & les expériences que j'ai faites ſur cette matiere. (*a*)

(*a*) Mes eſſais expoſés, pendant mon abſence en décembre & janvier dernier, à toutes les intempéries de l'air, ſoit que je me ſois trompé ſur la qualité de la matiere & qu'elle n'y fût pas propre, ſoit qu'il y ait eu quelque vice dans la manipulation, ſoit enfin que le tems pris pour le travail n'eût été ni bien convenable, ni aſſez éloigné de celui des épreuves, aucun des objets n'a pu les ſupporter : tous ſe ſont détruits en plus grande partie.

Je fais en ce moment les mêmes expériences avec la cendre ordinaire de nos *tourbes de marais*; mais je suis loin d'attendre les mêmes résultats. Cette cendre est bien également le résidu d'une matiere végétale, herbacée, décomposée, primitivement réduite, & dans le principe également bituminisée; mais elle n'est pas toujours vitriolique, ou elle l'est beaucoup moins; elle est beaucoup moins martiale, elle n'a souffert que la durée du feu nécessaire pour l'incinération, elle est douce au toucher; la sensation que la main en reçoit est celle d'une matiere un peu grasse, un peu glutineuse; elle se réduit d'elle-même en poudre impalpable, plus légere que la cendre ordinaire de bois. Sa couleur est d'un gris blanchâtre, tirant le plus souvent sur celle de feuille morte; elle est puante comme la fumée qui s'en échappe lors de la combustion; tandis que la cendre rouge ne varie point dans sa couleur qui seulement est plus ou moins intense, qu'elle est ordinairement seche, rude, pesante & toujours inodore.

Je remarquerai cependant que l'état de rudesse & de pesanteur assez ordinaire à cette sorte de tourbe, n'est pas essentiel à la tourbe dont elle provient. Si l'on en choisit de très-pure, reconnaissable aux caracteres indiqués, pour la plus propre à allumer le tas, elle donnera à l'incinération une poudre impalpable, très-légere, d'un rouge violet ou pourpré assez vif. On estime celle-ci la meilleure pour engrais, & l'on conseille de l'employer avec ménagement, soit pour la dose, soit pour le tems, soit pour la nature du terrein & celle des denrées, dans la crainte que son excès ne soit nuisible.

J'oubliais de dire que dans les terres de ces cantons, toutes argillo-sableuses, toutes à fond de craie, non plus que dans les vallées toutes vaseuses ou tourbeuses, on ne trouve point de sable pur. La pratique de le laver dans des paniers d'osier, la seule que nos ouvriers mettent en usage, m'a paru défectueuse: elle fait perdre avec l'argille & les craies dissoutes, le sable le plus fin, le meilleur pour faire le ciment, le moins poreux & le plus susceptible d'un beau poli; je fais donc laver le sable dans un baquet; on décante autant de fois qu'il est nécessaire pour que le sable violemment agité ne trouble plus l'eau. Il conviendrait ensuite, pour les ouvrages délicats, de le faire sécher & de le passer au tamis.

Nous éprouvons également, de la part de la chaux du pays, des inconvéniens qui s'opposent au succès de toute opération délicate. Toujours faites avec une craie très-tendre, dont cette partie du globe est encroûtée à de plus ou moins grandes profondeurs, elle ne prend point de consistance à la cuite; elle s'éteint subitement à l'air; en quelque proportion qu'on l'emploie, elle ne lie que faiblement le sable qu'on y joint; & les dégradations qui se manifestent bientôt & qu'on attribue quelquefois à d'autres causes, ont le plus souvent leur principe dans celle-ci.

Est-on curieux de faire de bons ouvrages ? il faut tirer de la chaux de Senlis, ou du Boulonnais. Cette derniere, plus difficile à avoir en tems de guerre, où la communication par mer est interceptée, & trop dispendieuse par d'autres voies, est supérieure en qualité à toute autre. Elle provient des carrieres de marbre, dont le pays est abondamment pourvu.

Il me reste à parler de l'usage ordinaire des cendres de tourbes pour engrais ; usage dont on a plutôt une vague théorie qu'une pratique éclairée, & qu'on ne saurait passer sous silence dans un recueil d'observations sur la tourbe.

Emploi des cendres de tourbes pour engrais.

Théophraste, Pline & d'autres auteurs différent sur l'emploi avantageux des cendres pour engrais ; Aldrovande indique comme excellent celui des cendres de tourbes : mais Patin n'est peut-être pas fondé, quand il attribue la couleur de celles-ci au plus ou moins de sécheresse des tourbes, au plus ou moins de tems qu'il faut pour les consumer, &c.

Quelque différence qu'il y ait à cet égard, elle ne saurait être produite autrement que par la présence en plus ou moins grande quantité de tel ou tel minéral plus ou moins torréfié.

Les tourbes les plus terreuses donnent aussi le plus de cendres, & les cendres les plus pesantes ; mais c'est alors de la terre torréfiée.

On a imprimé à Noyon en 1775, sur l'usage en engrais des cendres rouges de tourbe, un avis aux laboureurs, où l'on n'a aucun égard ni à la force ni à la nature du terrein. Il faut être bien préoccupé du soucis de vendre, pour conseiller avec tant de chaleur, & indéterminément, un véhicule aussi ardent que celui des cendres en question.

Cet avis est l'extrait ampoulé d'un avis au public sur la découverte d'une mine de tourbe de Châlons en Champagne, le 24 mars 1771, rapporté dans le Journal économique du même mois. On trouve dans le même Journal deux dissertations : l'une, sur les cendres regardées comme amendement, mai 1762 ; l'autre, sur la qualité & sur l'emploi des engrais, avril 1768, où les cendres de tourbe jouent également leur rôle.

Comme échauffant, elles sont bien indiquées dans les terres froides, humides, & même dans l'argille qu'elles divisent ; elles font très-bien dans les prairies aquatiques ; mais, à moins que d'être employées avec beaucoup de ménagement, elles sont pernicieuses dans les côteaux de terres légeres, dans les terreins maigres ; elles peuvent l'être suivant le tems de l'année où on les a employées, selon la température, l'humidité, ou plutôt la sécheresse de la saison, suivant la disposition du terrein & de l'état de l'athmosphere au moment même de leur emploi.

En général, elles peuvent être employées à la végétation de tous les grains & de toutes les sortes de fourrages ; dans le premier cas, la meilleure maniere d'user de cette cendre est de la substituer à la chaux dans ce qu'on appelle le *chaulage :* elle en est mesurée, modifiée, répandue plus également. On la met en proportion déterminée par quatre circonstances principales.

1°. *La nature du grain.* Les frumentaires ou légumineux, plus durs, d'une enveloppe non pas plus coriace que celle des graines huileuses, mais susceptible de fermenter & de se putréfier avec la farine qu'elle renferme pour servir de matiere & de nourriture au germe qui se développe, au lieu que les capsules des autres faites seulement pour garantir une matiere plus délicate, plus susceptible d'altération, s'entr'ouvrent aisément lors de la germination, & se conservent long-tems intactes pendant la végétation : les frumentaires, dis-je, d'une germination plus lente, sollicitent plus volontiers les secours d'un agent actif, en supportent plus aisément les impressions. Ajoutez qu'ayant plus long-tems à rester en terre, y passant souvent l'hiver, ou des jours encore rigoureux du printems, tems où les insectes s'y refugient, l'acrimonie de cette cendre qui y adhere les en garantit.

2°. *La nature de la terre.* Nous avons déjà fait remarquer que les cendres rouges sont beaucoup plus chargées de sels que les cendres de tourbes ordinaires. J'ai obtenu de la cendre de la derniere couche de tourbe de la tourbiere de Rollot, effleurie dans mon cabinet, où elle s'est remplie de crystaux, qui est très-corrosive. Si l'on ajoutait de la chaux à ces cendres, quelles qu'elles fussent, pour les employer plus utilement en engrais ; comme des auteurs l'ont conseillé, on en pourrait augmenter la causticité à un point extrême. Qu'on juge d'après cela de la bannalité de ces recettes mises entre les mains de gens qui ne peuvent avoir que l'expérience pour guide.

Je le répete, la qualité de la cendre doit être reconnue, & il en faut toujours proportionner la dose à la nature du terrein. On péchera d'autant moins par excès, que les terres ou les prairies seront plus fortes, plus froides, plus marécageuses.

Quoi qu'on dise, qu'on fasse & qu'on écrive sur la culture, tous les moyens imaginés, trouvés & indiqués, de favoriser la végétation en grand, se réduisent à deux ; & ces deux moyens sont déterminés par l'état constant plus ou moins contraire des divers terreins.

Ou ils sont surabondamment aqueux, froids par conséquent, argilleux, durs, serrés, compactes ; & alors il ne s'y établit pas de fermentation, les molécules de la terre ne se divisent point, les racines ne sauraient les pénétrer ; les sucs séveux ne s'élaborent pas, ou ils s'élaborent mal à une trop grande humidité, pour la plupart des plantes à l'usage économique : la terre ſe couvre de plantes graſſes, de végétaux ſpongieux, aqueux, ou elle ne produit rien. Dans l'un & l'autre cas il lui manque ce mouvement ſpontané, réſultat des ſels mis en action par une chaleur douce & une humidité modérée ; action qui a le double avantage de favoriſer la végétation des plantes qui nous ſont les plus utiles, & de nuire à celles que nous rejetons, les renoncules, les mouſſes, les joncs, &c. qui s'empareraient du terrein au préjudice des premieres : il faut dans ce cas, toujours en proportion du vice local, deſſécher, diviſer, adoucir, ameublir le terrein ; ce à quoi ſont ſinguliérement propres les cendres, la chaux éteinte, la craie, le ſable, celui de la mer ſur-tout, &c. ſubſtances qui toutes abondent en ſels. Alors les cendres de tourbes ſont bien indiquées, non comme engrais (terme impropre dont je me ſuis cependant ſervi, pour me conformer à l'uſage) mais comme abſorbant, ſécatif, ferment, réſolutif, peut-être même diſſolvant.

Ou trop crayeux, ou ſableux, les terreins ſont ſecs & arides : très-facilement pénétrés par la chaleur, l'humidité s'en évapore, & ils manquent réellement de ces ſucs ſéveux que les racines doivent pomper, abſorber, qui ſont le premier aliment des plantes, celui par qui ſont déterminées toutes leurs facultés de recevoir les influences nutritives de l'athmoſphere & les ſucs nourriciers qui y ſont répandus. L'art eſt de donner à ces ſortes de terreins une conſiſtance qui, ſans les trop reſſerrer, ſans les rendre impénétrables aux rayons du ſoleil, impaſſibles du moins à leur influence, y maintienne toujours de la fraîcheur, y procure une circulation conſtante ; alors le mêlange des terres argilleuſes ſera bien indiqué, les vaſes, les terreaux gras, & ſinguliérement les fumiers de cette nature. Mais les cendres de tourbes, & ſur-tout les cendres rouges, celles des tourbes ſouterreines ou du haut pays, ſont généralement nuiſibles à ces ſortes de terreins : elles augmentent à la longue leur tendance à la ſéchereſſe ; à l'aridité elles en déterminent l'état d'une maniere plus poſitive ; elles peuvent le hâter ſinguliérement, & peut-être le fixer pour long-tems.

Les ſels, comme agens, ſans doute auſſi comme conſtituans, & le fer comme tel, concourent à la végétation, puiſque tous les végétaux contiennent de l'un & de l'autre en plus ou moins grande quantité ; & c'eſt peut-être autant de la qualité propre, de l'effet, de la propriété fertiliſante de celui-ci, que de l'emploi agraire qu'on en fait par-tout ; c'eſt peut-être du mot *ferrum* qu'eſt venu celui de *fertilitas*. Il n'en eſt pas moins évident que ſi ces ſubſtances végétatrices ou végétatives ſont trop abondantes, elles arrêtent en effet la végétation & occaſionnent la ſtérilité.

Quoi qu'on ait écrit en faveur de ces cendres toujours très-ſalines & très-ferrugineuſes, la généralité de leur uſage n'a donc pu être conſeillée que par quelqu'un prévenu ou intéreſſé à la choſe.

3°. *Le tems de l'année.* La feule activité de cette matiere, très-grande & très-prompte, fuffit pour indiquer que le tems le plus propre à en faire ufage, eft celui où la faifon peut le mieux concourir à la tempérer d'abord, à la retarder & à la concentrer. Enterrée avec le grain, elle aura un effet plus lent, plus gradué, fans que fa chaleur foit moins intenfe : au contraire, répandue fur la terre où les pluies peuvent la délaver & entraîner les fels dans les parties les plus baffes du terrein, ou l'action de ces fels fe portant immédiatement fur la partie herbacée & tendre des végétaux, ils les brûlent fouvent lorfque la chaleur de la faifon vient y concourir. C'eft donc, à tous égards, l'hiver pour les grains dépofés alors en terre, & le printems pour les mars, qu'il convient d'employer les cendres de tourbes, rouges & autres, principalement les premieres, comme plus actives.

4°. *L'État de la terre.* Les prairies artificielles qui durent plufieurs années, & pour lefquelles ces cendres font un très-bon engrais, certains grains frumentaires, légumineux & autres, déjà herbacés, à qui ce véhicule peut être très-favorable, exigent le choix d'un tems déterminé par leur état actuel, & telle difpofition de l'athmofphere. Il convient, indépendamment de toutes les circonftances précédentes de la force, de la matiere, de fa quantité, & de la nature du terrein, auxquelles il faut toujours avoir égard, d'attendre le moment où les plantes ayant acquis une certaine force, couvrent la terre & y maintiennent la fraîcheur, & celui d'une pluie indubitable & très-prochaine. Autrement on courrait les rifques que nous venons d'expofer.

De la tourbe même pour engrais.

J'AJOUTERAI à ces obfervations fur l'ufage des cendres de tourbes en engrais, que la tourbe même y eft également propre; mais que l'effet toujours proportionné à fa nature, à fa quantité, en eft moins prompt; qu'il eft moindre de moitié au moins, & qu'il fe manifefte plus long-tems. On n'emploie de tourbe en engrais que celle du haut pays, qui ne fe brûle que pour en obtenir une cendre propre au même ufage; on ne l'emploie en nature que dans les lieux circonvoifins de ceux où elle fe tire; & il en faut, pour le même effet, employer un volume double au moins de celui de fa propre cendre qui, l'une & l'autre, fe mefure au boiffeau ou à la manne, & fe vend communément dans le rapport de neuf à quatre, ou de douze à cinq.

UNE auffi faible réduction que celle de moitié dans la combuftion & l'incinération de ces matieres, fuppofe qu'elles font très-chargées de terre : on ramaffe tout lorfqu'il eft queftion de faire du volume, & de vendre à raifon de la quantité; mais fi l'on choifit la tourbe pure, comme celle qui produit les

les cendres pourprées dont j'ai parlé, la réduction est beaucoup plus considérable, & la cendre a beaucoup plus d'effet.

La seule raison du volume & du poids fait qu'on n'exporte pas au loin cette tourbe, & que presque par-tout on préfere sa cendre, dont l'usage déjà connu en Normandie & pays voisins, commence à se répandre en Flandres, dans les terres même de l'Empire. (a)

(a) *Abrégé historique de l'usage des cendres de tourbes superficielles & souterreines pour fertiliser les terres en Hainaut & dans la haute Picardie, d'où il s'est répandu dans le Soissonnais, dans la Brie, dans quelques parties de l'Isle-de-France & de la haute Normandie.*

Jusqu'en 1731, on employa dans le Hainaut, pour en féconder les terres, le résidu du charbon de terre brûlé, connu sous le nom de cendre de charbon de terre. Instruites alors de la consommation que faisaient les Hollandais de la cendre de leurs tourbes en Artois, au Cambresis, même en quelques cantons de la Picardie, plusieurs personnes de Valenciennes formerent une compagnie qui imita les Artésiens & les Picards dans ce genre de commerce, dont l'objet n'était encore connu que sous le nom de *cendre de mer*. Cependant on en vint à croire à Amiens, que les cendres de tourbes de la Picardie pourraient avoir la même propriété que la cendre des tourbes de la Hollande ; & bientôt l'expérience en établit la certitude.

Vingt ans s'étaient écoulés avant qu'on eût eu l'idée, non-seulement de l'analogue des tourbes que recele la terre, mais d'aucune substance dont la nature & les effets en approchent. Quelques lits, quelques bancs de cette matiere dure, noire & combustible, trouvés par hasard, firent soupçonner que ce pourrait être du charbon de terre, donnerent l'idée & déterminerent l'entreprise de l'exploiter comme tel. Ce fut à Beaurain, entre Noyon & Roye, qu'en 1753 on en fit l'une des premieres tentatives en grand ; mais la matiere extraite & entassée au grand étonnement des entrepreneurs & du public, s'échauffa, s'enflamma & se réduisit en cendre rougeâtre.

Un pur esprit de curiosité porta l'un des particuliers témoins de l'événement, à faire la tentative qu'il regardait le plus comme incertaine : il répandit de cette cendre rouge sur une prairie artificielle. Son expérience eut le plus grand succès : il fit bruit : tous les laboureurs voulurent le répéter : on voitura de ces cendres à S. Quentin par le canal ; bientôt il y en eut divers entrepôts : on la vendait 25 f. la manne.

Vers 1750, en creusant un puits à Rumigny, entre S. Quentin & la Fere, on trouva à 30 pieds de profondeur, une matiere noire & compacte qui se détachait par masse, & avec laquelle, fraichement tirée, ou tout nouvellement extraite, on forgeait également le fer. L'expérience répétée avec un succès apparent, il se forma une compagnie à S. Quentin ; mais cette compagnie ne crut bien s'assurer du bénéfice considérable qu'elle espérait, qu'en demandant un privilege exclusif à dix lieues à la ronde de Rumigny : on le sollicita avec toute l'ardeur de l'ambition & de l'intérêt. M. Trudaine, qui envisageait ce privilege exclusif comme ils sont tous, comme odieux, résista avec la force & la constance d'un grand administrateur. Dans le même tems on découvrit de la matiere semblable à Armay, entre S. Quentin & Chauny : on en exploita ; & ici, comme à Beaurain, au grand étonnement des gens du lieu, elle s'échauffa, s'enflamma & se réduisit en cendre : celle-ci fit baisser le prix des autres.

Depuis cette époque on a ouvert beaucoup de tourbieres de ce genre, dont on a abandonné les unes parce que la dépense, tou-

Jurisprudence relative aux tourbieres.

Je joindrai aux détails de différens genres qui composent ce mémoire, une observation sur la jurisprudence relative à son objet.

On estime qu'un fonds tourbé à vingt pointes de profondeur, en ne rejetant dans le vuide que les débris, comme il est d'usage, sera cent ans à reprendre le niveau du terrein, & à se remettre en pâturage. A sept ou huit pointes de tourbes, avec deux ou trois pieds de déblais rejetés, il lui faudra de 25 à 30 ans pour revenir dans son état primitif quant à la surface; car la tourbe nouvelle n'acquerrait la qualité de l'ancienne que par une suite de siecles qu'on n'ose calculer: on en juge ainsi par l'extrême différence qui se trouve entre celle dont on a l'époque de pere en fils de 150, 200

jours la même, excédait le produit toujours moindre; & l'on continue l'exploitation des autres. Telles sont celles d'auprès de Laon dans les paroisses de Susy, Fauconcourt & Cessieres, voisines les unes des autres. (On fit la découverte de celles-ci en cherchant des terres propres aux verreries.) Celles de Beaurain & autres lieux dans le canton, un peu plus éloignés de Laon, où il y en a plusieurs, & d'où l'on voiture les cendres par l'Aisne, vers Compiegne, Pont-Saint-Maxence, Pontoise & au-delà; celles de Mailly, entre Laon & Soissons. (On trouve sous ces dernieres tourbes, une argille blanche qu'on vend, dit-on, pour les verreries de Solambray, S. Gobin & autres.) Celles de Charmes, de Travecy, de Vandeuil, de Liez; celles de Bassay, Himcourt, Lambays, Rumigny, &c. toutes peu distantes de la Fere, & la plupart en tirant vers S. Quentin; celles de Golancourt & autres, entre Laon & Noyon, qui ont des dépôts à Nesle, & qui se répandent dans le Santerre. Et depuis peu de tems, un plus grand nombre encore, entre Noyon, Roye, Chaulnes, Mondidier, Verberie & Compiegne. Beaucoup de ces tourbes ou terres turfacees se vendent & s'emploient *brutes*, pour me servir de l'expression usitée, c'est-à-dire, telles qu'on les extrait: on se hâte alors, on se précautionne du moins contre l'échauffement spontané & la combustion qui en resulte. Ces terres brûlées se réduisent plus à proportion qu'elles sont moins pures, mais généralement à un tiers de leur volume: elles laissent une matiere agglomérée sur elle-même, qui a à peu près la forme & la consistance du mâche-fer & qui n'est bonne qu'à ferrer les chemins.

Le prix actuel & commun de la mesure de la manne de ces cendres est de 12 sols; celui de la matiere *brute*, de 4 f. La premiere pese cinquante livres; la seconde en pese au plus quarante.

Lorsqu'on emploie trois mesures de cendres par arpent, on juge qu'il en faut huit à dix de matiere brute: celle-ci d'ailleurs ne se répand point aussi bien, aussi également: elle est plus variée en qualité; ses effets sont plus lents, plus partiaux, plus inégaux. On ne peut guere employer en nature la terre turfacée, que comme la marne, en la répandant très-légérement sur la superficie du terrein, qu'on cultive ensuite lorsqu'on seme cette matiere avec le grain, ou sur ses tiges herbacées, sur ses feuilles, sur le fourrage verd; il faut qu'elle soit réduite en cendre: mais dans tous les cas, si elle fait un très-bon effet dans les terres humides, aquatiques, serrées, compactes, trop argilleuses, peut-être ne conviennent-elles qu'à celles que l'empreinte, trop caractérisée, de l'une de ces qualités rend un vice.

ans, du tourbage en tel lieu, avec celle des terreins qui évidemment n'ont jamais été tourbés.

LA tourbe de création moderne eſt ſi légere, à moins qu'elle ne ſoit mêlangée de terre, ſi poreuſe, a ſi peu de conſiſtance, que bien des ouvriers tourbiers lui diſputent, par comparaiſon, la qualité & juſqu'au nom de tourbe.

LA tourbe en place, en tourbiere, eſt conſidérée, non comme un fruit, mais comme un fonds; ce fonds eſt non-ſeulement jugé détérioré par le tourbage, mais la faculté concédée de faire celui-ci, de la part des bénéficiers ou des gens de main-morte, eſt encore jugée comme une aliénation: d'où il ſuit qu'ils ne peuvent faire tourber les terres ou prairies dépendantes de leur bénéfice ou patrimoine, ſans y être autoriſés par lettres patentes. C'eſt ce qui paraiſſait déjà établi en juin 1696, que Colin de Liencourt, grand-maître des eaux & forêts de Picardie, fit défenſe "à tous gens de main-„ morte & communautés tant eccléſiaſtiques que ſéculieres, de faire tirer „ aucune tourbe dans les prairies qui leur appartenaient, ſous peine d'a-„ mende & de confiſcation deſdites tourbes, à moins qu'ils n'en euſſent per-„ miſſion du roi. „

DEUX arrêts du conſeil de 1717, portent les mêmes défenſes.

UNE ſentence contradictoire du bailliage d'Amiens, les conſtate le 22 mai 1727.

L'INTENDANT d'Amiens rendit une ordonnance en conformité, le 20 juillet 1732.

LA maîtriſe des eaux & forêts fit ſaiſir par une ordonnance du 8 juin 1736, des tourbes tirées ſans permiſſion par les chanoines réguliers de S. Acheul-lès-Amiens, ſur les terreins dépendans de l'abbaye.

AUSSI le 15 avril 1747, l'abbeſſe du Paraclet eut-elle ſoin de demander la permiſſion de tourber, & cela pour des beſoins urgens qu'elle expoſa. L'arrêt du conſeil du 16 novembre ne la lui accorda que pour ces motifs, & à condition d'en juſtifier l'emploi.

BAULDRI, grand-maître des eaux & forêts, avait rappellé au mois d'avril de cette même année, les défenſes de 1696, confirmées de nouveau par un arrêt interlocutoire du parlement de Paris, du 17 mai 1749, en exécution duquel ont été donnés pluſieurs actes de notoriété.

L'UN, par les avocats en la ſénéchauſſée de Ponthieu, le 21 juillet de la même année, renferme les expreſſions ſuivantes. « Atteſtons que les tourbieres, „ c'eſt-à-dire, les endroits tourbés, forment des fonds ſtériles pendant un grand „ nombre d'années: elles ne ſe rempliſſent & ne reprennent leur premier „ état ſolide qu'après 30, 40 & 50 ans; il s'en trouve même à l'égard deſ-„ quels il faut attendre un ſiecle pour en tirer les fruits qu'ils produiſaient

„ avant le tourbage. „ Ce qui prouve que l'on ne peut tourber ſans détériorer le fonds. " C'eſt ſur ce fondement qu'il n'y a que le propriétaire qui „ puiſſe uſer de la faculté de tourber, & qu'il n'a jamais été d'uſage que „ les bénéficiers, douairiers & autres uſufruitiers aient eu la même faculté. „

L'AUTRE acte, du 25 juillet ſuivant, par le lieutenant-général de la même ſénéchauſſée, dit poſitivement : " Que ces trous d'où l'on a tiré la tourbe ſont „ trente, quarante, cinquante ans & quelquefois cent ans, à ſe remplir, & „ avant qu'ils puiſſent de nouveau produire des fruits. „

ENFIN la collection de tous les arrêts, actes, certificats, &c. rendus & fournis ſur cette matiere, atteſte qu'une tourbiere eſt conſidérée comme un fonds que détériore l'exploitation, laquelle par cette raiſon ne peut être faite ſans permiſſion pour les gens de main-morte. Vérité de fait, dont la connaiſſance ne me paraît pas indifférente, puiſqu'elle peut avoir ſon application pour nombre de perſonnes.

Réflexions relatives à quelques-unes des propoſitions contenues dans les recherches ſur la houille d'engrais & ſur les houilleres, ſur les marais & leur tourbe, & ſur l'extraction de l'une & de l'autre de ces ſubſtances.

LA premiere loi du raiſonnement eſt, que la ſignification des termes ſoit claire, préciſe, la même pour tout le monde. Malheureuſement, l'auteur des Recherches, &c. emploie dans ſes définitions des expreſſions qui confondent les idées & renverſent les notions des naturaliſtes & des phyſiciens : il admet entre le charbon de terre & la houille une différence telle qu'elle leur donne un principe d'une toute autre nature. Cependant la houille & le charbon de terre ſont la même ſubſtance, dont le nom eſt purement local, ou déterminé par la maniere d'être de la matiere, ſouvent dans la même mine. Ici la différence de nom aura lieu entre un charbon en maſſe, dur & en pierre, dont même il prend le nom dans quelques pays ; & un charbon dont les parties, qui ont moins d'union, moins d'adhérence, ſe diviſent ou ſe ſéparent avec la plus grande facilité : là cette différence provient de ſa qualité & des uſages auxquels elle le rend propre. Un premier banc, qui ſe trouve ſous terre qui ne ſoit nullement pyriteuſe, dont le charbon ordinairement ne ſera pas très-ſulfureux & ſera par conſéquent du meilleur uſage pour la forge ; & un banc très-au-deſſous du premier ſi c'eſt dans la même mine, & en ſituation quelconque ſi c'eſt dans une autre, mais recouvert au contraire de couches de terres très-pyriteuſes, ordinairement très-ſulfureux dans ce cas-ci, employé au chauffage, ou autres uſages de cette nature, & nullement propre au traitement des métaux, que la grande quantité d'acide ſulfureux qu'il contient qui s'en dégage rendrait trop aigres : l'un sera connu sous le nom de *houille*; l'autre, sous celui de *charbon de terre*.

L'AUTEUR des Recherches désigne les tourbes profondes par l'expression de *houille*, qu'il distingue également du charbon de terre & de la tourbe superficielle ou des marais ; c'est, selon lui, une matiere qui n'est ni l'un ni l'autre, une substance fossile, minérale, dont il ne donne aucune autre définition. Puis il reconnaît pour *houilles* toutes *les terres noires*, lorsqu'elles sont humides ; ou brunes un peu foncées, *lorsqu'elles sont seches*, *& que l'on rencontre dans quelque fouille que ce soit*, *hors des marais ou des lieux que l'on peut soupçonner en avoir été.* Je crois avoir suffisamment établi ailleurs pour n'avoir pas à y revenir, & la similitude originelle des tourbieres superficielles & profondes, & la cause de leur différence actuelle ; les dernieres fussent-elles à cent pieds sous terre, & la différence d'épaisseurs de leurs couches fût-elle plus grande encore ; car enfin il est possible qu'une vallée de cent pieds ait été comblée, & qu'une hauteur de 20 à 25 pieds de tourbes en marais soit réduite à 4 ou 5 pieds par un laps de tems immense, un poids énorme, une dissémination & un desséchement parfait.

POUR ces raisons & autres assez indiquées dans mon ouvrage, je dois passer sous silence toute la partie systématique de l'auteur des Recherches. Je puis en user ainsi à l'égard de celle de l'exploitation des tourbieres profondes, dont néanmoins je conseille la lecture, ne fût-ce que pour l'intérêt très-grand des diverses substances dont sont formés les bancs ou couches de plusieurs de ces mines que je n'ai point vues, & dont je donne la description ; & je passe au chapitre XIII, intitulé : *Des marais & de leur tourbe*, uniquement pour faire remarquer combien je suis éloigné de l'opinion & certain de son erreur, *qu'il n'est point de marais*, *grands ou petits*, *desséchés ou non*, *qui soient sans tourbe.* Tous les marais où il a coulé & où il coule de l'eau en assez grande quantité & avec assez de force pour entrainer, non les racines & la touffe des plantes vivaces dont ils sont ordinairement garnis, mais les parties disséminées de la tige & des feuilles de ces mêmes plantes lors de leur décomposition (& j'en connois beaucoup de ce genre) ne forment point de tourbes. Tous les marais, dont la végétation qui s'y établit, se forme hors de l'eau, c'est-à-dire, dont les plantes ne tiennent à l'eau que par leurs racines ; ou dont les racines seules se trouvent dans l'eau & qui ont constamment été dans cet état, quelqu'élévation que ces marais aient acquise (& il en est beaucoup de ce genre) ne forment point de tourbes. Le résidu de la destruction des plantes vraiment putréfiées, est alors un terreau, une terre très-végétale, qui n'est inflammable que comme le sont les terres *cespitées*, toutes les sortes d'humus, par les parties herbacées ou ligneuses non encore détruites, qu'elles contiennent ;

cette matiere n'est point de la tourbe, elle n'en a ni l'apparence, ni la qualité, ni la propriété. Tous les marais où la végétation est troublée par des vagues, par des bancs de sable charié ou des cailloux remués, comme on l'a déjà observé, ne forment point de tourbe, &c.

Je conseille également la lecture des chapitres XIV & XV des Recherches, &c. sur *l'utilité de la tourbe* & son emploi, quoique celle que j'en ai faite ne saurait me déterminer à changer ni à ajouter rien à mon travail.

Le chapitre XVI, sur les diverses manieres d'exploiter la tourbe, ne donne que des idées ordinairement confuses & souvent fausses de ce qui se fait à ce sujet en Picardie. L'auteur y dit que " dans les environs d'A-„ miens on ne tire point la tourbe avec le louchet, mais avec une ma-„ chine inventée par feu M. le duc de Chaulnes & perfectionnée depuis. „ Non-seulement on tourbe au louchet dans les environs d'Amiens, mais on n'y tourbe jamais autrement que lorsque l'épuisement est reconnu impraticable ou beaucoup trop dispendieux; il n'est pas plus vrai qu'il soit plus expéditif que celui du louchet. Peut-être la machine inventée par feu M. le duc de Chaulnes a-t-elle donné l'idée de celle dont on fait usage aujourd'hui; mais celle-ci n'est point l'autre perfectionnée. M. Bellery ayant publié l'une, & l'auteur des Recherches l'autre, ce que j'ignorais lorsque je l'ai fait dessiner, il n'y a qu'à les comparer, & lire ce que j'ai dit précédemment. Il paraît que l'auteur des Recherches ignore que la drague est en usage en Picardie. Il aurait été à desirer, pour la perfection de son ouvrage, qu'il eût voyagé & vu opérer dans les divers pays dont il parle, ou du moins qu'il en eût tiré des mémoires plus exacts. Cette considération m'impose le silence le plus absolu sur la suite de ces *Recherches*, &c. J'aurais cru du moins gagner quelque chose à la vue, nouvelle pour moi, des gravures de la machine, & sur-tout à l'explication des *figures* & aux observations qui les suivent; mais les unes & les autres n'ont servi qu'à me confirmer que l'auteur n'en avait rien vu, & que je ne devais rien changer, ni à mes descriptions, ni à mes dessins, ni à leur explication.

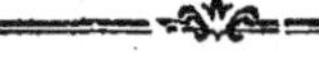

EXPLICATION DES FIGURES.

PLANCHE I. *Explication de la vignette.*

La vignette représente une prairie basse plus ou moins anciennement marécageuse, où est un attelier en travail du tourbage à la beche ou au louchet, avec épuisement de l'eau à la bascule & à la vis d'Archimede.

MMM, trois bécheurs en travail jettent, l'un à droite, les deux autres à gauche.

NNN, trois jeunes filles brouetteuſes, ſervant les bécheurs ou jeteurs.

O, quatrieme fille qui brouette les tourbes qu'elle vient de recevoir, & qu'elle va ranger en *relais*, *reulets*, *pilettes* ou petites piles. On voit par cette maniere d'opérer, que pour entretenir les jeteurs dans un travail continu, il leur faut à chacun au moins deux brouetteuſes & plus, à proportion de la diſtance de la foſſe à l'emplacement des *reulets*.

P, divers monceaux de tourbes *en reulets*, (premiere diſpoſition) chacun formé du quart, de la moitié d'une brouettée entiere. Ils ſont écartés, pour que l'air y circule librement.

Q, divers monceaux de tourbes en *catelets*, chatelets, ou petits châteaux (deuxieme diſpoſition) écartés d'un pied au moins, pour qu'on puiſſe paſſer entre deux, & avoir la facilité de les mettre en lanternes.

R, divers monceaux de tourbes en lanternes (troiſieme diſpoſition) : dans le cas préſent, comme dans les précédens, où il eſt queſtion de varier ces formes, on a ſoin de prendre les tourbes du ſommet des unes, comme les plus ſeches pour faire la baſe des autres, afin que le ſéchement ſoit uniforme & parfait ; toujours on fait entrer pluſieurs catelets dans une lanterne, quelquefois juſqu'à trois.

S, baſcule, *trinqueballe* ou *bilbac*. Trois hommes ordinairement, ou quatre, appliqués aux cordes, forment la puiſſance, & un cinquieme homme eſt en place pour vuider le ſeau lorſqu'il eſt élevé au-deſſus du niveau de la prairie, ſur laquelle on facilite un écoulement au loin.

T, vis d'Archimede qui n'exige pas moins de trois hommes pour un travail continu. L'on empèche l'eau de retomber dans la foſſe, & on la rejette du côté de la rigole au moyen d'un batardeau en planches, ou en terre, placé au-deſſous de la gorge de la vis entr'elle & ſon point d'appui, tout proche du haut de la courſiere.

Cette vis, celle que je vois opérer le plus fréquemment, & dont j'ai pris les dimenſions, a 15 pouces de diametre en-dedans, & 17 pouces en-dehors ; elle a 17 pieds de longueur, non compris les parties de l'axe excédantes du corps de la vis : elle eſt plus ou moins inclinée juſqu'à l'angle de 45 degrés, ſuivant la diſpoſition des lieux ou la profondeur des eaux ; ſa pente commune eſt terminée ſur une hauteur verticale du tiers à la moitié de ſa longueur, du tiers à la moitié de ſa hauteur priſe du plan horizontal de la partie inférieure, à celui de la partie ſupérieure ; & toujours d'autant moins que les eaux ſont plus élevées. Trois hommes peuvent ſervir la machine inclinée au tiers de ſa hauteur ; mais ils ne peuvent que très-difficilement continuer ce travail qui demande beaucoup d'action & de vigueur : il vaut mieux y en employer quatre.

VVV, fosses formées par l'extraction de la tourbe, actuellement remplies d'eau, & désignées par l'expression de *creux* ou *trous à tourbe*.

X, maison où l'on retire les outils pendant la nuit. Lorsqu'il n'y a point de bâtiment à portée du marais qu'on tourbe, si l'exploitation est en grand, on en construit un pour le tems de sa durée, qui est quelquefois de cinq à six ans, & qui peut être prolongée à volonté. Si l'objet n'est pas considérable pour chaque particulier, les uns & les autres tous les soirs remportent chez eux leurs ustenciles, excepté les pieces que leur poids préserve d'un enlevement furtif.

YY : représentation des côteaux formant les vallées de la Picardie, presque par-tout crayeux, souvent très-maigres & généralement découverts : on y voit quelques bouquets de bois sur les hauteurs, à des distances assez éloignées, peu d'arbres d'ailleurs, qui même dans la plupart des cantons ne semblent végéter qu'à regret.

Explication des figures du bas de la planche I.

A, beche ordinaire ou *de déblai*, celle qui sert à ouvrir une fosse.

BB, beche à tourber, *louchet*, autrement connue sous le nom de *louchet-azeronde* ou aileron ; car on connaît aussi la beche ordinaire sous le nom simple de *louchet*.

La premiere représentation de ce louchet, vu de face, présente dans son plan un angle obtus, dont les côtés sur une longueur de 5 pouces, donnent un écartement de 2 pouces en sus de 90 degrés. Cet évasement, comme on le fait remarquer dans le texte, est pour faciliter l'échappement de la tourbe. Voyez *fig. 6*.

La seconde représentation est le même louchet vu de profil quant au fer de la beche, & vu de face quant à l'aileron.

B, plan du fer du louchet, où est marqué par une ligne ponctuée, de combien l'angle de ses côtés excede 90 degrés.

C, *palot* ou *épuchette*, servant soit à l'épuisement de l'eau lorsqu'il y en a encore peu, ou qu'il en reste peu au fond de la fosse, soit à *nettoyer le plancher* que les coupeurs ou jeteurs viennent de découvrir. A chaque hauteur, ou plutôt à chaque lit de tourbe, de la hauteur du fer de la beche, on enleve avec l'épuche, les morceaux de tourbes, de roseaux, ou autres matieres brisées, qui se sont détachées pendant l'opération.

L'épuche ne differe de l'épuchette que par sa grandeur qui est double de la grandeur de celle-ci : elle sert au même usage.

D, brouette pour voiturer les tourbes sur le champ où elles doivent sécher. On en met à la fois 15, 21, 28, suivnat la distance des lieux & la force de la personne.

E, *relais*, *reület*, *pilette* ou petite pile.

F, *catelet*, *chatelet*, ou petit château.

G., *lanterne*. Cette pyramide polygone à plus ou moins de côtés, suivant sa grandeur, est en effet vuide au centre.

H H, vis d'Archimede, vue en grand de face & par le côté, avec le développement de son axe, de son armure, du tasseau qui lui sert de point d'appui, de son coude & de sa manivelle. On remarque sous le chevalet du point d'appui, une vue de la coupe de la coursiere, qui indique la disposition.

I L, bascule, trinqueballe ou bilbac, vu en grand, avec la disposition des cordes d'une part, & du seau de l'autre. On observera dans la suspension du seau, qu'elle est établie, sur la plus grande partie de sa hauteur, par une perche de bois sec & non flexible, pour éviter d'autant les oscillations ou balancemens qui feraient épancher l'eau & retarderaient le jeu de la machine; l'anse droite du seau est fixée à la perche, de maniere que chaque mouvement leur soit commun, le tout pour conserver également plus de rectitude à son mouvement du bas en haut.

Z Z, pile ou demi-pile, aux angles de laquelle les tourbes se croisent (quatrieme disposition). Celles qui la terminent sont dressées, inclinées, & celles du dedans jetées pêle-mêle, le tout comme il est indiqué au texte.

PLANCHE II. *Explication de la vignette.*

FIG. 1 est une vue presque de face de la machine à tourber, armée de toutes ses pieces en repos, mais en place & prête à être mise en jeu. La boîte est toute entiere hors de l'eau, au-dessus du niveau du terrein, au plus haut par conséquent qu'il soit possible & nécessaire de la faire monter.

Fig. 2 est une vue de trois quarts de la même machine, actuellement en travail: deux ouvriers sur le plancher tournent les manivelles, & font monter la boîte qui est encore dans l'eau. On voit par la situation de sa fleche, que la boîte est posée immédiatement en-avant du terrein, dont elle vient de détacher le bloc dont elle est remplie, & tout proche de la boude d'où elle l'a détaché par le côté.

Fig. 3 est, d'une part, la vue de deux hommes qui, ayant reçu le bloc de tourbe au sortir de la boîte, sur la planche dressée contre, d'abord, (*a*) puis inclinée avec douceur jusqu'à terre, le charient au moyen d'une corde armée d'un crochet par un bout & d'un levier par l'autre, hors de l'enceinte de la charpente & jusque sur le gazon, où, de l'autre part, un troisieme homme coupe ce bloc avec un large couteau de fer trempé, monté sur un long manche de bois, & le divise en 36 tourbes, que plusieurs filles brouettent & vont ranger aussi-tôt.

Fig. 4 est une vue du dragueur, tirant avec la drague ou avec le filet du fond de l'eau dans son bateau la tourbe en bloc ou en morceaux, détachée ou non détachée. Pour plus d'assiette (car ce travail, outre l'adresse nécessaire, demande de la force & exige des secousses momentanées & subites) cet ouvrier arrète son bateau au moyen d'une longue perche fichée en terre au fond de l'eau, à laquelle il l'attache; & souvent encore par l'autre bout, à la terre-ferme lorsqu'il en est à portée.

Fig. 5 est une vue du gâcheur & mouleur de tourbe. Cette opération se fait toujours sur le bord des trous à tourbe, où le dragueur vient de poser la tourbe lorsqu'il en a chargé son bateau. La figure d'homme, posée derriere celle vue de face, est la représentation du même homme, portant dans le moule & rangeant les tourbes qu'il vient d'y façonner; le tout vu plus en grand *fig.* 6.

Explication des figures du bas de la planche.

FIG. 7 est une vue de profil de la machine, munie de toutes ses pieces. *p* en est le plancher, & les *fig.* A B C D E sont différentes vues du mouvement, prises au-dessus du plancher; savoir :

A, plan ou vue d'oiseau de la machine sur le plancher.

B, vue de la machine du côté de la prairie.

C, vue de la machine du côté de l'eau.

D, vue de côté de la machine, à l'instant du *débroyage* ou désengrenage, pour abandonner à leur mouvement la fleche & la boîte, & les laisser tomber de tout leur poids.

On voit en B & C, le coin passé dans son *étrier*, lorsque le mouvement mobile & sur charniere est rapproché de la fleche ou *crémalliere*, & qu'il s'y engrene, & isolé lorsque retiré de l'étrier, le mouvement s'écarte de la fleche pour qu'il y ait échappement, ou qu'il n'y ait plus d'engrenement.

(*a*) D'après l'inclinaison constante de la boite, du côté de la prairie, & divers évasemens indiqués au texte, on sent qu'en appliquant la planche contre le bloc, à l'instant où s'élevant au-dessus de terre, il ne lui reste plus d'appui de ce côté-là, il se détache & sort facilement de la boîte, aux parois lisses de laquelle il n'a d'ailleurs aucune adhérence pour s'unir, peser & rester immobile sur la planche.

E, vue de côté de la machine, à l'instant où le pignon s'engrene dans la crémalliere, pour soulever la fleche, la boite, & le bloc de tourbe dont elle est remplie & chargée.

Fig. 8, est une vuë du plan de la machine : près d'elle, *fig.* 9, en est une d'une partie des cadres ou chassis en charpente, sur lesquels on fait couler la machine par le côté en ligne directe au moyen d'un cric, à chaque épuisement de tourbe, de toute la hauteur où la machine peut atteindre, dans une étendue précise de la largeur de la boite. Ces chassis posés horizontalement sont encastrés aux points *d d* les uns à la suite des autres, fixés par des clavettes mobiles en fer *a a* & rendus immobiles par des pieux fichés en terre. C'est contre l'une de leurs parties que le cric prend son point d'appui pour pousser la machine : on en a cinq à six pour les faire succéder les uns aux autres, à mesure que celle-ci avance; car elle en occupe plusieurs à la fois, comme l'indique l'étendue des plans. Les mortoises *b b b*, marquées sur celui de la machine, fixent les points d'appui des pieces de son élévation.

F, *planchette* pour recevoir le bloc au sortir de la boite, avec la corde, son crochet & son levier. L'anse, poignée, ou main, de cette planchette est en fer, montée anneaux sur anneaux comme l'anse d'un chauderon, & également mobile de part & d'autre.

G, *bloc* de tourbe au moment où, sorti de la boite & charié sur le gazon, il y est renversé.

H, coupes du même bloc, dont la division est indiquée en 36 parallélipipedes.

I, *couteau* servant à faire les sections du bloc : il est à remarquer qu'il ne faut point de percussion, que la mollesse de la tourbe la rendrait vaine; mais une pression légere, avec un mouvement de l'avant à l'arriere, & de l'arriere à l'avant, qui se font rapidement & sans peine lorsque la lame de l'outil est large, mince & tranchante.

Fig. 10, échelle de 18 pieds.

Le plan de la machine, *fig.* 8.

Le plan du chassis de cette machine, *fig.* 9.

La boite O, le couteau I, la planchette F.

Le bloc G, sa coupe H, la beche, l'épuche, la brouette, le catelet, le relais, & la machine vue de profil, *fig.* 7, sont faits sur l'échelle, *fig.* 10.

Le plan en vue d'oiseau de la machine sur le plancher A.

La vue du côté de la prairie B, celle du côté de l'eau C.

Le désengrenage & l'engrenage D E, sont faits sur une échelle double de la précédente.

La dragne, le filet & la sonde sont faits sur une échelle de 6 lignes au pied.

K, *drague*, connue dans le langage de la Picardie, où la plupart des mots prennent un son épais, dur & rude, sous le nom d'*oudrague*. La cuiller est d'une double & très-forte tôle, attachée en-dessous & par le haut à un anneau de fer aplati, dont le prolongement cylindrique & creux donne l'entrée au manche. Les verges pour la soutenir encore, attachées à un crochet sur le prolongement de ce manche, sont également en fer. A l'égard du manche, le bois en doit être sec, ferme, fort & élastique.

L, *filet* ou *puchette*. L'anneau & son prolongement également en fer comme celui de la drague, n'en diffère qu'en ce que l'un & l'autre sont ici dans la même direction, la même que celle du manche; au lieu qu'à la drague, l'anneau se recourbe par inclinaison successive, jusqu'à favoriser la direction rebroussée de la cuiller qui y est attachée.

M, *sonde* ordinairement désignée par le nom de *sonde terrelle*. Le bas est en vis pointue; la gorge à levres tranchantes, est ouverte sur toute la longueur du renflement cylindrique, du tiers ou environ de sa circonférence; & son prolongement en canon, comme aux ustenciles précédens, sert de même à l'emmancher. Nous avons indiqué que ce manche est percé à des distances déterminées & toujours les mêmes, de 18 pouces en 18 pouces, par exemple, premiérement pour faciliter l'enfoncement de la sonde au moyen d'une cheville qu'on passe dans ces trous & qui fait l'office du levier appliqué à un treuil ou cabestan; secondement pour juger au coup-d'œil de son enfoncement ou de la hauteur du terrein sondé.

N, *moule à tourbe*; 1, plan; 2, coupe; 3, vue oblique. Ici l'on moule quatre tourbes à la fois. Dans quelques parties de la Flandre, où on les fait plus grandes, le moule n'en contient que deux. La façon & l'arrangement pour le séchage en Flandre & en Picardie sont les mêmes, aux différences près indiquées du gâchage, lorsqu'elles ont lieu. Ces moules, au reste, ressemblent beaucoup aux moules à brique; & la matiere, de part & d'autre, se pose, s'arrange & se dépose à peu près de même.

O P Q R S T V X, boîte vue sous différens aspects par-dedans, par-dehors, entiere, par parties, avec les dispositions de son armure, montée & non montée. Il n'est pas facile de saisir les détails & l'ensemble de cette boîte, dont l'exécution précise est pourtant indispensable pour le succès des opérations: c'est ce qui nous a engagés à en multiplier les vues, pour n'omettre aucune de ses parties, leur situation & leur forme, en attendant que nous donnions dans la *planche* suivante & dans son explication les dimensions exactes de chacune d'elles.

PLANCHE III. *Explication des figures.*

Fig. 1, vue de la boîte prise du côté de la prairie. Entiérement ouverte sur cette face, elle n'y a que son cadre, au bas son fer de beche pointu

& tranchant, & au haut les bandes de fer, qui font partie de son armure, & qui servent à la fixer solidement au bout de la fleche. Les ouvertures *a a a* sont vues dans l'enfoncement, & prises sur la face opposée & parallele à la précédente, sur celle qui est tournée du côté de l'eau.

Longueur ou hauteur du corps de la boîte, 3 pieds.

Hauteur du fer de la beche, 5 pouces.

Hauteur de la partie ceintrée de l'armure, 8 pouces.

Hauteur en sus des bandes du fer, 15 pouces.

Hauteur totale, 5 pieds 4 pouces.

Largeur de la boîte par le bas, 13 pouces.

Largeur de la boîte par le haut, 13 pouces 6 lignes.

Fig. 2, vue de côté de la boîte. Même largeur de 13 pouces haut & bas. Ouverture du bas, 9 pouces sur 3 de hauteur.

Fig. 3 & 4, vue & coupe séparée d'un seul côté de la boîte, avec les appuis des couteaux mobiles sur leurs charnieres : celui de la tige 3 est lévé autant qu'il peut l'être ; il est forcé de prendre cette situation, lorsque la tourbe entrant dans la boîte, le souleve & le presse, & il la garde aussi long-tems que la pression n'est que latérale ; mais il commence à la perdre à l'instant que le bloc détaché, sa masse gravitante commence à se faire sentir. Si le couteau était dressé verticalement, il est sensible que le poids de la tourbe ne lui imprimerait aucun mouvement : elle coulerait au long & s'échapperait sans en changer la situation ; mais un clou, de 4 lignes de longueur, fiché dans la boîte, derriere, vers chaque extrêmité du couteau, & aux deux tiers de sa hauteur, lui fait toujours faire un angle assez ouvert pour que la pression le force de l'abaisser. La hauteur de l'appui en fer, y compris la partie tranchante du bas de la boîte, est de 3 pouces.

On voit, *fig.* 4, le couteau abattu, portant sur son appui, dans la situation qu'il a toujours lorsqu'il n'est pas forcé d'en changer.

Fig. 5, vue intérieure de la boîte, prise en plan au niveau des couteaux.

Longueur extérieure de trois côtés, 13 pouces.

Longueur extérieure du quatrieme côté, qui est celui du derriere de la boîte, 12 pouces 6 lignes.

Longueur du vuide intérieur de trois côtés, 8 pouces.

Longueur du vuide intérieur du quatrieme côté, 7 pouces 6 lignes.

Longueur des deux grands couteaux, 12 pouces 6 lignes.

Longueur des deux petits couteaux, 7 pouces.

Largeur de tous, 2 pouces.

Fig. 6, vue d'un terrein à tourber, de dix pieds sur dix pieds de surface. Un bécheur commence au point A, continue en reculant de A en B, & jette à droite. Des que l'ouverture est assez grande, un second bécheur commence vers le même point, continue en reculant de A en C, & jette à gauche; tous les deux gagnent l'un sur l'autre dans la direction des lignes ponctuées, tant qu'ils arrivent vers le point D, où l'un des deux termine le tourbage du premier plan, & ainsi des autres successivement.

Fig. 7, vue du *chanteau*, ou premier quartier de tourbe, levé pour faire l'ouverture du plancher.

Fig. 8, vue d'un terrein tourbé A, de vingt pieds sur vingt pieds, ou d'une verge; premiere journée à 8 hommes.

1, 2, 3, 4, dix pieds sur dix pieds, deuxieme journée à 2 hommes.
1, 2, 3, 4, dix pieds sur vingt pieds, deuxieme journée à 4 hommes.
1, 2, 8, 10, dix pieds sur dix pieds, deuxieme journée à 2 hommes.
3, 4, 5, 6, dix pieds sur vingt pieds, troisieme journée à 4 hommes.
6, 7, 8, 9, dix pieds sur vingt pieds, troisieme journée à 4 hommes.

La fosse A est supposée tourbée & remplie d'eau; la représentation des batardeaux & des contre-forts ou *baudets*, dans toutes les autres, montre le tourbage en train dans chacune. Remarquez bien qu'il faut éviter, autant qu'il est possible, d'avoir la pousse des eaux de deux côtés à la fois; on y serait forcé ici dans quelques parties du travail de la troisieme journée: c'est un cas où la direction de ce travail demande le plus d'adresse de la part du contre-maître. Il aurait été mieux pour cette troisieme journée, sans l'inconvénient de découper trop son terrein, de disposer le travail sur cette moins grande étendue d'eau de suite, & de le morceler davantage, comme dans la seconde journée.

Fig. 9; *o*, représentation d'un batardeau isolé; *p*, représentation d'un contre-fort ou baudet, qui lui-même serait un vrai batardeau si la circonstance exigeait qu'on le formât d'une part en gradin.

Fig. 10, vue de deux vastes trous à tourbes, remplis d'eau, représentés pour indiquer la maniere, ou à peu près, dont on réserve les terreins entre chacun, pour éviter dans le travail de l'une des parties, lorsque l'autre est tourbée, que la trop grande poussée des eaux de celle-ci ne nuise à la premiere. MN, sont les lieux réservés pour le passage des gens, des bêtes pour le pâturage, des voitures même; ne fût-ce que pour le chariage des tourbes.

Ce petit nombre de *planches* suffit pour l'intelligence de la premiere partie de cet art. A l'égard de la seconde, qui comprend les tourbieres souterreines, ou leur exploitation se fait à ciel ouvert, ce qui est l'ordinaire, & alors, d'après tout ce qu'on a lu des deux parties & vu des *planches* & de leur explication pour la premiere, toute *figure* serait superflue pour l'intelligence de la seconde: où cette exploitation se fait, comme nous l'avons dit, par puits & par voies souterreines.

Fin du Tome XIX.

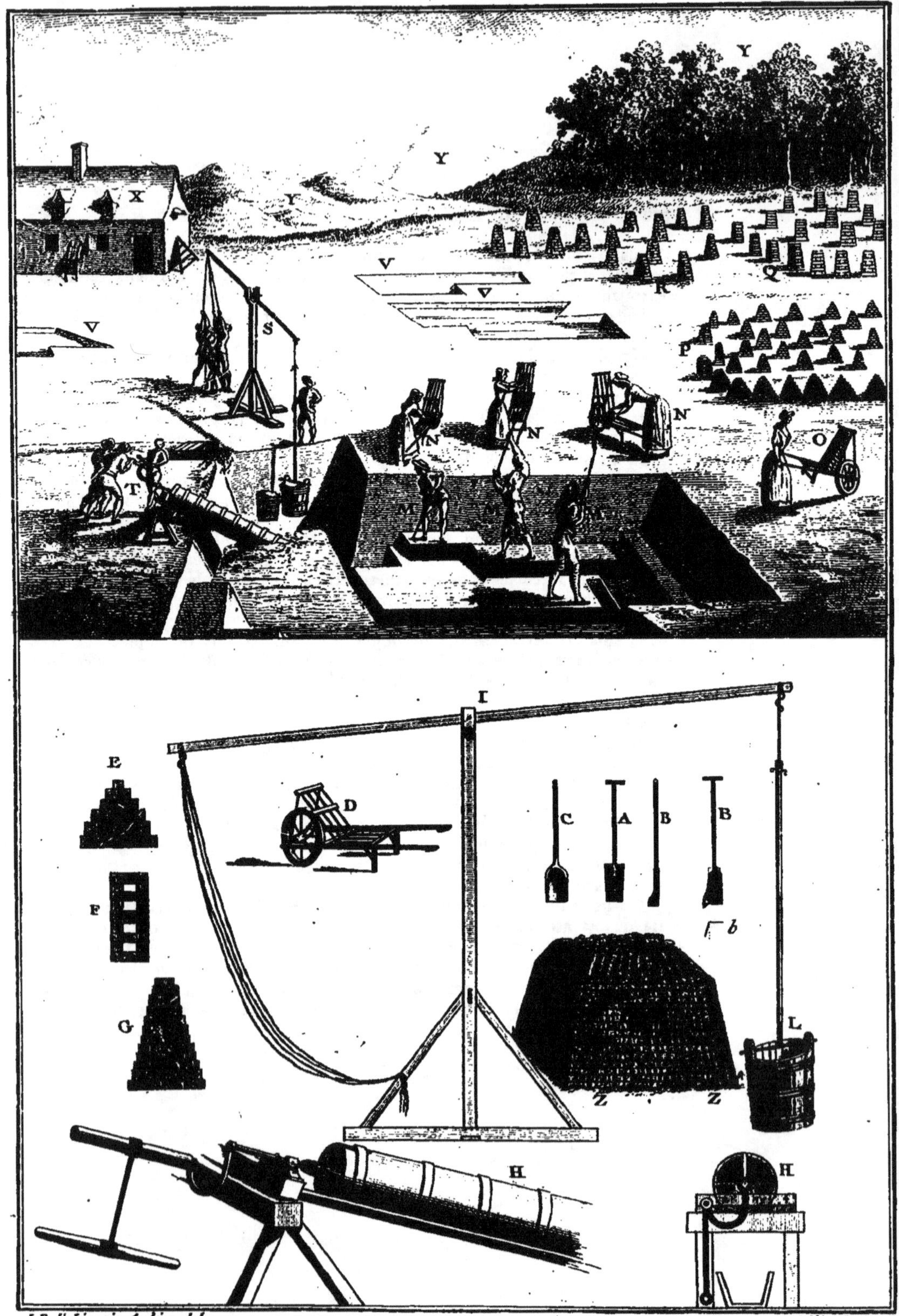

J.B.F. Limozin, Ambian del. Sellier Sculp.

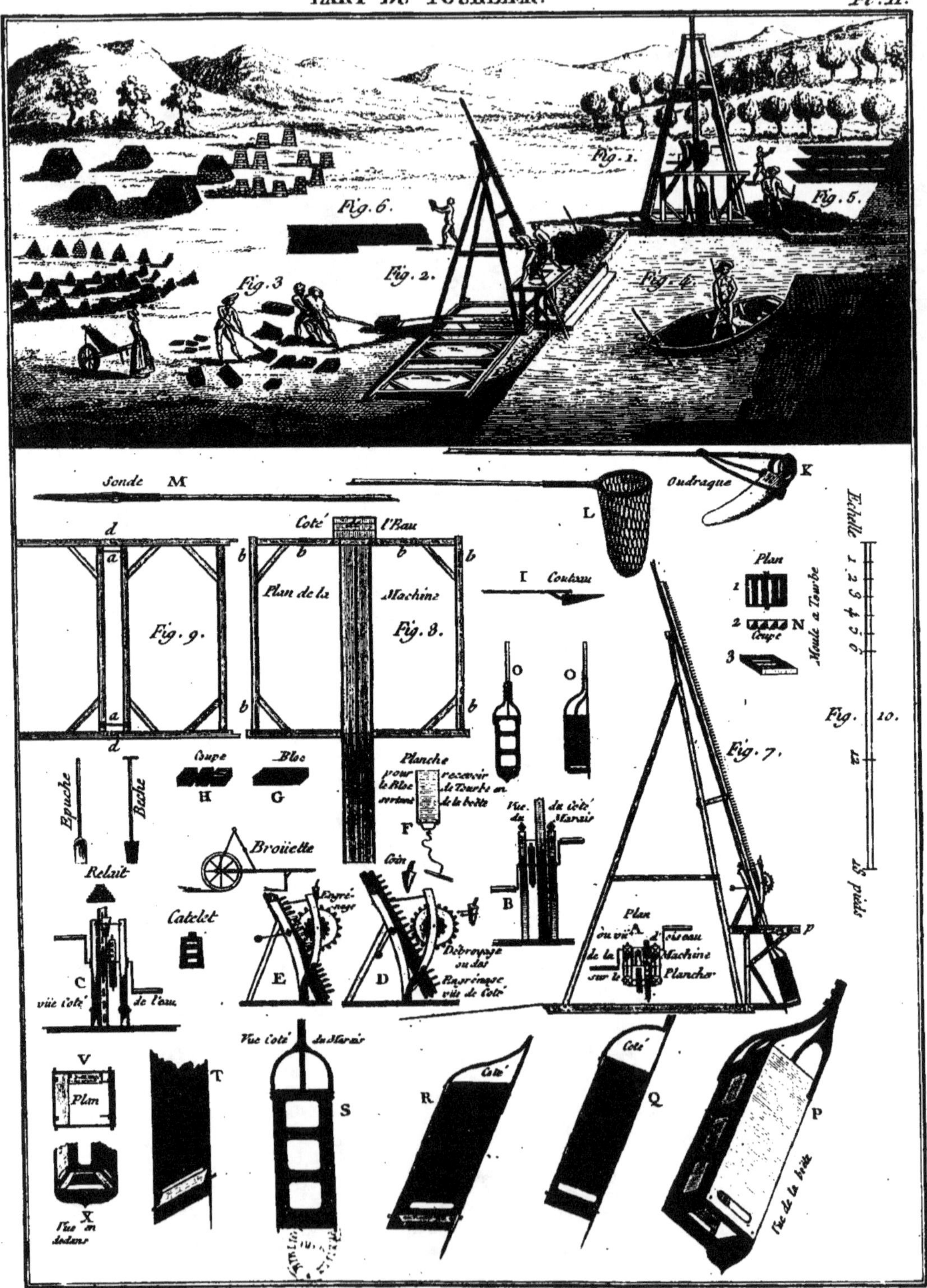

J. B. F. Limosin, Ambien del.

Sellier Sculp.

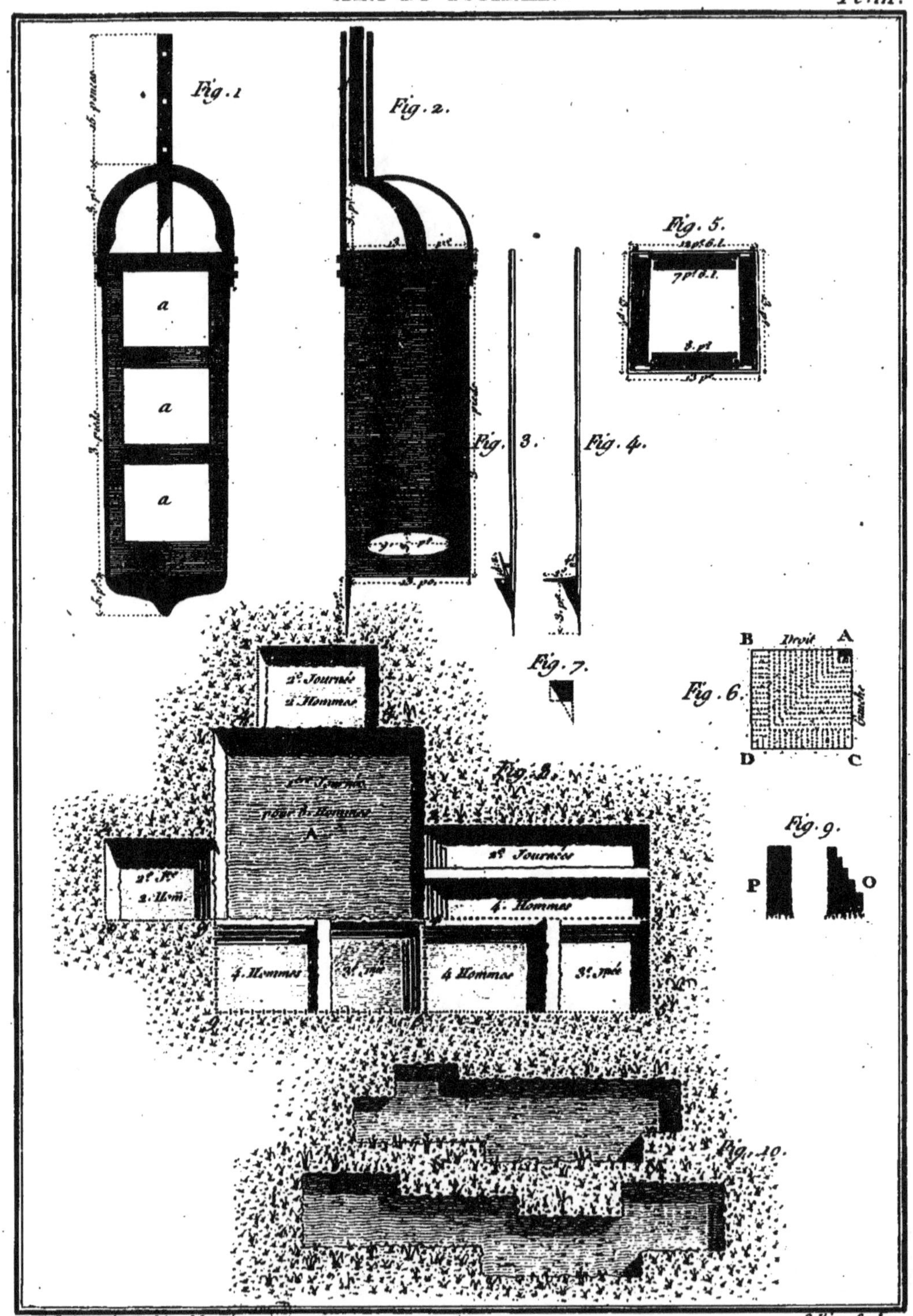

J. B. F. Limozin, Ambian. del.

Sellier Sculp.

AVIS DE L'AUTEUR,

& corrections pour l'Art du Tourbier.

PAGE 475, ligne 4, rétablissez la ponctuation & le sens comme il suit:
L'utilité de la tourbe, soit comme supplément au bois dans les lieux où il est rare, soit par l'emploi des cendres pour engrais, n'est pas assez généralement sentie. Dans la plupart des lieux où sa présence même en assure l'existence, & où l'on est instruit de l'usage qu'on en fait ailleurs, on ignore absolument l'art de l'exploiter.
Page 476, ligne 24, *ils s'en échauffent*, lisez: *ils s'en chauffent.*
Page 481, ligne 13, *sur la surface de l'eau*, lisez: *sous la surface de l'eau.*
Ibid. ligne 14, *Ultricularia*, lisez: *Utricularia.*
Ibid. ligne 16 & suivantes: *Potamogeton, Perfolicatum, crispum, &c.* lisez: *Potamogeton - Perfoliatum - Crispum -*, &c. Ces mots placés au-dessous de *Potamogeton*, indiquent des especes & non des plantes différentes; même observation pour les articles *Ceratophyllum, Callitriche, Nymphea, Hydrocaris, Conferva, Lemna, Sium, Polygonum, Ranunculus, &c.*
Ibid. ligne 29, *Vesicillatum*, lisez: *Verticillatum.* Le volant d'eau.
Ibid. ligne 30, *le charague*, lisez: *la charagne.*
Ibid. ligne 31, *Ulva*, lisez: *Vulva.*
Ibid. ligne pénultieme de la note, *Tourbiere, & qui les constituent par*, lisez: *Tourbieres & qui les constituent, & par...*
Page 482, ligne 6, *Polamogeton*, lisez: *Potamogeton.*
Page 483, ligne 5, *Myosatis*, lisez: *Myosotis. Le gremille*, lisez: *le gremil.*
Ibid. ligne 21, *Tris-Pseudacorus*, lisez: *Iris-pseud'acorus.*
Page 484, ligne 2, *la Berte*, lisez: *la Berle.*
Ibid. ligne 9, *Hydropipea*, lisez: *Hydropiper.*
Ibid. ligne 27, *le Scrophulaite*, lisez: *la Scrophulaire.*
Page 485, ligne 8, *où l'individu meurt*, lisez: *ou l'individu meurt.*
Ibid. ligne 14, *la suivre dans la*, lisez: *la suivre, dans la...*
Ibid. ligne 36, *ou du moins dans la*, lisez: *ou du moins, dans la...*
Page 488, ligne 15, *especes de*, lisez: *especes, de...*
Page 491, ligne 24, *variété*, lisez: *vérité.*
Page 505, ligne 26, *s'engrenant*, lisez: *s'engrenent.*
Page 509, ligne 9, *elle des, différentes*, lisez: *elle, des différentes...*
Ibid. ligne 11, *avec, elle*, lisez: *avec elle,*
Page 512, ligne derniere, *une fois, à chevilles libres*, lisez: *une fois; à chevilles libres,*
Page 514, ligne 32, *Lonpré-Dreuil*, lisez: *Lonpré, Dreuil,*
Page 516, ligne 29, *voiture, sur le pied*, lisez: *voiture sur le pied...*
Ibid. ligne 30, *tems; & pour*, lisez: *tems, & pour...*
Page 518, ligne 8, *on a*, lisez: *on en a...*
Page 523, après la seconde ligne, ajoutez en note: On sait que M. le comte de Stuart a fait des essais dont il est résulté que le charbon de terre, préparé par lui, était beaucoup meilleur que celui connu jusqu'alors; mais la préparation de ce charbon est demeurée secrete, & nous ne partirons pas de procédés ignorés pour établir un raisonnement. Nous nous sommes assez expliqués d'ailleurs, sur les objections qu'on a prétendu nous faire à cette occasion, dans une lettre du 12 juillet 1782, insérée peu après au Mercure, au Journal de Bouillon & ailleurs; & dans deux autres lettres des

25 janvier & 25 février 1783, notamment dans cette derniere très-détaillée, adressée aux académies de Lyon, Ville-Franche, &c.

Page 535, ligne 11 de la note, *l'Orient*, lisez : *l'Océan*...

Page 539, ligne 15, *conscrites*, lisez : *concretes*,

Page 543, ligne 26, *sécheresse ; à l'aridité elles*, lisez : *sécheresse, à l'aridite ; elles*.

Page 546, ligne 22 de la note, jusqu'à 25, *qu'on cultive en cendre*, lisez : *qu'on cultive ensuite. Lorsqu'on seme cette matiere avec le grain, ou sur ses tiges herbacées, sur ses feuilles, sur le fourrage verd, il faut qu'elle soit réduite en cendre. Mais*...

Page 548, ligne 15, *dans les recherches*, lisez : *dans l'ouvrage qui a pour titre :* RECHERCHES...

Ibid. lignes 22 & 23, *telle qu'elle leur donne*, lisez : *telle qu'elle supposeroit*...

Ibid. ligne 31, *sous terre*, lisez : *sous une terre*...

Ibid. ligne derniere, *contient qui*, lisez : *contient & qui*...

Page 558, derniere ligne de l'Explication des planches, *souterreines*, lisez & ajoutez : *souterreines ; dans ce cas, elle ne differe en rien de celle du charbon de terre.* (Voyez cet Art.)

www.ingramcontent.com/pod-product-compliance
Lightning Source LLC
LaVergne TN
LVHW010517100826
845148LV00001B/28
* 9 7 8 2 0 1 2 6 4 8 9 9 9 *